Teología Bíblica Sistemática y Expositiva

Féliz Muñoz (Th. D).

Título: *Teología Bíblica Sistemática y Expositiva.* (Segunda edición).

Vidalibros Publishing
1218 Interstate Blvd. Florence, SC 29501, USA
Tel. + 1-843-319-4718
ayuda@vidalibros.com
ISBN: 978-1-949206-20-3

Impreso en India

Contenido

Agradecimientos

Primeramente, a Dios por darme la oportunidad de servirle y darme los recursos necesarios para esta obra literaria. Agradezco a mi amada esposa por su apoyo incondicional y amor al servicio, a mi profesor de estudios teológicos el Dr. Luis Rodríguez por sus enseñanzas y por darme la oportunidad educativa, a la Universidad Teológica de Puerto Rico por creer en mí y capacitarme con las herramientas educativas necesarias para el ministerio. A mi amigo el Dr. Abraham Parada por su apoyo incondicional, en especial a mi madre y familiares por su ánimo constante en la noble labor de la obra pastoral, y a todos aquellos que por falta de espacio no pude mencionar, a todos ustedes, gracias.

- *Félix Muñoz (T.h.D).*

Introducción

¿Qué es la teología bíblica sistemática? es la disciplina o ciencia cuyo fin es formular una coherente, ordenada y racional presentación de la fe y sus creencias, inherentes a un sistema de pensamiento que se desarrolla con un método, el cual puede aplicarse tanto en lo general como en lo particular. La teología bíblica sistemática debe tener en cuenta los textos de las sagradas Escrituras, la historia, la filosofía, la ciencia, y la ética. La teología bíblica sistemática está dividida en las varias doctrinas tales como: doctrina de la Palabra de Dios, la doctrina de Dios, la doctrina del Hombre, la doctrina de Cristo, la doctrina del Espíritu Santo, la doctrina de la Redención, la doctrina de la Iglesia, la doctrina de los ángeles, la doctrina de los demonios y la doctrina del futuro. La palabra teología viene de dos palabras griegas "theos" y "logos" que significan "Dios" y "palabras/estudio" entonces, la palabra "teología" significa "estudio de Dios".

Cabe aclarar que para nuestra mente finita es imposible estudiar un ser supremamente infinito como Dios, por lo tanto, lo que verdaderamente estudiaremos será lo que Él en su soberanía y sabiduría perfecta ha permitido revelarse de Sí mismo al hombre en sus propias evidencias. Conociendo lo que es la teología bíblica es importante observar porque sistemática, esto se refiere a algo que es puesto bajo un sistema. Teología bíblica sistemática es, por lo tanto, la división de la teología que explican sus diversas áreas tomando toda la información sobre los libros de la Biblia, y la organiza dentro de un sistema. Eso es de lo que trata la teología bíblica sistemática – organizar las enseñanzas de la Biblia en sistemas de categorías para el sano entendimiento del lector.

¿Por qué expositiva? Porque en su esencia se busca ser fiel al texto bíblico. El propósito no es solo organizar de manera sistemática los temas bíblicos, sino a su vez, exponer la esencia real de cada verso presentado en su propio contexto histórico gramatical cultural para su sano entendimiento. Se busca expresar lo que el mismo texto desea hablar, no lo que un sistema de creencias o inclinaciones personales piensa sobre el texto. Que el tema y estructura refleje el tema y la estructura del "pasaje bíblico". Es decir, una congruente conclusión entre el sistema y el texto bíblico preservando el contenido. El fin es enseñar lo que el texto enseña y de la misma manera en que lo enseña permaneciendo fiel a este, dejando que sea el texto quien gobierne toda línea sistemática en su forma y contenido.

Capítulo I: Bibliología

(Doctrina de la Escritura)

Se llama bibliología a la ciencia general del propio libro, o sea, al estudio del libro, ya sea aisladamente considerado en sus condiciones materiales, literarias, de antigüedad y de mérito, ya en colección o formando biblioteca. El conjunto de libros sobre un mismo tema: En este caso los libros de la Biblia, Las Sagradas Escrituras.

¿Qué es la biblia?

La palabra biblia del gr. *"biblion"* significa "rollo/libro/pergamino" se le colocó así el nombre por su conjunto de escritos, es diminutivo del gr. *"biblios"* que es *"hoja"* hay que tener claro que la palabra "biblia" no aparece en la biblia, sino más bien siempre se le menciona como la Escritura/el Rollo/el Libro *"Y se le dio el libro del profeta Isaías; y habiendo abierto el libro, halló el lugar donde estaba escrito"*[1].

Histórico culturalmente, en los tiempos de Jesús, la gente sabía que él era un judío devoto y experto en la materia Escritural por sus lecturas anteriores en la sinagoga, por lo general se leía el escrito de pie y se enseñaba sentado[2]. Más adelante las sinagogas siguieron adaptando lecturas de lecciones regulares populares, pero duramente en ese periodo los lectores tenían la libertad de escoger la lectura que desearan, y la más que predominaba era la de los profetas; más tarde se les permitió a los mismos lectores que elegían los escritos proféticos saltar pasajes. Se suponía que el ayudante de la sinagoga (ministro/chazan)[3] escogiera cual libro se debía leer ya que los diversos libros del Antiguo Testamento se encontraban por separado en diferentes rollos. *"Abrir"* tenía por significado desenrollar el rollo hebreo, pero se hacía en el lugar indicado. Jesús como experto en las Escrituras claramente sabía dónde, cuándo y cómo hacerlo. El solo hecho de que Jesús se inclinara al estudio adecuado de la Escritura afirma que todo el contenido que tiene es cierto, y que hay que creer en la totalidad de su contenido para recibirlo.

---

[1] Lucas 4:17
[2] Mateo 5:1-2
[3] Lucas 4:20

La Biblia afirma por sí misma ser la Palabra de Dios

La fuente confiable que ilustra la soberanía divina y su verdad

Oye, Israel: Jehová nuestro Dios, Jehová uno es. Y amarás a Jehová tu Dios de todo tu corazón, y de toda tu alma, y con todas tus fuerzas. Y estas palabras que yo te mando hoy, estarán sobre tu corazón; y las repetirás a tus hijos, y hablarás de ellas estando en tu casa, y andando por el camino, y al acostarte, y cuando te levantes. Y las atarás como una señal en tu mano, y estarán como frontales entre tus ojos; y las escribirás en los postes de tu casa, y en tus puertas - Deuteronomio 6:4-9.

El uso del término *"palabras"* del hb. *"dabar"*, significa *"materia"*, en este caso una *"enseñanza"*, era en sí un *"acta"*, un comunicado que expresaba consejos para el cumplimiento en una dependencia divina. Dicho discurso buscaba establecer un orden, para los judíos era sumamente importante ya que tenían la responsabilidad de transmitir el comunicado divino. Este en sí era el texto más importante del Antiguo Testamento para ellos, tanto así, que Jesús mismo como experto en la materia le llamo *"el primer y gran mandamiento"*[4] se referían a ello como *"shema"*, un nombre tomado de la primera palabra del mismo texto. Esta significa *"oír"*, en el sentido de obedecer. No solo se enfoca en la prioridad de creer en Dios, sino que marca drásticamente dos cosas: **1**) *Proviene de Dios*, y **2**) *debe haber una perseverancia en creer en Dios y lo que comunicó*. Con el paso del tiempo, la apropiada comprensión de la *"shema"* y sus implicaciones espirituales dejó de ser aplicada por el pueblo[5]. La ausencia del conocimiento salvífico llegó a ser un factor de inicio a la caída espiritual de Israel, la cual posteriormente llevaría a la deportación y exilio de Judá[6]. Esto nos da entender claramente que la esencia del contenido de la palabra de Dios goza de la misma esencia de Él y es sumamente necesaria para nosotros, de rechazar o ignorar su contenido se sufren consecuencias catastróficas.

Según su propio contexto histórico cultural, en relación con *"nuestro Dios uno es"* se podían identificar varios niveles de monoteísmo que se han caracterizado en sus creencias en diversos israelitas y en diversos periodos. El monoteísmo definitivo podía ser llamado monoteísmo filosófico *"solo hay un Dios existente"*. En cambio, el henoteísmo reconoce la existencia de otros dioses e insiste en la supremacía de un dios personal conceptual *(claramente es un error)*. Del mismo modo, la monolatría describe la situación en la que un grupo de personas o una sola, han tomado la decisión de adorar a un solo Dios, al margen de que si existen o no otros dioses. Finalmente, un monoteísmo práctico cree que existen una cantidad de

---

[4] Mateo 22:36-38
[5] Zacarías 7:2-14; Santiago 1:22-25
[6] Oseas 4:6

dioses, pero la mayor parte de su actividad religiosa y cultural tiene por enfoque una sola deidad en particular. El comunicado dado al pueblo en Deuteronomio no deja ni el más mínimo espacio para darle lugar al henoteísmo y a la monolatría, ya que directamente comunica lo que Dios desea y se enfoca en su persona como *único e inigualable*. La afirmación en este texto de que la deidad es única, en otros textos del antiguo cercano Oriente generalmente se relacionaba con la supremacía de su dominio. La afirmación insiste en una visión unificada de Dios. Del mismo modo que un dios *(conceptual/falso)* principal pudo tener una cantidad de diferentes santuarios, los cuales llegaron a enfatizar una perspectiva diferente de ellos en Mesopotamia considerando que Istar de Arbela e Istar de Uruk eran diferentes, las inscripciones de Palestina efectivamente indican que eso también era cierto en Israel, ya que hacen referencia a Adonai de Samaria y Adonai de Temán.

En el monoteísmo del antiguo cercano oriente había dos movimientos interpretados, el primero fue producido por el faraón egipcio Akenatón en el periodo general del Antiguo Testamento; el segundo mover fue introducido por el rey babilonio Nabonido en los años inmediatamente previos a la caída de Babilonia ante el rey persa Ciro. Estos dos movimientos no alcanzaron ni los 20 años de duración. En tales fechas el faraón trató de establecer el culto al disco solar, Atón, un dios sin mitología alguna el cual no tenía forma. Era más un concepto, ya que no lo podían ilustrar con imagen alguna como con los otros dioses los cuales le rendían su adoración. *Dios estableció directamente su Palabra para que el enfoque fuera Él mismo conforme ella* y no las deidades conceptuales, la división era tanta en sus creencias sobre los dioses que había división entre ellos, por tal razón Dios comunicó directamente a su pueblo su Palabra, para que no solamente el enfoque fuera el único Dios verdadero, sino que el pueblo estuviera en unidad en su servicio de adoración a Él.

Como en la gran mayoría de los idiomas modernos, el hebreo utilizaba metáforas anatómicas, hacía uso de referencias corporales para referirse a aspectos de la persona. La "mano" hacía referencia al poder/autoridad, el "brazo" a la fuerza, la "cabeza" liderazgo/sabiduría/lógica y así sucesivamente. Muchas de las metáforas llegaron al lenguaje actual por su inherente lógica. También hay que tener claro que no todas las metáforas tienen el mismo significado, los hebreos consideraban a los "riñones" como el asiento de la conciencia y la "garganta" la relacionaban con la esencia de la vida y la personalidad.

En nuestro idioma, el *"corazón"* es utilizado metafóricamente para ilustrar el asiento de las emociones, contrastando con la imagen de la lógica/razón. En el hebreo se usa tanto como el *centro de las emociones, la razón y el intelecto*. Los símbolos utilizados sobre las manos y la frente aluden a una lealtad a la deidad única en un recordatorio pleno de sus leyes y sus bendiciones hacia aquel que le rendía dicha lealtad[7]. Este texto afirma por si solo la *autenticidad de la Palabra de Dios y su veracidad, como la única fuente confiable que ilustra la soberanía divina y su verdad.* Podemos confiar plenamente en la palabra de Dios y su cumplimiento ya que goza de la misma autoridad de quien la comunicó.

Es el documento divino digno de ser recordado

Guardad cuidadosamente los mandamientos de Jehová vuestro Dios, y sus testimonios y sus estatutos que te ha mandado. Y haz lo recto y bueno ante los ojos de Jehová, para que te vaya bien, y entres y poseas la buena tierra que Jehová juró a tus padres - Deuteronomio 6:17-18.

La misma palabra de Dios no solo afirma ser divina, perfecta y eterna por quien proviene, sino que declara que debe ser atesorada y da testimonio sobre su veracidad. Hay dos palabras clave en este texto, la primera es *"guardar"* la misma proviene del hb. *"shamar"* alude *"cercar alrededor"*, hacer un cerco con espinos, es decir *proteger*, en este caso la palabra hebrea significa mantener/observar algo con un propósito seguido de un deber, es decir, poner en práctica la teoría. La otra palabra que vemos es *"testimonios"* la misma proviene del hb. *"'esa"* esta palabra figura la idea de permanecer en medio de un evento o un hecho, en sí es, establecer una marca que demuestra un hecho, o un suceso para no olvidarlo. La misma biblia afirma ser el documento divino que demuestra la verdad divina para que esta no sea olvidada.

Su contenido es considerado como autoridad final

Nunca se apartará de tu boca este libro de la ley, sino que de día y de noche meditarás en él, para que guardes y hagas conforme a todo lo que en él está escrito; porque entonces harás prosperar tu camino, y todo te saldrá bien - Josué 1:8.

La palabra *"libro"* aquí tiene un significado diferente al antes mencionado en Deuteronomio, la misma proviene del hb. *"sefer"* y significa: *"documento"* proviene de *"sifrah"*, es prestada de una palabra asiria que significa *"mensaje"*, esto se refiere a una carta. Cuando se piensa en el *"libro de la ley"* se supone que tiene páginas, está encuadernado y posee una cubierta por el solo hecho de mencionar la palabra libro, pero no es así. El término que se emplea aquí se refiere al mismo documento en sí, tal como la inscripción, un rollo, desde un papiro hasta una tabla hecha de barro. Tal libro históricamente habla sobre la copia de las *instrucciones* dadas a Moisés en Deuteronomio y el cual estaba colocado exactamente

[7] Números 6:24-26

frente el arca[8]. El éxito del ministerio de Josué debía depender de la aplicación personal y obediente a tal documento, al Dios mismo ordenar que *"siempre esté en los labios"*, da a entender que se reflexione su contenido, y sea considerado como el documento que se necesita leer y releer constantemente *(de forma audible)*, con esto se demuestra la autoridad de la biblia.

Es un documento divino perfectamente organizado

También escribió allí sobre las piedras una copia de la ley de Moisés, la cual escribió delante de los hijos de Israel. Y todo Israel, con sus ancianos, oficiales y jueces, estaba de pie a uno y otro lado del arca, en presencia de los sacerdotes levitas que llevaban el arca del pacto de Jehová, así los extranjeros como los naturales. La mitad de ellos estaba hacia el monte Gerizim, y la otra mitad hacia el monte Ebal, de la manera que Moisés, siervo de Jehová, lo había mandado antes, para que bendijesen primeramente al pueblo de Israel. Después de esto, leyó todas las palabras de la ley, las bendiciones y las maldiciones, conforme a todo lo que está escrito en el libro de la ley. No hubo palabra alguna de todo cuanto mandó Moisés, que Josué no hiciese leer delante de toda la congregación de Israel, y de las mujeres, de los niños, y de los extranjeros que moraban entre ellos **- Josué 8:32-35.**

Las piedras, no eran las del altar, sino más bien era una columna grande y muy visible. Aquí es importante hacer énfasis en *"palabras"*[9], es el mismo término utilizado en Deuteronomio para *"dabar"* como mencioné anteriormente. Aquí la ley estaba escrita en piedras monumentales. Según la historia en el 1754 a.C., existieron las leyes de Hammurabi *(sexto rey en babilonia)*, y escribió lo que se le conoce como las leyes de justicia en una columna para que fueran vistas por todos los habitantes, la columna media alrededor de 2,50 metros de altura y su propósito era que se consultara en los momentos necesarios. Las inscripciones hoy día en nuestra cultura occidental se colocan en lápidas conmemorativas, piedras en edificios, y otros lugares para que quienes las vean tomen memoria.

Los documentos antiguos en el cercano Oriente, en contraste con Occidente, eran colocados en lugares que se les consideraban sagrados y no eran accesibles al público, pero aquí el propósito era poner por escrito ante el pueblo lo que Dios comunicó para indicar no solo la frontera de las tierras entregadas por Él para su pueblo, sino también la importancia que tiene para Dios las palabras comunicadas. En relación con la lectura pública, en culturas donde una buena parte de la población era analfabeta, no poseían materiales escritos para su hogar, los únicos documentos que tenían eran los familiares necesarios, y la lectura de los documentos que tenían significado

[8] Deuteronomio 31:26
[9] Josué 8:34

religioso, cultural y político eran muy importantes y se acostumbraba a leerlos en voz alta para la información adecuada del pueblo mismo. Muchas culturas Orientales, en este caso los heteos, adoptaron cláusulas que requerían que los documentos se leyeran periódicamente al público *(historiadores afirman que hasta tres veces al año)*. En este caso, la misma cultura de tales tiempos establecía que la información se grabara no solo en las columnas, sino que se *grabara en la mente de cada uno en particular*. La misma biblia afirma con esto que es un documento sumamente importante por el hecho que proviene del único Dios verdadero y con ella se marcan los límites dados por el Señor y su conocimiento necesario para un orden, entonces, esto demuestra que *la biblia es organizada*.

Sus palabras son purificadoras

En cuanto a Dios, perfecto es su camino, Y acrisolada la palabra de Jehová. Escudo es a todos los que en él esperan - 2 Samuel 22:31.

La misma Escritura afirma que es en sí misma limpia, la palabra *acrisolada* viene del hb. *"tsaraf"* y significa *"refinada"* el crisol se utilizaba para dar forma al metal y purificarlo, en este caso la misma Escritura afirma que ella *en su esencia es pura, y saca la escoria*. La palabra *"'emrah"* en este caso *"enseñanza divina"* es sumamente eficaz por quien la comunica, ella es limpia porque es impartida por el ser existente más altamente puro. Sus palabras purifican a quienes las atesoran.

Afirmaciones propias de las Escrituras

En los cinco libros de los Salmos (**1:2; 12:6; 19:7-11; 93:5; 119:9, v.11, v.18, v.89-93, v.97-100, v.104-105, 130**) se puede ver claramente la afirmación propia de la palabra de Dios como:

1) **Ley**[10], la misma viene del hb. *"torah"* y alude a un *"precepto/estatuto"*, aquí establece una enseñanza legal que brinda dirección al lector, la ley siempre fue considerada como la *ley eterna*, por el hecho de que proviene del Eterno. Los judíos hacían una clara afirmación sobre la *"torah"* con *"yarah"* que es la importancia de enseñarla, la palabra de Dios aquí afirma que es eterna y sumamente importante transmitirla tal cual.
2) **Ley Perfecta**[11]**:** La palabra *"perfecta"* del hb. *"tamim"* significa *"entera"* en este caso habla literal y moralmente, enfatiza la integridad de esta como una *sin defecto*. La biblia afirma que *es perfecta*, y en su perfección comunica varias cosas importantes, **A**) *convierte "transforma" el alma*, **B**) *es fiel*, **C**) *imparte sabiduría*,

[10] Salmos 1:2
[11] Salmos 19:7-11

D) *son mandamiento*, no recomendaciones, **E**) *es recta*, **F**) *su precepto arroja luz*, **G**) *alegra la vida del lector que cree*, **H**) *imparte temor reverente y permanencia en ello*, **I**) *su juicio es verdadero*, **J**) *su valor es más que cualquier tesoro en la tierra*, **K**) *amonesta con dulzura*. Histórico culturalmente, en el mundo antiguo los judíos entendían claramente al hablar sobre el sol que la justicia divina *(su ley)* brillaba más que el mismo, por ello hace tal referencia el salmista utilizando esa imagen aunque no haga mención alguna sobre el sol, lo hace en relación al *alumbramiento de su luz a los ojos humanos*, la figura de los ojos era usada en el antiguo oriente para hablar sobre la vida misma del ser humano, si la luz del sol no era vista por sus ojos daba entender que había muerto. Por otra parte, la imagen del oro fino era muy conocida en la antigüedad, simbolizaba algo *puro*, con ello se da entender que su *perfección es tanta que es plenamente pura*, la miel representaba un recurso natural *(miel de dátil, no de abeja)*, en este caso la perfección de la palabra de Dios abarca tanto lo eterno y cubre todo, eso incluye lo natural, dando entender que *nada se le escapa*.

3) **Ley Maravillosa**[12]**:** La palabra *"maravillas"* del hb. *"pala'"* significa *"extraordinario"* tal ilustración aludía algo que sobrepasa lo imaginable, en este caso más allá de lo eterno, la mente finita del ser humano puede ser abierta a una más clara comprensión de las cosas eternas de Dios mediante ella, entonces la misma biblia afirma ser *el documento eterno, necesario y perfectamente establecido para mostrar todo aquello que sobrepasa nuestras limitaciones*.

Es suprema sobre todas las letras

Toda palabra de Dios es limpia; Él es escudo a los que en él esperan. No añadas a sus palabras, para que no te reprenda, Y seas hallado mentiroso - Proverbios 30:5-6.

La biblia afirma que en su totalidad es limpia, no hay parcialidad, sino que toda proviene de Dios, la palabra *"Dios"* del hb. *"'elohim"* habla aquí en singular, aunque en muchos escritos antiguos habla en plural y significa *"el supremo"*, al provenir de un ser supremo participa de su supremacía, la biblia afirma por si misma ser *la palabra más alta existente entre todas las letras*. Al ser la letra más elevada de todas las que pueden existir goza de igual forma de una limpieza única, la palabra *"limpia"* viene del hb. *"tsaraf"* como antes se mencionó para pureza, con esto en mente la misma biblia afirma que *es imposible suplantarla por su carácter divinamente puro*.

[12] Salmos 119:18

Cumple su objetivo

Porque como desciende de los cielos la lluvia y la nieve, y no vuelve allá, sino que riega la tierra, y la hace germinar y producir, y da semilla al que siembra, y pan al que come, así será mi palabra que sale de mi boca; no volverá a mí vacía, sino que hará lo que yo quiero, y será prosperada en aquello para que la envié - Isaías 55:10-11.

En al antiguo Oriente se creía que Dios era uno soberano *(solo por los creyentes/los demás creían en dioses soberanos falsos)* y que sus órdenes y mandatos era imposible revocarlos, ya que tenían su cumplimiento sin excepción. Por otra parte, los creyentes siempre enfocaron su fe en que las órdenes divinas no se podían cambiar y sus decisiones se llevaban a cabo al pie de la letra. Relacionado a ello, aquí hay dos palabras sumamente importantes, la primera es *"palabra"* del hb. *"dabar"* que significa *"materia"* esto alude la *comunicación divina transmitida desde su propio ser*, por ello dice claramente que tal comunicado *proviene de su propia boca*, la palabra *"boca"* del hb. *"peh"* significa *"habla"* y expresa el medio por el cual se comunica lo deseado, con esto la misma biblia afirma ser proveniente de Dios y transmitida al hombre de forma correcta para que se lleve a cabo su cumplimiento. *La Escritura se cumple tal cual.*

Es efectiva

Fueron halladas tus palabras, y yo las comí; y tu palabra me fue por gozo y por alegría de mi corazón; porque tu nombre se invocó sobre mí, oh Jehová Dios de los ejércitos - Jeremías 15:16; El profeta que tuviere un sueño, cuente el sueño; y aquel a quien fuere mi palabra, cuente mi palabra verdadera. ¿Qué tiene que ver la paja con el trigo? dice Jehová. ¿No es mi palabra como fuego, dice Jehová, y como martillo que quebranta la piedra? - Jeremías 23:28-29.

La biblia afirma que ella es como trigo que alimenta, fuego que purifica, y martillo que hace penetrar su mensaje hasta en los lugares más difíciles. Tiene las cualidades adecuadas que prevalecen.

Es confiable

Pero yo te declararé lo que está escrito en el libro de la verdad; y ninguno me ayuda contra ellos, sino Miguel vuestro príncipe - Daniel 10:21.

Hay dos palabras sumamente importantes aquí, y son *"escrito y libro de la verdad"*, la primera viene del hb. *"kathab"* y significa *"registro"* aquello que está grabado, y la segunda viene del hb. *"'emet"* que es *"fiel/estable"*

alude algo recto, la verdad llegó a ser en tales tiempos el medio de evaluar las motivaciones y acciones de una persona. En la antigüedad se hacían comparaciones entre escritos *(en babilonia usaban su tabla de destinos la cual contenía y dictaba el curso de la historia de su pueblo)* aquí la biblia *afirma estar asociada con lo benigno*, en este caso las Escrituras comunican ser el único documento verdadero y fiel por su carácter, es completamente confiable por encima de cualquier otro escrito y no tiene comparación ya que es cierto y verdadero a su totalidad.

Su inspiración literal, todo es importante

No penséis que he venido para abrogar la ley o los profetas; no he venido para abrogar, sino para cumplir. Porque de cierto os digo que hasta que pasen el cielo y la tierra, ni una jota ni una tilde pasará de la ley, hasta que todo se haya cumplido. De manera que cualquiera que quebrante uno de estos mandamientos muy pequeños, y así enseñe a los hombres, muy pequeño será llamado en el reino de los cielos; más cualquiera que los haga y los enseñe, éste será llamado grande en el reino de los cielos - Mateo 5:17-19; Entonces respondiendo Jesús, les dijo: Erráis, ignorando las Escrituras y el poder de Dios - Mateo 22:29.

La mayoría de los revolucionarios rompen los vínculos con la historia y repudian el orden tradicional existente. No fue así con Jesús. Él reafirmó la ley e insistió en que debía ser cumplida. Jesús no había venido a romper la ley o los profetas, sino para cumplir. Cristo habló con claridad que *ni una jota ni una tilde pasarían de la ley hasta que todo se hubiese cumplido totalmente*. La jota, *"yod"*, es la letra más pequeña del alfabeto hebreo; la tilde es un pequeño trazo o proyección que sirve para distinguir una letra de otra, de una manera semejante a como el trazo inferior de la *E* mayúscula se distingue de la *F* mayúscula y en el castellano una *R* de una *P*.

Jesús creía en *la inspiración literal* de la Biblia, incluso en lo que pudiese parecer pequeños detalles carentes de importancia ante los ojos del ser humano como lo era en tales tiempos. *Nada en la Escritura, ni el más pequeño trazo, carece de importancia*. Es importante observar que Jesús no dijo que la ley jamás pasaría. Dijo que *no pasaría hasta que todo fuese realizado*. Esta distinción tiene consecuencias para muchos creyentes hoy día, ya que la relación del creyente con la ley es algo compleja, se necesita dedicar un cierto tiempo para estudiar la enseñanza de la biblia acerca de este tema. Las demandas éticas que presenta Cristo al comienzo del sermón del monte (Mt 5:3-16) no son menores que las de la Ley dada a Moisés (Mt 5:21-26). Los maestros judíos en tales tiempos afirmaban que una persona abolía la ley cuando desobedecía (Deut 27:26), solo de esa manera demostraba que rechazaba su autoridad.

Una rebelión así en contra de la Ley en contraste con los pecados específicos era una garantía de expulsión social y espiritual de la propia comunidad judía. La acusación de arrastrar a otros abiertamente para que creyesen que la ley no estaba en vigor era aún mucho peor. *Cristo se opuso no a la ley, sino a una mala interpretación de ella*, por lo cual los líderes religiosos de ese tiempo colocaban reglamentos fuera de su carácter. Jesucristo hace referencia a la *"yodh"*, como bien mencioné, la letra más pequeña del abecedario hebreo. Relacionado a ello, más adelante los rabinos contaban historias sobre Dios cambiando el nombre de Saraí por Sara, la *yodh* fue quitada y según su historia se quejaba con Dios, su quejido duro muchas generaciones hasta que Dios la reinsertó nuevamente en el nombre de Josué.

Los rabinos judíos usaban ilustraciones como esa para enseñar que la Ley era sagrada y que no se podía considerar parte alguna de ella tan pequeña como para no guardar su importancia. Los rabinos de la época decidieron que el mayor de los mandamientos era honrar a sus padres, y que el menor era respetar hasta un ave como cría; su razonamiento era que ambos debían ser considerados para recompensas de la vida sobre la base de textos antiguos como (Éx 20:12; Deut 22:7). Muchos han pensado, que pasaría si se cumple uno y se rompe el otro, aquí Cristo no da ni el más mínimo espacio para hipérboles como otros maestros judíos utilizaban para afirmar *"Dios hará responsable a cualquiera que tenga en poco aún el mandamiento más pequeño"*.

Hay un punto importante aquí, la biblia hace uso en este texto de las palabras *"ley y profetas"*, la palabra *"ley"* en este caso proviene del gr. *"nomos"* derivada de *"nemos"* que significa *"alimento"* esta palabra era usada para *pastos para el rebaño*, aquí hace uso de la idea de una *"reglamentación"* la cual es necesaria y alude que es el alimento correcto. Luego está la palabra *"profetas"* la misma del gr. *"profetes"* significa *"predicción"* está compuesta de *"pro"* que es *"antes/desde"* y de *"femi"* que es *"decir"*, en este caso alude *la inspiración divina para comunicar los hechos*, es interesante que tanto la ley como los profetas, exponen en su mensaje a la persona de Cristo (Lc 24:27, vv. 44-45), esto demuestra en su ejemplo personal que *la palabra de Dios debe ser la fuente de la vida del creyente así como era la base de todo lo que Él hacía* (cf. Mt 4:1-11). La misma biblia afirma ser una completamente *confiable e infalible* porque proviene de un ser preeminente, por lo tanto, *es imposible que esta falle*. Por otro lado, Jesús en (Mt 22:29) expone que ignorar las Escrituras lleva a la persona a ignorar la misma capacidad divina de ejecutarla. Entonces, es lógico pensar que *la biblia es la base por la cual Dios mismo ejecuta la manifestación de su soberanía para el entendimiento del humano*. Ella afirma ser la manifestación del poder de Dios por su pleno cumplimiento a totalidad.

Su cumplimiento es absoluto

El cielo y la tierra pasarán, pero mis palabras no pasarán - Marcos 13:31.

Jesucristo hizo énfasis en el absoluto cumplimiento de cada una de sus predicciones. Los cielos atmosféricos, así como la tierra misma, pasarán. Los elementos, al ser deshechos se fundirán. Pero cada palabra pronunciada por Él permanecerá y se cumplirá. Otros maestros en tales tiempos observaban que era más fácil que pasara el cielo y la tierra antes de que Dios olvidara su pacto y sus palabras[13]. Jesús habla aquí de sus palabras de igual forma. Al Jesucristo hacer uso *"mis palabras no pasarán"* es un futuro negativo enfático, el peso recae sobre la palabra *"No"*, haciendo énfasis en que *su cumplimiento es y será tal cual está escrito*. La biblia como palabra de Dios se llevó, se lleva y se llevará a cabo por quien la expresó, eso es una garantía de que *es imposible que las Escrituras sean alteradas*.

Es elevadamente moral

Pero más fácil es que pasen el cielo y la tierra, que se frustre una tilde de la ley - Lucas 16:17.

Más fácil es que pasasen el cielo y la tierra, que se frustrase una tilde de la ley. Una tilde de la ley se podría comparar con la rayita horizontal de la «t» o el punto en la «i»[14]. Los fariseos pensaban que se encontraban en el reino de Dios, pero Cristo les dio entender lo contrario: «*No pueden descuidar las grandes leyes morales del reino y pretender tener un puesto en el*». La biblia afirma ser la única regla de moral y conducta adecuada ya que fue expresada por el único ser moralmente puro, entonces se puede entender que *su carácter es perfectamente santo y elevadamente moral*.

Cristo es la garantía de su cumplimiento

Por tanto, cuando resucitó de entre los muertos, sus discípulos se acordaron que había dicho esto; y creyeron la Escritura y la palabra que Jesús había dicho - Juan 2:22; Si llamó dioses a aquellos a quienes vino la palabra de Dios (y la Escritura no puede ser quebrantada) - Juan 10:35.

En muchas ocasiones la palabra profética se entendía solo en una mirada retrospectiva[15]. Muchos judíos en tales tiempos como lo demuestra específicamente los rollos del mar muerto interpretaban las Escrituras de esa forma. Mucho después que el Señor Jesús fue crucificado y resucitase de

---

[13] Jeremías 31:35-37
[14] Como antes mencionado en Mateo 5:18
[15] P.ej. 2 Reyes 9:36-37

entre los muertos[16], sus discípulos se acordaron de que Cristo había anunciado que resucitaría en tres días. Con su grandioso *cumplimiento de la profecía delante de sus propios ojos, creyeron a la que la Escritura y a la palabra que Jesús decía.*

A menudo el ser humano en su mente finita llega a verdades difíciles de entender. Pero aquí se aprende que se debe atesorar la Palabra de Dios en los corazones. Algún día, el Señor clarificará a cada uno individualmente, aunque no se logre comprender ahora a totalidad. Cuando dice que creyeron a la Escritura, significa que creyeron las predicciones del Antiguo Testamento tocante a la resurrección del Mesías. El énfasis que el gran Maestro por excelencia le da al comunicado recae en las palabras *"Escritura y Palabra"*. Escritura del gr. *"grafe"* significa *"documento"*, para los oyentes de Jesús en ese entonces claramente daba entender el *"Documento Santo"* por su contenido y por quien provenía. Esta palabra proviene de *"grafo"* que es *"escribir/escrito"* al hacer uso de esta se entiende que solo una mente perfectamente inteligente podía hacer algo tan perfectamente organizado y exacto en su cumplimiento, al Jesús ser la encarnación de la promesa divina, se garantiza claramente su cumplimiento absoluto, al hacer uso de *"palabras"* del gr. *"logos"* alude *"dichos"*, en este caso una misma línea de pensamiento, con esto se puede comprender que *las palabras de Jesús son las mismas que las palabras del Padre en el Antiguo Testamento*, y que Él, como deidad encarnada es la expresión inteligible de la misma, *Cristo es la garantía del cumplimiento divino de su Palabra.*

Su inerrancia garantiza una cualidad y calidad de vida elevada

De cierto, de cierto os digo: El que oye mi palabra, y cree al que me envió, tiene vida eterna; y no vendrá a condenación, más ha pasado de muerte a vida - Juan 5:24.

El Señor Jesús tenía poder para dar vida y de igual forma asimismo le había sido encomendada la obra de juicio. Aquí se puede observar cómo se puede recibir vida espiritual de parte de Él y escapar del juicio. Éste es uno de los versículos favoritos del evangelio en la Biblia. Multitudes han llegado a ser cautivados en la vida eterna mediante su mensaje. Indudablemente, la razón de que sea tan querido es por la forma en que expone el camino de la salvación con tanta claridad. El Señor Jesús comenzó las palabras de este versículo con la expresión *De cierto, de cierto*, llamando la atención a la importancia de lo que iba a decir. Luego añadió el anuncio personal: *Os digo*. El Hijo nos habla aquí de una manera muy íntima. *El que oye mi palabra*. Oír a Jesús significa no sólo escucharlo, sino más bien *recibir, creer y obedecer*. Muchos son los que oyen la predicación del evangelio, pero nada hacen acerca de este. El Señor está diciendo aquí que Su enseñanza es

[16] Juan 2:22

completamente divina, y que se debe creer que Él es verdaderamente el salvador del mundo. *Y cree al que me envió*. Es cuestión de creer a Dios. Pero *¿significa que una persona es salvada simplemente por creer en Dios?* Muchos profesan creer en Dios, pero nunca han sido transformados. No, el pensamiento aquí es que se ha de creer a Dios, que envió al Señor Jesucristo al mundo. *¿Y qué es lo que se debe creer?* Se debe creer que Dios envió al Señor Jesús para que fuese el salvador. *Se debe creer lo que Dios dice acerca de Jesús*, es decir, que Él es el único salvador, y que los pecados sólo pueden ser quitados mediante su obra salvífica en el calvario. Luego dice, *Tiene vida eterna*. Observe bien que no dice *tendrá vida eterna*, sino que la posee en el presente.

La vida eterna es la misma vida del Señor Jesucristo. No es sólo una vida que durará para siempre, sino que es una *cualidad y calidad* de vida superior la cual el centro es Cristo mismo y su palabra. Es la vida del salvador que es impartida a los que creen en Él. Es la vida espiritual recibida cuando se nace de nuevo, en contraste con la vida natural que se recibe en el nacimiento físico. Y no viene a juicio. El pensamiento aquí es que el creyente no es condenado en el tiempo presente ni lo será jamás en el futuro. El que cree en el Señor Jesús queda libre de juicio porque Cristo ha pagado la pena por sus pecados en la cruz del calvario. Dios jamás exigiría dos veces la paga de su pena, jamás recrucificaría a su Hijo. Cristo pagó como el perfecto sustituto, y eso es más que suficiente. Él ha consumado la obra, y no se puede añadir nada a una obra consumada. El creyente jamás será castigado por sus pecados gracias a su Gracia. Sino que ha pasado de la muerte a la vida. El que ha confiado en Cristo ha pasado de un estado de muerte a uno de vida. Antes de su regeneración, estaba muerto en delitos y pecados *(más adelante abundaré en el tema)*. Estaba muerto a todo lo que fuese amor a Dios o comunión con Él. Al ser elegido en su amor y depositar su fe en el Señor, vino a ser morada del Espíritu de Dios, y poseedor de la vida divina.

Históricamente, la vida eterna, la vida del mundo venidero, se suponía que estaría disponible solo cuando los muertos fueran resucitados; según la tradición judía antigua, se tenía la creencia que Jesús se adelantó al paso del tiempo e hizo una escala para hacer un cambio en la historia, eso fue causa de grandes conflictos teológicos, ya que la Escritura misma afirma que Cristo vino en el tiempo adecuado (Gál 4:4-6), aludir eso es rechazar la preeminencia divina *(su amplio conocimiento de todo siempre son su presente)* y negar por completo que Dios es soberano (Dan 4:35). En este verso la misma Escritura afirma dos cosas importantes, tanto la palabra *"oye"* como la palabra *"cree"* ambas son un participio presente, es decir, expresa una acción continua o repetida, entonces con esto queda evidenciado que al prestar atención detenidamente en plena reflexión a las palabras del Hijo *(las cuales son las mismas que las del Padre)*, y se cree en ellas como tal, se es vivificado. *La misma biblia afirma ser la palabra vivificadora*. La

Escritura no puede ser privada de su plena autoridad e inerrancia[17]. Jesús mismo afirmó que *"no puede ser quebrantada"*, según el texto la palabra griega utilizada es *"luo"* que significa *"disolver"*, es imposible que la misma se disuelva porque es *eterna, perfecta y plena en sí misma.*

Todo orden divino es confirmado por ella

Y éstos eran más nobles que los que estaban en Tesalónica, pues recibieron la palabra con toda solicitud, escudriñando cada día las Escrituras para ver si estas cosas eran as - Hechos 17:11 (RV60).

El judaísmo consideraba como nobles a las personas que cotejaban todo en las Escrituras y que de manera diligente escuchaban a sus maestros. Al igual que los filósofos griegos de la época, los cuales alababan a aquellos que prestaban atención detenidamente a la expresión de los exponentes. Los hermanos en Tesalónica pensaron que sería mejor que los predicadores se retiraran, y así, de esa forma, estos fueron a Brea. Estos evangelistas entraron directamente en la sinagoga de los judíos a predicar el evangelio, los judíos de tal región mostraron su disposición abierta escudriñando la Escritura, comprobando y comparando las Escrituras del Antiguo Testamento con lo que ellos decían. Mostraron una actitud de sencillez y estaban dispuestos a aprender, tenían la motivación e inclinación de examinar todas las enseñanzas por las Sagradas Escrituras. Creyeron muchos de esos judíos. Y hubo también una buena cantidad de convertidos, entre ellos mujeres griegas de distinción, y bastantes hombres. La misma biblia afirma que todo lo expresado en el Nuevo Testamento es la continuidad del Antiguo. Esta se expresa como una que *debe ser estudiada*[18] ya que *mediante ella se puede confirmar todo orden divino.*

Enfoca al hombre hacia una fe adecuada

Así que la fe es por el oír, y el oír, por la palabra de Dios - Romanos 10:17.

Aquí Pablo observa que la creencia mencionada por el profeta[19] brota del mensaje oído, y que el mensaje viene por medio de la palabra acerca del Mesías. De modo que da la conclusión de que la fe viene por oír mediante la palabra de Dios. *La fe viene a los hombres cuando oyen la predicación tocante a Jesucristo, que naturalmente se basa en la Escritura.* Pero oír con los oídos no es suficiente. Es necesario escuchar con un corazón y mente abiertos, con disposición a la verdad de Dios. El que así lo haga descubrirá que la Escritura mostrará la verdad, y que la verdad se acredita a sí misma.

---

[17] Juan 10:35
[18] Juan 5:39.
[19] Isaías 53:1

Entonces, creerá. Hay que aclarar que el *"oír"* al que se alude en este texto no involucra exclusivamente al sentido de audición natural. De modo que *"oír"* significa *recibir la palabra*. Pablo no solo está hablando sobre el tema del profeta Isaías, sino que hace uso adecuado del Antiguo Testamento[20]. Entonces con esto se entiende que solo mediante la biblia la fe saludable en Cristo puede venir a ser parte esencial de aquel que le presta atención.

Revela lo necesario acerca de Dios

Lo cual también hablamos, no con palabras enseñadas por sabiduría humana, sino con las que enseña el Espíritu, acomodando lo espiritual a lo espiritual. Pero el hombre natural no percibe las cosas que son del Espíritu de Dios, porque para él son locura, y no las puede entender, porque se han de discernir espiritualmente. En cambio, el espiritual juzga todas las cosas; pero él no es juzgado de nadie. Porque ¿quién conoció la mente del Señor? ¿Quién le instruirá? Mas nosotros tenemos la mente de Cristo - 1 Corintios 2:13-16.

Solo Dios conoce lo que hay en su propio corazón, pero debido a que el creyente goza de la promesa divina de su Espíritu, puede conocer su corazón hasta cierto punto *(la mente finita del hombre es incapaz de concebir la eternidad perfecta de Aquél que trasciende todo)*. La afirmación extrema y radical del judaísmo antiguo afirmaba que, si era posible conocer a Dios en plenitud, en cambio, otros creían que el Espíritu de Dios no estaba en actividad en sus días. Este verso expresa varias cosas importantes que deben ser consideradas:

A) *la Escritura es el lado opuesto a la sabiduría humana corrupta.*

B) *proviene del mismo Espíritu de Dios.*

C) *la autoridad de la Escritura acomoda las cosas en su lugar correcto.*

D) *solo mediante el Espíritu de Dios puede ser comprendida a cabalidad, no con la razón solamente* (ilumina el entendimiento).

E) *capacita con discernimiento* (la capacidad de conocer correcto e incorrecto).

F) *equipa al creyente con la mente de Cristo* (vivir como Él, y ver todo a la luz de su persona y obra ejemplar).

Esto lleva a comprender que la Escritura es completamente divina y solo puede ser comprendida a la luz de su Espíritu. El apóstol hace uso de Isaías con una pregunta retórica: *¿Quién conoció la mente del Señor, para que pueda instruirle?* El planteamiento de esta pregunta implica su respuesta. Dios no puede ser conocido por la sabiduría ni por el poder de los hombres. Él es conocido sólo en tanto que decida darse a conocer (Mt 11:25).

Solo los que tienen la mente de Cristo pueden comprender las profundas verdades de Dios. Así, para repasar lo visto, Dios se ha revelado a los

---

[20] Deuteronomio 30:14

hombres mediante sus medios, la creación (Rom 1:20) el Hijo (Mt 11:27), y su Santo Espíritu por la Escritura (2 Tim 3:16-17), estas verdades antes desconocidas fueron mostradas en el ejemplo de Cristo (Lc 24:27, vv.44-45). Y tales verdades fueron dadas a conocer de manera sobrenatural por el Espíritu de Dios a sus hijos. La misma Escritura afirma su inspiración (1 Cor 2:13). En la transmisión de estas verdades a otros, los apóstoles *(y todos los otros escritores)* usaron las mismas palabras que el Espíritu les enseñó para emplearlas. En base a su iluminación (1 Cor 2:14–16) las verdades fueron milagrosamente reveladas y por igual fueron inspiradas, para ser *comprendidas por el poder sobrenatural del Espíritu.*

Imparte sabiduría

La palabra de Cristo more en abundancia en vosotros, enseñándoos y exhortándoos unos a otros en toda sabiduría, cantando con gracia en vuestros corazones al Señor con salmos e himnos y cánticos espirituales - Colosenses 3:16.

Todo creyente debe vivir en conformidad a la luz que el Señor le haya dado. No servirá esperar hasta llegar a un pleno conocimiento de lo que se le demanda a quien dice creer en Dios. Aquí Pablo comunica que la palabra de Dios es la única fuente que logra llevar a las personas en dirección correcta. La Escritura misma afirma en este verso que ella:

A) *enseña.*

B) *exhorta.*

C) *imparte sabiduría.*

El término *"more"* del gr. *"enoikeito"* significa *"que viva en"* dando a entender *"que se sienta en casa",* nótese que menciona *salmos e himnos y cánticos espirituales*, esto apunta a una inclinación inteligente hacia lo escrito en el Antiguo Testamento, comunicando con ello que todo lo dicho en los libros poéticos antiguos hablan sobre Jesucristo, eso obviamente se ve al mencionar *"cánticos espirituales"* lo cual se refiere a la gracia y salvación que Cristo proporciona, por tal razón Pablo apunta a que *"la palabra de Cristo more en abundancia"*, con esto se entiende que la biblia es el documento esencial para el verdadero crecimiento, y esta no pierde la efectividad de su cumplimiento, la esencia del mensaje presentado es que las Escrituras deben cubrir todos los aspectos de la vida del creyente controlando pensamiento, palabra y conducta gracias a su sabiduría impartida.

Actúa eficazmente en quienes creen

Por lo cual también nosotros sin cesar damos gracias a Dios, de que cuando recibisteis la palabra de Dios que oísteis de nosotros, la recibisteis

no como palabra de hombres, sino según es en verdad, la palabra de Dios, la cual actúa en vosotros los creyentes - 1 Tesalonicenses 2:13.

La mayoría de nosotros queremos que los otros crean lo que decimos sencillamente porque lo decimos nosotros. Pero la palabra del hombre es un débil fundamento para la fe. *Sólo se puede confiar plenamente en Dios y su palabra, y es sólo cuando confiamos en su palabra que se producen resultados verdaderos en nuestras vidas*. Esto es lo que sucedió a Tesalónica, la palabra obró de manera eficaz en sus vidas porque creían.

En la antigüedad había sin número de historias sobre gente que rechazaba a los mensajeros divinos pensando que era oportunistas; Pablo aquí está siendo agradecido de que los creyentes tesalónicos le recibieron a él y a sus acompañantes de forma adecuada. La palabra de Dios según el texto afirma que:

A) *no proviene de hombre.*

B) *es verdad.*

C) *es de Dios.*

D) *es activa.*

La actividad perfecta de la Escritura se basa en la misma palabra del gr. *"energeo"* para *"actúa"* utilizada en el verso, esta significa *"eficiente"* y proveniente de *"energes"* que es *"ser eficaz"* aludiendo con ello que cumple su cometido. *Rechazar la palabra de Dios es rechazar al autor de esta*, por esa razón es que muchos no participan de sus beneficios. La Palabra de Dios solo actúa eficazmente en quienes creen en ella.

Exhorta a que sea estudiada e interpretada adecuadamente

Procura con diligencia presentarte a Dios aprobado, como obrero que no tiene de qué avergonzarse, que usa bien la palabra de verdad - 2 Timoteo 2:15.

Timoteo debía *"con diligencia presentarse"* a Dios *"aprobado"*. Sus esfuerzos debían concentrarse en ser un obrero que no tiene nada de qué sentir vergüenza. Esto podría hacerlo utilizando rectamente la *"palabra de verdad"*. Esta última expresión significa manejar correctamente las Escrituras, *"cavar una línea profunda"*, tratar la verdad de una manera plena y sin adulterarla. A las imágenes de soldados, atletas y labradores del contexto inmediato al verso mencionado, Pablo les agrega ahora la imagen de un *"obrero"*, historiadores creen que habla de su propio trasfondo como hábil artesano que era. Históricamente, los judíos debían captar el mensaje y trazar una línea con la *"la palabra de verdad"* eso significaba para ellos *"hacer un surco profundo"*, como simbolismo de estudiar adecuadamente la Escritura hasta más no poder (Sal 119:43). El énfasis recae en presentar la verdad en contraste con el hueco de las palabras vacías (cf. 2 Tim 2:14-16).

Se puede observar claramente en el texto varios puntos de suma importancia, primeramente, la palabra *"procura"* proyecta una acción simple y definida, un sustantivo verbal que indica el propósito, en este caso *"procura"* es una *orden*, la misma Escritura exhorta a su lector a que este sea uno *diligente en el estudio adecuado de su contenido por la gran importancia que tiene*. Malinterpretar su palabra equivale a malinterpretar a su autor, por eso recae el peso sobre procurar hacer buen uso de ella, al Pablo exponer *"usa bien"* del gr. *"orthotomeo"* significa *"hacer un corte correcto, examinar"*, en este caso alude *"ser hábil"* en la *"palabra de verdad"* (Jn 17:17). La Escritura afirma sobre si misma que debe ser estudiada e interpretada adecuadamente por la importancia de su contenido y el ejemplo plasmado en ella sobre la persona y obra de Cristo.

Sagrada, útil y sin errores

Y que desde la niñez has sabido las Sagradas Escrituras, las cuales te pueden hacer sabio para la salvación por la fe que es en Cristo Jesús. Toda la Escritura es inspirada por Dios, y útil para enseñar, para redargüir, para corregir, para instruir en justicia, a fin de que el hombre de Dios sea perfecto, enteramente preparado para toda buena obra - 2 Timoteo 3:15-17.

"Toda Escritura", se refiere concretamente al Antiguo Testamento, y también a aquellas porciones del Nuevo que entonces no existían y estaban en proceso de comunicación a los hombres escogidos por Dios. Pedro habla de las Epístolas [*Cartas*] de Pablo cómo *"Escrituras"* (2 Ped 3:16) en el día de hoy está justificado ampliar este verso a toda la Biblia. Histórico culturalmente hablando, la inspiración de la profecía, la poesía y la música estaba ampliamente difundida en el mediterráneo antiguo. La creencia era naturalmente ampliada a libros proféticos. El énfasis que se hace en cuanto a la inspiración de las Escrituras se equipa con las designaciones veterotestamentarias para la ley y las profecías divinas como *"Palabra de Dios"*. El judaísmo casi de manera universal acepta el Antiguo Testamento como *"Palabra de Dios"*. Al ofrecer su lista de ejemplos sobre *"Toda buena obra* (v.17)*"*. Pablo emplea términos comunes de la educación antigua (v.16); *"Capacitado"*. Estos términos caracterizaban especialmente a la educación griega *(LXX "Septuaginta" usa el término "disciplina")*. La reprensión era especialmente importante en el judaísmo, donde primero debía hacerse privado y con gentileza. La autoridad, la fuente y el contenido apropiado para cualquier de estas obras era y es las Escrituras.

Este es uno de los versos más importantes de la biblia, ya que se expresa a sí misma como *"sagrada"*[21] y nos enseña que las *"Escrituras son inspiradas por Dios"*, la palabra *"inspirada"* del gr. *"theopneustos"* quiere

[21] 2 Timoteo 3:15

decir *"soplada por Dios"*, refiriéndose a la vida que en ella hay por parte de su origen y el efecto de su comunicación al hombre. De forma milagrosa Dios comunicó su *"palabra"* a los hombres y los condujo a escribirla para ser *preservada de manera permanente*. Lo que ellos escribieron era la misma *"palabra de Dios"*, inspirada y *sin error alguno*, no un concepto personal sobre ella. Las palabras fueron dadas por el *"Espíritu"*. Sí se lee (1 Cor 2:13), este verso comunica que los escritores emplearon las palabras que les enseñó el Espíritu. Los escritores de la Biblia no dieron su propia interpretación privada de las cosas, sino que escribieron el mensaje que les fue dado por Dios tal cual les fue comunicado a ellos en una línea perfectamente contextual al Antiguo Testamento (2 Ped 1:19-21).

Dios dirigió la actividad de estos hombres, utilizando sus personalidades individuales, para componer y registrar sin error alguno *(Manuscritos originales, aunque las copias son fieles)* la Palabra de Dios a los hombres. Cristo atestiguó que la inspiración se extiende a las Palabras mismas (Mt 5:18, Jn 10:35). Pablo cita en (1 Tim 5:18) a (Deut y Lc) en un mismo verso como *Escritura*. La inspiración no implica un dictado mecánico, sino un registro exacto de las palabras de Dios la cual se extiende solo a los mensajes originales. Aquí se puede observar claramente cuál es el propósito divino de la Escritura[22]:

1. **Útil:** Cada una de sus palabras es útil, es el único alimento espiritual Escrito que sale de Dios. La palabra *"útil"* del gr. *"ofélimos"* significa *"provechoso"*. Denota: *"marcar el horizonte" "poner límites necesarios"*.
2. **Para enseñar:** Doctrina. Expone la mente de Dios tocante a temas concernientes a Él. Nos muestra y enseña la perfecta voluntad de Dios, que le agrada y que no le agrada, *"enseñar"* del gr. *"didarkalia"* significa *"Instrucción"*. Mostrar la materia de crecimiento. La Escritura nos informa.
3. **Para redargüir [reprender]:** Al leer la Biblia, esta nos habla de manera directa acerca de aquellas cosas en nuestras vidas que desagradan a Dios. También es provechosa para refutar los errores y responder al tentador [*Satanás*] - (Mt 4:1-11) Jesús la utilizó en todo momento diciendo: *Escrito está*. La palabra *"redargüir"* del gr. *"elenjos"* es *"convencer amonestando"*. En este caso la Biblia reprende el pecado.
4. **Para corregir:** No solo señala lo que es erróneo, sino que expone la forma en que se puede enderezar. Por ejemplo, (Ef 4:28) *El que hurtaba, no hurte más, sino trabaje, haciendo con sus manos lo que es bueno, para que tenga qué compartir con el que padece necesidad.* La primera parte del verso se puede considerar como reprensión (expone), mientras la segunda parte es corrección (corrige). La palabra griega para corregir es *"epanordosis"* y significa

[22] 2 Timoteo 3:16-17

"enderezar de nuevo a su estado natural, reformar, distribuir ordenadamente" la biblia corrige el error.

5. **Para instruir en Justicia:** La gracia de Dios enseña al creyente a vivir una vida piadosa, pero las Escrituras le enseñan de manera detallada las cosas que constituyen esa clase de vida. La palabra instruir del gr. *"paideía"* significa *"tutoría, educación, entrenamiento disciplinario"* y *"justicia"* del gr. *"diakosúne"* significa *"comportamiento recto ante Dios y los hombres"*. La biblia educa al creyente como hacer lo correcto, de manera correcta.

La finalidad de la Escritura se expresa en ella misma. *"A fin"* El propósito y el uso adecuado de la Escritura es que el *"Hombre de Dios"* lo cual alude a un *"representante administrativo de los asuntos celestiales"* esté preparado para hacer lo correcto.

Por medio de la Palabra de Dios el creyente puede ser:

1. **Perfecto:** La perfección que habla aquí es Cristo en el creyente, la madurez del Señor (Gál 5:22-23), ya que Él es el único ser perfecto, y es el mismo Espíritu el cual hace real la vida de Cristo en el creyente, la perfección y plenitud de Dios (Col 2:9-10). Solo por medio del fruto del Espíritu lo cual quiere decir: *el producto o resultado de la vida y naturaleza Divina en el creyente*, es lo que glorifica a Dios (Jn 15:8), ese fruto solo se alcanza por la Palabra misma y es la misma Palabra de Dios la cual da ese crecimiento (1 Cor 3:6-7). *"Perfecto"* del gr. *"ártios"* es *"completo"* (un acto total en tiempo presente) *"Que no le falte nada para completar su cometido."* La Escritura perfecciona al creyente en la persona de Cristo para que pueda cumplir toda demanda divina.
2. **Enteramente preparado:** Es la biblia todo lo que se necesita para la preparación espiritual, el creyente que verdaderamente rinde reverencia, gloria y honor, su preparación debe ser bíblica, y de la misma manera todo lo que conlleva a su manera de hablar debe ser siempre por la misma Palabra de Dios ya que es la única que prepara, da crecimiento y edifica al creyente. *"Enteramente preparado"* del gr. *"exartízo"* significa *"Equipado completamente"*. Denota: *"Ser maestro en capacidades plenas."* El sujeto recibe la acción del verbo, su acción fue completada en el pasado con resultados continuos. La Palabra de Dios trae esa preparación en el creyente constantemente para que pueda ejercer: *toda buena obra.*
3. **Toda buena obra:** Lo cual es el objeto de la salvación, no la salvación es el objeto o resultado de las buenas obras, sino que el creyente obra porque ya es salvo (Ef 2:8-10). Servir a Dios es el resultado de un agradecimiento por lo que Él ya logró, no por lo que Él logrará. Hay que entender que, así como la salvación es por gracia el servicio

también, ya que es un reflejo de la gracia impartida al creyente, le amamos porque Él nos amó primero (1 Jn 4:19). Le servimos porque Él nos sirvió primero (Mt 20:28). Todo se encierra en la obra y persona de Cristo, no en la del creyente. En lo que Él ya logró, no en lo que nosotros hacemos. Por lo tanto, *"toda buena obra"* del gr. *"agadsús"* significa *"bien, valioso, honrado"* en este caso, la Escritura nos equipa para *"Saber hacer lo correcto de forma correcta bajo la motivación correcta"*.

Es permanentemente eterna

Siendo renacidos, no de simiente corruptible, sino de incorruptible, por la palabra de Dios que vive y permanece para siempre. Porque: Toda carne es como hierba, Y toda la gloria del hombre como flor de la hierba. La hierba se seca, y la flor se cae; Mas la palabra del Señor permanece para siempre. Y esta es la palabra que por el evangelio os ha sido anunciada - 1 Pedro 1:23-25.

Nuevamente la misma Escritura lleva a sus lectores de vuelta a su contenido, y ahora hablando sobre el nuevo nacimiento, esta vez *"la simiente"*, la palabra de Dios. Las exhortaciones siguientes en la misma carta 2:1–3 se basan sobre esto mismo. El nuevo nacimiento es producido por la simiente incorruptible, por así decirlo, no del mismo modo que el nacimiento natural. La vida humana es traída al ser por medio de una simiente que ha de obedecer a las leyes físicas del deterioro y de la muerte natural. La vida física producida tiene la misma calidad que la simiente de la cual brotó; también es de carácter temporal. El nuevo nacimiento es producido por medio de *"la palabra de Dios"*. Al leer/oír la biblia, el hombre queda convencido de sus pecados, y convencido de que Cristo es único y suficiente para salvar perfectamente, es entonces que es llamado un elegido de Dios.

Nadie es jamás salvo aparte del empleo divino, de un modo u otro, de la palabra incorruptible de Dios es la que capacita el intelecto humano para que este comprenda su propia condición y necesidad. Samuel Ridout dice: *"Las tres cosas «incorruptibles» que tenemos en este primer capítulo —una herencia incorruptible (v. 4), una redención incorruptible (vv. 18, 19) y una palabra incorruptible por la que somos nacidos (v. 23) —. Así, tenemos una naturaleza incontaminable, apta para el goce de una herencia incontaminable y ello sobre la base de una redención que jamás puede perder su valor. ¡Cómo la impronta de la perfección eterna está sobre cada una de esas cosas, y qué compañía más idónea para ellas es aquel adorno «incorruptible» de un espíritu manso y apacible! (3:4)*[23]*"*.

La palabra vive y permanece para siempre. Aunque el cielo, la tierra y todo debajo de ella pasen, la palabra de Dios nunca pasará. La palabra de

[23] Grant, F. W. «I and II Peter», The Numerical Bible, vol. 7. Nueva York: Loizeaux Bros. 1903.

Dios está para siempre establecida en el cielo y por debajo de este. Y la *vida que produce es igual de eterna que ella*. Los nacidos de nuevo por medio de la palabra asumen el carácter eterno que ella tiene. El nacimiento humano contiene, en forma germinal, todos los rasgos comunicados de los padres al niño. Lo que el niño llegará a ser está determinado por la simiente. Para los nosotros es más que suficiente ver que, así como la simiente es perecedera, así lo es la vida humana que resulta de ella. El carácter pasajero de la humanidad se expone con la cita de (Is 40:6-7). La vida humana es tan imperfecta y poco permanente como la hierba lo es. La hermosura física es tan vacía y efímera como las flores del campo lo son. La hierba se seca, y la flor se cae y muere y de igual forma el ser humano. Pedro presenta un contraste, *la palabra del Señor permanece para siempre* (Is 40:8). Por ello, la nueva vida del creyente es igualmente incorruptible como lo es la misma Escritura. Esta palabra incorruptible es la palabra del Señor que ha sido anunciada a los lectores y que hizo que naciesen de nuevo.

Históricamente la idea del amor obediente siempre fue natural en el pensamiento antiguo, más aún en la gracia basado en la nueva naturaleza, en la antigüedad era algo evidente que los hijos heredaban la naturaleza de sus progenitores, incluso muchos afirman en tales tiempos conforme la cultura, subrayando que aquellos que practicaban adulterio dejaban de cometerlo porque sus hijos llevaban su imagen. La semilla paterna en la cultura oriental era extremadamente importante; los discípulos de Cristo habían nacido de nuevo mediante la misma palabra de vida[24], la cual es *eternamente imperecedera*. Según Filón, la sabiduría humana de sus tiempos afirmaba que la palabra divina era sin fin. Pedro afirma que *la palabra de Dios es mucho más que una sin fin,* sino que *es imperecedera* y seminal, produce lo que más nadie, o más nada puede producir en una persona (Lc 8:11-15; 1 Jn 3:9).

El judaísmo en tales tiempos al igual que la sabiduría popular griega estaba de acuerdo con que la palabra de Dios era imperecedera[25]. Pedro cita al profeta Isaías para dar entender que la palabra de Dios es el mensaje de salvación[26]. Aquí se pueden observar varias cosas importantes:

A) *hace renacer.*

B) *es permanentemente eterna.*

C) *proviene del Señor.*

La afirmación *"del Señor*[27]*"* del gr. *"kurios"* alude *"supremacía/soberanía"*, goza del carácter divino, en si es el documento supremo sobre todo que demuestra el cumplimiento soberano de sus asuntos. La biblia es la fuente de la vida eterna.

[24] 1 Pedro 1:3; 2:2.

[25] Isaías 40:6-8

[26] Isaías 52:7-8

[27] 1 Pedro 1:25.

Es infinita e inagotable

Y tened entendido que la paciencia de nuestro Señor es para salvación; como también nuestro amado hermano Pablo, según la sabiduría que le ha sido dada, os ha escrito, casi en todas sus epístolas, hablando en ellas de estas cosas; entre las cuales hay algunas difíciles de entender, las cuales los indoctos e inconstantes tuercen, como también las otras Escrituras, para su propia perdición - 2 Pedro 3:15-16.

La longanimidad del Señor es para salvación y debe ser considerada en todo su esplendor. Su retardo del juicio tiene como motivo dar a los hombres una amplia oportunidad de salvación en su elección soberana. Al considerar la maldad de los hombres en constante aumento, uno se puede maravillar de qué el Señor pueda soportarla más. La paciencia divina es más que asombrosa. La razón lógica para tal paciencia es que no quiere la muerte de los malvados. Anhela ver a las personas apartarse de sus caminos de maldad para que sean salvos. Aquí hay un dato importante. En esta alusión a Pablo surgen varios puntos:

1. Pedro se refiere a Pablo como amado hermano, y esto a pesar de que él lo había reprendido públicamente en Antioquía por actuar de manera poco sincera (Hch 2:11–21). Pedro aceptó la reprensión de manera humilde. La Escritura muestra con esto que todo creyente debe ser capaz de aceptar la corrección sin abrigar resentimiento alguno.
2. Pedro reconoció que a Pablo Dios le dio sabiduría divina al escribir sus Cartas. Esto indica que Pedro consideraba como inspirados por el Espíritu los escritos de Pablo.
3. Está claro que los lectores de Pedro habían leído una o más de las cartas Paulinas. Eso significa que las Epístolas que había circulaban por la región. Pablo afirma que la longanimidad de nuestro Señor es para salvación[28] y Pedro lo confirma.

Pedro hacía referencia a las grandes verdades acerca de las que Pablo estaba tratando en sus cartas con los creyentes; verdades tales como *la regeneración, la deidad de Cristo, Su vida de padecimiento sin pecado, su muerte, su resurrección, su ascensión, su regreso, el Día del Señor, y la eternidad.* Algunas verdades de la Biblia son difíciles de entender. Ningún creyente debería perturbarse al encontrar temáticas en la Biblia que están más allá de la comprensión de su mente finita. *La palabra de Dios es infinita e inagotable.* Al estudiarla, el creyente debe estar dispuesto a dar crédito a Dios de que sabe las cosas que nunca se podrán entender en nuestras capacidades personales. Pedro no critica los escritos de Pablo cuando se refiere a que *hay algunas cosas difíciles de entender*. No es el estilo de Pablo

[28] Romanos 2:4.

lo que es difícil de entender, sino los temas de los que trata. No se refiere a la dificultad de comprender lo que Pablo quería comunicar, sino a la dificultad de penetrar en las grandes verdades que enseñaba. En lugar de aceptarlas de manera sencilla por fe, los indoctos e inconstantes tuercen algunas estas verdades para su propia perdición. Algunas sectas falsas, tuercen la ley transformándola en camino de salvación en lugar de reveladora del pecado. Otras hacen del bautismo la puerta al cielo. Lo hacen con las mismas Escrituras. Pedro pone aquí los escritos de Pablo al mismo nivel que las demás Escrituras, es decir, las del Antiguo Testamento y aquellas porciones del Nuevo Testamento que para aquel entonces estaban disponibles. Las Epístolas Paulinas formaban parte de las Escrituras sagradas inspiradas.

Antiguamente decir que algún escrito era difícil de entender no era un insulto como hoy día para muchos, los eruditos judíos decían que la Escritura podía ser distorsionada si estas se malinterpretaban. Los gnósticos, algunos grupos cristianos, al igual que muchos judíos del primer siglo ya estaban distorsionando el mensaje divino restándole importancia al juicio futuro, muchos historiadores afirman que era a causa de alegorizarlo. A finales del siglo I, en un escrito de la época[29] se afirmó la inspiración de las cartas Paulinas; aunque sus primeros escritos no fueron coleccionados hasta después de la muerte de Pedro, él tuvo noticias de ellos antes de su muerte debido a los viajes entre las iglesias de la región.

Josefo y otros historiadores aseveraban que el judaísmo tenía un canon muy cerrado, otros grupos judíos de la comunidad de Qumrán y de la diáspora usaban otras traducciones. Los estudiosos del tiempo tenían claro donde comenzaba la Escritura edificante y donde culminaba la misma. Con esto se entiende que *la inspiración de la Escritura es organizada y eficaz, aunque el mismo hombre en su entendimiento corrupto la malinterprete, la misma debe ser entendida bajo el mismo principio por la cual fue inspirada, mediante su Espíritu en fe y plena dependencia a ella.*

Confiable por su cumplimiento

La revelación de Jesucristo, que Dios le dio, para manifestar a sus siervos las cosas que deben suceder pronto; y la declaró enviándola por medio de su ángel a su siervo Juan, que ha dado testimonio de la palabra de Dios, y del testimonio de Jesucristo, y de todas las cosas que ha visto - Apocalipsis 1:1-2.

Históricamente el preámbulo de muchos documentos antiguos consistía en las afirmaciones tales como *"el libro de las palabras de*[30] *..."*, y normalmente eran colocados en la parte exterior del rollo. El vocablo empleado aquí *"testimonio"* era un término legal muy usado en tales

[29] 1 Clemente.

[30] P.ej. Isaías 1:1; Jeremías 1:1; Oseas 1:1.

tiempos, aunque el sentido de la misma palabra se extendió a significados más allá de su ámbito. Los creyentes de la época estaban siendo arrastrados a los tribunales romanos; en el contexto aquí presente para *"testimonio"* era la proclamación de que la persona conocía personalmente a Cristo, se daba entender que le fue proporcionada su luz a aquel que profesaba conocerle, en este caso *la Escritura proporciona la luz necesaria para mostrar el soberano tribunal del juicio final divino*[31]. El primer verso anuncia su tema: *"las cosas que deben suceder en seguida"*. Apocalipsis es primariamente una revelación del futuro. Esta revelación de acontecimientos futuros fue dada por Dios sobre Jesús. Y a la vez, el Señor la dio a conocer a Juan. El propósito del escrito era compartir la información con los otros servidores del Señor, es decir, con todos los creyentes. Juan dio testimonio de la palabra que Dios le había comunicado, y del testimonio que Jesús había dado. En resumen, dio testimonio de todas las cosas que vio en visiones celestiales. Este verso, de este grandioso escrito, expone varias cosas importantes dignas de observar:

A) *es la revelación de Jesucristo*: la palabra *"revelación"* del gr. *"apokalupsis"* significa *"manifestación/desnudar"* en este caso *"dar a conocer"* aquí se revela cual es el propósito pleno, no solo de este último escrito, sino de toda la Escritura[32], el cual es mostrar a Cristo.

B) *es dado directamente por Dios a sus agentes.*

C) *Juan garantiza su veracidad al confirmarlo con su experiencia viva con Él.*

La Biblia es el único documento divino y confiable por su expresión y cumplimiento.

Es inalterable

Yo testifico a todo aquel que oye las palabras de la profecía de este libro: Si alguno añadiere a estas cosas, Dios traerá sobre él las plagas que están escritas en este libro - Apocalipsis 22:18.

Esto, en mi opinión, debe ser una de las afirmaciones divinas más temibles. Si alguien añade a las cosas escritas en este libro *(no solo Apocalipsis sino todos los Escritos)*, sufrirá lo que está escrito en este. Todos los temas de este libro están por toda la Biblia, este verso condena, de forma efectiva, toda manipulación de la palabra de Dios. Similarmente se pronuncia un juicio sobre todo aquel que le quita palabras a lo que ya está Escrito. Esto no es aplicable a las diferencias menores de interpretación sino más bien al ataque directo sobre la inspiración e integridad de la Escritura. En este juicio, Dios prometió quitar su parte del árbol de la vida. Esto significa que el tal nunca participó de las bendiciones de los que poseen la vida eterna. Antiguamente se estableció que ninguna palabra divina podía

[31] Isaías 43:8-12; 44:8-9.
[32] Lucas 24:44-45.

ser alterada[33], los pactos antiguos incluían a menudo las maldiciones contra aquellos que violaban el contenido ya establecido por Dios[34], esos reclamos eran para establecer la afirmación divina sobre su propia inspiración y perfección. Antiguamente se hacía referencia a ello *(p.ej. 1 Enoc, Josefo y la epístola de Aristeas afirmaban lo mismo para escritos que rondaban en sus tiempos).* Con eso mantenían una figura de autoridad para protegerlos contra la posibilidad de que editores postreros cambiaran la esencia del mensaje con ideas personales. Con esto en mente es bueno observar varios puntos de este verso:

A) *cambiar sus palabras es creer tener más autoridad que el autor de esta.*

B) *Dios no da cabida al concepto personal en su palabra,* por ello demanda su preservación tal cual está Escrita.

Con todo lo mencionado anteriormente se puede comprender que *la Biblia es divina y exacta en su cumplimiento, porque proviene de un ser perfecto, fiel y es imposible que mienta, porque es verdad en sí mismo.* La Escritura afirma de muchas formas que es la Palabra de Dios y que su afirmación es claramente inteligible para cualquiera que crea en ella por fe. La afirmación constante de los escritores del Antiguo y Nuevo Testamento y por sobre todo del propio Jesucristo, es que la Biblia es la inspirada Palabra de Dios. (Heb 1:1-2) no solo se afirma que Dios habló en el Antiguo Testamento a los profetas con su palabra, sino que también lo hizo Su Hijo en el Nuevo Testamento. La Escritura sólo puede ser rechazada si se niega su constante afirmación de ser la Palabra de Dios. La Biblia misma expone su evidencia en dos formas:

A) *evidencia interna* (no se niega a sí misma, sino más bien está organizada y enlazada como bien se ha mencionado).

B) *evidencia externa* (su cumplimiento en Cristo y en la esfera de espacio y tiempo en la que el hombre se encuentra, en conjunto de la misma historia, afirman que su cumplimiento es verdadero a totalidad, no a parcialidad).

De acuerdo con la Escritura se revela el propósito supremo en todo lo que Dios ha hecho y hará, desde el comienzo de la creación hasta la eternidad. Este supremo propósito es la manifestación de su gloria. Para Dios, manifestar su gloria es expresar y revelar la verdad, la cual tiene una infinita capacidad bendita para quienes en fe la reciben. Puesto que Dios es infinito en sí mismo y absoluto en su perfecto ser, es merecedor de infinita gloria, y sería muy irracional si se escatima la expresión de honor y poder que son suyas completamente. Al manifestar su gloria, Dios no está buscándose a sí mismo, sino más bien Él está expresándose para el beneficio de su creación. La revelación de Dios a sus criaturas le proporciona un

---

[33] Deuteronomio 4:2; 12:32; Proverbios 30:5-6.

[34] Deuteronomio 29:20-27.

valioso equipaje para el amor y la devoción hacia Él, proporcionando asimismo capacidad para la fe, y la paz mental al que cree en Él y su palabra, dándole la seguridad en el tiempo presente y en la eternidad. *Cuanto más comprenda el hombre la gloria de Dios revelada en la Escritura, mayor será la bendición que enriquecerá su existencia, ya que proporciona todo lo que se necesita.* Ya que la Escritura es el mensaje divino comunicado al hombre, su propósito supremo es que Dios pueda ser glorificado en pensamiento, palabras y conducta. Esto demuestra que *el carácter de la Escritura es uno eterno y sobrenatural.*

Inclinaciones erradas sobre la inspiración de las Escrituras

- **Inspiración parcial:** Este concepto dice que solo parte de la Biblia fue inspirada y no su totalidad, dice que la Biblia contiene la Palabra de Dios, pero no la palabra de Dios en su totalidad. Esto da a entender al individuo que es y que no es de parte de Dios.
- **Inspiración mecánica:** Esto da a entender que los escritores pudieron haber sido inspirados por el Espíritu Santo pero que hubo la posibilidad que, por su cultura, vocabulario, y estilos de expresión ellos mismos pudieron escribir sus experiencias. Da a notar que el Espíritu Santo no inspiró completamente la Escritura.
- **Inspiración subjetiva:** La Biblia es inspirada solo en cuanto a lo que llega al lector; esto es, la inspiración subjetiva a través de las experiencias. La Biblia entera es objetivamente la verdad, fuese o no aceptada por el hombre. Es la revelación divina de Dios. De otra manera la Biblia sería meramente un libro para ser examinado en base a experiencias personales por la razón humana corrupta.
- **Inspiración de la Idea:** Este punto de vista sostiene que el pensamiento, no las palabras usadas para expresar la idea, es lo inspirado. La importancia y legalidad de un documento secular no sólo depende de la idea expresada, sino de la redacción del documento en sí. Las Escrituras ponen mucho énfasis en las palabras usadas, la declaración doctrinal acepta las Escrituras no sólo como el pensamiento de Dios, sino específicamente como la Palabra de Dios.
- **Inspiración naturalista:** Esta es la opinión más incrédula y extremista que existe, ya que sostiene que la Biblia es igual que cualquier libro de texto existente. Aunque Dios haya podido otorgar a sus autores una capacidad fuera de lo común para expresar sus ideas, es, después de todo, una producción humana sin ninguna guía divina y sobrenatural afirma tal teoría. La Biblia, según ese concepto, se convierte simplemente en cualquier otro libro de religión el cual expresa antiguas opiniones de experiencia espiritual que han tenido los hombres en el pasado. Esta opinión busca en su afirmación restar el carácter sobrenatural que la misma Escritura tiene, en conjunto a su

autoridad divina, la cual la misma biblia deja claro y sin explicación la maravillosa y real precisión de sí misma.

En relación con su carácter perfecto existen corrientes que niegan completamente su autoridad divina, tales como:

- **Racionalismo:** Del lat. *ratio, razón*. Filosofía que sustenta la primacía de la razón, de la capacidad de pensar. Considera a la razón como la esencia de lo real, tanto en lo natural como en lo histórico. Enseña que no se puede creer en lo que la razón desconoce o no puede escudriñar. Según esta idea, un conocimiento sólo merece ese nombre cuando es lógicamente necesario y universalmente válido. Sólo los juicios procedentes de la razón poseen necesidad lógica y validez universal. En teología, es la confianza en la razón como base para el establecimiento de la verdad religiosa y de toda supuesta revelación. De este modo, la razón aparece como una fuente de conocimiento superior e independiente de las percepciones de los sentidos. Para la solución de cualquier problema, el racionalismo considera que la razón y la experiencia son el criterio fundamental, antes que lo no racional. Subordina la teología a los dictados de la razón y la consciencia. Asume dos formas, la primera es básicamente anti-autoritarista, y se la conoce como liberalismo o modernismo (teología liberal); la segunda es básicamente anti-sobrenaturalista, y tiende al humanismo, el libre pensamiento y el agnosticismo, **A**) en su expresión extrema: *niega la posibilidad de cualquier revelación sobrenatural divina*, **B**) en su expresión moderada: *admite la posibilidad de la revelación divina, pero siendo siempre la mente humana la que decide si es o no revelación.*
- **Romanismo:** La Escritura es el producto de la tradición oral de la Iglesia; según esta inclinación, la biblia no es el único canal de revelación divina, y que por ello no se puede interpretar privadamente, se inclina que la biblia no es por sí sola la autoridad decisiva.
- **Misticismo:** Según esta creencia, la experiencia comparte con la Escritura su autoridad. Es la búsqueda de una experiencia personal directa con lo divino. Las características principales del misticismo son:

  A) *un sentido profundo, compulsivo e inolvidable de unión y unidad con Dios.*

  B) *el carácter sucesivo del tiempo es superado por una consciencia de simultaneidad.*

C) *la experiencia religiosa no se percibe como mera subjetividad, sino más bien como un despliegue, una manifestación totalizadora de lo divino.*

D) *hay siempre un sentido de gozo, exaltación, paz y bienestar; y, un impresionante sentido de la presencia divina, de cercanía total a lo trascendente.*

El significado esencial del misticismo es:

1) Estado extraordinario de perfección religiosa, que consiste esencialmente en cierta unión inefable del alma con Dios por el amor, y va acompañado accidentalmente de éxtasis y revelaciones.

2) Doctrina religiosa y filosófica que enseña la comunicación inmediata y directa entre el hombre y la divinidad, en la visión intuitiva o en el éxtasis.

- **Neo-Ortodoxia:** Según esta creencia, la biblia es un testimonio falible *(tiene errores)* de la revelación divina en su palabra, Cristo.
- **Confusiones Sectarias:** Los escritos del líder/fundador de algún movimiento son de igual autoridad que la biblia.

El objetivo de las Escrituras

La Escritura tiene como objetivo ser *la revelación del Ser, las obras y el programa divino*. La revelación de sí mismo a sus criaturas, es esencial para el cumplimiento de sus propósitos en la creación. Es natural a esperarse que los seres racionales traten de adquirir información sobre su Creador que les ha dado vida. El hombre es el más alto orden de las criaturas ya que goza de intelecto, voluntad y emociones, y tiene la capacidad de establecer íntima comunión con Él, es razonable esperar que el Creador se comunicase con sus criaturas, revelándole Su propósito y voluntad. Hay tres vías de máxima importancia y que han sido utilizadas por Dios para revelarse a sí mismo al hombre:

1. **La creación:** El poder eterno y el carácter de Dios se revelan por las cosas que han sido creadas por su mano[35]. El mundo natural, siendo una obra divina, muestra que Dios es un ser infinito en poder y sabiduría que diseñó creando el mundo físico organizadamente para un propósito inteligente. La revelación divina mediante la naturaleza tiene sus limitantes, ya que no es posible ver manifestado claramente su amor y santidad. Aunque la revelación en la creación natural es suficiente para que Dios juzgue al mundo por no adorarle como Creador, no revela un camino de salvación mediante el cual los pecadores puedan ser reconciliados con Dios.

[35] Romanos 1:20.

2. **En Cristo:** Una suprema revelación de Dios fue expresada en la persona y obra del Hijo, el cual nació en su debido tiempo[36]. El Hijo de Dios vino al mundo para revelar al Padre a los hombres en términos que pudiesen comprenderlo por su ejemplo de vida. Gracias a su llegada como hombre mediante el acto de la encarnación, los hechos relacionados con Dios fueron facilitados para la comprensión humana, de lo contrario hubiese sido muy difícil comprenderle en la mente humana corrupta y finita, por su encarnación se traslada al limitado alcance de la comprensión y el entendimiento humano. En Cristo, no sólo se revela el poder y la sabiduría de Dios, sino también su amor, su bondad divina, su santidad y su gracia. Cristo afirmó: *"El que me ha visto a mí, ha visto al Padre*[37]*"*. En consecuencia, el que conoce a Jesucristo, también conoce al Padre porque Él lo mostró de forma viva y ejemplar.
3. **En la Escritura:** La Palabra escrita de Dios es capaz de *mostrar a Dios en términos más explícitos* de los que se pueden observar en la creación y la persona y obra de Cristo. Como previamente se ha demostrado, la Escritura es la que presenta a Jesucristo tanto como el objeto de las profecías al igual que su cumplimiento. La Biblia va aún más allá dando detalles respecto al Hijo, le muestra al creyente el programa divino trazado para Israel, para las naciones, así como para la misma iglesia, y trata muchos temas de la historia del ser humano y del universo mismo. La Escritura no sólo presenta a Dios como el máximo tema fundamental, sino que también muestra sus propósitos perfectos. *La revelación Escrita incluye todo en sí misma*. Expone clara y convincentemente todos los hechos que conciernen a Dios y que están revelados en la creación natural, la Escritura proporciona el único registro que informa sobre la manifestación de divina en Cristo[38]. La Escritura puede ser considerada como *el complemento perfecto de la gloriosa revelación divina en su máximo esplendor para el entendimiento limitado del hombre*, revelada en la naturaleza de forma parcial, revelada plenamente en Cristo, y revelada completamente en la Escritura.

Con esto se puede comprender claramente que la biblia se evidencia a sí misma en todos los aspectos, tanto interna como externamente, y es luz hasta en el lugar más remoto y oscuro. Existen pruebas contundentes de su inerrancia.

---

[36] Gálatas 4:4.
[37] Juan 14:9.
[38] Colosenses 2:9-10.

Expresa la fiabilidad del carácter divino

Y esta es la vida eterna: que te conozcan a ti, el único Dios verdadero, y a Jesucristo, a quien has enviado - Juan 17:3.

La vida eterna se alcanza conociendo a Dios mediante Jesucristo. El único Dios verdadero, en contraste a los dioses paganos, y que no son genuinos, sino conceptuales. Este versículo no alude que Jesucristo no sea Dios verdadero. El hecho de que su nombre sea mencionado junto con Dios Padre como siendo la fuente conjunta de la vida eterna significa que son iguales. Aquí el Señor se designa a sí mismo como el Cristo. El Mesías. Históricamente hablando, otros textos judíos[39] y escritos griegos identifican conocer a Dios con la vida sin límites *(eterna)*, el Mesías presenta aquí que para conocer al Padre se debe tener una íntima relación con Él mismo como enviado. Un enviado en tales tiempos tenía la misma autoridad en representación de aquel que le envió. La fidelidad divina se muestra en que Dios Padre envió al Hijo en representación de Él a la tierra para ser conocido y acercar al hombre a sí mismo, y como antes mencionado, solo nos podemos relacionar con Cristo mediante las Escrituras, las cuales apuntan a Él como la plenitud del carácter divino.

La doctrina de Cristo

Si llamó dioses a aquellos a quienes vino la palabra de Dios (y la Escritura no puede ser quebrantada), ¿al que el Padre santificó y envió al mundo, vosotros decís: Tú blasfemas, porque dije: Hijo de Dios soy? Si no hago las obras de mi Padre, no me creáis. Mas si las hago, aunque no me creáis a mí, creed a las obras, para que conozcáis y creáis que el Padre está en mí, y yo en el Padre - Juan 10:35-38.

Cristo expone argumentos sólidos y completamente bíblicos ejemplificados en su persona[40]. Los argumentos bíblicos presentados en la persona del Hijo se basaban en términos entendibles por todos en su tiempo para dar mostrar el plan de Dios, la misma Escritura lo presenta a Él como *"simiente[41]"* y el mismo se presentó como el *"Yo soy[42]"*. Muchos historiadores argumentan que el hecho de que Cristo fuese *"santificado"* o *"separado para la misión"* estaba relacionado con el contexto de la fiesta de *Hanukkah*, como bien se conoce la fiesta de la dedicación[43], donde se conmemoraba la consagración, redención y separación *(santificación)* del templo en Jerusalén en la fecha macabea del siglo II a.C., en este caso, sea

[39] Sabiduría de Salomón 15:3.
[40] Mateo 5:17
[41] Gálatas 3:16.
[42] Mateo 22:31-32.
[43] Juan 10:22.

o no real tales afirmaciones, Cristo era el ejemplo vivo de una vida pura, santa, sin mancha, y dedicada sin limitaciones a Dios, *en Él se podía leer la Escritura con su ejemplo*, por consecuente *su doctrina gozaba de igual forma de su esencia y quedaba demostrado que participaba de la autoridad de Dios en la misma.*

Consideraciones fundamentales:

A) La Escritura es auténtica por sí misma.
B) Dios guio a sus agentes escogidos para preservar la inerrancia Bíblica. Historiadores afirman que todos los libros del Antiguo Testamento fueron coleccionados y organizados por Esdras en el siglo V a.C.
C) El Nuevo Testamento hace referencia al Antiguo Testamento como Escritura (Mt 23:35, *equivale decir desde Génesis hasta Malaquías*, Mt 21:42, 22:29).
D) El Nuevo Testamento es considerado como Escritura por su continuidad al Antiguo Testamento.

Respecto la iluminación

No regenerados necesitan la Escritura

Pero el hombre natural no percibe las cosas que son del Espíritu de Dios, porque para él son locura, y no las puede entender, porque se han de discernir espiritualmente - 1 Corintios 2:14.

El evangelio es perfectamente eterno en su revelación y gloriosamente divino en su inspiración, aquí se aprende que el evangelio solo puede ser recibido por el poder del Espíritu. Sin Él, el hombre natural no puede captar las cosas que son de Dios, porque para él son locura. No puede llegar a comprenderlas porque se han de comprender espiritualmente por el mismo Espíritu.

Vance Havner dijo una vez: *"El cristiano sabio no pierde el tiempo tratando de explicar el programa de Dios a los hombres irregenerados: sería como echar perlas a los puercos. Igual podría tratar de describir una puesta de sol a un ciego de nacimiento o discurrir acerca de física nuclear con una estatua en el parque. El hombre natural no puede recibir estas cosas. Igual podría uno tratar de atrapar rayos de sol con un anzuelo como comprender la revelación de Dios sin ayuda del Espíritu Santo. A no ser que uno haya nacido del Espíritu y sea enseñado por Él, todo esto le es totalmente extraño. De nada le servirá ser doctor en filosofía, porque en este campo su ignorancia es enciclopédica y su aptitud es ineptitud*[44]".

[44] Notes on the New Testament. (Vol. V, 1 Corinthians). Londres: Blackie & Son, s/f.

Según el texto, la palabra *"natural"* del gr. *"psujikos"* significa *"bestial/animal"* tal palabra era considerada como una deshonra en la misma vida. El inconverso *(traducido como "sensuales" en Jud 19)* son los que no tienen el Espíritu[45]. Históricamente, el uso que Pablo le da a la palabra *"natural"* literalmente habla del alma misma, se basa en una interpretación particular común sobre el Antiguo Testamento que se hablaba en la misma comunidad judía helenista de tales tiempos[46]. Ese uso interpretativo helenista fue tomado prestado en el lenguaje por muchos filósofos griegos, que contrarrestaban la parte *"natural o terrenal del alma con la mente"*. La distinción que Pablo hace entre aquellos gobernados por lo terrenal y los gobernados por el Espíritu es marcada. Con esto se entiende que el hombre natural necesita la palabra de Dios en su vida para ser iluminado en su entenebrecido intelecto, para ellos es *"locura"* les es *"tonto"*.

Por su ceguera espiritual y moral

En los cuales el dios de este siglo cegó el entendimiento de los incrédulos, para que no les resplandezca la luz del evangelio de la gloria de Cristo, el cual es la imagen de Dios - 2 Corintios 4:4.

Satanás es llamado el dios de este mundo. Logró poner un velo sobre las mentes incrédulas para mantenerlos en tinieblas, para que no les resplandezca la iluminación del evangelio de la gloria de Cristo y sean salvos. En nuestro mundo físico, el sol siempre está resplandeciendo. No siempre lo podemos ver, la razón lógica de ello es que algo se interpone entre el sol y el hombre, de igual forma con el evangelio. La luz del evangelio está resplandeciendo constantemente y sin parar *(porque Él es la luz)*. Dios está siempre buscando resplandecer en los corazones. Y Satanás colocó barreras entre los incrédulos y Dios. La misma soberbia, la rebelión contra la propia justicia divina. Eso sirve eficazmente para obstaculizar la luz del evangelio e impedir que resplandezca en las vidas, Lucero no desea que los hombres sean salvos, así como Dios busca resplandecer en el corazón del hombre eligiéndolo para que participe de sus beneficios divinamente eternos, Satanás busca oscurecerlo, enfermándolo para que participe de sus consecuencias en una pena eterna. El evangelio tiene que ver con Cristo, la máxima expresión de la gloria divina. Él es el objeto de la fe del creyente, el glorificado Hijo de Dios en el cielo.

Históricamente el Antiguo Testamento habla del tribunal divino del juicio como el *"día de Dios"*. Cuando hacían uso de la palabra *"día"* algunas ocasiones quería decir *"corte"*, Pablo hace uso aquí sobre la *"corte"* como expresión legal. La necesidad de la palabra de Dios en la vida del hombre natural es necesaria para que éste sea absuelto del juicio divino en

[45] Romanos 8:9.
[46] Génesis 2:7.

la corte celestial al ser regenerado, para que le sea quitado el velo en la luz de la gloria del Hijo. Hay dos palabras clave aquí, esta son *"dios"* y *"entendimiento"*, la palabra griega utilizada para dios es *"theos"* y significa *"deidad"* en este caso *"quien ejerce control de autoridad"*, Lucero tiene el control de aquellos no elegidos en ceguedad espiritual e intelectual, están ciegos de *"entendimiento"* del gr. *"noema"* significa *"percepción, propósito"* su intelecto está en un estado inservible y a causa de ello no tienen claro el propósito de su existencia que es, *amar, servir, glorificar y adorar a Dios*. Esta es la razón de porque necesitan la luz del evangelio de Cristo expresado en la Escritura.

Porque le conviene

Pero yo os digo la verdad: Os conviene que yo me vaya; porque si no me fuera, el Consolador no vendría a vosotros; más si me fuere, os lo enviaré. Y cuando él venga, convencerá al mundo de pecado, de justicia y de juicio. De pecado, por cuanto no creen en mí; de justicia, por cuanto voy al Padre, y no me veréis más; y de juicio, por cuanto el príncipe de este mundo ha sido ya juzgado - Juan 16:7-11.

Le convenía a los discípulos que viniese el Consolador. Él les daría fuerzas, valor y enseñanza, y haría a Cristo más real para ellos ya que no solo estaría con ellos en su ejemplo vivo, sino que se expresaría por el Espíritu en sus vidas. El Consolador no iba a venir hasta que el Jesús regresara al Padre y fuese glorificado. Naturalmente, el Espíritu Santo siempre estuvo presente antes de la fundación del mundo, pero iba a manifestarse de una forma diferente para convencer al mundo y para ministrar a los regenerados.

El Espíritu Santo iba a convencer al mundo de pecado, de justicia y de juicio. Esto se toma generalmente como significando que Él crea una conciencia interior de estas cosas en la vida del pecador individual[47]. Aunque esto es cierto, no es exactamente lo que nos enseña este verso. El mismo Espíritu condena al mundo por el hecho mismo de que está aquí e ignoran su existencia y voluntad. Se supone que Él no debería estar aquí, por la sencilla razón de que Jesús debería estar reinando sobre el mundo. Pero el mismo mundo le rechazó, y se fue de vuelta al Padre. El Espíritu de Dios está aquí en esta tierra en lugar del Jesucristo rechazado, y eso demuestra como máxima evidencia la culpa del mundo por su mismo rechazo.

Se puede observar claramente, que el Espíritu convence al mundo de pecado porque no cree en Cristo. Jesús era y es digno de ser creído. No hubo, hay, ni habrá nada en Él que estorbe a los hombres de creer en Él. Pero le rehusaron. *La presencia del Espíritu en el mundo es un testimonio del crimen incrédulo del hombre*. Él afirmaba ser justo, pero los hombres decían que

[47] Westcott, B. F. The Gospel According to St. John. Grand Rapids: Wm. B. Eerdmans Publishing Co., 1954.

tenía demonio. El Espíritu da testimonio del hecho de que Cristo habló con la verdad ejemplar[48] y el mundo erró. La presencia del Espíritu convence al mundo del juicio venidero. El hecho de que el Espíritu esté en este mundo significa que el diablo ya fue condenado en la cruz y que todos los que rehúsan a Cristo compartirán Su terrible final[49]. El medio que Dios utiliza para *convencer la mente reprobada es lo que el mismo inspiró, la Escritura*. Había promesa de cambiar el corazón de piedra por uno de carne con su Espíritu[50], aquí el caso cruza los límites mucho más allá, por el hecho que niegan a Dios al rechazar a su enviado.

El consolador *(abogado defensor)* vino a los creyentes, lo que implica que su ministerio al mundo sería mediante ellos como agentes directos[51]. Tal idea se remonta a la perspectiva del Espíritu de Dios como el espíritu de la profecía el cual fue muy común en la inclinación de los personajes del Antiguo Testamento y la perspectiva judía posterior. El abogado de los creyentes viene a ser ahora el fiscal del mundo, ese ejemplo era muy usado en la antigüedad[52]. El pueblo judío era creyente devoto de Dios y creían muchos de ellos que Él haría que Israel prevaleciera sobre las otras naciones delante de su tribunal el día del juicio; para ese entonces el juicio ya había dado comienzo (Jn 3:18-19). Las cortes romanas no tenían ministerio público y las mismas dependían de una parte interesada para hacer presentar cargos, aunque había retóricos muy capacitados, siempre debatían a favor de aquellos que podían beneficiarlos económicamente. En este texto se hace uso de tal costumbre, con la diferencia de que el interés del Espíritu es muy diferente, es dar honor y gloria a Dios en orden santo, por ello presenta al mundo sus cargos delante de la corte celeste[53].

La misma incredulidad fue causante de la entrada del pecado a este mundo, desde tiempos antiguos los profetas habían anunciado lo mismo llamando la atención a las rupturas de los pactos hechos por Dios con su pueblo, aquí ya lo hace de forma global. *El Espíritu utiliza el medio que inspiró de forma Escrita para convencer sobre las realidades divinas*. Con esto se puede comprender que el creyente debe usar la palabra de Dios en su exposición del evangelio del Señor Jesucristo a este mundo ya condenado[54] y reprobado.

Creyentes necesitan la Escritura

Pero Dios nos las reveló a nosotros por el Espíritu; porque el Espíritu todo lo escudriña, aun lo profundo de Dios. Porque ¿quién de los hombres sabe las cosas del hombre, sino el espíritu del hombre que está en él? Así tampoco nadie conoció las cosas de Dios, sino el Espíritu de Dios. Y

---

[48] Juan 18:37.
[49] Vine, W. E. John, His Record of Christ. Londres: Oliphants, 1957.
[50] Ezequiel 11:19-20.
[51] Nehemías 9:30.
[52] Jeremías 50:34; 51:36; Lamentaciones 3:58-66; Salmos 43:1.
[53] Mateo 5:22.
[54] Romanos 3:23.

nosotros no hemos recibido el espíritu del mundo, sino el Espíritu que proviene de Dios, para que sepamos lo que Dios nos ha concedido - 1 Corintios 2:10-12.

Las verdades las cuales se anuncian en el Antiguo Testamento fueron dadas a conocer a los escogidos de la era del Nuevo Testamento. Fue por el Espíritu de Dios, que recibieron inspiración. En otras palabras, el Espíritu Santo, como deidad, es infinito en sabiduría y comprende todas las verdades, y las impartió a otros, en el caso del tiempo presente no es necesaria la revelación que ellos tuvieron, ya que todo en la Escritura fue comunicado por completo, y aludir que hay más revelaciones que las ya mostradas por Dios en la creación, el Hijo y la Escritura, es aludir que Él no sabe lo que hace, por eso el verso afirma que el Espíritu *conoce todo, hasta aún más profundo de lo que nuestra mente puede alcanzar entender, Él, al conocer todo, expresó lo necesario en el medio Escrito para cumplir lo necesario en el creyente*. Incluso, en los asuntos humanos nadie conoce lo que un hombre puede estar pensando sino el mismo que lo piensa. Nadie puede llegar a descubrir su pensamiento excepto si el hombre mismo lo da a conocer. En este caso, para poder comprender a un humano, el intermediario debe tener el mismo espíritu humano, con Dios es igual.

El único que puede comprender las cosas de Dios es el Espíritu de Dios. A esto se refiere el verso cuando dice: *"Y nosotros no hemos recibido el espíritu del mundo, sino el Espíritu que proviene de Dios, para que sepamos lo que Dios nos ha otorgado gratuitamente*[55]*"*. Aparte del Espíritu de Dios dado a los creyentes, jamás se podría recibir las verdades divinas a las que se refiere el texto. La palabra clave del verso es *"reveló"* la cual presenta una acción definida, la misma viene del gr. *"apokalupto"* y significa *"quitar la cubierta"* está compuesta de *"apo"* que es *"desde" (en este caso habla de la fuente)* y de *"kalupto"* que es *"oculto"*, esta palabra alude *"dar a conocer"*. Esto demuestra que, *para comprender la Escritura, el creyente debe acudir al mismo que la inspiró en fe y plena dependencia.*

Es el medio correcto y necesario para la nutrición espiritual

Os di a beber leche, y no vianda; porque aún no erais capaces, ni sois capaces todavía - 1 Corintios 3:2.

Los escritores en la antigüedad a menudo hacían comparaciones sobre la persona sin conocimiento desarrollado *(neófito)* y los relacionaron con los infantes que debían por naturaleza comenzar con alimentos básicos de leche. Por ello la ilustración de la nodriza[56]. Los maestros de tales tiempos siempre esperaban que sus discípulos comenzaran con leche *(nombre dado a lo básico en la doctrina)*, pero también tenían la expectativa que progresarían

---

[55] 1 Corintios 2:12.

[56] C.f. 1 Corintios 4:15; 1 Tesalonicenses 2:7.

mucho más allá de ello. Pablo enseñó las verdades elementales tocantes a Cristo a los creyentes de Corinto, por ello hace uso del término, pero el infantilismo de la iglesia de Corinto era tal, que no podían tomar alimento sólido por su inmadurez. Basándose en la misma corriente de pensamiento, el Señor Jesús dijo: *"Todavía tengo muchas cosas que deciros, pero ahora no las podéis sobrellevar*[57]*"*. Con respecto a Corinto, lo trágico fue que nunca mejoraron suficiente para poder recibir verdades más profundas de la palabra de Dios. La palabra *"leche"* significa metafóricamente *"los primeros pasos para la formación*[58]*"*. Esto demuestra que la Escritura es el medio perfecto que imparte su perfección al creyente para su crecimiento en la fe, para que el mismo alcance la perfección, esto demanda estudio de la misma adecuadamente en su propio contexto, *el creyente la necesita.*

Muestra el propósito divino

Pero cuando venga el Espíritu de verdad, él os guiará a toda la verdad; porque no hablará por su propia cuenta, sino que hablará todo lo que oyere, y os hará saber las cosas que habrán de venir. El me glorificará; porque tomará de lo mío, y os lo hará saber. Todo lo que tiene el Padre es mío; por eso dije que tomará de lo mío, y os lo hará saber - Juan 16:13-15.

La misma Escritura en los Salmos[59] habla de Dios dirigiendo a su pueblo en la verdad, en este caso en su camino trazado por su fidelidad. El lenguaje presentado en este verso indica una mayor demostración del carácter divino de Cristo[60]. El Espíritu relacionaría a los creyentes de igual modo que con Jesús[61], al grado que la relación de los creyentes con el Señor Jesús en los días de Juan, y las generaciones subsiguientes no debía ser menos íntima de lo que lo fue antes de morir en la cruz. En la antigüedad, tal intimidad se expresaba al compartir las posesiones, eso caracterizaba una amistad leal e ideal. En el contexto aquí presentado, el clímax recae en que es Dios quién comparte su corazón con su pueblo, como una vez lo hizo compartiendo su palabra con los profetas de la antigüedad[62]. La palabra *"os hará saber"* del gr. *"anangello"* significa *"contar las cosas realizadas"* en este caso todo aquello que está centrado la persona, obra y carácter de Jesús. Esto demuestra que la Escritura comunica el corazón de Dios, su deseo/su voluntad, para que el creyente al estudiarla en plena dependencia al Espíritu reciba lo necesario para su vida cristiana.

---

[57] Juan 16:12.
[58] Hebreos 5:12-13; 1 Pedro 2:2 – Pedro expone presentando el símbolo de alimento espiritual/instrucción divina.
[59] Salmos 25:2; 43:3; 5:8.
[60] Juan 14:16.
[61] Juan 15:15.
[62] Génesis 18:17; Amós 3:7.

La importancia de los pactos bíblicos

Es necesario una interpretación adecuada del texto en su propio contexto para permitir que el texto hable por sí solo, y así no caer en el error de colocar el concepto personal sobre este. De no hacerlo, es una falta de reverencia al autor, el cual lo estableció organizadamente para el provecho pleno del lector. Esta aplicación es necesaria para los pactos revelados en las Escrituras. La Biblia revela que a Dios le plació establecer pactos con los hombres. Esos pactos se hallan mencionados en las sagradas páginas y ellos incorporan los hechos más vitales en la relación que el hombre ha tenido con Dios a través de toda la historia. *Cada pacto representa el propósito divino y constituyen una absoluta predicción, como una promesa inalterable del cumplimiento de todo lo que Dios ha determinado.* En los pactos hechos por Dios al hombre, descubrimos que siempre anticiparon el futuro y tenían el propósito de ser un mensaje de esperanza para aquellos con quienes el pacto era establecido.

Pacto con Noé (Gén 8:20-22)

Este pacto fue hecho con Noé y sus hijos (Gén 9: 1-18). Este pacto, introdujo un nuevo principio organizado de gobierno humano por Dios como un medio de frenar el pecado. Este pacto era incondicional y mostraba el propósito de Dios para la generación subsiguiente. La provisión divina en este pacto incluía el establecimiento del gobierno humano, en el que se instituyó la pena para aquellos que tomaran la vida del hombre. Dios lo reafirmó con el orden normal de la misma naturaleza (Gén 8:22; 9:2), y al hombre le fue permitido comer carne animal (Gén 9:3-4) en lugar de vivir solamente de vegetales, como antes del diluvio. El pacto con Noé incluía lo concerniente a sus descendientes (Gén 9:25-27) y designó a Sem como el único por el cual vendría la línea divina que seguiría hasta que el Mesías se manifestara en carne *(de ahí la palabra Semitas)*. El dominio de las naciones gentiles en la historia está establecido en lo concerniente a Jafet. El pacto de Dios con Noé introdujo el gobierno humano.

Pacto con Abraham (Gén 12:1-3)

El pacto con Abraham (Gén 12:1-3; 13:14-17; 15:1-7; 17: 1-8) es una de las más grandes revelaciones divinas en lo concerniente a la historia futura del ser humano, en este pacto fue dada una profunda promesa que la subdividí en tres secciones las cuales se enlazan en una sola:

A) *Le fue dada promesa a Abraham de que tendría grande descendencia* (Gén 17:16), él tendría mucha bendición personal (Gén 13:14-15, 17; 15:6,18; 24:34-35; Jn 8:56), y su nombre sería grande (Gén 12:2), él personalmente sería bendición (Gén 12:2).

B) *Mediante Abraham fue hecha la promesa de que surgiría una nación grandiosa* (Gén 12:2). El propósito divino aquí hace referencia a Israel, primeramente, a los descendientes de Jacob, de quienes salieron las doce tribus de Israel. A la nación mencionada le fue dada la promesa de la tierra (Gén 12:7; 13:15; 15:18-21; 17:7-8).

C) *Mediante Abraham vendría bendición al mundo entero* (Gén 12:3). Eso tuvo su cumplimiento en que Israel fue el canal de la revelación divina[63], la fuente de los profetas los cuales revelarían a Dios y la Escritura[64].

En este pacto, la bendición sería provista mediante Jesucristo[65], quién era descendiente de Abraham[66]. La relación de Dios con Israel fue especial, Dios pronunció una maldición sobre aquellos que maldijeran a Israel y una bendición sobre aquellos quienes bendijeran a Israel[67]. El pacto con Abraham, como con el de Noé, es incondicional. Mientras que cualquier generación de Israel podía disfrutar de sus provisiones al ser obedientes, de igual forma podían ser guiados hacia la cautividad si eran desobedientes, el propósito de Dios para bendecir a Israel fue esencial para revelarse a sí mismo a través de ellos, y con eso proveyó redención a través de este para establecerlo dentro de la tierra prometida, todo depende del poder soberano de Dios y su perfecta voluntad, no del hombre. A pesar de todos los fracasos vistos por Israel en el Antiguo Testamento, Dios se reveló a sí mismo y estableció la Escritura para que finalmente naciera Cristo, viviera, muriera y se levantara en resurrección exactamente como la Palabra misma lo había anticipado. Con todo y el fracaso humano, los propósitos de Dios son ciertos en su cumplimiento.

Pacto con Moisés (Éx 19:3-40:38)

Este pacto fue dado a través de Moisés para Israel mientras estaban en su travesía de Egipto a la tierra prometida (Éx 20:1-31:18). En Éxodo, Dios amplió muchas porciones de la Escritura, dando a Moisés la ley para gobernar su relación con su pueblo. Estos *(613 en aproximado)* mandamientos están clasificados específicamente en tres divisiones principales:

A) *los mandamientos que contienen explícitamente la voluntad de Dios* (Éx 20:1-26).

B) *los juicios en relación con la sociedad y vida cívica* (Éx 21:1-24:11).

C) *Ordenanzas* (Éx 24:12-31:18).

La ley era un pacto condicional el cual incorporaba el principio de que, si Israel obedecía, Dios los bendecía, pero si desobedecía, Dios los disciplinaría. El Señor le dio mucho énfasis al tema en este pacto[68]. Aunque

---

[63] Juan 4:22.
[64] Lucas 24:44-45.
[65] Gálatas 3:6-14.
[66] Mateo 1:1-17.
[67] Génesis 12:3.
[68] Deuteronomio Cap. 28.

ya se había anticipado que fracasaría Israel, Él prometió no abandonar a su pueblo[69]. Este pacto era de carácter temporal, ya que terminó en la cruz de Cristo. Aunque el mismo contenía elementos de gracia, era básicamente un pacto de obras.

Pacto Palestino (Deut 30:1-10)

Este pacto estaba en conexión con la posesión final de la tierra por Israel. Aquí se ilustra como el pacto divino básicamente era incondicionalmente seguro en su cumplimiento; claramente tiene elementos condicionales para cualquier generación en particular. La promesa dada a Abraham[70], fue reafirmada a través del Antiguo Testamento, este pacto reafirmaba que sería la descendencia de Abraham la que poseería la tierra. Pero, a causa de la desobediencia y su fracaso, Jacob y sus descendientes estuvieron en Egipto cientos de años antes del Éxodo. Así, se mantuvo el propósito de Dios, ellos volvieron y poseyeron, por lo menos, una porción de la tierra. A causa de la negligencia a la ley divina, fueron sometidos a los cautiverios asirio y babilónico.

Nuevamente conforme la soberana gracia de Dios les fue permitido volver después de setenta años de cautiverio babilónico y reposeer la tierra hasta que Jerusalén fue destruida en el 70 d.C. A pesar de los fracasos de Israel, se le da promesa que volvería a la tierra y que vivirían allí en seguridad con la bendición de Dios y nunca sería dispersa nuevamente (Ez 39:25-29; Am 9:14-15). El retorno presente de Israel a su tierra es sumamente significativo porque cumple la primera etapa del pacto, necesario para establecer el escenario para el fin de los tiempos. La vuelta de Israel será completada hasta el último hombre después de que Jesucristo vuelva y establezca su reino (Ez 39:25-29).

El propósito de Dios en este pacto es traer a su pueblo dentro de su Tierra Prometida y el mismo es incondicional y se cumplirá al pie de la letra. El pacto palestino incluye la dispersión de Israel por la incredulidad y la desobediencia (Gén 15:13; Deut 28:63-68), los tiempos de arrepentimiento y restauración (Deut 30:2), su recolección (Deut 30:3; Jer 23:8; 30:3; 31:8; Ez 39:25-29; Am 9:9-15; Hch 15:14-17), su restauración a su tierra (Is 11:11-12; Jer 23:3-8; Ez 31:21-25; A 9:9-15), la conversión y restauración nacional y espiritual (Os 2:14-16; Rom 11:26-27), la seguridad y prosperidad como nación (Am 9:11-15) y el juicio para los opresores (Is 14:1-2; Joel 3:1-8; Mt 25:31-46).

---

[69] Jeremías 30:11.
[70] Génesis 12:7.

Pacto con David (2 Sam 7:5-17)

Este pacto (2 Sam 7:5-17; 1 Cro 17:3-15) era de carácter incondicional. Dios prometió a David un linaje real y eterno, un trono y un reino para siempre. En la declaración de este pacto el Dios de Israel se reserva de interrumpir el actual reinado de los hijos de David y si era necesario el castigo (2 Sam 7:14-15; Sal 89:20- 37); este pacto perpetuo no podía ser quebrantado. Al igual que el pacto hecho a Abraham garantizaba a Israel una identidad eterna (Jer 31:36) y la posesión de la tierra (Gén 13:15; 1 Cro 16:15-18; Sal 105:9-11), así el pacto hecho a David garantizaba un trono y reino eterno (Dan 7:14). Desde el momento en que este pacto fue establecido y confirmado por el juramento divino (Hch 2:30), hasta el nacimiento del Mesías, a David no le faltó hijo que se sentase en el trono (Jer 33:21). El Hijo de Dios *(Jesús)* conocido como Hijo de David[71], siendo el heredero justo en carácter propio de aquel trono y el Único que se sentaría en mismo (Lc 1:31-33), Cristo completa el cumplimiento de este pacto hecho a David de que un hijo se sentaría en este trono para siempre.

Este pacto es el más importante ya que asegura el reino del milenio, en el cual reinará Jesús sobre toda la tierra. La promesa de este pacto a David establece que él será resucitado, y reinará por debajo de Jesucristo como un príncipe (Jer 23:5-6; Ez 34:23-24; 37:24). El pacto a David no es cumplido por Jesús reinando en su trono en los cielos, ya que es imposible que David se sentase en el trono junto al Padre. Es en sí un reino y trono terrenales (Mt 25:31). Este pacto es, por consiguiente, la clave del programa divino que aún está por cumplirse escatológicamente.

Pacto Nuevo (Jer 31:31-34; Mt 26:28)

El nuevo pacto fue profetizado en el Antiguo Testamento y tendrá su cumplimiento primario en el milenio y es incondicional (Jer 31:31-33). Este pacto es hecho «*con la casa de Israel y con la casa de Judá*[72]». Este pacto contrasta con el pacto con Moisés, el cual Israel quebrantó[73]. En este pacto prometió Dios: «*Después de aquellos días, dice Jehová: Daré mis leyes en sus corazones, y en sus almas las escribiré; y seré yo a ellos por Dios, y ellos me serán por pueblo*[74]». A causa de esta revelación divina y su voluntad para con los suyos, sigue en aclaración: «*y no enseñará más ninguno a su prójimo, ni ninguno a su hermano, diciendo: Conoce a Jehová: porque todos me conocerán, desde el más pequeño de ellos hasta el más grande, dice Jehová; porque perdonaré la maldad de ellos, y no me acordaré más de su pecado*[75]». Este pasaje anticipa las circunstancias ideales donde Cristo reinará, y todos conocerán los hechos acerca de Él. No será necesario hablar

---

[71] Lucas 18:38.
[72] Jeremías 31:31.
[73] Jeremías 31:32.
[74] Jeremías 31:33.
[75] Jeremías 31:34.

de Él y sus obras, porque los hechos acerca del Señor serán universalmente conocidos. Este será un período en el cual Dios perdonará a Israel *(creyentes israelitas)* y les bendecirá en abundancia. En esta descripción del pacto dada en Jeremías, se puede entender que el mismo no está en cumplimiento, ya que la iglesia ha sido capacitada y comisionada para ir por todo el mundo y predicar el evangelio a causa de la ignorancia universal de la verdad divina.

El nuevo pacto se basa en la muerte y derramamiento de la sangre de Cristo. Este pacto garantiza todo lo que Dios se propuso hacer para los hombres en la persona del Hijo. Se puede ver en dos aspectos:

A) *Él salvará, preservará y presentará en la gloria, a los creyentes conformados a la imagen de Cristo.* El hecho de que se necesite creer en Cristo para salvación en su gracia no es una condición en el nuevo pacto. El acto de depositar la fe en Cristo no es una parte condicional del pacto como muchos afirman, es más bien la base sobre la cual el creyente es admitido por su soberana elección para disfrutar de las bendiciones posicionales y eternas que el pacto ofrece en la persona del Hijo. El pacto no es para los no regenerados, sino para creyentes, y promete que a favor de ellos estará la fidelidad divina sobre ellos. «*El que comenzó en vosotros la buena obra, la perfeccionará hasta el día de Jesucristo*[76]» y toda promesa semejante a ésta, relacionada con el poder que Dios manifiesta en la preservada salvación de los suyos, parte de este pacto de gracia es su fidelidad en preservar a sus hijos.

Lo que la Escritura afirma sobre ello es que se tiene en vista para el hombre una salvación que, garantizada en perfecta preservación en el mundo, y la presentación final en su gloria de los que son lavados por la sangre de Cristo. Hay quienes afirman la importancia de la voluntad humana, y enseñan enfáticamente que la salvación y preservación de esta depende condicionalmente de la cooperación de la voluntad humana con Dios. Esto puede ser razonable para la mente corrupta del ser humano que busca ser semejante a Dios en todo, pero no está nada acorde con lo que Dios mostró en la Escritura[77]. Dios estableció incondicionalmente lo que Él hace a favor de los que confían en Él (Jn 5:24; 6:37; 10:28).

Lamentablemente la corriente en la cual muchos creyentes han sido arrastrados incluye el dominio absoluto del corazón humano por sobre la fidelidad soberana de Dios de preservar a sus hijos conforme su promesa inquebrantable. Ahora, es importante notar que Dios dejó un lugar para el libre ejercicio de la voluntad humana para sus asuntos personales, pero no para lo divino. Dios ayuda a la voluntad humana a tomar un rumbo correcto en la dirección Escritural, y los redimidos son conscientes de que tanto su salvación como su servicio están en completa armonía con la elección divina en ellos, y en base a ello pueden actuar como respuesta[78]. Es cierto que Dios gobierna la voluntad del hombre (Jn 6:44; Fil 2:13); pero al mismo tiempo

[76] Filipenses 1:6.
[77] Efesios 2:6-10.
[78] 1 Juan 4:19.

la Escritura afirma que Dios apela a la voluntad humana y hace en cierto sentido que conforme la decisión de la persona se disfrute su divina bendición (Jn 5:40; 7:17; Rom 12:1; 1 Jn 1:9).

La Escrituras habla incuestionable y enfáticamente sobre la soberanía de Dios. Él predestinó en su preeminencia perfecta y soberanía lo que vendrá, y su propósito tendrá que realizarse determinadamente, en Él no hay desilusión porqué todo lo conoce, el propósito eterno y la perfecta realización de este siempre se llevan a cabo sin importar lo que el hombre haga o deje de hacer, Dios es soberano[79]. Es sumamente fatal la pretensión de querer desalojar al soberano Dios de su trono. La voluntad humana está bajo el dominio divino; es sumamente irrazonable creer que la soberanía divina está por debajo de la voluntad humana, eso sería tratar de sujetar a Dios conforme nuestro deseo, eso es errar. Los que creen ya son salvos y seguros por siempre, porque así fue determinado por Dios en su pacto incondicional establecido en el Hijo.

B) La salvación futura de Israel es prometida en el nuevo pacto incondicional[80]. Esta salvación se efectuará sobre la base de la sangre que Cristo derramó en el calvario. Por medio de su sacrificio, Dios es libre para salvar a una nación como lo es para salvar a un solo individuo. Cristo representó a Israel como un tesoro escondido en un campo. El campo es una figura del mundo. Cristo fue quien vendió todo lo que tenía, a fin de poder comprar el campo y poseer el tesoro que estaba oculto en el mismo[81].

En la consideración de los pactos dados por Dios en la Escritura es imposible decir que se está dando demasiado énfasis a la soberanía de Dios en relación con lo incondicional, o que se da demasiado énfasis al absoluto fracaso humano en lo que toca a los pactos condicionales. Se puede estar seguro de que todo lo que Dios se comprometió hacer incondicionalmente, Él lo hará con todo lo que conlleva la perfección de su soberano y eterno Ser.

Otros teólogos como L. S. Chafer afirmaron sobre otros dos pactos antes del pacto con Noé, y estos eran el "Pacto Edénico" y el "Pacto Adámico". El expuso lo siguiente: "El pacto edénico fue el primer pacto que Dios hizo con el hombre (Gn 1:26-31; 2:16- 17), y fue un pacto condicional con Adán en el cual la vida y bendición o la muerte y la maldición dependían de la fidelidad de Adán. El pacto edénico incluía el dar a Adán la responsabilidad de ser el padre de la raza humana, sojuzgar la tierra, tener dominio sobre los animales, cuidar del huerto y no comer del árbol del conocimiento del bien y del mal. Por haber fracasado Adán y Eva al comer de la fruta prohibida, fue impuesta la pena de muerte para la desobediencia. Adán y Eva murieron espiritualmente de inmediato y necesitaron nacer de nuevo para poder ser salvos. Más tarde también murieron físicamente. Su pecado hundió a toda la raza humana en un molde de pecado y muerte. El pacto adámico fue hecho

[79] Daniel 4:35.
[80] Isaías 27:9; Ezequiel 37:23; Romanos 11:26-27.
[81] Mateo 13:44.

con el hombre después de la caída (Gn 3:16-19). Este es un pacto incondicional en el que Dios declara al hombre lo que será su porción en la vida por causa de su pecado. Aquí no hay lugar para ninguna apelación, ni se implica responsabilidad alguna de parte del hombre. Como un todo, el pacto provee importantes rasgos, los cuales condicionan la vida humana desde este punto en adelante. Incluido en este pacto está el hecho de que la serpiente usada por Satanás es maldita (Gén 3:14; Rom 16:20; 2 Cor 11:3, 14; Ap 12:9); se da la promesa del Redentor (Gén 3:15), la cual es luego cumplida en Cristo; se detalla el lugar de la mujer en cuanto a estar sujeta a una concepción múltiple, al dolor y la pena en la maternidad, y en cuanto a la posición del hombre como cabeza (Gén 1:26-27; 1 Cor 11:7-9; Ef. 5:22-25; 1 Ti. 2:11-14). El hombre debería, en lo sucesivo, de ganar el pan con el sudor de su frente (Gén 2:15 con 3:17-19); la vida del hombre sería dolorosa y con la muerte por final (Gén 3:19; Ef 2:5). Por un período bastante extenso, el hombre continúa desde ese punto en adelante viviendo bajo el pacto adámico[82]".

Se puede resumir los pactos de esta forma

- **El pacto eterno**, (Heb 13:20): el pacto redentor antes de los inicios de los tiempos.
- **El pacto adámico**, (Gén 3:14-19): el pacto que condicionaba la vida del hombre caído en la esfera terrícola.
- **El pacto a Noé**, (Gén 8:20-9:6): la preservación de la vida humana y su gobierno.
- **El pacto abrahámico**, (Gén 12:1-3): la promesa al respecto de la bendición y la simiente. Confirmado en (Gén 13:14-17, 15:1-7, 17:1-8).
- **El pacto mosaico**, (Éx 20:1-31:18): el pacto legal dado exclusivamente a los hijos de Israel era las leyes que debían gobernar todos los aspectos de su vida.
- **El pacto palestino**, (Deut 30:1-10): regulaba la posesión y disfrute de la tierra de Canaán por parte de Israel.
- **El pacto davídico**, (2 Sam 7:4-17, 1 Cro 17:4-15): regulaba el reino terrenal temporal de David y el eterno posterior.
- **El pacto nuevo**, (Jer 31:31-33; Mt 26:28; Mr 14:24; Lc 22:20; Heb 8:8-12): el pacto de la bendición milenaria para Israel establecido en la muerte de Cristo.

El conjunto de todo lo antes mencionado con los pactos vistos, demuestra que el medio perfecto por el cual Dios comunica a sus criaturas con facultad intelectual su voluntad y propósitos es las Escrituras.

[82] L S. Chafer. Teología Sistemática, Tomo I. Editorial CLIE. C/ Ferrocarril, 8. 08232, Viladecavalls (BCN) España.

Capítulo II: Teología

(Doctrina de Dios)

La teología, del griego theos, "Dios", y logos "estudio, razonamiento", significa en sí "el estudio de Dios" y, por ende, "el estudio de las cosas o hechos relacionados con Dios" es la disciplina que estudia el conjunto de conocimientos acerca de Dios, sus atributos y sus perfecciones. La Teología parte del hecho de la existencia inequívoca de Dios. Es por ello por lo que la Teología no se ocupa de la demostración empírica de su existencia, puesto que da por hecho esta afirmación.

La existencia de Dios

Argumentos Naturales

A) **Cosmológico:** La palabra *"cosmos"* es una palabra griega que significa *"mundo"*, el universo es un efecto que requiere una causa adecuada, y la única causa todo suficiente, es su mismo creador, Dios.

Salmos 19:1: Día y noche el universo transmite silenciosamente una sinfonía que da gloria a Dios por crearle[83]. La naturaleza misma revela una mente inteligente detrás de ella, en la antigüedad había un papirus insigner egipcio el cual era una composición del periodo intertestamentario, se observaba que la obra oculta de su creador se revela en la tierra día a día, en tales escritos se mostraba que había alguien detrás de tales obras de la creación gobernando la luz, la oscuridad, el día, la noche, los meses, los años, el verano y el invierno, las constelaciones, nacer, morir, el sueño y las generaciones. Se entendía que había un ente que tenía el dominio absoluto de todo.

Hay varios puntos importantes en el texto, la tierra cuenta que detrás de ella hay un creador inteligente. Aquí hay dos divisiones que demuestran la soberanía divina detrás de la expresión creativa, primero el escrito expone la palabra *"cielos"* la misma en el original es un dual singular que viene del hb. *"shamayim/shameh"* shamayim su uso cesó con el paso del tiempo ya que era proveniente del arameo shamayin y la palabra shameh vino a ser la representativa, en este caso significa *"elevado"*, alude el arco visible que sostiene las nubes y muestra los cuerpos celestes *(estrellas)*, esta palabra describe parte de todo lo que Dios hizo, además de la tierra, Dios hizo el universo (Gén 1:1; 14:19). La extensión que Dios creo alrededor de la tierra fue nombrada cielo de igual forma (Gén 1:8), Dios extendió los cielos (Is 40:22), creándolos (Is 42:5; 45:18). Los cielos que el humano logra observar

---

[83] Romanos 1:20.

a simple vista son indicados en esta palabra. Las estrellas son parte de los cielos (Gén 15:5) y en algunos casos eran una personificación para juicios divinos (Jue 5:20), el sol, la luna junto las estrellas constituyen una gran parte de las huestes celestiales (Deut 4:19). Lamentablemente en la antigüedad fueron alabadas como dioses (Jer 8:2). Los cielos llegaron a ser una fuente de conocimiento del futuro y la vida en general, por lo que los exploradores astrólogos buscaban señales en el cielo (Isa 47:13).

Antiguamente mal formaron la idea de esta palabra para adorar a una diosa pagana la cual nombraron la reina del cielo (Jer 7:18, 44:17), Dios en la creación colocó aguas por encima y debajo de los cielos (Gén 8:2; Jue 5:4; 1 Rey 18:45; Job 26:13). Los cielos muestran la soberanía divina en su creación (Is 40:22). En relación con la misma expresión escritural, se da entender que la misma creación expresa inteligentemente quien le creó. Por eso sigue haciendo uso de la palabra *"cuentan"*, la misma del hb. *"safar"* la cual tiene por significado *"señalar"*, alude una marca de registro, una inscripción, también se hacía uso de esta para dar entender una celebración que manifestaba públicamente un hecho. Eso no solo alude la expresión misma de la creación sobre su creador, sino también el cuidado que Dios tiene de la misma. *Todo lo creado señala a quien le creó*. Por ello hace uso de la palabra *"gloria"* del hb. *"kabod"* y significa *"peso"* en el sentido figurado, en su uso contextual, en este caso, es *"esplendor"* es un sustantivo singular masculino que alude la *majestad y honra de Dios*. Todo lo creado expresa la majestad soberana de Dios como su creador.

El texto mismo sugiere otro punto importante de la creación, y es el *"firmamento"*, tal palabra proviene del hb. *"raqia'"* significa *"expansión"*, literalmente se refiere a una extensión grande y particular, habla de la bóveda celestial sobre la tierra. El mismo término indica el cielo literal que se extiende de un horizonte a otro (Gén 1:6-8), es el lugar arriba donde contiene el sol, la luna y las estrellas (Gén 1:14; Ez 10:1), el Salmo lo utiliza para dar entender el poder infinito y completo de Dios, tanto la esfera terrenal visible como la exterior exponen una explicación, por ello hace uso de la palabra *"anuncian"* del hb. *"nagad"*, que es *"explicar"*, esto alude un *"elogio"* que reconoce la importancia de un hecho. Entonces, *Todo en la creación, visible e invisible, entendible y no entendible, relata la acción creadora y suprema de Dios*.

En la creación podemos encontrar la precisión de esta de forma organizada para el único fin de glorificar a su creador.

Evidencias científicas sobre el diseño inteligente

La Tierra y su forma:

- *"Él está sentado sobre el círculo de la tierra, cuyos moradores son como langostas; él extiende los cielos como una cortina, los despliega como una tienda para morar – Isaías 40:22."*

La suspensión de la tierra:

- *"Él extiende el norte sobre vacío, Cuelga la tierra sobre nada – Job 26:7".*

Las estrellas son innumerables:

- *"Y lo llevó fuera, y le dijo: Mira ahora los cielos, y cuenta las estrellas, si las puedes contar. Y le dijo: Así será tu descendencia – Génesis 15:5".*

La existencia de las cuencas del mar:

- *"Entonces aparecieron los torrentes de las aguas, Y quedaron al descubierto los cimientos del mundo; A la reprensión de Jehová, Por el soplo del aliento de su nariz – 2 Samuel 22:16".*

La existencia de las fuentes en mar y cielo:

- *"El año seiscientos de la vida de Noé, en el mes segundo, a los diecisiete días del mes, aquel día fueron rotas todas las fuentes del grande abismo (el mar), y las cataratas de los cielos fueron abiertos – Génesis 7:11".*
- *"Y se cerraron las fuentes del abismo y las cataratas de los cielos; y la lluvia de los cielos fue detenida – Génesis 8:2".*
- *"Cuando afirmaba los cielos arriba, Cuando afirmaba las fuentes del abismo - Proverbios 8:28".*

La corriente del océano en el mar:

- *"Oh Jehová, Señor nuestro, ¡Cuán glorioso es tu nombre en toda la tierra! Has puesto tu gloria sobre los cielos – Salmos 8:1.*
- *Cuando veo tus cielos, obra de tus dedos, La luna y las estrellas que tú formaste – Salmos 8:3.*
- *Le hiciste señorear sobre las obras de tus manos; Todo lo pusiste debajo de sus pies – Salmos 8:6.*
- *Las aves de los cielos y los peces del mar; Todo cuanto pasa por los senderos del mar – Salmos 8:8.*

Ciclo hidrológico de la tierra:

- *"Ata las aguas en sus nubes, Y las nubes no se rompen debajo de ellas – Job 26:28".*
- *"Él atrae las aguas de las aguas, Al transformarse el vapor en lluvia, La cual destilan las nubes, Goteando en abundancia sobre los hombres – Job 36:27-28".*
- *"El viento tira hacia el sur, y rodea al norte; va girando de continuo, y a sus giros vuelve el viento de nuevo. Los ríos todos van al mar, y el mar no se llena; al lugar de donde los ríos vinieron, allí vuelven para correr de nuevo – Eclesiastés 1:6-7".*

La entropía:

- *"Desde el principio tú fundaste la tierra, Y los cielos son obra de tus manos. Ellos perecerán, más tú permanecerás; Y todos ellos como una vestidura se envejecerán - Salmos 102:25-26".*

La Salud, sanidad, enfermedad y su naturaleza:

- *Ver listado en – Levítico Caps. 12-14.*

El argumento cosmológico, intenta probar la existencia de Dios observando el mundo que nos rodea y como bien también se llama, el cosmos. Comienza con las realidades existentes. Entonces se argumenta que *la causa de la existencia de estas cosas tiene que deberse a una cosa "una inteligencia suprema"*. Este tipo de argumento va en retrospectiva hasta Platón y desde entonces, ha sido usado por notables filósofos y teólogos desde la antigüedad. La ciencia se encontró con los teólogos en el siglo XX, cuando fue confirmado que el universo debió haber tenido un principio. Así que actualmente, el argumento cosmológico es aún más importantes para los no filósofos. Existen dos formas básicas de este argumento, y la forma más fácil de pensar en ello es la *"vertical" y la "horizontal"*. Estos nombres indican la dirección desde la cual procede la causa. En la forma vertical, se afirma que cada cosa creada está siendo causada ahora mismo. La versión horizontal muestra que la creación debe tener una causa en principio.

Lo horizontal es más sencillo de entender. El argumento básico es que *todo lo creado tiene un principio, y tuvo una causa obligatoriamente*. El universo tuvo un principio; por tanto, el universo tuvo una causa. Esa causa externa a todo el universo es Dios. Alguien podría decir que algunas cosas son causadas por otras, pero tal punto no resuelve la interrogante ni la problemática. Esto es porque aquellas otras cosas debieron tener causas de igual forma, y eso no puede seguir al infinito, sino más bien pone un alto. Todos los árboles comienzan a existir en algún punto *(porque ellos no siempre existieron)*. Cada árbol tuvo su principio en una semilla, la *"causa"* del árbol. Pero cada semilla tuvo su principio *"causa"* en otro árbol. No puede haber una serie infinita de árboles y semillas, porque no hay una serie que sea infinita, porque aún las series de números es limitada, aunque se pueda añadir un digito más, siempre estará en un número finito. Si hay final, no es infinito. Cada serie tiene dos finales, realmente, - al final y al principio - de no ser así sería real ¡un tronco con un solo extremo! Si no hubiera una causa primaria, la cadena de causas jamás habría comenzado. Por tanto, hay una causa que no tuvo principio. Esa primera causa es Dios.

La forma vertical es un poco más compleja de entender, pero es más poderosa porque no solo muestra que Dios tuvo que causar la *"cadena"* en el principio, Él aún debe estar causando que las cosas existan en la esfera de espacio y tiempo presente de lo creado. Nuevamente, se señala que las cosas existen. Mientras que a menudo se tiende a pensar sobre la existencia, como una propiedad de que las cosas de alguna forma *"poseen"* que una vez que algo es creado, la existencia solo es parte de lo que es, aunque aquí no es el caso. p.e.j. Un triángulo. Se puede definir la naturaleza de un triángulo como *"la figura plana formada por tres puntos conectados, no en una línea recta, sino por segmentos de línea recta"*. Nótese lo que no es parte de esta definición: *"la existencia"*. Esta definición del triángulo se mantendría, aún sin que ningún triángulo existiera en absoluto. Por tanto, una naturaleza triangular –lo que es– no garantiza que exista un triángulo, p.e.j los círculos, se conoce lo que son, pero eso no hace que existan. Porque no es parte de la naturaleza de un círculo el existir, tanto los triángulos como los círculos deben ser *hechos* para que *existan*, por algo más de lo que ya existe, alguien debe hacer el dibujo. El triángulo es causado al igual que el círculo por algo más, por lo tanto, también debe tener una causa. Esto no puede proseguir indefinidamente, no hay series infinitas. Por tanto, algo que no necesita que se le de existencia, debe existir para dar existencia a todo lo demás. *¿Hay algo existente por sí mismo?* No. Así que, no solo el universo debe tener una primera causa para comenzar; necesita algo que le de existencia en lo presente. La única cosa a la que no tendría que dársele la existencia, es una cosa que existe por su propia naturaleza. Es la existencia misma. Este algo siempre habría existido, no teniendo causa, no teniendo principio, no teniendo límite ni fin, está fuera del tiempo en una eternidad, y su ser es infinito. Y ese es ¡Dios!

Partiendo de dicho argumento se puede comprender que *todo tiene un inicio, menos el creador de aquello por lo cual se inició tal cosa creada.*

B) Teológico: Dicho argumento, *"thelos"* que es *"fin"* expresa todo lo que proviene de Dios, en este caso, me atrevo hacer un enlace al mismo argumento cosmológico antes mencionado.

El argumento teleológico es el argumento sobre *la existencia divina que se basa en la premisa de que existe una evidencia (percibida por los humanos) del mundo y el universo "diseñado"*. Se basa en esos aspectos del mundo que, al ser complejos, parecen haber estado diseñados; y que, en consecuencia, parecen obedecer un objetivo o una finalidad de un ser inteligente. Todo lo creado es demasiado complejo y organizado como para haber ocurrido al azar. Por lo tanto, eso creado debió haber sido ejecutado en una acción por un ser inteligente, detrás de cada acción debe haber un ser que la impulse. Dios es el único ser inteligente que ha podido crear todo. Por lo tanto, existe. En este caso, normalmente se refiere al universo, el proceso de este, al ser humano, y a todo lo creado. Se preconciben todas las cosas que se diseñan, se proyectan, y se proponen. La preconcepción, proyección, proposición, y la invención; hace necesario un intelecto, mente o voluntad, de ser así seria inexistente la acción, ya que *"nada"* no tiene significado concreto al haber algo o alguien, si no hay *"nadie o algo"* detrás de la acción manifestada como muchos afirman, al existir todo, no hay cabida para una creación de la nada.

Con esto se entiende que todas las cosas que son consideradas irreduciblemente complejas presentan intención o preconcepción. El universo contiene cosas no hechas por el ser humano, y que son irreduciblemente complejas. Por ende, esas cosas despliegan intención y preconcepción, al hablar de preconcebir, quiero dar entender que tal mente inteligente, en su preeminencia perfecta pensó, y ejecutó el pensar. Esas cosas hacen necesario un intelecto, mente o voluntad. El universo no solo prueba que tiene un Hacedor, sino también un diseñador. Se puede notar claramente en el universo un objetivo o finalidad que indica la existencia suprema de quien lo planificó.

Este argumento presenta claramente que detrás de la creación está la mente eternamente inteligente de Dios, el cual organizó todo con una finalidad/propósito. La Escritura nos enseña claramente que dicho argumento antes mencionado está evidenciado.

La creación exige un creador

Porque lo que de Dios se conoce les es manifiesto, pues Dios se lo manifestó. Porque las cosas invisibles de él, su eterno poder y deidad, se hacen claramente visibles desde la creación del mundo, siendo entendidas por medio de las cosas hechas, de modo que no tienen excusa - Romanos 1:19-20.

Históricamente los filósofos de tales tiempos discutían sobre si la naturaleza de Dios era evidente en la creación; Cicerón[84] aludía que ninguna raza humana era tan poco civilizada como para negar la existencia de una inteligencia suprema detrás de lo creado, opinando que la mente humana podía comprenderle al ver sus creaciones. Los judíos esparcidos por todo el mundo grecorromano utilizaban el mismo argumento para persuadir a los paganos a volverse al Dios verdadero. Incluso los rabinos contaban historias encantadoras sobre Abraham razonando sobre la primera causa y demostrando a sus compatriotas sobre el Dios verdadero utilizando en sus argumentos los relatos sobre la creación, expresando como Dios le había dado a Noé siete leyes, las cuales la humanidad debía responder y eso la incluía prohibición de la idolatría. A diferencia de Israel, que tenía que guardar los 613 mandamientos de la ley, la mayoría de los gentiles desobedecía no solo los 613 mandamientos, sino también las siete leyes de Noé negando al Dios verdadero que estableció las órdenes y la creación. Según la tradición del judaísmo, los siete preceptos de las naciones o siete leyes de los hijos de Noé son el número de mandamientos básicos y de origen divino entregados al primer hombre, Adán, y ratificados a Noé y

---

[84] Marco Tulio Cicerón; Cónsul de la República de Roma en ejercicio del poder supremo 1 de enero de 63 a. C.-1 de enero de 62 a. C.

a Moisés en el Monte Sinaí, a los cuales deben obedecer los hijos de Noé (toda la humanidad). Son citados en el Talmud como: *un mandamiento positivo con respecto a establecer cortes de justicia y seis prohibiciones en contra de la idolatría, la blasfemia, el asesinato, la conducta sexual impropia, el robo, y el comer carne de un animal vivo*[85].

En relación con el verso, el texto mismo expone el carácter de los que niegan la existencia de Dios con una vida desordenada haciendo uso de tal información[86]. Desde la creación del mundo Dios exhibió dos rasgos de sí mismo para que todos los seres humanos los vean: *Su eterno poder y divinidad*. La palabra empleada aquí se refiere al carácter de Dios más que su ser esencial; Sus gloriosos atributos más que su deidad inherente. Su deidad es dada por supuesta. El argumento aquí es claro: *La creación exige un Creador. El diseño exige un Diseñador*. Al contemplar el sol, la luna y las estrellas, cualquiera puede saber que hay un creador tras ello. Por eso nadie tiene excusa. Dios se ha revelado en la creación, pero ningún ser humano ha respondido a esta revelación de sí mismo.

Aquí hay varias palabras clave que arrojan luz al argumento:

- **"se conoce"** del gr. *"gnostos"* significa *"notorio"*, alude algo bien conocido. Dios es factible de ser conocido por parte de los seres humanos en función de demostrar su poder mediante su creación a su creación. En sentido enfático conocido de todos.
- **"manifiesto"** del gr. *"faneros"* significa *"brillar"*, alude sacar algo a la luz, en este caso, una lámpara alumbrando en la oscuridad para poder observar claramente el panorama.
- **"manifestó"** del gr. *"faneroo"* significa *"poner en evidencia"*, alude *"hacer conocido"*, esto conlleva la idea de una persona mostrando algo abiertamente al ojo público. Todo lo creado tiene la firma de su creador, es notorio que una mente con una inteligencia única creo lo existente y lo organizó para una función específica, *(tanto, "manifiesto" como "manifestó" envuelve todo lo existente)*.
- **"eterno"** del gr. *"aidios"* habla de su duración, algo perpetuo. Es un adjetivo de *"aei"* que significa *"siempre"*, *"existentemente por siempre"*. Esto es en relación con dos cosas: **A)** *lo que proviene de Dios*; y **B)** *su carácter divino*. Por ello habla de su propio poder, en este caso el inteligentemente invisible y creativo, se hacen visibles.
- **"divinidad"** del gr. *"theiotes"* significa *"deidad"* es un sustantivo de *"theios"* alude todo aquello que procede de su propia naturaleza. Es la demostración de su esencia. La misma contextualmente va enlazada mano a mano con lo *"eterno"*. En este caso la manifestación de lo creado demuestra que Él es divinamente eterno, como eternamente divino.

[85] Sheva Mitzvot Benei Noaj. Sanhedrín 56a/b

[86] Romanos 1:21-32.

- **“creación”** del gr. *“ktisis”* significa *“formación”*, propiamente el acto por implicación, las cosas. Es sustantivo de *“ktidzo”* que es *“forma”*, de modo general o colectivo alude dar curso hasta que tome la forma deseada. Esta palabra es clara, ya que mediante todo lo creado Dios no solo mostró su poder invisible, su capacidad creativa eterna y su deidad, sino que también demuestra que el sostiene todo bajo su mismo principio de preservación. Dios preservó todo lo creado al grado de darle la forma que Él en su preeminente soberanía quiso darle.
- **“siendo entendidas”** del gr. *“kaiper”* la misma está compuesta de *“kai”* que es la fuerza copulativa como cumulativa para reforzar lo siguiente que es *“per”* una partícula enclítica significativa para aludir abundancia, la suma de ambas “kaiper” alude *“una verdad demostrada”*. Dios hizo que sobreabundara las evidencias que demuestran que detrás de todo lo creado, eso incluye desde el microcosmos, hasta el macrocosmos, se encuentra la firma del autor de tan gran obra maestra.

Por esta razón es que no tiene excusas el ser humano, Dios hizo notorio *(bien conocido)* que Él es el creador y sustentador de todo. En todo lo creado cabe relucir algo importante escrito en Colosenses 1:15-23, y es la supremacía del Hijo en la creación y su manifestación en su humanidad aquí en la tierra, hay que aclarar, Jesús no fue creado, fue concebido, y aunque esto ya es de carácter Cristológico, cabe resaltarlo en el mismo argumento Teológico. El texto enfatiza el tema de la supremacía y suficiencia total de Jesús, exponiendo su persona y obra. Hay varios puntos de suma importancia en el texto para resaltar:

I- El carácter perfectamente eterno del Hijo[87].

a. **“Imagen”**: La revelación entendible, la representación exacta.
b. **“Primogénito”**: Posición de autoridad y preeminencia. Tal posición se le otorgaba al primer hijo en la época patriarcal del Antiguo Testamento (Gén 44:3-4). En el hebreo comunica *“Ser jefe”* (1 Cro 5:12), la palabra que se usa aquí, en el griego *“prototokos”* alude una distinción principal y comunica *“el que tiene todo el derecho”*.
c. **“Creación”**: *“ktisis”* El acto de crear y el producto del acto creativo. El texto recrea el momento de la creación en (Gén Cap. 1) enfocando no solo la creación hecha por Dios, sino argumentando las evidencias presentes de tal acto divino como algo imposible de negar.

[87] Colosenses 1:15.

II- Su poder creativo y las evidencias de este[88].

a. **"En Él"**, especifica: *"agente intermediario."*, *"por medio de"* denota: *"Instrumento."* Como la inspiración o punto de partida para dar existencia a todo lo celestial y terrenal. Aquí el texto se enfoca en que Jesús tiene autoridad sobre todo al ser el agente creativo. *"Tiene derecho sobre todo"* ya que *"todo fue creado por medio de él y para él." (creó-crear-creación).*

b. **"Subsisten"** alude *"mantiene unido", "sostiene todo en su soberanía preexistente."* (La evidencia y manifestación visible de la verdad).

Todo esto argumenta que Jesucristo es el principio por el cual la creación es preservada.

III- El poder Supremo del Hijo[89].

a. **"Cabeza"** expresa *"Autoridad"*: Como la parte más importante, respetada y honrada de todo. *"Quien guía y controla para que sea expresada la voluntad mediante su cuerpo."*

b. **"Primogénito de entre los muertos"** en este caso es diferente al v.15. *"El primero en levantarse con un cuerpo resucitado".* Cristo es la vida y por consecuente la muerte no tiene poder sobre el autor de la vida.

c. **"Habitar"** alude *"El deleite de vivir ahí y manifestar su santidad."* Aquí comunica el ejemplo el Tabernáculo de la era pasada en el cual la presencia habitaba para que su esencia fuera honrada.

d. **"Plenitud"** en este caso es *"La suma total de los atributos Divinos."* Enfatiza que Cristo es la manifestación total y la máxima evidencia de Dios en la tierra para el beneficio del hombre, dando a entender que Cristo es la sabiduría y gloria perfecta de Dios en su esencia perfectamente visible y entendible.

**Todo esto argumenta en contra cualquier herejía la cual niegue la divinidad, o la humanidad perfecta de Cristo y el poder creativo de Dios.*

IV- La obra Suprema del Hijo[90].

a. **"Reconciliar"** lo cual es *"Alinear lo torcido, colocar las cosas en su orden correcto."* El mismo texto aclara a la iglesia de Colosenses que Cristo restauró todo en sí mismo con su muerte (vv.21-22). Esto lo daba a entender para que entraran en una plena confianza en su perfección y no en los ritos místicos y judaizantes. Cabe a relucir que

[88] Colosenses 1:16-17.
[89] Colosenses 1:18-19.
[90] Colosenses 1:20-23.

el adherido humano a todo orden divino es inadecuado, en este caso, todo aquello que trate de agregar o quitar a la perfección divina de Cristo y sus verdades evidenciadas debe ser rechazado.

b. **"Si en verdad"** del gr. *"ei ge"* no expresa duda, sino confianza en el hecho de la cruz de Cristo y su firmeza en la fe verdadera. Da a entender con esto que al recibir la verdad sobre la naturaleza sobrenatural del Hijo se mantendrían en la fe, creyendo fielmente en Su perfección Soberana.

No hay argumento alguno que pueda evidenciar lo contrario a la verdad ya establecida y expresada en la creación, Cristo es el supremo Dios encarnado, la verdad absoluta, el Dios confiable que da verdadero reposo. *Dios en Cristo estableció la preservación de su misma creación.*

C) **Antropológico**: Argumento derivado de la palabra *"anthropos"*, el hombre es un ser intelectual, moral, emocional, voluntario, y con una naturaleza religiosa, y por ende tuvo que ser creado por un ser que gozara de dichos atributos, si el hombre es intelectual es porque un ser supremamente intelectual *(Dios)* le impartió en su creación dicha intelectualidad.

La misma vida evidencia al Creador

Siendo, pues, linaje de Dios, no debemos pensar que la Divinidad sea semejante a oro, o plata, o piedra, escultura de arte y de imaginación de hombres - Hechos 17:29.

Históricamente los griegos, y los judíos de la diáspora y algunos escritores cristianos del siglo II hablaban sobre Dios como el Padre del mundo de lo creado. La cita del poeta Epiménides[91] aparece en antologías de textos judíos para establecer evidencias útiles y así demostrar a los paganos la verdad a lo que a Dios respecta. El pensamiento en tal tiempo era común al grado que Pablo hace alusión al tema con este verso canalizando la verdad para el pleno entendimiento de su audiencia. Los griegos en esa fecha citaban a Homero y a otros poetas como textos de prueba de manera parecida a la forma que los judíos lo presentaban con las Escrituras. Muchos filósofos criticaban a los poetas por ser demasiado teológicos, pero como había pensamiento abierto, aprovecharon y plasmaron evidencias sobre la misma existencia divina como fuente de la creación del hombre. En este verso de la Sagrada Escritura se expone el argumento de que, si los hombres provienen de Dios, entonces es imposible considerar a Dios como algo y no como alguien. Es imposible que Dios sea un efecto de la imaginación del ser

[91] Epiménides de Cnosos (Creta): filósofo-poeta semi-místico griego entre los siglos VII/VI a.C. Para el pueblo griego, Epiménides era un personaje misterioso y casi divino. Vivió alrededor del 600 antes de Cristo, por lo que era contemporáneo de Lehi y Jeremías de Jerusalén, Solón de Atenas y Confucio de China.

humano. Los elementos materiales mencionados *"oro, plata, piedra, esculturas artísticas"* es de descendencia humana, y los seres humanos son creación de Dios. *"Siendo pues linaje de Dios"* no habla que todos tienen algo divino en ellos, ni tampoco que todos los hombres son hijos de Dios, verdaderamente lo que expresa es que *"todo ser racional fue creado por Dios y recibió vida de parte de Él".*

La imagen y semejanza evidencian al Creador

Entonces dijo Dios: Hagamos al hombre a nuestra imagen, conforme a nuestra semejanza; y señoree en los peces del mar, en las aves de los cielos, en las bestias, en toda la tierra, y en todo animal que se arrastra sobre la tierra. Y creó Dios al hombre a su imagen, a imagen de Dios lo creó; varón y hembra los creó - Génesis 1:26-27.

Aunque el ser humano es creado el día sexto, junto con los animales, es de notar que no surge igual que estos. Mientras los animales son producidos por la tierra, por orden divina, el ser humano apareció como un acto directo de la voluntad de Dios. El término *"Adam"* se usa aquí como un colectivo y no como nombre propio. Esto se aprecia en el hebreo, pues en la expresión *"dominio"* el verbo está en plural, de modo que literalmente sería *"tengan dominio"*. Cuando Dios creo al hombre, lo colocó a cargo de la creación. Lo dotó de *su propia imagen*. Históricamente, en el mundo antiguo, se creía que una imagen llevaba la esencia de lo que representaba. En relación con las creencias antiguas, se pensaba que la obra de la deidad era cumplida mediante quién le rendía adoración. Entonces, se consideraba que la obra del gobierno de Dios había de ser cumplida por los seres humanos.

Cuando Dios expresa *"Hagamos al hombre a nuestra imagen, conforme a nuestra semejanza"* lo hace desde el mismo principio de distinción y preeminencia del hombre sobre las criaturas de la tierra, no sobre Él, o, a nivel de Él, no como una igualdad de carácter o soberanía. El plural *"Hagamos"* fue considerado casi unánimemente por los primeros teólogos como un indicativo de la doctrina de la Trinidad. Pero, en mi opinión, la afirmación hecha anteriormente, comunica que el hombre tiene capacidades tales como *la forma intelectual, comunicativa, moral, y creativa.* No proyecta la idea de esencia idéntica a la de su creador como una igualdad con Él o a la Trinidad. En sí, la Palabra *"Imagen"* viene del hebreo *"tselem"* y significa: *"hacer una sombra, tener un parecido"* esto comunica la idea de *"una figura representativa"*. Para que el hombre pudiese ser quien administrara el orden en la tierra sobre la creación debía tener las facultades antes mencionadas *"capacidades intelectual, comunicativa, moral, y creativa"* para que se hiciera como Dios deseaba, en orden. La Palabra *"semejanza"* del hebreo *"demut"* significa: *"un parecido, modelo"* comunica: *"un aspecto o forma parecido a su autor"*.

Si exponemos exegéticamente el contenido del texto podemos ver que al crear al hombre se muestra la peculiar importancia de la obra que se efectuó en la formación de una criatura, que había de ser el representante de Dios, investida de autoridad y dominio como cabeza y monarca del mundo, hecho a su *imagen*, y conforme a su *semejanza*. Esta es una distinción muy peculiar, cuyo valor está en el hecho de la repetición de las palabras. *¿En qué consistía la imagen de Dios?*, la misma no consistía en la forma recta o vertical e incluso en las facciones del hombre, sino más bien su *inteligencia*, en las *disposiciones morales de su alma*, comúnmente llamada *ley natural o justicia original*[92]. Así como la nueva criatura es la restauración de esta imagen, la historia de esta arroja luz sobre la otra; y se nos comunica la idea de que es renovada según la imagen de Dios en *conocimiento, justicia y verdadera santidad*[93].

La naturaleza moral del hombre, su instinto religioso, su conciencia y carácter emocional argumentan a favor de la existencia de Dios, todo ser humano tiene su imagen.

D) Ontológico: Dicho argumento *(el "ser")* está basado, no en la observación del mundo como el cosmológico y teológico, sino más bien en *el empleo único de la razón*. Específicamente, este argumento se basa en razonar a partir del estudio del ser *(ontología)*.

La primera y más popular forma de este argumento se inicia desde Anselmo[94] en el siglo XI d.C. Comienza con la declaración de que el concepto divino es *"un ser tal, que nada mayor puede ser concebido."* Puesto que la existencia es posible, y la existencia es más grande que la no existencia, entonces *Dios existe*. Este argumento establece que, si Dios no existiera, entonces podría concebirse un ser mayor por encima de Él, eso es autoexcluyente, por la sencilla razón de que, *nadie puede tener algo más grande, que aquello que ya es grande*. Por tanto, algo más grande que aquello de lo cual todo procede no existe. Con esto se afirma que Dios debe existir.

El filósofo Descartes[95] expresó algo muy parecido, solo que presentó en su comienzo con la idea de *un ser perfecto*. Los argumentos ontológicos no son muy populares en los círculos cristianos de la actualidad, ya que presentan muchas interrogantes:

A) *muchos se hacen la pregunta principal en cuanto* a *cómo es Dios*.

B) *la instancia subjetiva es baja para los no creyentes, puesto que estos argumentos tienden a carecer de apoyo objetivo.*

C) *es difícil simplemente afirmar que algo debe existir por definición.*

---

[92] Eclesiastés 7:29.
[93] Efesios 4:24; Colosenses 3:10.
[94] Anselmo de Canterbury. Proclamado Doctor del catolicismo anglicano en el 1720 por Clemente XI.
[95] René Descartes: filósofo, matemático y científico francés. Nombrado el padre de la filosofía occidental moderna.

Sin un buen soporte filosófico por el que una cosa deba existir, entonces, definir simplemente que algo existe, no es una buena filosofía.

Este argumento se enfoca en *demostrar la existencia de Dios mediante una prueba racional que debería ser admitida*, es decir, según el mismo, Dios es definido y no puede ser menor a Él mismo, Dios existe, de lo contrario se podría concebir otro ser idéntico a Él con una existencia añadida. Se ha demostrado en los argumentos anteriores que la fuente de todo lo existente es Dios, ya que Él es la vida[96] y mediante su ser dio vida a lo existente, es imposible otro ser igual o mayor que Él, ya que de Él proviene todo, y es imposible un ser idéntico a Él, ya que el único ser auto existente, es Dios, de lo contrario, si existiera un ser mayor a Dios, debería considerarse falso.

E) Bíblico: La misma biblia afirma no solo que es la inerrante eterna palabra de Dios, sino que también expone argumentos convincentes sobre toda evidencia que lo presenta a Él como el autor de lo existente y como auto suficientemente existente en sí mismo. La biblia es el documento eterno que revela los perfectos atributos del Creador.

Atributos de Dios

Un atributo se puede considerar como una propiedad intrínseca de un sujeto por la cual se distingue y puede ser identificado. Basándonos en dicha definición se puede contar con lo que se le llama las clasificaciones. La mayoría de los sistemas de clasificaciones están basados en el hecho de que algunos atributos son de Dios exclusivamente, como por ejemplo *"la eternidad e infinitud"*, y los otros se encuentran en un sentido limitado y relativo en el hombre, como por ejemplo *"el cariño, el afecto, y amor"*, de ahí es que parten las divisiones en lo que respecta a lo comunicable e incomunicable; relativo y absoluto; transitivos e inmanentes; personales y constitutivos. Analizaremos cada uno para mayor comprensión.

Los atributos absolutos incomunicables/constitutivos

- **Simplicidad**: Dios no tiene composición ni mezcla alguna; es simplemente indivisible. **Juan 4:24**. la palabra Espíritu del gr. *"pneuma"* significa *"soplo"* en este caso alude la esencia de su ser y su invisibilidad *(al menos que Él permita verse)*. Cabe a relucir una división latente para una comprensión más clara, el hecho que sea así no se opone a la doctrina de la Trinidad como muchos afirman, ya que su simplicidad tiene que ver con su propia esencia y la Trinidad con

[96] Juan 11:25-26; 14:6.

su modo de subsistir. En este caso, lo defino de esta forma: *"Él está compuesto de sí mismo, no necesita más nada".*

- **Unidad:** Dios es uno. Este atributo no necesita más explicación ya que Él mismo así lo afirmó. **Deuteronomio 6:4**. Este es uno de los Escritos más importantes para los judíos en el Antiguo Testamento. Es llamado la *"shema"* lo cual significa oír, y alude en el sentido de obedecer. En este caso Dios mismo establece que él es uno, en este caso el único Dios verdadero, los demás son falsos. La definición de la unidad divina consiste en una declaración que da prominencia al *"carácter único de Dios y su indivisibilidad"*.

- **Infinidad:** Dios no tiene limitación de espacio, es infinito. **1 Reyes 8:27.** Este texto habla sobre una continua demostración de la santidad de Dios, aquí expresa claramente lo que concierne a la trascendencia divina. Él no puede ser limitado por las dimensiones de tiempo y espacio. **Hechos 17:28.** Él dispuso los años y ha prefijado en su soberanía todo en la vida del hombre. En Él vivimos, nos movemos, y somos. Dios no solo es el Creador, sino también el medio ambiente de lo creado.

- **Eternidad:** Sin principio, sin fin y sin tiempo, eso no significa que el tiempo sea irreal para Él. Dios reconoce la sucesión de cada hecho ya que Él mismo es quién dio, da y dará curso a cada historia, por lo tanto, lo pasado, presente y futuro son siempre su presente. **Génesis 21:33:** al decir *"Dios eterno"* del hb. *"El Olam"* significa *"el Dios de la eternidad"*, esta palabra alude algo inalcanzable por la mente humana, expone enfáticamente su esencia como *"siempre Dios"* para aludir a una totalidad o plenitud de su ser. **Salmos 90:2.** Este salmo es el más antiguo de todos. Moisés, su autor, reconoce aquí la autoridad divina. En el mismo se expresa la auto existencia divina antes de todo lo formado por su poder, la palabra empleada aquí para *"siglo"* es *"olam"*, la misma expresa fuera de la mente y el tiempo, provine de *"alam"* que es *"escondido del ojo humano"*, esto demuestra que antes de la manifestación de lo creado y todo lo que pueda ser comprendido por la mente humana Él siempre ha sido Dios, esto abarca una totalidad en cualquier esfera de lo creado y no creado, ya que Dios no depende absolutamente de nadie ni nada que no sea Él mismo.

- **Inmutabilidad:** Dios no cambia, el hecho de que Dios exprese permisividad en algunas cosas para dar curso a la historia humana en su soberanía no significa que cambie de opinión, p.ej. (Gén 6:6 etc). Aludir que Dios cambia de parecer es exponer que su preeminencia *(pasado, presente y futuro, siempre son un presente para Él)* es una teoría y no una verdad. **Santiago 1:17.** Todo buen don procede del

Señor. Él es la fuente de todo buen y perfecto regalo. Aquí indica tanto el don como el acto de dar. Todo lo bueno proviene de arriba, con esto se expresa que Dios es la fuente de la luz, tanto física, intelectual, moral y espiritual, y no cambia. Por eso aquí se describe como el Padre de las luces. La palabra Padre en la antigüedad tenía la inclinación de referirse a Dios como *Creador/Fuente*[97]. Por ello, Dios es el Creador o Fuente de la luz[98]. Eso no solo incluye lo moral, intelectual, físico etc. Sino también, incluye los cuerpos celestes, el sol, la luna y las estrellas[99]. El Padre es la fuente de toda forma de luz en el universo. En el cual no hay cambios ni períodos sombríos. Dios es diferente a lo creado. Todo aparte de Él está sufriendo constante cambio. Dios nunca cambia. El resplandor del sol la luna y las estrellas está en constante cambio por la relación de estos con la tierra debido su movimiento rotativo. Todos los períodos de la creación son literalmente sombríos. Dios es totalmente diferente; en Él no hay variables, sombra ni duda alguna, causadas por algo externo y mucho menos interno. Sus dones son perfectos como Él es perfecto. Es sumamente irracional pensar que Dios induzca al hombre a que se incline a la maldad, ya que no proviene de Él. La maldad procede de la propia y naturaleza corrupta del hombre.

Histórico culturalmente hablando, siempre existió en Oriente la idea de que Dios en lugar de enviar pruebas para destruir a la gente[100] envió sus dones, el texto mismo afirma que eso incluye desde la creación misma, hasta el nuevo nacimiento[101]. El pensamiento sabio judío y griego de tales tiempos era que la divinidad era el autor de todo lo bueno, aludían en su creencia que lo que está en el cielo es perfecto, y muchos escritores judíos utilizaban el término *"de lo alto"* para dar significado a *"de Dios"*. Cuando hacían uso para *"Padre de las luces"* era para dar entender a su audiencia que Dios era *"creador de los cuerpos celestes"*; los paganos adaptaron la idea y consideraban a las estrellas dioses, pero los judíos en muchos casos, los consideraban ángeles. Los cananeos en Ugarit[102] desde mucho antes habían dado significado a Dios como el *"Padre de las luces"* y los Rollos del Mar Muerto[103] hacen alusión al ángel supremo de Dios como el *"Soberano de las luces"*. Los textos judíos antiguos hacen referencia a las estrellas como *"las luces*[104]*"*.

Los astrónomos de antaño usaban palabras como *"sombras movedizas"* para describir la irregularidad de los cuerpos celestes; los filósofos consideraban que lo que era perfecto, era lo que estaba en los

---

[97] Job 38:28.
[98] Génesis 1:3.
[99] Génesis 1:14-18; Salmos 136:7.
[100] Santiago 1:12-16.
[101] Santiago 1:18.
[102] Ugarit era una antigua ciudad portuaria en el norte de Siria, Latakia Governorate. Actualmente Ras Shamra.
[103] The Dead Sea Psalms Scroll, Cornell University Press, New York, 1967.
[104] Génesis 1:14-19; Jeremías 31:35.

cielos, en este caso, lo inmutable y sin contacto directo con la tierra que si era mutable. En los tiempos en que Jacobo escribió a la Iglesia, muchos temían astrológicamente al poder de los seres celestes, en este caso las estrellas, aquí el texto no apoya tal afirmación, sino al contrario, afirma que Dios está por encima de todo y que como *Padre/Creador* formó todo bueno para con tal exposición romper dicho dogma. El verso es una evidencia de que en Dios no hay cambio alguno y refuerza la idea presentada en el principio de la creación[105]. Si Dios creó todo bueno, por consecuente, aunque todo aparte de Él cambie, es bueno y no hay porque temer, este mensaje exhorta al lector a reposar en la soberanía preminente de Dios, en el cual no hay variación.

- **Omnipresencia:** Dios está en todo lugar, pero no está en todas las cosas. El panteísmo, es una creencia errada afirma que sobre la omnipresencia divina que Él está en todo, en su opinión de que Dios es todo y todos y de que todos y todo es Dios, es similar al politeísmo *(la creencia en muchos dioses)*, pero el panteísmo va más allá al enseñar que todo es Dios. En su errada idea asumen que un árbol es Dios, una roca es Dios, un animal es Dios, el cielo es Dios, el sol es Dios, el ser humano es Dios, etc. El panteísmo es la suposición detrás de muchos cultos y falsas religiones tales como el hinduismo y budismo, por extensión, la variedad de unidades y unificación de cultos, y los adoradores de la madre naturaleza. La omnipresencia de Dios es incomparable e incuestionable. El prefijo *"omni"* procede de la palabra latina que significa *"todo."* Así que, decir que Dios es omnipresente alude que Dios está presente en todo lugar, en cualquier esfera de espacio, tiempo y eternidad. Esta *"omnipresencia"* se subdivide en la trascendencia e inminencia de Dios. Él está presente en todas partes y en todos los tiempos.

  La omnipresencia divina en el Antiguo Oriente a veces era difícil de distinguirla entre lo que era *"tener acceso a todo lugar"* y *"estar en todas partes simultáneamente"*. Ambas van de la mano y no son divisibles en relación con la omnipresencia divina. No hay lugar donde la luz de Dios no brille, Él lo ve todo. Uno de los versos más enfáticos sobre el tema lo es **Salmos 139:7-12.** Tanto la altura y la profundidad presentan un contraste, este contraste expresa el alcance de la jurisdicción divina. En archivos históricos como lo es la carta de Amarna[106], Tagi, el cual era un gobernante local, el mismo reconoce el control del faraón colocándolo como una deidad *(aunque sabemos*

---

[105] Génesis 1:31.

[106] Las Cartas de Amarna, llamadas también Correspondencia de Amarna, son un archivo de correspondencia, en su mayor parte diplomática, grabada en tablillas de arcilla, entre la administración egipcia y no solo sus semejantes en Canaán, Amurru, Mittani y Babilonia, sino también con estados vasallos en Siria. Estas cartas fueron encontradas en Amarna, ciudad del Alto Egipto, el nombre moderno de la capital del Imperio Nuevo del Antiguo Egipto, Ajetatón, fundada durante el reinado del faraón Amenhotep IV, también llamado Ajenatón (ca. 1350 - 1330 a. C.).

que es un pensamiento errado), y aludía que *"si subiéramos al cielo o si bajáramos al submundo, nuestra cabeza estaría en su mano"*. Aunque esa idea siempre tuvo que ver con la divinidad, fue adaptada por los paganos para aludir control y supremacía por los hombres. Según el Salmo antes mencionado, la omnisciencia de Dios sobrepasa la capacidad humana para llegar a comprenderla[107]. Sin importar donde sea, incluso la morada de los muertos *"Seol"* no está fuera de su alcance Omnisciente[108].

En el tiempo el cual el salmista escribió, rondaba la idea entre el pueblo judío de que *"no había forma de escapar de la presencia divina"* y que *"la mirada divina penetraba hasta lo más oscuro[109]"*, eso incluía desde Este *"el alba"*, como al Oeste *"el extremo del mar mediterráneo"*. Hay dos palabras clave en esta porción de la Escritura y son *"Espíritu"* y *"encubren"*, la palabra Espíritu del hb. *"ruaj"* aludía a un viento y por semejanza, *"aliento"*, da entender *la vida misma de Dios*, en relación con la omnipresencia divina, el Espíritu de Dios tiene conocimiento perfecto, detallado, exacto y absoluto de todo lo existente, ya que Él fue el supervisor en la creación y protector coparticipe en la misma[110]. Es importante entender que si el Espíritu de Dios conoce hasta lo más profundo de Dios *¿cuánto más conocerá todo aquello aparte de Él mismo?*[111]. Por tal razón el Salmo expone que nada está cubierto para Él, la palabra *"encubren[112]"* del hb. *"jashak"* significa *"oscuro"* en este caso lo escondido/oculto, no hay nada que pueda estar oculto a la mirada de aquel que todo lo sabe, nada puede permanecer oscuro ante su luz.

- **Soberanía:** La soberanía se puede definir como la autoridad en la que reside el poder de ejecutar lo deseado. En relación con Dios, Él es el amo y supremo gobernante del universo. **Efesios 1:8-11.** Dios en su soberanía, escogió, y predestinó en redención según su voluntad. Y en ese mismo principio soberano sobreabundó en gracia para con los suyos en sabiduría e inteligencia plena. En su gracia y soberanía dio a conocer sus planes y propósitos. El deseo divino es que el creyente adquiera su inteligencia y conocimiento en sus planes perfectos. Con ello ha revelado la gran meta que todo creyente debe alcanzar en el curso de la historia. Dios redimió a Israel liberándolo de la esclavitud mediante la sangre del cordero pascual. En el Antiguo Testamento, la sangre de los sacrificios animales indicaba que una vida derramada era el precio para pagar por el perdón, aquí se presenta la redención

---

[107] Salmos 139:6.
[108] Apocalipsis 14:10; Salmos 139:8.
[109] Salmos 139:12.
[110] Génesis 1:2.
[111] 1 Corintios 2:10.
[112] Salmos 139:12.

divina[113] en conjunto a su propósito eterno para ilustrar su soberanía en las vidas e historia. La palabra *"soberano"*, aunque no aparece en la biblia de habla hispana, comunica el pensamiento de la supremacía y autoridad de Dios (2 Cor 6:18; Efe 1:11; 1 Tim 6:15). *La soberanía divina es la consecuencia lógica de su propia esencia, él es Dios, creador y gobernante de todo.* La soberanía divina es presentada muchas veces en la Escritura como una esencia que no puede ser analizada (Rom 9:20-21; Is 45:9; Sal 115:3; Dan 4:35). Dios no está sujeto a ningún poder ni a una norma abstracta ni ley que pudiese ser concebida como superior aparte de sí mismo, Dios cumple sus propias reglas, basado en su carácter justo y fiel, fuera de Él, no hay ley alguna que le pueda someter.

- **Omnisciencia:** Dios conoce todo lo real y posible, e incluso lo imposible. **Mateo 11:21.** Históricamente, los judíos tenían el pensamiento en Tiro y Sidón[114] como ciudades paganas[115]. El saco y ceniza, lo cual era cilicio y ceniza, eran ropas ásperas que representaban el lamento en arrepentimiento, era una ropa de duelo. Corazín estaba a una corta distancia a pie, según geógrafos, quedaba a menos de tres o cuatro kilómetros de Capernaúm. Betsaida estaba al extremo norte del mar galileo. Aquí se hace una presentación clara de que no importando en que extremo del planeta se encuentre, Dios lo conoce todo lo real[116] y posible.

- **Omnipotencia:** Todo lo puede, su poder lo abarca todo. **Apocalipsis 19:6.** La música y la celebración, histórico y culturalmente hablando, era parte crucial en toda boda en Oriente[117], a Dios repetidamente se le llama el *"Todopoderoso"*, el Antiguo Testamento hace alusión a festejar de continuo el poderoso reinado divino, en especial tocante a su gobierno sobre la creación[118]. Hay dos palabras clave en el texto que arrojan luz sobre su omnipotencia, y esta son *"Todopoderoso"* y *"reina*", la primera proviene del gr. *"pantokrator"* está compuesta de *"pas"* que comunica la idea de *"unidad/totalidad/integridad"* en este caso *"tener una idea de todo"*, y de *"kratos"* que es *"vigor"* alude un *"imperio potente"*, es sustantivo de fuerza, el control de gobierno, el compuesto de estas dos palabras comunican un ser *"todo gobernante, absoluto y universal"*. Y la segunda viene del gr. *"basileuo"* que es *"reino/gobierno"* se refiere a la posesión y dominio que se tiene sobre algo o alguien. Estas dos palabras comunican un gobierno absoluto.

---

[113] Efesios 1:7-8.
[114] Ciudades de Fenicia.
[115] C.f. 1 Reyes 17:9-24.
[116] 1 Corintios 2:16.
[117] Apocalipsis 19:7.
[118] Salmos 97:1.

Dios tiene tal dominio por su omnipotencia, y la misma va acompañada a su soberanía.

Atributos relativos personales/comunicables

- **Justicia:** Es una equidad moral, sin acepción de personas. "Aun cuando la palabra más común para justo en el Antiguo Testamento significa 'recto' y en el Nuevo Testamento, la palabra significa 'igual', en un sentido ético ambas significan 'rectitud'. Al decir que Dios es justo, estamos diciendo que Él siempre hace lo correcto, lo que debe hacerse y en forma consistente, sin parcialidad ni prejuicios. A veces, los traductores le dan preferencia a la palabra 'justo' y otras a la palabra 'recto', sin razón aparente (cf. Neh 9:8, v.33, donde es usada la misma palabra). Pero cualquiera que sea la palabra que usan, esencialmente significan lo mismo. Está relacionada con las acciones de Dios. Su significado siempre es recto y justo. *La rectitud (o justicia), es la expresión natural de Su santidad.*

  Si Él es infinitamente puro, quiere decir que debe oponerse a todo pecado y esa oposición debe demostrarse en el tratamiento que Él da a sus criaturas. Cuando leemos que Dios es recto o justo, se nos está asegurando que sus acciones hacia nosotros están en completo acuerdo con su naturaleza santa[119]". Estas palabras de Strauss comunican muy de cerca una definición concisa de la justicia. La justicia en relación con los hombres es *el sometimiento que tienen hacia un estándar*. Contrariamente, Dios no está sujeto a nada fuera de Él. A.W. Tozer lo aclara de una forma peculiar: "A veces, se dice: 'La justicia necesita que Dios haga esto', refiriéndose a alguna acción que sabemos que Dios llevará a cabo. Esto es un error, tanto en la forma de pensar como en la de hablar, pues esto postula un principio de justicia fuera de Dios, que le exige actuar de una determinada forma. Por supuesto que no existe tal principio. Si existiera, éste sería superior a Dios, pues sólo un poder superior puede exigir obediencia. La verdad es que no existe tal cosa y jamás existirá algo fuera de la naturaleza de Dios que lo mueva en el más mínimo grado. Todas las razones de Dios provienen de adentro de Su ser no creado. Nada ha entrado en el ser de Dios de la eternidad; nada ha sido removido y nada ha sido cambiado. Cuando la justicia es usada por Dios, es un nombre que damos a lo que Dios es, nada más y cuando Dios actúa con justicia, Él no lo está haciendo para ajustarse a un criterio independiente, sino que simplemente actúa en Sí mismo en una situación dada… Dios es su propio principio auto existente de equidad moral y cuando Él sentencia a los impíos o recompensa a los rectos,

---

[119] Richard L. Strauss, The Joy of Knowing God, Neptune, New Jersey: Loizeaux Brothers, 1984, p. 140.

simplemente Él actúa como Él mismo, de adentro; sin ninguna influencia que no sea Él mismo[120]".

Uno de los versos bíblicos más enfáticos lo es **Hechos 17:31**. El texto afirma que Dios ha establecido un día en el cual con justicia juzgará mediante el Señor Jesucristo. Este juicio hace referencia cuando Cristo vuelva a la tierra para establecer su reinado del milenio. La realidad es que eso sucederá y la evidencia de ello se encuentra en el hecho de que Jesús se levantó de los muertos. Hay varias palabras dignas a resaltar en este texto, y estas son *"ha establecido"* y *"justicia"*, al decir *"ha establecido"* la misma viene del gr. *"istemi"* y significa *"estar"*, alude asignar, pararse firmemente. Eso demuestra la confirmación de un hecho, aquí es el nombramiento de un tiempo, para dar entender un hecho que ocurrirá. Y la otra palabra es *"justicia"* del gr. *"diakaiosune"* que significa *"equidad"* en este caso literalmente habla de carácter, alude imparcialidad y conducta correcta. Este atributo se muestra en que el cumplimiento de todo lo dicho por Dios es inevitable porque en base a su propio carácter justo lo lleva a cabo, su justicia es comunicable a los creyentes para vivir correctamente, es el motor que impulsa hacer acciones agradables.

- **Amor:** Dios desea el bien más elevado en el pleno ejercicio de su libre y soberana voluntad. **Efesios 2:4-6.** A Dios le plació otorgar su amor a su pueblo para desarrollar con ello el curso del Antiguo Testamento sobre el especial afecto que tenía para con los Suyos[121]. Muchos eruditos han hecho comparaciones de la imagen de la exaltación del creyente[122] con la imagen judía común de los justos entronizados del tiempo futuro[123]. Este contexto puede llevar el punto adicional especial para los lectores esclavizados por el amor al destino. En este caso según el texto estar *"sentados en los cielos"* (2:6), es igual que estar colocado sobre los poderes de las regiones celestes[124]. Los creyentes no tienen de que temer, ni a espíritus malignos, al destino o cualquier otra cosa ya que están guardados en el amor de Dios y participan de su vida.

  En relación con su amor expresado por su vida John Eadie dice: "Aunque la ha estado prodigando durante seis milenios y miríadas y miríadas han sido receptores de ella, sigue siendo una mina inagotable de riquezas[125]". El amor de Dios es grande porque Él es la fuente de este. El amor de Dios es poderoso y soberano porque Él es poderoso y soberano. El amor de Dios es supremo a causa de quien es Él y la falta de dignidad y condición corrupta del mismo ser humano, el cual

[120] A.W. Tozer, The Knowledge of the Holy, pp. 93-94. Harper One Publishers 2009.
[121] Deuteronomio 7:6-9.
[122] Efesios 2:6.
[123] Efesios 1:4.
[124] Efesios 1:20-21.
[125] Eadie, John. Commentary on the Epistle to the Ephesians. Grand Rapids: Zondervan Publishing House, 1957.

es amado. En esa condición éramos enemigos de Él; estábamos muertos, y a pesar de ello, nos amó. El resultado del amor de Dios y la obra salvífica de Cristo hizo posible en el creyente según el texto mencionado, tres cosas:

A) *vivificados juntamente con Él.*

B) *resucitados juntamente con Él.*

C) *sentados juntamente con Él.*

Esta es la posición del creyente a causa de su unión con Él. Ese amor inagotable e interminable es lo que llevó a derramar su gracia. Esto es que el favor que Dios se muestra hacia aquellos que merecen lo contrario. *¡Eso es gracia!* La misericordia significa que no se recibe el castigo que se merece. La gracia que se recibe la salvación que no se merece. Es un regalo, no una recompensa por el arduo trabajo. Dios no tenía la obligación de expresarlo. La gracia divina es un ejercicio soberano y voluntario del amor divino, el cual Dios como ser supremo, no está obligado hacerlo, y Su amor perfecto, lo llevó hacerlo así, por decisión voluntaria.

Hay varias palabras que arrojan luz al tema. La palabra *"rico"* del gr. *"plousios"* significa *"abundado"* no habla en sentido económico material, sino a lo valioso, proviene de *"ploctos"* que es *"un legado de valor abundante"*. Tal legado valioso, es comunicado en *"amor"*, la misma del gr. *"agape"* significa *"afecto benevolente"*, alude buena voluntad, tanto así que no solo es abundantemente comunicado sino que es transferido tal afecto a su objeto, por eso alude que nos *"amó"* del gr. *"agapao"* que es *"ser amado"* aquí expresa entonces *"ser amado con mucho amor"*, es una decisión voluntaria y soberana de Dios comunicarse y depositarlo en los suyos, eso demuestra cómo es considerado el objeto cómo uno favorecido por Él. *¿En que se demostró el depósito del afecto divino en el creyente?* En que Cristo le impartió su vida, por eso la afirmación *"dio vida juntamente con Él"*, la misma del gr. *"sudzoopoieo"* significa *"reinar juntamente"*, dar su vida, lo hace en sentido de calidad, antes estábamos vivos pero muertos, ahora estamos vivos en la Vida. Esta palabra es un compuesto de *"sun"* que es *"unión con/junto a"* y de *"dzoopoeio"* que es *"revitalizar/vivificar"*, *"dzoos"* es vivo y *"poeio"* es hacer. En este caso, *"dotar con su vida"*. Este atributo es comunicado a su objeto basado en su soberanía, ya que el amor perfectamente eterno proviene de Él, porque Él es amor[126].

- **Verdad:** Coherencia y concordancia con todo lo que es representado por Dios mismo. **Juan 14:6.** Hay tres palabras clave en este texto y estas son *"camino, verdad y vida"* pero me enfocaré en la palabra *"verdad"*, en el texto podemos ver la expresión ejemplar de Dios

[126] 1 Juan 4:7-9.

(Camino), la evidencia que se conformó a la realidad *(Verdad)*, y la capacidad consecuente de la verdad comunicada al hombre *(Vida)*. La palabra *"verdad"* viene del gr. *"aletheia"* y significa *"verdadero/no corrupto"* alude lo que no está oculto sino abiertamente conocido. En este caso, habla de sí mismo como el cumplimiento de la ley divina en su persona. En tales tiempos *"verdad"* llegó a ser un título para Dios mismo entre los judíos, la afirmación misma expone que Jesús es la verdad corpórea, Él es la fidelidad de Dios encarnada (cf. Jn 1:17), Cristo encarnó la Palabra antes dicha en el Antiguo Testamento (Jn 17:17, Sal 119:142, v.151), así como el judaísmo afirmaba que había un solo Dios y por lo tanto un solo camino verdadero *(su ley)*, Cristo afirma que Él como la ley encarnada lleva a cabo el cumplimiento perfecto en su persona (Mt 5:17), Él es el medio perfecto y verdadero que lleva a Dios.

La misma Escritura pone en claro que el Señor Jesucristo es la verdad. En la actualidad muchos dicen que no importa lo que uno crea siempre que se crea con sinceridad. Dicen que todas las religiones tienen algo de bueno y que todas llevan finalmente al cielo. Pero Jesús dijo: *Nadie viene al Padre, sino por mí*. Entonces, el Señor es la verdad. No es sólo uno que enseñó la verdad; *Él es la verdad*. Es la encarnación de la verdad. Los que tienen a Cristo tienen la verdad. No se encuentra en ninguna otra parte. Cristo Jesús es la verdad. Él es la fuente de vida, tanto espiritual como eterna. Los que le reciben tienen vida eterna porque Él es la vida. La otra palabra clave en el texto es *"vida"* la misma proviene del gr. *"dzoe"* la misma se expresa como una actividad constante y existente, no solo alude que es Él la fuente de la existencia (Col 1:15-23), sino también que Él es la fuente de la vida (cf. Jn 11:25-27) porque Él es vida, y por lo tanto es verdad en sí mismo. Cristo es la actividad constante que marca la forma de pensar, hablar y conducirse en la tierra.

En su encarnación perfecta está el cumplimiento de toda promesa divina (2 Cor 1:20), toda promesa se cumplió en Él, y es la evidencia máxima de la verdad y la divinidad. Tal afirmación lleva consigo que Cristo es el medio que otorga la capacidad eterna de unir su vida a la del creyente (1 Cor 6:17), para así traer su cumplimiento sobre el mismo (Ez 36:26-27), esta es una unión inquebrantable establecida por el eslabón divino de vida, no por aquel que cree, sino por quién imparte en su soberanía, Cristo mismo. En la persona del Hijo, el Padre aseguró una vida justa, el cumplimiento de su ley y la capacidad viva de poder llevar a cabo en sus propios recursos toda demanda divina (Rom 8:2). La verdad no deja de ser verdad porque no haya quien crea en ella, porque, aunque nadie la crea seguirá siendo verdad. Él no es Dios porque crean que es Dios, Él es Dios porque Él es verdad en sí mismo (Sal 19:1). Su existencia se revela en sí mismo en forma general, Cristo es un ser divinamente eterno.

Él como ser divino vive en lo eterno y como eterno que es, existe por sí mismo y nunca ha dejado de ser lo que es en sí mismo. Se le llama ser a todo lo que manifiesta una acción. La Escritura habla de la acción divina (Gén 1:1). La palabra *(creó)* nos da a entender que detrás de esa acción de creación había alguien, hubo un ser existente que se manifestó e hizo los cielos y la tierra. Si Dios nunca hubiese manifestado una acción, el hombre jamás hubiera sabido nada de Él. Dios, se ha presentado al hombre a través de hechos visibles los cuales se llaman los cielos y la tierra. Negar los cielos y la tierra es negar que el humano está en ella y negar al Dios que los creó, tales negaciones no tienen argumento en contra de la verdad. Todo ser que existe manifiesta su propia expresión distintiva y única. Todo lo que expresa un acto es un ser con una expresión. Un acto muestra que hay alguien que existe detrás de este. El actuar y el ser son una misma cosa. No se puede separar el acto del ser ni el ser del acto.

En este caso, relacionado con la verdad de su camino y su vida, el ser de Cristo y su acto están ligados y es la máxima expresión divina para el beneficio del que cree. Como ser posee las facultades de la personalidad las cuales son, *(la autoconciencia y la autodeterminación)*, tales atributos indican que Cristo es un ser o alguien que existió antes del acto manifestado, ya que alude en su afirmación que va al Padre. Todo tiene su origen en un punto específico; en una causa que lo emita. Cuando se habla de Jesucristo, del universo y del hombre, no hay una definición existente de la nada, ya que nunca se podrá definir lo que no es. El universo no fue creado de la nada, fue creado por un ser que hizo un acto *(creó Dios al hombre*[127]*)* por lo tanto, Cristo como coparticipe con el Padre y el Espíritu en la creación, establece que imparte su vida para que el receptor de esta participe de ella en su gracia.

¿Qué es la verdad? La verdad es lo que se conforma a la realidad, al hecho, o a la actualidad en estado de conciencia. La verdad se conformó a la realidad en Cristo. Jesús realizó lo ordenado por el Padre a tal grado que al cumplir todo a cabalidad estableció lo que cualquier otro jamás ni en mil vidas hubiera podido hacer (Jn 21:25) Él se levantó de entre los muertos (1 Cor 15:4-8). Él es la verdadera vida. Para determinar si existe tal cosa como la verdad aparte de las preferencias personales, se debe reconocer que debemos entonces apuntar a descubrir algo más grande que nosotros mismos y que se encuentra en su persona, la expresión viva del fundamento inspirado, las mismas Escrituras (Lc 24:27, vv. 44-45). En esencia, esto significa que, al mirar a Cristo, se mira la *"verdad que vivifica"* para un comportamiento justo ante el Padre (Mt 3:17). Él es la verdad, la esencia absoluta real y autor de toda existencia (Jn 18:37). *"Porque*

[127] Génesis 1:27.

ninguna mentira procede de la verdad[128]*"*. Según el griego clásico: *"no ocultar"* o *"lo visto (expresado, indicado) como realmente es"*. Es *"lo que tiene certidumbre (certeza, fuerza)"*, y *"aquello en que se puede confiar"*. Aletheia se refiere a la *"verdad"* en cuanto a Dios y como se reveló en la persona del Hijo y su palabra Escrita. Por tanto, la misma se corresponde con la palabra hb. *"zemeth"* del Antiguo Testamento para *"fidelidad", "confiabilidad"*. *"Verdad", es sólo lo que puede ser apoyado por las evidencias que afirman la misma, y por ende puede ser digno de una confianza plena y firme.*

La verdad siempre llevará a quien es *"el camino y la vida"* porque de Él proviene, porque todo impulso noble que surge en la existencia deriva de esa fuente. Para que haya una verdadera recepción de la verdad, es necesaria la influencia del Espíritu[129]. La palabra Escrita o hablada, es como la semilla que cae en tierra poco fértil, no tiene poder para cambiar la vida a menos que esté acompañada de la Palabra viviente, *"la verdad"*, es decir, Jesús. Cristo y las Escrituras son la demostración evidente de la verdad ya que tanto Cristo fue y es real, y su palabra fue, es y será cumplida a totalidad.

- **Libertad:** Es la independencia de cualquier otro ser o cosa aparte de Dios. **Isaías 40:13-14**. En el antiguo Oriente, la mayoría de las decisiones eran tomadas según el consejo divino. Consultaban la información y las opiniones y a partir de ello tomaban el camino deseado conforme el consejo dado, claro está no era en todos los casos, pero era la inclinación común tanto para los judíos como para los paganos *(los cuales consultaban sus propios escritos no inspirados)*, p. ej. *La Epopeya babilónica de la creación*[130], Apsu y Tiamat, dioses a partir de los cuales cobraban vida masivamente todas las criaturas con vida, y tenían como confiable consejero a Mummu, el cual a menudo los amonestaba. Según sus creencias el alto consejo de dioses se reunió para determinar cómo atacarían a Tiamat, y se embriagaron hasta quedar aturdidos y luego eligieron a Marduc como su rey, aceptando las duras demandas de su gobierno totalitario[131].

Aquí Isaías hace una referencia la cual insiste que Dios no tiene consejeros ni trabaja dentro de una asamblea celestial para hacer su voluntad. Isaías refutó la creencia popular de tales tiempos sobre el tema exponiendo por inspiración divina que *"Dios no está sujeto a nada, ni a nadie que no sea Él mismo, ya que es soberano, y cabe a relucir que la libertad, se basa en su plena capacidad perfecta para*

---

[128] 1 Juan 2:21.

[129] 1 Corintios 2:12-15.

[130] Enûma Elish es un poema babilónico que narra el origen del mundo. Enûma Elish (en acadio: «cuando en lo alto») son las dos primeras palabras del poema (su íncipit). Está recogido en unas tablillas halladas en las ruinas de la biblioteca de Asurbanipal (669 a. C.-627 a. C.), en Nínive. Enûma eliš y otros relatos babilónicos de la Creación. Edición y Traducción de Lluís Feliu Mateu, Adelina Millet Albà. Colección: Pliegos de Oriente. Madrid: Editorial Trotta, 2014.

[131] Enuma Elish. Poema babilónico de la creación. Edición y traducción de Federico Lara Peinado. Colección: Paradigmas. Madrid: Editorial Trotta, 2008 2ª edición.

ejecutar sus acciones sin consideración o permiso de alguien más que no sea Él mismo". En el texto hay varias palabras importantes que arrojan luz al tema. Primero hace una pregunta *¿Quién enseñó o le aconsejó?* Hay un paralelismo, vemos las palabras enseñó y enseñándole, una en pasado y otra como presente, con esto abarca que no importa en qué esfera de espacio y tiempo sea no hay qué pueda educar a la mente soberanamente suprema e inteligente de Dios. La palabra *"enseñó"* del hb. *"takan"* significa *"equilibrar"* esto alude igualar mediante ideas. Luego hace uso de la palabra *"enseñándole"* la misma viene de hb. *"yada"* y es *"asesorar"* alude comunicar para que otro conozca algo, darle el material para que comprenda lo que se ignora, las dos preguntas tienen respuesta, *no hay quien o que, enseñe al Creador algo que no sepa*, porque el Espíritu todo lo conoce[132]. La palabra *"consejo"* viene del hb. *"ya'ats"* y significa *"resolver"*, esto indica un pensamiento que ayuda a canalizar una idea para que se tome buenas decisiones. Como bien se ha dicho, nadie ni nada es capaz en su mente imperfectamente finita, de ayudar a una mente perfectamente infinita a canalizar sus ideas, por ende, se puede entender que la libertad divina de ejecutar sus decisiones se basa en su propia sabiduría y preeminencia. En relación con dicha libertad, la libertad divina es comunicada al creyente en su verdad.

Juan 8:32. La verdad da libertad. La palabra verdad era muy enfática en tales tiempos para *integridad y fidelidad*. El pensamiento judío caracterizaba a Dios como la verdad absoluta, integra y fiel, de modo que los oyentes de Cristo se dieron cuenta de que Él hablaba específicamente bajo el contexto hebreo. Los judíos de esa época no conocían la verdad *(ya que la tenían de frente y la rechazaron)*, y se encontraban en una terrible esclavitud. Ser ignorante de Dios y su voluntad es ser esclavo del error, del pecado y de las supersticiones. La palabra libertad aquí del gr. *"eleutheroo"* significa *"liberar de otro poder"*, en este caso alude tanto a lo ceremonial, pecaminoso y moral, dado a que mediante Él se recibe la capacidad divina para tener la vida y poder observar sus demandas en la capacidad del Espíritu. Todo aquel que verdaderamente conoce al Señor, le es comunicada la misma libertad, para que quede libre de todo lo mencionado que causa esclavitud, y así caminar en luz y ser controlado por el soberano Espíritu de Dios, para ser libre como Él es libre, pero cabe a relucir que nuestra libertad se basa en los parámetros establecidos por Dios para vivir en integridad y fidelidad, eso es libertad.

- **Santidad:** Es una rectitud moral que lleva a la lejanía de todo mal. **1 Juan 1:5**. Lo que se conoce cómo comunión se describe en compartir cosas en común. La santidad cómo la presenta el texto, apela a las

---

[132] 1 Corintios 2:10.

enseñanzas del Señor Jesucristo empleando la suma y sustancia de su doctrina. *Dios es luz, y no hay ningunas tinieblas en él.* Esta afirmación presenta a Dios como uno sin parcialidad y totalmente santo, y absolutamente puro en justicia. Dios no mira el pecado con favor. Nada está escondido ante Él, su santidad es tanto así, que resplandece más que el sol y alumbra todo ante sus ojos. Cabe a resaltar que el pasaje se inclina a la misma naturaleza divina y la comunicación de esta a los suyos. *"Dios es luz"* habla sobre su esencia, su carácter, su santidad pura. Para comprender tal concepto, es importante examinar quien es Dios, con relación a la humanidad.

El ser humano es creación divina y debe haber un reconocimiento de la supremacía de Dios sobre la misma creación. El hombre fue hecho a imagen de Dios[133], un reflejo de Dios en la tierra *(no a igualdad con Él como antes mencioné)*. Como resultado de su caída en Edén, la relación con Dios fue rota[134]. Dios para restaurar y salvar envía al Hijo el cual es su propia imagen[135] para dar vida mediante su vida y así el ser humano pueda volver a tener una relación correcta con el Padre[136]. Andar en tinieblas[137] sugiere la idea de andar en pecado, así como andar en luz a tener comunión continua con Dios[138]. Los secesionistas[139] creían al igual que los gnósticos, que habían logrado la impecabilidad. Dado al enfoque que el texto expone sobre la santidad de Dios al igual que otros versos del escrito[140], da a entender que tanto los secesionistas como los gnósticos reposaban en la idea que no tenían pecado alguno, ya que no consideraban como falta todo lo que cometían. Los Rollos del Mar Muerto empleaban la imagen de la luz y las tinieblas para exponer a los que seguían la justicia y a los que seguían el pecado, consideraban a Dios como un ser totalmente justo. La misma Escritura así lo presenta, como el único ser justo[141].

El texto arroja luz al tema haciendo uso de varias palabras clave. La primera es *"mensaje"* del gr. *"epanggelia"* y significa *"anuncio"*, la misma comunica la información que se inclina especialmente en una seguridad divina de algo bueno, es sustantivo de *"epangello"* que es *"anunciar"*. Por lo tanto, una *"promesa hecha"* ese mensaje es el mismo Cristo cumpliendo la promesa divina en su ser, y Él cumpliendo toda ley con ejemplo de vida, para así comunicarla a los suyos. Por esa razón dice *"este es el mensaje que hemos oído de él (Cristo)*[142]*" ¿Cuál mensaje?*, que Dios es luz, del gr. *"theos fos"* que

[133] Génesis 1:27.
[134] Romanos 3:10-12, v.23, 5:12.
[135] No creado; sino concebido.
[136] Colosenses 1:15-18.
[137] 1 Juan 1:6; Juan 3:19.
[138] 1 Juan 1:7; Juan 8:12.
[139] Tendencia u opinión favorable a la separación o independencia de un país o nación de parte de su territorio.
[140] 1 Juan 3:6-9 (Trata claramente las faltas pecaminosas que cometían).
[141] Salmos 92:15.
[142] Compare con Hebreos 1:2.

es *"la divinidad suprema manifestada"* en este caso es como antes mencionado, Cristo expresó no solo con palabras, sino con sus acciones que era la divinidad encarnada, con su ejemplo de vida trajo iluminación al ser humano para que éste, al ser cautivado por su supremacía perfecta viva como Él[143]. Jesús es la máxima expresión de la santidad de Dios dada a los ojos del hombre para que el mismo se incline a la bondad y se retire de la maldad. Hay un contraste en el verso, Dios es luz, no tinieblas, la tiniebla es todo lo opuesto a su carácter, la misma del gr. *"skotia"* significa *"oscuridad"* sustantivo de *"skotos"* que es *"ausencia de luz"*, en este caso da entender que todo lo que esté lejos de la esencia divina mostrada en Cristo, es lo opuesto a Él, las tinieblas son ausencia de su santidad, por consecuente es rechazado por Dios. Este atributo es comunicado al creyente para que el mismo pueda expresar por la capacidad del Espíritu la santidad divina la cual es Cristo.

El decreto divino

Esto es el eterno propósito de Dios conforme el consejo de su propia soberana voluntad por la cual ha predestinado todas las cosas que han de suceder para su gloria.

Hay varios elementos implicados:

1. **Omnisciencia:** *Dios tiene conocimiento absoluto de todas las cosas.*
2. **Presciencia:** *Dios tiene previo conocimiento de todas las cosas, eso incluye el curso de los acontecimientos.*
3. **Predestinación:** *Dios tiene el control del destino de los elegidos.*
4. **Retribución:** *Dios da el pago merecido.*
5. **Elección:** *Dios escoge para Sí en conformidad a Su soberanía.*

Decreto divino: su naturaleza

Hay un solo decreto que lo comprende todo, y aunque hay sucesión en su ejecución en sus distintas fases y acontecimientos tiene su cumplimiento. La naturaleza del decreto divino consiste en varios puntos importantes:

Decreto divino: lo incluye todo

Aunque no tenga la misma relación con cada cosa incluida, abarca todo. **Efesios 1:11**. *"En quien también nosotros obtuvimos herencia"* El derecho a la herencia se basa en la unión con Cristo. La herencia mira hacia adelante en el tiempo para todos los verdaderos creyentes como el Cuerpo de Cristo.

[143] 1 Juan 2:6.

Desde la eternidad y antes de la fundación de todo, Dios marcó en su soberanía a su pueblo con privilegios conforme su voluntad perfecta, *"habiendo sido predestinados conforme al propósito del que efectúa todas las cosas según el designio de su voluntad". "El propósito de Dios se cumple tal como se propuso en su soberanía, Dios está a cargo y nada puede frustrar su plan".* Los judíos en su creencia pensaban que la historia se movía mediante varios grados hasta llegar a su clímax, y que el cumplimiento sería cuando todo estuviera puesto bajo el gobierno de Dios, este pensamiento era muy común en tales tiempos. En el Antiguo Testamento y la creencia popular del judaísmo, se reconocía que Dios tenía un plan perfectamente soberano para la historia para llevarla a su cumplimiento. En este caso se puede ver que dicho plan está todo incluido en la persona y obra del Hijo.

El texto arroja varias palabras de suma importancia. La primera es *"tuvimos herencia"* la misma viene del gr. *"kleroo"* y significa *"herencia asignada"*, proviene de *"kleros"* que eran pedazos de madera, los cuales se utilizaban para comunicar la adquisición de una porción, en este caso, *"porción de la totalidad"* Dios en su sabiduría provee una porción de la plenitud designada para sus elegidos, lo necesario para glorificarle a Él en la tierra y disfrutar en un hecho futuro la totalidad en su presencia. Otra palabra es *"habiendo sido predestinados"* la misma del gr. *"prooridzo"* es un compuesto de *"pro"* que es *"antes"* y de *"joridzo"* que es *"determinación"* entonces esto significa *"un plan designado con anterioridad"*, p.ej. **Hechos 4:28**. El sufrimiento y muerte de Cristo fue determinado por la voluntad soberana de Dios. Si Cristo siendo la revelación máxima de la divinidad, se sujetó a dicha soberanía, *¿cuánto más el creyente?*, el verso sigue con la palabra *"propósito"* del gr. *"prothesis"* que es *"presentar"* esto es el *pensamiento previo en conocimiento absoluto*. La otra palabra es *"designio"* la misma del gr. *"boule"* comunica *"objetivo/intención"* sustantivo de *"determinación/decreto"* la expresión del propósito.

Este pasaje en relación con la elección divina ha sido muy debatido y malinterpretado, el mismo contexto inmediato[144] comunica la elección soberana de Dios por, sobre todo. En ese mismo contexto se puede observar que Dios *"nos escogió/eligió"* es una traducción de la palabra *"exelexato"* la cual viene de *"eklegomai"* que significa *"seleccionado entre"* también vemos el sustantivo adjetivo de *"eklektos"* que significa *"elegido"*. La exactitud del verbo *"exelexato"* se encuentra en el aoristo, lo que significa que en un tiempo específico pasado Dios eligió a los suyos en Él mismo mucho antes de establecer organizadamente todo en el mundo, y todo para ser separados para Él sin mancha alguna ante sus ojos, una y cada una de las palabras antes mencionadas expresan una elección personal, entonces, la elección divina no recae en el creyente, sino que reposa en quien eligió, Dios. En el mismo contexto también se puede observar la palabra *"proorisas"* de

[144] Efesios 1:4-5. (Palabras del v.4: "exelexato/eklegomai/eklektos").

"prooridzo", formado por la preposición antes mencionada[145]. Esto da entender *"determinar de antemano"*. Las Escrituras hacen mucho énfasis en la soberanía de Dios, y la responsabilidad del hombre. El punto es que nadie puede gozar de los beneficios divinos por su elección personal. Todo está basado en la elección suprema que Dios hizo desde la eternidad.

L.S. Chafer lo expresa así: "Las Escrituras revelan a Dios como un soberano absoluto que por su propia voluntad quiso crear el universo y dirigir su historia de acuerdo con un plan preordenado. El concepto de un Dios infinito y omnipotente concuerda con el hecho de que Él sea soberano y tenga poder para ejecutar su programa en la forma que Él lo quiso determinar. Sin embargo, la comprensión de ese plan por parte del hombre presenta innumerables problemas y, en particular, el de cómo puede el hombre obrar libre y responsablemente en un universo programado. Los sistemas humanos de pensamiento han tenido la tendencia a ir a los dos extremos, uno en que el propósito soberano de Dios se presenta como absoluto, o el otro en que se magnifica la libertad del hombre hasta el punto de que Dios ya no tiene control sobre las cosas. Al tratar de resolver esa dificultad, la única solución es acudir a la revelación divina y tratar de interpretar la experiencia humana sobre la base de lo que la Biblia enseña. En las Escrituras, el propósito soberano de Dios se extiende a naciones e individuos. Se hace referencia a Israel como nación elegida (Is. 45:4; 65:9, 22). La palabra «electo» se aplica con frecuencia a individuos que son elegidos para salvación (Mt. 24:22, 24, 31; Mr. 13:20, 22, 27; Lc. 18:7; Ro. 8:33; Col. 3:12; 1 Ti. 5:21; 2 Ti. 2:10; Tit. 1:1; 1 P. 1:2; 5:13; 2 Jn. 1, 13). La misma expresión se usa para referirse a Cristo (Is. 42:1; 1 P. 2:6). Además de la palabra elegido, se menciona el hecho de la elección (Ro. 9:11; 11:5, 7, 28; 1 Ts. 1:4; 2 P. 1:10). El pensamiento de la elección es que la persona o grupo mencionado han sido elegidos para un propósito divino generalmente relacionado con la salvación.

La palabra "escogido" es sinónimo de la palabra "elegido". Se aplica a Israel (Is. 44:1), a la iglesia (Ef. 1:4; 2 Ts. 2:13; 1 P. 2:9), y también a los apóstoles (Jn. 6:70; 13:18; Hch. 1:2). Una cantidad de expresiones están relacionadas con el concepto de elección o ser escogido, tales como "destinado" (1 P. 1:20) y "predestinación" (Ro. 8:29, 30; Ef. 1:5, 11). El pensamiento es el de determinar de antemano, como en Hechos 4:28, u ordenar de antemano como en Judas 4 y Efesios 2:10. Además, hay una referencia frecuente a este concepto en la Biblia, donde se usa la palabra (2 Cr. 25:16), (Is. 19:17), (Lc. 22:22), (Hch. 17:26). El pensamiento en todas estas expresiones es que la elección de Dios precede al acto y es determinado por su voluntad soberana. La elección, la preordenación y la predestinación se han hecho según el divino propósito de Dios (Ef. 1:9; 3:11), y en las Escrituras están relacionadas con la presciencia de Dios (Hch. 2:23; Ro.

[145] Efesios 1:11.

8:29; 11:2; 1 P. 1:2). Otra palabra relacionada es la palabra, como en Romanos 8:30 y muchos otros pasajes (1 Co. 1:9; 7:18, 20, 21, 22, 24; 15:9; Ga-5:13; Ef. 4:1, 4; Col. 3:15; 1 Ti. 6:12; He. 5:4; 9:15; 1 P. 2:21; 3:9; 1 Jn. 3:1). En Jn. 12:32 nuestro Señor se refirió al llamamiento como la acción de atraer los hombres a Dios (cf. con Jn. 6:44). Todos estos pasajes implican que un Dios soberano está llevando a cabo su propósito; en su propósito ciertos hombres han sido escogidos para salvación, y ciertas naciones, especialmente Israel, han sido escogidas para cumplir un propósito divino especial.

Aunque la doctrina de la elección escapa a la comprensión humana, está claramente enseñada en las Escrituras. En virtud de la elección divina, Dios ha escogido a ciertos individuos para salvación y los predestinó para que fuesen conformados según el carácter de su Hijo Jesucristo (Ro. 16:13; Ef. 1:4-5; 2 Ts. 2:13; 1 P. 1:2). Es claro que la elección tiene su origen en Dios y que esta elección es parte del plan eterno de Dios. La elección divina no es un acto de Dios en el tiempo, sino una parte de su propósito eterno. Esto aparece en numerosos pasajes tales como Efesios 1:4 que dice: *"Según nos escogió en él antes de la fundación del mundo, para que fuésemos santos y sin mancha delante de él en amor"*. Según 2 Timoteo 1:9, nuestra elección es *"según el propósito suyo y gracia que nos fue dada en Cristo antes de los tiempos de los siglos"*. Por cuanto el plan de Dios es eterno, la elección, como parte esencial del plan, debe ser eterna. Un problema difícil de resolver en la doctrina de la elección es la relación entre la elección y la presciencia. Una forma de interpretación que tiende a suavizar el concepto de elección se levanta sobre la idea de que Dios sabía quiénes iban a recibir a Cristo, y sobre la base de ese conocimiento los eligió para salvación. Sin embargo, este concepto tiene problemas inherentes porque hace que Dios esté sujeto a un plan en el cual Él no es soberano. Aunque la elección y la presciencia son co-extensivas, la presciencia en sí no sería determinativa. Aunque los teólogos han luchado con estos problemas y no han llegado a conclusiones satisfactorias, una solución posible es comenzar por reconocer que Dios es omnisciente, esto es, que Él tenía conocimiento de todos los planes posibles para el universo. De todos los planes posibles con sus infinitas variantes Dios escogió un plan. Habiendo escogido un plan y conociéndolo en todos sus detalles, Dios podía conocer anticipadamente quiénes iban a ser salvos o electos y todos los detalles acerca de la salvación de ellos. Sin embargo, el problema inmediato que se presenta al intérprete es el de la libertad humana. Por la experiencia y según las Escrituras, parece evidente que el hombre tiene decisiones que hacer. ¿Cómo se puede evitar la llegada a un sistema fatalista en que todo está predeterminado y no quedan elecciones morales que realizar? ¿Es la responsabilidad humana una burla, o es real?

Estos son los problemas que enfrenta el intérprete de las Escrituras en relación con esta difícil doctrina. Aunque los teólogos no han podido resolver completamente el problema de la elección divina en relación con las decisiones humanas y a la responsabilidad moral del hombre, la respuesta parece ser que, al elegir un plan Dios, escogió el plan como un todo, no parte por parte. Él sabía de antemano, antes de la elección del plan, quién sería salvo y quién no serla salvo en tal plan. Por fe debemos suponer que Dios eligió el mejor plan posible, y que, si hubiera habido un plan mejor, éste habría sido puesto en operación porque Dios lo habría elegido. El plan incluía muchas cosas que Dios mismo haría, tales como la creación y el establecimiento de la ley natural incluía lo que Dios soberanamente escogió hacer por sí mismo, tal como el revelarse por medio de profetas e influir sobre los hombres en sus elecciones aun cuando ellos siguen siendo responsables por las elecciones que hacen. En otras palabras, el plan incluía dar al hombre cierta libertad de elección, y de ello sería responsable. El hecho de que Dios supiera bajo cada plan qué haría cada hombre no significa que Dios forzase al hombre a hacer algo contra su voluntad para luego castigarlo por ello. En el notable ejemplo de la crucifixión de Cristo, en torno a la cual giraba todo el plan de Dios, Dilato libremente escogió crucificar a Cristo y fue hecho responsable de ello. Judas Iscariote decidió libremente traicionar a Cristo y fue tenido por responsable de ello. Sin embargo, las decisiones de Pilato y de Judas eran parte esencial del programa de Dios y eran cosa cierta antes que ellos las ejecutaran. En consecuencia, aunque hay problemas de comprensión humana, la mejor solución es aceptar lo que la Biblia enseña, sea que entendamos o no. A veces las mejores traducciones ayudan, como en 1 Pedro 1:1-2, donde dice que los cristianos son, lo que hace que la elección esté sujeta al conocimiento anticipado de Dios. Sin embargo, la palabra elegidos califica a la palabra "llamar" del versículo 1, y no está enseñando el orden lógico de la elección en relación con la presciencia, sino el hecho de que son co-extensivas. Alguna ayuda se puede hallar en el hecho de que todo el proceso del propósito divino, elección y presciencia son eternos. Todo lo que el hombre puede hacer es tratar de establecer una relación lógica, pero todas estas cosas han sido verdaderas en la mente de Dios, y Dios no llegó a sus decisiones después de considerar largamente las dificultades de cada plan. En otras palabras, jamás hubo otro plan, y así todos los aspectos del propósito eterno de Dios son igualmente eternos. Entonces debemos llegar a la conclusión de que la elección y los términos relacionados se enseñan claramente en la Biblia, y que significa que algunos fueron escogidos para salvación y los demás, al no ser elegidos, fueron pasados por alto. La elección es eterna y no es un acto de Dios realizado en el tiempo. En la elección Dios no se ajusta a la presciencia, aunque la elección procede de la omnisciencia divina. Aunque hay serios problemas en la comprensión humana de esta doctrina, debemos someternos a la revelación divina aun cuando no podamos comprenderla completamente.

Aunque algunos teólogos, para resolver el problema, han tratado de dar explicaciones que suprimen la doctrina de la elección, en realidad, al negar lo que la Escritura enseña, los argumentos presentados en contra de la elección divina proceden de malentendidos. A veces se afirma que sostener la elección es afirmar que Dios es arbitrario. Por supuesto, esto surge de la incredulidad. Dios es soberano, pero su soberanía es siempre sabia, santa, buena y llena de amor. Otra objeción que se presenta con frecuencia es que esta doctrina hace a Dios injusto al no incluir a todos en su propósito de salvación. En este punto, debemos observar que Dios no está obligado a salvar a ninguno y que solo salva a los que quieren creer. Aunque la obra de Dios en la salvación de un individuo es inescrutable —ya que obviamente hay un acto de gracia cuando una persona cree en Cristo y es salva—, la Biblia claramente ordena al hombre que crea (Hech. 16:31). Nadie es salvado contra su voluntad, y nadie deja de creer contra su voluntad. Una objeción muy común a esta doctrina es que desalienta el esfuerzo misionero de llevar el evangelio a los perdidos y desalienta a los que desean ser salvos. La respuesta es que Dios ha incluido en su plan que el evangelio sea predicado a toda criatura y que Dios desea la salvación de todos (2 P. 3:9). Sin embargo, al establecer un universo moral en que los hombres escojan entre creer o no creer, es inevitable que algunos se pierdan. Otra objeción es que si algunos son elegidos para salvación y otros son elegidos para que no se salven, éstos no tienen esperanza en su estado de perdición. Las Escrituras claramente enfatizan que algunos son elegidos para salvación, y que los inconversos están destinados a su suerte, no porque los hombres que deseaban ser salvos no pudieron obtener la salvación, sino siempre sobre la base de que los que no se salvan escogieron no ser salvos. La misericordia de Dios se muestra en su paciencia, como en Romanos 9:21-22 y 2 Pedro 3:9. Nadie podrá jamás ponerse delante de Dios y decirle: «Yo quería ser salvo, pero no pude porque no fui elegido.» Aunque los grandes sabios y los estudiantes de la Biblia en general seguirán luchando con esta difícil doctrina, el hecho de la elección divina está claramente presentado en las Escrituras, y los que son salvos, aunque no estaban enterados de la doctrina cuando aceptaron a Cristo, pueden gloriarse en el hecho de que estaban en el plan de Dios desde la eternidad pasada y que su salvación es una suprema ilustración de la gracia de Dios. Un Dios que es soberano y eterno lógicamente debe tener un programa planeado. Sobre la base de la revelación bíblica, el creyente en Cristo solo puede concluir que el plan de Dios es santo, sabio y bueno, que Dios es un Dios paciente y que está preocupado por el estado perdido de los que rechazan la salvación, para preparar la cual Cristo murió[146]".

---

[146] L.S. Chafer/John F. Walvoord. Major Bible Themes© 1926, 1953. Dallas Theological Seminary. Zondervan Publishing. House, Grand Rapids, Michigan 49501. EE. UU. Pags. 265-270.

Decreto divino: es para su gloria

El propósito de todo lo establecido por Dios, tiene como fin glorificarle a Él en todo.

Trinidad de Dios

Dios es uno solo, pero en su esencia y unidad divina hay tres personas coeternas y participes en todo por la misma sustancia, pero distintas en subsistencia.

Evidencias

1. **Antiguo Testamento:** El Antiguo Testamento no hace alusión directa, pero prepara su revelación futura. La Escritura usa el plural "Elohim" y pronombres plurales para hacer referencia a Dios.

En el principio creó Dios los cielos y la tierra - Génesis 1:1.

Dios, literalmente del hb. *"Elohim"* era un vocablo genérico para deidad, así como un nombre propio para el Dios verdadero, aquí da como significado *"el fuerte"* haciendo referencia a Dios como el creador de todo (Éx 20:11; Sal 33:6, v. 9; 102:25; Is 45:12; Jer 10:12; Jn 1:3; Hch 14:15; 17:24; Rom 4:17; Col 1:15-17; Heb 3:4; 11:3; Apo 4:11).

Entonces dijo Dios: Hagamos al hombre a nuestra imagen, conforme a nuestra semejanza; y señoree en los peces del mar, en las aves de los cielos, en las bestias, en toda la tierra, y en todo animal que se arrastra sobre la tierra - Génesis 1:26.

Dios es una entidad singular (Deut 6:4; 32:39; Is 45:5-6; Jn 17:3; 1 Cor 8:6) y a su vez una entidad plural (Gén 3:22; 11:7; 18:1-3; Is 6:8; 48:16; Jn 10:30, vv. 34-38). El mismo término *"Elohim"* es utilizado aquí.

Después oí la voz del Señor, que decía: ¿A quién enviaré, y quién irá por nosotros? Entonces respondí yo: Heme aquí, envíame a mí - Isaías 6:8.

Al formular la pregunta *¿Quién ira por nosotros?* Es plural, *"por nosotros"* Dios mismo se presenta como un rey presidiendo su supremo consejo y es una amplia revelación sobre el carácter divino el cual se logra ver más detalladamente en el Nuevo Testamento.

El Ángel del Señor

Entonces el ángel de Jehová le dio voces desde el cielo, y dijo: Abraham, Abraham. Y él respondió: Heme aquí - Génesis 22:11.

El ángel del Señor se considera una teofanía/auto manifestación divina. El texto comunica la idea de él hablando como Dios, ya que se identifica a sí mismo como tal[147] y afirma que ejerce las prerrogativas divinas (Gén 16:7-14; 21:17-21; 22:11-18; 31:11-13; Éx 3:2; Jue 2:1-4, 5:23, 6:11-24, 13:3-22; 2 Sam 24:16; Zac 1:12, 3:1, 12:8). Uno de los argumentos a favor de esta teofanía es que luego de la encarnación del Señor Jesucristo no vuelve aparecer este. Por eso se sugiere que el ángel del Señor es una aparición de la segunda persona de la Trinidad en el Antiguo Testamento.

Y llamó el ángel de Jehová a Abraham por segunda vez desde el cielo, y dijo: Por mí mismo he jurado, dice Jehová, que por cuanto has hecho esto, y no me has rehusado tu hijo, tu único hijo - Génesis 22:15-16.

La afirmación que hace el ángel *"por mí mismo he jurado"* se inclina hacia una comparación misma con Dios. La confirmación de lo antes mencionado se puede observar en el Nuevo Testamento. Aunque la palabra Trinidad no aparece en la biblia, hay una clara revelación de que tanto el Padre, el Hijo y el Espíritu, es Dios.

El Padre es Dios

Trabajad, no por la comida que perece, sino por la comida que a vida eterna permanece, la cual el Hijo del Hombre os dará; porque a éste señaló Dios el Padre - Juan 6:27.

Al Jesús decir, que el Padre le había señalado con su sello, daba entender que Dios le había enviado y aprobado. Cuando se colocaba un sello sobre algo, se quería decir con ello que era una garantía prometedora de que es verdad. El Padre selló al Hijo en el sentido de acreditar que decía la verdad. El judaísmo en tales tiempos ponía énfasis en las obras religiosas, aquí Cristo hace énfasis en la fe en Él, los maestros judíos alababan la obra de fe de su padre Abraham en Dios, y aquí la demanda de Jesucristo es más enfática. Jesús fue señalado *(sellado)* por el Padre, con esto queda afirmado que la aprobación de este ante Dios Padre es a causa de su naturaleza y esencia, el Padre es Dios, el Padre ejerció su libre y soberana voluntad en el Hijo[148]. La palabra *"Padre"* del gr. *"pater"* significa *"progenitor"* en este caso de

---

[147] Génesis 22:12, vv.15-16: "por cuanto no me rehusaste tu hijo" esta afirmación alude que el mismo ángel del Señor, era Dios mismo.
[148] Juan 6:33-38.

quien proviene todo lo creado, alude elevado, sobre todo, el Padre es la fuente de autoridad.

Un Señor, una fe, un bautismo, un Dios y Padre de todos, el cual es sobre todos, y por todos, y en todos - Efesios 4:5-6.

Para los creyentes sólo hay un Dios y un solo Señor, Jesucristo[149]. Y mediante Él se adquiere la fe bíblica, la base de la doctrina[150]. Al hablar de un solo bautismo, se puede entender la doble referencia en esta parte del texto:

A) El bautismo del Espíritu: *la inclusión del creyente en el cuerpo de Cristo*[151].

B) El bautismo por inmersión: *donde el creyente se identifica con Cristo en muerte y resurrección. Esta es una expresión de su unión con Cristo en la sepultura de su viejo hombre, para andar en la nueva vida*[152].

No hay más, solo hay un Dios y Padre de todos y que está sobre todos. El Padre es el supremo soberano del universo el cual actúa en medio de todo para llevar a cabo sus propósitos. Él en su soberanía, eligió morar en los creyentes, y mediante ellos se expresa su voluntad en todo lugar. Algunos manuscritos judíos[153] sugerían que los israelitas estaban unidos porque Dios es uno. Y aunque esos escritos jamás hubiesen unido en un solo pueblo a gentiles y judíos, admitían que toda nación lo estaba por la humanidad en común. El lenguaje utilizado en el texto hace sonar la cercanía como nadie más, incluso los estoicos aludían a dicha unidad, pero jamás como Dios mismo lo confirma en Su Palabra. La unidad presentada aquí alude que es gracias a la voluntad soberana de Dios como Padre. Aquí *Dios es Padre*, y se ve en cuatro puntos distintos:

1) *Padre de todo ser humano (creador).*

2) *Padre del Señor Jesucristo*[154].

3) *Padre de su pueblo Israel*[155].

4) *Padre del creyente*[156].

Su Paternidad revela su soberanía.

---

[149] 1 Corintios 1:2, 8:5-6.
[150] Judas 3, Hebreos 12:2.
[151] 1 Cotintios 12:13.
[152] Romanos 6:5-6.
[153] En especial: Filón y 2 Baruc.
[154] Mateo 3:17.
[155] Éxodo 4:22.
[156] Gálatas 3:26.

Jesucristo es Dios

Mas del Hijo dice: Tu trono, oh Dios, por el siglo del siglo; Cetro de equidad es el cetro de tu reino - Hebreos 1:8.

En este texto el Hijo es contemplado como uno incomparable. El Padre se dirige al Hijo como Dios. En los Salmos[157] el Padre habla del Mesías con las palabras *"Tu trono, oh Dios, por el siglo del siglo"* presentando con ello la deidad de Cristo. Se comunica en el verso la idea de que Jesús es *"soberano y eterno"*; al exponer que su trono es por los siglos. El salmista habla de Jesucristo como tomando en su mano el cetro de justicia, lo cual en tales tiempos comunicaba la idea poética para decir que su gobierno es en honradez e integridad absoluto.

El Salmo 45 históricamente fue compuesto en una celebración de boda real de un monarca hebreo. En relación con el antiguo rey y en virtud de su oficio hebreo lo coloca como algo verdaderamente cierto en la persona del Hijo en virtud de su naturaleza. Los rabinos aplicaban este texto a Abraham, y el tárgum[158] lo aplicaba a otros antes del Mesías, eso causó polémicas con muchos judaizantes y religiosos de ese tiempo. El Salmo 45 hace distinción que el único digno de adorar es Dios, y aquí se plasma claramente la deidad de Cristo. Para confirmar este argumento es importante hacer una observación detallada a ciertas palabras clave que el texto expresa. La primera es un juego vocal *"por"* el *"siglo"*, *"por"* del gr. *"eis"* significa una preposición primaria para *"adentro"* esto indica el punto alcanzado; y la palabra *"siglo"* del gr. *"aion"* significa *"era"*, en este caso es una *"era sin fin"*. Solo un ser eternamente divino puede participar de una eternidad propia, Dios, por ello es por lo que el verso expone la *"equidad"* del gr. *"euthutes"* que es *"rectitud"*, el Padre alaba la rectitud del Hijo como aquel que reinará con justicia por siempre, esto expresa claramente que *Cristo es Dios y Rey por la eternidad.*

El Espíritu es Dios

Y dijo Pedro: Ananías, ¿por qué llenó Satanás tu corazón para que mintieses al Espíritu Santo, y sustrajeses del precio de la heredad? Reteniéndola, ¿no se te quedaba a ti? y vendida, ¿no estaba en tu poder? ¿Por qué pusiste esto en tu corazón? No has mentido a los hombres, sino a Dios. - Hechos 5:3-4.

En la antigüedad muchos grupos requerían que sus miembros cedieran sus posesiones en un límite de tiempo en el cual también podían recuperar lo cedido y luego seguir su rumbo, los seguidores de Pitágoras así hacían.

[157] Salmos 45:6.

[158] Traducción al arameo de las Escrituras hebreas compilada en el antiguo Israel y Babilonia desde el periodo del Segundo Templo hasta comienzos de la edad media.

Los creyentes del primer siglo en amor, no por una ley actuaban a favor de la comunidad. En este pasaje se trata con mucha seriedad la ofensa de la mentira y no ceder las posesiones *(las cuales son de Dios porque todo le pertenece)* para proveer a la comunidad. La ejecución divina aquí fue muerte, en el Antiguo Testamento[159] como en el escrito de Epidauro[160] muestra que la mayoría de las personas de antaño sabían sobre el peligro que corrían al mentir a Dios o a uno de sus representantes, ya que eso aludía tener al único ser conocedor de todo como si fuera un tonto.

En este contexto se presentó Safira y Pedro la acusó de estar asociada con su marido para tentar al Espíritu. En la escena le relata lo que le sucedería a su marido, y que lo mismo sería para ella. Al instante ella cayó muerta, si el Espíritu no fuese Dios, *¿entonces cómo es posible que tuviese la capacidad de dar y quitar vida?* Al observar el texto con cuidado podemos observar varias cosas:

A) *se hace la afirmación que le mintieron al Espíritu Santo.*

B) *se hace ora afirmación: "no has mentido a los hombres sino a Dios".*

Esta afirmación alude que el Espíritu Santo es Dios, por lo tanto, solo se le puede mentir a una persona, no a una cosa, mentir a una cosa sería ilógico. La palabra *"santo"* hablando sobre el Espíritu, vine del gr. *"jagios"* que es *"puro"*, la misma proviene de *"jagos"* que es *"limpio"* esto incluye la idea de respeto y veneración, y la palabra Dios del gr. *"theos"* que es *"divinidad suprema"*, en este caso mentirle al Espíritu era sinónimo de manchar su reputación supremamente venerable al tratar de colocarlo como algo inferior a lo que realmente es. El Espíritu es Dios según la afirmación del texto por la inspiración de este.

Las tres personas están asociadas igualmente, por lo tanto, se puede notar que, aunque sean tres personas es un solo Dios.

Por tanto, id, y haced discípulos a todas las naciones, bautizándolos en el nombre del Padre, y del Hijo, y del Espíritu Santo - Mateo 28:19.

La trinidad en Dios, un solo Dios, el cual subsiste en tres personas se ve claramente aquí, ninguna de las personas sobresale de la otra, cada cual posee los mismos atributos. Como cabeza de la nueva creación, Jesucristo habló sobre el único Dios verdadero. Expone la subsistencia divina en que *Dios es Padre, Hijo y Espíritu.* La palabra clave en este texto es *"nombre"* del gr. *"onoma"* la misma daba entender autoridad. En la antigüedad se hacia el uso de la representación del nombre con el enviado, dando entender que el mismo tenía la autoridad de quien le envió, en este caso, en la gran comisión no sobre exalta uno del otro, al enviar a los discípulos, lo hace en el nombre *"representación"* del Padre, del Hijo y del Espíritu Santo, dando

[159] 2 Reyes 5:20-27.

[160] Epidauro era una ciudad pequeña en la antigua Grecia, en la península Argolid en el Golfo Sarónico. Dos ciudades modernas llevan el nombre Epidavros: Palaia Epidavros y Nea Epidavros.

entender que cada cual goza de igual forma de la misma esencia y atributos, por lo tanto las palabras de Cristo afirman que los tres, son un solo Dios.

La gracia del Señor Jesucristo, el amor de Dios, y la comunión del Espíritu Santo sean con todos vosotros. Amén - 2 Corintios 13:14.

Aquí se presenta una de las bendiciones mencionadas en el Nuevo Testamento, y en la misma están presentes los tres miembros de la Trinidad. Históricamente muchos judíos pensaban que el Espíritu Santo era como una fuerza divina profética. Al colocar en paralelo a Cristo, al Padre y al Espíritu indica que cada cual es divino y que son personales como un solo Dios. Tanto la gracia, el amor, y la comunión, aunque se mencionan para cada cual, en específico, se gozan el uno del otro de igual forma.

El Antiguo Testamento enfatiza la unidad de Dios (Éx 20:3; Deut 6:4; Is 44:6).

El Nuevo Testamento revela claramente la misma unidad divina (Jn 10:30, 14:9, 17:11, 17:22-23).

Tanto en el Antiguo como en una gran parte del Nuevo Testamento también se indica que Dios existe como una Trinidad: *Dios Padre, Dios Hijo y Dios Espíritu Santo*. Muchos creen que la doctrina de la Trinidad está implícita en el uso de la palabra *"Elohim"*, como un nombre para Dios, y que está en una forma plural y parece referirse al Dios triuno. Cualquier desviación de esto se considera como una malformación de la verdad Escritural. Aunque la palabra *"Trinidad"* no aparece en la Biblia *(al igual con la palabra Biblia)*, los hechos de la revelación Escritural no permiten ninguna otra explicación razonable. La doctrina de la Trinidad es un hecho central, el núcleo de la fe cristiana está más allá de la comprensión humana y no tiene espacio para explicarse en la experiencia humana o su razón. La mejor definición es sostener que, aunque Dios es uno, Él existe en tres personas. Estas personas son iguales, tienen los mismos atributos y son igualmente dignas de adoración, culto y fe.

La Trinidad es esencial para el Ser de Dios y es más que una forma de la revelación divina. Las personas de la Trinidad, aunque tengan iguales atributos, se inclinan en ciertas propiedades cada uno. Por ejemplo, la primera persona es llamada Padre, la segunda es llamada el Hijo, el cual fue enviado por el Padre, y la tercera es el Espíritu, que procede del Padre y del Hijo. A esto se le llama *"la doctrina de la procesión"*, en este caso, el orden nunca es invertido, por así decirlo, el Hijo nunca envía al Padre, y el Espíritu nunca envía al Hijo. La naturaleza de la unidad Divina no tiene ilustración o espacio en la experiencia del ser humano. Esta doctrina tiene que ser vista mediante la lupa de la fe sobre la base de las Escrituras, incluso aunque esté más allá de toda comprensión humana.

Capítulo III: Cristología

(La doctrina de Cristo)

La cristología es la parte de la teología que dedica su estudio al papel que desempeña Jesús de Nazaret (desde los puntos de vista tanto humanos como divinos, bajo el título de Cristo o Mesías). Sin embargo, los detalles menores de su vida no son tan importantes para la cristología, y sí lo son más bien el quién era, la Encarnación y los eventos más importantes de su vida (su nacimiento, su muerte, su resurrección y ascensión) Algunos puntos clave de la cristología incluyen: Su naturaleza humana y Su naturaleza divina. La interrelación entre estas dos naturalezas, cómo interactuarían y se afectarían entre sí y como bien es conocido como la hipostática. La cristología también abarca cuestiones concernientes a la naturaleza de Dios como la Trinidad, y sobre lo que Cristo ha logrado para el resto de la humanidad. Hay tantos puntos de vista cristológicos como hay variantes del cristianismo. Los diferentes puntos de vista cristológicos de las diversas corrientes cristianas han llevado a acusaciones mutuas de herejía y, menos frecuentemente, a subsecuentes persecuciones religiosas. En muchos casos, la cristología particular de una rama es su característica distintiva, en estos casos es común que a la corriente se le conozca bajo el nombre de su visión cristológica. Jesucristo es Verdadero Dios; Jesucristo es Verdadero Hombre; Jesucristo es Uno y el Mismo.

La preexistencia de Cristo

Revelada en el Antiguo Testamento "Padre eterno"

Pero tú, Belén Efrata, pequeña para estar entre las familias de Judá, de ti me saldrá el que será Señor en Israel; y sus salidas son desde el principio, desde los días de la eternidad - Miqueas 5:2.

La referencia que da el texto acerca del *"Señor de Israel"* claramente se refiere al Mesías. El principal de los escribas y sacerdotes lo recito a Herodes cuando el mismo tenía dudas acerca del nacimiento de este[161]. Tiempo más adelante los enemigos del Mesías trataron de usar Miqueas 5:2 para descalificarlo como tal, ya que tenían en mente que había nacido en Nazareth, Galilea[162]. La profecía del texto es de suma importancia ya que revela que el Mesías es *"desde el principio, desde los días de la eternidad"*, manifiesta que es un ser supremo. Los judíos no lograron comprender este

---

[161] Mateo 2:2-6.

[162] Juan 7:41-42. Galilea era una ciudad gentil en los tiempos de Cristo, y no era en nada bien recibido todo aquello que no proviniera del mismo pueblo judío. Una parte importante de la población estaba constituida por personas de formación helénica, que hablaban griego.

aspecto de la profecía[163]. Históricamente, la mayoría de los reyes neo-asirios afirmaban que su reinado era ordenado por sus dioses. Asurbanipal[164] afirmaba que fue creado rey desde los tiempos antiguos por Asur[165] y Sin[166], y que desde el vientre de su madre fue separado para la realeza. Esa costumbre pagana rondaba en tales tiempos, este verso claramente proclama la libertad mediante el Mesías por sobre cualquier deidad falsa, y su intento por usurpar el plan perfecto de Dios en Cristo y su nacimiento virginal. Dios muestra aquí claramente el lugar preciso de la revelación del Hijo en su encarnación. *Efrata* era el antiguo nombre de *Belén* y del distrito mismo[167]. Ambos nombres, Belén y Efrata aludían *"fertilidad"*, Belén significa *"casa de pan"* y Efrata *"fructífero"*, es ahí donde nació el rey David[168], y de igual forma el Cristo. Desde el principio comunica *"desde tiempos antiguos/desde la eternidad"*, con esto se señala la existencia eterna del Hijo[169].

Porque un niño nos es nacido, hijo nos es dado, y el principado sobre su hombro; y se llamará su nombre Admirable, Consejero, Dios Fuerte, Padre Eterno, Príncipe de Paz - Isaías 9:6.

En la antigüedad, históricamente, la mayor parte de los hombres hacían afirmaciones, por así decirlo, frases basadas en sí mismos. Para cualquiera que tenga conocimientos bíblicos, le es fácil notar los nombres israelitas que terminan en *–iah* o en *El*, y los que comienzan con *Yah-* y con *El-*. Esos sufijos o prefijos representaban al Dios de Israel. Tales nombres eran denominados como teofóricos[170], tales afirmaban la naturaleza de la deidad, con esos nombres se proclamaban los atributos divinos y pedían la bendición de Dios. La forma de interpretación de este texto está en el *conjunto de títulos mencionados teofóricamente*. El nombre del niño mencionado en el verso es singular, y es un nombre compuesto largo y complejo. Los nombres largos y compuestos no eran una norma en Oriente, e Isaías lo presenta como algo fuera de lo común.

---

[163] Mateo 22:42.

[164] Ashurbanipal, también deletreado Assurbanipal o Ashshurbanipal, fue el Rey del Imperio Neo-Asirio desde 668 aC hasta c. 627 aC, el hijo de Esarhaddon y el último gobernante fuerte del imperio, que por lo general se fecha entre 934 y 609 a.C.

[165] dios semita oriental, y el jefe del panteón asirio en la religión de Mesopotamia, adorado principalmente en la mitad norte de Mesopotamia, y partes del noreste de Siria y sur el este de Asia Menor que constituía la antigua Asiria. Él pudo haber tenido una iconografía solar.

[166] dios de la luna en la mitología mesopotámica de Akkad, Asiria y Babilonia. Nanna es una deidad sumeria, el hijo de Enlil y Ninlil, y se identificó con el pecado semítico. Los dos principales asientos de adoración de Nanna / Sin fueron Ur en el sur de Mesopotamia y Harran en el norte. Un dios de la luna con el mismo nombre también fue adorado en el sur de Arabia preislámica.

[167] Génesis 35:19; Rut 4:11.

[168] 1 Samuel 16:1.

[169] Habacuc 1:12.

[170] Un nombre teofórico o nombre teóforo, es un nombre propio que contiene el nombre de la divinidad, tanto para servir de difusión para el nombre sacro, como para invocar la protección del mismo para la persona que lo llevaba. Los nombres teóforos eran muy comunes en Mesopotamia y Antiguo Oriente, donde el nombre de la persona incluía el nombre del dios en que confiaba. Esta práctica, denominada en onomástica teoforía se refiere a añadir un nombre de dios (o su nombre local equivalente) al nombre propio de la persona.

Al presentarlo como algo fuera de lo común se puede ver claramente con ello la preexistencia del Hijo y su preparación para su encarnación[171], hay varios puntos importantes en lo que se refiere al nombre, ya que como bien mencioné, representaba la naturaleza del portador de este, veamos:

Llamará, del hb. *"qara'"* significa *"ser invocado"*. El Niño sería invocado con nombres fuera de lo común, tales como:

- **Admirable**, del hb. *"pele'"* significa *"maravilloso"* alude algo sorprendentemente prodigioso, es un sustantivo masculino que alude *"milagroso"* como algo fuera de lo común. El término siempre aparece en contexto a las palabras y obras de Dios. Sobre el Hijo, lo presenta como alguien fuera de lo común.
- **Consejero**, del hb. *"ya'ats"* significa *"reflexivo"*, quien resuelve los asuntos, alude *"sabio"*. Cristo es la sabiduría divina encarnada[172].
- **Dios**, del hb. *"'el"* hablaba de *"fortaleza"*, como adjetivo de *"poderoso"*, en especial *"Todopoderoso"*, en este caso aludía *"deidad"*. Se hacía uso de esta para aquellos los cuales eran llamados por Dios para liberar a los suyos, se refería también a un *"héroe"*, era una forma corta de *"'ayil"* que es *"jefe"*, esto comunicaba dos cosas *"un roble"* y *"un valiente"*. En el Mesías se contempla cada una de las definiciones mencionadas.
- **Padre**, del hb. *"'ab"* significa *"padre/principal"*, es un sustantivo masculino que comunica *"cabeza de familia"*, en este caso es *"originador"* como la fuente de origen, Jesucristo proviene del Padre, y lo afirmó con sus labios[173].
- **Eterno**, del hb. *"'ad"* alude *"duración"* en el sentido de *"perpetuidad"*, esto indica la morada de Dios como *"sin fin y sin principio"*, existente en sí mismo[174].
- **Príncipe de paz**, la palabra Príncipe, del hb. *"sar"* significa *"cabeza"*, es un sustantivo masculino que comunica *"gobernante"*, en el sentido de que tenía autoridad inmediata, también se hacía uso de esta para el principal de los sacerdotes. Cristo representa la cabeza de la nueva creación[175], quien gobernará en su reino eterno[176] y el sumo sacerdote por excelencia[177].

Este verso habla claramente de la humanidad del Señor, expresa que es un don de Dios para dirigir[178]. Los atributos de Él *"Admirable y Consejero"* siempre se utilizaron en la antigüedad para comunicar algo *sobrenatural*[179].

---

[171] Niño, del hb. "ben" aludía "descendiente masculino directo", aquí se refiere a su encarnación.
[172] 1 Corintios 1:24.
[173] Juan 16:28.
[174] Colosenses 1:15-19.
[175] Colosenses 1:18.
[176] Apocalipsis 11:15.
[177] Hebreos 4:14.
[178] Lucas 1:31-33.
[179] Jueces 13:18.

Esto da entender que el Mesías es un consejero sobrenatural el cual en su primera venida tajo las palabras de vida eterna[180], y el cual cuando regrese reinará con sabiduría y poder perfecto[181]. Dios fuerte es una expresión aplicada al Dios verdadero[182] con el cual se predice la victoria del Mesías sobre el mal. El cómo Padre eterno, lo cual es literalmente el Padre de la eternidad, expresa que el Mesías es un Padre para los suyos, guardándolos y supliendo sus necesidades con mucho cuidado, y como Príncipe de paz trae en sentido perfecto y absoluto paz y tranquilidad[183] para su pueblo, y algún día no muy lejano para todos los que estén en su futuro propósito soberano[184]. Con esto queda claro que la preexistencia de Jesucristo está demostrada en el Antiguo Testamento.

Manifestada en el Nuevo Testamento "Yo soy"

Leer - Juan 1:1-18.

Aquí hay una separación de la misma imagen judía antigua, mediante la cual solamente Israel entre las naciones había recibido la ley. Los judíos esperaban que los fieles aceptasen la revelación en la cual Dios les comunicaría la ley nuevamente en los tiempos finales[185]. La tradición judía pensaba que la ley sería cambiada y mucho más estricta en tales tiempos futuros. Aquí Jesús no estaba cambiando el plan divino en la historia ni estaba entrando en un terreno ajeno. Cristo vino a morar en lo que Él mismo había creado. Su propio pueblo, en este caso los suyos, no lo aceptaron. Históricamente, la tradición judía afirmaba que el Padre había ofrecido la ley a las setenta naciones en el Sinaí, y se lamentaban de que las mismas habían rechazado su comunicado; y que solo Israel lo había aceptado. De igual forma, en el tiempo de Cristo, fallaron en reconocer el verbo de Dios entre ellos. En sus tiempos la gran mayoría le presentó un gran rechazo. Pero como los judíos eran sus escogidos, vino a presentárseles a ellos como su Mesías, aunque Él en su sabiduría perfecta y eterna sabía de antemano que lo negarían. Las afirmaciones en el texto son axiomáticas, *Juan es el único autor que inicia la historia de Cristo a partir de su preexistencia eterna*. Él ha existido como el verbo del gr. *"logos"*. Esto hace referencia a la *inteligencia que originó todo lo que existe y se convirtió en el verbo*, que este caso es *la expresión que explica tal inteligencia*, lo cual es imposible que se descubra al menos por la misma revelación dada en las Escrituras, Cristo expresa la verdad y la Escritura a Cristo.

---

[180] Juan 6:68.
[181] Isaías 11:2.
[182] Génesis 2:4; Deuteronomio 10:17; Isaías 10:21; Jeremias 32:18.
[183] Efesios 2:13-18.
[184] Isaías 2:4.
[185] Isaías 2:3; Jeremías 31:31-34.

Hay dos verbos esenciales utilizados en este pasaje, los cuales sirven para contrastar lo que Cristo siempre fue y lo que llegó a ser en su humanidad. El primero es del gr. *"en"* de *"eimi"* que es *"ser"*, en este contexto es traducido como *"era"* para dar referencia al tiempo indefinido del pasado. La paráfrasis del contexto sería: *"Antes del principio, el verbo era, y el verbo estaba con Dios, y Dios era el verbo"*. Esta referencia del gr. *"en"* se encuentra en cada caso mencionado sobre la persona de Cristo para revelar su estado eterno[186]. El otro verbo es del gr. *"egeneto"* el cual es aoristo de *"ginomai"* significa *"llegar a ser/hacerse"* y se refiere llegar a ser algo que la persona antes no era[187]. El Señor Jesucristo en su respectivo momento establecido[188] por la soberanía divina en el pasado, se convirtió en lo que Él no era antes, un ser humano físico. Antes de dicha transformación, el Hijo era en esencia Espíritu[189]. Este verbo está en aoristo *"egeneto[190]"*, el uso de este se refiere a un momento en la historia en el pasado hablando sobre su nuevo estado, en este caso, humano. Esto indica que *su existencia es continua en su nuevo estado presente*[191].

Jesús les dijo: De cierto, de cierto os digo: Antes que Abraham fuese, yo soy - Juan 8:58.

Aquí Jesucristo afirma que Él es Dios, no dijo ... *yo era*, dijo, *yo soy*. Con esto dio a entender que Él tuvo existencia antes que aquel el cual consideraban el padre de la fe. Al emplear el término *"Yo soy"* expresa que Él había habitado con el Padre desde la eternidad. *Jesucristo nunca tuvo tiempo de existencia, y mucho menos de caducidad.* Por eso hace uso de la misma expresión del Padre en la antigüedad *"Yo soy"*. La afirmación de Jesús denota existencia absoluta y eterna. La misma era comprendida por los judíos en tales tiempos ya que tal afirmación aludía a la divinidad, aunque estos decidieron rechazarlo[192]. Cristo está afirmando que *Él es Dios*. Con el uso de la palabra *"Yo soy"* del gr. *"eimi"* habla en primera persona singular como presente indicativo; una forma prolongada de un verbo primario que significa *"Yo existo"* comunicando que su propio ser es existente en sí mismo, aquí Cristo se inclina a su propia naturaleza como un *"Ser siempre existente"*.

Manifestada en sus obras

Porque en él fueron creadas todas las cosas, las que hay en los cielos y las que hay en la tierra, visibles e invisibles; sean tronos, sean dominios,

---

[186] Juan 1:1-2, v.4, vv. 8-10, v.15; Filipenses 2:6-8.
[187] Juan 1:14.
[188] Gálatas 4:4-5.
[189] Juan 4:24.
[190] Juan 1:3, v.6, v.10, v.14, v.17.
[191] 1 Timoteo 2:5; Colosenses 2:9.
[192] Juan 8:59.

sean principados, sean potestades; todo fue creado por medio de él y para él - Colosenses 1:16.

Las obras de Cristo atribuyen una exigencia de su preexistencia. El judaísmo antiguo aceptaba que Dios creó todo lo visible e invisible, muchos escritores judíos, daban a los ángeles poderes divinos subordinados a un papel dentro de la creación; otros combatían ese criterio como expone el texto. Los falsos maestros en este caso los gnósticos, empleaban que Jesús fue un ser creado. Este texto expresa que todas las cosas fueron creadas no sólo *"por él, sino por medio de él y para él"*. Cada una de las preposiciones lleva consigo una exposición diferente:

A) por él fueron creadas todas las cosas: *el poder de crear por su propio ser*. Esto da entender que Jesucristo fue el diseñador.

B) todo fue creado por medio de él: *Él es el agente en la creación*, por Cristo se ejecutó el acto de crear.

C) todas las cosas fueron creadas para Él: *para Cristo fueron creadas todas las cosas*, el objetivo de lo creado es glorificarle.

Todas las cosas fueron creadas por medio de Cristo, sean las que están en los cielos, y las que están en la tierra. Con esta afirmación no hay espacio para que alguien diga que Él solo hizo algunas cosas, o que Él fue creado, *es imposible que el agente creativo por el cual fueron hechas todas las cosas sea creado igualmente en conjunto con la creación.*

En el contexto[193] Jesucristo es presentado como la imagen de Dios, el cual nadie había visto[194]. La palabra gr. *"eikon"* para imagen, presupone un prototipo, la forma original de la cual deriva y no algo que se asemeja, p. eje. El reflejo de la luna en un lago, el reflejo no es la luna, solo una imagen de ella, aquí se presenta a Cristo como una representación exacta de Dios Padre el cual es invisible. La relación entre el Padre y el Hijo no es coincidencia. Otra palabra importante es *"prototokos"* traducida como *primogénito*, esto significa que la relación de Cristo con la creación es igual a la del Padre, por el mero hecho de que Jesús está por encima de esta.

Jesucristo no es parte de la creación hecha por Dios, pero la relación que Él tiene con todo es determinada por el hecho de que Él es la causa de todo lo creado[195], y sin Él no hubiese existido nada de lo que hoy existe[196]. Nunca se encontrará en ningún pasaje que Cristo fue creado, ya que Él es mencionado como *"el principio de la creación"* en este caso la palabra gr. *"arje"* alude la causa de la creación no que Cristo fue el resultado de ella, por consecuente la soberanía de Cristo está plasmada en todo lo creado y demuestra que Él es el creador.

---

[193] Colosenses 1:15.
[194] Juan 1:18.
[195] Juan 1:1; Apocalipsis 3:14.
[196] Juan 1:3-4; Colosenses 1:16.

Manifestada en su cumplimiento

Descendiente de mujer:
Profecía: (Gén 3:15).
Cumplimiento: (Gál 4:4).

Descendiente de Abraham:
Profecía: (Gén 12:3, 18:18).
Cumplimiento: (Mt 1:2; Lc 3:34; Hch 3:35; Gál 3:16).

Descendiente de la tribu de Judá:
Profecía: (Gén 49:10).
Cumplimiento: (Mt 1:2; Lc 3:33).

Descendencia de Jacob:
Profecía: (Núm 24:17-19).
Cumplimiento: (Mt 1:2; Lc 3:34).

Linaje de David:
Profecía: (Sal 32:11; Is 11:10; Jer 23:5, 33:15).
Cumplimiento: (Mt 1:6; Lc 1:32-33; Hch 2:30; Rom 1:3).

Un profeta como Moisés:
Profecía: (Deut 18:15-19).
Cumplimiento: (Mt 21:11; Jn 1:45, 6:14; Hch 3:22-23).

El Hijo de Dios:
Profecía: (Sal 2:7; Prv 30:4).
Cumplimiento: (Mt 3:17; Lc 1:32).

Resucitado:
Profecía: (Sal 16:10).
Cumplimiento: (Hch 13:35-37).

Crucificado:
Profecía: (Sal 22, 69:21; Mt 27:34-50).
Cumplimiento: (Jn 19:29-30).

Traicionado:
Profecía: (Sal 41:9).
Cumplimiento: (Jn 13:18-21).

Ascendido:
Profecía: (Sal 68:18).
Cumplimiento: (Lc 24:51; Hch 1:9).

Reyes rindiéndole homenaje:
Profecía: (Sal 72:10-11).
Cumplimiento: (Mt 2:1-11).

Sacerdote real:
Profecía: (Sal 110:4) /
Cumplimiento: (Heb 5:5-6).

Sentado a la diestra de Dios:
Profecía: (Sal 110:1).
Cumplimiento: (Mt 27:64; Heb 1:3).

Piedra desechada/Piedra angular:
Profecía: (Sal 118:22-23; Is 8:14-15, 28:16).
Cumplimiento: (Mt 21:42-43; Hch 4:11; Rom 1:32-33; Ef 2:20; 1 Ped 2:6-8).

Nacido de una virgen:
Profecía: (Is 7:14).
Cumplimiento: (Mt 1:18-25; Lc 1:26-35).

Ministración Galilea:
Profecía: (Is 9:1-8). Cumplimiento: (Mt 4:12-16).

Manso y agradable:
Profecía: (Is 42:2-3, 53:7).
Cumplimiento: (Mt 12:18-20, 26:62-63).

Ministración a gentiles:
Profecía: (Is 42:1, 49:1-87).
Cumplimiento: (Mt 12:21).

Golpeado:
Profecía: (Is 50:6).
Cumplimiento: (Mt 26:67, 27:26-30).

Sufriente:
Profecía: (Is 52:13-53:12).
Cumplimiento: (los cuatro Evangelios).

Nuevo Pacto:
Profecía: (Is 55:3-4; Jer 31:31-3312).
Cumplimiento: (Mt 26:28; Mr 14:24; Lc 22:20; Heb 8:6-13).

Brazo derecho de Dios:
Profecía: (Is 53:1, 59:16).
Cumplimiento: (Jn 12:38).

Intercesor:
Profecía: (Is 59:16).
Cumplimiento: (Heb 9:15).

Misión clara:
Profecía: (Is 61:1-11).
Cumplimiento: (Lc 4:16-21).

Milagros:
Profecía: (Is 35:5-6).
Cumplimiento: (Mt 11:3-6; Jn 11:47).

Nombrado Señor:
Profecía: (Jer 23:5-6).
Cumplimiento: (Hch 2:36).

Su venida:
Profecía: (Dan 9:24-26).
Cumplimiento: (Gál 4:4; Efe 1:10).

Nacido en Belén:
Profecía: (Miq 5:2).

Sujeción a su gobierno:
Profecía: (Is 2:4; Miq 4:1-4).
Cumplimiento: (Ap 12:5).

Entrada con autoridad al templo:
Profecía: (Mal 3:1).
Cumplimiento: (Mt 21:12).

Entrada a Jerusalén en asno:
Profecía: (Zac 9:9).
Cumplimiento: (Mt 21:1-10).

Traspasado:
Profecía: (Sal 22:16; Zac 12:10).
Cumplimiento: (Jn 19:34-37).

Abandonado:
Profecía: (Zac 13:7).
Cumplimiento: (Mt 26:31-56).

Repartimiento de su Espíritu:
Profecía: (Jol 2:28).
Cumplimiento: (Hch 2:16-18).

Oposición de las naciones:
Profecía: (Sal 2:2).
Cumplimiento: (Ap 19:19).

Victoria sobre la muerte:
Profecía: (Is 25:8).
Cumplimiento: (1 Cor 15:54; Ap 7:17, 21:4).

Glorioso mesías:
Profecía: (Is 63:1).
Cumplimiento: (Ap 19:11-16).

Mesías como rey:
Profecía: (Sal 2:6-9).
Cumplimiento: (Ap 19:15-16).

Los gentiles se volverán a Él:
Profecía: (Is 11:10).
Cumplimiento: (Rom 11:25).

La divinidad y preexistencia de Jesucristo se manifiesta en que cumplió todo lo dicho sobre Él tal como se había profetizado.

La encarnación de Cristo

Concepción virginal

Dicha con anticipación

Por tanto, el Señor mismo os dará señal: He aquí que la virgen concebirá, y dará a luz un hijo, y llamará su nombre Emanuel - Isaías 7:14.

Generalmente se creía en tales tiempos que los nombres estaban relacionados con el carácter y el destino de la persona que lo portaba. En muchos casos a los infantes se les ponía un nombre por el cual se podía reflejar la situación del momento en su nacimiento[197]. La virgen mencionada en la profecía es un tipo de María, la cual en tiempos posteriores por milagro del Espíritu Santo concibió al Cristo[198]. La palabra hebrea para virgen aparece en lo largo del Antiguo Testamento[199] y hace referencia a una mujer doncella prudente, y casta, no casada. Este texto contiene la famosa profecía de la encarnación del Mesías, estos eventos ocurrieron alrededor del 714 a.C.

El significado de la palabra hebrea *"almah"* expresa la idea de *virginidad,* basado en el mismo idioma es evidente que su significado era en relación con una mujer no casada y en estado de pureza. Los griegos hicieron la traducción del Antiguo Testamento a su lenguaje natal cientos de años antes del nacimiento de Cristo y nunca dudaron en usar en la traducción[200] la palabra gr. *"parthenós"* que significa *"virgen"*. El Espíritu de Dios afirma que ese es el mismo significado cuando inspiró a Mateo para que éste empleara la misma palabra al citar este verso de la profecía de Isaías[201]. El significado de la palabra hb. *"oth"* es *"señal"*, esto alude que tal nacimiento sería fuera de lo común, la misma palabra comunica *algo extraordinario, especial y distintivo*, sea en acciones o cosas. En referencia a lo divino, siempre se traduce como *"milagro"*, y es el uso que Isaías le da en su contexto para referirse a la milagrosa señal de un reloj de sol[202], y los milagros de Dios en el milenio[203]. Esto da entender que *"señal"* es algo extraordinario y no algo simple, en este caso, el nacimiento de Cristo no sería común.

La referencia de esta profecía está en que se dirige a *"la casa de David"* y enfocándose en que *la "virgen concebirá y dará a luz un hijo"*, en tales tiempos se hacía uso de esa palabra como una reminiscencia fraseológica pagana para anunciar el nacimiento de una deidad entre la creencia popular que rondaba la región, cabe resaltar que Isaías no está haciendo una

---

[197] Génesis Caps. 29-30; 1 Samuel 4:21.
[198] Mateo 1:23.
[199] Génesis 24:43; Éxodo 2:8; Salmos 68:25; Proverbios 30:19; Cantares 1:3, 6:8.
[200] Bien conocida como Septuaginta.
[201] Mateo 1:23.
[202] P.eje. Isaías Caps. 37-38.
[203] P. eje. Isaías Caps. 55-56.

comparación del nacimiento de Cristo con una deidad ideológica pagana, sino más bien era para que comprendieran la importancia de esta profecía. Tanto la palabra *"virgen como la palabra hijo*[204]*"* son artículos definidos. El niño nacido *"Emanuel"* que significa *"Dios con nosotros"* no era cualquier niño común y corriente, la afirmación de dicho nombre se inclina a ello, ya que Emanuel es presentado como el *propietario de la tierra*[205]. El nacimiento del Mesías es un tema importante en las profecías de Isaías (9:6, 11:1-5) y lo expone como un ser divino. Jamás un niño común y corriente con padres normales hubiese podido cumplir con estas profecías. Esto demuestra que la naturaleza de la profecía mesiánica mediante el Antiguo Testamento está presentada sin separación cronológica y sin distinción alguna, ya que los mismos que profetizaron ignoraban el cumplimiento del tiempo de dichas profecías[206]. Por ello se menciona como una señal, para que tuviera su cumplimiento en el tiempo indicado y apropiado que Dios en su supremacía tenía ordenado[207].

y Jacob engendró a José, marido de María, de la cual nació Jesús, llamado el Cristo - Mateo 1:16.

El pronombre *"de la cual"* es un femenino singular que afirma que *la concepción del Mesías fue solo de María y no de José.* De igual forma que las genealogías del Antiguo Testamento, en el contexto de este verso se registra los nombres comenzando con los antiguos hasta los más recientes. Las genealogías estaban diseñadas para recordar a los judíos la soberanía divina en la preservación familiar y la provisión a sus descendientes. En muchos casos hacía explicación sobre el comportamiento de una persona[208]. Esto era de suma importancia para documentar el linaje correcto de una persona y certificar que era un Israelita puro y también servía como vínculo para conocer las figuras que se destacaron en la historia. En el libro de Génesis se vincula a Adán, Noé y Abraham[209]. En este contexto, Mateo registra el vínculo de Jesucristo con los relatos del Antiguo Testamento sobre los patriarcas, su descendencia del linaje de David y el suceso histórico del exilio.

Históricamente en el templo se conservaban los registros genealógicos, en muchos casos parciales, de las familias importantes en la nación y por sobre todo de los sacerdotes. Cuando el templo fue destruido en el 70 d.C.[210], cualquiera podía invocar que provenía de la descendencia de David, pero con Cristo fue diferente, porque su reclamo fue antes de dicha fecha cuando todavía se podía verificar si su información era real[211]. Luego de la

[204] Isaías 7:14-16.
[205] Isaías 8:8.
[206] 1 Pedro 1:10-12.
[207] Gálatas 4:4.
[208] P. eje. Éxodo 6:12-30.
[209] Génesis Caps. 5 y 11.
[210] Mateo 24:1-2
[211] Romanos 1:3.

destrucción del templo en el año 70 d.C., la evidencia del linaje davídico fue más que suficiente para ocasionar problemas con el gobierno romano a los familiares de Jesús. Un dato curioso en relación con dichas genealogías antiguas es que las mujeres no eran registradas, y en este contexto se incluye a cuatro de ellas[212], de las cuales, tres eran gentiles[213], y la otra esposa de un gentil[214]. Las genealogías judías antiguas omitían los matriarcados, pero aquí se incluye a *Sara, Rebeca, Lea y Raquel.* Se basa todo en el Antiguo Testamento para dar entender que Dios tuvo siempre en su plan perfecto que todos conocieran que Él es el Mesías prometido[215].

Razones de su encarnación

A) Para revelar a Dios a los hombres[216].
B) Para comunicar el ejemplo de santidad[217].
C) Para proveer el sacrificio perfecto por los pecados[218].
D) Para destruir las obras de Satanás[219].
E) Para ser sumo sacerdote[220].
F) Para cumplir el pacto de David[221].
G) Para ser exaltado sobre todo y sobre todos[222].

En su persona encarnada estaba incluido

A) Deidad perfecta[223].
B) Humanidad perfecta[224].

Esto se le conoce como la unión hipostática. Este un término de origen griego usado a menudo como equivalente de *"ser"* o *"sustancia"* y puede traducirse como *"ser de un modo verdadero"* o *"ser de un modo real"* y también *"verdadera realidad"*. La unión hipostática es un término técnico que designa la unión de las dos naturalezas, divina y humana que se le atribuye a la persona de Jesús. En base a ello, Cristo es Dios encarnado, por ende, tiene dos naturalezas, *la divina y la humana*. Jesucristo no es *"mitad Dios y mitad hombre"*. Nunca perdió su divinidad, ni hubiese podido hacerlo, entonces se puede comprender que *Él es completamente hombre y completamente Dios*. El calificativo hipostático se da a la unión perfecta que hay en la persona de Jesús, tanto la naturaleza humana como la divina, en Él se mantiene todos los atributos que les son propios. Para comprender mejor tal unión es necesario analizar ambas referencias antes mencionadas.

---

212 Mateo 1:3, vv.5-6.
213 Génesis 38:6; Josué 2:1; Rut 1:4.
214 2 Samuel 11:3.
215 Mateo 28:19.
216 Juan 1:18.
217 1 Pedro 2:21.
218 Hebreos 10:1-10.
219 1 Juan 3:8.
220 Hebreos 5:1-2.
221 Lucas 1:31-33.
222 Filipenses 2:9.
223 Colosenses 2:9.
224 1 Timoteo 2:5.

Su humanidad

Jesucristo tenía cuerpo humano:

A) Nacido de mujer[225].
B) Sujeto a crecimiento natural[226].
C) Palpado, oído y visto por los hombres[227].
D) Hombre sin pecado[228].

Jesucristo tenía alma y espíritu humano:

A) Tenía alma[229]:
B) Tenía espíritu[230].

Jesucristo se sujetó a limitaciones humanas:

A) Tuvo hambre[231].
B) Tuvo sed[232].
C) Experimentó fatiga[233].
D) Lloró[234].
E) Fue tentado[235].

Era mencionado por varios nombres humanos particulares:

A) Hijo de hombre[236].
B) Jesús[237].
C) Hijo de David[238].
D) Hombre[239].

En su humanidad pudo:

A) Vivir[240].
B) Morir[241].

---

[225] Gálatas 4:4.
[226] Lucas 2:52.
[227] Mateo 26:12; Juan 1:1.
[228] Hebreos 4:15.
[229] Mateo 26:38.
[230] Lucas 23:46.
[231] Mateo 4:2.
[232] Juan 19:28.
[233] Juan 4:6.
[234] Juan 11:35.
[235] Hebreos 4:15.
[236] Lucas 19:10.
[237] Mateo 1:21.
[238] Marcos 10:47.
[239] Isaías 53:3; 1 Timoteo 2:5.
[240] Juan 18:37.
[241] Lucas 9:22.

Su deidad demostrada por sus nombres

Dios

Mas del Hijo dice: Tu trono, oh Dios, por el siglo del siglo; Cetro de equidad es el cetro de tu reino - Hebreos 1:8.

Dios del gr. *"theos"* significa *"deidad", "divinidad suprema"*. Como bien fue mencionado anteriormente el Hijo es mencionado por el Padre como tal.

Hijo de Dios

Respondiendo Simón Pedro, dijo: Tú eres el Cristo, el Hijo del Dios viviente - Mateo 16:16.

La línea real davídica fue adoptada por Dios[242], aquí Cristo es presentado como el máximo sucesor al trono al ser llamado Hijo de Dios[243]. De igual forma que antes mencionado, *"Dios"* del gr. "theos" habla de *"divinidad suprema"*, pero al decir que era el hijo del Dios viviente cambia el panorama, la palabra *"viviente"* del gr. *"dzao"* significa *"vivir"* en este caso la afirmación hecha en el texto alude:

A) *la vida que moraba en Él, dando entender que era igual a la de Dios, como un reconocimiento de la divinidad en Cristo.*

B) *la relación con Su existencia, reconociendo la supremacía divina en Cristo.*

Que dijeron: Este dijo: Puedo derribar el templo de Dios, y en tres días reedificarlo. Y levantándose el sumo sacerdote, le dijo: ¿No respondes nada? ¿Qué testifican éstos contra ti? Mas Jesús callaba. Entonces el sumo sacerdote le dijo: Te conjuro por el Dios viviente, que nos digas si eres tú el Cristo, el Hijo de Dios. Jesús le dijo: Tú lo has dicho; y además os digo, que desde ahora veréis al Hijo del Hombre sentado a la diestra del poder de Dios, y viniendo en las nubes del cielo - Mateo 26:61-64.

Sin número de judíos esperaban que Dios estableciera el nuevo templo y que lo purificara al echar fuera a los gentiles, en este caso a los romanos. Era natural que muchos habían malinterpretado la enseñanza de Cristo cuando habló sobre el nuevo templo y la destrucción del antiguo. En el Antiguo Testamento, los jueces normalmente se ponían de pie para pronunciar el veredicto establecido. De acuerdo con la ley rabínica, el sumo sacerdote legalmente no podía obligar a Jesucristo a condenarse a sí mismo por sus propios labios, el funcionario finalmente preguntó si Cristo se creía

---

[242] 2 Samuel 7:14.
[243] Salmos 2:7, 89:27.

un mesías, y así, con esa declaración, en el pensamiento rabínico, el sumo sacerdote podía aludir que era un revolucionario. El sumo sacerdote trató de llevar a Jesucristo a que hablara por sus propios labios para que apelara al nombre divino, por eso el uso de *"te conjuro"* que en este caso traducido a nuestro contexto *es "te ordeno*[244]*"*, como bien sabemos, el Antiguo Testamento hacía prohibición a los falsos juramentos en el nombre de Dios porque al hacerlo se tomaba su nombre en vano, y al estar bajo juramento Cristo tenía que responder, y como bien se sabe, Jesús no vino a romper la ley sino a cumplirla[245].

La afirmación de Cristo es una declaración de que no solo es el Mesías, sino que también el gobernante[246], le dio a entender que Él es aquel que vendría en gloria para reinar por los siglos. La frase *"de aquí en adelante"* era en esos tiempos muy ofensiva para los oyentes, porque mediante de ella Jesucristo está afirmando que está tomando curso desde el presente, por lo cual alude de sí mismo que es el juez de ellos y no que ellos como sacerdotes eran los jueces de Él. Al hacer uso de la palabra *"Poder"* era uno de los títulos que los judíos utilizaban para Dios, por esa afirmación Cristo está diciendo que Él es Dios, y a causa de ello es que lo acusaron de blasfemar[247]. En relación con el mismo contexto histórico se puede observar que *la afirmación de Cristo sobre sí mismo comunica que Él es la expresión suprema de Dios en la tierra, el Hijo de Dios.*

Señor

Él les dijo: ¿Pues cómo David en el Espíritu le llama Señor, diciendo: Dijo el Señor a mi Señor: Siéntate a mi derecha, Hasta que ponga a tus enemigos por estrado de tus pies? Pues si David le llama Señor, ¿cómo es su hijo? - Mateo 22:43-45.

Cristo hace uso de la palabra *"Señor"* dos veces al igual que los Salmos[248]. El uso de *"Señor"* en la primera ocasión hace referencia al Padre, y el segundo a Jesucristo. Con esas afirmaciones David, inspirado por el Espíritu comunicó que Cristo era su Señor. Jesús haciendo uso del texto antiguo les pregunta: Si David le llama Señor, *¿cómo es hijo suyo?* Lógicamente Él es Señor e hijo de David a la vez. Con esto aclara que Él era Dios y Hombre al mismo tiempo. Como Dios, Jesucristo era el Señor de David; y como Hombre, era el Hijo de su linaje. En tales tiempos tenían conocimiento que el Cristo *"ungido"* era descendiente real davídico[249], y lamentablemente el concepto del establecimiento libertador mesiánico tomó

---

[244] Cf. 1 Samuel 14:24; 1 Reyes 22:16.
[245] Mateo 5:17.
[246] Daniel 7:13-14.
[247] Mateo 26:65-66.
[248] Salmos 110:1-7. Aquí Cristo es presentado por el Padre como: a) Rey. vv.1-3; b) Sacerdote. v.4; c) divino victorioso. vv.5-7.
[249] Isaías 9:7, 11:1; Salmos 2, 89, 132.

un giro malinterpretado como un concepto revolucionario inadecuado[250]. Quién vendría a reinar en el reino divino era *"el Señor de David"* no un mero descendiente, eso afirmaba que es uno mayor.

Históricamente los maestros desafiaban a su audiencia para que se resolvieran las aparentes discrepancias que tenían sobre las Escrituras, y en este caso, los estudiosos de ese tiempo daban por hecho que el texto era cierto. La pregunta fue formulada para armonizarlos no para crear contienda, y los opositores del Maestro al no tener respuestas para la pregunta quedaron sin habla, la razón era que los intérpretes de la época no aplicaban el texto mencionado de Salmos al Mesías. La literatura contemporánea de ese tiempo señalaba que los oyentes se asombraban ante la sabiduría protagonista de un orador, y se esperaba que se respetara la sabiduría de este[251]. La palabra *"Señor"* del gr. *"kurios"* proviene de *"kuros"* que significa *"supremacía"*, comunica alguien supremo en autoridad el cual tiene control, eso daba entender de igual forma *"soberanía", "ungido", "alguien con poder" y "dueño"*, se hacía uso de esta para dar entender que Dios es el poseedor de todo. Las afirmaciones de Cristo expresan que no había más sabio que Él como Maestro y que Él era ese Señor que David afirmó bajo inspiración divina.

Rey de reyes y Señor y señores

Y en su vestidura y en su muslo tiene escrito este nombre: REY DE REYES Y SEÑOR DE SEÑORES - Apocalipsis 19:16.

En la antigüedad se marcaba a los caballos en el muslo, aunque a la gente no se le hacia la marca de esa forma[252]. Claramente se puede observar que esto es un símbolo para identificar una persona o una acción con un nombre específico[253], una marca daba entender el carácter de la propiedad, en este caso, la pertenencia gozaba del carácter, posición y valor del poseedor, con esto se da entender que *Cristo es igual en carácter, posición y valor con el Padre y con el Espíritu.* La tradición judía aplicaba el título de *"Rey de reyes"* a Dios para significar *"Rey Soberano"* como aquel que reina sobre todos los reyes de la tierra[254]. La palabra utilizada aquí para *"Rey"* viene del gr. *"basileus"* es un sustantivo masculino que significa *"monarca"*, el que *"ejerce autoridad"*. Este título aludía *"alguien de honor y distinción"*, la palabra "Señor" goza del mismo significado antes mencionado, entonces, esto da entender que *sobre todo reino Cristo es quien tiene autoridad, y*

---

[250] Mateo 11:10: Muchos judíos creían que los profetas en todo el sentido de la palabra habían dejado de existir mucho tiempo atrás y estaban abiertos a la restauración de los tales en tiempos finales. Se creía que, al colocar un profeta, Dios siempre enviaba un libertador. Al cumplir (Isaías 40:3; Malaquías 3:1) este profeta es más que un heraldo, ya que es el anunciante directo del Señor el cual cumple la profecía del regreso de Elías (Malaquías 4:5-6). Los judíos tomaron esto como una inclinación revolucionaria comparando los mismos sucesos de la antigüedad con la libertad presente que el Mesías les daría al liberarlos de su cautividad.

[251] 1 Esdras 4:41-42.

[252] Éxodo 28:36-38.

[253] P. eje. Apocalipsis 7:3, 13:16.

[254] Apocalipsis 17:14; Deuteronomio 10:17; Daniel 2:47; Zacarías 14:9.

sobre todo señor, Cristo es quien tiene supremacía. La afirmación hecha en el pasaje comunica que Cristo en su segunda venida, mostrará plenamente su soberanía como el Señor y supremo gobernante por el cual todos han de sujetarse a Su gobierno.

Su deidad demostrada por sus características

A) **Omnipotencia. Mateo 28:18:** Toda potestad, tanto en el cielo como la tierra. Cabe a relucir que Cristo siempre tuvo *"autoridad*[255] *"* lo que quiere decir es que ahora Él es la cabeza de la nueva creación. Jesucristo está citando el Antiguo Testamento para dar entender sobre sí mismo a los discípulos[256]. Jesús como humano se limitó a estar en tiempo y espacio en un solo lugar, pero en su resurrección y exaltación cambia el panorama, está presente en todo y en su segunda venida tendrá dominio, sobre todo. La palabra *"potestad"* del gr. *"exsousia"* significa *"capacidad"*, comunica *"potencia"* en el sentido de facultad para hacer algo, en este caso *"su poder cubre todo"*.

B) **Omnisciencia. Juan 1:48:** Históricamente, los maestros hacían uso de los árboles para educar a sus discípulos debajo de ellos por su sombra. Aquí se presenta algo, el que Jesucristo supiera debajo de cual árbol se encontraba sentado Natanael fue una demostración de un conocimiento sobrenatural único[257]. Aunque Jesús estaba alejado de la higuera, estaba presente junto a Felipe conociendo todo lo que Natanael hacía. La sorpresa de Natanael fue que Jesús *(el cual era un extraño para él)* le habló como si hubiese tenido conocimiento de él antes, Natanael estaba totalmente a solas cuando estaba sentado a la sombra de aquella higuera. Y es lógico que las densas ramas con su gran follaje le ocultaban a la vista del público. Lo que Cristo le dio entender fue que lo vio, aunque estaba oculto. En esta parte quiero tocar un punto de suma importancia en base a su conocimiento pleno de todas las cosas, en Juan 2:24, el uso de la palabra *"conocía"* del gr. *"ginosko"* es un afirmativo articular que comunica un *"conocimiento absoluto"*, Jesucristo tenía y tiene un conocimiento pleno en el sentido de la palabra, tanto así que *"sabía"* lo que había en el hombre y no necesitaba que nadie le dijera.

C) **Omnipresencia. Mateo 18:20:** En *"su nombre"* tenía por significado por *"su autoridad"*, en reconocimiento lo que Él es, y en obediencia a las Escrituras. Ninguna persona o grupo puede pretender que se congrega con otros en su nombre como los únicos que lo hacen excluyendo a los demás. Si ese fuera el caso, la presencia de Dios sería

[255] Marcos 1:22; Juan 17:2.
[256] Daniel 7:13-14.
[257] Juan 1:42, 2:24-25.

limitada a un pequeño puñado de personas. Donde están dos o tres congregados reconociendo que Él como Señor y Salvador está presente por quién es Él, es la clave. En el propio contexto cultural, *"dos o tres"* se está refiriendo a los *"dos o tres testigos*[258]*"*. Esos versos contextualmente tenían referencia a la oración pronunciada en una excomunión judía hacía otro por una falta; y de igual forma a favor del arrepentimiento y perdón de la misma persona excomulgada[259]. Sea cual sea el caso, es interesante notar que en el Antiguo Testamento los testigos debían ser los primeros en ejecutar la sentencia de la corte[260], y aquí deben ser los primero en orar.

En tales tiempos se requerían mínimo diez varones judíos para constituir la asamblea de la sinagoga, y en relación con dicha costumbre se hacía referencia que no se necesitaban los diez, ya que la presencia de Dios estaba, aunque fuese con dos o tres que se reunieran estudiar la ley, ya que se pensaba que la presencia de Dios estaba habitando con esta. En relación con lo dicho, Jesús se presenta aquí como idéntico a la presencia divina, como *aquel que habita omnipresentemente con la Palabra*[261]. Cuando los rabinos mencionaban *"el lugar"* hablaban sobre la omnipresencia de Dios, al Jesús hacer énfasis en el lugar mismo, daba entender que Él era omnipresente, y lo ejemplificó como el verbo, la palabra hecha carne la cual habitó entre los hombres[262]. La palabra utilizada para *"en medio"* viene del gr. *"mesos"*, es un adjetivo sustantivo neutro que comunica la idea de *"entre, delante de, en medio de"* la misma proviene de *"meta"* que significa *"acompañamiento"* habla sobre ocupar una posición, aquí indica compañía a los presentes. Con esto Cristo está afirmando que es omnipresente, aunque se sabe que tuvo su limitación como humano en la esfera de tiempo y espacio terrenal por un corto lapso, en su estado glorificado goza de ello plenamente, cabe a relucir que, en el tiempo de su afirmación, de igual forma gozaba de ello por ser participe con el Padre y con el Espíritu en su subsistencia como el único Dios verdadero.

D) Vida. Juan 1:4: Dios desarrolló promesas en el Antiguo Testamento sobre una larga vida a Israel en las tierras si le obedecían[263]. Los rabinos hacían énfasis en la recompensa de obedecer la palabra de Dios como *"vida eterna"*. La afirmación dicha aquí es que esa vida siempre estuvo disponible mediante la palabra de Dios, que es el mismo verbo. Jesús no solamente tenía la vida, sino que Él mismo era la misma vida, y la fuente de esta. La palabra *"vida"* del gr. *"dzoe"*

[258] Mateo 18:16.
[259] 1 Juan 5:16-17.
[260] Deuteronomio 17:7.
[261] Mateo 1:23, 28:20
[262] Juan 1:14.
[263] Éxodo 20:12; Deuteronomio 5:16, 8:1, 11:9.

es un indicativo de una acción hecha en el pasado y que tiene efecto continuo, en este caso alude *"existencia absoluta"*. Jesucristo es la vida.

E) **Inmutabilidad. Hebreos 13:8:** Muchos judíos de la diáspora[264] hacían énfasis en la manera particular del cuadro del Antiguo Testamento de cómo se presentaba la inmutabilidad divina[265], a causa de que tenían la responsabilidad de comunicar la verdad acerca de Dios. Este verso tiene tres puntos importantes sobre la inmutabilidad de Cristo:

1. **Ayer:** *desde la eternidad y eso incluye su vida terrenal*[266].
2. **Hoy:** *como sumo sacerdote en los cielos y representante posicional de los creyentes*[267].
3. **Por los siglos:** *para consumar el plan soberano de Dios en elegir, salvar, santificar y preservar*[268]. *Su inmutabilidad demuestra su soberanía perfecta.*

Su deidad demostrada por sus obras

A) **Creador. Juan 1:3:** Cristo actuó en la elaboración de la creación[269]. Jesús no era un ser creado; no, sino que Él es el creador de todo lo existente. Eso incluye:

1) *ser humano.*
2) *animales.*
3) *planetas/estrellas.*
4) *ángeles.*
5) *todas las cosas tanto visibles como invisibles.*

Sin Jesucristo nada de lo que ha sido hubiese existido. Si hay algo con existencia, Él lo creó. Cristo, como creador, es lógico que sea superior a lo creado. Los maestros judíos hacían énfasis en que Dios había creado todo mediante tres cosas *sabiduría, verbo y ley*, y que sostenía todo mediante la práctica de la justicia, incluso muchos maestros de tiempos anteriores al de Cristo, aludían teóricamente que Dios repitió las cosas diez veces en la creación y que todo lo elaboró mediante sus diez mandamientos. Pero verdaderamente eso, a mi parecer, es limitar la soberanía de Dios y su poder absoluto, ya que con solo hacer mención una vez todo debe obedecerle[270]. Aquí se puede ver claramente dos cosas. La palabra *"todas las cosas"* del gr. *"pas"* esto incluye todas las formas *"todo, cualquier, cada uno"*

---

[264] La diáspora o el exilio judío es la dispersión de los israelitas, los judaítas y los judíos posteriores de su patria ancestral y su posterior asentamiento en otras partes del mundo.
[265] Salmos 102:27; Malaquías 3:6; Isaías 46:4.
[266] Hebreos 2:9, 5:7-8.
[267] Hebreos 4:15-15; Efesios 1:3-6, 2:4-7.
[268] Hebreos 7:25, 9:28.
[269] Colosenses 1:16.
[270] P. eje. Lucas 7:7.

demuestra cada tipo y clase de variedad en la creación, *"fueron hechas"* del gr. *"ginomai"* es una prolongación con voz media de un verbo primario que significa *"hacer que sea"* comunica *"generar/llegar a ser"* esto es traer algo a existencia. Cristo en conjunto con el Padre y el Espíritu participaron de todo lo creado, y como Dios es uno que subsiste en tres personas, si Cristo no hubiese sido participe entonces nada de lo que existe hubiese sido, *"sin Él no se hubiese hecho nada"*, entonces se logra comprender que, no solo tuvo poder creativo, sino que lo tiene en tiempo presente.

B) **Sustenta. Colosenses 1:17:** Todo lo creado en Él y por Él subsiste[271]. Cristo mantiene en unidad y funcionamiento todo lo creado de manera inteligente. Históricamente, los escritores judíos de habla griega[272] eran enfáticos en el tema de que el logos de Dios mantenía unida su creación, identificando más el logos con la sabiduría de Dios. El pensamiento popular era que el logos había dado forma al fuego original, y el judaísmo afirmaba que la sabiduría existía antes de todas las cosas, y que mediante ella Dios creó y moldeó todo. En la creación todas las cosas tienen consistencia en Él. El Señor es el sustentador del universo y la fuente de su continuo mover. Cristo controla todo lo visible e invisible. La palabra *"subsisten"* del gr. *"sunistemi"* es un tiempo perfecto indicativo compuesto de *"sun"* que es *"fijar junto"*, y de *"jistemi"* que significa *"colocar"* esto da entender administrar todo en orden y colocar las piezas en su debido lugar correspondiente. Cristo Jesús es quien colocó todo en orden en el momento de crear y sobre el mismo principio de su poder creativo sostiene lo creado para una administración adecuada.

C) **Perdona. Lucas 1:48:** Según el Antiguo Testamento se habla de aquellos que obedecían a Dios de manera enfática, en especial los profetas. Y de igual forma hablaba como Dios exaltaba a los humildes revelando la importancia que tenía la cultura en la antigüedad a la persistencia del honor y el nombre después de partir de esta tierra. Aquí en este texto podemos ver el tan bien renombrado *"magnificat"* como bien se le conoce, en el contexto de este hay más de quince versos del Antiguo Testamento, mostrando de forma discernible como era visto las Escrituras en el hogar donde Cristo fue criado[273]. Este texto ha sido muy malinterpretado por los términos griegos. La palabra *"makarios"* la cual es utilizada varias veces en las bienaventuranzas, aquí es un adjetivo de *"makaridzo"* que significa *"bienaventurada"* pero aquí el texto mismo expone *"makariousin"* que es un futuro de *"makaraidzo"* que en realidad significa *"ellas me bendecirán"* en este

---

[271] Juan 1:1, v.3, 17:5; 1 Corintios 8:6.
[272] P. eje. Filón.
[273] Lucas 1:46-56. Comparar con 1 Samuel 2:1-10 "Cántico de Ana".

caso el texto expone: *"que Dios aprobará los planes hechos por Él en su providencia divina en el corazón de los demás"*. La humanidad seria participe del regalo divino dado a ella, no por sus méritos *"la bajeza de su sierva"*, sino por el plan soberano divino manifestado en ella. Aquí se puede observar varios puntos de suma importancia:

1) Dios miró: dando entender el favor y misericordia soberanos de Dios sobre ella, la palabra *"ha mirado"* es un aoristo del gr. *"epiblepo"* que es *"mirar con favor"* está compuesta de *"epi"* que significa *"sobre/encima de"* y de *"blepo"* que es *"mirar a"*, esto alude *"ver con anticipación lo que sucederá con su plan"* en este caso Dios en su soberanía y plan perfecto sabía qué hacía lo correcto al usarla a ella para sus propósitos de salvación, aquí se demuestra la supremacía de Dios y su libre elección para ejecutar sus planes en su perfecta voluntad.

2) La bajeza: dando entender su condición humana, la misma viene del gr. *"tapeinosis"* que significa estar abajo, proviene de *"tapeinoo"* que significa *ser humilde*, no en cuestión social como muchos afirman, sino más bien en reconocimiento de su condición como ser humano.

3) Sierva: en este caso, *esclava*, quien está para rendir servicio al amo, ella estaba dispuesta a ser el canal de servicio por el cual el Mesías vendría a salvar, no solo eso, sino también Dios muestra su perdón haciendo uso de ella e incluyéndola en su plan soberano al elegirla.

D) Resucita. Juan 5:25: *¿A quiénes se hace referencia que oirían y vivirían?* Hay dos inclinaciones en este verso:

1) *los que fueron resucitados de por el Señor durante su ministerio público.*

2) *aquellos que están muertos en las tinieblas del pecado, que al oír su voz mediante el evangelio pasan de muerte a vida*[274].

La autoridad de Jesús se ve en su facultad para dar vida a lo muerto[275]. La palabra vivirá del gr. *"dzao"* es un aoristo participio que habla de *"tener existencia"*. La autoridad del Señor está manifestada en el verso en que Él, como la vida[276], tiene poder para impartirla.

E) Juzga. Juan 5:27: Dios constituirá a Cristo juez eterno con el fin de que Él sea honrado[277] y los que creen escapan de su juicio ya que han recibido su vida en ellos, esto trae una sana consecuencia de que, así como Cristo no está bajo la lupa del juicio tampoco los creyentes. En

---

[274] Juan 5:28-29.

[275] Juan 5:21, 25-26.

[276] Juan 5:26.

[277] Comparar con Juan 5:22-24.

el Antiguo Testamento se describen tres señales del Mesías que habría de venir:

1) *Autoridad para juzgar*[278].

2) *Autoridad para sanar*[279].

3) *Autoridad para Vivificar*[280].

La demostración plena de todo está primeramente en su juicio, ya que Él es justo en sí mismo y no hay injusticia en Él[281], juzgará eficazmente y sin error. El uso de la palabra Hijo de hombre expresa su persona, su humanidad perfecta. Cristo vino a este mundo como hombre, vivió en el mismo con los hombres, murió en la cruz como sustituto por tales hombres. Ahora, aquí recae el punto importante de su juicio, Jesús cuando vino como hombre fue rechazado y crucificado. Y cuando Él regrese, juzgará a los que le rechazaron como enemigos, y en base a su perfección y gloria recibirá la honra en esta tierra donde fue tratado como vil y menospreciado.

Él como es Dios y hombre a la vez, será el juez perfecto. El verso hace uso de varias palabras clave, la primera es *"autoridad"*, la misma del gr. *"exousia"* es *"capacidad"*, Jesucristo es plenamente capaz de juzgar justamente y sin errores. La otra palabra es *"Hacer"* la misma proviene de *"poeio"* y significa *"poner en práctica"*, Cristo tiene la capacidad perfecta de poner en práctica toda su perfección, y eso incluye su *"juicio"*, la misma del gr. *"krisis"* significa *"tribunal"* en este caso el divino, esto expresa *"comunicar las evidencias en contra o a favor y pronunciar su sentencia"*. En el caso de los creyentes la sentencia es *"no hay condena*[282]*"*. En los que le negaron, Él los negará[283], y eso lleva consigo muerte eterna. Negarle a Él es rechazar la misericordia y gracia de Dios.

F) Envía el Espíritu. Juan 15:26: El testimonio de Cristo debía seguir en su expresión viva, el mismo sería confirmado por el Espíritu de Dios. El Espíritu siempre lleva a testificar al Hijo. Lo fundamental de Su ministerio es glorificar a Dios y luego producir la vida del Hijo en los suyos, es ahí donde se manifiesta su testimonio, aquí vemos dos cosas:

1) *Él envía el Espíritu del Padre*[284].

2) *el Padre envía su Espíritu*[285].

Jesucristo aquí está afirmando su unidad subsistente con el Padre y con el Espíritu, una manifestación viva de su unidad perfecta. La

---

[278] Daniel 7:13-14.

[279] Isaías 35:6; Jeremías 31:8-9.

[280] Deuteronomio 32:39; 1 Samuel 2:6.

[281] 1 Juan 1:5.

[282] Juan 5:24; Romanos 8:1: la parte b del texto: *"los que no andan conforme la carne, sino conforme al Espíritu"* es un adherido que no aparece en los manuscritos originales.

[283] Mateo 10:33.

[284] Juan 15:26.

[285] Juan 14:16.

palabra "consolador" del gr. *"parakletos"* significa *"abogado"* uno que aconseja, exhorta, conforta, fortalece, anima e intercede[286]. Esta palabra se le daba uso en lo que era una corte, para ayudar a la persona a como esta debía manejarse en medio de cada asunto presentado en la misma. La otra palabra usada aquí es *"dar testimonio"* la misma del gr. *"martureo"* es *"presentar evidencia"*, esto alude mostrar un registro a favor de alguien. Con esto da entender que el propósito de este no es solo aconsejar, exhortar, confortar, fortalecer, animar e interceder, sino *comunicar las virtudes de Cristo en el creyente para que este lo exprese a Él.*

Histórico culturalmente hablando. En el judaísmo de tales tiempos, se creía que había una corte celestial en la cual los ángeles podían servir como acusadores o abogados, y que Satanás era el principal fiscal, y Dios, tenía a su lado como predilecto a Miguel como portador de misericordia en la misma para defender a Israel. Cristo hace uso de esa creencia para proyectarles a los discípulos un entendimiento básico del papel que el Espíritu ejecutaría en su ausencia. Jesús fue presentado como abogado defensor de justicia[287], en el mismo judaísmo era común la idea de un sucesor el cual continuaba el trabajo. Con esta idea les plantea a los discípulos, y hoy día a nosotros que su función sigue por el Espíritu Santo en los creyentes.

Su deidad es demostrada por ser objeto de culto y adoración

A) **Adorado por los Ángeles. Hebreos 1:6:** Cristo es el objeto de adoración de los ángeles. El autor de Hebreos cita el Antiguo Testamento para demostrarlo[288]. En el verso que utiliza para aludir sobre la entrada del primogénito, habla de la segunda venida de Cristo, hay que recordar que antes de su resurrección y ascensión, Cristo era el unigénito[289], luego de pentecostés vino a ser el primogénito[290]. En su segunda venida, será públicamente adorado por los ángeles. Esto da por sentado que *Él es Dios*. Sería idolatría adorar algo o alguien que no sea el Dios verdadero. En las familias judías el primogénito varón tenía el lugar de mayor privilegio y responsabilidad. Los judíos de tal época podían comprender que tenía por significado que Jesús era superior a cualquier ser. Históricamente, el primogénito tenía un poco más de derechos de la herencia, el mismo recibía una porción doble en relación con cualquier otro de los hijos[291]. Este título dado al

[286] Juan 14:26, 15:26, 16:7.
[287] Juan 9:35-41
[288] Deuteronomio 32:43; Salmos 97:7
[289] Juan 1:14.
[290] Romanos 8:29.
[291] Deuteronomio 21:17.

Mesías en los tiempos antiguos era en relación con Jesús como rey supremo[292].

Existía un pensamiento antiguo judío el cual aludía que cuando Dios creo a Adán mandó a los ángeles a que lo honraran por ser imagen y semejanza de Dios. En el escrito hace uso de las mismas creencias judías que se comunicaban entre generaciones para dar entender que, Cristo, como la cabeza de la nueva creación y como Dios encarnado es supremo y debe ser adorado por los ángeles. Dos palabras son esenciales para comprender esto, la primera es *"primogénito"* la misma del gr. *"protokokos"* como antes mencioné, significa *"el primero/primogénito"*, es un sustantivo de *"protos"* que es *"primero"* y *"tikto"* que es *"traer adelante"*, en este caso alude *"preeminente"*, Cristo es el supremo sobre todo, mantiene una posición permanente de soberanía, la otra palabra es *"adórenle"* la misma del gr. *"proskuneo"* significa *"postrarse"* alude *"dar homenaje"* la misma palabra comunica *"hacer reverencia"*. Con esto está claro que Cristo es el objeto supremo de adoración celestial.

B) **Adorado por los Hombres. Mateo 14:33:** Jesucristo recibió adoración en la barca por sus discípulos al decirle: *verdaderamente eres el Hijo de Dios*. Si Cristo no es Dios encarnado entonces ellos estaban idolatrando, y Jesús al recibir la adoración estaría invalidando el primer mandamiento[293]. Históricamente el término *"adorar"* se aplicaba a dar *honra merecida*. Aunque en algunos casos mostraba una postración en señal de respeto[294] era poco frecuente hacerlo y cuando se hacía era para demostrar el asombro de un discípulo frente a su maestro o amo en el caso de ser esclavo. *Aquí los discípulos demostraron su asombro, respeto y reverencia al Maestro reconociendo que Él era el Mesías enviado, la deidad encarnada*. De igual forma los sabios de Oriente[295] le adoraron cuando lo encontraron a sus dos años de edad[296]. En el Nuevo Testamento Jesucristo es presentado como objeto de adoración (Mt 2:11, 8:2, 20:20, 28:9; Lc 24:52).

C) **Adorado por todo lo creado. Filipenses 2:10:** La referencia de este verso proviene del mismo Antiguo Testamento[297] donde expone que *"se doblará toda rodilla y jurará toda lengua"*. Aquí tiene por significado que habrá una sumisión final de todas las naciones ante

---

[292] Salmos 89:26-27.
[293] Deuteronomio 6:13; Mateo 4:10, 5:17.
[294] 1 Samuel 24:8, 25:23.
[295] Cualquier judío contemporáneo a la época sabía que, al decir de Oriente, se refería del otro lado del Rio Jordán, en este caso eran de Persia, Babilonia o Arabia. Davies y Alison presentan pruebas para Arabia, Babilonia y Persia, y se inclinan personalmente a optar por Arabia. Ibid. 1: pp. 228-31. Davies W. D., & Dale C. Allison Jr. The Gospel according to Saint Matthew. 3 vols. New York: T&T Clark, 1998.
[296] Mateo 2:11.
[297] Isaías 45:23.

Cristo. Se dice por costumbre judía que *"los que están en los cielos"* aludía a ángeles rebeldes que dominan las naciones paganas[298]. Aquí comunica que cualquier ser existente debe reconocer el gobierno supremo de Jesucristo, ya que Él es exaltado por, sobre todo. Antiguamente en la misma cultura se acostumbraba a postrarse o doblar rodillas ante del rey en obediencia y admiración, esto es lo mismo para con Cristo, todo ser viviente en cualquier esfera que se encuentre, tendrá que reconocer su supremacía honorable e inclinarse ante su majestad.

La creación entera se rendirá a Cristo, la palabra *"cielos"* del gr. *"epouranios"* significa *"sobre el cielo"*, alude *"regiones celestes"*, es un adjetivo aoristo subjuntivo activo y proviene de *"epi"* que significa *"sobre de"* y de *"ouranos"* que significa *"celeste"*. Todo lo que habita en tales regiones se tendrá que postrar ante Él, y también tenemos la palabra *"tierra"* la misma viene del gr. *"epigeios"* que significa *"terrenal"* es adjetivo de *"epi"* al igual que antes mencionado, y de *"ge"* que es *"tierra"* esto comunica *"sobre la tierra"*, alude todo aquello existente sobre ella. En este caso, todo lo creado en la esfera terrenal tendrá que rendirle de igual forma adoración a Jesús.

Su deidad es demostrada por la igualdad de la Trinidad.

A) Con el Padre

Yo y el Padre uno somos - Juan 10:30.

Jesús aclara su igualdad con Dios Padre *"Yo y el Padre uno somos"*. Los estudiosos judíos de tiempos posteriores entendieron que el texto aludía que Jesús y el Padre son una sola cosa en poder a causa de la herencia conceptual que tenían, de igual forma, históricamente hablando, en los tiempos de Cristo, sus oyentes pudieron haber pensado en la relación de Israel con Dios por su declaración. Pero la palabra empleada era demasiado explícita para pensar de esa forma, Jesús mencionó la confesión básica del judaísmo[299] como apertura a la explicación de su *unidad con el Padre*. Es importante añadir que Jesús habló contextualmente sobre el poder que protege a las ovejas, y añade que su poder es el mismo que el del Padre. De igual forma sucede con todos los atributos de la deidad.

Jesucristo es Dios y es igual al Padre en la participación de su esencia y atributos. De todas las aclaraciones hechas por Jesús, esta es una de las más enfáticas al respecto de su igualdad con el Padre en relación con esencia y naturaleza, aunque no son la misma persona, disfruta de toda la plenitud de

[298] Efesios 1:19-23.
[299] Deuteronomio 6:4.

la deidad[300]. En este verso Jesús emplea las palabras *"Padre"* y *"uno"* para dar entender *su unidad perfecta.* La palabra *"Padre"* del gr. *"pater"* la cual tiene significado literalmente como *"padre"* era usada con respecto a Dios, de forma general como el creador, preservador, y gobernador de todo y el cual cuida toda su pertenencia. La otra es *"uno"* del gr. *"jeis"* de *"jen"*, esta es un neutro que habla de la persona, en este caso, Cristo está afirmando que Él, y el Padre gozan de una igualdad en esencia, ya que Cristo como creador *(como se mencionó anteriormente)* es de igual forma quien preserva y gobierna, *Cristo y el Padre disfrutan de una unidad perfecta.*

Respondió Jesús y le dijo: El que me ama, mi palabra guardará; y mi Padre le amará, y vendremos a él, y haremos morada con él - Juan 14:23.

Muchos maestros judíos afirmaban que la presencia de Dios estaba especialmente en aquellos que estudiaban su ley; Cristo reafirma que la presencia divina está con cada creyente continuamente por su residencia en ellos como templo de Dios, el amor al Padre está condicionado a la obediencia a las palabras de Cristo. Antiguamente era muy normal decir que Dios habitaba en su templo y entre su pueblo, según los judíos, se enseñaba que las leyes divinas eran escritas en los corazones fieles y que el Espíritu de Dios se movía entre los profetas. Jesucristo hace de esa perspectiva algo más personal a diferencia de la literatura antigua que era muy popular en esos tiempos. Siempre se observó al Espíritu de Dios de manera activa con su pueblo, pero ahora sería no una actividad profética como en la antigüedad sino más bien una personal, la cual capacitaría al creyente para amar a Dios correctamente, no de labios, sino en verdad.

Debido a que los discípulos esperaban que Jesús estableciera un reino terrenal[301], les era difícil comprender porque no le anunciaba al mundo que Él era el mesías de forma directa. Cristo les explica que eso no era parte del plan diseñado, ya que el mundo endurecido, aunque levantase los muertos[302] no creería en Él. Con esto da entender que *Dios solo mostrará sus asuntos a los que le aman, y los que le aman son aquellos que guardan su Palabra*, eso es a causa de la morada divina en los tales. Jesucristo menciona algo importante, y es haremos *"morada"*, la misma proviene del gr. *"mone"* y significa *"lugar de permanencia/residencia"* sustantivo de *"meno"* que es *"permanecer"* con esto, Cristo comunica que *Él, y el Padre hacen del creyente su lugar de descanso. Jesús y el Padre participan de una igualdad natural y esencial.*

---

[300] Colosenses 2:9.
[301] Juan 14:22.
[302] Lucas 16:31.

B) Con el Padre y el Espíritu

Por tanto, id, y haced discípulos a todas las naciones, bautizándolos en el nombre del Padre, y del Hijo, y del Espíritu Santo - Mateo 28:19.

La evidencia divina se muestra en que Dios es uno, un solo nombre en el cual subsisten en tres personas *Padre, Hijo y Espíritu*. Cada una de las personas se distingue de las otras dos; cada uno posee los mismos atributos divinos, y con todo y eso los tres son un solo Dios. P. eje. El sol, si se observa su proceder, es uno solo, pero podemos observar que emite luz, calor, y poder, y es uno solo. Todo creyente debe identificarse con la *deidad (Trinidad)*, en el aspecto de que Dios es: *"su Padre, que Cristo es el Señor salvador, y que el Espíritu es quien habita en ellos"* y les enseña todo conforme las Escrituras. La aplicación de la palabra *"nombre"* del gr. *"onoma"* significa *"autoridad"*, describe *"atributos, relación y plenitud"* en este caso al hacer uso de esta da entender que tanto el Padre, como el Hijo y el Espíritu gozan de igualdad en atributos y esencia. No menciona los nombres, sino *en nombre de*, aludiendo *un solo Dios* en tres personas. Cristo disfruta de igual forma con el Padre y el Espíritu de todo lo divino.

La gracia del Señor Jesucristo, el amor de Dios, y la comunión del Espíritu Santo sean con todos vosotros. Amén - 2 Corintios 13:14.

Una gran cantidad de judíos tenía el pensamiento de que el Espíritu era una fuerza profética divina de parte de Dios. En la elaboración de la carta, al final, Pablo inspirado por el mismo Espíritu coloca un paralelo, *Jesús, el Padre y el Espíritu*. Con esto afirma que *Cristo es un ser divino, que el Espíritu es un ser personal, tanto como el Padre y el Hijo*. Tanto el Padre, como el Hijo y el Espíritu, al ser partícipes de una igualdad, manifiestan plenamente su soberanía sobre sus hijos, para que estos estén en su bendición.

William Lenski afirma sobre ello *"Con la imagen del gran apóstol extendiendo sus manos sobre los corintios con su profunda bendición neotestamentaria, su voz se hunde en el silencio. Pero la bendición permanece sobre nuestros corazones"*[303]. Esto es un testimonio claro de la doctrina de la Trinidad y de la unidad perfecta de Dios. Con esto se puede observar que el amor del Padre, mediante la gracia del Hijo, es vertido por la residencia de su Espíritu para comunión con Dios. Esto nos da entender que Cristo goza de una íntima igualdad eterna con el Padre y el Espíritu.

[303] Kelly, William. Notes on the Second Epistle to the Corinthians. Londres: G. Morrish, 1882. Lenski, R. C. H. The Interpretation of St. Paul's First and Second Epistles to the Corinthians. Columbus: Wartburg Press, 1937.

La vida terrenal de Cristo

La preparación de Cristo en su vida terrenal

A) Nacimiento por la concepción divina[304].
B) Crecimiento desde niñez hasta madurez[305].
C) Bautismo[306].
D) Tentación[307].

La predicación y ministerio de Cristo luego de su preparación

A) En Judea[308].
B) En Galilea[309].
C) En Perea[310].

La importancia de su preparación terrenal y ministerio como educador de la verdad era necesario por múltiples razones, ya que Él, como hombre perfecto vino a cumplir a totalidad la ley[311], y todo lo Escrito sobre Él en el Antiguo Testamento[312] basándose en ello dio ejemplo eficaz de la verdad[313].

La inclinación de Cristo reflejada su preparación y ministración

A) En Jerusalén: *La última cena*[314].
B) La traición: *Su entrega al ser arrestado*[315].
C) Procesado: *Ante Anás, Caifás, Pilato y Herodes*[316].
D) Consumación: *Muerte, Sepultura y Resurrección.*

La administración del ministerio de Cristo después de la resurrección y ascensión está basada en la santidad e impecabilidad de Él

Cristo nunca pecó. Él como hombre fue tentado en todo[317], eso lleva a la lógica humana de que Él, al ser tentado podía ceder, pero en la realidad divina es todo lo contrario, decidió sujetarse a la soberanía del Padre, y como Él era y es Dios encarnado pleno en divinidad se inclinó a vivir conforme la Escritura en su capacidad divina y perfección. El que Él se compadezca no

---

[304] Mateo 1:1-2:6.
[305] Mateo 2:9-23; Lucas 2:52.
[306] Mateo 3:1-17.
[307] Mateo 4:1-11; Marcos 1:12-13; Lucas 4:1-14.
[308] Juan 2:13-4:3.
[309] Marcos 1:14-9:50.
[310] Lucas 9:51-19:28.
[311] Mateo 5:17.
[312] Lucas 24:27. vv. 44-45; 1 Corintios 15:3-4.
[313] Juan 18:37.
[314] Lucas 19:29-22:46.
[315] Juan 18:2-13.
[316] Juan 18:12-24; Marcos 14:53-15:1; 15:1-5; Lucas 23:8-12; Marcos 15:6-15: este fue el segundo proceso ante Pilato.
[317] Hebreos 4:15.

depende de algo específico entre lo que se enfrenta el humano, sino más bien como parte esencial de quien es Él[318], con la tentación se demuestran dos cosas:

1) Se demostró la impecabilidad de Jesús.

2) Se hizo sumo sacerdote que se compadece de aquel que es tentado.

El ejemplo máximo de ello lo podemos ver en **Mateo 4:1-11**. Deuteronomio 6:13, v.16 y 8:3 fueron mandamientos dados por Dios a Israel en el desierto. Jesús como representante de Israel[319] pasa las pruebas que Israel no pudo pasar. Jesús utiliza un debate rabínico como en esos tiempos era costumbre, en tales debates el que siempre tenía mayor peso era el que soportaba más la presión moral. La tentación fue necesaria para demostrar la idoneidad moral de Cristo para la obra por la cual había sido enviado[320]. Adán fue incapaz para dominar en el Edén en el momento de la tentación. Cristo, como el postrer Adán, hace frente directamente en confrontación a las mismas tentaciones que Adán no logró vencer. La palabra *"tentar"* significa:

1) *Ensayar*[321]

2) *Inducir al mal*[322].

El Espíritu ensayó/puso a prueba a Cristo. Satanás trató de que Él se inclinara al mal como lo hizo con Adán, en tal intento trató de hacerlo caer en el ofrecimiento de los anhelos humanos:

1) *Necesidades materiales para bienestar propio.*

2) *hacer que se hiciera la voluntad personal en desobediencia sin aceptar responsabilidades.*

3) *Orgullo y popularidad.*

4) *poder autoritario sobre otros.*

Es muy importante recordar que Jesucristo es Dios y que, como divinidad, *no peca*[323]. Claramente Cristo es también humano; aludir que podría pecar como hombre, pero no como Dios es un argumento gnóstico sin base en la Escritura y niega por completo su esencia perfecta, si Cristo hubiese podido pecar, entonces de igual forma el Padre y el Espíritu. La tentación fue necesaria para establecer su sumo sacerdocio tal como el Padre deseaba en su plan perfecto en el poder el Espíritu[324].

---

[318] Mateo 9:36.

[319] Mateo 1:1, 2:15.

[320] Juan 4:34.

[321] Juan 6:6; 2 Corintios 13:5; Hebreos 11:17.

[322] Génesis 3:1-24.

[323] 2 Corintios 5:21; 1 Pedro 2:22; 1 Juan 1:5.

[324] Lucas 4:14.

La muerte de Cristo basada en los resultados de su preparación

Demostrada en el Antiguo Testamento.

Y comenzando desde Moisés, y siguiendo por todos los profetas, les declaraba en todas las Escrituras lo que de él decían - Lucas 24:27.

La presentación de Jesús sobre las Escrituras se refiere a versos tales como Deuteronomio 18:15-18, Salmos 16, 22, 69, 110, Jeremías 31, Isaías 9, 11, 53, Zacarías 9, 13 y Malaquías 3. Comenzando con el descendiente prometido[325], el siervo sufriente[326], luego con aquel que fue atravesado[327], y con el mensajero del pacto[328]. Cristo dio una lección de conocimiento Escritural a los discípulos como nunca, en esos tiempos los conocedores de las Escrituras eran muy alabados y respetados, por lo cual cautivaban la atención de la audiencia, con esto Jesús les mostro que *Él es el hilo a lo largo de toda la Escritura, Él es el tema central que enlaza todo*. Comenzando desde Génesis, Cristo aparece en todos los libros del Antiguo Testamento, todas las Escrituras hablan lo referente al Mesías, su vida, su obra y persona. Camino a Emaús, le *"declaraba"* del gr. *"diermeneuo"* es un tiempo imperfecto que significa *"explicar"* compuesta de *"dia"* que es *"canal/conducto"* y de *"jermeneuo"* que significa *"traducir"*, en este caso alude el canal de traducción, un traductor. Cristo hizo una explicación detallada de todo lo dicho de Él en el Antiguo Testamento *"Escrituras"*.

Y les dijo: Estas son las palabras que os hablé, estando aún con vosotros: que era necesario que se cumpliese todo lo que está escrito de mí en la ley de Moisés, en los profetas y en los salmos. Entonces les abrió el entendimiento, para que comprendiesen las Escrituras - Lucas 24:44-45.

Todo lo escrito de Él en los profetas y Salmos se refería a todo el Antiguo Testamento. Muchos maestros judíos hacían mención sobre la división del Antiguo Testamento en tres partes, los intérpretes comunicaban que Dios abría los ojos a sus verdades, aunque muchos de los profesantes religiosos en los tiempos de Jesús estaban en desacuerdo con Él, todos los niveles de traducción Escritural de los evangelios estaban ligados al mismo Antiguo Testamento para reflejar la misión del Mesías. La subdivisión del mismo texto antiguo estaba en la ley dada a Moisés, los profetas los cuales eran considerados históricos, y los salmos considerados como todos los escritos.

Jesús emplea varias palabras que arrojan luz al tema, primero les dice *"éstas son las palabras que os hablé"*, el término *"palabras"* del gr.

[325] Génesis 3:15.
[326] Isaías 53.
[327] Zacarías 2:10.
[328] Malaquías 3:1.

"logos" es *"dicho"* esto incluye el pensamiento de un tema razonable, es un sustantivo de *"lego"* que significa *"hablar de manera inteligente"*, en este caso alude una enseñanza inteligente *"doctrina inteligente"*. Cristo como gran Maestro enseñó a sus discípulos de manera organizada e inteligente y les dio entender que todo en el Antiguo Testamento era necesario que se cumpliese, la palabra *"cumpliese"* del gr. *"pleroo"* significa *"hacer repleto"* comunicaba *"que no se puede borrar/imborrable"* la misma alude que las evidencias quedan marcadas y es imposible negarlas, en este caso es *"hacer total"*. Basándose en ello, Jesucristo dio entender que tanto la ley, los profetas y los Salmos hablaban del Mesías y su obra.

Fue de manera inteligente y organizada que se lo mostró, al grado que les *"abrió su entendimiento para que comprendiesen las Escrituras"*. La palabra entendimiento viene de *"nous"* que es *"intelecto"*. Alude a *"mente"* en este caso el modo de pensar y su disposición hacia algo. Y la palabra *"comprendiesen"* del gr. *"suniemi"* compuesta de *"sun"* que significa *"unión/conjunto"* y de *"jiemi"* que es *"enviar"* expresaba comprender para actuar devotamente. *Esto era usado en la milicia para convocar a los soldados a su formación.* Con esto Cristo da entender que todo el Antiguo Testamento les fue ilustrado organizadamente para que, en su disposición mental, de manera inteligente, actúen devotamente bajo dicha comprensión de quien es Cristo.

Su objetivo

Como el Hijo del Hombre no vino para ser servido, sino para servir, y para dar su vida en rescate por muchos. - Mateo 20:28.

Jesucristo es el ejemplo perfecto del verdadero servicio. Él vino no para ser servido, vino a servir, y ese servicio era para dar su vida en rescate. Todo el propósito de su humanidad estaba resumido en *"servir y dar"*. Esto trataba sobre un argumento judío antiguo conocido como el *"cuanto más*[329]*"*, lo cual enseñaba que, si su señor servía, cuanto más el siervo.

Así que, por cuanto los hijos participaron de carne y sangre, él también participó de lo mismo, para destruir por medio de la muerte al que tenía el imperio de la muerte, esto es, al diablo, - Hebreos 2:14.

Cristo tenía que llegar a ser parte de la misma humanidad, no por obligación, de ser así no sería soberano, sino más bien por la inclinación voluntaria de su gracia. El Antiguo Testamento[330] afirma que se convirtió en precursor, en este caso el nuevo Adán. La literatura judía antigua conectaba

---

[329] Qal Va-Ḥomer.

[330] Salmos 8:4-6: Aunque cada humano es insignificante comparado con la obra grandiosa de la creación, Dios cuida de cada uno. El término empleado para "ángeles" ha sido muy malinterpretado para dar uso a los servidores angelicales, tal palabra originalmente viene del plural hb. "Elohim" y suele traducirse "Dios", el texto contempla al hombre, creado a imagen y semejanza de Dios, como uno menor que Dios.

el mal con la muerte, y la sabiduría con el bien[331], el texto afirma que Cristo como la sabiduría divina hecha carne, venció al maligno que trajo la muerte. Históricamente, la misma literatura judía antigua de la cual los creyentes judíos tenían conocimiento, afirmaba que el mal *(muerte)* no proviene de Dios[332]. Esto demuestra que todo lo que de Él no proviene queda anulado por la vida y obra consumada del Hijo de Dios. Aquí hay una firme aclaración:

A) *carne y sangre*: esta era una figura utilizada en los tiempos del Antiguo Testamento fara referirse a la naturaleza humana.

B) *participó de lo mismo*: comunica que Cristo participó de una naturaleza igualmente humana.

C) *destruir*: la humanidad de Cristo al ser diferente a la común[333], por ser la manifestación de la divinidad encarnada, redujo a impotencia los planes, obras y consecuencias del diablo *(Satanás)*. No lo aniquiló por tres razones: **1**) *Dios había hecho promesa de juicio y que sería vencido* (Gén 3:15) Dios prometió. **2**) *el cumplimiento de dicho juicio y derrota fue manifestado en la cruz del calvario* (Col 2:14-15) Dios cumplió lo prometido. **3**) *dejó su actual estado eterno para reservarlo en una condena en sufrimiento de igual forma, eterna* (Ap 20:10) se cumplirá. Cristo en su humanidad tuvo un magno alcance victorioso sobre *el pasado, el presente y el futuro*.

La base del evangelio

Además, os declaro, hermanos, el evangelio que os he predicado, el cual también recibisteis, en el cual también perseveráis; por el cual asimismo, si retenéis la palabra que os he predicado, sois salvos, si no creísteis en vano. Porque primeramente os he enseñado lo que asimismo recibí: Que Cristo murió por nuestros pecados, conforme a las Escrituras; y que fue sepultado, y que resucitó al tercer día, conforme a las Escrituras - 1 Corintios 15:1-4.

En tales tiempos, los maestros judíos comunicaban su doctrina a los estudiantes los cuales enseñaban a otros. Muchos discípulos hacían notas de la enseñanza compartida, pero tenían más de costumbre hacer la memorización oral, la cual llegaba a ser en muchos casos muy hábiles en ello, hacer memoria oral era una inclinación muy practicada desde la antigüedad[334]. Pablo comunica a la iglesia lo mismo que él aprendió, incluso la tradición era muy precisa y cuidadosa en la memorización de las palabras tal cual[335]. Aquí hace referencia al decir que murió y resucitó conforme las

[331] Libro de Sabiduría de Salomón 1:4: La Sabiduría no entra en un alma que hace el mal ni habita en un cuerpo sometido al pecado.
[332] Libro de Sabiduría de Salomón 1:13: Porque Dios no ha hecho la muerte, ni se complace en la perdición de los vivientes.
[333] 1 Pedro 2:22.
[334] Josué 1:8.
[335] 1 Corintios 15:3-7.

Escrituras al mismo Antiguo Testamento[336]. Al mencionar la sepultura de Jesús, presupone que la tumba está vacía conforme su resurrección, ya que al hablar del levantamiento define un cuerpo nuevo el cual no deja cadáver expuesto; las fuentes judías de tales tiempos entendieron el mensaje claramente de esta manera. La razón por la cual no menciona una tumba vacía es porque expone a los testigos como evidencia de su resurrección[337]. El texto hace uso de *"primeramente"* para dar entender algo con mayor importancia:

A) *fue sepultado*: evidencia de que en su humanidad realmente murió.

B) *resucitó*: múltiples testigos lo reafirmaron[338].

C) *el abortivo*: Pablo se considera a sí mismo como un niño nacido antes de tiempo comparado con los otros apóstoles cuando se le apareció a él[339].

En su aparición y llamamiento a él, también se incluye como testigo de la resurrección. Con esto se aclara que *el carácter del evangelio yace en su vida*; *"resucitó"* es un tiempo perfecto que indica la continuidad de dicha acción, significa que *Él está vivo, y su vida es la fuente del evangelio.*

El significado de su muerte

Su rescate[340]

Como el Hijo del Hombre no vino para ser servido, sino para servir, y para dar su vida en rescate por muchos - Mateo 20:28.

Dios muestra su soberanía y elección suprema de hacer como a Él le place y sabe. Al hacer uso de *"en rescate por muchos"* la misma preposición *"por"* del gr. *"anti"* tiene significado *"en lugar de/por causa de"* muchos, es interesante que no dice en *"rescate por todos"* o *"en lugar de todos"*, aunque en su amor murió por todos[341]. La interpretación aquí es clara, Cristo daría en servicio su vida por esos muchos, aunque murió por todos, la cuestión aquí es que Él, en su omnisciencia conoce todo por su facultad preeminente e incluso, tiene el libre ejercicio soberano de actuar conforme su propio ser. Cristo hace mención del siervo sufriente antes profetizado[342], el cual se ofrece a favor de muchos con su vida. El ejemplo más elevado lo vemos en la humanidad de Cristo, el cual, siendo Dios, no se aferró y descendió a la tierra para entregar su vida por muchos en su voluntad, *"por muchos"* esa razón de que no todos vendrían a Él.

---

336 Isaías 53:4-6, v.8, vv.11-12; Salmos 16; Oseas 6:2; Jonás 1:17.

337 1 Corintios 15:5-8.

338 Hechos 1:3: Duro 40 días enseñando después de su resurrección; 1 Corintios 15:5-8: 500 lo vieron y oyeron luego de resucitar, y durante 25 años lo testificaron. Apareció a su medio hermano Jacobo (Jn 7:5) y a María con sus otros hermanos (Hch 1:14).

339 Hechos 9:1-22, 22:6-16, 26:12-18

340 Pagó el precio del castigo por el pecado.

341 2 Corintios 5:15.

342 Isaías 53.

El cual se dio a sí mismo en rescate por todos, de lo cual se dio testimonio a su debido tiempo - 1 Timoteo 2:6.

Dios desea la salvación de todos eso es indudable[343]. Jesucristo se dio en rescate por todos, puede sonar contradictorio con lo arriba mencionado *"en rescate por muchos"*, es importante aclarar que aquí es que se le habla a la iglesia local *(ya regenerados)* en Éfeso donde Timoteo fue encargado, en el anterior, Cristo está hablando de su obra sacrificial antes de llevarla a cabo, entonces al decir *"por todos"* alude a todos los presentes congregantes de la Iglesia en Éfeso. Siguiendo con el tema, un rescate es un precio pagado para poner a alguien en libertad. La obra del Señor en la cruz fue más que suficiente para salvar a los pecadores. Hay que aclarar, no todos serán salvos, ya que no todos se arrepienten y entran en negación. Aquí *el peso recae en que la muerte de Jesús fue sustitutoria, y aunque murió a favor de todos, no tiene efectos en todos*, de ser así todos serían salvos y no habría condena para nadie. Esto da entender que la acción de Cristo en la cruz fue más que suficiente por su valor, quién murió es lo que hace la diferencia y le da valor a tal obra.

La misión de Cristo testificaba el propósito divino de rescatar. Antiguamente, en el judaísmo se creía que la sabiduría, la ley y por debajo de ello Moisés, era considerado como mediador de la revelación divina pero que solo eso era efectivo para Israel, no para los gentiles. Aquí se presenta a Jesús como el mediador divino para hacer el rescate perfecto, así como Él es perfecto. La palabra *"rescate"* del gr. *"antilutron"* significa *"precio de redención"* es sustantivo de *"anti"* que es *"respuesta/correspondencia"* y de *"lutron"* que es *"un rescate"*, esta se utilizaba para una remisión, para el pago de un precio por alguien vendido a esclavitud. Rescate, literalmente es un pago sustituto, por así decirlo, es la muerte de Jesucristo en lugar de otro, por lo cual se entiende que el prefijo preposicional quiere decir *"sustitución"*. El precio del rescate por aquellos que en Él creen.

La reconciliación[344]

Y todo esto proviene de Dios, quien nos reconcilió consigo mismo por Cristo, y nos dio el ministerio de la reconciliación; que Dios estaba en Cristo reconciliando consigo al mundo, no tomándoles en cuenta a los hombres sus pecados, y nos encargó a nosotros la palabra de la reconciliación - 2 Corintios 5:18-19.

El público griego de tales tiempos en conjunto de sus oradores a menudo hablaba del tema de la *"concordia"* para instar a la reconciliación y unidad. El empleo aquí se traduce *"reconciliación"* y la misma se aplicaba en especial a las relaciones humanas; el texto aquí como en el Antiguo

[343] 2 Pedro 3:9.

[344] Es el cambio de la posición en base a la muerte de Cristo, disponible para todos los hombres.

Testamento afirma que la reconciliación es entre las personas con Dios, por lo cual se presupone arrepentimiento basado en la expiación derramada por la sangre del Cordero de Dios. La reconciliación con Dios está basada en la pecaminosidad del mismo hombre, si esta no existiera entonces no sería necesaria tal reconciliación porque nunca hubiese habido ruptura relacional. En otras palabras, se describe: *"Por la muerte del Señor Jesús en la cruz, Dios anuló en gracia la distancia que el pecado había introducido entre Él y el hombre, para que todas las cosas pudiesen ser, por medio de Cristo, presentadas en conformidad a él mismo. Los creyentes son ya reconciliados, por medio de la muerte de Cristo, para ser presentados santos, irreprochables e irreprensibles (una nueva creación). Dios estaba en Cristo, cuando Cristo estaba en la tierra, reconciliando al mundo a Sí mismo, no imputando a los hombres sus transgresiones; pero ahora que el amor de Dios ha quedado plenamente revelado en la cruz, el testimonio ha salido por todo el mundo, rogando a los hombres que se reconcilien con Dios. El fin es que Dios tenga Su beneplácito en el hombre*[345] *"*.

Esta reconciliación tiene un comportamiento de cambio de relación, al Dios ya no tener en cuenta los pecados por la sangre derramada. La muerte y resurrección de Cristo cambió por completo el significado de *"reconciliar"* la posición de todo el mundo, de enemigos a salvos[346] aunque la salvación de los elegidos llega a ellos cuando creen gracias a Él[347]. El uso de *"reconciliar"* y *"reconciliación"* es importante, la primera del gr. *"katallaso"* significa *"cambiar mutuamente"* es decir *"componer"* está compuesta de *"kata"* que es *"intensidad"* y de *"allaso"* que es *"cambiar/cambiar hacia"* esto habla del cambio que hay de una persona a otra. Entonces, mediante Cristo hay un cambio de relación el cual solo gozan aquellos que son lavados con su sangre. La otra palabra es *"katallege"* la cual significa *"cambiar/restaurar"*, con esto se afirma que mediante Cristo es restaurada la relación de enemigos[348] a hijos de Dios[349].

La propiciación[350]

Y él es la propiciación por nuestros pecados; y no solamente por los nuestros, sino también por los de todo el mundo - 1 Juan 2:2.

Una *"propiciación"* era catalogado como una *"expiación"*, por así decirlo, un modo de satisfacer el corazón de Dios para que su ira no fuera derramada por la violación a sus normas, esto era usado en la antigüedad para los sacrificios ofrecidos en el Antiguo Testamento. El judaísmo se inclinaba que el sacrificio ofrecido en *"el día de la expiación"* era solo para

[345] Derek Williams. New Concise Bible Dictionary. Tyndale House Publisher. Carol Stream. Illinois, United States EE.UU. September 1, 1989.
[346] Romanos 5:10.
[347] 2 Corintios 5:20.
[348] Romanos 3:23.
[349] Juan 1:12.
[350] El Padre está satisfecho con la muerte de su Hijo y lo que Él logró.

el favor de los Israelitas. Aquí el panorama cambia, el sacrificio de Cristo no fue solo a favor de Israel sino también de los gentiles. Esta propiciación es la satisfacción del corazón de Dios a causa de las faltas hacia Él por el hombre[351]. Cristo es descrito como el lugar de propiciación donde las demandas santas de Dios están en plena satisfacción[352]. Con esto Dios extirpó de raíz la interrupción relacional anormal que había entre Él y el hombre y normalizó la relación con Él de forma correcta. Al Cristo morir, trajo libertad de la culpa del pecado y restauró la relación con Dios haciendo de sí mismo la satisfacción del Padre y con ello eliminó rodas las barreras que interferían la comunión con Él. La misericordia de Dios se muestra gracias a que Cristo dio satisfacción a las demandas supremamente elevadas de la justicia divina.

Es de suma importancia aclarar que, esto no quiere decir que todos son salvos. En si quiere decir que la obra de Cristo es suficiente por su valor para salvar, pero solamente es eficiente para aquellos que ponen su confianza en Él. Propiciación del gr. *"jilasmos"* es una palabra que tiene por significado *"expiación"* es sustantivo de *"julaskomai"* y alude, lo que aplaca la incomodidad trayendo una relación con alguien que tiene una razón de *molestia/enojo* contra otro[353]. Cristo hace que el *enojo/ira* de Dios no recaiga sobre los redimidos[354].

La sustitución[355]

Al que no conoció pecado, por nosotros lo hizo pecado, para que nosotros fuésemos hechos justicia de Dios en él - 2 Corintios 5:21.

Este texto ha sido muy malinterpretado, muchos aluden que Cristo se hizo pecador, cosa que es imposible, ya que Dios no puede pecar[356]. Aquí se refiere al Señor afrontando de manera efectiva todo lo relacionado con los pecados. En otras palabras, Dios hizo que *Cristo cargara el pecado por el hombre, nunca se dice que se convirtió en pecado*, el mismo verso aplica que Cristo no conoció pecado, la sustitución se ve claramente para que aquellos que han depositado su fe en Él fuesen hechos justicia de Dios, pero no en sus méritos personales, sino en Él. *Se debe rechazar cualquier idea de Jesucristo se hizo pecador. Eso es una falsedad.* La realidad del asunto es que los pecados fueron puestos sobre Él, pero nunca estuvieron en Él.

En esta sustitución Dios puso sobre sus hombros la pena que el hombre merece por su responsabilidad en el pecado, por así decirlo, Cristo se hizo responsable por el pecado de otro, aunque éste no lo hubiera cometido. Cuando dice el texto *"no conoció"* del gr. *"ginosko"* expresa *"ser parte en*

---

[351] Hebreos 2:17; Romanos 3:25

[352] Levítico 16:14.

[353] 1 Juan 4:10.

[354] Romanos 5:9.

[355] Murió en lugar del que merecía morir.

[356] 1 Pedro 2:22; Hebreos 6:18.

carácter" no en el sentido de *comprender/entender*, ya que todo pecado es en contra de Dios, y Cristo como Dios encarnado, sabía claramente que es el pecado porque Él mismo lo repudió, lo que más bien comunica es *"ser partícipe"* Cristo no fue *partícipe/parte* del pecado. La palabra pecado del gr. *"jamartia"* en su sentido abstracto significa *"ofensa"* es una aberración a la ley establecida, errar al blanco, por así decirlo es desviarse del camino, esto alude una persona la cual pierde el motivo y razón de su existencia colocando una barrera entre Dios y la misma.

Era imposible que Cristo pecase, de ser así y transformarse en pecado como muchos descontextualizan, su sacrificio no hubiese sido perfecto y entonces sería rechazado por el Padre. Aquí lo que se expresa aquí es que Cristo como ser perfecto no fue parte del mismo, sino que se colocó en lugar del que merecía todo el peso de la ira divina para comunicar su justicia, la palabra justicia del gr. *"diakosune"* significa *"equidad"*, es algo recto en el sentido de carácter, una persona apropiada que hace las cosas de forma correcta, aquí lo que Cristo logró fue comunicar su carácter justo, el cual es deleitoso a Dios Padre[357], tomando el peso de la ira divina por el carácter contrario que Dios desecha[358], para que mediante la fe en Cristo quién en Él confía en fe sea justo. Es un intercambio. Este es el núcleo del evangelio, un salvador sin pecado tomando le lugar del responsable por su pecado a fin de que pueda tener la justicia divina a su favor.

La evidencia[359]

Mas Dios muestra su amor para con nosotros, en que, siendo aún pecadores, Cristo murió por nosotros - Romanos 5:8.

La clave de su gracia expresada y amor manifestado yace en la suprema voluntad soberana de Dios, ningún hombre es merecedor de dicho amor. Los lectores grecorromanos bien educados conocían la tradición antigua en la cual la persona buena era vista como algo raro. En tales tiempos se consideraba un acto heroico que una persona arriesgara y hasta pusiera su vida por otro, la diferencia era que para los judíos ese sacrificio no era común y no era elogiado por ellos. La magnitud y amplitud del amor de Dios fue demostrada en el hecho de que Cristo murió por aquellos hombres en quienes no había nada que atrajese su amor. En este caso, murió por el hombre por amor, no porque éste lo mereciera. La palabra *"muestra"* del gr. *"sunistemi"* significa *"presentar"* alude estar cerca o resaltar algo, está compuesta de *"sun"* que es *"junto con"* y de *"jistemi"* que significa *"colocar"*, Dios mostró o por así decirlo evidenció con su acción al colocarse cerca, es decir hacerse hombre. Y eso lo hizo siendo nosotros *"aun pecadores"*, pecadores del gr. *"jamartanos"* significa *"pecaminosos"* en

---

[357] Mateo 3:17.
[358] Romanos 3:23.
[359] Se demostró con ello el amor de Dios y Su misericordia en gracia.

este caso *"desviados"*, Dios en su soberanía aun con la condición misma del hombre, el cual no era merecedor de que Él descendiera y se encarnara lo hizo, y con ello demostró su soberanía y libre ejercicio de amar como le place.

Falsas teorías sobre el sacrificio de Jesucristo

A) **Teoría de la influencia moral:** *según esta teoría, la finalidad del sacrificio de Jesús era ejercer sobre el humano una buena influencia.*
B) **Teoría gubernamental:** *según esta teoría, el gobierno divino llevo a Cristo a ser un ejemplo para demostrar el desagrado que Dios tiene al pecado.*
C) **El concepto neo-ortodoxo:** *este concepto afirma que la muerte de Jesucristo fue una revelación del amor divino y la pecaminosidad del humano, y que no era una sustitución por el pecado de este.*
D) **Teoría del rescate Satánico:** *esta teoría afirma que la muerte de Jesús fue en realidad un rescate pagado a Satanás.*

Cada una de las teorías contradice abiertamente la soberanía, supremacía y ser auto suficiente de Dios y su plan perfecto revelado en las Escrituras.

La resurrección de Cristo

Tumba vacía/apariciones

Pero María estaba fuera llorando junto al sepulcro; y mientras lloraba, se inclinó para mirar dentro del sepulcro; y vio a dos ángeles con vestiduras blancas, que estaban sentados el uno a la cabecera, y el otro a los pies, donde el cuerpo de Jesús había sido puesto. Y le dijeron: Mujer, ¿por qué lloras? Les dijo: Porque se han llevado a mi Señor, y no sé dónde le han puesto. Cuando había dicho esto, se volvió, y vio a Jesús que estaba allí; mas no sabía que era Jesús. Jesús le dijo: Mujer, ¿por qué lloras? ¿A quién buscas? Ella, pensando que era el hortelano, le dijo: Señor, si tú lo has llevado, dime dónde lo has puesto, y yo lo llevaré. Jesús le dijo: !!María! Volviéndose ella, le dijo: !!Raboni! (que quiere decir, Maestro). Jesús le dijo: No me toques, porque aún no he subido a mi Padre; más ve a mis hermanos, y diles: Subo a mi Padre y a vuestro Padre, a mi Dios y a vuestro Dios - Juan 20:11-17.

Los judíos tomaban muy en serio los primeros siete días de duelo, tanto así que no lavaban, no trabajaban e incluso no tocaban a sus esposas o esposos, y en muchos casos se abstenían de estudiar la ley. La cultura judía se tomaba muy en serio la expresión del dolor por eso no lo reprimían. Era muy trágico para ellos que una persona ya no estuviera presente para expresar su aprecio, tanto así que hasta los ladrones en las tumbas dejaban el cuerpo en su lugar tal como lo encontraron. Los judíos no acostumbraban a quemar los cuerpos como los romanos y los griegos ni los mutilaban como los egipcios lo hacían, los embalsamaban envueltos en mortajas blancas costosas las cuales eran especiales para los entierros. La costumbre judía decía que no se podía llevar a cabo tal acción a no ser que se estuviera seguro de que la persona había muerto.

Quienes enterraron a Cristo estaban seguros de su muerte, hicieron uso de tiras de lino más bien que de mortajas porque se aproximaba el día de reposo. Los sacerdotes hacían uso de vestimenta de lino blanco al igual que los sacerdotes antiguos[360], y se envolvía con lino a los justos que morían. Según la misma tradición judía, los ángeles aparecían de diversas formas, esta era una creencia cultural muy conocida en los tiempos de Jesús. Culturalmente, aquellos que cuidaban del jardín *(jardineros/hortelanos)* estaban colocados en una escala social más baja, se dedicaba a cuidar del jardín no de las tumbas. La identidad del hortelano fue mencionada ya que se sabía que en los siete días de duelo no aparecería ningún ladrón de tumbas[361]. Este panorama es importante y estaba bajo la misma soberanía de Dios, ya que acusaron de robar el cuerpo de Jesús para desmentir la resurrección de Cristo, cosa que en tales tiempos no era posible como bien se mencionó.

En la misma resurrección Cristo le comunica en su aparición a la mujer *"suéltame"* que verdaderamente lo que está diciendo es *"no te aferres"* la razón por la cual Jesús le dijo eso, era porque tenía que dar testimonio en un corto tiempo antes de su ascensión, y a pesar de cualquier oposición cultural envía a testificar de un hecho ya escrito y sumamente importante. El testimonio de una mujer tenía poco valor en el judaísmo, y no era costumbre que inventara que un ser querido por el cual se guarda duelo reapareciera. En su resurrección vemos varias palabras importantes, esta son *"rabonni", "para dar, las nuevas"* la primera *"rabonni"* es una palabra de origen Arameo que significa *"el que enseña"*, el reconocimiento de la mujer estaba basado en la afirmación de quien es Él, en base a ellos sigue lo próximo, *"para dar, las nuevas"* estas dos palabras tienen el mismo significado por el hecho de su enlace, tales del gr. *"apaggello"* significan *"anunciar/dar un reporte"*, compuesta de *"apo"* que es *"desde"* y de *"aggello"* que significa *"contar"* deriva de *"angelos"* que es *"mensajero"* el que se encargaba de dar a conocer cosas realizadas. Cristo aquí envía a que se dé un reporte de las nuevas, su resurrección a los hermanos[362].

He aquí, Jesús les salió al encuentro, diciendo: !!Salve! Y ellas, acercándose, abrazaron sus pies, y le adoraron. Entonces Jesús les dijo:

---

[360] 2 Macabeos 11:8.

[361] Juan 20:5-6: De haber sido un ladrón de tumbas los lienzos no hubiesen estado doblados, ya que se los hubiese robado, y de no robarlos ya que buscaban pertenencias de valor, hubiesen quedado esparcidos por todo el sepulcro.

[362] El Señor se refirió a los discípulos como "Mis hermanos". Para que supieran que Su Padre era el Padre de ellos, y que Su Dios era el Dios de ellos. Esto muestra la inclusión en la elección divina mediante el Hijo resucitado.

No temáis; id, dad las nuevas a mis hermanos, para que vayan a Galilea, y allí me verán - Mateo 28:9-10.

Históricamente Jerusalén era el centro religioso del mismo judaísmo, y Galilea era considerada como una antigua región gentil[363]. Cabe a resaltar que, aunque Galilea no era considerada judía, ahí Cristo les reveló a los discípulos cosas maravillosas en relación con el propósito de Dios y tuvo una buena bienvenida allí. En el caso de la resurrección, como anteriormente mencioné, la mujer no era considerada muy confiable en tal cultura en relación con los testimonios, aun con ello, Jesús va contra la cultura y se revela a las mujeres para que sean ellas las encargadas de esparcir el mensaje a los discípulos. Claramente no fue una anécdota o leyenda inventada por los discípulos el que las mujeres le comunicaran el testimonio de su levantamiento de la tumba, ya que era parte de su cultura, y el hecho de que aparezca como una anécdota importante da entender que el enfoque era la misma resurrección del Maestro, mucho más allá que las preferencias culturales. El hecho de que se adhieran más testigos a la resurrección de Cristo evidenciaba que era real su levantamiento.

y que apareció a Cefas, y después a los doce - 1 Corintios 15:5.

Aquí tenemos una lista de los testigos de la resurrección de Cristo:

1) *apareció a Pedro*[364]. Aquel discípulo infiel que lo había negado goza el privilegio de tener una aparición en privado después de la resurrección.

2) *a los doce*, los cuales no estaban juntos, pero al decir los doce designaba al conjunto de los discípulos, aunque no estuviesen todos en el mismo lugar y a la misma hora[365].

Histórico culturalmente, los registros de testigos eran muy valorados, incluso se describe que las antiguas teofanías y epifanías eran en presencia de testigos oculares. Aquí hay un punto de suma importancia, basado en tales manifestaciones, los judíos no tenían problema si hubiese dicho que le ocurrió una teofanía o epifanía porque ya era costumbre y mencionado entre el pueblo, la cuestión aquí es la afirmación de una resurrección, ya que eso implicaba un cuerpo nuevo, esa fue la causa de la persecución, al hacer uso de *"apareció"* no solo expone la misma aparición que en la antigüedad, sino una nueva y diferente, un cuerpo nuevo y resucitado y el énfasis que se le da es una aparición literal. La misma persecución de los creyentes era una evidencia de que la resurrección de Cristo es y fue real además de todos los testigos oculares.

---

[363] Mateo 4:15.

[364] Lucas 24:34.

[365] Mateo 28:16-17; Marcos 16:14; Lucas 24:36; Juan 20:19-26; Hechos 10:41.

Leer - Lucas 24:13-35.

El camino a Emaús era un aproximado de setenta estadios[366] en el cual para los viajeros judíos no era extraño toparse con personas desconocidas y mucho menos si era otro judío. En tal camino peregrinaban muchos judíos de la pascua los cuales regresaban a su lugar de origen. El supuesto extraño que se les acerca fingió ignorancia, cosa que era común en tales tiempos para conocer la postura informativa de la otra persona, ese supuesto extraño el cual era el Cristo resucitado utilizó la costumbre de tales tiempos para establecer la conversación, no era porque no supiera sobre el tema[367]. En esos tiempos era común que una noticia se difundiera de manera veloz de labio en labio, y durante la fiesta había temas de mucha discusión que se trataban de igual forma, tanto así, que si un visitante de habla griega pasaba por esos rumbos se enteraría de igual forma. Cristo hace énfasis en las referencias hechas por Él en el Antiguo Testamento[368]. La demostración de Jesús sobre los Escritos no solo se vio reflejada en su conocimiento, sino también en sus modales al mostrar la intención de seguir el camino al menos que ellos lo invitaran a posar junto a ellos como se era de costumbre para mostrar hospitalidad[369].

En tales tiempos ser hospedador exigía el alojamiento, y en especial cuando se aproximaba la noche, ya que era muy peligroso viajar a la hora nocturna por estar lejos de Jerusalén y por los ladrones que rondaban las afueras. Los judíos de todas partes hacían invitación a sus compatriotas para quedarse en su lugar y era parte de la hospitalidad ser insistente[370]. Según la misma cultura judía se hacía mención que antiguamente los ángeles visitaban en secreto y revelaban quienes eran al finalizar la misión, el motivo del porqué no reconocieron a Cristo era porque estaban cegados[371]. El hecho de que Cristo tomara el pan era asumir el lugar del anfitrión, no del hospedado, esto fue clave para que reconocieran quien era. Y la desaparición momentánea[372] de Jesús de en medio de ellos en un lugar que era imposible perderle de vista significaba que Él tenía un cuerpo nuevo, el mismo prometido a los justos en la resurrección de tiempos futuros.

Esta fue una demostración verídica de que aquél que murió se había levantado de entre los muertos con un cuerpo perfecto. Hay dos puntos importantes que afirman la evidencia de su resurrección, la palabra *"él vive"* del gr. *"dzao"* aquí alude a vivir en relación con vida física y existencia, en oposición a muerte, y la otra palabra es *"ha resucitado"* del gr. *"egeiro"* que es *"despertar/levantarse"*, en la primera las mujeres dieron testimonio

---

[366] Equivalente a once o doce kilómetros. Para saber sobre Emaús citar: 1 Macabeos 3:57, 4:3, no se conoce con claridad el lugar exacto ya que dentro de Palestina hay varios lugares con el mismo nombre, y Josefo refiere uno distinto al de Lucas.

[367] El mismo caso que en: Génesis 3:9-11, 4:9-10.

[368] Deuteronomio 18:15-18; Isaías Caps. 9, 11, 53.

[369] Génesis 19:2.

[370] Jueces 19:5-9; 1 Samuel 28:23.

[371] Lucas 24:31; 2 Reyes 6:17

[372] Literalmente: invisible.

de ello, en la segunda Cristo mismo se aparece y educa con las Escrituras sobre el tema y ellos testifican. *Cristo se levantó y vive.*

Mientras ellos aún hablaban de estas cosas, Jesús se puso en medio de ellos, y les dijo: Paz a vosotros. Entonces, espantados y atemorizados, pensaban que veían espíritu. Pero él les dijo: ¿Por qué estáis turbados, y vienen a vuestro corazón estos pensamientos? Mirad mis manos y mis pies, que yo mismo soy; palpad, y ved; porque un espíritu no tiene carne ni huesos, como veis que yo tengo. Y diciendo esto, les mostró las manos y los pies. Y como todavía ellos, de gozo, no lo creían, y estaban maravillados, les dijo: ¿Tenéis aquí algo de comer? Entonces le dieron parte de un pez asado, y un panal de miel. Y él lo tomó, y comió delante de ellos - Lucas 24:36-43.

La resurrección de Jesús era literalmente un cuerpo de carne y hueso, visible y tangible, no un espíritu como muchos afirman, su cuerpo era exactamente el mismo con el que había sido sepultado, pero a diferencia que ya no estaba sujeto muerte. Aquí se presentan las evidencias claras de dicho levantamiento corpóreo más no espiritual:

A) *cicatrices en manos y pies.*

B) *fue palpado.*

C) *comió.*

En Hechos 10:41-43 se afirma igualmente su resurrección. Ya que la resurrección futura prometida no se había efectuado, los discípulos pensaban que vieron un fantasma, de igual forma como desapareció de Emaús se apareció a los discípulos. Cristo se presenta como una evidencia viva resucitada, al decirle que miraran sus heridas en las manos[373] y pies, contrario a los ángeles que según la tradición y creencias judías antiguas no comían alimentos terrenales. Dos palabras dichas por Jesús aluden su levantamiento con el cuerpo nuevo, primero les dice *"palpad"* la misma del gr. *"pselafao"* es *"verificar"* alude a sentir un objeto o persona, derivada de *"psao"* que significa *"tocar"*, un muerto no habla, ni hace una petición, así como esta para reforzar su evidencia de resurrección. La otra es *"carne"* la misma viene del gr. *"sarx"* aunque en otro contexto significaría la misma naturaleza caída del hombre y su inclinación, aquí no es el caso, aquí da entender un cuerpo con naturaleza material distinta a la espiritual que es intangible, Jesús no solo permitió ser visto y oído, sino también verificado por el tacto y al final, comió junto con ellos.

Ocho días después, estaban otra vez sus discípulos dentro, y con ellos Tomás. Llegó Jesús, estando las puertas cerradas, y se puso en medio y les dijo: Paz a vosotros. Luego dijo a Tomás: Pon aquí tu dedo, y mira mis manos; y acerca tu mano, y métela en mi costado; y no seas incrédulo,

[373] En este caso eran las muñecas, y se le hacía mención como manos, por ser parte de las mismas.

sino creyente. Entonces Tomás respondió y le dijo: !!¡Señor mío, y Dios mío! Jesús le dijo: Porque me has visto, Tomás, creíste; bienaventurados los que no vieron, y creyeron - Juan 20:26-29.

Cristo reaparece nuevamente a los discípulos. A diferencia que, Tomás esta vez estaba junto ellos. La entrada de Cristo a la escena fue como la última, de manera milagrosa. En medio de la escena Cristo interviene e invita a Tomas a que palpe la realidad de su levantamiento de entre los muertos. En conformidad a la evidencia queda convencido, tanto así que quedó convencido sobre la divinidad de Jesús la cual no veía, por las heridas que tenía. Este texto es enfático en relación con la divinidad de Cristo, tanto así que aceptó la adoración como Dios, si Jesús no fuera Dios entonces no la hubiese aceptado. Si sólo hubiese sido común o tan solo un simple enviado, la habría rehusado. La fe que es presentada aquí no es la que más agrada a Dios, ya que la misma está basada en lo que se ve[374]. Por esa causa es que Cristo señala: *"bienaventurados son los que no vieron, y creyeron"*.

De todas las evidencias dadas por Dios sobre la resurrección no hay una mayor que las mismas Escrituras. Dios dijo, y al creerle se le honra; al pedir confirmaciones sobre lo que Dios ya habló se le deshonra por no creer en lo que Él comunicó. *Se debe creer por la sencilla razón de que Él lo dijo y porque no miente ni comete errores, porque Él, es perfecto*. La resurrección de Cristo marca el clímax del Evangelio, si se nota se puede observar claramente varios puntos sobre las afirmaciones de Cristo:

1) *utiliza nombres propios de la deidad*[375].

2) *reclama los atributos de la deidad, tales como santidad*[376], *omnipotencia y omnipresencia*[377], y *omnisciencia*[378].

3) *aseguro poder hacer cosas que solo Dios podía lograr, tales como*:

A) *perdonar pecados*[379].

B) *resucitar muertos*[380].

C) *hacer juicio a toda la humanidad*[381]. La garantía de que la resurrección del Señor es real, es la misma deidad de Él.

---

[374] 2 Corintios 5:7: este verso expone la confianza en la resurrección de Cristo como la base de la fe.
[375] Juan 8:58; Mateo 22:42-45.
[376] Juan 8:46.
[377] Mateo 28:20.
[378] Juan 11:11-14.
[379] Marcos 2:5-7.
[380] Juan 5:28-30.
[381] Juan 5:22-27.

Leer Juan 21:1-23.

Este suceso histórico pasó en el mar de Galilea[382], mientras los discípulos se dirigían a su destino hacia el norte en la barca de pesca[383], Jesucristo hace aparición en la escena. Es interesante que ellos no le reconocieron hasta que les ordeno hacer exactamente lo mismo que cuando los llamó por primera vez[384]. Así fue como Juan se vio identificado con su Señor y gran Maestro y le comenta a Pedro, de igual forma con los de camino a Emaús hizo con los otros discípulos, Pedro se había preparado para trabajar *"se había despojado de ella"* y al saber que era Jesús se lanzó a nadar hacia Él[385], Jesús les tenía desayuno preparado, es interesante que la escena se repite aquí, Cristo toma el lugar de anfitrión y sirve, esta fue la tercera[386] ocasión que se les aparecía después de resucitado. Los testigos y sucesos históricos son una evidencia clara de que Jesús está vivo, incluso Cristo predijo a Pedro su martirio[387], el cual tiempo después se cumplió, cosa que era otra evidencia más de la resurrección de Cristo.

Después apareció a más de quinientos hermanos a la vez, de los cuales muchos viven aún, y otros ya duermen - 1 Corintios 15:6.

La aparición de Cristo a más de quinientos hermanos según historiadores se produjo en Galilea, la mayoría de estos vivían aun cuando la carta fue escrita, desde la aparición a todos ellos hasta el presente día de la carta en esos tiempos habían pasado ya unos 25 años, otros ya había partido de esta tierra, lo que se puede comprender aquí es que los testigos los cuales todavía estaban vivos se les podía preguntar si era cierta la información comunicada en esta carta acerca de la resurrección de Jesús. La palabra *"más"* en relación *"apareció a más de quinientos"* esa palabra del gr. *"epano"* significa *"sobre/encima"* habla de lugar y cantidad, la cantidad no está definida, pero fueron muchos más los testigos de la resurrección de Jesús.

Pero los once discípulos se fueron a Galilea, al monte donde Jesús les había ordenado. Y cuando le vieron, le adoraron; pero algunos dudaban. Y Jesús se acercó y les habló diciendo: Toda potestad me es dada en el cielo y en la tierra. Por tanto, id, y haced discípulos a todas las naciones, bautizándolos en el nombre del Padre, y del Hijo, y del Espíritu Santo; enseñándoles que guarden todas las cosas que os he mandado; y he aquí yo estoy con vosotros todos los días, hasta el fin del mundo. Amén - Mateo 28:16-20.

---

[382] Tiberias: es una ciudad israelí en la costa occidental del mar galileo.

[383] Barco Galileo de pesca el cual tenía aproximadamente unos 5 metros de largo, el cual tenía cupo para varias personas.

[384] Lucas 5:1-11.

[385] Juan 21:8: 200 codos era un aproximado a 90 metros.

[386] Juan 20:19 fue la primera; Juan 20:26 la segunda.

[387] Juan 21:18-19.

La gran comisión dada a los discípulos es una evidencia de la resurrección de Cristo:

1) *A no ser por el Cristo resucitado, nunca hubiesen sido enviados.*

2) *Cristo les comunicó que estaría con ellos para ejercer dicha función.*

Solo un ser vivo puede comunicar una orden *"enviar"*, y estar en conjunto con las personas enviadas, claramente por su Espíritu.

Su resurrección manifestada

A) *La existencia de la iglesia.*
B) *El cambio en los discípulos.*
C) *En pentecostés.*
D) *La persecución.*

La naturaleza del cuerpo resucitado de Jesucristo

A) Su cuerpo era real[388], el mismo, no solo se podía mirar y oír, sino también se podía ser palpar.
B) Era el mismo que fue colocado en el sepulcro[389]. Jesucristo les mostró a los discípulos las heridas en sus muñecas y el costado como evidencia de ello.
C) Su condición era diferente por el hecho de no estar sujeto a muerte ni a limitación alguna.

La importancia de su resurrección

Que fue declarado Hijo de Dios con poder, según el Espíritu de santidad, por la resurrección de entre los muertos - Romanos 1:4.

Cristo demostró que era el Hijo de Dios, con su levantamiento se designó, en este caso verificó que era el Hijo de Dios. Esto se puede entender que era una evidencia de su deidad y queda confirmado por el Espíritu. Jesús es Hijo de Dios en un sentido singular, ya que el Padre tiene muchos hijos *(creyentes)* pero ninguno ha sido, es, o será como Cristo. *Cuando Jesús se refería a Dios como su Padre, los judíos de tales tiempos comprendían que afirmaba igualdad con Dios*[390]. El Espíritu de santidad era un nombre que los judíos utilizaban para el Espíritu de Dios, al hacer uso de ello aludían la futura resurrección de los justos como la demostración suprema del poder divino. Al emplear la palabra Hijo de Dios se tenía referencia a la línea de David para el rey judío prometido[391].

---

388 Juan 20:27.
389 Juan 20:20, vv.25-29.
390 Juan 5:18.
391 Romanos 1:3; 2 Samuel 7:14; Salmos 2:7, 89:27.

Hay un juego de palabras importante aquí, primero, *"Espíritu de Santidad"*, la palabra *"Santidad"* del gr. *"jagiosune"* significa *"sagrado"*, hace referencia a la calidad de algo, es un sustantivo de *"jagios"* que significa *"virtuoso"* en este caso es el estado de aquel que merece veneración y adoración, alude un ser majestuoso, esto comunica que la resurrección de Jesús hace de Él, un ser exaltado y majestuoso. Por la sencilla razón de que resucitó, la palabra *"resurrección"* del gr. *"anastasis"* es *"ponerse en pie"* alude que nueva mente volvió a la vida, entonces aquí se está considerando la resurrección de Cristo como su coronación por parte del Espíritu, para dar entender que Él era el anticipo que evidenciaría a la humanidad la prometida resurrección futura para el reino supremo del Mesías.

No está aquí, pues ha resucitado, como dijo. Venid, ved el lugar donde fue puesto el Señor - Mateo 28:6.

Jesucristo confirmó con su resurrección la verdad de su ejemplo y palabras. La piedra fue retirada. Los ángeles invitaron a que observaran como una gran evidencia de que todo lo que Cristo habló era realidad. Para poder desmentir un suceso como este, las autoridades judías de tales tiempos necesitarían el cuerpo para presentarlo y así documentar que no era realidad lo dicho, hay que aclarar, que de poder haberlo hecho, lo hubieran hecho por la supervisión y autorización del templo y las mismas autoridades gubernamentales[392], incluso habían testigos del sellamiento de la tumba para verificar que el proceso fuera correcto, luego de sellarla le ponían un sello de cera para marcar que el proceso fue hecho y cualquier manipulación la detectaban fácilmente con ello, pero no lo hicieron porque Cristo vivía y no había cuerpo alguno para presentar sobre lo dicho por Cristo pruebas en su contra. Su resurrección es la garantía de que su ejemplo y palabra son verdad.

Mas ahora Cristo ha resucitado de los muertos; primicias de los que durmieron es hecho. Porque por cuanto la muerte entró por un hombre, también por un hombre la resurrección de los muertos. Porque, así como en Adán todos mueren, también en Cristo todos serán vivificados. - 1 Corintios 15:20-22.

Con la resurrección Jesús garantizó la resurrección para todos los hombres. De igual forma como se llevaba al templo los primeros frutos de la cosecha como ofrenda[393], así Cristo vino a ser el primero en resucitar de entre los muertos para nunca más morir, aquí se presenta como el precursor el cual garantiza la resurrección futura. El pecado entro a causa del primer

---

[392] Mateo 27:62-66.
[393] Levítico 23:10-14.

hombre y por ende la muerte con ello[394]. Aquí se presenta un paralelismo, el primer hombre, el pecado y la muerte, y el segundo hombre, el cual es Cristo, la resurrección. Eso es una referencia para dar entender la realidad del asunto con evidencias claras:

A) *todo ser humano muere.*

B) *así como todo ser humano muere, será vivificado.* Eso es una prueba de que la resurrección será tan real como la muerte lo es para el hombre a causa de la caída.

C) *el orden es Cristo como primicia y luego los de Cristo en su venid*a.

Cristo es la garantía de dicho levantamiento. Hay una diferencia entre *"resurrección de los muertos"* y *"resurrección de entre los muertos"*, el contexto inmediato trata acerca de la resurrección de los muertos. Por así decirlo, se presenta un argumento sobre la manera general en que los muertos resucitarán. Luego se presenta el clímax del mensaje, el cual es que Cristo resucitó de entre los muertos. Eso da entender que cuando Jesús resucitó, no todos resucitaron con Él. Esta fue una resurrección limitada solamente para Él como la primicia. El levantamiento de los seres humanos es descrito en las Escrituras como la resurrección de los muertos, y la de Cristo en conjunto con la de los creyentes es la resurrección de entre los muertos. La palabra clave aquí es primicias la misma del gr. *"aparje"* tiene como significado *"iniciación"* que en si es algo que va primero en orden, alude a la primicia judía antigua, deriva de *"apo"* que es *"desde"* y de *"arjomi"* que es *"comenzar"* en este caso comienza desde Él, al igual que las ofrendas de los primeros frutos antiguos. Esto hace énfasis en la seguridad garantizada que los creyentes pueden tener en tal hecho futuro.

Por cuanto ha establecido un día en el cual juzgará al mundo con justicia, por aquel varón a quien designó, dando fe a todos con haberle levantado de los muertos - Hechos 17:31.

Con su resurrección garantizó una seguridad en el juicio venidero para los creyentes. Dios estableció un día en el cual va a juzgar con justicia, como solo Él sabe hacerlo, pero todo será mediante el Señor Jesucristo, el varón designado. Este juicio tendrá lugar cuando Él regrese a reinar en el milenio. La garantía de que será un hecho verídico yace en la resurrección del Hijo, el cual asegura conforme su verdad que así será. Históricamente el punto de vista de los griegos sobre el tiempo era que simplemente sería continuo, nunca pensaban que la historia tendría un punto culminante con un juicio.

Para los judíos era normal dicho tema, pero el de la resurrección de Cristo no lo era para los gentiles, el mismo fue considerado ofensivo en sus tiempos. El juicio mencionado tendrá lugar cuando Jesús regrese a establecer su reinado. Lo que garantiza que eso sucederá es el hecho de que Dios levantó a Jesús de los muertos. Su resurrección establece:

---

[394] Romanos 5:12-21.

A) *seguridad para el creyente en medio de ese juicio, el creyente será levantado con un cuerpo nuevo como el de Cristo.*

B) *el cumplimiento de ese juicio.*

C) *Jesucristo es el "varón designado" apto para ejecutar tal juicio por su justicia y levantamiento.*

El cual fue entregado por nuestras transgresiones, y resucitado para nuestra justificación - Romanos 4:25.

Con su resurrección aseguró la aceptación de los creyentes ante el Padre. Su levantamiento fue la evidencia de la aceptación de la justificación por Él. Contextualmente la exposición presentada tiene que ver con Abraham[395], los maestros judíos antiguos al igual que los grecorromanos en muchas ocasiones utilizaban ejemplos para exhortar y poder canalizar el pensamiento de la audiencia de forma correcta. Aquí se expresa que el Señor fue entregado por las transgresiones, y resucitado para dar justificación. Cristo fue entregado no solamente a causa de las transgresiones, sino que también fue entregado para quitarlas. Es a causa de que fue resucitado para dar justificación, que queda demostrada la plena satisfacción del Padre con su obra consumada. La transgresión era un problema que se debía solucionar en el hombre. La justificación es el resultado de la solución divina mediante la resurrección del Hijo.

El hecho de la resurrección asegura la aceptación del creyente ante Dios Padre gracias a Cristo. La manera como Cristo mediante su obra quitó las transgresiones se ve en el texto, la palabra *"transgresiones"* del gr. *"paraptoma"* es *"error/ofensa/delito"* es sustantivo de *"parapipto"* que significa *"caerse a un lado/fuera de lo correcto, de la verdad y de los deberes"*, en si alude a la intención deliberada que se inclina a pecar. Mediante la resurrección de Cristo se garantiza la capacitación del Espíritu en la vida creyente para que este pueda vivir las demandas divinas y no se incline deliberadamente al error. No solo justificó al creyente para hacerlo acepto en Él, ante el Padre, sino que también comunicó su virtud para que viva como Él vivió cuando estuvo en la tierra dando ejemplo, es ahí donde se manifiesta la *"justificación"*, la misma del gr. *"dikaiosis"* significa *"absolución"* esta era una palabra de términos legales para *"remisión"* es decir, *"inocencia/no culpabilidad"*, esto es garantizado en la resurrección de Jesús.

Y cuál la supereminente grandeza de su poder para con nosotros los que creemos, según la operación del poder de su fuerza, la cual operó en Cristo, resucitándole de los muertos y sentándole a su diestra en los lugares celestiales, sobre todo principado y autoridad y poder y señorío, y sobre todo nombre que se nombra, no sólo en este siglo, sino también en

---

[395] Romanos 4:1-5:11.

el venidero; y sometió todas las cosas bajo sus pies, y lo dio por cabeza sobre todas las cosas a la iglesia - Efesios 1:19-22.

Cristo, con su resurrección garantiza poder para el servicio y queda designado como cabeza de la Iglesia. F. B. Meyer dice: «*Es poder. Es Su poder. Es un gran poder; nada menos bastaría. Es un poder supereminente en grandeza, más allá de lo que podamos siquiera llegar a pensar.*[396]» El mismo poder que empleó en la redención, es el mismo principio que usa en la preservación y glorificación. L.S. Chafer escribe: *Pablo quiere impresionar al creyente con la grandeza del poder dedicado a cumplir por él todo lo que Dios se ha propuesto según Su obra de elección, predestinación y adopción soberana*[397]. El texto hace énfasis sobre el magnífico poder divino el cual resucitó a Cristo de entre los muertos para ser exaltado a la diestra del Padre. De todos los milagros, maravillas y prodigios vistos por la mano poderosa de Dios, la resurrección y ascensión de Cristo emplearon lo máximo. Al triunfar sobre la muerte, Cristo triunfó, sobre todo.

La resurrección y glorificación de Cristo es lo que garantiza la derrota sobre todo aquello que está bajo su dominio. Según las Escrituras, la resurrección de Jesús fue el primer acontecimiento de su clase en la historia ya que otros fueron resucitados, pero vieron muerte más adelante, pero Cristo, es el único que después de levantarse no verá muerte nunca más por ser incorruptible[398]. La resurrección del Hijo lo llevó a su ascensión a los lugares celestiales. La diestra de Dios es un lugar privilegiado[399]. Cristo en su levantamiento de los muertos y ascensión, se encuentra en carne y hueso con un cuerpo perfecto en las alturas, y con ello aseguró para el creyente lo mismo. A causa de ello Él es la Cabeza de la iglesia, esto es que la iglesia tiene una íntima asociación con Jesucristo, el cual tiene el dominio sobre todo y todos. Su ascensión a los lugares celestiales garantiza que el creyente es colocado de igual forma en Él[400], esto da entender que Jesús está por encima de todo. La iglesia, el cuerpo de Cristo, es un organismo vivo universal el cual todo creyente pertenece a Dios sin importar cuál sea su afiliación eclesial local. A este organismo vivo se es introducido por el bautismo del Espíritu[401]. Al ser introducido el miembro está sujeto a Él[402].

Culturalmente, en tales tiempos la oración judía diaria indicaba como Dios era capaz de levantar a los muertos en una era futura para ejemplificar su poder. El mismo texto está de acuerdo, lo único que la primera entrega de la futura resurrección había ocurrido en Cristo. En Oriente, cuando una persona era colocada al lado derecho de un gobernante o persona respetada era considerado honorable y se gozaba de autoridad, estar sentado al lado

---

[396] F. B. Meyer, Key Words of the Inner Life. Sheffield, United Kingdom. 1971.
[397] Chafer, Lewis Sperry. The Ephesian Letter. Findlay, Ohio: Dunham Publishing Company, 1935.
[398] 1 Corintios 15:23.
[399] Hebreos 1:3, v.13; Mateo 26:64; Salmos 16:11; 1 Pedro 3:22.
[400] Efesios 2:6.
[401] 1 Corintios 12:13.
[402] Efesios 5:24.

del Padre es una posición de gobierno supremo sobre el cosmos sin importar que los enemigos aun no sean destruidos[403]. De manera general, los judíos tenían la creencia que los poderes celestes tenían gobierno sobre las naciones con excepción a Israel, incluso, se rumoraba una historia entre el pueblo por parte de rabinos explicando que mediante Abraham Israel gozaba de una elevación por encima de esos poderes celestiales. Aquí se hace uso de esa historia para dar entender que es el cuerpo de Cristo el cual goza de tal elevación[404]. En especial, los judíos consideraban que los poderes celestiales los cuales para ellos eran ángeles se levantaban detrás de cada gobierno terrenal y los guiaban[405]. Tales seres eran la expresión final de la división espiritual entre los diferentes pueblos, aquí se puede observar que esta distinción queda trascendida en Cristo, la plenitud, el cual lo llena todo y a todos, la iglesia es la representación viva de un Cristo ascendido vivo[406]. Observando Efesios 1:22-23 hay varios términos de suma importancia que arrojan luz al entendimiento sobre el tema:

- **Sometió todas las cosas** (panta hupetaxen): subordinar, hacer obediente, compuesta de: *jupo*, denota posición y condición, y de *tasso*, asignar de manera organizada. En si el texto alude: *Organizó todo para su obediencia a Él. Por ello usa el término bajo sus pies.*
- **Lo dio por cabeza sobre todas las cosas a la iglesia** (auton edöken kephalën ekklësia): expresa que atrapó todo en la cabeza, la pieza angular de una construcción y la más necesaria para sostenerla. En si expresa, *la pieza necesaria para sostener lo demás*. Iglesia del gr. *ekklesia*, los llamados fuera, compuesta de ek, punto donde procede el movimiento determinado, y de kaleo, llamar, poner nombre. Proviene de ekklectos, que significa: *los electos - escogidos, santos, se distinguen por sus acciones*[407]. Alude: *la pieza que sostiene los santos para que estos expresen su propósito – dependencia de la autoridad en control absoluto*. Por ello sigue con la afirmación siguiente[408].
- **La cuál es su cuerpo** (la Iglesia) La cual (hëtis) significa: *«La cual de hecho es»* una afirmación de un hecho posicional y condicional. *cuerpo* (soma): el agente expresivo, la expresión física del pensamiento. Alude: *Quien expresa los motivos*.
- **La plenitud de Aquel que lo llena todo** (to plëröma tou to panta en päsin plëroumenoi): el termino *pleroma* alude a una totalidad, participación de una fuente, en si alude: *Quien lo llena todo, se expresa soberanamente mediante lo que llenó*.

El propósito de la Iglesia es glorificar a Dios y servirle, permitiendo su control soberano y amable en ella, para que Cristo, como cabeza, se exprese

---

403 Salmos 110:1.
404 Eso incluye judíos creyentes y creyentes de toda lengua y nación.
405 Daniel 10:13.
406 Efesios 4:6-10, 3:19, 5:18.
407 Efesios 1:22.
408 Efesios 1:23.

en sus palabras y acciones, esto da entender que la Iglesia es la evidencia terrenal de la resurrección de Cristo y su ascensión a los cielos.

Sabiendo que el que resucitó al Señor Jesús, a nosotros también nos resucitará con Jesús, y nos presentará juntamente con vosotros – 2 Corintios 4:14.

Con su resurrección garantizó el levantamiento de los creyentes. En el judaísmo se creía en una resurrección de tiempos finales en la cual todo ser humano resucitaría para presentarse ante Dios y ser juzgado[409]. El creyente al ser partícipe de Cristo será resucitado de igual forma como Él. Cristo al ser la cabeza, el cuerpo disfruta de sus beneficios.

Por tanto, teniendo un gran sumo sacerdote que traspasó los cielos, Jesús el Hijo de Dios, retengamos nuestra profesión. Porque no tenemos un sumo sacerdote que no pueda compadecerse de nuestras debilidades, sino uno que fue tentado en todo según nuestra semejanza, pero sin pecado. Acerquémonos, pues, confiadamente al trono de la gracia, para alcanzar misericordia y hallar gracia para el oportuno socorro - Hebreos 4:14-16.

Mediante su resurrección se colocó como sumo sacerdote celestial a favor del creyente. Las tradiciones judías apocalípticas presentaban todo lo celestial como un lugar de adoración; según la tradición samaritana en tiempos posteriores, Moisés conforme las tradiciones judías antiguas subió al cielo para recibir la ley sirviendo como un sumo sacerdote celestial[410]; aquí es usada tal inclinación para dar entender que sobre todo está Cristo y que es único y apto para dicha función. Jesucristo experimentó la humanidad sin comprometer la obediencia[411], en tiempos anteriores los judíos estuvieron familiarizados con el abuso del sumo sacerdocio en Jerusalén, y se presenta el contraste de la perfección divina de Cristo para dicha función de manera ejemplar, así como lo fue su vida terrenal.

La confianza del acercamiento a su trono se ve en el pacto simbolizado en el Antiguo Testamento[412], por el cual antes solo los sacerdotes tenían acceso ya que estaba encerrada en el santísimo lugar del templo, e incluso el sumo sacerdote solo podía entrar una vez al año, el contraste se ve claramente en que Jesús abrió el acceso por completo a Dios para aquellos que le siguen[413]. El sumo sacerdote aquí es presentado como el máximo recurso que provee las necesidades de su pueblo. De todos los sacerdotes existentes desde la antigüedad hasta la era presente, ninguno se podía

[409] 2 Corintios 5:10.
[410] Esta tradición fue considerada como un pensamiento popular místico por los creyentes del siglo I.
[411] Hebreos 2:14.18.
[412] 2 Samuel 6:2; Salmos 22:3, 80:1, 99; Isaías 37:16.
[413] Hebreos 10:19-20.

identificar con las necesidades de los suyos como Jesucristo lo hace. Su sumo sacerdocio se presenta en la Escritura como:

A) Grande: *ningún sacerdote en la historia ha sido llamado grande como lo es Cristo.*

B) El que pasó a través de los cielos hasta la morada de Dios: *su ascensión y glorificación a la diestra del Padre es la aceptación divina de su sacerdocio, eso garantiza que es uno basado en perfección.*

C) Su humanidad es perfecta: *Jesús como hombre perfecto hace un vínculo con la humanidad para ser su representante ante Dios Padre.*

D) Es un ser divino: *el título Hijo de Dios habla de Su absoluta igualdad con Dios Padre.*.

E) La humanidad de Cristo lo hace idóneo para el ser humano: *su deidad lo coloca como la provisión eternamente perfecta y satisfactoria para Dios, como el sumo sacerdote, Él es la provisión perfecta y el administrador de esta.*

Basado en ello, el creyente puede acercarse en plena confianza ante el Padre por los méritos representativos del Hijo y recibir Su gracia y adquirir la misericordia deseada para que, con ello, tener la capacidad comunicada por Dios para vivir rectamente, todo esto fue gracias a Su resurrección.

"El Nuevo Testamento presenta una prueba avasallante de la resurrección de Cristo. Estas son las siguientes:

1. Aparición a María Magdalena (Jn. 20:11-17; Mr. 16:9-11).
2. Aparición a las mujeres (Mt. 28:9-10).
3. Aparición a Pedro (Lc. 24:34; 1 Co. 15:5).
4. Aparición de Cristo a los diez discípulos, que se refiere colectivamente como «los once», estando Tomás ausente (Mr. 16:14; Lc. 24:36-43; Jn. 20:19-24).
5. Aparición a los once discípulos una semana después de su resurrección (Jn. 20:26-29).
6. Aparición a siete de los discípulos en el Mar de Galilea (Jn. 21:1-23).
7. Aparición a los quinientos (1 Co. 15:6).
8. Aparición a Santiago el hermano del Señor (1 Co. 15:7).
9. Aparición a los once discípulos en la montaña en Galilea (Mt. 28:16-20; 1 Co. 15:7).
10. Aparición a sus discípulos con ocasión de su ascensión desde el Monte de los Olivos (Lc. 24:44-53; Hch. 1:3-9).
11. Aparición del Cristo resucitado a Esteban momentos antes de su martirio (Hch. 7:55- 56).
12. Aparición a Pablo en el camino a Damasco (Hch. 9:3-6; cf. Hch. 22:6-11; 26:13-18; 1 Co. 15:8).
13. Aparición a Pablo en Arabia (Hch. 20:24; 26:12-18; Ga. 1:12, 17).

14. Aparición de Cristo a Pablo en el templo (Hch. 22:17-21; cf. 9:26-30; Ga. 1:18).
15. Aparición de Cristo a Pablo en la prisión en Cesárea (Hch. 23:11).
16. Aparición de Cristo al apóstol Juan (Ap. 1:12-20).

El número de estas apariciones, la gran variedad de circunstancias y las evidencias que confirman todo lo que rodea a estas apariciones, constituyen la más poderosa calidad de evidencia histórica de que Cristo se levantó de los muertos. En adición a las pruebas que nos dan sus apariciones, puede aún citarse más evidencia que sostiene este hecho. La tumba estaba vacía después de su resurrección (Mt. 28:6; Mr. 16:6; Lc. 24:3, 6,12; Jn. 20:2,5-8). Es evidente que los testigos de la resurrección de Cristo no eran gente tonta ni fácil de engañar. De hecho, ellos eran lentos para comprender la evidencia (Jn. 20:9, 11-15, 25). Una vez convencidos de la realidad de su resurrección, deseaban morir por su fe en Cristo. Es también evidente que hubo un gran cambio en los discípulos después de la resurrección. Su pena fue reemplazada con gozo y fe[414]".

La ascensión de Cristo

La ascensión del Señor Jesucristo a los cielos es un hecho glorioso el cual precede a su resurrección. El suceso ocurrió después de presentar las pruebas indudables por cuarenta días[415].

Y habiendo dicho estas cosas, viéndolo ellos, fue alzado, y le recibió una nube que le ocultó de sus ojos. Y estando ellos con los ojos puestos en el cielo, entre tanto que él se iba, he aquí se pusieron junto a ellos dos varones con vestiduras blancas, los cuales también les dijeron: Varones galileos, ¿por qué estáis mirando al cielo? Este mismo Jesús, que ha sido tomado de vosotros al cielo, así vendrá como le habéis visto ir al cielo - Hechos 1:9-11.

La ascensión de Jesús es la confirmación de su perfecta condición resucitada, la corona del rey que era hombre y Dios. Los escritos antiguos hablan de Elías y de otros más los cuales fueron ascendidos, los lectores judíos entendían la ascensión, pero se marca claramente con ese hecho histórico la magna diferencia entre la exaltación de un hombre piadoso y la exaltación del Señor de señores. Históricamente, el judaísmo hablaba de manera figurativa sobre la sabiduría de Dios ascendiendo y descendiendo, pero nunca sobre un personaje histórico. Era costumbre que los maestros traspasaran su conocimiento a sus discípulos más sobresalientes los cuales tenían futuro para ser maestros, esa costumbre fue tomada desde la

---

[414] Lewis Sperry Chafer. Teología Sistemática, Tomo I. Editorial CLIE. C/ Ferrocarril, 8. 08232, Vila de cavalls (BCN) España.
[415] Hechos 1:3.

antigüedad, Moisés transmitió a Josué, Elías transmitió a Eliseo y así sucesivamente, los rabinos adaptaron el mismo patrón para comunicar a sus discípulos. El judaísmo que adaptó ese modelo sucesivo había creado narraciones sobre el mismo, en las cuales comunicaban la transmisión del llamado de un maestro a un discípulo. Aquí la ascensión de Cristo luego de comisionarlos a la gran obra de la proclamación del evangelio[416] deja a los discípulos como sucesores para que enseñen a otros hasta su regreso[417].

La resurrección de Cristo llevó a su ascensión, y la misma ascensión a su regreso, esto demuestra que tanto su ascensión como su regreso, son hechos históricos verídicos igualmente reales que su resurrección, Cristo mostró evidencias indudables de su levantamiento de los muertos, y de igual forma así de indudable es su ascensión, como lo es su regreso. La promesa de su regreso está garantizada por su resurrección y ascenso a los cielos.

- Ascendió desde el Monte de los Olivos[418] / Volverá al mismo Monte donde ascendió[419].
- Su ascensión fue personal / Su regreso también lo será[420].
- Ascendió visiblemente / Descenderá de igual forma[421].
- Recibido en una nube[422] / Regresara sobe las nubes[423].
- Ascendió gloriosamente / Descenderá de igual forma en poder y gloria[424].

Su ascensión garantiza los futuros hechos restantes a suceder. Hay dos palabras claves sobre su ascensión y estas son *"fue alzado"* y *"recibió"*, la primera del gr. *"epairo"* significa *"levantar"* está compuesta de *"epi"* que es *"sobre/encima"* y de *"airo"* que es *"retirar/tomar"* en este caso ser retirado. La segunda del gr. *"jupolambano"* significa *"llevar hacia arriba"*, está compuesta de *"jupo"* que es *"bajo"* en el sentido genérico sobre un lugar *"lugar de abajo"* y de *"lambano"* que significa *"tomar"*, Cristo fue tomado por Dios y levantado/retirado de abajo, en este caso de la tierra. El texto mismo expone en su ascensión y su regreso, la evidencia yace en tres puntos que reconfirman el testimonio de tan glorioso hecho:

1. *Los discípulos vieron su ascensión.*
2. *Los ángeles la confirmaron, y*
3. *Les reconfirman el mensaje del evangelio hasta su regreso.*

---

[416] Hechos 1:8.
[417] Hechos 1:11.
[418] Hechos 1:12.
[419] Zacarías 14:4.
[420] Malaquías 3:1.
[421] Mateo 24:30.
[422] Hechos 1:9.
[423] Mateo 24:30.
[424] Mateo 24:30.

El hecho de que sin número de creyentes a nivel mundial propaguen el mensaje del evangelio del Señor Jesucristo es una evidencia más de su ascensión a los cielos.

La cual operó en Cristo, resucitándole de los muertos y sentándole a su diestra en los lugares celestiales, sobre todo principado y autoridad y poder y señorío, y sobre todo nombre que se nombra, no sólo en este siglo, sino también en el venidero; y sometió todas las cosas bajo sus pies, y lo dio por cabeza sobre todas las cosas a la iglesia, la cual es su cuerpo, la plenitud de Aquel que todo lo llena en todo - Efesios 1:20-23.

La exaltación de Cristo es a causa de su misma resurrección. Dicha exaltación es sobre todo principado y autoridad, poder y señorío. Según el argot rabínico de tales tiempos aludía a diferentes órdenes de ángeles[425]. Dicho sea de paso, cabe mencionar que su ascensión lo llevo al lugar de honor[426], posición sobre exaltada, esto da entender que Cristo goza de igual forma que el Padre de su esencia plena de honor y poder soberano. Cristo resucitado y ascendido pasa a ser el hombre perfecto, la cabeza de la iglesia y suprema autoridad del mundo, su supremacía, soberanía y poderío garantizan el sostén del creyente en Él[427].

En la ascensión Cristo se sentó a la diestra, la palabra *"diestra"* del gr. *"dexios"* significa *"lado derecho"*, alude un compañerismo, dicha expresión se usaba para dar entender el siguiente en rango y poder por su lugar distintivo, alto y honroso. Ese lugar lo llevó a ser colocado igual en todo con Dios el Padre, sobre toda *"autoridad"*, la misma del gr. *"exousia"* en este caso habla sobre fuerzas celestiales e infernales, principados y potestades, ángeles y arcángeles, sobre todo ser espiritual creado Cristo tiene la supremacía. La otra palabra importante que expresa dicho lugar honorable es *"poder"* la misma del gr. *"dunamis"* es *"fuerza/maravilla"*, Cristo está exaltado sobre todo poder, milagro y maravilla que sea impresionante ante los ojos del hombre, esto demuestra que Jesús es más que maravilloso. Cristo está por encima de todo señorío. La palabra *"señorío"* del gr. *"kurioten"* significa *"dominio"* la misma alude *"gobernantes"* es sustantivo de *"kurios"* que aquí da entender un dominio civil.

Cristo está por encima de cada gobierno humano de esta tierra, y también sobre *"todo nombre que se nombra"*, la palabra *"nombre"* del gr. *"onoma"* era usada para indicar carácter y, dignidad, refiriéndose a una denominación honrosa o título. Por así decirlo, Cristo está por sobre todo lo creado en la era pasada, presente y futura. Con esto se puede entender que Jesucristo abarca todo en su ascensión y colocación honorable, el papel importante de la iglesia cosiste en que, como Su cuerpo, debe ser la expresión de su suprema soberanía.

---

[425] Romanos 8:38; Efesios 3:10, 6:10; Colosenses 1:16, 2:10, v.15; Tito 3:1.

[426] Diestra del Padre.

[427] Romanos 8:37-39.

Donde Jesús entró por nosotros como precursor, hecho sumo sacerdote para siempre según el orden de Melquisedec - Hebreos 6:20.

Cristo es el precursor el cual pasó al interior del santuario. Su presencia asegura la entrada de todos los redimidos por Él. Todo creyente, sin importar el tiempo o espacio en la historia, puede estar seguro en Él gracias a su acción. D. Anderson-Berry escribe: *"La palabra traducida «precursor» no se encuentra en ningún otro lugar del Nuevo Testamento. Esto expresa una idea nunca contemplada en la economía levítica, porque el sumo sacerdote entraba en el lugar santísimo sólo como representante. Entraba donde nadie podía seguirle. Pero nuestro Precursor es una garantía de que allí donde Él está, también estaremos nosotros. Como Precursor Él (**1**) anunció nuestra futura llegada allá; (**2**) tomó posesión de las glorias del cielo en nuestro favor; y (**3**) ha ido para poder dar la bienvenida a Su pueblo cuando lleguen y a presentarlos ante la Majestad del cielo*[428]*"*. Cristo vino a ser hecho sumo sacerdote para siempre según el orden de Melquisedec. Su eterno sacerdocio garantiza la preservación eterna de los elegidos. De igual forma como se ha sido salvo por su sacrificio, se es preservado por el Sacerdocio de Aquél que lo llena todo con Su vida[429].

Jesús como sumo sacerdote según ese orden es superior a todo sumo sacerdocio jamás conocido en la historia. La palabra precursor se le hacía uso acerca de un explorador que lleva a cabo una tarea en el reconocimiento de un terreno, o de un heraldo el cual anunciaba la llegada de un rey; ambos casos implican que otros deben seguir lo que ese precursor logró. Una cortina colgaba entre el Santo lugar y el Santísimo, el cual era el santuario interior de Dios. Tal cortina evitaba que alguien entrara a contemplar o poder observar ni por un instante ese lugar sagrado[430]. El sumo sacerdote podía entrar solamente una vez al año para estar en la presencia divina y expiar los pecados de la nación. El contraste aquí presentado es que Cristo, está en todo momento ante la presencia de Dios, no solo una vez al año, sino que se encuentra como sumo sacerdote para interceder de continuo por los suyos. Esto da entender que lo que garantiza su sumo sacerdocio es su propia vida, resucitada y ascendida a la diestra del Padre.

J.J. Packer y M.C Tenney expresan el contexto cultural de la misma historia sacerdotal: "En ese punto de la historia de Israel apareció un sacerdocio ordenado. De acuerdo con el mandamiento de Dios (Éx 28:1), Moisés consagró como sacerdotes a su hermano Aarón y a sus hijos. Estos hombres procedían de la tribu de Leví. Desde este momento hasta los tiempos intertestamentarios, el sacerdocio oficial perteneció a los levitas. Moisés hizo una distinción entre Aarón y sus hijos, porqué ungió a Aarón para que fuera el sumo sacerdote entre sus hermanos (Lv 21:10). Distinguió

---

[428] D. Anderson-Berry. Pictures in the Acts. Pag. 36.
[429] Romanos 5:10.
[430] Hebreos 9:1-8.

el cargo de Aarón dándole vestiduras especiales (Éx 28:4, vv.6-29; Lv 8:7-9). A la muerte de Aarón, las ropas y el cargo fueron transferidos a Eleazar, su hijo mayor (Nm 20:25-28). La función más importante del sumo sacerdote era pedir en el día anual de la expiación. En ese día el sumo sacerdote podía entrar en el lugar santísimo del tabernáculo, y rociar el propiciatorio con la sangre de las ofrendas por el pecado. Al hacerlo así, expiaba sus pecados, los de su familia, y los del pueblo de Israel (Lv 16:1-25). El sumo sacerdote también tenía que rociar la sangre de las ofrendas por el pecado ante el velo del santuario y sobre los cuernos del altar (Lv 4:3-21).

Como cabeza espiritual de Israel, el sumo sacerdote debía obtener una pureza ceremonial de más alto grado que los sacerdotes ordinarios. Levítico 21:10-15 explica los requisitos para la pureza del sumo sacerdote. Cualquier pecado que pudiera haber cometido manchaba a todo el pueblo de Israel. Tenía que expiar por tal pecado con una ofrenda prescrita especialmente (Lv 4:3-12). El sumo sacerdote también ofrecía la ofrenda de diaria de flor de harina (Lv 6:19-22) y participaba en los deberes generales del sacerdocio (Éx 27:21). Estos deberes eran múltiples. Los sacerdotes presidían en todos los sacrificios y fiestas. Servían como asesores médicos para la comunidad (Lv 13:15). Y administraban justicia (Dt 17:8-9; 21:5). Solo ellos podían bendecir en el nombre de Dios (Nm 6:22-27) y tocar trompetas que convocaban al pueblo a la guerra o a las fiestas (Nm 10:1-10)[431]".

Según la ilustración mencionada se puede ver claramente porque el sumo sacerdocio de Cristo es mayor:

1. Al morir el sumo sacerdote, el hijo recibía las vestiduras de ese cargo servicial honorable. Con la muerte, resurrección y ascensión de Cristo se garantizó a los elegidos las vestimentas santas, dándoles una posición nueva que ningún sacerdote pudo, puede o podrá dar a parte de Él[432].
2. Cristo al ser mayor en sacerdocio, logró como precursor, que aquellos que le siguen, puedan acceder a la presencia de Dios de igual forma como Él accedió al lugar santísimo, libremente, en plena confianza y sin miedo alguno[433].
3. El sacerdocio de Cristo es mayor por su perfección. El sumo sacerdote si pecaba tenía que ofrecer un sacrificio, de no hacerlo afectaba a todos, Cristo, como ser perfecto y sin pecado no mancha a quienes representa, sino que los purifica en Él, ningún otro sacerdote pudo, puede o podrá hacer algo como esto, solo Jesús lo logró.

---

[431] J.J. Packer y M.C. Tenney. Usos y Costumbres de la Biblia. Thomas Nelson Inc. Nashville Tennessee, EEUU, 2009. Págs. 403-405.
[432] 1 Pedro 2:9; Apocalipsis 1:6, 5:10.
[433] Hebreos 4:16.

Con esto se entiende que el sacerdocio de Jesús es uno supremo, perfecto y eterno por quién es Él. Jesús por eso es llamado en varias ocasiones como el precursor[434]. La palabra precursor del gr. *"prodromos"* significa *"corredor de adelante/explorador"* El término también se aplicaba no solo a lo antes mencionado, sino también a la vanguardia militar y a los corredores que obtenían el primer lugar para dar entender que siempre el resto de la compañía seguía después, esto fue asegurado según el *"orden"*, la palabra orden del gr. *"taxis"* significa una *"sucesión fija"* de rango o carácter, como una unidad oficial, es sustantivo de *"tasso"* que es *"arreglar, colocar en orden"* esto expresa la idea de una posición. Cristo como precursor aseguró la capacitación perfecta basada en su ser y obra perfecta, para que éstos que siguen *(en este caso los creyentes)* tengan acceso a Dios libre y confiadamente, ningún otro fuera de Él lo hubiese podido lograr.

Por tanto, teniendo un gran sumo sacerdote que traspasó los cielos, Jesús el Hijo de Dios, retengamos nuestra profesión. Porque no tenemos un sumo sacerdote que no pueda compadecerse de nuestras debilidades, sino uno que fue tentado en todo según nuestra semejanza, pero sin pecado. Acerquémonos, pues, confiadamente al trono de la gracia, para alcanzar misericordia y hallar gracia para el oportuno socorro - Hebreos 4:14-16.

Cristo inicia su ministerio sumo sacerdotal a favor de los suyos. Él es superior a los sacerdotes y su sacerdocio es superior al de todos. Para los judíos el sacerdote era la máxima autoridad ya que era su representante en la entrada al lugar santísimo[435]. De igual forma, pero mayor en autoridad, Cristo es el sumo sacerdote mediador entre Dios y los hombres, el representante de la humanidad el cual intercede[436]. *Cristo como representante y cabeza de la nueva creación asegura son su sacerdocio el perdón permanente con su perfecto y único sacrificio*[437]. Si los sacerdotes pasados tenían autoridad, Cristo como el proveedor de esta, tiene aún más que cualquier otro por el carácter de su sacrificio y sacerdocio perfecto. A diferencia de los sumos sacerdotes que tenían entrada una vez al año, Cristo tiene acceso desde los siglos y hasta los siglos al estar sentado a la diestra del Padre.

Su idoneidad se mostró en su perfecta humanidad, ya que fue tentado en todo lo que el humano es tentado. No fue tentado en relación con cada una de las tentaciones que el hombre atraviesa, sino más bien Él fue tentado en las áreas que el ser humano lo es, tales como:

A) *los deseos de la carne.*

B) *los deseos de los ojos.*

---

[434] Hebreos 2:10, 5:9.
[435] Levítico 16.
[436] 1 Timoteo 2:5.
[437] Hebreos 10:14.

C) *la vanagloria de la vida*[438].

La única diferencia es que en Cristo no hay pecado porque no fue, no es y nunca será pecador. Tales pruebas fueron posibles por el solo hecho de hacerse semejante al hombre[439], no haberse encarnado no hubiese sido probado[440]. La distinción de Jesús por sobre todo hombre yace en que Él no tenía una naturaleza de pecado como la del ser humano[441]. Cristo soportó y pasó las pruebas con éxito, y en base a ello puede ofrecer como ser idóneo ayuda en medio de la necesidad porque conoce bien lo que el hombre siente, por ello su gracia viene en el oportuno socorro, no antes. Cristo es presentado como la provisión y de igual forma como el proveedor, como el gran recurso para el necesitado y de igual forma como el simpatizante. Podemos observar al menos cuatro puntos importantes en relacionados al tema:

1. **Cristo es el gran sumo sacerdote**: Existieron en el pasado muchos sumos sacerdotes, pero ninguno de ellos fue llamado *"grande"*. La palabra *"sumo sacerdote"* en este contexto viene del gr. *"arjierus"*, es sustantivo de *"arji"* que denota *"clase o grado"* y de *"jiereus"* que es *"sacerdote"* en este caso Cristo se presenta por encima de cualquier clase o grado sacerdotal al ser llamado como *"grande"*.
2. **Cristo pasó a través de los cielos hasta la morada de Dios:** Esto es en relación con su ascensión y glorificación. Ningún otro hubiese podido lograr tan maravillosa acción representativa de forma perfecta.
3. **La humanidad de Cristo es la verdadera identidad para el hombre:** Jesucristo al ser hombre dio la apertura para que el ser humano se identificara con Él, así como Él conoce bien al hombre y sus tentaciones por su encarnación, la humanidad de Cristo lo hace idóneo, para la representación del mismo hombre en ante el Padre y en medio de la tentación.
4. **Jesucristo es un ser divino:** Cuando se le llama en las Escrituras *"Hijo de Dios"* habla de su igualdad con el Padre. Su deidad lo hace idóneo para cumplir con el papel sumo sacerdotal divino por su perfección y aceptación ante Dios Padre.

El sacerdocio de Cristo es tan real como lo fue su encarnación, su resurrección y su ascensión, tanto su resurrección y ascensión son partes importantes en su perfecto oficio, por ser divinamente santo y justo. Para los maestros judíos desde la antigüedad, el arca del pacto simbolizaba el trono de Dios[442]. El arca era inaccesible ya que estaba encerrada en el Santísimo lugar, con su perfecta humanidad y deidad, Cristo al consumar la obra, resucitar y ascender al Padre, aseguró para los suyos el libre acceso a Dios.

---

438 1 Juan 2:16.

439 Romanos 8:3.

440 Santiago 1:13.

441 1 Pedro 2:22.

442 2 Samuel 6:2; Salmos 80:1, 99:1; Isaías 37:16.

En la casa de mi Padre muchas moradas hay; si así no fuera, yo os lo hubiera dicho; voy, pues, a preparar lugar para vosotros - Juan 14:2.

Con su ascensión aseguró un lugar preparado para los suyos. La casa del Padre en la mención hecha por Jesús es la morada de Dios en la cual su pueblo estaría por siempre con Él[443]. Las moradas en tales tiempos hacían alusión a las cabañas, estas eran construidas para las fiestas de los tabernáculos, las habitaciones tenían referencia al nuevo templo donde solos los ministros que no se contaminaban podían tener lugar[444]. El lenguaje figurativo se refiere al hecho de que estar en Cristo es morar en la presencia de Dios[445].

Mediante su muerte y resurrección el Señor ascendió al cielo para preparar lugar. Ese lugar es uno sin límite de cupo, su misma presencia eterna e infinita. En esa preparación hay dos palabras que arrojan luz al tema, estas son *"casa"* y *"moradas"* la primera del gr. *"oikia"* y significa *"residencia"* por implicación una familia, hace referencia al cielo como la morada de Dios, Cristo con su muerte, resurrección y ascensión preparo el lugar adecuado para que los allegados a Él tengan ese libre acceso a la presencia divina[446]. La otra palabra *"moradas"* del gr. *"mone"* significa *"lugar de permanencia"* esta se usaba con el sentido de los aposentos donde se descansaba y se tenía momentos de intimidad con Dios en comunión. Con esto se logra entender que Cristo, con su ascensión a los cielos preparó el lugar adecuado para los elegidos como un lugar de residencia permanente en pleno descanso y perfecta comunión con Dios el Padre.

Y él es la cabeza del cuerpo que es la iglesia, él que es el principio, el primogénito de entre los muertos, para que en todo tenga la preeminencia - Colosenses 1:18.

Jesús es el Señor de la Iglesia. El dominio de Cristo cubre todo. Él es la cabeza del cuerpo que es la iglesia, la cual es la expresión de la voluntad divina en la tierra. Todos los creyentes en el Señor Jesús son el cuerpo de Cristo. Así como el cuerpo humano es el vehículo de la expresión de este, de igual forma la iglesia es el vehículo que Cristo tiene en la tierra para expresarse. Jesús como cabeza es la esencia que se expresa en acciones, palabras y conductas mediante el cuerpo. Cristo tiene la preeminencia en todo. Él es *"el primogénito"*, por la sencilla razón de que Él lo creó todo[447].

De igual forma es el primogénito en la resurrección y ascensión. Por consecuente, como Él es el primero en todo, la supremacía le pertenece a Él, por ello es colocado como la cabeza de la nueva creación *(la Iglesia)* para expresarse mediante ella al ser elevado a los cielos en su ascensión.

---

443 Ezequiel 43:7-9; 48:35; cf. Juan 8:35.
444 Ezequiel 44:9-16, 48:11.
445 Juan 2:21.
446 Efesios 1:3, 2:6.
447 Colosenses 1:15-16.

Mediante su resurrección y ascensión la iglesia es separada, la palabra *"iglesia"* del gr. *"ekklesia"* significa *"llamados a fuera"* es un sustantivo de *"ekklectos"* los convocados aparte, los elegidos. Los creyentes son los convocados, puestos aparte a parte/seleccionados para Él. El texto trae consigo varios puntos importantes:

1. Su humanidad, muerte, resurrección y ascensión demuestra su Señorío sobre lo material.
2. Aquellos que confían en Él gozan de Su triunfo sobre la muerte[448].
3. A causa de Su muerte en la cruz, fue elevado a un lugar el cual nadie puede tener[449].
4. A causa de su resurrección y ascensión Cristo no solo es materialmente supremo, sino también espiritualmente[450]. Sin la resurrección y ascensión de Cristo la iglesia no existiría, ya que esa es la base de esta, las razones son:
    - **a)** Su resurrección y ascensión garantizan la capacitación de los redimidos para mostrarle a Él en la tierra.
    - **b)** La muerte fue derrotada y la Iglesia, el cuerpo de creyentes a nivel global como organismo vivo disfruta de la misma victoria al ser resucitados.
    - **c)** Hace que el testimonio de la iglesia respecto a la vida de Cristo tenga credibilidad y autoridad, el mensaje del evangelio se centra en la vida, muerte, resurrección y ascensión del Señor.
    - **d)** La resurrección da sentido al sacramento de la cena del Señor, ya que al celebrarla se tiene comunión con el Señor resucitado el cual regresará en poder supremo.
    - **e)** La resurrección y ascensión dio sentido al propósito de la iglesia, tanto en lo material como en lo espiritual y da esperanza futura.
    - **f)** La resurrección y ascensión garantiza que Cristo está vivo y liderando su reino.
    - **g)** La resurrección y ascensión de Cristo muestra el poder soberano de Dios para poder vivir conforme a la voluntad divina en el mundo.

Cristo como cabeza, tiene toda autoridad[451], en este caso es la parte respetada y honrada, Él es la fuente[452] sobre el cuerpo. Según la tradición judía creía que Dios era llamado *"el comienzo"* este era un término neutral para dar entender que en Él todo tuvo comienzo.

---

[448] 1 Corintios 15:20; 1 Tesalonicenses 4:14.
[449] Filipenses 2:5-11.
[450] Lucas 24:5-7.
[451] Colosenses 2:10.
[452] Colosenses 2:19.

La resurrección de los muertos los judíos la esperaban al final de los tiempos; la resurrección de Cristo es el anticipo de ese futuro acontecimiento[453], el cual la iglesia puede estar segura de su participación.

[453] 1 Corintios 15:23.

Capítulo IV: Pneumatología

(La doctrina del Espíritu Santo)

Término que proviene del griego transliterado al alfabeto románico: pneúma, que significa "espíritu", soplo, hálito, viento; y que metafóricamente describe un ser inmaterial o influencia, y logía, tratado, discurso, estudio. Es el estudio del Espíritu Santo. En la doctrina cristiana, el Espíritu Santo es la tercera persona de Dios en la Trinidad. Algunas variantes de cristianismo niegan que el Espíritu Santo sea personal, aunque asegurando que puede, en algunas ocasiones, influenciar a las personas. El pneuma se puede entender desde diversas perspectivas. Como naturaleza: origen de todo lo vivo y de todo movimiento; Como poder creador y conformador: da ser e inteligibilidad a las cosas naturales; Como providencia y al mismo tiempo como ley universal: legisla la totalidad de los acontecimientos del mundo y dirige a las cosas hacia su propia perfección; Como inevitable destino: el nacimiento, duración, muerte y modos de ser y comportarse de las cosas está trazado de antemano por el pneuma. Religiosamente se identifica con la divinidad

La personalidad del Espíritu y sus características

Es inteligente

Pero Dios nos las reveló a nosotros por el Espíritu; porque el Espíritu todo lo escudriña, aun lo profundo de Dios. Porque ¿quién de los hombres sabe las cosas del hombre, sino el espíritu del hombre que está en él? Así tampoco nadie conoció las cosas de Dios, sino el Espíritu de Dios - 1 Corintios 2:10-11.

Solo un ser inteligente puede tener conocimiento, y eso involucra la mente. Los secretos de Dios, los cuales son profundos, son la misma naturaleza insondable de Dios, el plan divino de la muerte, resurrección y ascensión de Cristo, son revelados mediante el Espíritu a los elegidos. Dios muestra lo que se necesita saber, esto involucra no solo una mente inteligente, sino también involucra sabiduría. La sabiduría divina del Espíritu muestra lo que se necesita saber sobre el Hijo, así como el Hijo al Padre. En otras palabras, las verdades anunciadas en el Antiguo Testamento fueron dadas a conocer a los suyos en el Nuevo.

Cuando se usa la palabra *"nos"* habla de las personas elegidas para escribir el Nuevo Testamento, en este caso el Espíritu utilizó su intelecto eterno para dirigir a los mismos. El Espíritu todo lo escudriña, como miembro de la deidad, es infinitamente eterno en sabiduría y conoce toda la verdad, e incluso, la comparte sabiamente. En relación con la humanidad, el texto lo pone como ejemplo, ya que solo la persona la cual aloja sus pensamientos es quien los conoce y mediante a su proceder y comunicar es que pueden ser conocidos. En este caso, para poder comprender a otro ser humano, el receptor del mensaje debe gozar de la misma capacidad, un espíritu e intelecto. Algún objeto no racional al igual que un animal no podrá captar el pensamiento humano expresado. Lo mismo sucede con Dios, el único que puede comprender a plena capacidad las cosas de Él mismo es el mismo Espíritu de Dios, por consecuente es inteligente.

Aquí se muestra una palabra clave en el texto que aclara que el Espíritu es un ser que goza de intelecto, esta palabra es *"reveló"*, la misma viene del gr. *"apokalupto"* que es *"quitar la cubierta/dar a conocer"* alude *"destapar algo para que lo vean"*. Aquí se refiere a las cosas reveladas acerca de Dios, enseñadas, comunicadas y manifestadas por el Espíritu de Dios y su influencia. *Solo una persona con inteligencia puede hacer tal cosa.*

Goza de sentimientos

Y no contristéis al Espíritu Santo de Dios, con el cual fuisteis sellados para el día de la redención - Efesios 4:30.

Solo una persona con sentimientos es *apenada*. A causa de una inclinación al pecado el Espíritu se *entristece*, y en especial por la misma lengua[454]. El texto exhorta a dejar a un lado basado en la pertenencia divina de nosotros a Él, todo lenguaje grosero u ofensivo, amargura, enojo sin control, palabras ásperas, calumnias y actitudes erróneas hacia otros. Esto *lo hace entristecer*. El hecho de que el Espíritu pueda ser contristado muestra *personalidad*. Eso lleva a lo siguiente, es una persona que ama a los suyos, ya que sólo alguien que ama puede ser contristado. Una de las tareas del Espíritu es conformar al creyente a la imagen del Hijo, y cuando esta peca, queda obstruida su obra, y en base al amor que Él tiene a su pertenencia se pone triste. La palabra clave que demuestra su personalidad es *"contristéis"* la misma del gr. *"lupeo"* es un presente imperativo que significa *"angustiar/causar aflicción"* esto alude *provocar dolor al ofender*.

Solo una persona con sentimientos puede ser ofendida, entristecer al Espíritu implica una ofensa seria[455]. La ofensa consiste en una rebeldía la cual rechaza lo divino. En tales tiempos la mercancía se sellaba para su preservación y poseedor, el sello era una señal de que nadie había violado la integridad de dicha mercancía. Al ir contrario a Cristo, ese sello es violado, aunque la posesión sigue siendo de su poseedor, se entristece a causa de dicha violación. Entonces esto demuestra que *el Espíritu es una persona con sentimientos y no una influencia.*

---

[454] Efesios 4:29, v.31.
[455] Isaías 63:10.

Goza de voluntad

Pero todas estas cosas las hace uno y el mismo Espíritu, repartiendo a cada uno en particular como él quiere - 1 Corintios 12:11.

El uso de *"como él quiere"* claramente expresa voluntad. El Espíritu distribuyó a cada cual según su voluntad. Esto demuestra que en su voluntad tiene la capacidad de hacer el libre ejercicio de su *soberanía* "tiene control de todo". La palabra *"repartiendo"* del gr. *"diaireo"* significa *"separar/distribuir"* compuesta de *"dia"* que es *"separación"* y de *"jaireo"* que es *"tomar/agarrar"* alude *"distribuir entre"*, el Espíritu demuestra su soberana voluntad al hacer distribución como entiende en su omnisciencia y sabiduría perfecta.

Sus obras

Enseña

Mas el Consolador, el Espíritu Santo, a quien el Padre enviará en mi nombre, él os enseñará todas las cosas, y os recordará todo lo que yo os he dicho - Juan 14:26.

Este fue un hecho perfectamente organizado, ya que, para poder tener el Nuevo Testamento en la mano, las personas escogidas para escribir debieron ser enseñadas por el Espíritu para que en su inspiración se guardara la inerrancia de las palabras[456]. La validez del Nuevo Testamento yace en la educación que el Espíritu impartió sobre las palabras, persona y obra de Cristo. Algunas funciones en el texto mencionadas eran atribuidas en la antigüedad por el judaísmo a la sabiduría divina, tal sabiduría era asociada al Espíritu Santo de Dios[457]. En el contexto histórico cultural judío, enseñar incluía elaborar y exponer; de manera natural y memorizada por el ejercicio del aprendizaje, para los judíos era muy importante dicha inclinación. Cristo hace uso del mismo sistema para dar entender que el Espíritu Santo les enseñaría. *"Él os enseñará todas las cosas"*, fueron palabras enfáticas de Jesús.

En todo el Nuevo Testamente, Cristo es presentado con el Antiguo, dando así una enseñanza eficaz y llena de evidencias hasta para la mente más incrédula. La palabra *"enseñará"* del gr. *"didasko"* es un tiempo futuro que en su forma prolongada proviene del verbo primario *"dao"* que es *"aprender/enseñar"*, su aplicación amplia es *"enseñar/instruir"* derivada de *"didaktikos"* que significa *"instructivo"*, esta palabra comunica una persona que tiene la habilidad de educar a otros. Cristo está afirmando que

---

[456] 2 Timoteo 3:16-17.

[457] Nehemías 9:20; Salmos 143:10.

el Espíritu como un ser personal tiene la habilidad de enseñar/instruir a los suyos.

Guía

Porque todos los que son guiados por el Espíritu de Dios, éstos son hijos de Dios - Romanos 8:14.

Los judíos observaban las historias pasadas sobre su liberación de Egipto y hacia el futuro como su liberación en la venida del Mesías, pensaban que ese sería su nuevo éxodo, la culminación de la redención divina a Israel. Los maestros judíos hacían uso del Antiguo Testamento para hablar como Dios guió a su pueblo en el desierto[458]. Y como Dios mismo guiaría a Israel al nuevo éxodo futuro[459]. Y que luego de darles la libertad y guía los llamó hijos[460]. El lenguaje utilizado aquí tenía como referencia el devocional judío histórico sobre la guía divina la cual la asociaban con el Espíritu de Dios[461]. Esta aplicación histórica dada era para dar entender que Israel era el pueblo escogido de Dios por sobre otras naciones, y la misma referencia alude que los hijos escogidos de Dios se caracterizan de igual forma por sobre otros seres humanos.

Los verdaderos creyentes son guiados por el Espíritu. La palabra *"guiados"* del gr. *"ago"* significa *"manejar"*. Aquí establece la inclinación de un hijo de familia con todos sus privilegios y responsabilidades como adulto. Entonces lo que expresa son aquellos que son maduros y pueden ejercer sus responsabilidades basados en el control/guía de Su soberanía. El propósito del Espíritu demostrado en este texto es que *guía/maneja* al creyente y en base a tal control expresa que es hijo de Dios. El Espíritu guía a los suyos.

Comisiona

Ellos, entonces, enviados por el Espíritu Santo, descendieron a Seleucia, y de allí navegaron a Chipre - Hechos 13:4.

Geográficamente la isla de Chipre quedaba a unos ciento sesenta kilómetros al suroccidente en el mar mediterráneo, la misma tenía una población judía grande. Bernabé era originario de allí[462], por lo que pisaron territorio familiar. Este viaje misionero el cual fue comisionado por el Espíritu Santo[463] tenía que ver con la evangelización de Asia Menor. Luego el Espíritu los llevó a Grecia. Y luego los dirigió que volvieran a visitar las

---

[458] Éxodo 15:13; Deuteronomio 3:2; Salmos 77:20, 78:52, 106:9, 136:16; Jeremías 2:6, v.17; Oseas 11:4; Amos 2:10.
[459] Isaías 48:20-21; Jeremías 23:7-8.
[460] Éxodo 4:22; Deuteronomio 14:1, 32:5, vv.18-20; Salmos 29:1; Isaías 43:6, 45:11, 63:8; Jeremías 3:19-22; Oseas 1:10-11, 11:1, v.10.
[461] Nehemías 9:20; Salmos 143:10; Isaías 63:14.
[462] Hechos 4:36.
[463] El relato de este viaje se extiende desde Hechos 13:4-14:26.

iglesias de Asia Menor y Grecia, principalmente la provincia de Éfeso. Las misiones Paulinas fueron aproximadamente de quince años. Cabe resaltar que cada acción de la proclamación del evangelio fue impulsada por el Espíritu Santo[464]. El propósito de ello era seguir con la proclamación de la buena noticia y establecer la misma promesa hecha por Jesús, de que, en medio de la gran comisión, Él estaría todos los días hasta el fin de la era[465].

La presencia personal y capacitadora de Cristo es prometida a sus seguidores. En virtud de tal poder, es posible llevar a cabo la proclamación del evangelio. La base del envío de Pablo y Bernabé se observa en el contexto inmediato[466], en este hay varias palabras que arrojan luz a la misma dirección que tuvieron estos dos misioneros en la proclamación de la verdad:

1. **Dijo el Espíritu Santo:** Aquí se demuestra la confirmación de lo dicho por Jesús en la gran comisión, de que la misma autoridad que el Padre tiene, la cual fue dada al Hijo, la tiene el Espíritu. *Él ordena y el siervo obedece.*
2. **Apartadme:** Tal palabra del gr. *"aforidzo"* expresa una línea divisora, en este caso *"nombrar"*, aludía en tales tiempos a *ser representante del amo*, el mismo gozaba en dicha representación de la misma autoridad en relación con su encargo. Esta palabra compuesta por *"apo"* que es *"desde"* y de *"joridzo"* que es *"definir"* comunica la idea de separar por demarcación, esto denota:
   A) Nombrar: *se demuestra su autoridad.*
   B) Elegir: *se demuestra su soberanía.*
3. **Obra:** La misma del gr. *"ergon"* palabra obsoleta de *"ergo"* significa *"labor/trabajo"* el acto de hacer algo, alude el resultado del desempeño de dicha actividad divina, tal resultado está basado en:
   A) *Su supremacía.*
   B) *la efectividad del evangelio/la comunicación de la verdad.*
4. **He llamado:** La misma del gr. *"proskaleomai"* es voz media de *"pros"* que es *"hacia"* enfatizando *"el destino"*, y de *"kaleo"* que es *"llamar a alguien hacia uno/pedir que venga"*, esta es una invitación a participar de un deber posicional alto.

Esto demuestra que el Espíritu Santo goza de la misma autoridad que el Padre y el Hijo, comisionando y capacitando para dicha labor, efectuando el resultado esperado por el Padre, que la vida del Hijo se manifieste en los elegidos por Él para su gloria.

464 Juan 16:13.
465 Mateo 28:17-20.
466 Hechos 13:1-3.

Manda a los hombres

Leer - Hechos 8:26-35.

Aquí se demuestra las características de un siervo eficaz el cual reconoce el señorío supremo del Espíritu de Dios:

A) *oye el mandato.*

B) *obedece el mismo.*

La dirección del Espíritu en relación con la voluntad divina está ligada a su orden, nadie puede ser guiado sin que antes se le sea ordenado, y en relación con los asuntos celestiales se es necesario la dirección ordenada de Dios.

En este contexto se puede ver:

1) *siguió la orden en dirección.*

2) *averiguó conforme la Escritura.*

3) *comunicó las Escrituras.*

4) *se ve el resultado de la obediencia al mandato.*

Históricamente la enseñanza y lectura de las Escrituras se hacía en voz alta, eso llevo a que la lectura silenciosa no se desarrollara en la antigüedad, los que sabían leer siempre lo hacían en voz alta. Claramente se ve como la situación aquí es organizada por el poder divino para alcanzar a aquel el cual Dios ya tenía predestinado[467]. La conclusión del porque Dios había preparado todo es por la sencilla razón de que había dos caminos que llevaban al sur desde Jerusalén. Uno era por Hebrón hasta Edom[468] y el otro se unía con el camino que estaba en la costa antes de Gaza el cual se dirigía a Egipto, ambos estaban repletos de piedras miliarias las cuales cada mil pasos indicaban la distancia, como señal para el camino. La ciudad desértica de Gaza antigua era una ruina que yacía cerca de las ciudades griegas. En tal panorama no había a quien hablarle por el poco transito que había en tal camino desértico y mucho menos después de lo que había sucedido en Samaria[469] que para cualquier persona hubiese parecido absurda la idea de transitar por ese camino.

Dios puso a prueba dos cosas:

A) *la fe en la ordenanza.*

B) *la obediencia a la orden por quién la comunicó.*

Esto siempre se ha visto desde los tiempos antiguos[470], *el Espíritu de Dios dando órdenes.*

---

[467] P.ej., Génesis 24:13-27: Dios preparó el escenario para cumplir Su propósito.

[468] Que también se le conoce como Idumea. Era un antiguo reino en Transjordania, ubicado entre Moab al noreste, Arabah al oeste y el desierto de Arabia al sur y al este. La mayor parte de su territorio anterior ahora se divide entre Israel y Jordania.

[469] Hechos 8:4-13.

[470] Éxodo 14:16; 1 Reyes: 17:3-4, vv.9-14; 2 Reyes 5:10.

Refrena

Y dijo Jehová: No contenderá mi espíritu con el hombre para siempre, porque ciertamente él es carne; más serán sus días ciento veinte años - Génesis 6:3.

Aquí hay dos factores importantes a resaltar:

1) *es en referencia al Espíritu en relación con ejecutar juicio sobre la humanidad por su pecado.*

2) *el espíritu humano no siempre permanecerá porque la humanidad se condenó a muerte.*

Luego de ese aviso dado al hombre, le fue dado a este, ciento veinte años y vino el cumplimiento del juicio. El espíritu de Dios refrena cualquier propósito humano el cual se cause en la satisfacción egoísta contraria a la voluntad soberana de Dios, en el mismo contexto se puede observar claramente dos cosas:

A) *presenta el mal general de toda la raza humana.*

B) *el acto aberrante de seres caídos.*

Aquí el Espíritu se presenta como aquel que daría fin poniendo freno con juicio, la palabra clave *"no contenderá"* del hb. *"dun"* significa en su raíz primaria *"juicio"* este verbo significaba *hacer justicia*, se hacía uso de este para la corte, y dar una sentencia. Alude *"actuar como juez"*, el verbo normalmente expresaba defender una causa justa al proferir sentencia. Dios *puso freno con su Espíritu* a la conducta humana errada contraria a su carácter, la cual siempre ha sido repudiada a sus ojos.

Intercede

Porque también la creación misma será libertada de la esclavitud de corrupción, a la libertad gloriosa de los hijos de Dios. Porque sabemos que toda la creación gime a una, y a una está con dolores de parto hasta ahora; y no sólo ella, sino que también nosotros mismos, que tenemos las primicias del Espíritu, nosotros también gemimos dentro de nosotros mismos, esperando la adopción, la redención de nuestro cuerpo. Porque en esperanza fuimos salvos; pero la esperanza que se ve, no es esperanza; porque lo que alguno ve, ¿a qué esperarlo? Pero si esperamos lo que no vemos, con paciencia lo aguardamos. Y de igual manera el Espíritu nos ayuda en nuestra debilidad; pues qué hemos de pedir como conviene, no lo sabemos, pero el Espíritu mismo intercede por nosotros con gemidos indecibles - Romanos 8:21-26.

El Espíritu ayuda al creyente en medio de su debilidad, la debilidad presentada aquí es la incapacidad de orar de manera inteligente sobre algunas situaciones difíciles. Por lo general el judaísmo veía al Espíritu como la expresión del poder divino antes que un ser personal, pero claramente hay evidencias que es personal y no un ideal[471]. Los maestros de tales tiempos mencionaban la misericordia divina personificada y a los ángeles como intercesores a favor del pueblo de Israel ante el trono de Dios, este texto coloca el papel de Cristo en el cielo[472] y el Espíritu en los suyos. Aquí es presentado el Espíritu emitiendo dolores de parto[473], anhelando con fervor la nueva creación como lo son los hijos de Dios[474].

La intercesión presentada por el Espíritu es para que el creyente sea conformado a la imagen del Hijo, la cabeza de la nueva creación. Hay dos palabras claves en el texto para comprender la acción del Espíritu a favor del creyente, estas son *"dolores de parto"* e *"intercede"*, la primera del gr. *"sunodino"* es un dolor que simpatiza, el alivio del sufrir, compuesta de *"sun"* que es *"unión/junto con/compañía"* y de *"odino"* que es *"experimentar angustia/sentir dolor"*. Esto demuestra el acompañamiento del Espíritu con el creyente en medio de todo proceso para que éste sea conformado a la imagen del Hijo en la perfección de Él. La otra palabra es *"intercede"*, la misma del gr. *"jupertunjano"* significa *"estar a favor de"* compuesta de *"juper"* que es *"sobre/encima/superior"* y de *"entugjano"* que es *"conferir/entre"* esto es *"hacer que suceda/surgir un efecto"*. El propósito de la intercesión del Espíritu a favor de los creyentes es para que estos no se enfoquen en ellos mismos egoístamente, sino más bien en Cristo, y les ayuda a ser como Él hasta que llegue el grandioso día de la perfección.

Habla

Pero cuando venga el Consolador, a quien yo os enviaré del Padre, el Espíritu de verdad, el cual procede del Padre, él dará testimonio acerca de mí - Juan 15:26.

El Espíritu testifica todo lo relacionado a Cristo, y dirige a que así sea. Uno de los propósitos del Espíritu Santo es conformar al creyente a Cristo para que este se exprese en el, y para eso es necesario la educación en su persona, palabras, y obra. La palabra consolador del gr. *"parákl'tos"* (al igual que en su contexto inmediato. Jn 14:16, v.26). Significa *"el que anima/abogado"* la palabra que aquí se vierte como *"consolador"*; Está compuesta de la preposición *"pará"* que significa, *"al lado"* y el participio *"kl'tós"* *"llamado"* o *"uno que es llamado"*, por lo que el significado literal es *"uno llamado al lado de"*. Sin embargo, la forma en que se usa esa palabra en las Escrituras parece reflejar más un sentido activo, que corresponde con el verbo parákaléōs, *"exhortar"*, *"consolar"*. Por ende, *"uno que exhorta"* en este caso uno que habla. El Espíritu es presentado aquí como un *"exhortador"*.

---

471 Juan Caps. 14-16; 2 Corintios 13:14.
472 Romanos 8:34.
473 Romanos 8:21-23.
474 Juan 1:12.

En realidad, este último significado es el rasgo prominente de la obra del Espíritu tal como se presenta: El *"enseñará"* y *"recordará todo[475]"*. *"Testificará de Cristo[476]"*. *"Convencerá al mundo de pecado, de justicia y de juicio[477]"*. *"Guiará a toda la verdad"* y hará *"saber las cosas"* venideras[478]. Glorificará a Cristo y recibirá de Él para impartir a los discípulos[479]. Para siempre, no transitoriamente, como Cristo durante su ministerio terrenal. Eso se puede ver claramente como un ministerio educativo por varias razones:

1. **Enseña:** *Establece en base al conocimiento de quien es Dios y su voluntad en las Escrituras.*
2. **Recuerda:** *Trae a memoria aquello lo cual ya se había estudiado para un beneficio personal y por sobre todo para que Dios sea glorificado.*
3. **Testifica:** *Presenta las evidencias que demuestran una verdad.*
4. **Convence:** *Para ello es necesario informar/enseñar con la materia adecuada, en este caso las Escrituras.*
5. **Guía:** *Educa conforme al manual instructivo para un caminar correcto en la verdad.*
6. **Hace saber:** *Muestra las cosas que han de suceder en conformidad a lo que Él en su suprema soberanía ya había establecido en las Escrituras.*

Claramente ese abogado/exhortador es el Espíritu y es la forma más común para referirse a la tercera persona de la divinidad, el consolador *"Espíritu" "Os enseñará todas las cosas"*. Una de las principales funciones del Espíritu Santo es enseñar. Jesús dedicó mucho de su obra a la enseñanza[480]. Más de 50 veces es llamado *"Maestro"*. Durante tres años los discípulos habían estado recibiendo instrucciones del gran Maestro, pero había todavía muchas cosas que debían aprender *(al igual que nosotros en este tiempo)*. No podían comprender muchas de las verdades en el estado mental en que se encontraban[481]. Necesitarían instrucciones adicionales, y se las daría el Espíritu para que la función de Cristo como maestro siguiera internamente en ellos. El Espíritu de Dios conoce *"las cosas de Dios"* y *"todo lo escudriña, aun lo profundo de Dios[482]"*, y puede impartir esas *"cosas"* a quienes están dispuestos a ser instruidos. El Espíritu siempre educará a los creyentes en el medio que Él mismo inspiró *"las Escrituras"* y también recordará todo lo que Jesús enseñó, esto demuestra su habilidad de comunicar las cosas.

El Espíritu no sólo revelaría las verdades; también haría recordar verdades olvidadas, de las cosas que Jesús había enseñado, o de aquellas que

[475] Juan 14:26.
[476] Juan 15:26.
[477] Juan 16:8.
[478] Juan 16:13.
[479] Juan 16:14.
[480] Lucas 4:15.
[481] Juan 16:12.
[482] 1 Corintios 2:10-11.

antes habían sido reveladas en las Escrituras. En momentos de crisis, por ejemplo, cuando los discípulos fueran llevados ante los tribunales, el Espíritu pondría en su mente las ideas apropiadas[483]. Los creyentes que han sido diligentes estudiantes de las Escrituras pueden tener la confianza de que el Espíritu hará que acudan a su mente pasajes adecuados para la ocasión. Pero para ello es necesario escuchar su voz, *Él habla.*

Porque nunca la profecía fue traída por voluntad humana, sino que los santos hombres de Dios hablaron siendo inspirados por el Espíritu Santo - 2 Pedro 1:21.

Una de las evidencias más claras de que el Espíritu habla es la elaboración inspirada de las Escrituras, lo que escribieron no fue sus propias ideas, ni palabras, y mucho menos el resultado de su imaginación o especulación humana, esta elaboración fue la preservación de las palabras tal cual Dios quería que se plasmaran en los sagrados Escritos. El judaísmo antiguo y los filósofos griegos tenían la idea sobre inspiración como una posesión o un frenesí en el cual la racionalidad de la persona era sustituida por la palabra divina. Los judíos extáticos de la diáspora tenían esa perspectiva[484]. La diferencia que existe entre los géneros literarios de las Escrituras apunta que ese no era el caso, la inspiración hizo uso de las facultades, vocabulario y entorno humano para su elaboración y preservó todo del error[485].

El que el Espíritu inspirara a los escritores para comunicar las verdades divinas y preservarlas del error es una evidencia de que Él, como ser supremamente racional también habla.

Sus atribuciones

Debe ser obedecido

Y mientras Pedro pensaba en la visión, le dijo el Espíritu: He aquí, tres hombres te buscan. Levántate, pues, y desciende y no dudes de ir con ellos, porque yo los he enviado. Entonces Pedro, descendiendo a donde estaban los hombres que fueron enviados por Cornelio, les dijo: He aquí, yo soy el que buscáis; ¿cuál es la causa por la que habéis venido? - Hechos 10:19-21.

La obediencia de Pedro es notoria aquí, desciende por la escalera exterior que llevaba a la azotea para ir con aquellos los cuales el Espíritu le ordenó que fuera, había muchas historias sobre maestros judíos que hablaban con gentiles, los conservadores no entraban a la casa de un gentil y mucho

[483] Mateo 10:19-20.
[484] P.eje., Filón y los escritores de los Oráculos Sibilinos.
[485] 1 Pedro 1:10-12; 1 Corintios 7:40, 14:1-2, vv.14-19.

menos permitían que entraran a la suya. Por esa razón, Pedro está a punto de enfrentar un problema divisorio cultural al ser invitado a casa de un gentil, en tales tiempos existían judíos liberales los cuales no encontraban objeción en hacerlo[486], el problema yace en que había muchos conservadores dentro de la iglesia judía e incluso fariseos los cuales eran ásperos sobre el tema[487].

Aquí se ve claramente que Pedro tenía que obedecer a pesar de las diferencias culturales y las problemáticas de pensamiento popular que rondaban que esos tiempos. Pero para él no era problema, ya que era curtidor y las reglas conservadoras no eran de peso para él, aunque la mayoría de sus clientes eran de nacionalidad judía, Jope era una ciudad multicultural y su profesión era despreciada por los pietistas conservadores e incluso por algunos rabinos que permitían ciertos negocios a plazo corto con los gentiles los cuales reconocían que muchas tiendas empleaban tanto judíos como gentiles. Pedro se encontraba en un entorno cultural muy conflictivo, y la decisión que tomó fue obedecer la orden divina, eso se puede observar en:

A) *el Espíritu le dijo.*

B) *levántate, pues y desciende.*

C) *no dudes de ir con ellos.*

Todo esto denota una orden hecha por una autoridad. Entonces a pesar de cualquier problema externo, sin importar cuál sea, *el Espíritu Santo debe ser obedecido.*

Se le puede mentir

Y dijo Pedro: Ananías, ¿por qué llenó Satanás tu corazón para que mintieses al Espíritu Santo, y sustrajeses del precio de la heredad? - Hechos 5:3.

Satanás controló el corazón en este panorama, el mismo término se usa en el mandato *"sed lleno del Espíritu*[488]*"* para dar entender *el control* de este, en este caso Lucero controló el corazón de Ananías *(por decisión personal)* para que este mintiera al Espíritu. El pecado no consistió en no vender el total de sus propiedades, y tampoco en guardar parte de lo que se recaudó en su venta, sino más bien en mentir. *Mentir al Espíritu es mentirle a Dios*, porqué Él es Dios[489], y al hacerlo, es la forma irreverente de tenerlo por tonto. Aquí vemos una repetición en la historia, antiguamente el pecado de un hombre que guardó para sí parte del botín trajo juicio sobre Israel y muchos murieron, y solo al morir aquél el cual cometió el acto de avaricia y mentira podía avanzar el pueblo[490]. Eso daba entender en su propio contexto histórico la importancia que tenía ser sincero en cuanto a las afirmaciones,

[486] Hechos 10:23.
[487] Hechos 15:5.
[488] Efesios 5:18.
[489] Hechos 5:4.
[490] Josué 7:1-26.

ya que había un compromiso en medio, en el primer siglo se vivía el mismo principio.

Los grupos antiguos requerían que los miembros cedieran parte de sus cosas, y en un lapso podían recuperar lo que dieron y marcharse. Los creyentes de tal tiempo no actuaban bajo una ley específica, aunque era costumbre entre grupos grandes hacerlo, lo hacían en amor, la ofensa aquí causada al mentir trajo con a la mano la muerte, la razón de ello es que al *mentir al Espíritu se alude que es un pecador como el mismo ser humano, el cual se le puede esconder la verdad.* La mayoría de la gente en la antigüedad sabía el peligro que corría una persona al mentirle a Dios o a uno de sus representantes, ya que la sentencia era muerte[491]. La palabra *"llenó"* del gr. *"pleroo"* en este contexto es *"influenciar"* con eso se daba entender dejarse guiar, *al mentirle, trataron al Espíritu como un ser irracional y se le dio entender que su control no era adecuado ni suficiente.*

Se le puede resistir

!!¡Duros de cerviz, e incircuncisos de corazón y de oídos! Vosotros resistís siempre al Espíritu Santo; como vuestros padres, así también vosotros. - Hechos 7:51.

Duros e incircuncisos de corazón y de oídos. Eran como sus padres porqué resistían descaradamente al Espíritu Santo. Los antiguos persiguieron a los profetas que anunciaron la venida de Cristo. *Resistir al Espíritu es rechazar su ley*, en este caso, se puede ejemplificar como negar la misma Escritura y su contenido. Los judíos eran el pueblo que habían dejado de guardar la ley divina, era el mismo pueblo que había recibido la ley directamente mediante sus agentes. La palabra *"incircuncisos"* del gr. *"aperitmetos"* era un modo figurativo para dar entender *"los que no escuchan y no obedecen el mandato"*.

La acusación de incredulidad que Esteban presentó a los judíos es ilustrada por la misma historia de Israel. La historia presenta a los profetas antiguos exponiendo al pueblo como *"duros de cerviz"* e *"incircuncisos"* esas dos palabras culturalmente hablando, eran insultos proféticos comunes en el Antiguo Testamento. La ley era enfática al respecto de la circuncisión[492], aquellos los cuales no estaban circuncidados eran los separados del pacto, rebeldes que se oponían[493]. Las palabras eran fuertes para dar entender que los oyentes al igual que sus antepasados rechazaban tanto a los mensajeros de Dios como a Dios mismo, ya que *al rechazar a los profetas se consideraba que se rechazaba al mismo Espíritu de Dios, el cual los inspiró.*

---

[491] 2 Reyes 5:20-27.
[492] Hechos 7:8.
[493] Deuteronomio 10:16, 30:6.

Se le puede reverenciar

No me eches de delante de ti, Y no quites de mí tu santo Espíritu - Salmos 51:11.

El Espíritu en la antigüedad era considerado como aquel que capacitaba para ejercer el servicio que Dios deseaba, no tenía que ver con salvación[494]. Aquí David pide que no lo retire del servicio como ungido rey de Israel como lo fue Saúl[495]. El servicio divino escogido por el Espíritu en tales tiempos era una de las formas de reverenciarle. La remoción del Espíritu para que no se estuviera capacitado para su servicio era un castigo imaginable, ya que tenía por significado el fin del pacto divino, tanto con la persona como la nación y terminaría en destrucción[496].

Para un monarca gobernante, como representante divino, la separación del Espíritu tipificaba falta de dirección de Dios, y esa hubiese sido una señal para dar entender que su labor había sido rechazada[497]. En este caso, ser rechazado para el servicio, tipificaba no reverenciarle a Él. Por lo tanto, *la dependencia del Espíritu es sinónimo de reverencia.*

Se le puede blasfemar

Por tanto os digo: Todo pecado y blasfemia será perdonado a los hombres; más la blasfemia contra el Espíritu no les será perdonada - Mateo 12:31.

Los Fariseos habían blasfemado en contra del Espíritu al atribuirle a Satanás el poder mediante el cual Cristo realizaba sus obras[498]. El pecado imperdonable es negar reconocer el poder de Dios mediante Jesucristo, ya que era por el Espíritu Santo que el hizo todas las cosas, desde que fue concebido, hasta ser recibido en la ascensión en gloria en las alturas. Cualquier persona que se aleja de la voz del Espíritu rechaza la salvación y niega arrepentirse, mediante Cristo habló el Espíritu de Dios, y le rechazaron. Técnicamente, según los escribas de tales tiempos, *blasfemar era un abuso directo y de forma explícita del nombre divino*. Aquí presenta que es una injuria a Dios al atribuirle a Satanás las obras que solo el Espíritu de Dios puede hacer.

Históricamente, los maestros judíos educaban sobre los sufrimientos de una persona en su vida terrenal podían compensar algunos pecados, pero al igual decían que ciertos pecados de consecuencias graves serían trasladados al mundo venidero, muchos maestros judíos afirmaban con la historia del rey Manasés que su arrepentimiento le perdonó los pecados de este mundo

---

[494] Jueces 3:10
[495] 1 Samuel 16:13-14.
[496] Jeremías 23:39; Oseas 1:9.
[497] 1 Samuel 28:6.
[498] Mateo 12:24.

y los del venidero, y que los pecados de arrogancia altanera contra el Padre no podían ser perdonados bajo las leyes de la antigüedad, por ello la blasfemia se castigaba con muerte[499]. Blasfemar era considerado como una mentira en contra de alguien, la palabra griega aquí es *"blasfemia"* y significa *"maldecir"* aludía *"levantar una calumnia"* solo se puede levantar una calumnia en contra de una persona, y era considerado como una irreverencia impía, ya que difamaba y rompía el mandamiento de amar a Dios, sobre todo, y no levantar falso.

Se le puede entristecer

Y no contristéis al Espíritu Santo de Dios, con el cual fuisteis sellados para el día de la redención - Efesios 4:30.

El Espíritu es contristado/apenado por el pecado, en el contexto se expone que lo es en especial por los pecados de la misma lengua[500] *(como antes mencionado)*. Solo una persona puede ofenderse, aquí se presenta al igual que en la antigüedad[501], una ofensa muy grave ya que da por entender una rebelión consciente al rechazar la verdad. Al igual que la ilustración del texto en el desierto la rebelión de Israel llevó a Moisés a pecar con su boca[502].

La palabra *"contristéis"* del gr. *"lupeo"* significa *"angustiar"*, una forma reflexiva que significa *"causar aflicción"*, proviene de *"lupe"* que significa *"tristeza"* en tales tiempos se usaba para dar entender cuando se provocaba dolor por una ofensa. Solo a una persona se le ofende y se le provoca *dolor/angustia*, no a un poder o una cosa. Al Espíritu se le puede entristecer al pecar deliberadamente.

Se le puede ultrajar

¿Cuánto mayor castigo pensáis que merecerá el que pisoteare al Hijo de Dios, y tuviere por inmunda la sangre del pacto en la cual fue santificado, e hiciere afrenta al Espíritu de gracia? - Hebreos 10:29.

El veredicto expuesto en el verso describe claramente la magnitud pecaminosa de la incredulidad. *Hacer afrenta es ultrajar al Espíritu*. Eso da entender que el Espíritu de Dios había iluminado a una persona tocante al Evangelio convenciéndole de pecado y señalándole a Cristo como el único medio de salvación en gracia. Pero al rechazarle le menosprecia de una manera absoluta, a Él y a la salvación que ofrecía. Históricamente la basura o lo inservible podía ser pisoteado, pero aquello que es sagrado todo lo contrario, debía ser reverenciado, aquello sagrado que se pisoteaba era

---

[499] Levítico 24:10-23.
[500] Efesios 4:29-31.
[501] Isaías 63:10.
[502] Salmos 106:33; Números 20:10, Deuteronomio 3:26.

considerado una máxima y gran falta de respeto[503]. Hacer uso de lo santo como algo profano o inmundo era considerado en tales tiempos como un pecado muy grave, los creyentes claramente por las expresiones divinas en las Escrituras han sido santificados por la sangre del Cordero[504], en cambio, había otros judíos los cuales consideraban el cuerpo muerto de Jesús como algo inmundo basados en una orden antigua[505].

Al aludir que Cristo era inmundo se daba entender que el mismo que lo concibió, le guio en todo y fue prometido a los que en Él creen, es inmundo de igual forma, en este caso el Espíritu Santo. Entonces afrentar podemos ver en su propio contexto en el gr. *"enubrisas"* que significa *"ultrajar"*, esto comunicaba la idea de tratar contumazmente, hacer un insulto. *Al insultar la persona y obra del Hijo de igual forma también al Espíritu como persona que es.*

Las Escrituras presentan la personalidad del Espíritu

Pero cuando venga el Espíritu de verdad, él os guiará a toda la verdad; porque no hablará por su propia cuenta, sino que hablará todo lo que oyere, y os hará saber las cosas que habrán de venir. El me glorificará; porque tomará de lo mío, y os lo hará saber - Juan 16:13-14.

La obra que el Señor comenzó debía continuar, y de la única forma que podía seguir es por el Espíritu de verdad. Aquí se ven varias cosas importantes que demuestran la personalidad de Él:

- **Guía:** Guiará a toda la verdad. La palabra *"guiará"* del gr. *"jodegeo"* significa *"mostrar el camino, orientar"*.
- **Registra:** Utilizó a sus elegidos para registrar por escrito la verdad
- **Habla organizadamente:** Él no hablará por su propia cuenta.
- **Educa:** Os hará saber las cosas que habrán de venir. *"Hará saber"* del gr. *"anagello"* y es *"traer palabras a alguien, mostrar de antemano"*.
- **Impulsa la adoración:** Su obra principal es glorificar a Cristo. *"glorificará"* del gr. *"doxa"* aquí es *"dar reconocimiento, exaltar"*.
- **Comparte:** Tomará de lo mío.
- **Comunica:** Os lo hará saber.

Históricamente los Salmos expresan que Dios guía a su pueblo a la verdad y al camino de la fidelidad[506]. El lenguaje empleado aquí alude una revelación del carácter de Cristo[507]. Conforme las palabras dichas por Jesús,

---

[503] Isaías 63:7; Mateo 7:6.

[504] Hebreos 9:19-22: El autor expone la diferencia entre la sangre de los corderos y la de Cristo como el cumplimiento perfecto de Dios.

[505] Deuteronomio 21:23.

[506] Salmos 5:8, 25:5, 43:3.

[507] Juan 14:6.

el Espíritu relacionaría íntimamente a los creyentes con Él[508], esto demuestra que sería una intimidad al igual que los discípulos la tuvieron con Jesús. Tal intimidad en esos tiempos se expresaba en compartir las posesiones, eso era de carácter amistoso en los tiempos antiguos y en el propio contexto cultural, haciendo uso de eso expresa que Dios compartiría su propio corazón como una vez compartió la palabra con los profetas[509].

Pero cuando venga el Consolador, a quien yo os enviaré del Padre, el Espíritu de verdad, el cual procede del Padre, él dará testimonio acerca de mí - Juan 15:26.

En el trasfondo cultural, el *"consolador"* era mencionado en la imagen judicial en su sentido más amplio como *"abogado/defensor"*, un intermediario *(como antes mencionado)*. En la cultura judía se describía la corte celestial divina a los ángeles como aquellos que podían servir como acusadores o abogados, pero Satanás era el acusador principal, y Dios como aquel que defendía a Israel de las acusaciones. El Espíritu Santo es presentado como dicho *"intermediario/abogado"* al igual que Jesucristo mismo[510] el cual defendía la causa justa, el judaísmo tenía por costumbre la idea de los *"sucesores"* los cuales continuaban el *trabajo/obra* del que procedió, la labor del Espíritu es continuar la obra de Cristo. El ayudador/abogado/intercesor es llamado aquí al mismo Espíritu de Dios, la palabra que lo caracteriza viene del gr. *"parakletos"*[511], en la raíz de tal vocablo griego se encuentra la idea capacitar, aconsejar, exhortar, confrontar, fortificar, interceder y dar ánimo, Cristo enseña que el Espíritu:

1. Habita en los creyentes[512].
2. Ayuda a los discípulos a recordar los acontecimientos de su vida terrenal[513].
3. Trae convencimiento de pecado, justicia y juicio[514].
4. Enseña la verdad a los creyentes[515].

El testimonio de Cristo es estable, así como Él lo es, por tal razón brinda la capacidad para qué se testifique sobre Él. Tal capacidad es dada por Cristo en el consolador/ayudador. Aquí se puede ver con claridad la igualdad del Padre, con el Hijo y el Espíritu, Cristo dijo que Él enviaría del Padre al Espíritu[516], aquí se demuestra que solo Dios podría enviar a uno que es igual a sí mismo, en este caso el Espíritu de verdad el cual procede del Padre. Se entiende que es enviado por Dios, y que su venida en el día de Pentecostés fue un ejemplo especial de esto.

---

508 Juan 15:15.
509 Génesis 18:17, Amós 3:7.
510 Juan 9:35-41.
511 Juan 14:6, 15:26, 16:7.
512 Juan 14:16-17.
513 Juan 14:26.
514 Juan 16:7-11.
515 Juan 15:26, 16:13-15.
516 Juan 14:16.

El Espíritu que trae testimonio tocante a Jesucristo. Su misión es dirigir al humano a la gloria misma del Señor Santo. En su personalidad se puede observar:

1. *Es maestro.*
2. *Es guía.*
3. *Es intercesor.*
4. *Es animador.*
5. *Es capacitador.*
6. *Es consejero.*
7. *Es Dios.*

Pero yo os digo la verdad: Os conviene que yo me vaya; porque si no me fuera, el Consolador no vendría a vosotros; más si me fuere, os lo enviaré. Y cuando él venga, convencerá al mundo de pecado, de justicia y de juicio - Juan 16:7-8.

El espíritu es el único ser capaz de quebrantar las inclinaciones indiferentes y erradas sin convicción de pecado, que abrazan sin reverencia la injusticia, y que se hace de oídos sordos a las advertencias del juicio venidero divino. El abogado de los creyentes es presentado en las Escrituras como el fiscal del mundo[517].

Según la tradición judía se creía que Dios haría a Israel prevalecer sobre las demás naciones ante el tribunal divino en el juicio final; aquí es presentado que el juicio tuvo comienzo[518]. Históricamente la corte romana no gozaba de un ministerio público, y se dependía de una parte con interés para hacer presentación de cargos, aunque existían en tales tiempos retóricos capacitados en los aspectos legales, se debatía favor solamente de aquellos los cuales podían costear su ayuda. En este caso, el Espíritu presenta cargos contra el mundo ante la corte divina, con la ayuda de Jesús[519]. El texto demuestra que:

1. *Existe una unidad perfecta eterna y divinamente estable entre el Hijo y el Espíritu.*
2. *El Espíritu trabaja en compañerismo perfecto con Jesús para cumplir el propósito del Padre, el cual juzgará toda nación en los tiempos postreros.*

El Espíritu Santo convence al mundo de pecado, de justicia y de juicio. Aquí Él condena al mundo por el hecho de estar presente en la tierra. El Espíritu no debería estar aquí, por qué se supone Jesús debería estar reinando. Pero le rechazaron, y al ser rechazado ascendió de vuelta al cielo. *El Espíritu está en el mundo en lugar de un Jesús no aceptado por los hombres, eso evidencia la culpabilidad del mundo.* Por esa razón el Espíritu

---

[517] Jeremías 50:34, 51:36; Lamentaciones 3:58-66; Salmos 43:1.
[518] Juan 3:18-19.
[519] Mateo 5:22.

acusa como fiscal a quienes les rechazaron y presenta defensa a favor de los que no rechazaron a Jesús. En el texto vemos varias palabras claves que afirman lo dicho anteriormente, la primera es *"conviene"* del gr. *"sumfero"* significa *"soportar juntos"* alude una contribución, de forma literal *"una recolecta que trae consigo una ventaja útil"*, esto comunica la participación del Espíritu junto a Cristo en todo.

La otra palabra en relación con el carácter y obra del consolador es *"convencerá"* del gr. *"elegjo"* y significa *"refutar"* se hacía uso de esta en el empleo judicial para traer acusación al exponer a un convicto por un crimen. En tales tiempos se avergonzaba al exponer la inmoralidad para que esta fuera repudiada. El Espíritu aquí está haciendo su obra como fiscal de los inmorales, por ello sigue con la palabra *"mundo"* del gr. *"kosmos"* que es en su sentido amplio *"los habitantes y su condición"*, es una metonimia que habla de los seres humanos de esta esfera, opuestos a los que quieren y anhelan el reino celestial, comunica *"aquellos sujetos a Satanás y su sistema"*. Esos son los que el consolador fiscaliza por su *"pecado"*, la misma del gr. *"jamartia"* significa *"ofensa, error, falta"* es la aberración a la ley divina y todo aquello contrario al carácter y esencia de Dios. El propósito del Espíritu al fiscalizar a tales personas en su inclinación es para que se avergüencen, mostrándoles la *"justicia"*, la palabra justicia del gr. *"diakosune"* significa *"equidad"* esto expresa *"carácter y acciones rectas"* el Espíritu aquí presenta las acusaciones sobre la inmoralidad pecaminosa con las evidencias de la verdad, poniendo como contraste la conducta honrada llena de virtud[520].

Como bien se mencionó, la culpabilidad de los humanos yace en la negación del Mesías y la estancia del Espíritu por esa causa, por tal razón usa el ejemplo de Jesús en todo momento para con ello refutar todo lo contrario a la voluntad divina, estableciendo con la misma vida ejemplar de Cristo la culpabilidad en el juicio venidero, la palabra *"juicio"* del gr. *"krisis"* significa *"tribunal"* en este caso no es el tribunal de Cristo para galardones[521], sino más bien el juicio venidero a todas las naciones, debemos recordar que Él es *el abogado de los creyentes y a la misma vez el fiscal de los incrédulos*, esta palabra *"krisis"* es la aplicación de las leyes divinas que establecen el veredicto, en este caso la culpabilidad que yace en la negación al Hijo como la provisión perfecta de la misericordia del Padre, es aquí que se expone los que son convictos de dicho crimen *(rechazar a Cristo)* como ya culpables, para que se arrepientan de su vergüenza.

---

[520] Por ello el Espíritu Santo siempre presenta todo acerca de Cristo (Juan 16:14).

[521] 2 Corintios 5:10.

La deidad del Espíritu Santo

Manifestada en sus nombres

Y esto erais algunos; más ya habéis sido lavados, ya habéis sido santificados, ya habéis sido justificados en el nombre del Señor Jesús, y por el Espíritu de nuestro Dios - 1 Corintios 6:11.

La forma análoga en la cual es mencionado, se le relaciona con las otras personas de la deidad. Los creyentes son lavados de sus impuros pecados mediante la sangre derramada en el calvario, y mediante de la palabra de Dios continuamente son transformados. Ser santificados por la operación del Espíritu de Dios, es una separación del mundo para ser consagrados por Dios y para Dios, en este caso por el Espíritu de nuestro Dios; es decir, la justicia y la santidad, por el Espíritu de Dios son garantía de la operación divina en el creyente. La mención hecha hacia él como *"Espíritu de Dios"* afirma que es Dios mismo. El Espíritu al ser Dios opera la santidad en el creyente en sus diversas fases:

1. **Santificación Posicional:** *La misma la posee todo creyente desde el momento en el cual es regenerado para que goce un perfecto "estar" en santidad*[522].
2. **Santificación Progresiva:** *La misma se basa en el crecimiento diario en la gracia para llegar a la imagen de Cristo basado en la práctica de estar apartado para el uso divino*[523].
3. **Santificación Perfecta:** *La misma se alcanzará solo cuando se esté plena y completamente puestos aparte para Dios en la eternidad celestial*[524].

Solo Dios puede ejercer dicha santidad. Aquí hay una palabra clave, la misma es *"nombre"*, tal palabra del gr. *"onoma"* expresa *autoridad y carácter*, en tales tiempos un representante gozaba de la misma autoridad de quien les *envió (como bien mencioné en temas anteriores)*, eso afirma claramente que el Espíritu de Dios no solamente es Dios, sino que también el Hijo lo es al colocarlos en igualdad.

Pues no habéis recibido el espíritu de esclavitud para estar otra vez en temor, sino que habéis recibido el espíritu de adopción, por el cual clamamos: !!Abba, Padre! - Romanos 8:15[525].

La mención hecha demuestra que hace obras que solo Dios puede hacer. En la misma historia del pueblo de Israel se ve como Dios guio a los suyos en el desierto para que avanzaran y no volver a la esclavitud egipcia[526].

---

[522] Hechos 20:32; 1 Corintios 1:2.
[523] Juan 17:17; Efesios 5:26.
[524] 1 Corintios 15:52-58; 1 Tesalonicenses 4:13-18, 5:23-24.
[525] Cf. Juan 14:6.
[526] Éxodo 13:21, Nehemías 9:12; Sal 78:14; Isaías 58:8, Zacarías 2:5.

Culturalmente, la adopción que hacían los romanos se podía efectuar en cualquier edad, y cancelaba las deudas y relaciones pasadas del adoptado haciendo una defensa de este como hijo bajo los términos de la nueva relación paternal, y por la cual el mismo gozaba de la herencia como si fuese hijo natural y no adoptado.

La adopción podía ser solo hecha por la figura de autoridad, aquí la palabra *adopción* es clave, la misma del gr. *"juiothesia"* es *"colocar como hijo"* compuesta de *"juios"* que es *"hijo"* y *"tithemi"* que significa *"colocar"* y es *"poner en una posición la cual se vuelve heredero"*, esto muestra el acto divino por el cual Dios mismo coloca al creyente en su familia para que disfrute de los beneficios que solo gozaban los hijos adultos[527], y al mismo tiempo nace en una nueva familia por lo cual necesita crecer, alimentare, y desarrollarse. Esta nueva posición es un privilegio de crecimiento en su gracia, por ello se usa la palabra aramea antigua *"abba"* para Padre, con el conjunto de ambas se demuestra que *el Espíritu Santo es ese enlace divino el cual conecta a los suyos consigo mismo, tal acción solo la puede hacer un ser divino.*

Manifestada en sus características/posee atributos divinos

Pero Dios nos las reveló a nosotros por el Espíritu; porque el Espíritu todo lo escudriña, aun lo profundo de Dios. Porque ¿quién de los hombres sabe las cosas del hombre, sino el espíritu del hombre que está en él? Así tampoco nadie conoció las cosas de Dios, sino el Espíritu de Dios - 1 Corintios 2:10-11.

Es Omnisciente: *Solo una persona con conocimiento puede impartir conocimiento.* Él es el único capacitado para mostrar todo lo divino, y para ello es necesario ser omnisciente.

¿A dónde me iré de tu Espíritu? ¿Y a dónde huiré de tu presencia? - Salmos 139:7.

Es Omnipresente: El salmista reconoce la presencia absoluta del Espíritu preguntándose a sí mismo. Con eso está *afirmando ¡Jamás podré escapar de tu Espíritu! ¡Jamás podré huir de tu presencia!* El Espíritu de Dios está presente donde sea, por lo tanto, nadie ni nada puede escapar de Él. En relación con el no creyente es un problema, ya que el mismo por su pecado trata de esconderse[528], pero para el creyente es gozo porque nada, ni nadie podrá separarle de su amor[529]. En tales tiempos se hacía una comparación sobre el tema con la luz del sol, la cual estaba en todo lugar y sin importar el lugar remoto donde la persona estuviera un rayo de luz le

[527] Romanos 8:23, 9:4; Gálatas 4:5; Efesios 1:5.
[528] Génesis 3:10.
[529] Romanos 5:5, 8:35-39.

alcanzaba. Una cosa es tener acceso a todo lugar y otra muy diferente estar en todas partes simultáneamente. El Espíritu de Dios está simultáneamente en todas partes y en todo lugar. *Él lo llena todo.*

Y la tierra estaba desordenada y vacía, y las tinieblas estaban sobre la faz del abismo, y el Espíritu de Dios se movía sobre la faz de las aguas - Génesis 1:2.

Es Omnipotente: El mover del Espíritu significó y significa el comienzo de la vida, porqué Él es la vida. Esta descripción habla de un pájaro el cual con sus alas protege los polluelos[530]. La palabra *"movía"* del hb. *"rajaf"* significa *"empollar"* aludía tener cuidado para que el proceso se llevara a cabo hasta el fin. El Espíritu estaba activa y directamente involucrado con la creación del mundo[531]. *Su actividad y cuidado son eternos como lo es su poder, el poder del Espíritu se vio activo en la creación.* Solo un ser omnipotente puede hacer esto.

Este es Jesucristo, que vino mediante agua y sangre; no mediante agua solamente, sino mediante agua y sangre. Y el Espíritu es el que da testimonio; porque el Espíritu es la verdad - 1 Juan 5:6.

Es Verdad: El Espíritu siempre testifica la verdad acerca de Cristo[532], la misma que Juan está comunicando en su carta sobre Jesús. Él da testimonio pleno de la persona, divinidad y obra de Jescristo exponiéndola como la verdad de Dios. Al ser el otro consolador, lo coloca a Él como verdad en sí mismo por dos razones:

1) *el representante gozaba de la misma esencia de aquel el cual se representaba.*

2) *gozaba de la misma autoridad de quien representaba.*

Esto demuestra que al Jesús exponer que Él era verdad, de igual forma el Espíritu por ser el enviado del Padre y de Él, y al mismo tiempo el Espíritu da testimonio de Cristo como verdad por ser Él también verdad. El Espíritu Santo atestiguó el nacimiento divino de Jesús y su sacrificio[533], la palabra verdad del gr. *"aletheia"* es verdadero, tanto en esencia, palabras conducta, y en este caso, lo que es *en esencia*. Cuando esta carta fue escrita rondaba la creencia falsa de que Jesucristo solo fue mesías entre el tiempo de su bautismo y su muerte, por así decirlo, Jesús era un hombre común y corriente hasta el punto donde fue bautizado, en ese momento el Espíritu descendió sobre Él y que le dejó antes de su muerte en la cruz, tal enseñanza errada

---

[530] Deuteronomio 32:11-12; Isaías 31:5.

[531] Job 33:4; Salmos 104:30.

[532] Juan 14:26, 15:26,

[533] Mateo 1:18; Hebreos 9:14.

provenía de Cicerón[534]. Aquí se desmiente claramente la misma, dando entender que tanto Jesús como el Espíritu gozan de la misma esencia, verdad.

Pues si vosotros, siendo malos, sabéis dar buenas dádivas a vuestros hijos, ¿cuánto más vuestro Padre celestial dará el Espíritu Santo a los que se lo pidan? - Lucas 11:13.

Es Santidad: El regalo más importante registrado en el globo terráqueo y hacía la raza humana, es el Espíritu Santo dado por la gracia de Cristo derramada con su vida[535]. Esto es *el equipamiento divino con la soberana tercera persona de la divinidad para impartir santidad personal, solo un ser santo puede equipar con santidad.* El Espíritu Santo es el agente divino poderoso que capacita al creyente para vivir la vida conforme la voluntad de Dios. Dios es presentado por Cristo como anhelando dar este poder a los que lo deseen.

En el griego originalmente no dice que *"Dios dará el Espíritu Santo"*, más bien dice *"dará Espíritu Santo"*. Al estar presente el artículo, se refiere a la misma persona, y cuando no está presente el artículo, se refiere a sus dones y operaciones. En este caso se habla sobre su ministerio en las vidas de aquellos que lo deseen, mucho más allá que sus dones y operaciones[536]. Entonces, *su persona Santa es la garantía de una santidad en la vida de los hijos de Dios*. Históricamente, en tales tiempos muchos habían pensado que el Espíritu se había retirado y que solo estaba disponible para algunas personas consideradas las más santas, pertenecientes a la comunidad dedicada al estudio de los rollos, esta promesa fue una muy profunda dado a la creencia popular de esos tiempos acerca de que el Espíritu según el judaísmo antiguo, el cual se basaba en el Antiguo Testamento creían en esencia que era una promesa donde Dios convertiría en voceros ungidos a los judíos estudiosos.

Jesús aquí rompe el molde común, dando entender que la santidad divina está dispuesta a ser impartida a todo aquel que la desee, *solo un ser santo como Dios puede impartir santidad, el Espíritu es Santo, por ende, imparte su santidad.*

Porque la ley del Espíritu de vida en Cristo Jesús me ha librado de la ley del pecado y de la muerte - Romanos 8:2.

Es Vida: La operación del Espíritu en los creyentes está regulada como una ley, pero es imposible mecanizarla porque es vida. El Espíritu da vida porque Él es vida, así de sencillo. El mismo estuvo presente en la creación[537]

[534] Marco Tulio Cicerón fue un político y abogado romano, que se desempeñó como cónsul en el año 63 a.C. Venía de una acaudalada familia municipal de la orden ecuestre romana, y es considerado uno de los mejores oradores y prosaístas de Roma.
[535] Hechos 2:1-4.
[536] Mateo 7:11.
[537] Génesis 1:2.

y es la persona poderosa que capacita con sus capacidades a cada creyente. Aquí el punto importante es que si la ley trae vida o muerte depende si el Espíritu la ha escrito en el corazón[538], si se practica como una norma externa de justicia, por lo cual es imposible lograr alcanzar las demandas divinamente celestiales en esfuerzos personales[539], será un fracaso seguro, se necesita la vida que imparte la misma para poder vivir, de igual forma se necesita el autor de la ley para que sea grabada en el corazón y así poder vivir como Dios desea, el Espíritu es la vida.

Para tener una clara comprensión se exponen dos principios importantes que se oponen entre sí. *El del Espíritu*, el cual es dar vigor a los creyentes para la santidad. *Y el del pecado*, el cual ya mora en el humano, y lo lleva directo a la muerte[540]. Para comprender la efectividad del principio divino se puede ver en ejemplo sencillo, *la ley de gravedad*. Al lanzar al aire un objeto, vuelve a descender porque es más pesado que el aire que desplaza. Un ave viviente es de igual forma más pesada que el aire que desplaza, pero cuando es lanzada al aire, vence la ley de gravedad porque tiene una ley de vida en ella que el otro objeto no tenía. De igual forma así el Espíritu comunica Su vida *(resurrección de Cristo)* a la del creyente, liberando al mismo de la ley del pecado y muerte. La palabra vida del gr. *"dzoe"* significa *"existencia"* literalmente es el soplo que formó la personalidad. La misma proviene de *"dzao"* que es *"animado"* alude un ser activo. Entonces, el Espíritu es vida, es quién anima todo lo creado y lo ajusta en actividad.

¿Quién enseñó al Espíritu de Jehová, o le aconsejó enseñándole? - Isaías 40:13.

Es Sabiduría: Nadie ni nada ha enseñado jamás al Espíritu de Dios, toda obra divina de creación y providencia fueron hechas sin ninguna ayuda externa. En el antiguo oriente la gran mayoría de las decisiones se tomaban conforme el consejo divino donde se presentaban las opiniones, y al compartirlas se creaba una dependencia divina. En tales tiempos rondaba la creencia pagana de los dioses Apsu y Tiamat[541], donde hicieron que las criaturas cobraran vida y tenían como fiel consejero a otro dios, Mummu, el cual era el amonestador. Tal creencia afirmaba que el alto consejero de los dioses los reunió para determinar cómo atacar a Tiamat para luego poner por rey a Marduc aceptando su gobierno totalitario. El texto bíblico expone apologéticamente contra tal creencia, dando a entender que *Dios no tiene consejeros y mucho menos trabaja dentro de una asamblea la cual tiene que*

---

[538] Ezequiel 36:27.
[539] Romanos 3:27, 9:31-32, 10:6-8.
[540] Génesis 2:17.
[541] Epopeya babilónica de la creación. Conocido ahora como «La Epopeya de la Creación», este texto fue conocido en la antigüedad por las palabras con las que comienza, Enuma Elish («Cuando en las alturas»). El relato mesopotámico es una cosmogonía, trata de los eventos previos y lleva hasta el comienzo de los tiempos según su cultura y creencias. Tiamat según la creencia pagana era una diosa importante mesopotámica de los mares, era considerada la consorte de Apsu, el dios de la narración de la creación.

rendir cuentas. La creación fue organizada por el Espíritu, el cual reguló, guio y ordenó todo, Dios, aunque en su esencia divina es Trino, ni el Padre, ni el Hijo le dieron consejo al Espíritu de cómo hacer las cosas en torno a la creación, esto demuestra sabiduría. La palabra *"enseñándole"* del hb. *"yadá"* significa *"conocer"* con la pregunta planteada en el verso se da entender que nadie le mostró el camino, ni le hizo observación alguna y mucho menos le instruyó para capacitarlo y darle entender las cosas. *El Espíritu Santo es un ser eternamente sabio.*

Manifestada en sus obras las cuales solo Dios puede hacer

Y la tierra estaba desordenada y vacía, y las tinieblas estaban sobre la faz del abismo, y el Espíritu de Dios se movía sobre la faz de las aguas - Génesis 1:2.

Crear: Muchos creen que existió un lapso de duración indefinido entre los días de la creación. En medio del proceso creativo Dios remedió el desorden que había, en este caso estaba deformada y sin habitantes y el Espíritu se movía de un lado a otro para proteger y participar de la obra creadora. Dios no creó la tierra y lo que en ella habita en vano, sino más bien con el propósito de mostrar su gloria[542].

Alfred Endersheim comenta sobre ello: "el primer versículo en el libro de Génesis simplemente afirma un hecho general, en que "en el principio (cuando fuera que fue eso) creó Dios los cielos y la tierra". Posteriormente, en el segundo versículo, nos encontramos la tierra descrita en su estado al final de la última gran revolución, anterior al estado actual de las cosas "y la tierra estaba desordenada y vacía, y las tinieblas estaban sobre la superficie del abismo". Un espacio de tiempo casi indefinido, y muchos cambios, podían pues haber tenido lugar entre la creación del cielo y la tierra, como se menciona en el v.1, y el v.2.

En cuanto a la fecha exacta de la primera creación, se puede afirmar sin dudar que no tenemos aún el suficiente conocimiento para llegar a ninguna conclusión realmente digna de confianza. No obstante, es mucho más importante para nosotros saber que Dios "creó todas las cosas por Jesucristo[543]" y todavía más, que "todo fue creado por él y para él[544]", y que *"de él, y por él, y para él, son todas las cosas*[545]". Esto no solo confiere unidad a toda la creación, sino que la coloca en una conexión viviente con nuestro Señor Jesucristo. Al mismo tiempo, siempre deberíamos tener presente, que "por la fe entendemos que el universo fue enteramente organizado por la palabra de Dios, de modo que lo que se ve fue hecho de cosas no visibles[546]". Todas las cosas al salir de la mano de Dios eran "bueno

[542] Isaías 45:18.
[543] Efesios 3:9.
[544] Colosenses 1:16.
[545] Romanos 11:36; Hebreos 11:2; Juan 1:3.
[546] Hebreos 11:3.

en gran manera", es decir, perfecto para cumplir el propósito que le había sido asignado[547].

Una de las interpretaciones de este relato creativo es la idea de la reconstrucción, la misma propone que hubo una catástrofe entre el lapso del *v.1* y *v.2*, por la caída de Satanás[548]. Según tal teoría eso causó que la creación original perfecta de Dios fuera desordenada y vacía. Esta teoría afirma que sólo un gran cataclismo puso hacer de la tierra una con tal condición caótica, ya que Dios no lo creó así[549]. La tierra llegó a estar *sin forma y vacía*, es la traducción correcta, ya que no asume un caos sino más bien vaciedad, y eso es a causa de un principio por el cual pasó su proceso para luego colocar en ella vida, por el Espíritu de Dios, el cual en ese proceso estuvo presente preparando la construcción que surgiría. El Espíritu fue el agente el cual supervisó que todo lo creado estuviera en perfecto orden. *Él es creador.*

Porque nunca la profecía fue traída por voluntad humana, sino que los santos hombres de Dios hablaron siendo inspirados por el Espíritu Santo - 2 Pedro 1:21.

Inspirar: La inspiración se puede comprender como *"Causar o producir un determinado sentimiento el cual puede hacer iluminar el entendimiento de una persona"*, fue el Espíritu el cual impulsó a los profetas a hablar de parte de Dios, con esto indica que las Escrituras no son una invención de los profetas ni son su interpretación personal de lo que Dios dijo. Sino más bien Dios inspiró a los escritores en cooperación utilizando sus talentos, experiencias, trasfondo cultural y educación. Dios se aseguró de que el mensaje que quería transmitir fuera comunicado de manera fiel, sin errores, auténticamente y de manera confiable.

El judaísmo antiguo consideraba la inspiración como una posesión divina, un frenesí en el cual la capacidad racional de la persona era remplazada por la divina, pero la realidad es otra, al observar los diversos estilos literarios indica que realmente la inspiración utilizó las facultades y el vocabulario de los humanos[550]. Aun que pudo haber diferentes niveles según las personas involucradas[551], todo fue *con el fin de proteger tanto la inspiración como al agente inspirado*[552]. Dios dirigió a sus elegidos en cuanto a las palabras que debían escribir, sin destruir la individualidad ni el estilo de los escritores. Este verso expone como el Espíritu dirigió la inspiración verbal y plenaria de forma inerrante. Inspiración verbal es que

---

[547] Alfred Endersheim, Comentario Bíblico Histórico. Libro 1. Pag 32. Editorial Clie, C/Ferrocarril 8, Viladecavalls, Barcelona, España 08232.
[548] Ezequiel 28:11-19.
[549] Isaías 45:18.
[550] 1 Pedro 1:10-11; 1 Corintios 7:40, 14:1-2, v.14-19.
[551] 1 Corintios 14:2, 2 Corintios 5:13, 12:4.
[552] 2 Pedro 2:1.

las palabras se plasmaron tal como fueron originalmente escritas por los más de cuarenta escritores humanos y que las mismas fueron dadas por Dios[553].

Las palabras que escribieron tales autores fueron dadas por el Espíritu no fueron producto de sus propias ideas. Inspiración plenaria es que toda la Escritura es igualmente dada por Dios, de principio a fin[554]. Las Escrituras están totalmente exentas de error en los originales, su doctrina, historia y cronología fueron preservadas por Él ya que los autores solo la transportaron, ellos no fueron la fuente ni tuvo origen en ellos, fue el Espíritu de Dios. Al analizar bien el texto se puede observar claramente que la fuente no es el ser humano sino el Espíritu, la palabra no vino por *"voluntad"* del gr. *"thelema"* que es *"determinación, propósito"* del *"hombre"* del gr. *"anthropos"* que es *"naturaleza humana, mortal"*, si la fuente hubiese sido la determinación humana mortal, la misma tendría errores y un cumplimiento finito e inconstante, por ello hace la diferencia entre el hombre y Dios, dando entender que ellos no fueron los que determinaron tales palabras sino que fueron *"inspirados"* del gr. *"pheró"* que significa *"cargar"* eso expresa *"ser movido e incitado"*, ellos solo fueron los que cargaron las palabras que Dios les dio. Con esto se entiende que Él como persona es inspirador.

Respondiendo el ángel, le dijo: El Espíritu Santo vendrá sobre ti, y el poder del Altísimo te cubrirá con su sombra; por lo cual también el Santo Ser que nacerá, será llamado Hijo de Dios - Lucas 1:35.

Engendrar: La encarnación se llevó a cabo mediante el poder creativo del Espíritu en el cuerpo de María. La concepción virginal de Jesucristo fue un acto milagroso y especial por el cual la segunda persona de la Trinidad, el Hijo eterno de Dios, tomó una naturaleza humana genuina y sin pecado, naciendo como hombre y sin renunciar a su deidad en ningún aspecto. La tradición judía hacía uso del término *"cubrir con sombra"* como una expresión para la presencia de Dios sobre su pueblo y tiene exactamente la misma connotación que *"el Espíritu de Dios se movía sobre la faz de las aguas; al igual que, dijo Dios sea la luz[555]"*. Con esto le da entender a María que la misma presencia divina reposaría en ella teniendo cuidado de todo el proceso para que la luz venga al mundo[556], esta escena constituye *"el Santo"* en su encarnación como Dios hecho hombre. Jesucristo vino libre de la naturaleza pecaminosa en su humanidad la cual fue transmitida por Adán. Debido a su nacimiento virginal, era un ser humano pero lo que marcaba la diferencia era que Él fue el Hijo de Dios sin pecado humano. Él es completamente humano y divino. Nació sin pecado porque es Santo, no obtuvo su santidad porque no pecó, Él no pecó porque siempre fue santo en

---

[553] 1 Corintios 2:13.
[554] 2 Timoteo 3:16.
[555] Génesis 1:2-3.
[556] Juan 1:4-5.

esencia. Es un contraste con Adán, el cual desobedeció y era naturalmente pecador.

Esta obra divina la cual se encarnó se hizo posible gracias al poder del Espíritu de Dios. Cabe a aclarar, Jesús no fue creado, fue concebido que es muy diferente. La palabra clave en el verso es *"Santo Ser"*, la misma viene del gr. *"jagios"* de *"jagos"* lo cual significa *"sagrado"* esta palabra alude *"puro en lo físico, moral y ceremonial"*, con la misma se ilustraba algo que maravilla y es digno de reverencia y respeto, comunicando *"perfección"*. La perfección del Espíritu de Dios garantizó que la perfección se hiciera hombre y maravillara al mundo.

Y cuando él venga, convencerá al mundo de pecado, de justicia y de juicio - Juan 16:8.

Convencer: El convencimiento es exponer la verdad con una claridad para poder ser capaz de aceptar o rechazar a la misma inteligentemente. En el convencimiento llama al hombre al arrepentimiento mostrándole su pecado para que reconozca la perfecta justicia divina mediante la vida, sacrificio y resurrección de Cristo. Rechazar tal oferta es dar la espalda a la misericordia divina para entrar a juicio aceptando la responsabilidad de la culpa. La palabra *"convencer"* del gr. *"elegjo"* es un tiempo futuro que significa *"acusar al que está en error"*, se hacía uso de esta para dar entender como una persona probaba con evidencias para que de esa forma el que está en error sintiera vergüenza. El Espíritu como ser perfecto tiene la capacidad de ejecutar tal acción de igual forma, convencer a la perfección.

Respondió Jesús: De cierto, de cierto te digo, que el que no naciere de agua y del Espíritu, no puede entrar en el reino de Dios. Lo que es nacido de la carne, carne es; y lo que es nacido del Espíritu, espíritu es - Juan 3:5-6.

Regenerar: Histórico culturalmente se creía que los convertidos al judaísmo llegaban a ser como niños recién nacidos cuando eran bautizados para quitarlos de su actual estado gentil y purificarlos para ser pueblo de Dios. Para tales, nacer del agua significaba de igual forma nacer del cielo, esto era para su conversión, como un segundo nacimiento físico. Los maestros judíos generalmente hablaban sobre los nuevos convertidos al judaísmo como los *"recién nacidos"* y este era un término utilizado en el sentido de que aquellos que se convertían estaban legalmente separados de las antiguas costumbres y relaciones, tanto así que hasta las deudas eran perdonadas y si era esclavo quedaba libre, han surgido varias interpretaciones para el uso de *"agua"*:

1. El bautismo como requisito para salvación, pero esta teoría queda descartada porque niega rotundamente la misma Escritura[557].
2. El significado en el acto de arrepentimiento que el bautismo de Juan expresa.
3. Al nacimiento natural cuando el saco amniótico se rompe antes del parto, pero eso daría por significado "el que no naciere la primera vez de agua, y la segunda de Espíritu".
4. La palabra de Dios[558].
5. Como sinónimo del Espíritu Santo, *"de agua, es decir, del Espíritu"*.

Para comprender claramente cuál de las variantes es la correcta, veamos las palabras clave en el texto mencionado, la primera es *"naciere"* del gr. *"gennao"* y significa *"procrear, generar"* de *"genos"* que es *"especie/generación"*, expresa la idea de naturaleza, por ello el siguiente uso para *"Espíritu"* del gr. *"pneuma"* para Espíritu de Dios como el agente morador, el principio vital y racional divino que ejecuta tal naturaleza antes mencionada[559], la cual es opuesta a *"carne"* del gr. *"sarx"* que habla de la misma naturaleza humana, expresando las debilidades y fragilidad de la misma como imperfecta, tanto física como moral. Entonces se puede comprender que cuando Jesús dice *"El que no nace de agua y del Espíritu, no puede entrar en el reino de Dios"*. La *"y"* para referirse a agua *"y"* Espíritu se traduce correctamente como *"esto es"*. El verso en sí quiere decir *"El que no nace de agua, esto es, del Espíritu, no puede entrar en el reino de Dios"*.

El texto en los labios de Jesucristo expresa un nacimiento espiritual para tener entrada al reino celestial. Este es producido por el Espíritu de Dios, conocido teológicamente como *regeneración/bautismo del Espíritu*. La misma interpretación se expresa en el mismo verso cuando Jesús dice *"nacido del Espíritu"*, cuando Cristo dice *"lo que es nacido de la carne, carne es"* da entender que todo aquel que nace naturalmente, nace en pecado, mediante tal nacimiento natural el ser humano está imposibilitado de salvarse a sí mismo. Pero *"lo que es nacido del Espíritu, espíritu es"*, es nacer por el Espíritu, y en ese acto se recibe una nueva naturaleza, por la cual el ser humano es capacitado para el reino divino. El verdadero nacimiento mencionado por Cristo es la renovación interna hecha por el Espíritu[560].

[557] Efesios 2:8-9.
[558] Mucho aluden que así es por la referencia hecha por Cristo en Juan 15:3.
[559] 2 Pedro 1:4.
[560] Ezequiel 36:26; Tito 3:5.

Y yo rogaré al Padre, y os dará otro Consolador, para que esté con vosotros para siempre - Juan 14:16.

Consolar: El trasfondo de llamarle consolador al Espíritu Santo es a causa de un uso judicial, ya que en tales tiempos se usaba en el sentido de un abogado *defensor/intercesor*, el mismo uso se expone cuando Cristo hace defensa de un hombre el cual fue echado fuera de la sinagoga gracias a sus acusadores[561], también era de uso común en el mundo judío que se hablara sobre un consolador para aludir sobre quien continuaba el trabajo de su predecesor. Por ello el uso *"otro"* consolador, para dar entender que habría un representante en su lugar para capacitar y equipar con lo necesario y así presentar la defensa adecuada. Un *"paraklretos"* que es consolador, es aquel que conforta, anima, quien está llamado a permanecer a un lado de otro para ayudarle en su comportamiento, palabras y acciones, en medio del asunto judicial. La obra interna del Espíritu Santo es capacitar al creyente para que, en toda área de su vida, este esté apto para saber qué y cómo hacer.

Mas el Consolador, el Espíritu Santo, a quien el Padre enviará en mi nombre, él os enseñará todas las cosas, y os recordará todo lo que yo os he dicho. La paz os dejo, mi paz os doy; yo no os la doy como el mundo la da. No se turbe vuestro corazón, ni tenga miedo - Juan 14:26-27.

Interceder: El Espíritu vino en nombre de Cristo para representar los intereses de Jesús sobre la esfera terrenal. Él no vino a glorificarse a sí mismo, sino a llevar al hombre ante el salvador. Al igual que antes mencionado, el parakletos, es un intercesor, ayudador, cuando Jesús expone que el Padre lo enviara en su nombre da entender con esto la corriente cultural de tales tiempos, el representante gozaba de la misma autoridad que a quien representaba, como antes mencionado, aquí se ve la Trinidad en acción, el Espíritu intercede ante el Hijo así como Cristo lo hace ante el Padre, no se habla en cuestión de autoridad como un subordinado rogando a un amo, sino más bien como una petición en conjunto, mejor dicho, *un solo pensamiento expresado*. La base por la cual el Espíritu intercede es que goza en unidad perfecta de la misma autoridad y esencia que el Padre y el Hijo.

Pero nosotros debemos dar siempre gracias a Dios respecto a vosotros, hermanos amados por el Señor, de que Dios os haya escogido desde el principio para salvación, mediante la santificación por el Espíritu y la fe en la verdad - 2 Tesalonicenses 2:13.

Santificar: Las Escrituras enseñan constantemente que la salvación comienza y termina con Dios. El proceso de la santidad es dado, hecho y culminado por el Espíritu Santo basado en la obra consumada del Hijo.

[561] Juan 9:35-41.

Mediante la santificación por el Espíritu se tiene la obra interna de la conversión. El Espíritu separa a las personas del sistema caído de Adán dirigiéndolas hacia Dios, convenciéndolos de pecado y señalándoles a Cristo como la fuente y el objetivo celestial. En la antigüedad había sin número de ideas e historias sobre personas que rechazaban a los mensajeros divinos pensando que eran impostores; aquí se presenta un agradecimiento a Dios por que la Iglesia recibieron a los enviados y su mensaje apropiadamente en fe. La palabra *"santificación"* del gr. *"jagiasmos"* significa *"purificación"*, alude una separación para Dios, capacitando al receptor para ser santo como Él es Santo. La actividad divina en la regeneración y la responsabilidad humana de fe es un factor determinante en la santificación.

Manifestada en la asociación con la analogía de las Personas de la divinidad

Hechos 5:3-4: La primera afirmación hecha en el texto es que se cometió una acción de mentira en contra del Espíritu Santo, la segunda afirmación establece que tal acción fue hecha en contra de Dios, esto expone que todo pecado es contra Dios, por consecuente el Espíritu es Dios.

2 Corintios 13:14: La gracia, el amor y la comunión son exclusivamente de la deidad, aquí es mencionado cada miembro de la divinidad. *"gracia"* del gr. *"jaris"* es *"favor"* el cual causa felicidad, sea concreto, abstracto, literal, figurado o espiritual, alude la influencia divina sobre el hombre. Dios la demostró mediante Cristo, el amor se demostró cuando el Padre *"Dios"* envió a su Hijo, y la *"comunión"* del gr. *"koinonia"* es una sociedad, la participación, en este caso mediante el Espíritu es que se puede participar en el Hijo para con el Padre, la unidad perfecta de Dios se demuestra aquí, dando entender que el Espíritu Santo disfruta de toda igualdad con el Padre y el Hijo. Aquí se evidencia un paralelo a Jesús y al Padre, indicando que tanto el Padre, el Hijo y el Espíritu son asimismo divinos e igualmente personales.

La procesión del Espíritu Santo se describe en la eterna relación que este tiene con el Padre y el Hijo, ya que es procedente eternamente con los otros dos miembros de la divinidad sin cambio de naturaleza, carácter o esencia, es Dios. El concepto histórico de la procesión fue establecido por el credo del concilio de Constantinopla en el 381, luego en el 589 se elaboró la famosa cláusula de filioque en la cual se establece que el Espíritu procede del Padre y del Hijo. Esto demuestra la unidad perfecta en la trinidad de Dios, tanto en la Escritura como la historia misma.

Ilustraciones del Espíritu en las Escrituras

Vestido

He aquí, yo enviaré la promesa de mi Padre sobre vosotros; pero quedaos vosotros en la ciudad de Jerusalén, hasta que seáis investidos de poder desde lo alto - Lucas 24:49.

En la antigüedad Isaías habló sobre el pueblo de Israel como un testigo a todas las naciones en los tiempos finales[562] mediante el Espíritu[563]. En tales tiempos la obra del Espíritu estaba asociada con la habilidad de profetizar. Se aludía especialmente sobre como Dios inspiraba a las personas para que hablaran, que fueran sus portavoces. Los discípulos serían testigos de la vida, palabras, muerte, resurrección y ascensión de Cristo. Debían salir como representantes de tal mensaje. Pero para que eso sucediera debían esperar la promesa del Padre, Espíritu Santo el cual sería dado en Pentecostés. Solo así, serían revestidos en poder para dar testimonio del Cristo resucitado[564].

Algunas versiones bíblicas dicen revestidos, otras investidos, originalmente del gr. *"enduo"* en el sentido de ser introducido en un vestido, colocarle ropa, esta palabra está compuesta de *"en"* es una preposición primaria que significa *"posición"* en lugar, tiempo o estado la cual comunica *"reposo, posar"*, apropiadamente en el sentido más amplio es *"adentro"* da a entender algo que *"opera desde el interior"*, y de *"duno"* que significa *"hundir, hundirse en"* la misma se utilizaba para cuando el sol se ponía para que entrara el otro ciclo de tiempo. El conjunto de ambas da entender con *"enduo"* que será el tiempo de una nueva etapa para ellos, en el cual desde su interior recibirán tal poder. La ilustración hecha por Cristo sobre el Espíritu Santo como un vestido expresa, que lo que llevarán en su interior, se expresará en su exterior.

Ave/Paloma

Y Jesús, después que fue bautizado, subió luego del agua; y he aquí los cielos le fueron abiertos, y vio al Espíritu de Dios que descendía como paloma, y venía sobre él - Mateo 3:16[565].

Espíritu de Dios descendió del cielo *"como paloma"*, y posó sobre Cristo. En el Antiguo Testamento las personas y los objetos se consagraban para propósitos sagrados mediante el conocido *"aceite de la santa unción[566]"*, de esa forma Cristo fue ungido como el Mesías por el Espíritu.

---

562 Isaías 43:10, 44:8.
563 Isaías 42:1, 44:3.
564 Ezequiel 36:27; Joel 2:28.
565 Marcos 1:10; Lucas 3:22.
566 Éxodo 30:25-30.

Muchos judíos en tales tiempos tenían la creencia que el Espíritu Santo no estaba disponible para su era; pero había otros que tenían la creencia que el Espíritu simplemente no obraba con el mismo poder como con los profetas en sus tiempos, sino que se guardaba a sí mismo para cuando fuera la manifestación de los tiempos finales. La venia del Espíritu sobre Cristo indicaba la inauguración de una nueva era en la cual señala al Mesías como el portador del Espíritu. Hay dos palabras claves en el verso, la primera es descendió del gr. *"katabainó"* esto es descender de un lugar más alto a uno más bajo, esto comunica que proviene de lo celestial a lo terrenal, la otra es paloma del gr. *"peristera"* y significa *"una paloma"* se aludía a tal figura como la ministración divina y pacífica. En sí la figura de paloma expresaba que descendió sobre Jesús como desciende una paloma. No se expresaba que el Espíritu Santo era una paloma, sino más bien se hacía uso de esa figura como medio de ilustración para el entendimiento finito del hombre.

También dio Juan testimonio, diciendo: Vi al Espíritu que descendía del cielo como paloma, y permaneció sobre él. Y yo no le conocía; pero el que me envió a bautizar con agua, aquél me dijo: Sobre quien veas descender el Espíritu y que permanece sobre él, ése es el que bautiza con el Espíritu Santo - Juan 1:32-33.

Dios le había dicho a Juan que le daría una señal para mostrarle quien habría de ser el Cristo, el momento en el cual fue bautizado, vio la señal y afirmo con ello que Jesús es el Mesías. Se sabe que tanto Juan como Jesús eran parientes[567], claramente se conocían, pero no fue hasta cuando Jesús fue a su bautismo que logró comprender Juan que Jesús es el Mesías[568]. El Espíritu descendió sobre Jesús y permaneció sobre él[569]. Dios había revelado a Juan que el Mesías vendría en el momento indicado, cuando el Espíritu descendería y permanecería sobre Él. Cuando esto sucedió Juan se percató de que Jesucristo era quien bautizaría con el mismo Espíritu que reposó sobre Él. El Espíritu es un ser personal, por así decirlo, es una persona, doctrinalmente hablando es una de las tres personas de la deidad. El mismo es igual con el Padre y el Hijo.

Juan bautizaba con agua como la referencia antigua al arrepentimiento y nueva vida, Jesús con el Espíritu para dar evidencia de dicha nueva vida arrepentida como la capacidad divina para poder ejercerlo. Claramente Jesús no bautizó antes de Pentecostés[570]. Así como el Espíritu descendió sobre Jesús, de igual forma descendió del cielo para morar en cada creyente para que sea parte del cuerpo de Cristo[571]. En tales tiempos, el movimiento rabínico emergente en conjunto de muchos aliados asociaba al Espíritu con la profecía, y hacían énfasis en que la administración divina del Espíritu de

[567] Lucas 1:36.
[568] Juan 1:29, v.33.
[569] Cf. Mateo 3:16.
[570] Hechos 1:5, 2:4, v. 38.
[571] 1 Corintios 12:13.

Dios había culminado al momento que los profetas del Antiguo Testamento[572] murieron. Para la audiencia que estaba atenta a Juan, afirmarles que el Espíritu estaba restaurando su administración, era una afirmación de que la nueva era mesiánica comenzaba. Según la cultura judía, se necesitaba dos o más para dar testimonio sobre un caso, tema, persona o hecho, para que de esa forma fuera una evidencia creíble[573].

Las palabras clave aquí demuestran la importancia de tal hecho histórico, primeramente *"dio testimonio"* del gr. *"emarturesen"* es un indicativo activo de *"martureo"* esto comunica otro que testifica, el mismo contexto expone *"también dio Juan testimonio diciendo[574]"* eso explica que Juan el apóstol utiliza el testimonio de Juan para evidenciar el hecho divino[575]. El mismo expone *"vi"* del gr. *"tetheumai"* voz media de *"theaomai"* lo cual expresa *"la observación del cumplimiento señalado por la promesa divina[576]"* por la cual se le reafirmó que Cristo era el Mesías. Juan no reconoció a Jesús como Mesías antes de que descendiera el Espíritu y reposara sobre Él como bien mencioné. Pero al observar al Espíritu descendiendo sobre Jesús fue para él una confirmación evidenciada de lo que Él ya creía, el conjunto de Juan el apóstol con Juan el bautista demuestra que el testimonio de tal hecho histórico es verídico.

Arras

El cual también nos ha sellado, y nos ha dado las arras del Espíritu en nuestros corazones - 2 Corintios 1:22[577].

La palabra arras del gr. *"arrabón"* significa *"prenda"* la misma aludía el pago anticipado el cual aseguraba la pertenencia. Su origen era hebreo, era una parte del dinero anticipado que garantizaba lo demás. La misma es un sustantivo transliterado del vocablo hb. *"erabon"* que significa *"garantía ofrecida"* eso era como ratificación de un contrato, esto alude los privilegios de un creyente en esta vida para el futuro. Históricamente el judaísmo asociaba al Espíritu con los tiempos finales[578]. Aquí se presenta como la garantía anticipada y evidenciada de la vida en el mundo venidero.

Las arras era un término utilizado en el comercio antiguo en el cual se implicaba un pago inicial a una cuenta. Un ejemplo de ello lo era el pueblo de Israel, el cual Dios libertó de la esclavitud egipcia *(anticipo)* guiándolos a su herencia/posesión en la tierra prometida *(vida futura)*. Esto es la garantía divina del cumplimiento de sus promesas y la seguridad perfecta que se adquiere en Él.

---

[572] Se hablaba específicamente de: Hageo, Zacarías y Malaquías.
[573] Deuteronomio 19:15
[574] Juan 1:32.
[575] Juan 1:7, v.15, v.19, v. 29, vv. 35-36.
[576] Juan 1:33.
[577] 2 Corintios 5:5; Efesios 1:14.
[578] Ezequiel 39:28-29; Joel 2:28.

Fuego

Y se les aparecieron lenguas repartidas, como de fuego, asentándose sobre cada uno de ellos - Hechos 2:3.

Las lenguas *"como de fuego"* se posaron sobre cada uno. Hay que aclarar que *"no eran lenguas de fuego"*, sino más bien, lenguas *"como"* de fuego. *"Como de fuego"* no se debe confundir con el bautismo de fuego[579], en tal bautismo, del gr. *"pur"* es una condena de juicio, son dos cosas muy diferentes. El primero *"en el Espíritu"* beneficia a los creyentes, el segundo *"en fuego"* afecta a los incrédulos. Aquí las lenguas del gr. *"glossa"* significa *"idiomas"* denota el habla, y se refieren al don milagroso de hablar en otros lenguajes[580]. El fuego ilustra al Espíritu como el originador de tal don lingüístico, con esta ilustración describe la ardiente proclamación que seguía a tal hecho. Esa ardiente proclamación es la condición normal de una vida llena del Espíritu la cual testifica activamente al Señor.

Históricamente en la antigüedad, Dios derramaba su gloria en el tabernáculo[581], de igual forma, la figura del fuego era utilizada para describir el juicio venidero de Dios el cual derramaría en su ira[582], pero aquí se hacía uso de esta para ilustrar la actividad divina organizada como cuando en el Sinaí manifestó el fuego entregando la ley[583], y con el cual se purificaban metales. Esto denota dos cosas:

1) *la manifestación activa de la purificación divina.*

2) *Un orden activo de Dios para proclamar la verdad con evidencia de vida.*

Aceite

Cómo Dios ungió con el Espíritu Santo y con poder a Jesús de Nazaret, y cómo éste anduvo haciendo bienes y sanando a todos los oprimidos por el diablo, porque Dios estaba con él - Hechos 10:38[584].

Cristo, ungido por el Espíritu vivió un desprendido servicio para el prójimo. Los judíos contemporáneos reconocían y tenían considerado que solo una persona ungida por el Espíritu podía hacer obras extraordinarias, haciendo bienes, literalmente era haciendo buen trabajo, como un benefactor, en tales tiempos solo un gobernante, una deidad o algún poderoso podía ofrecer dadivas misericordiosas a los de clase social más baja, solo aquellos que gozaban de un cargo alto como rey[585] o sacerdote[586]

---

[579] Mateo 3:11-12; Lucas 3:16-17.
[580] Hechos 2:7-8.
[581] Éxodo 40:34-35; 1 Reyes 8:10-11.
[582] Isaías 66:15.
[583] Éxodo 19:18.
[584] Lucas 4:18; 2 Corintios 1:21; 1 Juan 2:20.
[585] 1 Samuel 10:1, 16:13, 19:15; 2 Samuel 2:4, 5:3.
[586] Levítico 4:3-5, 8:12; Salmos 132:2.

eran ungidos para dicha función, también los profetas eran ungidos[587], al igual que los escuderos antes de la batalla[588].

Cristo fue ungido por el Espíritu para cumplir dichas funciones, no es que Cristo por sí solo no gozara de las mismas, sino más bien es que el Hijo participa en conjunto del Espíritu y el Padre en todo por ser la deidad, uno solo en esencia. La palabra ungió del gr. *"jrio"* significa *"contacto"* comunicaba frotar con aceite. Esto se hacía para consagrar algo o alguien para un oficio o servicio, era un símbolo de dedicación a Dios. La figura del aceite es para ilustrarle al entendimiento del hombre como el Espíritu consagra, capacita, dirige y dedica a las personas y cosas para servir oficialmente en plena dedicación a Dios.

Sello

En él también vosotros, habiendo oído la palabra de verdad, el evangelio de vuestra salvación, y habiendo creído en él, fuisteis sellados con el Espíritu Santo de la promesa - Efesios 1:13.

Los documentos y productos de mercadería se sellaban para demostrar su autenticidad, que nadie había corrompido su contenido. El sello servía como testigo para los documentos cuando se colocaba la impresión con cera caliente, la cual se secaba sobre una cuerda que ataba el documento enrollado. Tal sello exponía la señal de propiedad e identificación por la cual se confirmaba como verdadero. El sello es la marca de propiedad y la seguridad. El Espíritu al morar en el creyente lo marca como pertenencia de Dios, conforme ello está eternamente a seguro. En cuestiones legales el sello indica propiedad y seguridad, de igual forma en los asuntos divinos.

Si se nota cuando se hace uso de *"fueron sellados con el Espíritu de la promesa"*. Es que cada creyente le recibe a Él como señal de pertenencia divina, y esa es la garantía de su preservación hasta el momento en que reciba su cuerpo glorificado en la resurrección. El Espíritu que habita en los creyentes los marca como propiedad de Dios[589] y es llamado como el Espíritu de la promesa. Él es el Espíritu Santo; eso es lo que Él es en sí, el Espíritu de quien mana la santidad, Él es la santidad. Y a la vez es el Espíritu de la promesa. Esto es que fue prometido por el Padre[590] y por Jesucristo[591]. Esta es la garantía del cumplimiento de toda promesa divina. El contexto de la carta expone la unidad y esencia de la divinidad, la Trinidad, para dar entender que Dios es quien obra perfectamente en todo:

1) *el Padre*[592].

2) *el Hijo*[593].

---

[587] 1 Reyes 19:16; Salmos 105:15; e Isaías 61:1 - (el cual tuvo su cumplimiento en Cristo Lucas 4:18).
[588] Isaías 21:5.
[589] 1 Corintios 6:19-20.
[590] Joel 2:29; Hechos 1:4.
[591] Juan 16:7.
[592] Efesios 1:3.
[593] Efesios 1:7.

3) *el Espíritu*[594].

El sello es la garantía divina en la cual el creyente puede estar seguro.

Agua

Mas el que bebiere del agua que yo le daré, no tendrá sed jamás; sino que el agua que yo le daré será en él una fuente de agua que salte para vida eterna - Juan 4:14.

La expresión que *salte para vida eterna* es que los beneficios de dicha ilustración no están limitados a esta esfera, sino más bien su permanencia es sin fin. Aquí se presenta un contraste. Toda provisión terrenal no tiene la capacidad de llenar el corazón del hombre. Pero todo lo celestial que es provisto en Jesús si, y no tan solo eso, sino que al tener el carácter de quien lo imparte es infinitamente inmenso como Él. En oriente antiguo la imagen del agua y del pozo eran utilizados con frecuencia simbólicamente. Cristo aquí habla figuradamente sobre la persona del Espíritu para dar entender su carácter, pleno y eterno. La palabra *agua* del gr. *"hudor"* proviene de *"hudatos"* que significa lluvia, esa ilustración compone dos cosas:

1) *que proviene del cielo.*

2) *que llena, sacia y alimenta.*

Con esa figura en la antigüedad se comprendía que la obra divina era una completa. De igual forma sucede en Juan 7:38-39: Claramente Cristo hace referencia al profeta Isaías[595]. La expresión hecha por el Señor *"de su interior correrán ríos de agua viva"* da entender que desde lo más profundo de su ser brotarán las corrientes vivas del Espíritu, manará la vida para iluminar a otros. Esa ilustración de igual forma expresa que el Espíritu es la fuente de vida la cual es otorgada por Cristo[596].

Viento

El viento sopla de donde quiere, y oyes su sonido; más ni sabes de dónde viene, ni a dónde va; así es todo aquel que es nacido del Espíritu - Juan 3:8[597].

En tales tiempos hacían uso del término *"sonido del viento"* el cual es imprescindible e incontrolable[598], para dar entender *"la voz del Espíritu"*, era simbolizado de esta forma[599] y muchos intérpretes judíos de la época lo relacionaban con la creación[600]. La palabra viento del gr. *"pneo"* significa

---

[594] Efesios 1:13.
[595] Isaías 55:1.
[596] Juan 19:34; Apocalipsis 22:1.
[597] Hechos 2:1-2.
[598] Eclesiastés 8:8; cf. 1:6, v.8, v.14, v.17, 2:11, v. 17, v.26.
[599] Ezequiel 37.
[600] Génesis 2:7; cf. Juan 20:22.

"respirar con fuerza", y se le daba el significado de *"soplar sobre"* para dar entender la acción que el Espíritu ejecuta en su voluntad soberana.

La obra del Espíritu en el Antiguo Testamento

El Espíritu Santo dio a la creación varias cosas importantes

Vida y Preservación

Envías tu Espíritu, son creados, Y renuevas la faz de la tierra - Salmos 104:30[601].

Todo ser viviente depende de Dios para su alimento. Él, en conformidad a su orden provee todo lo necesario para sostener su creación y mantenerla viva. Claramente el verso expone como Dios sostiene el planeta y a toda la creación por el Espíritu. En otras palabras, el Espíritu de Dios el cual se movía sobre las aguas[602], a partir de ese momento sigue haciendo la misma obra para *asegurar la creación.*

Orden

¿Quién midió las aguas con el hueco de su mano y los cielos con su palmo, con tres dedos juntó el polvo de la tierra, y pesó los montes con balanza y con pesas los collados? - Isaías 40:12.

Todo el universo es diminuto ante la suprema balanza del poder creador soberano de Dios, el *"palmo de tres dedos"* aludía a una distancia entre el dedo pulgar extendido y el meñique, era un total aproximado de 23 centímetros. Con eso da entender *que con tan solo un poco Él ordenó las cosas en su lugar para que cumpliesen su función.*

Diseño adornado

Por la palabra de Jehová fueron hechos los cielos, Y todo el ejército de ellos por el aliento de su boca. El junta como montón las aguas del mar; Él pone en depósitos los abismos - Salmos 33:6-7[603].

Se puede ver la grandeza divina en el hecho de que Dios creó los cielos y las estrellas *(ejércitos)* sin gastar energía, con solo decirlo bastó. De igual forma limitó las aguas en sus fronteras asignadas y *al poner todo en su lugar dio color, textura y belleza a todo.*

---

601 Job 33:4.
602 Génesis 1:2.
603 Job 26:13.

El Espíritu Santo dio al hombre varias cosas fundamentales

Habitación[604]

Y dijo Faraón a sus siervos: ¿Acaso hallaremos a otro hombre como éste, en quien esté el espíritu de Dios? - Génesis 41:38.

Tanto el Faraón como sus cortesanos estaban de acuerdo sobre la percepción sobrenatural que José tenía[605]. El agradecimiento que tenía la suprema autoridad egipcia fue tanto así que colocó a José segundo al mando en Egipto y le dio autoridad sobre todo sin tener que pedir consentimiento en la administración. El Espíritu guio a José en todo el proceso que este pasó hasta llevarlo a donde tenía que llegar. El término *"espíritu de Dios"* el cual utilizó el Faraón viene del hb. *"ruaj Elohim"* aludía a la *sagacidad e inteligencia de la deidad.* Al habitar el Espíritu con José le dio el conocimiento necesario, esto claramente comunica que para él alcanzarlo por si sólo hubiese sido imposible.

Solo mediante la manifestación del Espíritu en la mente, palabras y conducta de José es que el Faraón pudo reconocer quién o qué era el Espíritu de Dios. Cabe aclarar nuevamente que era un estado pasajero, no permanente, que el Espíritu estuviera con sus elegidos en la antigüedad, la palabra hb. *"ruaj"* para Espíritu significa *"viento, aliento"* se usaba para ilustrar la inspiración que Él daba a los profetas, reyes y sacerdotes, pero en este caso José como habitación pasajera disfrutó de la misma inspiración de manera administrativa más que comunicativa.

Y Jehová dijo a Moisés: Toma a Josué hijo de Nun, varón en el cual hay espíritu, y pondrás tu mano sobre él; - Números 27:18.

De manera oficial Moisés no podía entrar a la tierra de Canaán, y pide al Dios omnisciente un sucesor, en acto se le habla que comisione a Josué públicamente para que este comience sus funciones al delegarle la autoridad. El Espíritu, marcó como sucesor designado de Moisés a Josué, la clasificación de su posición estaba basada en la autoridad divina con la que él había sido dotado. Mediante la capacidad del Espíritu sirvió en campañas militares[606], enfrento al pueblo y a los ancianos valerosamente[607], y fue de igual forma investido de sabiduría[608], aquí se destaca el ascenso al comando por las cualidades dadas por Dios como líder.

En tales tiempos no existía una autoridad política establecida sobre las tribus por la cual se estableciera un orden, solo estaba la *autoridad designada del Espíritu*, en tales tiempos, al *reconocer que se había recibido*

---

[604] Esto es que el Espíritu Santo estaba en ciertas personas elegidas en los tiempos antiguos.
[605] Daniel 5:11.
[606] Éxodo 17:9-13.
[607] Números 14:6-10, 26:65.
[608] Deuteronomio 34:9.

el poder mediante el Espíritu era un criterio por el cual las tribus se regían para aceptar la autenticidad de la autoridad política. Parte de dicho proceso era la imposición de manos, con la que se transfería la autoridad y economía del líder presente al sucesor[609]. Según hallazgos arqueológicos en las tumbas encontradas de El-Amarna[610] mostraban la investidura por parte del Faraón extendiendo sus manos sobre otros en señal de autoridad. Esta práctica antigua tenía como objetivo establecer un orden administrativo correcto. El mismo término *"ruaj"* es utilizado aquí, para referirse a la *capacitación e inspiración*, a diferencia de José en Egipto, Josué no solo administró, también *guio a su pueblo educándolo ejemplarmente*.

El Espíritu, tomando al hombre en la antigüedad como su habitación pasajera, le comunicó la capacidad de administrar, educar y dirigir.

Reposo[611]

Y el Espíritu de Jehová vino sobre él, y juzgó a Israel, y salió a batalla, y Jehová entregó en su mano a Cusan-risataim rey de Siria, y prevaleció su mano contra Cusan-risataim - Jueces 3:10[612].

Dios levantó a Otoniel, sobrino de Caleb, para liberar de los enemigos y traer paz por cuarenta años. Otoniel que *significa "león de Dios"* fue levantado por el poder divino del Espíritu y previamente conquistó Quiriat-sefer *"la ciudad del libro"*, haciendo eso le cambio el nombre a Debir *"oráculo vivo"*. Por el poder divino demostró lo que se debía hacer en fe actuando con la palabra que Dios impartió. Otoniel fue el primer juez que Dios levantó a favor de Israel y fue capaz de hacer grandes hazañas valerosas por el Espíritu de Dios. Eso demuestra que *el secreto de todo yace en su Espíritu*, desde tiempos antiguos hasta el tiempo presente[613]. El Espíritu de Dios había venido sobre muchos personajes en los tiempos del Antiguo Testamento como ocurrió con Otoniel[614]. Estuvo en ciertas personas[615], y llenó a otros para el servicio especial[616], la relación del reposo consiste en el carácter de la presencia del Espíritu *"con"* ellos, esto es un contraste con su *"morada"* la cual tiene permanencia en el creyente bajo la administración

[609] Números 8:10; Levítico 16:21.

[610] Las cartas de Amarna son un archivo, escrito en tabletas de arcilla, que consiste principalmente bases diplomáticas entre la administración egipcia y sus representantes en Canaán y Amurru. El nombre moderno de la antigua capital egipcia de Akhetaten (el-Amarna), fundada por el faraón Akhenaton (1400-1350 a.C) durante la XVIII dinastía de Egipto. Las cartas de Amarna son de gran importancia para los estudios bíblicos, así como para la lingüística semítica, ya que arrojan luz sobre la cultura y el lenguaje de los pueblos cananeos en los tiempos prebíblicos. Las letras, aunque escritas en acadio, están fuertemente coloreadas por la lengua materna de sus escritores, que hablaban una forma primitiva de canaanita, la familia lingüística que luego evolucionaría a sus lenguas hijas, hebreo y fenicio. Estos "canaanismos" proporcionan información valiosa sobre la proto etapa de esos idiomas varios siglos antes de su primera manifestación real.

[611] Esto es que vino sobre algunos elegidos en la antigüedad, pero no hacía morada permanente.

[612] Jueces 6:34, 11:29, 13:25, 1 Samuel 10:9-10, 16:13.

[613] Juan 14:17-20.

[614] Jueces 6:34, 11:29, 13:25; 1 Samuel 10:9-10, 16:13, 1 Crónicas 12:18.

[615] Números 27:18; Daniel 4:8, 6:3, 1 Pedro 1:11.

[616] Éxodo 31:3, 35:31.

divina desde Pentecostés[617]. Cuando reposó el Espíritu en Otoniel, vemos la palabra *"sobre"*, la misma del hb. *"al"* la preposición misma comunica *"arriba"* pero sin embargo siempre tiene una relación de aspecto hacia abajo, en este caso la aplicación sería *conforme a, desde encima, el Espíritu reposo encima de él y, él actuó conforme a*, por así decirlo, toda acción hecha por él fue impulsada, administrada y verificada por el Espíritu de Dios. El reposo del Espíritu en sus siervos en la antigüedad garantizaba *dirección, servicio y eficacia para cumplir los propósitos divinos*.

Llenura[618]

Y lo he llenado del Espíritu de Dios, en sabiduría y en inteligencia, en ciencia y en todo arte - Éxodo 31:3[619].

Esta llenura era una dotación de poder mediante el Espíritu por la cual se capacitaba a la persona participe con varias cosas:

1) **Sabiduría:** Del hb. *"jokmah"* significa *"entendimiento"*, la misma expresaba *la habilidad sagas, saber cómo hacer las cosas, no solo tener conocimiento de ellas*, en tales tiempos comunicaba la idea de ir en el camino de la piedad, santidad y devoción a Dios y Su voluntad.
2) **Inteligencia:** Del hb. *"tebunah"* significa *"prudencia"* en este caso es una persona con entendimiento el cual su fruto es paciencia y manifiesta un caminar justo, *toma decisiones correctas de forma correcta.*
3) **Ciencia:** Del hb. *"dah'ath"* significa *"entendimiento"*, este es uno diferente al entendimiento mencionado anteriormente para *"sabiduría"*, es un *discernimiento técnico y específico en cuestión de todo aquello que a Dios le agrada y desea*, este entendimiento se conocía como aquello que afectaba de manera positiva la conducta de la persona, en conformidad a dicha ciencia sería su comportamiento, ya que en tales tiempos se manifestaba la misma en la prudencia de las palabras las cuales están ajustadas al pensamiento, la ciencia es el reflejo de un entendimiento claro de la voluntad de Dios.
4) **Creatividad:** La palabra *"arte"* del hb. *"melakah"* significa *"delegación"* se hacía uso de esta para dar entender un *"ministerio"*, el empleo apropiado y activo que hace uso de un material para crear. La misma se usaba para la obra creativa de Dios[620].

---

617 Juan 14:17.
618 Esto es que el Espíritu llenó a algunos conforme su voluntad para capacitarlos en funciones específicas.
619 Éxodo 35:31.
620 Génesis 2:2-3.

Antes que Cristo muriera y resucitara el Espíritu sólo venía sobre individuos los cuales habían sido llamados por Dios para ciertas tareas específicas, este fue el caso de Bezalel. Con su llenura garantizaba *entendimiento, prudencia, discernimiento y el empleo apropiado activo de todo lo mencionado antes para hacer uso correcto para cumplir la función deseada por Dios.* La relación personal del Espíritu en la antigüedad era limitada por la razón de que no todos experimentaron una de tales obras arriba mencionadas y no era permanente[621] en ellos como en la actualidad. La capacitación para servir era dada por Él, un ejemplo lo fue en la construcción del tabernáculo y otros casos[622], pero en cada caso que Él se relacionaba con el hombre era para refrenarlo del pecado[623].

Inspiración y revelación por el Espíritu

La revelación significa el descubrimiento de algo antes no era conocido. En sí, *revelación concierne al objeto.* La *inspiración* es diferente, esta *supervisa y opera por parte de Dios en los autores humanos al grado de utilizar las facultades y personalidades de aquellos los cuales Él eligió.* Tales redactaron y compusieron las Escrituras sin error alguno como la revelación divina a los hombres en cada palabra original. La *inspiración concierne al modo.* Mientras que *la revelación tiene que ver con el "qué" la inspiración tiene que ver con el "cómo".*

El autor de la revelación es el Espíritu

Porque nunca la profecía fue traída por voluntad humana, sino que los santos hombres de Dios hablaron siendo inspirados por el Espíritu Santo - 2 Pedro 1:21.

El judaísmo y los filósofos griegos generalmente consideraban la inspiración como una posesión divina en la cual el poder racional era remplazado, esta era la idea de Filón[624] y los escritores de los Oráculos Sibilinos[625]. En contraste a esto, la palabra *"inspirados"* del gr. *"pheró"* como antes mencionado, significa *"trayendo, llevar, dar a luz"* en este caso la misma palabra expresa la idea de portar algo, cargar algo, en sentido figurado *"ser movido"* aludía *"ser medio de transporte[626]"*, esto indica que la voluntad humana no fue la causante del origen de las Escrituras, los elegidos de Dios participaron siendo el medio de transporte por el cual el

---

[621] Salmos 51:11: al decirle que *no apartara su Espíritu*, era que no suspendiera su capacidad de servir en su cargo.
[622] Éxodo 31:1; Jueces 14:6.
[623] Génesis 6:3.
[624] Filón de Alejandría, también llamado Filón Judaeus, fue un filósofo helenista judío que vivió en Alejandría, en la provincia romana de Egipto. Filón usó la alegoría filosófica para armonizar las escrituras judías, principalmente la Torá, con la filosofía griega.
[625] Los ***oráculos sibilinos*** son una colección de 15 libros que pretenden poner en la boca de la Sibila, importante adivina o profetisa de la antigüedad, una serie de profecías intencionadas. Recogen textos desde el siglo II a. C. hasta el siglo V y fueron confeccionados por judíos helenísticos.
[626] Hechos 27:15-17.

Espíritu Santo comunicó todo mientras escribían, protegiendo así del error humano cada palabra. Se puede comprender que se está hablando sobre el mismo Antiguo Testamento y fracciones del Nuevo que ya estaban escritos, con la inspiración, se da entender que el Espíritu impulsó para que las Escrituras no fueran una invención humana y mucho menos su propia interpretación de lo divino, con ello Dios se aseguró que su mensaje fuera comunicado al hombre, mediante el hombre, sin errores, de forma autentica y confiable.

El Espíritu de Jehová ha hablado por mí, Y su palabra ha estado en mi lengua - 2 Samuel 23:2[627].

Claramente expresa el verso que la inspiración de los Escritos es por el Espíritu de Dios. Al decir *"palabra"* del hb. *"milah"* expresa la idea de *"razón"* un tema el cual trae entendimiento al razonamiento, esta es la aseveración divina, su discurso. Según el texto se ven dos cosas:

1) *El Espíritu de Dios es quien habla mediante su agente.*

2) *Su palabra se encontraba en la lengua de su agente.* Eso da entender que *no eran las palabras de David, sino las del Espíritu, el cual las colocaba y lo manejaba en la expresión de estas.*

Mas yo estoy lleno de poder del Espíritu de Jehová, y de juicio y de fuerza, para denunciar a Jacob su rebelión, y a Israel su pecado - Miqueas 3:8.

Este verso expresa tres cosas importantes como realidades comunicadas por el Espíritu:

1) *Es el que llena de poder.*

2) *quien da un claro entendimiento correcto en la palabra de Dios.*

3) *da fuerza para proclamar el mensaje tal cual.* El receptor de todo ello fue portador de la revelación dada por el Espíritu de Dios.

Él les dijo: ¿Pues cómo David en el Espíritu le llama Señor, diciendo...? - Mateo 22:43

Al decir *"en el Espíritu"* claramente se entendía *"inspirado por el Espíritu"*. Se expresa que se reunió por la revelación del Espíritu la humanidad y la divinidad de Cristo[628]. El Espíritu es el que reveló todo lo necesario como bien se afirma en (Hch 1:16[629], 4:25[630]).

---

[627] Ezequiel 2:2.

[628] Salmos 110:1.

[629] Salmos 41:9.

[630] Salmos 2:1-2.

Los medios divinos de revelación

Palabra hablada

Entonces Jehová dijo a Moisés: He aquí, yo vengo a ti en una nube espesa, para que el pueblo oiga mientras yo hablo contigo, y también para que te crean para siempre. Y Moisés refirió las palabras del pueblo a Jehová - Éxodo 19:9.

Dios dijo que el pueblo se consagrara, eso significaba una preparación física y espiritual para estar atentos a lo que Dios desea. En tales tiempos debían apartarse del pecado *(al igual que ahora)* e incluso de las rutinas diarias para su dedicación a Dios. La acción de lavarse servía para alistar el corazón para escuchar su voz. Los hijos de Israel habían llegado al monte Sinaí, todo lo ocurrido en tal monte se ilustra en las mismas Escrituras[631].

Histórica y culturalmente hablando no existía una ley directa de Dios desde Adán hasta el tiempo en el cual la ley fue dada. Ahora les expone el pacto de la ley incondicional[632]. *"Todo lo que Dios ha dicho, haremos"*. Es un lenguaje audaz y auto confiado. *El becerro de oro, las tablas quebradas, las ordenanzas descuidadas, los mensajeros apedreados, el Cristo rechazado y crucificado, son poderosas evidencias de promesas solemnes no honradas por el hombre[633]"*. La palabra voz del hb. *"qol"* significa *"llamar en voz alta"* aludía resonar fuertemente, la noticia divina debía ser oída para que así siguieran las órdenes divinas. *Mediante la palabra hablada Dios estableció su orden para el hombre revelándole así su voluntad.*

Visiones

En el año que murió el rey Uzías vi yo al Señor sentado sobre un trono alto y sublime, y sus faldas llenaban el templo - Isaías 6:1.

La visión dada en el 740 a.C. en el templo de Jerusalén involucraba la revelación de Dios sentado en su trono gobernando su pueblo de forma directa. Este es un momento muy crítico en la historia de Oriente luego de morir el rey Uzías[634]. En los años 740-738 a.C. el rey asirio Tiglat-pileser III accionó su primera campaña dirigiéndose al oeste, eso era una amenaza militar la cual provocaría la caía del reino del norte, Israel, y la destrucción de samaria en conjunto de Judá, eso involucraría la deportación de una gran parte de la población. Los asirios estaban al borde de establecer un imperio el cual dominaría por más de un siglo en el antiguo Oriente. En ese mismo

---

631 El resto del libro de Éxodo, el libro de Levítico en su totalidad y los primeros nueve capítulos del libro de Números hacen registro de ello.

632 Éxodo 19:1-8.

633 D.L. Moody, *Notes From My Bible*. Forgotten Books Publishers, FB &c Ltd, Dalton House, 60 Windsor Avenue, London, SW19 2RR.

634 2 Crónicas 26:1-23.

lapso, se puede observar como Dios se muestra al profeta con varias figuras en su visión, primeramente, el lugar santísimo, en el centro, era considerado en tales tiempos como el lugar del trono de Dios, de manera que por la misma descripción y por lógica fue presentada la visión en el templo. El arca era descrita de igual forma como el estrado del trono, el cual era escoltado por los querubines[635].

Claramente se está tratando del trono invisible de la deidad, dado a conocer ahora a su agente elegido para transportar un mensaje. El borde de las vestiduras era el remate especial el cual era decorado, claramente como el manto del sumo sacerdote[636]. El borde en tales tiempos señalaba la identidad de las personas de alto rango tales como el rey y el sacerdote, esta ilustración representaba:

1) *la supremacía divina.*

2) *la autoridad divina.*

3) *Su esencia de vida.*

Según la iconografía[637] de Oriente se representaba las actividades divinas de esa forma. La visión dada en el templo a Isaías fue una revelación de Dios para que este expusiera su palabra y lograra comprender hasta cierto grado el plan divino. La palabra *"vi"* de *"ver"* proviene del hb. *"ra'ah"* y aunque su raíz literal y directa comunica la idea de observar, tiene que ver más con *"experimentar"* esto se usaba para dar a entender cuando una persona aprende y conoce. La visión dio a conocer al profeta quien era y como era Dios y su propósito para que este lo comunicara tal cual.

El llamado a Isaías comienza con la visión de la santidad divina[638], dejándolo con un sentimiento de impureza e insuficiencia plena[639]. Cuando el ángel toco los labios con la brasa del altar y le comunicó que sus pecados habían sido perdonados[640], estuvo listo para el servicio. La visión dada al profeta lo capacitó divinamente para luego de esto tener una disposición para la obra[641], a él se le encomendó comunicar le mensaje a personas muy obstinadas las cuales rechazaban a Dios. Las palabras de comisión dada a Isaías fueron empleadas por Cristo para explicar por qué Él enseñaba con parábolas[642]. El propósito de la visión fue educar al profeta en relación con las palabras que debían ser plasmadas a lo largo de su vida mediante le Espíritu de Dios.

---

[635] 2 Crónicas 3:10, 9:17-19.

[636] Éxodo 28:31-35. Era conocido como un mando de color violeta que se usaba debajo del efod. Alcanzaba un poco más debajo de las rodillas y el mismo tenía unas campanillas en los bordes, cuando el sumo sacerdote presentaba ofrendas en el lugar santo y no se podía ver, el sonido de estas permitía saber que estaba vivo.

[637] La iconografía engloba todo lo referente a la descripción de cuadros, pinturas, monumentos, estatuas y retratos. El término está relacionado al conjunto de imágenes (sobre todo, aquellas que son antiguas) y al informe o exposición descriptiva sobre éstas.

[638] Isaías 6:1-4.

[639] Isaías 6:5; de igual forma Job 42:5-6; Ezequiel 1:28, 4:23; Daniel 10:8-11.

[640] Isaías 6:6-7.

[641] Isaías 6:8; de igual forma Jeremías 1:17-19; Ezequiel 2:3-7.

[642] Isaías 6:9-10; Mateo 13:14-15; Marcos 4:12; Lucas 8:10.

Palabra Escrita

Mas el Consolador, el Espíritu Santo, a quien el Padre enviará en mi nombre, él os enseñará todas las cosas, y os recordará todo lo que yo os he dicho - Juan 14:26.

El Espíritu fue quién recordó las enseñanzas de Jesucristo a los apóstoles en el siglo primero para la elaboración organizada del Nuevo Testamento. Según el contexto judío antiguo, memorizar era parte esencial para el aprendizaje de los Escritos sagrados, en base a la enseñanza era un requisito la memorización para poder elaborar y exponer. Esta promesa fue la que dio validez al Nuevo Testamento, los discípulos al ser testigos de Jesús y sólo mediante el Espíritu en conformidad a la experiencia plena con Él, fue que se hizo posible el componente de los Escritos del primer siglo para la Iglesia, gracias al Espíritu están registrados todos los hechos y evidencias sobre Jesús y sus enseñanzas.

La educación divina fue transmitida primeramente por Jesucristo a sus discípulos en el poder y dirección del Espíritu. Luego los educó por el Espíritu el cual le trajo al recuerdo todo lo que el Señor había enseñado. El Señor Jesús presentó con esas palabras que *toda la enseñanza que está desarrollada en el Nuevo Testamento fue solamente posible por el Espíritu.* La palabra enseñará del gr. *"didasko"* significa tal cual *"educar"* proviene de *"dao"* que es *"conocer"* en su sentido absoluto *"ser instruido"*. El Espíritu[643] fue el gran maestro educador para que se lograra plasmar sin error cada enseñanza Cristo-céntrica en perfección absoluta.

Jesucristo

Todas las cosas me fueron entregadas por mi Padre; y nadie conoce al Hijo, sino el Padre, ni al Padre conoce alguno, sino el Hijo, y aquel a quien el Hijo lo quiera revelar - Mateo 11:27.

Todas las cosas le habían sido entregadas por su Padre. Ésta es una verdad presentada por la verdad encarnada[644]. Nadie conocía perfectamente al Hijo, solo el Padre. La hipostática[645], la unión perfecta de la deidad y de la humanidad en la persona de Cristo ha traído problemas a la mente humana por la cual desde la antigüedad se presentaron falacias exegéticas en relación con la deidad y humanidad de Jesús. Por ejemplo, la muerte. Se sabe claramente que Dios, como la vida[646], no puede morir. Sin embargo, Jesús al ser Dios, el problema que existe para muchos fue que murió. Y sus

---

[643] 1 Corintios 2:13.
[644] Juan 14:6.
[645] La unión hipostática es el término técnico que designa la unión de las dos naturalezas, divina y humana, que en la teología se atribuye a la persona de Jesús en su perfecta plenitud.
[646] Juan 11:25.

naturalezas tanto divina como humana son inseparables[647]. No importa cuánto el ser humano trate de conocerle a plenitud, sólo el Padre en verdad es el único capaz de comprenderle tal cual. Por ello Cristo hace la siguiente afirmación *"ninguno conoce perfectamente al Padre, sino el Hijo"* Dios el Padre es inescrutable. *Sólo Dios es suficiente para comprenderse a sí mismo siendo Dios. Ningún humano puede conocerle mediante el ejercicio intelectual.* El Señor revela al Padre a aquellos a quien Él desea. Claro está que todo el que viene a conocer a Jesús también conoce al Padre[648]. Ninguna mente finita es capaz de apreciar la grandeza de Dios ni comprender en plenitud los grandes misterios altamente elevados y eternos, pero mediante el Hijo, es posible tener un conocimiento necesario de Dios, Cristo es la revelación plena de Dios al hombre[649].

En el Antiguo Testamento, conocer significaba mucho más que tener un conocimiento de algo; implicaba una relación íntima, la comunión entre el Padre, el Hijo y el Espíritu es el centro de su relación. Para que una persona pueda conocer a Dios, Él tiene que revelársele, y lo hace de manera más precisa y entendible mediante Cristo. Según la tradición judía, los sabios genuinos no eran aquellos sabios en su opinión o los que se apoyaban en su entendimiento propio de las cosas[650]. Los que realmente alcanzaban sabiduría eran los humildes que temían a Dios[651]. Cristo aquí se atribuye el poder de la predestinación, cosa que solo Dios podía gozar de ello según las mismas fuentes judías, Jesús es aquí la única persona capacitada para poder presentar a Dios a los hombres, él asume una posición que según la misma tradición judía de esos tiempos se le atribuía tal sabiduría a Dios solamente.

Jesús en su humanidad es la expresión divina, eterna e infinita de forma comprensible a las mentes humanas, pasajeras y finitas para que estas le conozcan. La palabra gr. *"apokalupto"* la cual Jesús utilizó para *"revelar"* significa *"manifestar, darse a descubrir"*, se entiende por esto como lo antes no conocido, esta palabra aludía *"quitar la cubierta"* comunicando con ello *"darse a conocer"*, Cristo es el conocimiento de Dios al hombre, la máxima revelación de Dios al hombre por el Espíritu.

---

[647] Colosenses 2:9.
[648] Juan 14:7.
[649] Lucas 24:27, vv.44-45; Juan 17:3.
[650] Job 12:24; Proverbios 3:5-7, 12:15, 16:2, 21:2, 26:12.
[651] Job 28:28; Salmos 111:10; Proverbios 1:7, 9:10.

El medio de inspiración

Del Antiguo Testamento

Porque el mismo David dijo por el Espíritu Santo: Dijo el Señor a mi Señor: Siéntate a mi diestra, Hasta que ponga tus enemigos por estrado de tus pies - Marcos 12:36.

Cristo citó el Salmo 110:1 y con ello demostró que David, fue inspirado en su afirmación sobre Él como el Señor y no como un mero descendiente. Los escribas siempre enseñaron que el Mesías sería descendiente de David. En este Salmo, David se refiere a Jesucristo como su Señor. Con tal afirmación hecha por David expone que el Mesías sería a la vez Hombre y Dios, eso quiere decir que como hijo de David sería humano y como el Señor de David, sería divino. Si notamos el Salmo, David escucha una conversación entre Dios el Padre y el Señor de David, Adonai, el Mesías, en la que se expresa que Jesús se sentará a la diestra del Padre[652], el lugar honorifico hasta la segunda venida, en la cual los enemigos de Dios serán colocados bajo sus pies.

En la composición del texto se nota la dinámica de la comunicación divina a su siervo David:

1) *el Señor (Jehová).*

2) *dijo a mi (a David).*

3) *Señor (Adonai): siéntate a mi diestra*[653].

Cuando David dice *"dijo"* en el verso, del hb. *"ne'um"* que es *"dicho"* proviene de *"na'am"* que significa *"susurrar"* se usaba para describir un hecho, con esto David comunica la acción divina, esta era en relación con el *"Señor"* del hb. *"'adon"* que significa *"gobernar"* al hacerse uso en relación con Cristo es *"Adonai"* para referirse a Él como el *"soberano", "dueño"*. Esta es un sustantivo masculino que significa Señor, Amo, y se refiere tanto a Dios como a hombre, se usa en el sentido de autoridad más que de propiedad. Con eso David afirma que Dios le *"dijo"* a él, lo que sucedería por parte de Dios, y Cristo afirma que esa misma inspiración fue una por el Espíritu para revelar la Divinidad y Humanidad perfecta sobre sí mismo.

Varones hermanos, era necesario que se cumpliese la Escritura en que el Espíritu Santo habló antes por boca de David acerca de Judas, que fue guía de los que prendieron a Jesús - Hechos 1:16.

Era necesario que se cumpliese la profecía escrita acerca de Judas. Antes de citar la Escritura les recordó que, aunque Judas había sido uno de los doce y que había compartido su ministerio apostólico con ellos, sin embargo,

---

[652] Romanos 8:34; Hebreos 8:1; 1 Pedro 3:22.

[653] Hebreos 1:3.

sirvió como guía de los que prendieron a Jesús. La mención que Pedro hace de su acción es que Judas fue un traidor por su propia y deliberada decisión, y con eso cumplió lo dicho en el Antiguo Testamento de que alguien vendería al Señor a quienes lo detestaban. Los judíos creían fielmente que las Escrituras tenían que cumplirse, y que en base a dicho cumplimiento Dios tiene la soberanía sobre la historia para que se lleve a cabo los eventos. La historia se mueve conforme a los propósitos revelados por Dios en las Escrituras. Pedro cita el Salmo 41:9, donde la traición contra David por un falso amigo ilustra la traición de Judas contra Jesucristo[654] por ello es citado *"en quien yo confiaba"*.

Quiero hacer una comparación entre ambos textos con la cual se puede presentar la evidencia clara de la realidad de la inspiración del Espíritu y su cumplimiento, primero, Pedro dice que era necesario que *"se cumpliese"*, la misma del gr. *"pleroo"* significa *"hacer repleto"* eso es ejercer algo satisfactoriamente, en este caso *"estar"*, como un hecho ya ocurrido en el pasado con un efecto el cual recae en el sujeto, se usaba la ilustración de una vasija para dar entender que es quién la llena, la persona que causa el efecto, no la vasija en sí, con eso daba entender la soberanía de Dios sobre el acto de cumplir, el Espíritu habló y Cristo ejecutó la acción. El cumplimiento era en base a *"las Escrituras"* del gr. *"grafe"* se usaba para dar entender *"las Sagradas Escrituras"*, es decir, las declaraciones Escriturales divinas. Pedro hace mención que *"el Espíritu Santo habló por boca de David"* con esa afirmación comunica que el inspirador y quien ejecutó accionando dicha predicción fue el Espíritu en la Persona del Hijo. Ya se vio el cumplimiento, ahora veremos la fuente, la predicción de David.

Según el Salmo se hace uso de un juego de palabras, primero *"hombre de mi paz"*, la palabra *"paz"* del hb. *"shalom"* significa *"seguridad"* se usaba en este contexto en conjunto de la palabra *"hombre"* para *"amigo"* con eso se expresaba la palabra *"un buen amigo[655]"* en el cual se *"confiaba"* del hb. *"batah"* que es *"apoyo"*, esto expresaba el sentimiento de seguridad y protección que alguien tiene sobre otra persona o cosa. La traición se ve en el texto con la palabra alzó contra mí el *"calcañar"* del hb. *"'aqueb"* que significa *"talón, huella"* alude un sendero, como la retaguardia del ejército, se usaba para hablar de una emboscada, esto expresa *"poner la huella"* dejar una marca a su paso. Con lo dicho por David en relación con su experiencia presente, se expresa un acto ejecutado por la soberanía divina para plasmar un hecho futuro en la persona de Cristo[656]. El Espíritu llevó no solo la inspiración organizada de todo lo pasado sino también su cumplimiento en el presente.

[654] Juan 13:18-19.
[655] Mateo 26:50.
[656] Al igual que Salmos 22:1-2.

Y como no estuviesen de acuerdo entre sí, al retirarse, les dijo Pablo esta palabra: Bien habló el Espíritu Santo por medio del profeta Isaías a nuestros padres, diciendo - Hechos 28:25.

Pablo cita Isaías 6:9-10 donde el profeta Isaías había sido comisionado para predicar la palabra a un pueblo con un corazón duro, de oídos sordos, y con ojos cegados. Claramente da entender sobre la necedad de los judíos, con su afirmación *"el Espíritu Santo por el profeta"* expresa dos cosas:

1) *el instrumento era el profeta.*

2) *el orador era el Espíritu.*

La descripción de los ojos y oídos que no funcionan como se debe y la de un corazón duro es similar a lo que aparece en otros textos médicos[657], donde Nabal sufre un infarto y se vuelve como piedra. Se aludía que tal parálisis fue inducida por el temor y rechazo, al igual los que no ven y no oyen. Estos versos del profeta describen el rechazo futuro que tendría el Mesías. Al igual que esos tiempos, sucedió en los tiempos de Cristo, si el mensaje no generaba una reacción al menos dejaría establecida la culpabilidad de las personas. Según el contexto inmediato[658] del verso citado de Isaías, se presenta la palabra *"oí"* del hb. *"shema"* esto es *"prestar atención"*, se hacía uso de esta para dar entender *"oír para obedecer"*, de ahí parte lo siguiente *"anda y di"*, *"di"* de *"decir"* viene del hb. *"'amar"* y significa *"anuncio"* se considera la comunicación vocal que se refiere al pensamiento como expresión, la clave está en que en *"oír"* y *"decir"* yace la inspiración del Espíritu en la vida de Isaías, para que el pudiera comunicar las verdades divinas primero debía recibirlas, de ahí la expresión divina del Espíritu.

Por lo cual, como dice el Espíritu Santo: Si oyereis hoy su voz - Hebreos 3:7.

El escritor presenta una advertencia en contra de un corazón duro. Así como a Israel en el desierto, había un gran porcentaje de probabilidad que volviera a ocurrir. El Espíritu habla aquí mediante el Escrito del Antiguo Testamento[659], tal cual como lo hizo cuando lo inspiró al principio, por ello el uso *"Si oyereis hoy su voz"*. Los hijos de Israel desafiaron la suprema autoridad soberana de Dios con su rebelión desértica, gracias a ello no entraron a la tierra de Canaán y perecieron en el mismo desierto en el cual se revelaron[660]. Todos aquellos que vieron las grandezas, señales y la gloria de Dios fueron exactamente los que se revelaron en contra de su autoridad. Estos le tentaron diez veces e hicieron caso omiso a su voz.

[657] 1 Samuel Cap. 25.
[658] Isaías 6:8.
[659] Salmos 95:7-11.
[660] Números 14:22.

En esta advertencia comunica el Salmos 95, narrando detrás del verso la historia de dicha rebelión la cual tuvo verdaderamente múltiples acontecimientos:

1) *en el mar rojo*[661].

2) *en Mara*[662].

3) *en el desierto de Sin*[663].

4 y **5**) *a lo relacionado con el maná*[664].

6) *en Refidim*[665].

7) en Horeb[666].

8) en Tabera[667].

9) *quejándose de los extranjeros*[668].

10) *en Cade-barnea*[669].

La rebelión es considerada aquí una falta a su inspiración. En la mención hecha acerca de los Salmos se puede observar la voz de Dios advirtiendo a su pueblo en contra de la dureza del corazón, dando a entender que esta es por la incredulidad malvada. El hecho de que el Nuevo Testamento comunicase los Salmos, los cuales narran la rebelión en exactitud apuntando al Pentateuco, es una evidencia contundente de que la inspiración del Espíritu en todos los libros de las Escrituras es real.

Es importante notar que el autor de Hebreos presenta el hecho de que, así como en la antigüedad el Espíritu habló, de igual forma en esos tiempos, *"Por lo cual, como dice el Espíritu"*, no dice *"como dijo el Espíritu"*, presenta que la inspiración plasmada del Espíritu en la antigüedad seguía existente en el siglo I, *"oyereis"* del gr. *"akouo"* significa *"comprender"*, esto es prestar atención para estar informado. Claramente esto expresa como Dios comunicó su verdad y deseaba ser atendido, no para su bien o porque Él lo necesite, sino más bien para el bienestar del pueblo y porque ellos lo necesitaban, *rechazar la inspiración del Antiguo Testamento es negar la inspiración del Nuevo Testamento, el cual expresa al Antiguo*.

Y nos atestigua lo mismo el Espíritu Santo; porque después de haber dicho: Este es el pacto que haré con ellos Después de aquellos días, dice el Señor: Pondré mis leyes en sus corazones, Y en sus mentes las escribiré - Hebreos 10:15-16.

La mención hecha en este verso es la de Jeremías 31:33-34. En relación con el nuevo pacto[670] este pasaje es uno de los más importantes. Este pasaje

---

[661] Éxodo 14:11-12.
[662] Éxodo 15:23-24.
[663] Éxodo 16:2.
[664] Éxodo 16:20, v.27.
[665] Éxodo 17:1-3.
[666] Éxodo 32:7.
[667] Números 11:1.
[668] Números 11:4.
[669] Números Cap. 14.
[670] Cp. Isaías 59:20-21; Jeremías 32:37-40; Ezequiel 16:60-63, 37:21-28; Hebreos 8:6.

se había concentrado en toda la nación de Israel y su futuro[671]; a diferencia del pacto mosaico, el nuevo pacto sería incondicional[672], en el mismo se encuentra:

1) *un corazón renovado (nuevo).*

2) *una comunión estable con Dios.*

3) *conocimiento de Él.*

4) *el perdón de los pecados.*

Claramente todo esto también se cumplirá en el retorno del Mesías para con Israel[673]. La inspiración aquí yace en que el Espíritu utilizó tanto a Jeremías como el autor de Hebreos de igual forma como parte de la promesa dada, tanto el interior como el corazón se refieren al centro de la razón y las emociones, ellos fueron utilizados por el Espíritu en la inspiración para plasmar las verdades divinas.

Las palabras *"corazón", "mente"* y *"escribiré"* son claves para comprender la inspiración divina del Espíritu, la primera del gr. *"kardia"* es el asiento de la circulación de la vida, alude a la voluntad, se usaba la misma en tales tiempos para dar entender *"la conducta de una persona"*, eso estaba asociado a la *"mente"* del gr. *"dianoia"* que es el entendimiento profundo e inteligente de un tema, con esto se expresa la disposición de una persona, para que su conducta sea una correcta, la misma debe estar dispuesta a que sea correcta, la clave de dicha inspiración comunicada en los textos antiguos y reafirmada en el texto temprano del siglo I yace en *"escribiré"*, la misma del gr. *"epigraphó"* está compuesta de *"epi"* que es *"encima de, arriba de"* y de *"grapho"* que es *"grabado, tallar"*, esta palabra tiene como significado *"escribir sobre"*, comunica hacer una marca impresa, tal marca estaba relacionada a que la voluntad y el entendimiento dispuesto estén alineados a la voluntad, y conducta deseada por Dios.

Aquí se demuestra el propósito de la inspiración divina por el Espíritu en los autores bíblicos, tanto del Antiguo, como los del Nuevo Testamento, los cuales reafirmaron el Antiguo comunicándolo en el Nuevo, y presentando todo el modelo divino por el Espíritu tal como Dios deseó.

Del Nuevo Testamento

Si alguno se cree profeta, o espiritual, reconozca que lo que os escribo son mandamientos del Señor - 1 Corintios 14:37.

Algunos de los profetas en el Antiguo Testamento se levantaron como portavoces de Dios con más ímpetu que los otros[674], históricamente la gran mayoría de los profetas en la iglesia del siglo I no se comparaban a sí mismos

---

[671] Jeremías 31:31.
[672] Jeremías 31:32.
[673] Romanos 11:26-27.
[674] P.ej. Elías, Eliseo, Samuel, entre otros.

en autoridad y ministerio con otros profetas, como en el caso de Agabo[675] y los Apóstoles, pero algunos en Corinto apelaban a sus capacidades proféticas para promover sus puntos de vista personales, la apelación Paulina en este verso expresa que no es un punto de vista personal basado en sus capacidades dadas por Dios, sino que es Dios mismo hablando y ordenando. Al escribir *"mandamientos del Señor"* establece que tiene la misma secuencia de autoridad que el Antiguo Testamento, la palabra mandamiento se usaba como un encargo judicial el cual debía obedecerse, con ello alude que es una prescripción autoritativa, la autoridad de dicho escrito es porque proviene del Señor, el *"supremo"* quien tiene soberanía y es el dueño.

En este caso *Pablo expresa que lo que él plasmó en las Escrituras no proviene de él mismo, sino del mismo que inspiró el Antiguo Testamento y por consecuente tiene la misma autoridad.* El texto mismo dice que lo que se destaca en el Nuevo Testamento no son ideas o interpretaciones personales, sino más bien son directamente mandamientos de Dios.

No que haya otro, sino que hay algunos que os perturban y quieren pervertir el evangelio de Cristo. Mas si aún nosotros, o un ángel del cielo, os anunciare otro evangelio diferente del que os hemos anunciado, sea anatema - Gálatas 1:7-8.

No hay otro Evangelio, el Evangelio es las buenas nuevas de la gracia de Dios en Cristo Jesús, quien se dio a sí mismo por los pecados del hombre[676]. Si se enseña otro camino, es una amenaza a la verdad divina. Por ello es catalogado como anatema, por así decirlo, algo maldito y destinado a destrucción, eclesiásticamente era una excomunión, se usaba para dar entender una inclinación diferente, eso se puede entender que el Evangelio de Cristo está ligado a los Escritos del Antiguo Testamento, y Él es la expresión en el Nuevo, al hablar de algo contrario a Cristo y su orden se mal forma los Escritos por completo.

Dios sólo tiene un mensaje para el hombre, es arrepentimiento y conversión en Él, y es una salvación en fe por la gracia, no observaciones religiosas inspiradas en el corazón corrupto del hombre, *cualquier otro camino para salvación y santidad es condenación y ruina.* El verso dice claramente que, si un ángel el cual proviene del cielo no dice un ángel enviado por Dios, la diferencia yace en que los ángeles que cayeron provienen del cielo, y los que son enviados por Dios nunca darían un mensaje contrario a lo que Él ordenó. Con esto da entender que si la información dada por Dios, tanto en los Escritos del Antiguo como los del

---

[675] Agabo, es, según la tradición, uno de los setenta discípulos del cristianismo primitivo, considerado profeta por sus contemporáneos es citado por el evangelista Lucas en los *Hechos de los Apóstoles*, quien le menciona como un profeta. Según *Hch* 11:27-28, fue uno del grupo de profetas que fue de Antioquía a Jerusalén. Allí predijo una gran hambruna que azotaría toda la tierra, que el autor sitúa bajo el imperio de Claudio y que se ha identificado con los hechos del año 45. Años después, según *Hch* 21:10-12, hacia el 58 d.C. conoció a Pablo de Tarso en Cesárea y le advierte que sería encarcelado si iba a Jerusalén, aunque Pablo finalmente acaba yendo. Según la tradición, Ágabo murió mártir en Antioquía.

[676] Gálatas 1:4.

Nuevo Testamento los cuales expresan a Cristo abiertamente se distorsionan, no proviene de Dios el mensaje.

Histórico culturalmente, aquellos que distorsionaban el mensaje que una autoridad ordenaba eran sometidos a torturas y penas legales. Algo parecido se veía en el Antiguo Testamento con aquellos que distorsionaban el mensaje divino, eran catalogados como falsos y corrían con la pena de muerte en sus hombros[677]. En tales tiempos algunos judíos místicos tenían la intención de proyectar revelaciones angelicales[678], las afirmaciones hechas por Pablo en relación con las maldiciones tienen que ver con los Escritos de la ley[679].

Claramente se puede observar que Cristo como ser perfecto el cual la cumplió[680] hace posible que el creyente en su capacidad por el Espíritu pueda cumplir con tales demandas al depender del Él[681], Cristo es el centro de todo, eso es el Evangelio, con el uso de las maldiciones dichas al Pueblo de Israel en tiempos antiguos expone que el Nuevo Testamento que expresa el Evangelio de Cristo es inspirado tal como el Antiguo, ya que todo aquel que rechaza la misericordia de Dios en Cristo está maldito, el uso de anatema se aplicaba tanto a los falsos profetas como a quienes le prestaban atención a sus dichos[682] para dar entender que serían destruidos. Si se piensa que la inspiración del Antiguo Testamento no es la misma que la del Nuevo, es un planteamiento absurdo según lo que se expresa. Aquí se puede ver claramente que los Escritos del Nuevo Testamento son palabra inspirada de Dios por el Espíritu por su perfecta unidad en Cristo.

Porque ya sabéis qué instrucciones os dimos por el Señor Jesús - 1 Tesalonicenses 4:2.

Desde tiempos antiguos se hacía el uso del traspaso tradicional de las palabras de un maestro a sus discípulos, los dichos de Jesús el Maestro de maestros fueron grabados en la mente y el corazón de sus discípulos por el Espíritu, los cuales traspasaron tales dichos de igual forma a otros, tanto en medio escrito como conversacional[683]. Cristo es presentado como la autoridad sobre la iglesia, la cual debe respetar, honrar y obedecer sus mandamientos. La palabra instrucciones del gr. *"paraggleia"* es *"mandamiento"* una orden de un superior, se usaba para referirse a órdenes de magistrados[684]. Esto da entender que las Palabras de Jesús gozan del mismo apoyo divino que las del Antiguo Testamento dadas por Dios, y son mandamientos divinos transmitidos por el Espíritu.

---

677 Falsos: Jeremías 23:16 / Pena de muerte: Deuteronomio 13:5, 18:20.

678 Tales revelaciones tenían que ver con afirmaciones apocalípticas. Lo cual se refería al mundo del pensamiento literario que trata con el fin de los tiempos y en el cual abundan símbolos. Ellos hacían práctica de un misticismo futurista judío el cual desapareció con el paso del tiempo por la falta de evidencias en sus afirmaciones.

679 Deuteronomio Caps. 27-28.

680 Mateo 5:17.

681 Romanos 8:2.

682 Deuteronomio Cap. 13.

683 Tales dichos son los que se expresan en 1 Tesalonicenses 4:13-5:11.

684 Hechos 5:28, 16:24.

La evidencia atestiguada de los apóstoles de forma recíproca

Pues la Escritura dice: No pondrás bozal al buey que trilla; y: Digno es el obrero de su salario - 1 Timoteo 5:18.

Pablo comunica la inspiración de las Escrituras haciendo uso del Antiguo Testamento (Deut 25:4) como del Nuevo (Lc 10:7), los coloca juntos y los menciona a ambos como Escritura. Claramente considera que *ambos testamentos gozan de igual autoridad.*

Casi en todas sus epístolas, hablando en ellas de estas cosas; entre las cuales hay algunas difíciles de entender, las cuales los indoctos e inconstantes tuercen, como también las otras Escrituras, para su propia perdición - 2 Pedro 3:16.

Pedro coloca los Escritos de Pablo en la categoría de Escrituras a la par con los otros Escritos inspirados. Es importante comprender que el mensaje de las Escrituras puede ser distorsionado si es malinterpretado. En el siglo I los gnósticos y muchos judíos ya estaban mal formando su contenido por no comprenderlas, incluso algunos les restaban importancia a los hechos futuros. A finales del siglo I en el escrito I Clemente[685] se reafirmó la inspiración divina en los Escritos Paulinos. No ha de extrañarse que Pedro coloque las otras Escrituras al mismo nivel de las de Pablo y viceversa.

La obra del Espíritu en Jesucristo

Su concepción virginal

Respondiendo el ángel, le dijo: El Espíritu Santo vendrá sobre ti, y el poder del Altísimo te cubrirá con su sombra; por lo cual también el Santo Ser que nacerá, será llamado Hijo de Dios - Lucas 1:35.

Claramente fue el Espíritu quien operó la concepción de Jesús en el vientre. La encarnación fue llevada a cabo por el acto milagroso[686] del Espíritu en el cuerpo de María. Esta concepción virginal de Jesucristo fue un acto especial el cual fue llevado a cabo por la tercera persona de la divinidad, el Santo Espíritu de Dios por el cual la segunda persona, el Hijo eterno de Dios, tomó para sí una genuina, aunque sin pecado, naturaleza

[685] La Primera Epístola de Clemente es una de las dos cartas, dirigidas a los cristianos de la ciudad de Corinto. Data de finales del siglo I. Ninguna de las dos epístolas fue aceptada en el canon del Nuevo Testamento, pero son parte de la colección de los Padres Apostólicos. La primera epístola está dirigida por la Iglesia de Roma a la de Corinto. Sin embargo, se ha datado tradicionalmente en los últimos años del reinado de Domiciano, esto es, alrededor del año 96, ya que se hace referencia a que sobre la iglesia de Roma han caído numerosos infortunios (1:1), lo que suele interpretarse como una referencia a las persecuciones de Domiciano. Confirma esta datación el hecho de que la iglesia de Roma sea denominada "antigua" y que los presbíteros ordenados por los apóstoles hayan muerto (44:2), y haya pasado también una segunda generación eclesiástica (44:3).

[686] Nota importante: *Jesús no es un ser creado, es increado auto existente* (Juan 5:58).

humana y nació como Hombre sin tener que renunciar en ningún aspecto a su deidad. La tradición judía utilizaba en su lenguaje *"cubrir con sombra"* para expresar con ello la presencia de Dios en y sobre su pueblo[687]. El nacimiento virginal es muy importante, y muchos lo pasan por alto, Jesucristo es el Hijo de Dios, el mismo era libre de pecado, libre de la naturaleza pecaminosa que se transmitió a la raza humana mediante Adán. Debido a que Cristo nació de mujer, era un ser humano; pero como Hijo de Dios, nació sin pecado, nació santo, así como Adán fue creado sin pecado Jesucristo vino al mundo sin pecado.

Cristo es completamente humano y completamente divino, siendo que Él nació santo y sin pecado es un contraste con Adán el cual desobedeció a Dios, Jesucristo obedeció por completo. Cristo fue capaz de enfrentar las consecuencias del pecado en lugar nuestro y hacer al creyente uno aceptable ante Dios[688], debido a que vivió como hombre comprende la experiencia personal del hombre[689], no porque no conozca quien es o que es el hombre, sino porque siendo Dios no era humano antes de encarnarse y no atravesaba las luchas y pruebas hasta venir como hombre. Al encarnarse como hombre perfecto por el Espíritu, como Dios en la tierra tiene el poder para liberar al hombre del pecado transferido por Adán[690].

El ángel le proclamó que mediante el Espíritu y Su poder nacería el *"Santo Ser"*, tal palabra del gr. *"jagios"* significa *"sagrado"* alude *puro en lo físico y moral*, en lo *ceremonial* como algo consagrado, esto expresa un *Ser Perfecto*. Su perfección apunta en que la mención *"Hijo de Dios"* enfatiza la cualidad de una cosa, entonces su Santo Ser está basado en la manifestación plena de su esencia propia en un cuerpo humano, *divinamente Hombre, humanamente divino*. Por ello es importante conocer claramente la concepción virginal, ya que es el cumplimiento de una promesa divina hecha con mucho tiempo anticipado[691] la cual fue ejecutada por el Espíritu de Dios.

Su vida terrenal

Ungido por el Espíritu

El Espíritu del Señor está sobre mí, Por cuanto me ha ungido para dar buenas nuevas a los pobres; Me ha enviado a sanar a los quebrantados de corazón; A pregonar libertad a los cautivos, Y vista a los ciegos; A poner en libertad a los oprimidos - Lucas 4:18.

Jesucristo preparó su mensaje hablando solo la mitad de un texto mesiánico del Antiguo Testamento[692], ya que en su primera venida *"predicó*

---

[687] P.ej. Salmos 91:1.
[688] Romanos 5:14-19.
[689] Hebreos 4:15-16.
[690] Colosenses 2:13-15.
[691] Génesis 3:15; Isaías 7:14, 9:6-7.
[692] Isaías 61:1-2ª.

el año agradable del Señor[693]*"*, eso daba entender que el *"día de la venganza de Dios*[694]*"* era uno reservado para su segunda venida. El ungimiento de Jesucristo describe el futuro de Israel como el presente de aquellos los cuales creen en Él en términos del año del Jubileo[695]. En el año de Jubileo todas las deudas eran canceladas, los esclavos eran liberados y las propiedades empeñadas eran devueltas a sus dueños originales. Se entiende que Israel era aún un pueblo dominado y oprimido, por ello esto tiene un doble cumplimiento, una parte en la era presente en la cual Jesús se encarnó, y la otra en su regreso.

Muchos eruditos han presentado la idea de que un año de Jubileo reciente podría haber resultado en que esto estuviera fresco en la mente de la audiencia de Jesús; en cambio, otros afirmaban que esa no era una práctica habitual actual en el judaísmo principal. El hecho de que la cita terminara con una nota salvífica fue intencional. Se sabe que el ungimiento de un profeta, sacerdote, rey o un juez era para el servicio, el servicio que Jesucristo presentaría sería uno completo:

1) La pobreza: *Buenas nuevas a los pobres*; buenas nuevas del gr. *"evangelidzo"* claramente es una buena noticia, compuesta de *"eu"* que es *"bueno, bien"* y de *"angello"* que es *"narrar"* eso es el mensaje que causa alegría.

2) El dolor: *Sanar los quebrantados de corazón*; sanar del gr. *"aiomai"* significa *"curar"*, en este caso se utilizaba este término para la restauración de una persona, tanto en su salud mental, corporal, como espiritual.

3) La esclavitud: *Pregonar libertad a los cautivos*; pregonar del gr. *"kerusso"* era divulgar, hacer público, el servicio ministerial de Cristo sería uno visto a los ojos de todos porque trajo libertad, la misma del gr. *"afesis"* es *"remisión"* sustantivo de *"afiemi"* que es *"colocar aparte"* eso se usaba para liberar al pecador de una falta, la libertad pública que Jesús haría sería del poder del dominio del pecado por ello sigue con la palabra cautivos, la cual viene del gr. *"aijmalotos"* y significa *"lanza"* esta palabra se empleaba para los prisioneros de guerra caídos.

4) El sufrimiento: *Vista a los ciegos*; vista del gr. *"anablepsis"* es recuperar la vista, de *"anablepo"* que es *"mirar hacia arriba"*, se usaba para aquellos que no solo físicamente no tenían la facultad de la visibilidad, sino también para los que moralmente eran incapaces, lo antes mencionado se resume en una sola frase, la cual es la siguiente.

5) Opresión: *Libertad a los oprimidos.* La vida terrenal de Jesús demostró el poder del Espíritu en Él[696].

---

[693] Lucas 4:19.

[694] Isaías 61:2[b].

[695] Levítico Cap. 25; Cf. Isaías 58:6. Los Rollos del MM interpretan Isaías Cap. 61 de ese modo.

[696] Lucas 4:14.

Dios ungió con el Espíritu Santo y con poder a Jesús de Nazaret, y cómo éste anduvo haciendo bienes y sanando a todos los oprimidos por el diablo, porque Dios estaba con él - Hechos 10:38.

Cuando Pedro expone su mensaje a los oyentes aclara el ungimiento de Cristo por el Espíritu, para dar entender como *Jesús vivió una vida desprendida en servicio por los demás*, haciendo el bien y sanando a los oprimidos por el diablo. Este fue un poderoso mensaje de Pedro presentando las buenas nuevas, se enfoca mencionando la vida perfecta de servicio que Jesús llevó, la veracidad de su mensaje recae no solo en la realidad de la persona y obra de Cristo por el Espíritu, sino que él fue testigo de tales hechos y marcados en la historia, esta exposición está basada en el cumplimiento de las Escrituras perfectamente por parte de Jesucristo.

El énfasis de *"haciendo bienes"* era literalmente *"haciendo obras de beneficencia"*, antiguamente solo un gobernante, deidad o persona poderosa se le etiquetaba con esas palabras por sus acciones al ofrecer regalos y misericordia a una clase social más baja la cual era olvidada y en muchos casos rechazada. Para los judíos contemporáneos era un argumento extraordinario el decir que una persona era ungida con el Espíritu, ya que habían pasado una época intertestamentaria dura y muy difícil la cual estaba llena de conflictos tanto religiosos, sociales, económicos y gubernamentales. Aquí se presenta un contraste magno, entre ungió y diablo, la primera del gr. *"jrio"* es *"contacto"* en muchos casos se hacía uso de esta para una mancha, eso daba entender una marca que se distinguía de lo demás. Cristo en su servicio por el Espíritu se distinguió. La palabra *diablo* del gr. *"diabolos"* es *"calumniador"* proviene de *"diaballo"* que es *"un falso acusador"* es un adversario el cual aflige, en este caso un mentiroso. *Cristo como verdad se distinguió por encima de la mentira, todo por el servicio en el Espíritu.*

También dio Juan testimonio, diciendo: Vi al Espíritu que descendía del cielo como paloma, y permaneció sobre él - Juan 1:32.

Sucedió en su bautismo, pero no es lo mismo que el bautismo, la unción significó *impartir poder para el servicio*. Juan Bautista presentó su testimonio al respecto de tal hecho, la palabra testimonio del gr. *"marturia"* es *"evidencia presentada"*, tanto judicial como de modo genérico, se hacía uso para presentar un registro el cual informa sobre un suceso plasmado en la historia, recae tanto en una persona como una obra. Como antes mencionado, afirmar que el Espíritu estaba activo era presentar que el Mesías estaba cerca, al Juan presentar dicho testimonio daba entender que el Mesías se encontraba entre ellos.

El apóstol Juan presenta en su evangelio las evidencias de la encarnación del Hijo[697], y luego hace uso del testimonio del bautista para afirmar su

[697] Juan 1:1-18.

presentación como Hijo de Dios conforme Su encarnación[698], por ello el énfasis *"También dio Juan testimonio"*, la misma palabra alude que hay dos testimonios involucrados:

1) *el de Juan el apóstol.*

2) *el de Juan el Bautista.*

Momo bien se ha de saber, se necesitaba dos o más personas para presentar un testimonio el cual pudiera ser verificado y aceptado, con esto se reafirma que la persona y obra de Cristo es verdad.

Lleno y Conducido del Espíritu

Jesús, lleno del Espíritu Santo, volvió del Jordán, y fue llevado por el Espíritu al desierto - Lucas 4:1.

El texto sagrado muestra dos cosas importantes:

1) *llenura.*

2) *dirección.*

Ser lleno del Espíritu consiste en estar *totalmente entregado en obediencia plena a la Palabra de Dios*. Una persona llena del Espíritu está vacía de sí mismo y vacía de una inclinación a pecar, por que reposa en las Escrituras. La sana consecuencia de ello es una dirección correcta en base la voluntad divina. Cristo como ser divino gozaba de llenura y de dirección perfecta. Moisés también duró cuarenta días y cuarenta noches de ayuno[699] en el desierto, el contraste entre Cristo y las acciones plasmadas en la antigüedad con el pueblo de Israel en el desierto yace, en que Jesús en su llenura y dirección cumplió con todo conforme su divina perfección sin mancha alguna[700], y no pecó como Adán[701]. La llenura y dirección eran evidencias de su divinidad y perfección absoluta.

Sellado con el Espíritu

Trabajad, no por la comida que perece, sino por la comida que a vida eterna permanece, la cual el Hijo del Hombre os dará; porque a éste señaló Dios el Padre - Juan 6:27.

El apetito físico y su satisfacción no puede ir por encima de lo que realmente es importante, el objetivo de la vida si recae en las necesidades materiales se pierde el verdadero enfoque, el cual debe ser celestial[702]. La alimentación que Dios desea es la del alma, con eso no significa que no se debe alimentar el cuerpo, sino más bien a no vivir pensando que lo material es todo. Cuando Cristo expresó *"porque a éste señaló Dios"* es realmente la

---

[698] Juan 1:19-34.

[699] Éxodo 34:27-28.

[700] Deuteronomio 6:13, v.16, 8:3.

[701] Génesis Cap. 3, Lucas 3:38.

[702] Colosenses 3:1-3.

acreditación del sello divino en Él, eso daba entender que Dios le había enviado y aprobado para aquello por lo cual se le envió. El dialogo entre Cristo y la multitud hace juego con el término de obras y las necesidades. El judaísmo en tales tiempos hacía mucho énfasis en las obras religiosas, pero Jesús destaca una obra que sobrepasa todo, fe en Él, corría una creencia popular entre los rabinos la cual alababa la obra de fe de Abraham en Dios, a causa de ello demandaban de Cristo una obra, una señal[703], como en muchos casos se acostumbraba en la literatura judía, la señal que querían ver era una natural, terrenal, más Cristo presenta una celestial, divina.

El sello del gr. *"sphagris"* se usaba para proteger de plagio, esto aludía la genuinidad de dicho producto atestiguando la verdad de su contenido, dicho sello es la aprobación de Dios, sin importar cuantas señales pidieran, la aprobación divina estaba en Cristo[704] y no era necesario la aprobación de los hombres. Se entiende que colocar un sello sobre algún material en tales tiempos, daba entender la genuinidad del material, *el sello (señalamiento) divino en Cristo acreditaba no solo que Él decía la verdad, sino que Él es verdadero.*

Lleno de poder por el Espíritu

Pero si yo por el Espíritu de Dios echo fuera los demonios, ciertamente ha llegado a vosotros el reino de Dios - Mateo 12:28.

Toda la vida de Jesucristo como hombre sobre esta tierra la vivió mediante el poder del Espíritu, su vida mesiánica había sido preanunciada de tal forma[705]. Cuando Cristo comunicó *«... si yo... por el Espíritu, ciertamente ha llegado a vosotros el reino de Dios»* les dio a entender que el reino de Dios había llegado porque el rey se encontraba con ellos. La creencia popular de esos tiempos afirmaba que el Espíritu había sido apagado/silenciado a causa de la muerte de los profetas de la antigüedad, pero que en el tiempo en el cual el mesías viniera a establecer su reinado se revertiría ese apagar/silencio.

Cristo contestaba con esto la interrogante sobre si Él era el Mesías[706], claramente si, Jesús era uno lleno del poder del Espíritu de Dios. Él es ese vástago mencionado en Isaías, el cumplimiento de la promesa divina de la descendencia de David el cual gobernará por siempre[707]. La llenura del Espíritu en Jesucristo era la evidencia clara de su persona, todo lo mencionado por el profeta Isaías (11:2) es ilustrado en Cristo, el Espíritu estaría en Él mostrando así:

1) *Sabiduría.*

2) *Entendimiento.*

---

[703] Juan 6:30.
[704] Colosenses 1:19, 2:9.
[705] Isaías 11:2, 42:1, 61:1-3.
[706] Mateo 12:23.
[707] 2 Samuel 7:16.

3) *Consejo.*
4) *Poder.*
5) *Conocimiento.*
6) *Temor a Dios.*

También es uno mencionado como el que *traería justicia* (Is 42:1), y que también traería las *buenas nuevas* (Is 61:1-3), la llenura del Espíritu en Cristo demuestra la perfecta unidad divina en Él y todos los cumplimientos de la voluntad de Dios.

Fortalecido por el Espíritu en Su muerte

¿cuánto más la sangre de Cristo, el cual mediante el Espíritu eterno se ofreció a sí mismo sin mancha a Dios, limpiará vuestras conciencias de obras muertas para que sirváis al Dios vivo? - Hebreos 9:14.

Si las cenizas de un animal sacrificado[708] purificaban las formas más graves de contaminación ceremonial, *¡cuánto más la sangre de Cristo!* La ofrenda de Jesús en la cruz fue hecha mediante el Espíritu. Jesucristo ofreció su sacrificio en el poder del Espíritu, fue una ofrenda hecha a Dios y por Dios. Él era, es y será el intachable cordero, su perfección moral lo hizo capaz para ser el indicado para quitar el pecado de en medio. Antiguamente, los sacrificios animales no podían tener tacha física. Cristo era moralmente sin tacha, perfecto en totalidad, su sangre purifica para que el beneficiado de dicho derramamiento sirva al Dios vivo en conciencia limpia. No se trata solamente de una purificación física o de una limpieza ceremonial, sino más bien de una renovación moral purificada y consciente.

La obra de Cristo mediante el poder del Espíritu limpia las obras muertas que producen los incrédulos en su esfuerzo por ganar su propia pureza. Cristo trae libertad a los creyentes de esas obras faltas de vida para servir al Dios vivo. Si se observa detalladamente, el autor no trata de probar que un sacerdote se ofrecía a sí mismo, de ser así y ese fuera el fin hubiese comparado al que rocía, tal como lo hacían los sacerdotes en la antigüedad y no al ofrecimiento, los pecados fueron cargados por Cristo[709] y basado en ello se hace uso de las ilustraciones de las ofrendas levíticas para traer una comparación eficaz. Según los intérpretes judíos se hacía uso de un argumento llamado el *"cuanto más"*, el autor aquí presenta ese mismo argumento para dar entender que si en la antigüedad se perdonaban hipotéticamente hablando los pecados en la sangre derramada en el día de la expiación[710], cuanto más sería el perdón efectivo por la sangre de Jesús.

---

[708] Las cenizas de la Becerra Hebreos 9:13. La ofrenda de la vaca alazana por la limpieza debido al contacto con un cuerpo muerto: Números 19:2-10.
[709] Isaías 53:4-6, vv.8-12.
[710] Hebreos 10:4.

El verso expresa unos puntos importantes sobre la perfección del sacrificio de Jesús en la cruz:

1) **Sin mancha:** La palabra gr. *"amomos"* significa *"sin culpa"*. En este caso comunica *"sin defecto"* por ende es un ser perfecto el cual no se le puede culpar. El sacrificio de Cristo fue perfecto por ser Él un ser perfecto. En el Nuevo Testamento se refiere metafóricamente a Cristo como un cordero sin defecto alguno, tal como la ley levítica lo exigía[711]. En el sentido general como uno el cual gozaba de completa inocencia[712].
2) **Limpiará:** Del gr. *"katharidzo"* significa *"purificar"*, proviene de *"katharos"* que es *"puro, libre de inmundicia"*. En sentido figurado *"limpiar moralmente"* la contaminación del pecado, alude *"una limpieza total"*, es el resultado o acción de dicha pureza. Solo un sacrificio perfecto, hecho por un ser puro y moralmente perfecto, tiene como consecuencia el resultado de la purificación.
3) **Conciencias:** La consecuencia de dicho sacrificio moralmente perfecto es conciencias limpias, la palabra conciencia del gr. *"suneideses"* significa *"percepción conjunta"*, es decir *"conciencia moral"*, es sustantivo de *"suneido"* que es *"tener conciencia"*, esto es la facultad de distinguir lo cierto de lo errado e impulsa al recipiente a inclinarse a lo primero y evitar lo segundo[713]. La perfección del sacrificio de Cristo por el Espíritu capacita a los receptores con su propia facultad, creando en los tales:
    - **a)** Una buena conciencia[714].
    - **b)** Una conciencia pura[715].
    - **c)** Una conciencia libre de transgresiones[716].

La perfecta obra del sacrifico hecha por Cristo en el poder del Espíritu garantiza una inclinación moral correcta en aquél que ha sido renovado en Él, llevándole a vivir en conformidad al mismo Espíritu que habitó en Jesús y a servir a Dios tal como Él demanda. Un sacrificio vivo, para servir a un Dios vivo, la vida entregó su vida para que se pueda vivir para Dios, por el poder del Espíritu. Esto demuestra la perfecta unidad divina en Dios. Dios Padre demanda justicia, Dios Hijo la efectúa, y Dios Espíritu juega el papel importante de fortalecer al Hijo en medio del juicio divino que calló en Él, una perfecta unidad en el sacrificio para el agrado de Dios.

---

[711] Éxodo 12:15-20; Levítico 1:10, 22:19-22; Isías 53:7; 1 Pedro 1:19.
[712] Efesios 1:4, 5:27; Colosenses 1:22; Judas 24; Apocalipsis 14:5.
[713] Juan 8:9; Romanos 2:15, 9:1, 13:5; 1 Corintios 10:25, vv.27-29; 2 Corintios 1:12, 8:7; 1 Timoteo 4:2; Tito 1:15; Hebreos 10:2, v.22.
[714] Hechos 23:1; Tito 1:5, v.19; Hebreos 13:18; 1 Pedro 3:16, v.21.
[715] 1 Timoteo 3:9; 2 Timoteo 1:3.
[716] Hechos 24:16.

Que fue declarado Hijo de Dios con poder, según el Espíritu de santidad, por la resurrección de entre los muertos - Romanos 1:4.

Jesucristo demostró ser el *"Hijo de Dios con poder"*. El Espíritu es designado como el Espíritu de santidad, el cual marcó a Cristo en su bautismo y mediante su ministerio terrenal obró a través de Él. Todas las obras hechas por Jesús mediante el Espíritu dieron testimonio del hecho histórico de que Jesús es el Hijo de Dios. Cuando se dice que Jesús es el Hijo de Dios significa que Él es único como más nadie puede ser. Es claro que Dios tiene muchos hijos y que todos los que son considerados así claramente son los creyentes[717], incluso en la antigüedad a los ángeles se les llamaba de igual forma[718], pero Cristo Jesús es el Hijo de Dios en un sentido singular, no plural como lo creado (ángeles) y lo renovado en Él (creyentes). Claramente cuando se hace referencia a Dios como Padre por Jesús, la audiencia de tal tiempo comprendía que estaba afirmando igualdad con Dios[719]. Jesús fue verificado como el Hijo de Dios, tal testimonio es a causa de su vida y resurrección de entre los muertos, según el Espíritu de Santidad hace referencia a dos cosas:

1) *al Espíritu Santo.*

2) *al santo ser de Cristo en su perfección.*

Recordando que fue concebido por el Espíritu en perfecta santidad. Se puede comprender el verso de esta manera: *"La vida y resurrección de Jesús es la evidencia de su deidad, atestiguado por el Espíritu"*, Jesús es las profecías cumplidas del Antiguo Testamento, las que anticiparon que sería el mesías en el poder del Espíritu[720].

El Espíritu de santidad era un nombre judío común dado al Espíritu de Dios. Una de las oraciones en la sinagoga se enfocaba en la futura resurrección de los muertos como la demostración máxima del poder divino. El juego de palabras aquí presenta el poder divino del Espíritu en la persona de Cristo, por la razón de que expone que, mediante Él, el Hijo de Dios es confirmado como divino, Hijo de Dios también tenía una referencia a la línea davídica, y por ello, consecuentemente, al rey prometido[721]. Aquí se considera la resurrección de Cristo como la coronación por parte del Espíritu como el Mesías y como el anticipo de prueba a la humanidad de la resurrección futura del reino divino en Jesús. La resurrección de Cristo es el milagro de los milagros, ese fue el sello de la idoneidad del Hijo, el levantamiento de Jesús simplemente declaró lo que Él realmente era, este verso aclara la personalidad total de Cristo en su perfecta deidad y humanidad. Sobre el Espíritu de Santidad, la palabra santidad significa

---

[717] Gálatas 4:5-7.
[718] Job 1:6, 2:1.
[719] Juan 5:18.
[720] Isaías 11:2.
[721] Romanos 1:3; 2 Samuel 7:14; Salmos 2:7, 89:27.

"sagrado", esto es su propia virtud[722], alude *"majestad"* refiriéndose al estado de exultación que este produjo a Dios y su majestad como Mesías.

El Espíritu siempre estuvo con Él desde su muerte hasta su resurrección, muchos aluden que el Espíritu abandonó a Cristo cuando este cargó los pecados, esa es una teoría herética y carente de fundamento tanto histórico como escritural, ya que cuando Jesús en su muerte clamó *"porque me has abandonado[723]"* comunicaba las palabras dichas en Salmos 22:1 escritas 600 años antes de su advenimiento para dar entender hasta su último suspiro que Él era el mesías de Dios[724]. La persona del Espíritu fortaleció a la persona del Hijo en el momento más doloroso y difícil al cargar el juicio de Dios en Él. La vida y resurrección de Cristo por el Espíritu, es la evidencia de la crucifixión, la cual también estuvo envuelto el Espíritu.

Levantado por el Espíritu en Su resurrección

Porque también Cristo padeció una sola vez por los pecados, el justo por los injustos, para llevarnos a Dios, siendo a la verdad muerto en la carne, pero vivificado en espíritu - 1 Pedro 3:18.

Aquí se presenta a Jesús como el ejemplo máximo de uno que padeció a causa de la justicia. Este verso expresa varios rasgos importantes:

1) Expiatorio*: trae libertad para los pecadores del castigo por sus pecados.*
2) Eternamente eficaz: *murió de una vez y por todas y solucionó con ello el problema.*
3) Vicario: *el justo por los injustos*[725].
4) Reconciliador: *mediante Su muerte se es atraído a Dios, el pecado el cual causó la separación ha sido quitado de en medio.*
5) Violento: *murió ejecutado de la manera más dolorosa y vil en tales tiempos.*
6) Culminó en la resurrección: *fue levantado de entre los muertos al tercer día.*

Este orden tiene mucho que ver con la expresión *"vivificado en espíritu"* ya que padeció a causa de la justicia se levantó de igual forma, por la justicia. Esto tiene por significado que su resurrección fue ejecutada por el poder del Espíritu de Dios. La gramática en el verso indica que el Espíritu lo resucitó como el proclamador del triunfo justo, la participación del Espíritu Santo en la resurrección fue igual que en la crucifixión como antes mencionado. La palabra vivificado del gr. *"dzoos"* significa *"hacer vivir"*, esto es *"reavivar[726]"*, esto comunica *"preservar"*. El mismo pensamiento de

---

[722] 2 Corintios 7:1; 1 Tesalonicenses 3:13.
[723] Mateo 27:45-46.
[724] Salmos 22:11-18.
[725] Isaías 53:6b.
[726] Juan 5:21; Romanos 4:17, 8:11; 1 Corintios 15:22.

"vivificar" está plasmado en Romanos 8:11 ***"el Espíritu de aquel que levantó de los muertos a Jesús… "vivificará" también vuestros cuerpos mortales por su Espíritu"***, el hecho de que el Espíritu levantase a Jesús de entre los muertos es la garantía de la eternidad en los que en Él creen[727]. Los judíos creían que Dios levantaría a los muertos al final de los tiempos, pero la realidad es que Dios ya ha resucitado a Jesús, ese evento elaborado por el Espíritu de Dios es una señal segura de que el resto de la resurrección ocurrirá. La palabra levantó originalmente es *"despertar"*, sea transitivo o intransitivo es *"levantarse"* literalmente del sueño, y de la muerte[728]. Esto vincula la idea de provocar levantarse. *El Espíritu fue quien elaboró la acción de levantar a Jesús.*

La obra del Espíritu en la salvación

Convencimiento

Como antes mencionado, esto significa colocar una luz clara delante de un ignorante al evangelio, de tal modo que sea reconocido como verdad. Sea o no reconocido Jesús como salvador por la persona, la aceptación o negación, basado en la luz del evangelio es de forma inteligente.

Y cuando él venga, convencerá al mundo de pecado, de justicia y de juicio. De pecado, por cuanto no creen en mí; de justicia, por cuanto voy al Padre, y no me veréis más; y de juicio, por cuanto el príncipe de este mundo ha sido ya juzgado - Juan 16:8-11.

El Espíritu Santo crea conciencia de las cosas en la vida del pecador individual. Aquí se presenta al Espíritu condenando al mundo por el hecho de que está presente en el mismo, se supone que no debería estar, porque Jesús es quien debería estar reinando sobre el mundo, pero el mundo mostró su rechazo a Él, y se fue de regreso de dónde provino. El Espíritu se encuentra en lugar de un Jesucristo rechazado, eso demuestra la culpabilidad del mundo. En base a ello, el Espíritu convence al mundo de pecado por no creer en Jesús, el cual es digno de plena confianza.

En la persona del Hijo no había, no hay, ni habrá nunca nada que imposibilite a los hombres de creer en Él. Pero aun así le rechazaron. La presencia del Espíritu en este mundo es la evidencia de la culpabilidad del hombre. El hecho de que el Espíritu esté en lugar de Jesús significa que el ser humano es culpable y que diablo ha sido ya condenado en la cruz, y todos los que rehúsan la misericordia divina en Cristo compartirán su fin de igual forma.

---

[727] Romanos 8:23; 1 Corintios 6:14; 2 Corintios 4:14; 1 Tesalonicenses 4:14.

[728] Mateo 10:8; Juan 5:21; Hechos 26:8; 1 Corintios 15:15-16; 2 Corintios 1:9; Marcos 6:14-16; Lucas 9:7; Juan 2:22; Mateo 16:21, 17:23, 27:63; Marcos 16:14; Hechos 5:30, Romanos 4:25; 2 Corintios 4:14.

El convencimiento del Espíritu implica tres cosas:

1) Pecado: *el hombre es hallado pecador a causa de su naturaleza caída e incredulidad.*
2) Justicia: *el hombre queda convencido de la justicia de Cristo y su ascensión al Padre.*
3) Juicio: *el Espíritu convence del juicio venidero, porque Satanás el máximo enemigo de Dios ya ha sido juzgado, y todo aquel que no esté en Cristo es considerado de igual forma.*

Tres cosas fundamentales son vistas aquí:

1) *convencer de pecado al arrepentimiento.*
2) *hacer que los pecadores reconozcan la justicia perfecta de Dios para que admitan que han fallado.*
3) *mostrar que, por medio de la muerte y resurrección de Cristo, mediante ello Satanás ya ha sido condenado.*

Aquí el Espíritu se torna en fiscal del mundo mientras que al mismo tiempo es abogado del creyente, en la antigüedad se presentaba al Espíritu como aquel que pasaba juicio[729]. Los judíos pensaban que el juicio sería en una era futura, pero Cristo expone que el juicio ya ha comenzado[730]. Jesucristo aclara que el Espíritu presenta cargos delante de la corte celestial divina[731]. El convencimiento del Espíritu Santo involucra una presentación de las evidencias divinas al intelecto de cada uno individualmente que se le comunica el evangelio del Señor Jesucristo para que así, de forma inteligente tenga conocimiento, tanto de los beneficios que puede recibir, como de las consecuencias que puede acarrear.

Regeneración

nos salvó, no por obras de justicia que nosotros hubiéramos hecho, sino por su misericordia, por el lavamiento de la regeneración y por la renovación en el Espíritu Santo - Tito 3:5.

La salvación personal no es alcanzada mediante los recursos humanos, sino mediante la purificación del nuevo nacimiento, la renovación del Espíritu literalmente significa el acto inicial de la conversión en conjunto de una continua renovación a lo largo de la vida del creyente, tal acto con lente doble es obra de la gracia de Dios, no un galardón por las acciones meritorias de los hombres[732].

En relación con dicha obra divina en el hombre L.S Chafer expone: "Sobre la base de este texto, la palabra *«regeneración»* ha sido elegida por

[729] Jeremías 50:34, 51:36; Lamentaciones 3:58-66; Salmos 43:1.
[730] Juan 3:18-19.
[731] Mateo 5:22.
[732] Efesios 2:8-10.

los teólogos para expresar el concepto de nueva vida, nuevo nacimiento, resurrección espiritual, la nueva creación y, en general, una referencia de la nueva vida sobrenatural que los creyentes reciben como hijos de Dios. En la historia de la iglesia, el término no ha tenido siempre un uso exacto, pero entendido correctamente significa el origen de la vida eterna, el cual se introduce en el creyente en Cristo en el momento de su fe, el cambio instantáneo de un estado de muerte espiritual a la vida espiritual.

En muchos aspectos, la regeneración es el fundamento sobre el cual está edificada nuestra total salvación. Sin nueva vida en Cristo no hay posibilidad de recibir los otros aspectos de la salvación tales como la morada del Espíritu, la justificación, o todos los otros resultados ulteriores. Sin embargo, hay algunas características que son inmediatamente evidentes en el mismo hecho de la regeneración. Cuando un creyente recibe a Cristo por la fe, es nacido de nuevo y en el acto del nuevo nacimiento recibe una nueva naturaleza. Esto es a lo que la biblia hace referencia como al «nuevo hombre» (Ef. 4:24), del cual se nos exhorta a que «nos vistamos», en el sentido de que deberíamos aprovecharnos de su contribución a nuestra nueva personalidad. A causa de la nueva naturaleza, un creyente en Cristo puede experimentar a menudo un cambio drástico en su vida, en su actitud hacia Dios y en su capacidad de tener victoria sobre el pecado. La nueva naturaleza está modelada en conformidad con la naturaleza de Dios mismo y es algo diferente de la naturaleza humana de Adán antes de pecar, la cual era completamente humana, aunque sin pecado.

La nueva naturaleza tiene cualidades divinas y anhela las cosas de Dios. Aunque en sí misma no tiene el poder de cumplir sus deseos aparte del Espíritu Santo, da una nueva dirección a la vida y una nueva aspiración para alcanzar la voluntad de Dios. Mientras que la regeneración en sí misma no es una experiencia, la nueva vida recibida en la regeneración da al creyente nueva capacidad para la experiencia. Antes fue ciego, y ahora puede ver. Antes estaba muerto, ahora está vivo a las cosas espirituales. Antes era extraño de Dios y fuera de la comunión; ahora tiene una base para la comunión con Dios y puede recibir el ministerio del Espíritu Santo. En la proporción que el cristiano se entrega a sí mismo a Dios y obtiene la provisión de Dios, su experiencia será maravillosa, una demostración sobrenatural de lo que Dios puede hacer con una vida que está rendida a Él.

Otro aspecto importante de tener la vida eterna es que es el terreno para la seguridad eterna. Aunque algunos han enseñado que la vida eterna puede perderse y que una persona que ha sido una vez salva puede perderse si se aparta de la fe, la misma naturaleza de la vida eterna y del nuevo nacimiento impiden una vuelta atrás en esta obra de Dios. Es primeramente una obra de Dios, no de hombre, que no depende de ninguna dignidad humana. Si bien la fe es necesaria, no es considerada una buena obra la cual merece la salvación, sino más bien abre el canal a través del cual Dios puede obrar en la vida individual. Así como el nacimiento natural no puede ser invertido, de la misma manera el nacimiento espiritual tampoco puede serlo; una vez efectuado, asegura al creyente que Dios siempre será su Padre Celestial. De igual manera, la resurrección no puede ser revocada, puesto que somos elevados a una nueva orden de seres por un acto de Dios.

El nuevo nacimiento como un acto de la creación es otra evidencia que una vez que se realiza continúa para siempre. El hombre no puede en sí mismo anular esta creación. La doctrina de la seguridad eterna, de acuerdo con esto, descansa sobre la pregunta de si la salvación es una obra de Dios o del hombre, si es enteramente por gracia o basada en los méritos humanos. Aunque el nuevo creyente en Cristo puede fallar en lo que él debería ser como un hijo de Dios, así como se da en el caso del parentesco humano, esto no altera el hecho de que él ha recibido una vida que es eterna. También es cierto que la vida eterna que tenemos ahora se expresa sólo parcialmente en la experiencia espiritual. Tendrá su gozo final en la presencia de Dios en los cielos[733]".

Dicha regeneración tiene por significado que Dios quitó la culpa y la pena del pecado pasado, presente y futuro. Si se nota, todo era en pasado cuando el salvador murió, y su muerte lo cubrió todo, es presente en el momento del arrepentimiento, su muerte pasada lo cubrió todo en ese instante, y es futuro como un acto progresivo, el creyente está seguro en Él porque siempre será cubierto. Esta es una de las más sencillas y claras verdades de la obra divina a favor del hombre la cual es la que más les cuesta a muchos recibir. Una persona no es cristiana por vivir la vida cristiana, no es por obras. Las Escrituras dan testimonio que el hombre no merece de dicha salvación[734]. Las buenas obras están imposibilitadas de salvar al hombre; todas las supuestas acciones justas del ser humano para Dios son como siclos menstruales[735]. No se puede llegar a ser creyente viviendo la vida del creyente por la sencilla razón de que el creyente no tiene poder en sí mismo para vivir una vida santa, pura y digna, solo mediante la capacidad divina del Espíritu es que se logra[736].

No hay ninguna obra por más buena que pueda parecer, que haga al ser humano merecedor de la salvación, la única obra es la de Cristo en la cruz, la cual es elaborada en el creyente en dicha regeneración, las buenas obras no salvan, sino que son resultado de la salvación. Claro está que donde el Espíritu efectuó la verdadera salvación habrá también por parte del ya salvo buenas obras. Pues Dios no salva en virtud de obras de justicia que el ser humano ejecute, sino en conformidad a su gracia y misericordia, la regeneración es la salvación causando su efecto presente en el pecador arrepentido.

La salvación es una obra de misericordia divina, diferente a la justicia. La diferencia yace en que *la justicia demanda que se pague con un castigo merecido, y la misericordia provee un camino justo por el cual se evita dicho*

---

[733] Lewis Sperry Chafer. Teología Sistemática, Tomo I. Dios el Espíritu Santo: Su regeneración. Editorial CLIE. C/ Ferrocarril, 8. 08232, Vila de cavalls (BCN) España.

[734] Efesios 2:9; Romanos 3:20, 4:4-5, 9:16, 11:6; Gálatas 2:16, 3:11.

[735] Isaías 64:6.

[736] Romanos 8:2.

castigo. Dios salvó al creyente por el lavamiento de la regeneración. Esto es lo que en realidad se conoce como la nueva creación[737]. El nuevo nacimiento es mencionado como *"renovación por el Espíritu"*. Esto es que Él produce una transformación, el Espíritu es quien efectúa la regeneración, y las Escrituras son Su instrumento. Históricamente, los escenios y otros judíos contemporáneos a la época, asociaban al Espíritu con la purificación, se basaban especialmente en escritos antiguos donde Dios limpia a su pueblo de la inclinación a la idolatría[738]. El bautismo en tales tiempos era el acto decisivo de los conversos en el judaísmo palestino en el cual representaban su credo, y aquí figura la imagen natural de la conversión, es decir, que la demostración de la salvación por Jesús en la cruz es el Espíritu grabándola en la persona.

El texto expresa varios puntos importantes a considerar:

1) Habla en pasado *"salvó"* dicha palabra del gr. *"sodzo"* proviene de *"sos"* que significa *"salvar"*, comunica preservar del peligro, perdida y destrucción, del obsoleto *"saos"* que es *"seguro"*, esto demuestra que la acción de Cristo en la cruz aseguró por completo a los suyos, *pasado, presente y futuro*.

2) No por las inclinaciones bondadosas del hombre *"obras de justicia"*, justicia del gr. *"dikaiosune"* es *"equidad"* habla de acciones rectas, las acciones del hombre por más rectas que puedan ser no garantizan absolutamente nada para con Dios, es asunto de carácter interno en la obra que Él consumó, no en las obras que el hombre exprese.

3) La salvación es producto de su *"misericordia"*, la misma del gr. *"eleos"* es *"compasión"* esto es tener piedad activa, es la demostración de la bondad para con quien sufre, la motivación divina fue:

A) *Su suprema soberanía*.

B) *El afecto divino sobre su creación*, la cual sufría las consecuencias de su acción.

4) En su misericordia y basado en el hecho pasado de la salvación *"limpia"* y *"regenera"* haciendo una *"renovación"*, el juego de palabras expresa el efecto de la acción, primeramente, hace *"lavamiento"* del gr. *"loutron"* que es *"bañar"*, en este caso el acto de absolución, esto tiene que ver con:

A) *El lavado de la palabra de Dios como instrumento*.

B) *La limpieza espiritual y moral de la persona*, eso lleva a una *"regeneración"* del gr. *"paliggenesía"* significa *"renacer"* era en especial usada para comunicar la restauración mesiánica, sustantivo de "palin" que es *"otra vez"* y de *"génesis"* que significa *"generación"* esto daba entender la restauración mediante la fuente, la restitución de un estado anterior, la generación nueva en Él, tal regeneración lleva a la *"renovación"*

[737] 2 Corintios 5:17; Juan 13:10; 15:3.

[738] Ezequiel 35:25-27.

del gr. *"anakainosis"* cualitativamente era hacer una persona diferente a lo que antes era, esto es el resultado.

5) Quien hace eso posible es el Espíritu.

Estos cinco puntos comunicados en el verso explican la obra que el Espíritu ejecuta en el hombre. "Cada persona nacida de nuevo es tan santa en el instante de su salvación como lo será en el tiempo futuro y en la eternidad. La iglesia, la cual es el cuerpo de Cristo ha sido llamada a apartarse, a formar un pueblo separado; ellos son los santos. De acuerdo con el uso de estas palabras, todos ellos están santificados. Todos ellos son santos. Debido a que ignoran la posición que tienen en Cristo, muchos cristianos no creen que ellos sean santos. Entre los títulos que el Espíritu da a los hijos de Dios, solo hay uno que se usa más que el de santos. Los creyentes son llamados «*hermanos*» 184 veces, «*santos*» 62 veces y «*cristianos*» solamente 3 veces[739]".

El acto de la impartición de la vida eterna es producido por el Espíritu de Dios[740], la fe es un requisito el cual posibilita dicha regeneración y las Escrituras proveen el contenido de la fe la cual hace posible la participación de la salvación. Esta regeneración del Espíritu goza de ciertas características:

1) Es un acto Instantáneo: no es un acto progresivo, aunque sus antecedentes/consecuencias pueden verse en un proceso la acción de la regeneración no lo es, de ser así entonces la salvación sería progresiva de igual forma, y la seguridad presente y futura estaría en juego, por el hecho que recaería su peso sobre el recipiente (hombre) y no sobre el emisor (Dios), entonces sería por obras no por gracia.

2) No es experimentalmente directa: no es un derivado de una experiencia y mucho menos está basada en una experiencia, aunque debe seguir la experiencia (demostrar un resultado), la misma está basada en una persona (Jesucristo) y sus obras (la cruz, las Escrituras y el Espíritu). Por así decirlo, la regeneración no proviene por una experiencia personal, sino más bien es el producto divino comunicado por la Palabra de Dios el cual lleva a la persona mediante el Espíritu a la experiencia. Dicho producto tiene por consecuencia:

A) Nueva naturaleza[741].

B) Nueva vida[742].

---

[739] Lewis Sperry Chafer. Teología Sistemática, Tomo II. Santificación. Editorial CLIE. C/ Ferrocarril, 8. 08232, Vila de cavalls (BCN) España.

[740] Juan 3:3-7.

[741] 2 Corintios 5:17; 2 Pedro 1:4.

[742] 1 Juan 2:29.

Habitación

¿O ignoráis que vuestro cuerpo es templo del Espíritu Santo, el cual está en vosotros, el cual tenéis de Dios, y que no sois vuestros? - 1 Corintios 6:19.

El Espíritu habita en todos los creyentes[743], la ausencia de Él en una vida, aunque esta afirme ser salva, es la máxima evidencia de que no lo es[744], un creyente no rendido a la supremacía divina claramente no puede perder su habitación[745] pero si su plenitud[746]. Existen algunos problemas comunes en el pensamiento de la habitación del Espíritu por parte de muchos creyentes por falta de un adecuado estudio Escritural, muchos piensan que la habitación es consecuencia de la obediencia[747], cuando en realidad la obediencia es consecuencia a la habitación, la única obediencia que condiciona dicha habitación es la de la fe[748], la obediencia a la fe es un asunto de confianza en Cristo.

Antiguamente el Espíritu moró temporalmente en quienes Dios escogía para un propósito específico en conformidad a su soberanía, pero después de pentecostés vino a ser permanencia como bien dijo Jesús en Juan 14:16. Hay una relación estrecha entre la unción y la habitación, pero gozan de objetivos diferentes, la habitación es para expresar la naturaleza divina en la vida del creyente[749], y la unción es la capacitación del creyente en la enseñanza divina de Cristo[750]. Comprendiendo esto, se puede ahora entrar de lleno en el verso arriba mencionado.

Las Escrituras presentan una firme declaración sobre dicha habitación en que cada creyente goza de ser la morada del Espíritu de Dios. Se comunica que aquellos que han sido regenerados son el santuario del Espíritu, nótese que dice del Espíritu, por consecuente el creyente no es dueño de sí mismo, sino más bien el dueño es Dios. No le toca al creyente tomar su cuerpo para hacer uso indebido del mismo como desee, sino más bien para que el Espíritu se exprese mediante el. El ejemplo de un edificio era muy común en tales tiempos para las ilustraciones, p.ej. los rollos del Mar Muerto también hacían mención sobre el pueblo de Dios como un edificio, templo. Esa imagen se conocía lo suficiente para que se comprendiera de lo que se hablaba, Pablo en cambio, usa dicha referencia como ejemplo del tabernáculo donde la misma presencia divina hacía morada en el santísimo lugar[751] y el cual Él mismo ordenó establecer[752], con tal referencia presentó un contraste agudo con el templo de la diosa Afrodita

---

[743] Romanos 5:5.
[744] Romanos 8:9b.
[745] Juan 14:16.
[746] 1 Tesalonicenses 5:19.
[747] Hechos 5:32.
[748] Hechos 6:7; Romanos 1:5.
[749] Gálatas 5:22-24.
[750] 1 Juan 2:27-29.
[751] Éxodo 33:9-11, 40:34-38; Levítico 9:23; Números 20:6.
[752] Éxodo 25:8-9, v.40.

de Corinto donde se encontraban las sacerdotisas prostitutas, con eso dio entender que mediante dicha habitación del Espíritu es para vivir libre de contaminación y en pureza divina mostrando la naturaleza divina[753]. El uso de las palabras *"cuerpo"* y *"templo"* juegan un papel importante, la primera del gr. *"soma"* habla de un todo, esto es el conjunto organizado constituido de partes y miembros, de modo general toda la materia y sus componentes, traducido de una forma más fácil es la totalidad del ser, no una fracción, es templo de Dios, la misma del gr. *"naos"* proviene de *"naio"* y significa *"santuario"* se usaba para ilustrar una morada, en este caso metafóricamente habla de aquellos quienes mora el Espíritu, con esto da entender que la totalidad del ser del creyente es la habitación divina para que su naturaleza celestial sea expresada en el mismo y en todo sea en pensamiento, palabras y conducta, Dios sea glorificado (Jn 16:14, 1 Cor 6:20).

Bautismo

Porque por un solo Espíritu fuimos todos bautizados en un cuerpo, sean judíos o griegos, sean esclavos o libres; y a todos se nos dio a beber de un mismo Espíritu - 1 Corintios 12:13.

El bautismo del Espíritu tiene lugar únicamente en la era a partir de la ascensión de Cristo a los cielos[754], y está disponible para todos los creyentes[755], y este ocurre una sola vez y para siempre. El bautismo hace que el creyente sea miembro activo de un organismo vivo, el cuerpo de Cristo, haciendo unión con Jesús en su muerte *(respecto a su naturaleza pecaminosa)* y en su resurrección *(respecto a la nueva vida por el Espíritu y futura resurrección corporal de los muertos)*[756]. Es un sello divino en el cual el agente es el Padre[757], el medio es el Espíritu[758], y está extendido a todo creyente en cualquier etapa de espacio y tiempo en el momento de la conversión *(al ser regenerado)*. El objetivo divino de tal acción da la certeza de que el creyente pasa a ser propiedad de Dios y está preservado hasta el día final, está es una garantía en la cual la seguridad del creyente no queda en juego sino más bien es una estable.

El verso expresa claramente que todos los creyentes son unidos en un solo cuerpo, el de Cristo. El tiempo verbal denota una acción pasada con consecuencias continuas, es decir que sin importar en que tiempo se participe de ello, Dios en su gracia ha dado a beber del mismo Espíritu a todo creyente, no hay medidas en la aplicación de ello entre regenerados, a todos se les da la misma medida, la morada del Espíritu en cada uno por igual[759]. Pablo hace una adaptación de una imagen utilizada comúnmente

---

[753] 1 Corintios 6:20.
[754] Hechos 1:5.
[755] Efesios 4:5-6.
[756] Romanos 6:1-10.
[757] 2 Corintios 1:20-22.
[758] Efesios 1:13, 4:30
[759] Juan 1:16, 7:37-39.

por los romanos para que el mensaje se comprendiera con claridad[760]. Los estoicos afirmaban que el universo era como un cuerpo, y que el logos divino, la razón, era la cabeza por la cual todo se regía. Pablo en su retórica dirigido por el Espíritu como parte de dicho cuerpo, da entender que la unidad de este no es para oprimir a un grupo, sino para respeto mutuo y apreciación de unos a otros. Cada miembro solitario es inútil, de igual forma cada creyente separado de otros. El bautismo del Espíritu es lo que adhiere al creyente a Cristo para que sea parte del cuerpo en el cual Él, es la cabeza.

Aunque el verso dice *"un solo Espíritu"* originalmente su traducción literal sería *«en un Espíritu»*. Eso significa que el Espíritu es el elemento en el cual el creyente fue bautizado, así como el agua es el elemento en el cual se sumergió. El Espíritu es el agente que ejecuta la acción de adherir. Dicho bautismo del Espíritu tuvo lugar en el día de Pentecostés y sigue disponible en la era presente, se participa de su beneficio al nacer de nuevo. Es ahí que se pasa a ser miembro del Cuerpo de Cristo *(Iglesia). Si se nota, el bautismo es la operación divina que introduce a los creyentes en el organismo vivo y divinamente celestial. No es una obra posterior a la salvación, sino que es una obra de gracia que va de la mano a la salvación.* Todos los creyentes participan del Espíritu de Dios, eso es que reciben la tercera Persona de la divinidad morando en ellos y que en conjunto a ello en sus vidas reciben los beneficios de Su presencia y ministerio.

Hay un gran malentendido con la doctrina del bautismo del Espíritu, por lo cual muchos piensan que es una acción se debe estar repitiendo constantemente. Si se analiza bien, se puede ver como antes mencioné, que el verbo habla en pasado no en presente ni futuro, primeramente expone *"fuimos"* lo cual es un aoristo pasivo, que es una acción simple que indica un acto en el cual el sujeto recibe la acción, cabe a relucir que es una acción la cual fue manifestada en el pasado pero en base a su afirmación sigue gozando de consecuencias continuas, por ello sigue el verso explicando *"bautizados"* del gr. *"baptidzo"* lo cual es *"lavar, sumergir"* en este caso es una limpieza, la administración divina en totalidad en el momento de arrepentimiento en fe, alude cuando se era mojado completamente, esto da entender un hecho total en el pasado, no uno parcial que necesita ser completado, esa acción divina y plena no tiene que repetirse, aludir una repetición es afirmar que dicho profesante nunca tuvo la salvación, otro verbo en tiempo pasado es *"se nos dio a beber"*, nótese que dice *"se nos dio"*, no dice *"se nos dará"*, dicha palabra del gr. *"potidzo"* significa *"regar"* proviene de *"pinó"* que es *"beber"* esto demuestra la apropiación divina por dicho acto de aquel el cual le es ofrecido algo.

"En este pasaje la preposición griega «en» es traducida correctamente «por», en lo que se llama el uso instrumental de esta preposición. Este uso instrumental es ilustrado por medio de la misma preposición en Lucas 4:1, donde se dice que fue «*llevado por el Espíritu al desierto*», y por la

[760] Romanos 12:3-5.

expresión *«por vosotros»* en 1 Corintios 6:2, por la expresión *«por medio de El»* en Colosenses 1:16 y por la frase *«todos nosotros»* se refiere claramente a todos los cristianos, no a todos los hombres, y no de estar limitada a algún grupo de cristianos en particular. La verdad es más bien que cada cristiano desde el momento que es salvo es bautizado por el Espíritu dentro del cuerpo de Cristo. Así, Efesios 4:5 se refiere a *«un Señor, una fe, un bautismo»*[761]".

Los dones del Espíritu

Un don espiritual es la capacidad divina para servir y la cual Dios distribuye según su soberana voluntad y sabiduría perfecta, no es una posición servicial ni ministerial para un grupo determinado en edad o procedimiento.

Pero todas estas cosas las hace uno y el mismo Espíritu, repartiendo a cada uno en particular como él quiere - 1 Corintios 12:11.

Claramente la fuente es divina, todos los dones mencionados en el contexto inmediato (vv.8-10) son presentados como producidos y controlados por el mismo Espíritu. Aunque los dones sean diferentes, el Espíritu da lo mismo a todo creyente, aquí la distribución es mediante el deseo y sabiduría perfecta de Él. Si se comprendiera realmente el papel importante que juega la soberanía divina en la repartición de cada don la administración hacia otros creyentes para edificación fuera más eficaz ya que toda arrogancia humana no tendría cabida alguna, por la sencilla razón de que el creyente no puede tener nada que no haya recibido por parte de Dios. El Espíritu en su amor y sabiduría compartió a sus instrumentos lo necesario para la edificación del cuerpo, sea el don que sea no es para beneficio personal, sino más bien para beneficio y crecimiento de otros.

Una definición clara de un don espiritual es *la capacitación instantánea de Dios en el poder del Espíritu para hacer o decir algo más allá de la habilidad natural con el fin de cumplir el propósito de Dios en el marco de tiempo permitido por Él.* Los dones *"karismata"* no son adquisiciones o talentos personales, son capacitaciones específicas del logro divino en la vida del creyente para cumplir dos funciones:

1) *Glorificar a Dios en todo.*

2) *Edificar a otros para que glorifiquen a Dios.*

Lo que verdaderamente se debe comprender en esta sección es que Él reparte según su soberanía. Repartiendo del gr. *"diaireo"* significa *"separar, distribuir"* compuesta de *"dia"* que es *"separación"* y de *"jaireo"* que es *"dividir, partición"* en este caso *"asignar"*. La presencia de algún don no garantiza madurez espiritual *(fruto)*, pero es una evidencia

[761] Lewis Sperry Chafer. Teología Sistemática, Tomo I. Dios el Espíritu Santo: Su Bautismo. Editorial CLIE. C/ Ferrocarril, 8. 08232, Vila de cavalls (BCN) España.

de la habitación del Espíritu en tal vida, ya que *solo reparte dones a los miembros del cuerpo de Cristo*. Cada creyente tiene algún o algunos de los dones los cuales están en funcionamiento, pero no todos los dones[762]. Es importante resaltar que algunos dones eran para la fundación de la iglesia y no habría porque esperarlos cuando ya están puestos los cimientos[763], algunos dones fueron dados a la generación de creyentes del primer siglo, pero no a las siguientes[764]. Algunos dones debían ser desarrollados en práctica, p.ej. *enseñanza*, el Espíritu lo repartía, pero para desarrollar tal don se debía primero *estudiar*. Una larga descripción de los dones presentados en la iglesia para fundamentarla se encuentra en las Escrituras[765], pero como ya el cimiento está establecido solo hace falta reedificar sobre el, en otras palabras, desarrollar el estudio en la doctrina de Cristo y ponerlo en práctica.

La llenura del Espíritu

No os embriaguéis con vino, en lo cual hay disolución; antes bien sed llenos del Espíritu - Efesios 5:18.

La ebriedad era un comportamiento no apto dentro del judaísmo antiguo[766], en el contexto cultural de Éfeso, muchos creían que la ebriedad producía una inspiración por parte del dios pagano Dionisio[767], ya que simulaba su posesión sobre quienes ingerían excesivamente el vino. Aquellos que le rendían culto le entregaban el control de sí mismos realizando así actos sexuales llenos de simbolismo placentero a favor de dicha deidad falsa. Pablo presenta un contraste entre dichas prácticas paganas con la verdad que proyecta una moralidad alta, con el mensaje expuesto comunica como la persona pierde el control de sus acciones y como la persona rendida al Espíritu adquiere dominio.

Ser lleno del Espíritu es ser controlado por Él. Esto es un mandato divino, no una recomendación, el modo imperativo del verbo afirma tal mandamiento. Como antes mencionado, todos los creyentes son sellados con el Espíritu[768], pero hay que aclarar que eso no es garantía de ser llenos del Espíritu, aunque todos son sellados por Él no todos son llenos por Él, puesto que dicha llenura está condicionada a la responsabilidad del creyente en su entrega a la voluntad divina[769]. La llenura es una la cual está relacionada al gozo, denuedo, espiritualidad y carácter conformado a Cristo, tal llenura es en sí un control. El verso expresa una relación que puede ser sorprendente

---

[762] 1 Pedro 4:10.
[763] Efesios 2:20.
[764] Hebreos 2:3-4.
[765] Romanos 12:6-8; 1 Corintios 12:8-10, vv.28-30; Efesios 4:11.
[766] Proverbios 23:20-35.
[767] En la mitología clásica Dioniso es "hijo de Zeus", era considerado como el dios de la vendimia y el vino, inspirador de la locura ritual y el éxtasis, y un personaje importante de la mitología griega. Fue también conocido por los romanos como Baco, para ellos era el dios patrón de la agricultura y el teatro. También es conocido como el 'Libertador' (Eleuterio), liberando a uno de su ser normal, mediante la locura, el éxtasis o el vino.
[768] Efesios 1:13-14, 4:30.
[769] Efesios 1:17.

para muchos de un principio, pero al analizar bien el contexto se puede llegar a una conclusión saludable de lo que el mensaje quiere comunicar. La comparación entre el vino y el Espíritu es a causa de unos factores a considerar:

1) En las dos condiciones la persona se encuentra bajo una influencia externa.
2) En las dos condiciones la persona se encuentra en ímpetu, p. eje: *en pentecostés el fervor que produjo el Espíritu fue confundido con el que produce el vino*[770].
3) El andar de la persona en ambas condiciones queda afectado, uno negativamente y otro positivamente. *En la embriaguez se afecta el físico causando con ello una dificultad para andar, en la del Espíritu afecta lo moral, causando con ello un impacto positivo en su conducta, causando con ello una facilidad para su andar.*

Este texto presenta un gran contraste como era costumbre en tales tiempos para ejercitar intelectualmente a las personas a que se inclinaran a lo correcto haciendo sus respectivas comparaciones. Tales contrastes se pueden ver con claridad en:

1) La embriaguez produce libertinaje, y la llenura santidad.
2) La embriaguez produce la perdida de dominio propio, y la llenura dominio propio[771].

El creyente lleno del Espíritu jamás será llevado fuera del marco divino para que actúe alejado del control de sus acciones. La llenura del Espíritu es presentada como un don soberano de Dios. Si observamos, Juan el Bautista fue lleno desde el vientre de su madre[772]. En este caso en particular es un don soberano el cual se recibe sin ninguna condición previa a cumplir, no la consecuencia de una vida rendida, aquí el Señor lo dio como le plació. Volviendo al verso, se comprende el mandamiento de ser llenos del Espíritu en el cual se ve involucrado una acción por parte del creyente.

Hay ciertas condiciones a cumplir, por lo tanto, no es algo automático, en sí es *el resultado de la obediencia*. La palabra *llenos* del gr. *"pleroo"* significa *"hacer repleto"*, comunicaba ejercer una influencia sobre una persona para ejercer un oficio, viene de *"pleres"* que es *"llenar"*, en sentido figurado se usaba la misma para dar entender cómo se suple abundantemente hasta alcanzar una totalidad, el verso se traduce originalmente como *"manténganse siendo llenos del Espíritu"*. Existe una gran diferencia de la llenura del Espíritu con los otros ministerios de este en la vida del creyente:

---

770 Hechos 2:13.
771 Gálatas 5:23 (templanza).
772 Lucas 1:41.

1) Existe una diferencia entre la llenura y el bautismo del Espíritu. Como antes mencionado, el bautismo del Espíritu es la obra por la cual el creyente es incorporado al cuerpo de Cristo[773].
2) Existe una diferencia entre la llenura y la habitación del Espíritu. La habitación del Espíritu como antes mencionado, es la residencia de este en el creyente para capacitarlo en la santidad, adoración y servicio[774], la llenura es la consecuencia de la rendición de dichas acciones.
3) Existe una diferencia entre la llenura y la unción del Espíritu. La unción enseña al creyente las cosas del Señor[775], la llenura es la consecuencia de la sujeción a dicha enseñanza.
4) Existe una diferencia entre la llenura y las arras y el sello del Espíritu. Como antes mencionado el Espíritu como *"arras"* garantiza el recibimiento de la herencia para el creyente, y que como *"sello"* garantiza al creyente para participar de la herencia[776].

Esto lo hace real el Espíritu en una persona en el momento en que es regenerado. *Todo creyente en Cristo tiene el mismo bautismo, habitación, unción, arras y sello*. Pero en relación con la llenura es algo muy diferente. No es una experiencia la cual tiene un cumplimiento de una vez por todas en la vida; sino que se trata de un proceso continuo. El mandamiento *«Siendo llenos del Espíritu»*. Presenta la condición ideal del creyente sobre la faz de la tierra, la cual es la expresión viva de Cristo. Esto significa que el Espíritu tiene su camino para cumplir el papel divino que le corresponde a Él sin ser contristado por el creyente. En las Escrituras se muestra claramente que se debe hacer para cumplir con el mandamiento *"ser llenos del Espíritu"*:

1) Confesar y apartarse de todo pecado[777]. El Espíritu es un ser Santo, el cual no puede obrar abiertamente en una vida donde se conforma al pecado.
2) Rendirse totalmente a Su control[778]. Por parte del creyente a la soberanía del Espíritu debe haber:
    A) Rendición de la voluntad.
    B) Rendición del intelecto.
    C) Rendición del cuerpo.
    D) Rendición del tiempo,
    E) Rendición de los talentos.
    F) Rendición de las posesiones personales.

[773] 1 Corintios 12:13.
[774] Juan 14:16.
[775] 1 Juan 2:27.
[776] Efesios 1:13-14.
[777] 1 Juan 1:5-9.
[778] Romanos 12:1-2.

Cada área de la vida ha de ser abierta a Su soberano dominio en redición y sujeción sin reserva alguna.

3) Permitir que la Palabra de Dios habite en el corazón[779]. El creyente debe leer las Escrituras, estudiarlas y obedecerlas. Eso tiene como resultado su plenitud reflejada en tal vida rendida[780].
4) Negación al viejo hombre[781]. Para que un recipiente reciba un nuevo ingrediente debe ser vaciado primeramente del antiguo. Para que el creyente participe de la llenura del Espíritu primero debe ser vaciado de sí mismo.

El creyente que está lleno del Espíritu es uno centrado y ocupado con Cristo, no con sus asuntos de satisfacción personal. Es uno que ve las cosas sucediendo de una manera bíblica, no bajo sus conceptos personales sensacionales, ya que entiende que la soberanía de Dios juega un papel importante en su vida. Todo acontecimiento es manejado según el programa divino, el creyente lleno del Espíritu observa todo conforme la mente del Señor, porque tiene la mente de Cristo.

"En cada caso solamente los cristianos rendidos a Dios fueron llenos con el Espíritu. A los creyentes del Antiguo Testamento nunca se les ordenaba ser llenos con el Espíritu, aunque en algunas ocasiones fueron amonestados, como Zorobabel, que la obra del Señor se cumple, «*no con ejército, ni con fuerza, sino con mi Espíritu, ha dicho Jehová de los ejércitos*» (Zac. 4:6). En la era presente a cada cristiano se le ordena ser lleno con el Espíritu, como en Efesios 5:18: «*No os embriaguéis con vino, en lo cual hay disolución; antes bien sed llenos del Espíritu.*» El ser llenos con el Espíritu, así como el recibir la salvación por fe, no se cumple, sin embargo, por esfuerzo humano, más bien es por permitir a Dios que cumpla su obra en la vida del individuo. En la Escritura está claro que un cristiano puede ser genuinamente salvo sin ser lleno con el Espíritu, y, por lo tanto, la plenitud del Espíritu no es una parte de la salvación misma. La plenitud del Espíritu también puede ser contrastada con la obra hecha de una vez y para siempre que es cumplida en el creyente cuando éste es salvo. La plenitud del Espíritu, si bien puede ocurrir en el momento de la salvación, ocurre una y otra vez en la vida de un cristiano consagrado, y debería ser una experiencia normal de que los cristianos tuviesen esta constante plenitud del Espíritu.

El hecho de que la plenitud del Espíritu es una experiencia repetida, se hace notorio en el tiempo presente del mandamiento en Efesios 5:18: «*sed llenos del Espíritu*». Traducido literalmente es «*manteneos siendo llenados por el Espíritu*». En el texto se compara con un estado de intoxicación en el cual el vino afecta al cuerpo entero, incluyendo a la actividad mental y a la actividad física del cuerpo. La plenitud del Espíritu no es, por lo tanto, una

[779] Colosenses 3:16.
[780] Efesios 5:19.
[781] Gálatas 2:20.

experiencia que sucede una vez y para siempre. No es correcto llamarla una segunda obra de gracia, puesto que ocurre una y otra vez. Indudablemente, la experiencia de ser lleno con el Espíritu por primera vez es muy fuerte en la vida del cristiano y puede ser un hito que eleve la experiencia cristiana a un nuevo nivel. Sin embargo, el cristiano depende de Dios para la continua plenitud del Espíritu, y ningún cristiano puede vivir en el poder espiritual de ayer.

De la naturaleza de la plenitud del Espíritu puede concluirse que la amplia diferencia en la experiencia espiritual observada en cristianos y los varios grados de conformidad a la mente y voluntad de Dios pueden ser atribuidos a la presencia o ausencia de la plenitud del Espíritu. El que desea hacer la voluntad de Dios debe, por consiguiente, entrar por completo en el privilegio que Dios le ha dado al ser morada del Espíritu y tener la capacidad de rendir completamente su vida al Espíritu de Dios[782]".

Semejanza a Cristo

Mas el fruto del Espíritu es amor, gozo, paz, paciencia, benignidad, bondad, fe, mansedumbre, templanza; contra tales cosas no hay ley - Gálatas 5:22-23.

El fruto mencionado es considerado como la obra espontánea del Espíritu Santo en la cual una vida llena de Él se encuentra en perfecta armonía con la intención de la ley divina. Todo creyente rendido comprende que el único medio de adquirir dicho producto es mediante la dependencia y sujeción a quien lo imparte (Jn 15:4-5). Es un asunto de conocer, amar y recordar siempre que todo es mediante la fuente, Cristo, no es el resultado del ritualismo. De igual manera como Dios dio la ley, también envió su Espíritu para poder vivir en conformidad a ella, de modo que una persona llena del Espíritu que manifiesta su fruto cumple su ley mejor que uno que se basa en rituales. El singular de la palabra *"fruto"* indica una cosecha la cual involucra nueve cualidades producidas por el Espíritu en aquellos que andan en dependencia de Él[783]. Tales cualidades derivadas del singular expresan claramente a una persona, a Cristo, para que este sea expresado visiblemente en la vida del creyente.

Históricamente el Antiguo Testamento utiliza la metáfora de la producción de fruto con su pueblo[784], el contraste presentado con el contexto inmediato *"obras de la carne*[785]*"* comunica que el fruto es la consecuencia natural de un árbol por el cual la naturaleza de este se expresa mediante las ramas al exponer el producto, dicho producto *"fruto"* es la consecuencia de la dependencia de la rama en ser alimentada con la sabia del tronco. En

[782] Lewis Sperry Chafer. Teología Sistemática, Tomo I. Dios el Espíritu Santo: Su Plenitud. Editorial CLIE. C/ Ferrocarril, 8. 08232, Vila de cavalls (BCN) España.
[783] Gálatas 5:16.
[784] Isaías 27:6; Oseas 10:1, 14:8.
[785] Gálatas 5:19-21.

cambio, las *"obras de la carne"* es aquello lo cual está basado en la propia naturaleza corrupta del hombre. El contraste presentado demuestra lo perverso del hombre y lo bueno de Dios.

En las *obras de la carne* consideradas como perversas vemos:

1) Destrucción.
2) Fácil de hacerlas.
3) Difíciles de reprimirlas.
4) Egoísmo.
5) Opresión/Tiranía.
6) Decadencia.
7) Mortandad.
8) Por, sobre todo: Pecado.

En el *fruto del Espíritu* considerado como bueno vemos:

1) Es productivo.
2) Difícil de hacerlo.
3) Fácil de reprimir.
4) Generosidad con el prójimo/No egoísta.
5) Libertador/Considera ción.
6) Edificante.
7) De bendición.
8) Por, sobre todo: Santo.

La voluntad del Espíritu está en completa oposición constantemente a los deseos corruptos del hombre *"obras de la carne"*, ambos en bandos opuestos y en constante guerra[786]. En tales tiempos la costumbre popular establecía una lista moral de vicios y virtudes, como antes mencionado en lo perverso de la naturaleza humana y lo bondadoso de la divina se enumeraba las obras de la carne como vicios que dañaban el todo de la persona, tales vicios eran mencionados a lo largo de toda la Escritura del Nuevo Testamento. Esos vicios eran considerados en esos tiempos como un descuido a lo divino y al prójimo:

1) Inmoralidad sexual (Gál 5:19).
2) Impureza (Gál 5:19)
3) Lujuria (Col 3:5).
4) Hostilidad (Gál 5:20).
5) Peleas (Gál 5:20).
6) Celos (Gál 5:20).
7) Enojo (Gál 5:20).
8) Ambición egoísta (Gál 5:20).
9) Discordias (Gál 5:20).
10) Arrogancia (2 Cor 12:20).
11) Envidia (Gál 5:21).
12) Homicidio (Ap 22:15).
13) Idolatría (Gál 5:20; Ef 5:5).
14) Hechicería (Gál 5:20).
15) Embriaguez (Gál 5:21; 1 Cor 6:9-10).
16) Desenfreno (Lc 15:13; Gál 5:21).
17) Estafas (1 Cor 6:8-10).
18) Adulterio (Gál 5:19; 1 Cor 6:9-10).
19) Homosexualidad (1 Cor 6:9-10).
20) Avaricia (1 Cor 6:9-10; Ef 5:5).
21) Robos (1 Cor 6:9-10).
22) Mentiras (Ap 22:15).

[786] Gálatas 5:17.

Esto es lo que se menciona en (Gál 5:19-21) como *"y cosas semejantes a estas"*. En relación con las virtudes dichas en (Gál 5:22-23) se presenta el contraste y resultado de vivir para Dios:

1) Amor.
2) Alegría.
3) Paz.
4) Paciencia.
5) Gentileza.
6) Bondad.
7) Fidelidad.
8) Humildad.
9) Dominio propio.

La distinción entre las *"obras de la carne"* y el *"fruto del Espíritu"* es notable a primera vista, las obras son producto natural más no forzado del empleo humano a su amplia corrupción, en cambio el fruto crece según la permanencia dependiente del pámpano a la vid[787]. Difieren entre sí como difiere la luz de la oscuridad, el día de la noche y el bien del mal. Como antes mencionado *"fruto"* es un singular, no plural. El Espíritu es quien produce tal clase de fruto, y como arriba se expuso tal fruto es claramente Cristo en el creyente. Todas las virtudes que se mencionan describen la vida del Hijo de Dios en los hijos rendidos de Dios. *Cada virtud divina es extraña al corazón humano, así como cada obra corrupta lo es al corazón divino.* Todas las virtudes divinas presentan a Jesucristo y lo que se supone que el creyente en Cristo debería ser. En relación con dichas virtudes ya enumeradas y mencionadas, es importante tener una percepción adecuada por completo, ya que al tener un sano entendimiento se puede llegar a una conclusión saludable del carácter de Cristo y nuestra meta de vida en esta esfera terrenal.

Lo primero en la lista de virtudes que se encuentra el *Amor*, la misma del gr. *"agape"* significa en sí un afecto benevolente el cual de buena voluntad se deposita para crear un beneficio en quien lo recibe (1 Cor 13:1-7) lo expresa en toda su plenitud, dando a entender que en la cruz del calvario se manifestó dicho amor de manera comprensible en la persona de Cristo. Luego se puede observar que en el listado de virtudes prosigue el *Gozo*, del gr. *"jara"* es una alegría la cual trae un deleite y satisfacción, la misma trae jubilo, esto es un contentamiento y satisfacción con Dios y con su trato[788]. Cristo lo expresó de manera clara[789]. Luego prosigue la *Paz*, del gr. *"eirene"* comunica *"prosperidad"*, claramente es un estado interno más no económico como muchos traducen erróneamente, en sentido cívico es lo opuesto a guerra y disensión, metafóricamente es una *paz mental*[790], una *tranquilidad que surge de la reconciliación con Dios y la recepción de su favor inmerecido*, esto incluye también una armonía entre los creyentes. Luego sigue la *Paciencia*, del gr. *"makrothumos"* significa *"soportar el peso"*, se deriva de *"makros"* que es *"prolongado"* y de *"thumos"* que es

[787] Juan 15:5.
[788] Romanos 8:28-30.
[789] Juan 4:34.
[790] Lucas 8:22-25.

"furia, ira", esto comunica una persona que soporta, un aguantador, un constante ánimo en medio de las aflicciones y persecuciones. El máximo ejemplo supremo se encuentra en la cruz de Cristo[791].

Luego sigue en el listado la *Benignidad* del gr. *"jrestotes"* que es *"utilidad"* esta es la longanimidad en conducta, en su máxima expresión es la gentileza, es la inclinación de una actitud correcta hacia otros[792]. Después sigue la *Bondad* del gr. *"agathosune"* que es *"la virtud de la dignidad"* es el bien en forma activa, la disposición de la inclinación a la buena obra, mientras que la benignidad es el motor interno que lleva a una inclinación correcta hacia otros, la bondad es la manifestación externa de la misma reflejada en buenas obras[793]. Luego se presenta la *Fe*, la misma del gr. *"pisteio"* es *"confianza"* pero aquí es presentada como la manifestación de la misma en *"Fidelidad"*, aunque significa *fe,* o *confianza* en Dios, solo se demuestra que hay fe cuando hay fidelidad a lo que se cree y en Quién se cree, un ejemplo de ello lo fue Cristo en la cruz, y los creyentes del primero siglo los cuales murieron fieles a su fe como resultado de su fidelidad a Dios y su palabra.

Prosigue en el listado de virtudes la *Mansedumbre*, del gr. *"praus"* y significa *"agradable"*, es decir una persona humilde[794], esto comunica asumir un puesto de subordinación, al igual que Jesús, presto para servir[795]. Por último, se presenta la *Templanz*a, del gr. *"sophonismos"* y significa *"disciplina"* una persona con control, con dominio propio, literalmente es la capacidad de poder refrenarse a sí mismo en cualquier cosa contraria a la voluntad y carácter de divino. Es un gobierno sobre las pasiones, deseos e inclinaciones que proyecta moderación.

Samuel Chadwick lo observa de esta forma: "En lenguaje llano, este pasaje se traduce algo así: el fruto del Espíritu es una disposición afectuosa, amistosa; un espíritu radiante y un talante alegre; una mente y forma de actuar tranquilas; una paciencia longánime en circunstancias provocadoras y con personas difíciles de soportar; una consideración afín y disposición a ayudar con tacto; un juicio y ánimo generosos; lealtad y fiabilidad bajo todas las circunstancias; una humildad que olvida el yo en el goce de otros; en todas las cosas dominado y controlado por uno mismo, lo que es la marca final de la perfección. ¡Cuán notable es su relación con 1 Corintios 13![796]".

Al finalizar el verso citado se expone que *"contra tales cosas no hay ley"* por la sencilla razón que tales virtudes son gratas a Dios porque de Él provienen, y son extremadamente benéficas para otros y buenas para quienes participan de ellas. Las virtudes mencionadas no son el producto de la fuerza humana y sus recursos, sino de contemplar a Cristo en devoción y obediencia diaria a las Escrituras, al hacerlo el creyente es conformado a la imagen del

---

[791] Lucas 23:34.
[792] Marcos 10:14.
[793] Lucas 10:30-35.
[794] Mateo 11:29.
[795] Juan 13:1-17.
[796] James a Stewart, Pastures of Tender Grass. Revival Literature, 1964. Asheville, NC, EE. UU. 28816.

Señor Jesús[797]. Así como la rama del árbol al estar apegada y ser alimentada por la sabia del tronco, de igual forma el creyente en Cristo, todo su vigor corresponde a Jesús, la vid verdadera, y solo así podrá ser capaz de vivir una vida llena de fruto divino.

Puede ser repetida

Y fueron todos llenos del Espíritu Santo, y comenzaron a hablar en otras lenguas, según el Espíritu les daba que hablasen - Hechos 2:4.

El milagro experimentado por los creyentes en Pentecostés es conocido como la llenura del Espíritu, la cual prosiguió hablar con otras lenguas, las lenguas del gr. *"dialektos"* eran lenguajes étnicos conocidos y comprendidos, tales lenguas son confundidas por muchos con el término *"lengua extraña[798]"*, la lengua extraña aparece siempre en singular y es acompañada por un pronombre personal singular, resalta que tal lengua extraña debía ser interpretada por falta de conocimiento de la misma, lo mencionado en Pentecostés no necesitaba traducción lingüística porque cada quien oyó el mensaje en su propia lengua natal. En ese momento, el Espíritu de Dios tomó su residencia en ellos[799]. En ese suceso histórico se señala el trato divino con el hombre para hacer de los arrepentidos un recipiente de Su presencia. En la antigüedad, el Espíritu descendía sobre los hombres, pero no hacía morada permanente[800]. Comenzando desde Pentecostés, el Espíritu comenzó a hacer del creyente su habitación permanente[801].

Los creyentes en ese grandioso día vinieron a ser morada del Espíritu, y a su vez fueron llenados con Él. El Espíritu viene a morar en el creyente en el momento de la salvación, pero para ser lleno con el Espíritu debe vivir en obediencia al Señor en redición de vida y cediendo el control. De no ser así, no existiría la exhortación bíblica *«Sed llenos del Espíritu[802]»*. La llenura del Espíritu resultó en hablar en otras lenguas, según Él les daba que se hablasen. Según el contexto inmediato, queda claro que recibieron la facultad milagrosa de hablar idiomas extranjeros reales los cuales nunca habían estudiado, en Pentecostés Dios los capacitó. No se trataba de ninguna glosa extraña balbuceante ni de un habla extática sin significado o traducción, sino de lenguajes concretos que se empleaban para ese entonces en otras regiones del mundo. Esta capacitación lingüística fue una de las señales que Dios empleó para dar testimonio de la verdad del mensaje del Evangelio.

Cabe a resaltar que en el tiempo el cual esto sucedió no se había escrito el Nuevo Testamento y que la necesidad de los dones de señales

[797] 2 Corintios 3:18.
[798] 1 Corintios 14:2, v.4, v.13, v.19, v.27.
[799] Juan 14:17.
[800] Salmos 51:11 – En tales tiempos el Espíritu estaba relacionado con el servicio (Jueces 3:10), no con la salvación (Romanos 8:9). Aquí David pide a Dios que no le sea quitado su servicio como el ungido rey de Israel como con Saúl (1 Samuel 16:13-14).
[801] Juan 14:16.
[802] Efesios 5:18.

prácticamente se ha desvanecido porque ya el fundamento está puesto, el cual es Cristo en todo el consejo de Dios por las Escrituras *(claramente no se puede descartar que Dios como ser soberano puede aún emplearlos si lo desea)*. Es importante tener el sano entendimiento de que el fenómeno de lenguajes en Pentecostés no debe emplearse en el tiempo presente para demostrar que dicha manifestación es el acompañamiento del don del Espíritu. De ser así, se mencionaría dicha manifestación en estos casos:

1) La conversión de los 3,000[803].
2) La conversión de los 5,000[804].
3) La recepción del Espíritu en los samaritanos[805].

En ninguno de los casos los cuales fueron luego de Pentecostés hay evidencias bíblicas e históricas de dicho fenómeno en los nuevos conversos, si fuera un requisito entonces tales creyentes hubieran participado de igual forma que los de Pentecostés. De hecho, las únicas otras manifestaciones dicho don en el libro de Hechos son:

1) En la conversión en casa de Cornelio[806].
2) Con los discípulos de Juan en Éfeso[807].

Es importante mencionar que hay considerables diferencias entre bautismo del Espíritu y su llenura, aunque ya se mencionó algo sobre el tema, se debe presentar una idea clara sobre la doctrina para evitar confusos:

1) El bautismo tuvo lugar sólo una vez *(Pentecostés)*. El Cuerpo de Cristo fue formado entonces, y todos los creyentes a partir de ahí han entrado en el beneficio de ese bautismo.
2) La llenura tuvo lugar en varias etapas:
  A) Pentecostés[808].
  B) Samaria[809].
  C) Cornelio[810].
  D) Éfeso[811].
3) El bautismo tiene lugar una vez que la persona es salva; la llenura es una consecuencia a la rendición para ceder el control a Dios y es repetitiva.

En relación con los efectos individuales en la vida de los creyentes, muchos afirman que el bautismo es una segunda obra de gracia, y que tiene

[803] Hechos 2:41.
[804] Hechos 4:4.
[805] Hechos 8:17.
[806] Hechos 10:46.
[807] Hechos 19:6.
[808] Hechos Cap. 2.
[809] Hechos Cap. 8.
[810] Hechos Cap. 10.
[811] Hechos Cap. 19.

comúnmente lugar después de la conversión, en base a ello creen que es el resultado una santificación más o menos completa. Tal punto de vista carece de apoyo Escritural. Como ya se mencionó, el bautismo del Espíritu es la operación por la cual los creyentes fueron:

1) Incorporados al cuerpo de Cristo *(Iglesia)*[812].

2) Capacitados en su poder[813].

La llenura del Espíritu es una experiencia la cual puede ser repetida, como bien expresé es una consecuencia a la decisión personal del recipiente de rendirse en plena sujeción a la soberanía divina cediendo el control de todo en su vida al Espíritu Santo, este es el vivo caso de la soberanía divina y la responsabilidad humana, la misma se vio en múltiples ocasiones luego de Pentecostés[814]. Aunque en el contexto de cada una de las ocasiones se convertían no necesariamente es el estándar para la conversión, la llenura es una experiencia la cual Dios ajusta a la sujeción y rendición, en la conversión se experimenta la regeneración y cambio de cabeza federal *(Adán a Cristo)* y en la llenura se experimenta la expresión viva de la nueva cabeza, la cual es Cristo.

En relación con Pentecostés muchos han citado que dichas lenguas son un dialecto angelical sin percatarse que es algo incoherente, Lucas no presenta que es un dialecto sin entendimiento sino una adoración a Dios de manera inteligible en lenguajes no conocidos para quienes lo expresaban, señalando con ello un antecedente del Antiguo Testamento en el don de profecía[815]. Según lo que Pedro habla en su mensaje, hace una explicación sobre el fenómeno ocurrido, "más esto" se refiere al hablar en lenguas y señala como el cumplimiento del mensaje acerca del Espíritu de la profecía[816], esa exposición comunicaba que si el Espíritu podía dar la capacidad de nuevos idiomas aun sin estudiarlos cuanto más predicar las buenas nuevas con ellos, los sueños y visiones eran en especial una actividad profética en los tiempos antiguos, con ello Pedro subraya añadiendo *"profetizarán"* que no aparecía en Joel, para dar entender que la proclamación del Evangelio de Jesús se haría notoria utilizando tal don lingüístico.

Pedro sigue su exposición sobre lo predicho por el profeta Joel sobre *"postreros días"*, claramente esta frase en la profecía antigua tenía el enorme significado sobre el tan mencionado *"día del Señor*[817]*"* el cual encaja perfectamente en el contexto[818]. Es claro que la era futura tendría inicio con el regreso de Cristo, pero esta ya había sido inaugurada en su primera aparición al hacerse hombre, en la cual mediante la primera venida demostró el derramamiento de su Espíritu sobre sus seguidores.

---

[812] 1 Corintios 12:13.

[813] Hechos 1:8, Romanos 8:2.

[814] Hechos 4:8, v.31, 6:3-5, 7:55, 9:17, 13:9, v.52.

[815] Hechos 2:16-18.

[816] Joel 2:28-32.

[817] Isaías 2:2; Miqueas 4:1.

[818] Joel 2:30-3:3.

La explicación de Pedro era que el Espíritu había sido derramado tal como estaba escrito en los papiros antiguos inspirados por Dios. El acontecimiento de Pentecostés se entiende que fue un cumplimiento parcial de la profecía dada por Joel. La mayoría de los sucesos descritos no tuvieron cumplimiento en ese día[819]. Lo que sí sucedió en Pentecostés fue un anticipo de lo que sucedería en los postreros días, antes que regrese el Señor. Si Pentecostés fue el cumplimiento total de la profecía entonces, *¿cómo es que más adelante se da una promesa de que si había arrepentimiento nacional por parte de Israel al recibir al Cristo que habían crucificado, en Su regreso serían introducidos en el refrigerio de su reinado*[820]*?* Eso es una referencia de la perspectiva de lente doble, por la cual una profecía tiene un cumplimiento parcial en un tiempo, y un cumplimiento total en un futuro. El Espíritu de Dios se derramó en Pentecostés, pero no sobre toda carne. El cumplimiento total de dicha profecía tendrá lugar al final de la era de la Tribulación. Antes del regreso de Cristo donde habrá prodigios y señales[821]. Jesucristo reaparecerá en la tierra para establecer Su reino. En Su reino, el Espíritu será derramado sobre toda carne[822].

Dicha explicación es importante para no tener confusión sobre el tema como muchos tienen hoy día. Cabe recordar entonces que "La plenitud del Espíritu se cumple en cada creyente cuando él está completamente rendido al Espíritu Santo, el cual mora en él, resultando en una condición espiritual en la cual el Espíritu Santo controla y dota de poder al individuo. Mientras que puede haber varios grados en la manifestación de la plenitud del Espíritu y grados en el poder divino, el pensamiento central en la plenitud es que el Espíritu de Dios es capaz de operar en y a través del individuo sin obstáculo, cumpliendo la voluntad perfecta de Dios para aquella persona[823]".

Condiciones de la llenura del Espíritu

Dedicación

Debe haber una rendición al control del Espíritu Santo de manera dedicada, inteligente y voluntaria. La dedicación es considerada como el empleo de la atención y el esfuerzo a una actividad, es invertir de manera lógica la voluntad para para que su fin sea productivo.

Inicialmente

Así que, hermanos, os ruego por las misericordias de Dios, que presentéis vuestros cuerpos en sacrificio vivo, santo, agradable a Dios, que

---

[819] Hechos 2:17-20: **a**) *prodigios en el cielo*, **b**) *señales en la tierra*, **c**) *sangre, fuego y vapor de humo*, **d**) *sol en tinieblas*, **e**) *luna en sangre*. Cada una de estas señales están reservadas antes de Su regreso, no sucedieron en Pentecostés.
[820] Hechos 3:19-20.
[821] Mateo 24:29-30, Hechos 2:17-21.
[822] Judíos y Gentiles.
[823] Lewis Sperry Chafer. Teología Sistemática, Tomo I. Dios el Espíritu Santo: Su Plenitud. Editorial CLIE. C/ Ferrocarril, 8. 08232, Vila de cavalls (BCN) España.

es vuestro culto racional. No os conforméis a este siglo, sino transformaos por medio de la renovación de vuestro entendimiento, para que comprobéis cuál sea la buena voluntad de Dios, agradable y perfecta - Romanos 12:1-2.

La entrega total es un culto racional, en un sentido significa que, si *"el Hijo de Dios ha muerto a favor del creyente, entonces lo menos que puede hacer el creyente es vivir para Cristo"*. Al Jesucristo ser Dios y morir por el creyente «entonces ningún sacrificio de mi parte para Él puede ser demasiado grande[824]». El culto racional verdaderamente es una «*adoración espiritual*». Todo creyente participa mediante Cristo de un sacerdocio, el cual no se presenta ante Dios con la sangre y cuerpos de animales puros, sino con el sacrificio de Cristo, y conforme ello una vida entregada. Gracias a dicho sacrificio divino es que el creyente puede ofrecer su servicio a Dios, en este caso, todo servicio fructífero sea en el área que sea debe emanar de la fuente, la cual es Cristo Jesús por su Espíritu[825], por el cual brota la alabanza[826] y por el cual todas posesiones personales se reconocen que a Él le pertenecen[827].

El contraste se presenta en que si verdaderamente se vive para Jesucristo conforme lo que Él logró a nuestro favor entonces no podemos adaptarnos a la forma de este mundo, la exhortación es a no dejar que el mundo nos comprima dentro de su propio molde. Cuando se es nacido de nuevo y se es introducido al reino de Dios, la persona participe de dicha acción divina tiene la obligación moral de abandonar los estilos de vida del mundo y su estándar de pensamiento popular. El mundo lo cual es literalmente *"la era"* es empleada para denotar el curso o corriente de la sociedad y el sistema que el mismo hombre ha edificado para tratar de ser feliz en sí mismo sin Dios. El mundo bíblicamente es considerado un antagonismo a todo lo divino.

El dios de este mundo según las Escrituras es Satanás[828] y todas las personas no regeneradas son sus siervos. Mediante los deseos de los ojos, la concupiscencia de la carne y la soberbia él trata de retener a los suyos en la condición caída[829]. El mundo tiene su política personal, su arte, su música, su propia religión, sus diversiones atractivas, sus pensamientos populares bañados de sabiduría y sus estilos de vida placenteros, y con ello trata de conseguir que cada uno se acomode a sus costumbres. Establece que si no se camina conforme a dichos patrones ya mencionados son etiquetados como *"conformistas, mediocres y sin éxito"*. La muerte de Cristo (*la cual era considerada como un fracaso en sus tiempos*[830]) es la que liberta de la esclavitud del mundo. El mundo ha muerto para el creyente, y el creyente ha

[824] Norman Grubb, C. T. Studd, Cricketer and Pioneer. Christian Literature Crusade (June 1, 1982). Sheffield, Inglaterra, Reino Unido.
[825] Romanos 15:16.
[826] Hebreos 13:15.
[827] Hebreos 13:16.
[828] 2 Corintios 4:4; Juan 12:31, 14:30, 16:11.
[829] Génesis 3:1-24; 1 Juan 2:16.
[830] 1 Corintios 1:28.

muerto al mundo[831]. Sería muy desleal y extremadamente absurdo e inmaduro por parte del creyente amar aquello lo cual odia a Dios. Todo aquel que ama al mundo es enemigo de Dios.

El creyente debe comprender basado en la iluminación de su entendimiento por las Escrituras que no es de este mundo, como Cristo tampoco lo es. Y aunque el creyente no pertenece al mismo, es enviado para testificar que las obras del mundo son malas y que la salvación de su tiranía está disponible para todos los que ponen su fe en Jesucristo. Por tal razón el creyente no solo debería estar separado del mundo; sino que debería ser transformado mediante la renovación de su entendimiento, lo que significa que debe pensar como Cristo piensa, tal como está revelado en las Escrituras. Al pensar como Dios piensa conforme a su pensamiento expresado *(Las Escrituras)* el creyente será capaz de experimentar la dirección directa del Espíritu en su vida, y encontrará que Su voluntad es buena, aceptable y perfecta. *La clave para conocer la voluntad divina está en la entrega del creyente en una vida separada para Dios por una mente transformada por las Escrituras.*

La dedicación inicial se puede ver expresada en los principios del mismo verso[832]:

1) **Hermanos:** Es una apelación directa a los creyentes a la consagración de su vida[833].
2) **Por las misericordias de Dios:** La misericordia divina ha sido descrita en capítulos precedentes de la carta a los Romanos para su plena comprensión.
3) **Que presentéis:** Es una decisión personal de rendir la voluntad[834].
4) **Sacrificio vivo:** Compone una diferencia a los sacrificios antiguos de animales muertos, debe ser la presentación vivía de todo el ser en la persona y obra de Cristo.
5) **Culto racional:** El uso de la facultad inteligente.
6) **No os conforméis:** Literalmente es no vivir de acuerdo con el estilo o manera de vida presente a la era en la que se encuentra la persona conversa[835]. La palabra conforméis del gr. *"susjematidzo"* es formar a un parecido, seguir un patrón, compuesta de *"sun"* que es *"junto con"* y *"sjematidzo"* que es *"moldear"*, esto es dar la misma forma en conformidad a una cosa, es singular de *"sumorfoo"* que es *"estar en conformidad con"* el patrón define la forma en su producto.
7) **Transformaos:** Lo cual es un proceso continuo, un cambio interno hacia lo externo, la misma palabra es utilizada para hacer

[831] Gálatas 6:14.
[832] Romanos 12:1-2.
[833] 1 Corintios 6:20, Santiago 4:7.
[834] Romanos 6:13.
[835] 1 Pedro 1:14.

referencia a la transfiguración de Cristo[836]. Transformar del gr. *"metamorfoo"* es *"cambiar, transfigurar"*, es un presente imperativo, un mandato a una acción futura y continua, tal palabra afirma un cambio en la forma, en este caso para los creyentes es un asunto del corazón. Es singular de *"metastrefo"* que significa *"transformarse de una cosa a otra"* esto es un cambio pleno.

8) **Entendimiento:** Este es el centro del cambio, la mente renovada para hacer uso de la inteligencia canalizada por las Escrituras, pensar como Dios piensa[837]. La transformación solo se logra mediante la renovación *"anakainosis"* que es *"una renovación cualitativa"* lo que hace diferente a lo que era en el pasado, un renacer[838], el entendimiento renovado es la consecuencia de un nacimiento nuevo y su ajuste a la expresión divina, la regeneración como bien se conoce, el entendimiento *"nous"* habla de *"mente, intelecto"* es una función del asiento de las emociones y sentimientos, la renovación hecha en el mismo es en el modo de pensar y la disposición de la inclinación a lo moralmente correcto, si cambia el pensamiento cambian las conductas.

9) **Comprobéis:** Lo cual es averiguar, es la dedicación en la capacidad de discernir la voluntad divina, y trabajando juntamente con ella bajo la autoridad de Dios y Su Palabra, el creyente ya renovado, piensa y actúa conforme las Escrituras demandan, bueno, se supone que así sea, y al actuar así, logra experimentar varias cosas:

A) Buena voluntad: la palabra buena del gr. *"agathos"* significa aquello que es provecho y útil, y voluntad *"thelema"* es *"determinación, propósito, deseo"* aquello que ya está decidido a hacerse, la voluntad divina bajo la perspectiva del creyente la cual su mente ha sido renovada por el Espíritu conforme las Escrituras será vista como una completamente provechosa a su vida.

B) Agradable: del gr. *"eurarestos"* es *"placentero"*, es adjetivo de *"eu"* que es *"bien"* y de *"anesko"* que significa *"agradar"* el agrado es en sí aquello aceptable, cuando el creyente comprende en su intelecto la voluntad divina la encuentra aceptable porque piensa como Cristo[839].

C) Perfecta: del gr. *"teleios"* es *"completo"* esto afirma aquello que está pleno y no le hace falta nada, en este caso y de modo general habla de lo moral, cuando el creyente goza de una mente ajustada a la de Dios no solo experimentará lo

---

[836] Mateo 17:2, Marcos 9:2, 2 Corintios 3:18.
[837] Efesios 4:23; 2 Corintios 10:5.
[838] Tito 3:5.
[839] Juan 4:34.

útil del deseo divino en su vida, sino que también encontrará que está completo[840] en Su voluntad.

Observando todo lo antes mencionado, las Escrituras hacen énfasis en que la voluntad de Dios para los creyentes es que piensen santa y justamente, debe haber un reconocimiento del valor de cada uno y de la mutua edificación que hay en el cuerpo basado en el ejemplo y vida de Cristo. El judaísmo antiguo y muchas escuelas de filosofía utilizaban *"sacrificio"* en un uso figurado para la alabanza y de un estilo de vida en adoración, los receptores del mensaje de Pablo en la carta a los Romanos entendieron claramente su significado.

El culto claramente era el trabajo sacerdotal del templo y lo racional a la manera apropiada de pensar. En la antigüedad se llamaba a los sacrificios que Dios aceptaba como *"agradables"* y de igual forma se hablaba de que eran *"santos"*, al usar *"sacrificios vivos"* claramente su audiencia comprendía que hablaba metafóricamente como la presentación de un estilo de vida separado para Dios de forma continua y la cual obligatoriamente debía tener un inicio. Por lo general el judaísmo creía que los poderes del mal eran predominantes en las eras, pero que el gobierno divino sería uno venidero indudablemente. Literalmente *"no conformarse a la era"* es un contraste muy marcado con la adoración extática de los griegos los cuales enseñaban la racionalidad y formalismo ritualista amoral en sus cultos al igual que los romanos.

El énfasis marcado en este verso es en el uso apropiado de la razón, tener un sano discernimiento de lo bueno, aceptable y perfecto de conocer el deseo divino. Cabe a recordar que los escritores judíos y los filósofos griegos de tal tiempo entendieron el mensaje expresado en relación con la mención de Pablo sobre la renovación del entendimiento, ellos comprendían que las actitudes y valores afectaban la vida dependiendo la aplicación que se tuviera. La base bíblica presentada por Pablo sobre la renovación va mucho más allá, se está basando en una nueva clase de vida disponible por la gracia de Dios en Cristo y la cual tanto el judaísmo la esperaba en el mundo venidero y los griegos y romanos la esperaban alcanzar mediante la letra. Queda claro que la dedicación inicial y consagrada del creyente a Dios está disponible mediante el Espíritu Santo conforme las Escrituras para gozar de la mente de Cristo de forma progresiva.

---

[840] Colosenses 2:10.

Continuamente

Porque todos los que son guiados por el Espíritu de Dios, éstos son hijos de Dios - Romanos 8:14.

El Antiguo Testamento expresa como Dios dirigió a su pueblo en el desierto en su primer Éxodo[841] y en el nuevo Éxodo[842], de igual forma vemos como Dios llamó a Israel *"mis hijos"* al redimirlos de Egipto[843], en el lenguaje devocional tanto como el histórico la dirección de Dios para con los suyos estaba asociada con el Espíritu Santo[844]. La forma adecuada de describir a un verdadero creyente es por la dirección del Espíritu en cada asunto de su vida conforme las Escrituras. La dirección divina en el creyente no es cuestión del grado en que se le da Espíritu, ya que Dios no da el Espíritu por medidas[845], sino de una relación íntima a partir de la conversión.

Aquí se presentan los *privilegios y responsabilidades* de los hijos adultos. Los hijos de Dios no tienen que esperar antes de entrar en su herencia divina en Cristo, pero si esperar a la madurez para su administración; desde el momento que son salvos ya tienen pertenencia[846] pero eso no significa que entrando en ella adquieran una madurez inmediata. El texto comunica varios puntos importantes en relación con la continua dirección del Espíritu la cual tiene consecuencia a la madurez:

1) **Son guiados:** guiados del gr. *"ago"* es un presente indicativo pasivo, por el cual el sujeto recibe la acción del verbo en una acción continua y puntual. Tiene por significado manejar, traer adelante, *"ser conducidos"*, claramente tal dirección debe ser una por el Espíritu de Dios.
2) **Son hijos:** hijos del gr. *"juios"* comunica ser *"descendiente"*, propiamente, un hijo (por nacimiento o adopción); (figuradamente) alguien que comparte la misma naturaleza que su Padre. Para el creyente, convertirse en hijo de Dios comienza con renacer *(ser adoptado)* por el Padre celestial, a través de Cristo. Ser hijo enfatiza la semejanza del creyente con Dios *"theos"* que es la divinidad, es decir, basado en la adopción se asemeja más a su carácter al vivir en la fe y resalta el derecho legal a la herencia del Padre, es decir, a medida que el creyente vive en conformidad con la naturaleza divina demuestra que goza de la misma[847].

---

[841] Éxodo 15:13; Deuteronomio 3:2; Salmos 77:20, 78:52, 106:9, 136:16; Jeremías 2:6, v.17; Oseas 11:4; Amós 2:10, entre otros.
[842] Isaías 48:20-21; Jeremías 23:7-8.
[843] Éxodo 4:22; Deuteronomio 14:1, Salmos 29:1; Isaías Caps. 1, 2 y 4, 43:6, 45:11. 63:8, Jeremías 3:19-22, Oseas 1:10, 11:1-10.
[844] Nehemías 9:20, Salmos 143:10, Isaías 63:14.
[845] Juan 3:34.
[846] Efesios 1:3.
[847] 2 Pedro 1:3-4.

El creyente rendido y sujeto a Dios será uno dirigido a la voluntad divina, y basado en dicho manejar es que demuestra la madurez al presentar la evidencia de la naturaleza divina en cada aspecto de su vida. La llenura del Espíritu está condicionada a la dedicación inicial y continua del creyente en una dirección divina Escritural para que así, sea expresada la vida de Cristo en el mismo.

Victoria

Dicho control se refleja en una victoria sobre el dominio del pecado en la experiencia diaria, esta es a consecuencia de ser controlado por el Espíritu, esto significa una respuesta continua por parte del creyente a la luz de la Palabra de Dios.

Y no contristéis al Espíritu Santo de Dios, con el cual fuisteis sellados para el día de la redención - Efesios 4:30.

El significado literal de la palabra contristar del gr. *"lupeo"* es *"afligir"*, tanto en lo reflexivo como pasivo es *"estar triste"* proviene de *"lupe"* que es *"con dolor"* comunica *"provocar dolor"*, es un sufrimiento causado por una ofensa. Si se observa dicha aflicción en relación con el contexto inmediato[848] significa que toda mentira, explosión de ira, quien se deja engañar por el diablo *(incluye pecar y falsas doctrinas)*, el hurto, la ociosidad, no compartir con el necesitado y toda palabra carente de valores, moral y principios lo entristece a Él. Verdaderamente el creyente debe abstenerse de todo aquello que le cause dolor al Espíritu por varias razones:

1) **El Espíritu es Santo:** *Todo aquello contrario a su esencia le es desagradable.*
2) **Es el Espíritu de Dios:** *Es miembro personal de la divinidad, todo aquello contrario al Padre y al Hijo también lo es contra Él.*
3) **El Creyente fue sellado por el Espíritu:** *Como se ha mencionado ya, el sello es posesión y seguridad. El Espíritu es la garantía de la preservación del creyente hasta el regreso de Cristo, en Él la salvación está completa, contristarlo es dar entender que su esencia, Persona y obra no son necesarios.*

El verso emplea la seguridad presente y eterna del creyente como una razón, mucho más que aceptable para evitar las inclinaciones pecaminosas. La evidencia misma demuestra que al ser contristado es una persona, no una influencia poderosa, solo un ser con mente, sentimientos y emociones puede expresar tristeza, y solo una persona que ama a otras puede ser contristada por quienes ama. La función ministerial principal del Espíritu en esta tierra es glorificar a Cristo, y su función general en la misma es transformar al

848 Efesios 4:25-28.

creyente a la semejanza de Jesús[849]. Cuando un creyente peca deliberadamente o por omisión, obligatoriamente tiene que pasar el proceso divino de restauración, tanto de su comunión con Dios, como de la formación a la semejanza del Hijo, mediante confesión de pecado y arrepentimiento de este, de lo contrario el proceso queda paralizado porque Cristo no puede ser formado en pecado y al Espíritu le entristece ver el progreso del creyente a la semejanza de Cristo ser interrumpido por este.

Histórico y culturalmente hablando, en tales tiempos era una seria ofensa entristecer al Espíritu, tal costumbre provenía desde la antigüedad[850] en la cual se daba a entender una rebelión en su contra. Ese ejemplo fue tomado de Israel en el desierto, cuando por su rebelión rechazaron a Dios y Dios a ellos. De igual forma la misma rebelión llevó a Moisés a pecar con su boca[851]. La referencia del desierto, la rebelión contra Dios y la consecuencia de esta la cual es pecar, se vieron reveladas en la historia, y Pablo utiliza el mismo ejemplo para dar entender la gran ofensa que se lleva a cabo contra el Espíritu al pecar y como se duele de ello. En relación con el sello, se entiende como bien se mencionó anteriormente, que era una señal que atestiguaba que nadie había violado la autenticidad de la mercancía[852].

Con esto Pablo comunicó a los creyentes de Éfeso que debían preservar su posición en conformidad a la posición en el Hijo hasta que Él manifieste su día, claramente el día del Señor en el Antiguo Testamento era cuando el Señor se manifestaría como juez al mundo y revindicará a los suyos, entonces los creyentes deben apartarse de todo aquello que no le agrade al Señor, de lo contrario se entristece. El Espíritu es apenado por todo pecado. Observando lo antes mencionado, se puede comprender que *si verdaderamente el creyente vive para su Señor se apartará de todo aquello que esté contrario a su esencia, carácter y voluntad.*

Pero si andamos en luz, como él está en luz, tenemos comunión unos con otros, y la sangre de Jesucristo su Hijo nos limpia de todo pecado - 1 Juan 1:7.

Si el creyente anda en luz, entonces puede tener comunión con Cristo y otros creyentes. Este pasaje presenta dos extremos, o está en la luz o en las tinieblas, pero no se puede estar en ambas. Si el creyente se encuentra en la luz, es porque es un miembro activo del organismo vivo del cuerpo de Cristo *(Iglesia)*. Si está en tinieblas, no tiene nada con Dios, por la sencilla razón de que Dios no es tinieblas y en Él no hay tinieblas. Los que andan en la luz, tienen comunión con otros que andan de igual forma, por qué la sangre de Jesucristo limpió de pecado, no solo inicialmente sino continuamente en perfección[853].

---

849 2 Corintios 3:18.
850 Isaías 63:10
851 Salmos 106:33; Números 20:10; Deuteronomio 3:26.
852 Efesios 1:13-14.
853 Hebreos 10:14.

Todo el perdón de Dios está ajustado a la sangre de Cristo derramada en el calvario. Su sangre proveyó a Dios la base justa sobre la cual perdona los pecados, por ser la sangre perfecta, derramada por un ser perfecto. Por esa razón tiene un efecto eficaz y permanente para limpiar. Naturalmente, los creyentes deben confesar su pecado antes de poder recibir el perdón divino, la victoria yace en esto, en la garantía perfecta hecha por un Dios perfecto de perdonar a quienes vienen a Él arrepentidos[854]. *Andar en luz es una vida en obediencia a los mandamientos divinos y en la capacidad que el brinda para cumplirlos*, tres cosas se derivan de andar en luz:

1) Comunión Con Dios.
2) Comunión con otros creyentes.
3) Limpieza continua de la contaminación del pecado, andar en luz trae consigo la iluminación de la realidad del pecado y la necesidad de limpieza de este[855]. El contraste entre la luz y las tinieblas siempre es presentado a lo largo de las Escrituras para que el creyente adquiera un discernimiento sano y se incline a la verdad[856].

El contexto cultural que se manejaba en Asia menor, donde se encontraban los creyentes a los cuales Juan escribe se conocía que el agua era la que limpiaba en un sentido físico, pero de igual forma comprendían que la sangre lo hacía en conformidad a los ritos del Antiguo Testamento[857]. La sangre derramada del sacrificio apartaba lo que se consagraba para Dios, haciendo de ello algo puro de pecado y sin contaminación mediante la expiación[858], los creyentes de la época comprendían el mensaje, por ello Juan coloca que la verdadera consagración, santidad y perfección es mediante Jesús, para que de esa forma se tuviera la iniciativa correcta de permanecer mediante Él en obediencia, ellos sabían que se refería con ello a andar en luz.

La palabra utilizada para luz es *"phós"* y significa *"brillar"*, esto es hacer manifiesto, el resplandor natural, en este caso el resplandor de la gloria de Dios, la luz que Él emana y en la cual Él habita[859], es la misma que rodeo a Jesús en su transfiguración y ascensión. En sentido figurado es la luz moral y espiritual que ilumina el conocimiento y esclarece la mente, alma y conciencia, causado por conocer a Dios. Aquí se puede observar dos cosas importantes para andar en luz:

1) **Conociendo a Dios Mediante las Escrituras**. Las Escrituras es el medio seguro por el cual se conoce quien es Él, Su voluntad y normas, la biblia es la clave de la obediencia.

---

[854] 1 Juan 1:9.
[855] Isaías 6:1-7.
[856] 1 Juan 1:5-2:17.
[857] Hebreos 9:21-22.
[858] Levítico 16:30.
[859] 1 Timoteo 6:16; Apocalipsis 21:24.

2) **Conociendo a Dios mediante el Espíritu**. Es Él quien capacita e ilumina al creyente en su entendimiento de las Escrituras para que pueda vivir bajo Su capacidad las demandas divinas y caminar la senda hacia la semejanza de Cristo.

La obediencia a Dios está basada en los recursos divinos provistos para cumplir Su voluntad. Su llenura está condicionada a la dedicación inicial, dirección continua y dedicación plena que le creyente tenga a Dios mediante la victoria del Hijo sobre el pecado y la capacidad que el mismo Espíritu da a quien se rinde mediante Su Palabra. Lo hermoso del asunto es que Dios mediante la persona del Hijo logró la victoria sobre el dominio del pecado para que sus hijos vivan para Dios como Él desea, al ser crucificado, el creyente murió juntamente con Él en la cruz[860], y mediante la persona del Espíritu capacita al creyente para que pueda vivir moralmente recto como Cristo vivió en la tierra en Su vida resucitada[861], la victoria está garantizada en Cristo, y en esa misma victoria es que el creyente debe permanecer en su nueva posición, dicha permanencia está sujeta a una dependencia de Dios[862], por el Espíritu[863] como bien hemos hablado y como hablaré más adelante.

Dependencia

Debe haber una dependencia plena del Espíritu, esa es la característica la cual evidencia que el creyente sede el control a Él. La dependencia es un término con diversos usos que puede utilizarse para mencionar a una relación de origen o conexión, a la subordinación a un poder mayor o a la situación de un sujeto que no está en condiciones de valerse por sí mismo.

Digo, pues: Andad en el Espíritu, y no satisfagáis los deseos de la carne - Gálatas 5:16.

Aunque el verso en sí no dice literalmente la palabra *"dependencia"*, este comunica su principio, la palabra andad del gr. *"peripateo"* es *"vivir, moverse"*, es la prueba de una capacidad en la cual se ocupa en ser conducido, está compuesta de *"peri"* que es *"a través"* esto es *"en torno de"* y de *"pateo"* que es *"senda, sendero, camino marcado"*, esto comunica caminar mediante la senda que otro marcó para ser dirigido al destino. En este caso, solo se puede llegar al destino mediante el camino ya trazado, eso es dirección, y por consecuente para poder ser dirigido se debe depender del camino para llegar al destino, de lo contrario sería imposible. Andad es dar

860 Romanos 6:6-11; 2 Corintios 5:15; Gálatas 2:20, 5:24, 6:14.
861 Romanos 8:2; 1 Juan 2:6.
862 Juan 15:4-5.
863 Gálatas 5:22-23.

cada paso en dependencia del Espíritu para caminar la senda que Cristo marcó.

Según el Antiguo Testamento y la creencia del judaísmo de esos tiempos hablaban sobre el andar para ilustrar la expresión de la vida de la persona que andaba en el camino de Dios, el cual era uno de justicia en la ley[864]. El significado que le daban era respecto al comportamiento de acuerdo con dicho camino. Los maestros judíos hacían descripción de sus leyes morales derivadas de los manuscritos antiguos, como bien se conocía *"halakah"* que literalmente era *"andar"*, hay que aclarar que esa expresión no era común en el griego, pero los lectores de la carta que estaban acostumbrados a escuchar las doctrinas del judaísmo por su cultura y los que habían salido de dicho movimiento sí estaban familiarizados y lo entendían. El verso expresa enfáticamente una promesa antigua hecha por Dios mismo[865], en la cual Dios capacita al creyente con su Espíritu para andar en sus mandamientos aun cuando no los hayan logrado guardar la justicia de la ley por sus propias fuerzas.

Todo creyente tiene la responsabilidad de andar en el Espíritu, y rechazar todo aquello de la carne. Andar por el Espíritu es permitir libremente que Él tenga el control pleno en su vía, y a su manera. Eso conlleva:

1) **Permanecer en comunión con Él**. Eso significa que el creyente debe tomar las decisiones a la luz de Su santidad reflejada en las Escrituras.
2) **Estar ocupado con Cristo**. Es el ministerio del Espíritu ocupar al creyente con el Señor Jesús[866]. Cuando así andamos en el Espíritu, entonces la carne, o vida del yo, es tratada como muerta. No podemos estar ocupados a la vez con Cristo y con el pecado.

La situación de la vida cristiana se basa en el hecho de que en tanto que el creyente vive en este mundo es, por así decirlo, dos árboles, el viejo árbol de la carne, y el nuevo árbol de la naturaleza divina implantada por el nuevo nacimiento; y el problema mismo es cómo mantener estéril el viejo árbol y hacer fructífero el nuevo. Muchos afirman que depende a cuál se alimente más será la fortaleza de este, si se alimenta la carne será más fuerte y si al Espíritu de igual forma, cabe a resaltar que no es así, ya que el Espíritu no necesita ser alimentado por nadie ni por nada, porque Él es el autor de vida y supremamente soberano, aludir eso, es afirmar que Dios depende el hombre para la ejecución de sus propósitos. Ese problema verdaderamente se resuelve andando en el Espíritu en sujeción dependiente a su guía. Este verso muestra que la carne sigue presente en el creyente. Con ello queda refutada la idea de que la naturaleza pecaminosa es erradicada. El hecho de que la misma se encuentre presente no significa que tenga que seguir

[864] Levítico 26:3.
[865] Ezequiel 36:27.
[866] Juan 16:14.

operante o reinante en su dominio opresivo, mediante Cristo ha perdido poder como antes mencionado, pero para que no tenga dominio debe haber dependencia en Él. Andar por el Espíritu es la única manera en la cual el creyente puede elevarse por encima de las limitaciones de la carne y se evita sucumbir ante sus deseos. La carne y el Espíritu siempre van en sentidos opuestos y se mantienen en constante lucha, al caminar en el poder de uno, no se puede caminar bajo el dominio del otro[867]. La dependencia es fundamental para la llenura.

Las consecuencias de ceder el control en dependencia plena al Espíritu Santo claramente es ser lleno del mismo, y tiene por resultado:

1) Expresar el carácter de Cristo[868].
2) Una adoración aceptable[869].
3) Sumisión[870].
4) Servicio[871].

El creyente lleno del Espíritu *(controlado)* es uno capacitado en el ministerio de este:

A) Es educado[872].
B) Es orientado[873].
C) Es convencido[874].
D) Tiene un intercesor[875].

Todo lo mencionado es la consecuencia sana de vivir dependiendo del control del Espíritu en conformidad a las Escrituras.

La obra futura del Espíritu

El Espíritu Santo actuará eficazmente en la salvación y llenura en medio de la tribulación.

Y derramaré sobre la casa de David, y sobre los moradores de Jerusalén, espíritu de gracia y de oración; y mirarán a mí, a quien traspasaron, y llorarán como se llora por hijo unigénito, afligiéndose por él como quien se aflige por el primogénito - Zacarías 12:10.

El Espíritu fue derramado en Pentecostés cincuenta días después de la resurrección de Cristo[876]. Zacarías llama al Espíritu como uno de gracia y

---

[867] Gálatas 5:17.
[868] Gálatas 5:22-23.
[869] Efesios 5:18-20.
[870] Efesios 5:21.
[871] Juan 7:37-39.
[872] Juan 16:12-15.
[873] Romanos 8:14.
[874] Romanos 8:16.
[875] Romanos 8:26; Efesios 6:18.
[876] Hechos Cap. 2.

oración[877]. Escatológicamente hablando, al final, toda la gente se dará cuenta de que Cristo, a quien atravesaron colgándolo en el madero, es el Mesías. Habrá un despertar genuino manifestado por un pesar por el pecado y será revelado claramente el mismo que murió y resucitó[878]. Cuando Cristo regrese Israel reconocerá que Jesús es su mesías y con ello tendrá una profunda contrición que Él era aquél a quien sus antepasados traspasaron[879].

Amargamente lamentarán, este ejemplo se puede ver con José, el cual se dio a conocer a sus hermanos quedando quebrantados de corazón con dolor y contritos[880], si se nota el verso expone *"a mí"* es claro que a quien traspasaron fue a Jesucristo, y Dios mismo antes de la encarnación, recordando que fue en el 520. a.C. afirmó que era a Él a quien traspasarían. Este verso es una viva muestra de dos cosas:

1) *de la Trinidad de Dios.*

2) *que Jesucristo es Dios.*

La costumbre cultural de los Israelitas se veía que el lamento por la pérdida de un primogénito era una muy dolorosa[881]. La referencia al Espíritu Santo dada aquí es en relación con el derramamiento futuro sobre las naciones[882], recordando que el anticipo Dios lo derramo en Pentecostés y al final de los tiempos antes de su regreso se manifestará el restante, la palabra derramaré del hb. *"shafak"* es intensivamente, *"lanzar"* comunica *"verter"* esto da entender cubrir, antes del regreso inminente de Cristo se verterá la promesa de modo total, en la cual se preparará el panorama para que el Señor cumpla su propósito en su segunda venida.

Y después de esto derramaré mi Espíritu sobre toda carne, y profetizarán vuestros hijos y vuestras hijas; vuestros ancianos soñarán sueños, y vuestros jóvenes verán visiones. Y también sobre los siervos y sobre las siervas derramaré mi Espíritu en aquellos días. Y daré prodigios en el cielo y en la tierra, sangre, y fuego, y columnas de humo. El sol se convertirá en tinieblas, y la luna en sangre, antes que venga el día grande y espantoso de Jehová. Y todo aquel que invocare el nombre de Jehová será salvo; porque en el monte de Sion y en Jerusalén habrá salvación, como ha dicho Jehová, y entre el remanente al cual él habrá llamado - Joel 2:28-32.

Después *"de esto"* es literalmente después del arrepentimiento y futura restauración de Israel[883]. Esto es en conexión con el regreso de Cristo como se corroborará con las señales a manifestarse, las cuales como ya

---

[877] Romanos 8:26.
[878] Filipenses 2:10; Apocalipsis 5:13.
[879] Juan 19:37.
[880] Génesis 45:1-5.
[881] 2 Crónicas 35:20-24.
[882] Ezequiel 39:29; Joel 2:28-29.
[883] Zacarías 12:10, 13:1.

mencionado anteriormente no han sucedido[884], para ese entonces el Espíritu cubrirá a todos los remanentes creyentes de Israel[885]. El Espíritu es el principio de la vida en el hombre por ser Él mismo vida y autor de vida[886]. Según la práctica Israelita la unción era un signo de elección divina la cual estaba estrechamente relacionada con las capacidades dadas por el Espíritu, se consideraba que la persona la cual serviría con una función específica elegida por Dios participó de una unción derramada por el Espíritu Santo.

La palabra utilizada como Espíritu es traducida como viento, en esa época antigua los sumerios de Oriente consideraban el *viento/espíritu* como la fuente de sueños y visiones, incluso la práctica pagana de los Acadios[887] adoptó la misma para llamar a Zaquicu el dios de los sueños *"los vientos"*. En tal tiempo existía una relación entre el Espíritu y la revelación de sueños y visiones los cuales conducían a la profecía. Observando la sangre, fuego y las columnas de humo, era el acompañamiento común del paso de una guerra. En toda guerra la sangre corría por las calles, las casas ardían en fuego ocasionando columnas de humo que al elevarse se podían observar desde las ciudades vecinas a muchos kilómetros de distancia, claramente eran señales de crisis y juicio, de igual forma estas figuras eran usadas para dar entender las señales divinas que traerán juicio a la tierra en acompañamiento de un derramamiento divino de su Espíritu antes que ocurran.

Al ver el sol oscurecer y la luna enrojecer viene a mente los eclipses, en un eclipse solar, éste se oscurece cuando la luna pasa entre la tierra y el sol, y solamente ocurre en la fase de la luna nueva, en un eclipse lunar, ésta se oscurece en el momento de la interferencia completa la cual bloquea todo menos el rojo del espectro luminoso, haciendo que en vez de ennegrecerla le dé una tonalidad rojizo-anaranjada muy llamativo, este sería el diagnostico científico. En el asunto histórico cultural, en los tiempos Neo-asirios los eclipses eran una representación de señales de hechos futuros poderosos y hasta mortales, ellos consideraban tales fenómenos como la fuente primaria de los hechos reveladores futuros a ocurrir, esa era la primera causa por la cual hacían ritos para sustituir sus reyes. Los Neo-asirios tenían por costumbre que la naturaleza de la amenaza que se presentada en los eclipses se determinaba sobre la base del momento exacto en el cual se manifestaba, p. eje: la posición que ocupaba en el cielo y la dirección en la

[884] Joel 2:30: **a**) prodigios en cielo y tierra, **b**) sangre y fuego, **c**) columnas de humo, **d**) *sol en tinieblas y luna en sangre* (cf. Apocalipsis 6:12; Isaías 34:4; Mateo 24:29). Estos fenómenos ocurrirán antes de la segunda aparición del Mesías en la tierra.

[885] Joel 2:32.

[886] Génesis 1:2; Job 33:4.

[887] El Imperio acadio fue un gran reino de Mesopotamia formado a partir de las conquistas de Sargón I de Acad. Mantuvo su máximo esplendor en el siglo XXII a. C. (2334 a 2192 a. C.) en los que se sucedieron cinco monarcas: el propio Sargón, sus hijos Rimush y Manishutusu, su nieto Naram-Sin y el hijo de este, Sharkalisharri que gobernaron un total de 141 años. Los dominios del Imperio acadio se extendieron a toda la cuenca del Tigris y Éufrates, Elam, Siria y según las inscripciones aún más allá, hasta el Líbano y la costa mediterránea. Según dichas inscripciones se llegarían a realizar incursiones hasta Anatolia y el interior de los montes Zagros y el imperio controlaría el comercio del golfo Pérsico hacia «Magan» (posiblemente Omán) y la región del valle del Indo. Las ciudades de Mesopotamia se llenaron de monumentos y estelas conmemorativas que hablaban de la grandeza del nuevo imperio y en la escritura se produjo un importante avance del idioma acadio, que se convirtió en la lengua administrativa del Estado.

cual se producía. Esta combinación eran las señales en los cielos las cuales sugerían consecuencias devastadoras. El mismo mensaje de la manifestación de los fenómenos es utilizado aquí para proyectar el juicio, y el cambio de rey, en el cual Cristo tomará la posesión como Rey absoluto sobre toda la tierra. El cumplimiento de esta profecía en su plenitud será evidente con el retorno del Mesías, como bien se le conoce como el "día de la oscuridad", en el cual se verán señales en el cielo y vendrá con la apertura del sexto sello[888].

El derramamiento del Espíritu tiene varias etapas en tal era futura antes del regreso de Cristo:

1) *se derramará su ira*, queda claro que el sexto sello de apocalipsis lleva el curso de una serie de juicios divinos, la palabra Espíritu literalmente significa enfurecido[889], esto comunica que antes de su venida y antes de derramar su Santo Espíritu sobre los creyentes ocurrirán otras cosas tales como:

A) *profetizarán.*

B) *sueños.*

C) *visiones.*

2) *sobre los siervos* del hb. *"'ebed"* es decir sobre sus *servidores*, Dios los dotará con su Espíritu, diferente a la palabra Espíritu mencionada anteriormente para *"ira"*, en aquellos días, habla de los tiempos finales antes de su regreso los que invocaren[890] el nombre del Señor, serán salvos[891].

3) *se manifestarán prodigios*[892] *en el cielo y en la tierra.*

Esto será señal del regreso de Cristo y la administración divina de Su Espíritu en la era futura.

Cumplirá su función de unidad divina y preservación de los suyos

Unidad con el Rey

Y reposará sobre él el Espíritu de Jehová; espíritu de sabiduría y de inteligencia, espíritu de consejo y de poder, espíritu de conocimiento y de temor de Jehová. Y le hará entender diligente en el temor de Jehová. No juzgará según la vista de sus ojos, ni argüirá por lo que oigan sus oídos - Isaías 11:2-3.

---

[888] Joel 2:2; Apocalipsis 6:12.

[889] Joel 2:28: derramaré mi "Espíritu" del hb. *"ka'as"* significa *"estar airado, enfurecido"* tomar indignación, provocar a la ira, Una raíz primitiva para: "enfurecerse, estar indignado", comunica: "estar enojado".

[890] Joel 2:32: Invocar del hb. "qara'" es una raíz primitiva que significa *"abordar a una persona que se encuentra"*; es decir, llamar correctamente por su nombre, pronunciar a la persona para que esta responda.

[891] Joel 2:32: "Salvo" del hb. *"mawlat"* significa: *"escapar"* alude una persona la cual logra ser libre de una calamidad, esclavitud o guerra. Una raíz primitiva; apropiadamente, para ser liso, es decir (por implicación) para escapar (como por deslizamiento).

[892] Joel 2:30: Prodigios del hb. *"mofet"* significa *"muestra, augurio"* señales, es sustantivo masculino que significa *"maravillas"*.

Como bien se conoce, Jesucristo es quien establecerá el imperio divino verdadero y piadoso, el vástago era un título mesiánico utilizado en tales tiempos, Cristo el cual goza de toda la divinidad y plenitud en el Espíritu administrará un gobierno perfectamente justo por el hecho de ser un Ser perfecto en esencia propia. Basado en su perfección no será posible corromper su administración con el engaño de evidencias falsas. La norma divina de santidad es y será la fuerza constante y unificadora la cual tendrá todo en su lugar adecuado en el gobierno de Cristo. Históricamente, en el periodo de los Jueces, el Espíritu investía a sus elegidos de una autoridad la cual solo el Señor poseía[893]. En tales tiempos el papel de un rey era una representación de autoridad de naturaleza permanente, que también descansaba en un acto de investidura divina, por así decirlo el rey era un funcionario celestial y agente de la deidad al igual que los jueces y profetas.

El Espíritu proporciona los atributos comunicables necesarios de gran valor dando también en conjunto a ello valor, *carisma, discernimiento, sabiduría y confianza.* La costumbre antigua creía que los reyes al ser investidos con deidad llegaban a ser representantes en la tierra, generalmente se le atribuía a dicha investidura la dignidad y protección en autoridad, esas figuras representan la perfección del gobierno de Cristo en todos los aspectos. En el mundo antiguo la mayor responsabilidad de un gobernante *(rey)* estaba basada en establecer dos cosas:

1) *Justicia.*

2) *Paz.*

En consecuencia, la retórica de los reyes en todo su material escrito o grabado proclamaban el éxito de ellos en el trayecto de su función, por ello la sabiduría de un rey era juzgada por su capacidad de hacer evaluaciones profundas en casos difíciles[894], la idoneidad del rey para su trono era evaluada a la luz de su compromiso con el deber de proveer a los necesitados en la sociedad. Esas figuras verdaderamente son representaciones de la *idoneidad de Cristo para su trono y la ejecución de la justicia perfecta mediante Él en cada asunto*. De esa manera majestuosamente poética es descrita la equidad del gobierno del Señor presentando la aplicación correcta de Su justicia a los que la faltan y Su justicia personal la cual tiene por consecuencia un reino de paz y seguridad. Vale la pena analizar unos puntos importantes en este pasaje para un entendimiento saludable de la administración mesiánica:

1) **Reposará sobre él el Espíritu**: La palabra hebrea *"ruaj"* para Espíritu es en sí *"aliento"*, es una exhalación sensible; figurativamente, en este contexto comunica vida, en otros como (Jl 2:28) comunica ira, aquí alude a la insustancialidad; por extensión, una región del cielo; y por semejanza todo lo que tiene que ver con el Ser racional *(incluyendo su expresión y funciones)*. Reposar en esos tiempos era ser cómplice, sentarse tranquilo,

---

[893] Jueces 6:34-35.

[894] 1 Reyes 3:16-28; 2 Crónicas 1:12.

permanecer, comunica *"estar en"*. Una raíz primitiva la cual alude descansar, es decir, tranquilizarse; utilizado en una gran variedad de aplicaciones, literales y figurativas, intransitivas, transitorias y causales *(para habitar, quedarse, dejar caer, colocar para no retirarse, dar consuelo, etc)*. Todo lo relacionado a lo celestial en expresión y funciones racionales se ve en la persona del Cristo por dos razones:

A) *por quién es Él en su perfecta divinidad.*

B) *por el Espíritu el cual está en Él*. Esta es la garantía de que toda administración bajo Él es justa, piadosa, correcta y perfecta.

Mediante lo antes mencionado, trae consigo consecuencias positivas que son consideradas la expresión racional funcional en conformidad a lo celestial:

- **Sabiduría:** Del hb. *"chokmah"* significa *"hábil"*, proviene de *"chakam"*; que es sabiduría *(en un buen sentido)* es *"ciencia"*, la habilidad o ingenio de hacer lo correcto de forma correcta. Esta es la cualidad de un buen juicio desarrollada a partir de la experiencia, la observación y la reflexión. La sabiduría es una función de la mente educada, la cual proviene del Señor porque Él es la sabiduría (Jb 28:20, v.23, v.27; Sal 111:10), Su sabiduría está relacionada con la obediencia a los mandamientos de Dios (Sal 37:30-31; Prv 2:1-2). La sabiduría es, en Dios, la comprensión infinita y perfecta de todo lo que es o pudiera ser (Rom 11:33-36). Dios es la fuente de la sabiduría tanto como del poder, la sabiduría divina se muestra al obtener los fines deseados por medios efectivos correctos más no incorrectos.
- **Inteligencia:** Del hb. *"binah"* tiene por significado, una *"perfecta y prudente comprensión"*, comunica *"cordura"*. Esta es la habilidad de entender para hacer uso de los recursos a su alcance con el fin de producir resultados favorables. La inclinación que lleva a una acción se demuestra en que Él tiene la facultad perfecta de utilizar todos los recursos ilimitados a su alcance con el fin de producir los resultados adecuados ajustados a su sabiduría.
- **Consejo:** del hb. *"etsah"* significa *"asesoramiento"*, es todo lo que conlleva a un propósito, proviene de de *"ya'ats"*; que por implicación es un *"plan"*. Esta es la capacidad de saber lo que se debe ejecutar o seguir en algún caso. En conformidad a Su sabiduría e inteligencia ejecuta según sus capacidades eternas su plan, sea cual sea el caso, esto demuestra supremacía y soberanía.
- **El poder, lo cual es la facultad de hacer, lo ejecuta basado en su pleno y absoluto conocimiento:** Conocimiento del hb. *"daath"* significa *"ciencia"*, es una persona consciente de todo y

capaz de discernir correctamente. Su conocimiento no es un saber teórico acerca de la naturaleza de las cosas, sino uno práctico en conformidad a Su soberanía y, ajustado a Sus mandamientos lo cual es la demostración de su poder.

- **Temor, basado en el discernimiento perfecto de todo y la ejecución poderosa de sus mandamientos trae consigo a la mano el temor:** La misma del hb. *"yirah"* es *"reverencia"*, es un derivado femenino de *"yare'"*; también usado como infinitivo para todo lo moralmente establecido. Esta palabra tiene dos significados principales:
    1) Aquella aprehensión del mal que normalmente conduce a la huida o la lucha.
    2) Aquel asombro y aquella reverencia sentida en la presencia de una autoridad superior (ya sea padre, esposo o especialmente Dios).

El temor en su significado más sencillo puede ser traducido como *"amar lo que Dios en su santidad ama, y repudiar lo que Dios en su santidad repudia"*.

- **Basado en el temor divino, Cristo hará entender diligentemente:** Entender de manera diligente del hb. *"ruach"* es una raíz primitiva; que apropiadamente comunica *"soplar"*, es decir, hacer percibir *(en sentido figurado)*, dar un anticipo para el disfrute, se puede traducir *"aceptar"*, hacer que acepten por su agrado. Tanto su sabiduría, inteligencia, conocimiento y temor hacen que sea todo aceptable y bien recibido.
- **Su juicio no está basado en apariencias, sino en todo lo mencionado anteriormente:** Juicio del hb. *"shaphat"* es una raíz primitiva la cual llevaba a pronunciar una oración *(a favor o en contra)*; por implicación, para reivindicar o castigar; y por extensión, para gobernar, lógicamente no puede haber un juzgado sin haber un gobierno. Si vemos a lo largo de las Escrituras, los juicios de Dios más importantes antes del éxodo son los de Adán, Eva y la serpiente después de la caída (Gén Cap. 3), el diluvio (Gén 6:5), Sodoma y Gomorra (Gén 18:20) y la confusión de lenguas (Gén 11:1-9).

Históricamente, los profetas posteriores expresaron la esperanza de una victoria final del juez divino y de su intervención en la historia al fin del tiempo. Dios retribuye a cada uno según sus méritos y que, por tanto, ha de juzgarnos a todos, o que cada uno ha de dar cuenta a Dios de sus obras, esta verdad es frecuentemente expresada (p.ej., Sal 62:12 Ecl 3:17, 11:9 12:14; Jer 32:19; Mt 16:27; Rom 2:6; 2 Cor 5:10 y Ap 20:12). Esto claramente expone que el gobierno divino es uno el cual aplica perfectamente todo lo antes mencionado, y basado en ello ejecuta su justicia.

- **No argüirá,** argüir claramente es *alegar, y dar argumentos a favor o en contra de alguien o algo*. Deducir como consecuencia natural, para dejar ver con claridad las cosas que son indicio y como prueba de otras. La misma viene del hb. *"yakach"* y significa *"tener razón, para argumentar, para decidir"*. Es una raíz primitiva que habla de tener la razón, es decir, corregir; discutir para decidir, justificar o condenar. El decreto divino no está basado en las apariencias de vista o en lo que otro diga, sea acusaciones correctas o falsas, sino más bien está basado en el conocimiento absoluto que Él tiene de todo, conformado a su suprema omnisciencia y preminencia absoluta, por ello Cristo establece su juicio a partir de su Sabiduría, Inteligencia, su plan perfecto, la facultad de Su poder soberano, en conformidad a la moral divina *(temor)*, no dejándose llevar de lo que otro diga o vea, sino más bien por Sí mismo.

Todo esto demuestra que Cristo en su reinado eterno ejerce una perfecta economía celestial, la cual, mediante el Espíritu, los hijos de Dios estarán conformes y plenos en Él por los siglos de los siglos, el Espíritu es quien establece una unidad perfecta con Jesucristo por la eternidad.

Con el pueblo de Dios

Pero este es el pacto que haré con la casa de Israel después de aquellos días, dice Jehová: Daré mi ley en su mente, y la escribiré en su corazón; y yo seré a ellos por Dios, y ellos me serán por pueblo - Jeremías 31:33.

El viejo pacto se escribió sobre piedra[895], pero el nuevo es escrito sobre el corazón, y lo que antes no se podía cumplir sobre la piedra ahora se puede mediante el Espíritu sobre el corazón. Se entiende que, aunque se comenzó en Pentecostés, el mismo se concentrará con Israel en el futuro como nación[896], a diferencia del viejo pacto, este es incondicional[897], y la provisión que este nuevo pacto brinda se ve en cuatro puntos importantes:

1) *Cambia el corazón.*
2) *trae comunión correcta con Dios.*
3) *conocimiento práctico relacional más no teórico de Dios.*
4) *perdón de pecado.*

---

[895] Éxodo 31:18.
[896] Jeremías 31:31.
[897] Jeremías 31:32.

Su cumplimiento, aunque comenzó desde que Jesús estableció la consumación de su obra[898] y prosiguió en Pentecostés su totalidad se verá en su regreso[899]. Mediante este pacto nuevo, Dios capacita a los suyos con una nueva capacidad moral[900] y conocimiento práctico relacional con Dios[901]. Dios hizo un pacto con Israel y Judá, y trajo un énfasis en *lo que Él haría y no en lo que el hombre debía hacer.*

Para el lector dedicado, se le hará fácil notar que el uso continuo de la primera persona singular[902] coloca a Jesucristo como el mediador de dicho pacto, es mediante Cristo que todas las bendiciones son aseguradas[903]. Este pacto fue ratificado como bien se menciona según su sangre derramada[904], y para Israel será efectivo en totalidad en la segunda venida del Señor, mientras tanto en la era presente los creyentes gozan individualmente de los beneficios divinos, la obediencia es motivada por Su gracia, Dios no recuerda más las maldades y pecados y en Su regreso habrá un conocimiento pleno de quien es Él. En el tiempo de Jeremías había una práctica conocida como extaspicia[905] donde se hacía un examen a las entrañas de los animales sacrificados para buscar respuestas, cuando se realizaba los sacerdotes solicitaban a la deidad que escribiera su revelación sobre las entrañas de los animales sacrificados con el fin de comprender su voluntad e instrucciones. Jeremías utiliza el lenguaje y concepto común de la fecha como un vehículo conveniente para que entendieran el mensaje, su audiencia comprendía que al decir *"pondré...escribiré"* correspondía a *"interior... entrañas/corazón"*.

Esto comunicó que la voluntad y el decreto divino se darían a conocer mediante el cuidadoso examen del corazón de su pueblo. Eso involucraba *"la razón y emociones"*. Mediante el nuevo pacto traería Dios cordura y comunicación emotiva sana. Dios trabaja en el creyente en dos áreas importantes para que pueda tener una relación sana con el prójimo:

1) **Mente:** Del hb. *"kereb"* significa *"el centro"*, proviene de *"qarab"*; que es *"correctamente"* ya sea literal, figurativo o adverbial. La mente en si es el asiento de las motivaciones, el lugar donde se elaboran las acciones y se centra lo que es la persona en todo su ser, ya que está ligada a las palabras y acciones. Dios en su pacto nuevo graba sobre la mente su ley por su Espíritu para que el creyente se incline hacia lo que Dios desea de manera inteligente.

[898] Mateo 26:28; Marcos 14:24; Lucas 22:20; 1 Corintios 11:25; 2 Corintios 3:6.
[899] Romanos 11:26-27.
[900] 2 Pedro 1:3-4.
[901] Hebreos 8:8-13, 10:15-17: la predicción y promesa hecha del nuevo pacto (Jeremías 31:31-33) demuestra la falta de educación y la naturaleza temporal de la ley mosaica, la cual no podía proveer la capacitación moral adecuada.
[902] Jeremías 31:33-34.
[903] Hebreos 9:15; Efesios 1:3, 2:6-10.
[904] Lucas 22:20.
[905] Era una práctica pagana por la cual hacían lectura con las entrañas de los animales sacrificados a sus dioses, era común en el mundo mediterráneo antiguo. La historia de la práctica se remonta a la antigua Caldea y Babilonia y muchos incidentes se registraron en la literatura griega y romana. En toda la región, rivalizó y en ocasiones superó a la astrología como el medio principal de adivinación.

2) **Corazón:** del hb. *"leb"* significa *"entendimiento, medio, los sentimientos, la voluntad"*, esta es una forma de *"lebab"*; el corazón; también se usa *(figurativamente)* ampliamente para los sentimientos, la voluntad e incluso el intelecto; del mismo modo para el centro de cualquier cosa en conjunto de la mente.

El Espíritu graba la verdad en la mente y el corazón, para que de manera inteligente el creyente en la plena capacidad de su voluntad quede sujeto a Él y así, al ser Dios el centro de todo, se haga conforme Su voluntad. Esto tiene como resultado una unidad con aquellos que participan de igual forma de sus beneficios divinos e involucra la era presente como con aquellos que participarán en la era futura, la participación de dicha naturaleza en el ser hace que surjan relaciones sociales sanas, así como hoy día muchos participan del Espíritu de Dios, en el futuro también el Pueblo de Israel.

Capítulo V: Angeología

(La doctrina de los ángeles)

La Angeología estudia la naturaleza y la clasificación de los ángeles. Dentro de la doctrina general los ángeles son criaturas celestiales que fueron creados en la fundación del mundo y estos se dividen en ángeles y ángeles caídos. La creencia indica que los ángeles son servidores de Dios y los ángeles caídos son servidores de Satanás, son llamados caídos ya que son los que decidieron seguir a Lucifer en su rebelión.

Su existencia

Según las Escrituras, su existencia se enseña en al menos 34 libros de la biblia, incluso la palabra ángel aparece al menos unas 275 veces. El nombre *"Ángel"* tiene un solo significado que se podría comprender como: *"el mensajero de Dios",* pero también hay algunas variaciones que han realizado los expertos, donde podría entenderse como: *"El mensajero de la venida del señor*". Ángel de *"anggelos"* significa *"mensajero"* este nombre se les da a los seres espirituales celestiales considerados como intermediarios entre Dios y los seres humanos. Son criaturas vivientes del mundo espiritual. Son superiores a los seres humanos en poder e inteligencia. Aparentemente constituyen un rango inferior en la jerarquía celestial. Su función es la de servir como agentes para expresar y revelar la poderosa voluntad de Dios. Según el Nuevo Testamento, una hueste acompañará el retorno triunfante del Mesías[906], así como su primera venida fue anunciada por un coro[907].

Cristo enseñó sobre ellos

Mirad que no menospreciéis a uno de estos pequeños; porque os digo que sus ángeles en los cielos ven siempre el rostro de mi Padre que está en los cielos - Mateo 18:10.

Jesús advirtió en contra de menospreciar a uno de estos pequeños suyos, por supuesto habla de los que pertenece al reino. Dio a entender su importancia, y añadió que sus ángeles están constantemente en presencia de Dios, contemplando su rostro. Sin perder el enfoque sobre el tema de los ángeles, *el solo hecho que Jesús los mencionara da entender sobre la*

---

[906] Marcos 13:27.

[907] Lucas 2:13-14.

realidad de su existencia: **A**) *porqué Jesús no miente*[908], **B**) *Porque Él es verdad*[909], y **C**) *a lo largo de todas las Escrituras se hace mención de tales seres servidores*. Si los ángeles no fueran importantes o necesarios, a lo largo de las Escrituras y en las enseñanzas de Cristo no se hubiesen mencionado. Hay que recordar que *si Jesús hace mención y enseña sobre el asunto es porque es de importancia, ya que no hay ni una sola palabra de Él que carezca de valor.*

Su creación

El hecho de su creación.

Porque en él fueron creadas todas las cosas, las que hay en los cielos y las que hay en la tierra, visibles e invisibles; sean tronos, sean dominios, sean principados, sean potestades; todo fue creado por medio de él y para él - Colosenses 1:16.

Todas las cosas existentes a partir de Dios fueron creadas no sólo *por él, sino por medio de él y para él*. Según las preposiciones se puede observar el pensamiento en cada una:

1) Por él fueron creadas todas las cosas: *Esto comunica que el poder de crear era parte de su Ser. Cristo fue el diseñador.*
2) Todo fue creado por medio de él: *Cristo es el agente de la creación. Él fue la Persona la cual se ejecutó el acto creador.*
3) Todas las cosas fueron creadas para Él: *Cristo es el objetivo de la creación.*

Todas las cosas fueron creadas por Cristo, por medio de Él y para Él, todo lo que está en los cielos como en la tierra. Esto no deja ningún espacio para que se afirme que Él solo creó algunas cosas, todo esto desmiente la idea de que Jesús fue originalmente creado como el gnosticismo de tales tiempos afirmaba, es imposible ser creador y a la misma ser creación. Luego de hacer dichas afirmaciones sobre la deidad de Cristo podemos observar que se incluye las cosas *visibles e invisibles*. Lo visible claramente no precisa de explicación, pero es al decir las invisibles claramente despierta el interés por conocer qué es. Las cosas invisibles se pueden ver detalladamente en que incluye:

1) **Tronos:** del gr. *"thronos"* no solo lo ocupaban los reyes, sino también los jueces, en este caso son jueces. *"Thronos"* de *"thrao"* literalmente es *"para sentarse"*; alude un lugar o posición majestuoso; por implicación habla de la facultad para ejercer un

[908] 1 Pedro 2:22; Hebreos 6:18.
[909] Juan 14:6.

poder, queda claro que comunica posiciones altas con capacidades de juicio, sujetas a una autoridad.

2) **Dominios:** del gr. *"kuriotes"*, de *"kurios"* al igual que su transliteración es dominio, concreta y colectivamente alude a gobernantes, *"gobierno"*. Esto da entender seres con autoridad.
3) **Principados:** del gr. *"arché"*, habla de magistrado el cual ejecuta un poder para establecer reglas. Proviene de *"archomai"* en su modo abstracto habla de un comienzo, concretamente habla de un jefe tanto orden, tiempo, lugar o rango.
4) **Potestades:** del gr. *"exousia"* significa *"poder delegado"* habla en el sentido de capacidad, haciendo referencia a la fuerza celestial. Habla de una autoridad con poder conferido; y *"autorización"*, para operar en una jurisdicción designada. En este caso comunica un ser sobrehumano.

Estas divisiones se veían comúnmente ilustradas en el argot[910] rabínico de tales tiempos donde se describía las diferentes órdenes de ángeles. La presentación tanto de tronos, dominios, principados y potestades habla de seres inteligentes: **A)** *solo los seres con intelecto puede hacer juicio, tienen la facultad de ejercer un poder y tienen la obligación moral de sujetarse a la autoridad*, **B)** *solo lo seres inteligentes pueden ejercer un gobierno bajo la autoridad del mismo*, **C)** *solo lo seres inteligentes pueden ejecutar las ordenes de una autoridad al pie de la letra*, **D)** *solo los seres inteligentes pueden administrar una jurisdicción*. Las ilustraciones antes mencionadas presentan unos seres que se manejan en una esfera diferente a la nuestra.

Los gnósticos de tales tiempos enseñaban que había seres espirituales entre Dios y la materia que gozaban de rangos, aludiendo con ello que Cristo pertenecía a una de esas clases, pero de las inferiores por hacerse hombre. La presentación del verso al comunicar *tronos, dominios, principados* y *potestades* hace alusión a los *seres espirituales*, ya que la creencia popular era que lo espiritual era puro más lo material impuro, y con su exposición da entender que, si esos seres eran puros, era porque Cristo lo era. La *creación invisible* de Dios se logra comprender que habla de los *ángeles* celestiales los cuales corresponden a gobernantes terrenales[911].

En el judaísmo antiguo se aceptaba que Dios creo tanto el mundo invisible como el visible y muchos escritores judíos como Filón[912] daban a

---

[910] Modalidad lingüística especial de un determinado grupo social o profesional que sus hablantes solo usan en cuanto a miembros de ese grupo.
[911] Efesios 1:19-23.
[912] Filón de Alejandría, también llamado Filón el Judío, se sabe poco sobre su vida y, en general, la mayoría de los datos biográficos proceden de su propia obra, en especial de su libro autobiográfico *Legatio ad Gaium* (*Embajada a Gayo*), así como del libro *Antigüedades judías*, de Flavio Josefo (XVIII. 8, § 1; comp. ib. XIX. 5, § 1; XX. 5, § 2). El único dato de su biografía que puede fecharse con seguridad es su intervención en la embajada que los judíos alejandrinos enviaron al emperador romano Calígula para solicitar su protección contra los ataques de los griegos de la ciudad, y para rogarle que no reclamara ser honrado como un dios por los judíos. Esto tuvo lugar en el año 40. El pensamiento de Filón concilia la filosofía griega y el judaísmo, que intenta armonizar mediante el método alegórico, que toma tanto de la tradición exegética judía como de la filosofía estoica. Su obra no tuvo gran aceptación ni entre los judíos ni entre los griegos.

los ángeles *(poderes divinos subordinados)* un papel importante en los asuntos de la creación como coparticipes; en cambio otros escritores como Pablo, combatían ese errado criterio como bien lo hace en la carta a Colosenses. Algunos pensadores grecorromanos aludían que todo era un derivado de otras cosas que eran sostenidas en unidad, las cuales volverían siempre al *Logos (naturaleza o fuego original)* en cambio según la tradición judía todas las cosas fueron creadas mediante y por la Palabra[913] de Dios. Pablo hace uso de evidencias contundentes, demostrando una refutación vigorosa de los conceptos gnósticos los cuales quedaron expuestos como falsos en la declaración clara de que *el Señor Jesucristo es el Creador de los ángeles*, y no solo de ellos, sino también de todos los seres, tanto si son visibles *(materia)* como invisibles *(espíritu)*.

El tiempo de su creación.

¿Sobre qué están fundadas sus bases? ¿O quién puso su piedra angular, Cuando alababan todas las estrellas del alba, Y se regocijaban todos los hijos de Dios? - Job 38:6-7.

Según la creencia de la antigüedad el cosmos era representado en términos de un templo, y se comprendía que el templo en la tierra representaba un microcosmos. En este pasaje se hace referencia a los elementos fundamentales en la construcción del templo cuando Dios estableció el cosmos. Tal fundamento determinaba el tamaño y la dirección del templo, el cual era planificado cuidadosamente. En relación con el templo terrenal involucraba inspeccionar el terreno, y sobre todo la orientación de este por motivo de comunicación con la deidad.

La palabra *"cimientos"* se utilizaba por lo general para los soportes los cuales sostenían las comunas del tabernáculo. La piedra angular *(el ladrillo de fundación)* siempre era significativo en la construcción del templo y en su restauración. Uno de los relatos más enfáticos sobre la construcción de los templos en la literatura antigua describe la construcción por parte de Gudea, haciendo un templo para la deidad pagana Ningirsu[914] el cual también se le conocía como Ninurta, aproximadamente en el 2000 a.C. La costumbre ceremonial para la construcción de todo templo, tanto a Dios como a las deidades paganas, consistía en que el primer ladrillo *(piedra angular)* evidenciaba el carácter céntrico del procedimiento de la

---

[913] El término "Palabra" para el contexto rabínico judío expresaba "sabiduría".

[914] Era un dios de Mesopotamia que fue adorado desde los tiempos más remotos. En los primeros registros, él es una deidad agrícola, pero, en los últimos tiempos, a medida que Mesopotamia se militarizaba más, se convirtió en una deidad guerrera, aunque conservaba muchos de sus atributos agrícolas anteriores. Era considerado como el hijo del dios principal Enlil y su principal centro de culto en Sumer era el templo de Eshumesha en Nippur. Ningirsu fue honrado por el rey Gudea de Lagash (gobernó 2144-2124 a.C), quien reconstruyó el templo de Ningirsu en Lagash. Durante los últimos tiempos, Ninurta fue amado por los asirios por sus cualidades guerreras y el rey asirio Ashurnasirpal II (gobernó 883-859 a.C) construyó un enorme templo para él en Kalhu, que a partir de ese momento se convirtió en su centro de culto más importante. Después de la caída del Imperio asirio, las estatuas de Ninurta fueron derribadas y sus templos abandonados porque se había asociado demasiado estrechamente con el régimen asirio, que muchos pueblos conquistados consideraron tiránico y opresivo.

construcción determinando así su forma y detalles para cumplir con el fin por el cual fue establecido.

Las palabras poéticas presentadas en este verso expresan como el Señor hace mención de la creación del mundo al poner los fundamentos de la tierra, en conjunto a la creencia ya mencionada del mundo antiguo, la piedra angular de la cual derivaba el carácter de la construcción claramente alude a que *todo lo que Dios formó, cada detalle, sus medidas, su soporte, y su suspensión en la nada, está impregnado su poder en ello*[915], en base a su poder impregnado se regocijan los ángeles en plena celebración a su santidad majestuosa ya que ellos estaban incluidos en esa creación. Por ello menciona *"estrellas del alba / hijos de Dios"*, en esos tiempos era común hacer una celebración al colocar el primer ladrillo *(piedra angular)*, las estrellas del alba lo cual se creía que eran planetas tales como Marte y Venus eran adorados en los tiempos de Job por los paganos como seres divinos los cuales se personificaban, para los israelís eran personificadas como parte de las huestes celestiales un tiempo más adelante. En este contexto las estrellas son paralelas a los *ángeles creados* según un poema ugarítico[916] describe el nacimiento de varios luminares astrales.

Los hijos de Dios era una palabra de uso común para mencionar a los seres angelicales[917], los ángeles fueron creados en ese mismo momento en el cual Dios formó todo el universo, dos palabras claves en este verso expresan la idea, la primera es *"fundados"* es una raíz primitiva que expresa *"asentarse"* esto comunica fijar una persona o una población y su residencia en un lugar determinado. Dios estableció todo en un orden, y así mismo a seres inteligentes como población celestial en una residencia para un fin específico, por ello sigue en la exposición el comunicado haciendo uso de la palabra *"regocijaban"*, la misma del hb. *"rua"* y significa *"hacer un ruido alegre, inteligente"*, en su raíz comunica *"gritar de alegría"*, Dios creo a estos seres en el momento de la creación del universo y su reacción era un grito constante de alegría, lo cual tipificaba alabanzas a su Creador. Teóricamente hablando, no evidenciado *(aclaro)*, se puede pensar que, así como con Adán, Dios organizó todo en la tierra estableciendo en ella flora y fauna para luego poner al hombre en un hábitat necesario y confortable, así con estos seres angelicales, Dios estableció el universo aclimatando el espacio y luego a ellos al fijar su residencia para que cumplieran su función.

---

[915] Romanos 1:20.

[916] Ugarit era una ciudad portuaria al norte de Siria. En la cual aproximadamente del 1600 hasta el 1200 a.C. al ser destruida por la gente del mar (Gripo mezclado de personas del Mediterráneo los cuales servían como mercenarios en los ejércitos egipcios y heteos). Se ha descubierto varias epopeyas que arrojan luz sobre narraciones bíblicas de los periodos patriarcales y de conquista. Se cree que la cultura ugarítica era muy similar a la cananea.

[917] Génesis 6:2; Job 1:6.

El estado de su creación y la responsabilidad de su voluntad

Y a los ángeles que no guardaron su dignidad, sino que abandonaron su propia morada, los ha guardado bajo oscuridad, en prisiones eternas, para el juicio del gran día - Judas 6.

El estado de su creación fue uno de pureza, limpieza y luz, mejor dicho, uno de santidad, ya que gozan estar en el espacio de Dios, según el verso mencionado, habla de una condición pasada y una presente de algunos de los ángeles. En el contexto de la carta de Judas habla sobre la rebelión y apostasía, y en este caso es la de los ángeles los cuales pecaron, claramente al pecar involucró una acción voluntaria. Todo lo que hasta ahora se ha podido saber de ellos con claridad es que no guardaron la dignidad la cual Dios les asignó, abandonando *(voluntariamente)* su propia morada y que ahora están reservados bajo oscuridad esperando su juicio final, esto alude una condición pasada *"dignidad"*, y una presente *"oscuridad"* que es la consecuencia del mal uso poco inteligente e irresponsable de su voluntad. La palabra morada mencionada por Judas del gr. *"oikétérion"* significa *"habitación, casa"* habla del lugar de su residencia, esto es exactamente lo antes mencionado en el tiempo de su creación para *"fijar una persona o una población y su residencia en un lugar determinado"*. Dios estableció todo en un orden, y así mismo a seres inteligentes como población celestial en una residencia para un fin específico, y ellos *(los que se revelaron)* rechazaron voluntariamente dicho orden.

Mediante las Escrituras se puede observar cuál era su condición pasada[918] y de igual forma la condición presente de aquellos que se revelaron dejando a un lado su dignidad de forma voluntaria[919]. La primera rebelión mencionada en la biblia fue cuando Lucero cayó en la rebelión e involucró a otros seres angélicos en la misma, los cuales le siguieron voluntariamente de igual forma. La segunda rebelión sobre los ángeles[920] se ve registrada antes del diluvio[921], donde los hijos de Dios *(ángeles)* abandonaron su propio estado como seres angelicales para tomar mujeres para sí, claramente el propósito era mal formar el linaje del Mesías (el cual vendría como Hombre[922]) y estorbar el plan divino para que este no se cumpliera. Esa unión era una anormal por el solo hecho de ser contraria al orden divino, por lo cual era considerado para Dios una abominación. La sugerencia hecha en Génesis 6:4 en el sentido de que esa unión antinatural produjo una descendencia de gran maldad, trajo a Dios un gran desagrado a causa de la maldad de los hombres en ese tiempo, lo cual llevó a la limpieza de la tierra con un diluvio, así como los ángeles voluntariamente decidieron pecar, de

---

918 Ezequiel 28:14
919 Ezequiel 28:15-18; Isaías 14:12-15.
920 2 Pedro 2:4.
921 Génesis 6:1-7.
922 Génesis 3:15.

igual forma los hombres. En relación con la unión antinatural existen tres objeciones sobre lo antes mencionado:

1) El pasaje de Génesis no menciona a ángeles, sino sólo a «hijos de Dios».
2) Los ángeles no tienen sexo.
3) Los ángeles no se casan.

Aquí las objeciones de mi parte hacia las presentadas en los tres argumentos son las siguientes. Es cierto que los ángeles no son nombrados de manera específica en la traducción castellana, pero de igual forma también lo es que en la lengua semita el término *"hijos de Dios"* refiriéndose a ángeles como bien se mencionó anteriormente[923]. La objeción contra la postura que los ángeles no tienen sexo es que a su vez no hay ninguna afirmación Escritural de que los ángeles no tengan sexo. Cabe notar que en sin número de ocasiones los ángeles aparecen en la tierra en forma humana, y al tener forma humana por consecuente, y bajo lógica participan de miembros y apetitos humanos[924], al venir con miembros y apetitos humanos se entiende que pueden hacer uso de ellos bajo una voluntad y responsabilidad. La siguiente objeción contra el argumento sobre que los ángeles no se casan es que las Escrituras no dicen que los ángeles no se casan, dicen que en el cielo ni se casan ni se dan en casamiento[925], que es muy diferente.

El libro apócrifo de Enoc describe el suceso y el desenlace del abandono de su dignidad[926]. En la tradición judía menos en algunos escritos rabínicos, los hijos de Dios eran ángeles como bien mencioné, y claramente muchos rabinos de la época aludían al mismo suceso antes mencionado en Génesis sobre los ángeles caídos, dando entender que el abandono de su lugar digno era uno por *sexualidad*, la sexualidad impura era catalogada como el poder maligno de la serpiente por escuelas rabínicas, en el cual se auto idolatraba la persona al colocarse como la fuente de todo en su placer personal. En las tradiciones más antiguas como la mencionada con Enoc, los ángeles que hicieron tales actos fueron atados y colocados en prisiones, p.ej. Azazel[927]

---

[923] Job 1:6, 2:1.
[924] Génesis 18:2, v.22, 19:1-5.
[925] Mateo 22:30.
[926] Es así como se crearon los Nephilim, también conocidos como Gigantes, tal como se describe en el libro Enoc: "Y quedaron embarazadas, trayendo al mundo gigantes, cuya altura era de trescientos veces ellos; que consumieron todas las adquisiciones de los hombres. Y cuando los hombres ya no podían sostenerlos, los gigantes se volvieron contra ellos y mataron y devoraron a la humanidad. Y comenzaron a pecar contra los pájaros y bestias, y reptiles, y peces, y devorar la carne de los otros, y beber su sangre" – Libro de Enoc 7:1-6. Según eruditos en forma teórica hacen la afirmación sobre Salmos 14:4, Miqueas 3:3 y Jeremías 12:4 ilustrando la falta de consideración que una persona puede tener hacia otra como lo hacen con los animales muertos, y que según la misma maldad de dichos gigantes en contra de la humanidad era igual al hacer dicha malvada práctica con ellos.
[927] En la Biblia, el término se usa tres veces en el libro de Levítico 16, donde dos cabras macho iban a ser sacrificadas a Dios y una de las dos fue seleccionada por sorteo, ya que se ve a Dios hablando a través de los lotes. "Azazel" fue arrojada en el desierto como parte de Iom Kipur para tipificar que los pecados de Israel habían sido quitados. En versiones anteriores en inglés, como la versión King James, la palabra Azazel se traduce como "chivo expiatorio", sin embargo, en la mayoría de las traducciones modernas de la Biblia, se representa como un nombre en el texto (Levítico 16:6-10). En los Rollos del Mar Muerto, el nombre Azazel aparece en la línea 6 del 4Q203. El Libro de los Gigantes, que es parte de la literatura de Enoc que se encuentra en Qumrán. Según el Libro de Enoc, que relaciona a Azazel con

fue lanzado a las tinieblas lo cual aplicaba en tradiciones antiguas al reino de la muerte. El incidente histórico que sirve de trasfondo comunica que estos ángeles abandonaron su estado señalado por Dios, ese estado abandonado por algunos de forma voluntaria era de santidad, una pureza única dada por el único ser puro en sí mismo, Dios. Se puede concluir que ellos fueron creados en un estado puro y que en su mal uso voluntario decidieron abandonar dicha pureza. Se alude a dicho estado por la sencilla razón de que su morada es con el Dios santo *(los que no se revelaron)*, y nada que no sea santo puede morar en conjunto a Él[928] *(los que voluntariamente se rebelaron).*

Su personalidad

Gozan de entendimiento

A éstos se les reveló que no para sí mismos, sino para nosotros, administraban las cosas que ahora os son anunciadas por los que os han predicado el evangelio por el Espíritu Santo enviado del cielo; cosas en las cuales anhelan mirar los ángeles - 1 Pedro 1:12.

Muchos intérpretes judíos especialmente según se comprueba en los escritos de Qumrán (Rollos del mar muerto) creían que los profetas de la antigüedad habían hablado mayormente para su época y para sus intérpretes contemporáneos, aludiendo con ello que el significado de los mensajes había estado oculto hasta que los sabios de su comunidad recibieron discernimiento especial mediante el Espíritu de Dios. Históricamente algunas tradiciones judías separaban las revelaciones en lo oculto que Dios no decidió mostrar y lo importante que si mostró, se creía que Dios se había abstenido inclusive de compartir lo oculto con los ángeles hasta que fuera manifiesto al final de los tiempos, en otras tradiciones los ángeles eran vistos como aquellos los cuales respetaban las enseñanzas esotéricas[929] de los rabinos y asistían a las conferencias rabínicas en la sinagoga para escuchar y ser educados, incluso, en tradiciones judías más antiguas se creía que los ángeles envidiaban a Israel por haber recibido la ley divina, por ello el uso de *"anhelan mirar los ángeles"* para que los lectores comprendieran el mensaje con claridad.

---

la historia bíblica de la caída de los ángeles, ubicada en el Monte Hermón, un lugar de reunión de demonios de la antigüedad, Azazel es uno de los líderes de los Vigilantes rebeldes en el tiempo precediendo al Diluvio; enseñó a los hombres el arte de la guerra, de hacer espadas, cuchillos, escudos y capas de malla, y las mujeres el arte del engaño al adornar el cuerpo, teñir el cabello y pintar la cara y las cejas, y también se lo revela a las personas los secretos de la brujería y corrompieron sus costumbres, llevándolos a la maldad y la impureza hasta que por fin fue, por orden de Yahvé, atado de pies y manos por el arcángel Rafael y encadenado a las rocas ásperas y dentadas, donde permanecerá en la más absoluta oscuridad hasta el gran Día del Juicio, cuando será arrojado al fuego para ser consumido para siempre

[928] Hebreos 12:14.

[929] El esoterismo es definido como: *"Lo que está oculto a los sentidos y a la ciencia y solamente es perceptible o asequible por las personas iniciadas / lo que es incomprensible o difícil de comprender"*.

En relación con el verso ya mencionado, a los ángeles les fue revelado por Dios que estaban sirviendo a generaciones aún no nacidas, claramente se puede ver aquí cuatro cosas, **1**) *la soberanía de Dios*, **2**) *la elección divina*, **3**) *su predestinación* y, **4**) *la aceptación angelical sujeta para el servicio conforme los primeros 3 puntos*. Mientras que las palabras de los profetas tenían sentido para sus generaciones contemporáneas, estaban plenamente conscientes de que su significado no quedaba agotado por los acontecimientos de su tiempo presente.

"La plenitud de la gracia de Dios no podía manifestarse hasta que viniese Cristo. Dios podía salvar y salvaba pecadores y los llevaba al cielo, como lo hizo con Enoc antes; pero la unión con Cristo y todo lo que esa unión significa, no podía experimentarse hasta que Cristo muriese y resucitase. ¡Oh, cómo Dios se deleita en amontonar honores sobre Su Hijo![930]". Las cosas que estaban dadas a los profetas son puestas ahora en claro mediante el Hijo[931]. El Espíritu de Dios descendió en Pentecostés, capacitó con Su naturaleza a los apóstoles[932] para proclamar las buenas nuevas de salvación de que Jesús era el Mesías antes profetizado, el cual murió por los pecados, fue sepultado, y resucitó al día tercero. Ellos anunciaron que la salvación era ofrecida como un don mediante la fe en Cristo. Su declaración fue que el propósito divino es hacer de las naciones un pueblo para Sí mismo, y que el Señor volverá a la tierra un día para establecer Su gobierno, tal proclamación es dada a los creyentes, no a los ángeles "*A éstos se les reveló que no para sí mismos, sino para nosotros, administraban las cosas que ahora os son anunciadas por los que os han predicado el evangelio por el Espíritu Santo enviado del cielo*".

Hay dos palabras clave en el verso que hablan sobre el entendimiento que los ángeles tienen en relación con la revelación divina en Cristo. La primera es *anhelan*, la misma del gr. *"ephitumeo"* significa *"poner le corazón sobre, desear"*, compuesta de *"epi"* que es *"en"* y de *"thumos"* que significa *"mente"* esto comunica cuando una persona fija el deseo en algo. Solo un ser racional puede: **1**) *fijar su mirada/mente*, **2**) *desear algo, en este caso a alguien, lo cual involucra el corazón, el asiento de las emociones y sentimientos*. La segunda palabra es *mirar*, la misma del gr. *"parakupto"* significa *"inclinarse"* es un compuesto de *"para"* que es *"cerca, estar próximo"* y de *"kupto"* que es *"arrodillarse"*, esto se utilizaba para describir cuando *una persona se agachaba en servilismo para amarrar los cordones de las sandalias*. El uso de ambas palabras demuestra que tales seres angélicos colocan racionalmente su disposición de todo corazón deseando siempre servir.

El privilegio dado a los creyentes en este tiempo se ve en la clara compresión de lo que antes había sido revelado a los profetas, y de igual

[930] William Lincoln, Lectures of the First and Second Epistles of Peter. John Ritchie Ltd Christian Publications, 40 Beansburn, Kilmarnock, Ayrshire, Scotland KA3 1RL.
[931] Lucas 24:27, vv.44-48.
[932] 2 Pedro 1:3-4.

forma en el hecho de que los ángeles mismos anhelan mirar tales verdades de salvación, el hecho que anhelen algo, da a entender que son seres racionales. Los ángeles son mencionados a lo largo de las Escrituras con puestos destacados lo cual involucra de igual forma el entendimiento para ejecutarlos. Pero, a lo que se alcanza a conocer mediante los registros Escriturales e históricos, no hay redención para los ángeles que se revelaron. Se puede comprender que tales ángeles caídos anhelan ser redimidos, pero Cristo no vino a intervenir en favor de los ángeles, sino a favor de los descendientes de Abraham[933]. Y gracias a dicha intervención la iglesia de Cristo exhibe la multiforme sabiduría de Dios[934] dando así una lección para los ángeles. *El hecho que la iglesia sea una lección para ellos da entender el entendimiento que ellos gozan.*

Gozan de emociones

Y repentinamente apareció con el ángel una multitud de las huestes celestiales, que alababan a Dios - Lucas 2:13.

Todo el entusiasmo contenido en el cielo estalló en alabanza en la encarnación de Jesús, donde una multitud angelical apareció alabando a Dios. Ese coro hace un contraste con los coros terrenales que eran utilizados para el deleite del emperador en esos tiempos, el cual era Augusto[935], el mismo fue alabado por haber inaugurado una línea de paz, pero jamás gozaría dicho acuerdo pacífico de una buena voluntad, ya que todo acuerdo de paz hecho por los emperadores conllevaba anterior a ello una conquista con derramamiento de sangre y bajo temor, todo lo contrario con Cristo, el cual si gozaría de buena voluntad y la sangre a derramarse sería la de Él.

En este verso se encuentra un paralelismo invertido, Dios recibiendo gloria y las alturas sobre la tierra[936], eso sugiere que las alturas tienen por significado las *huestes angelicales del cielo*. La emoción de los ángeles se vio reflejada en el acompañamiento de unos con otros y el cantico a quien iba dirigido. Podemos ver que eran huestes, la misma del gr. *"stratia"* es un derivado de *"stratos"* que significa *"un ejército"*, comunica un campamento, claramente se hacía uso de la palabra en términos militares, en este caso era un campamento celestial, la palabra celestiales del gr. *"ouranios"* comunica *"lo proveniente del cielo"*, eso da entender lo que habita en el, así como cuando fueron creados los ángeles se regocijaron *(como antes mencionado en el tiempo de su creación)* de igual forma aquí,

---

933 Hebreos 2:16.

934 Efesios 3:10.

935 Augusto (Augustus; de Roma, 23 de septiembre de 63 a. C. en Nola municipio italiano de Nápoles, 19 de agosto de 14 d. C.) fue el primer emperador romano. Gobernó entre 27 a. C. y 14 d. C., año de su muerte, convirtiéndose así en el emperador romano con el reinado más prolongado de la historia. Nacido bajo el nombre de Gaius Octavius Turinus, fue adoptado por su tío abuelo Julio César en su testamento, en el año 44 a. C. Desde ese instante hasta 27 a. C. pasó a llamarse Gaius Iulius Caesar Octavianus. En 27 a. C. el Senado le concedió usar el *cognomen* de «Augusto», y por consiguiente se convirtió en Emperador Caesar Augustus.

936 Lucas 2:14.

al nacer el salvador del mundo, eso involucra las emociones, los seres celestiales alabaron *"aineo"* que literalmente significa *"celebraron"*, no hay celebración que no involucre con ella las emociones, entonces se puede comprender que son seres que gozan de una capacidad emocional.

La naturaleza de los ángeles

Son espirituales

¿No son todos espíritus ministradores, enviados para servicio a favor de los que serán herederos de la salvación? - Hebreos 1:14.

La misión de los ángeles es presentada en servicio bajo el orden divino por las Escrituras. Los ángeles son seres espirituales los cuales Dios creó para el servicio a favor de los que heredan la salvación predestinada mediante la plena elección de la facultad soberana, preeminente y omnisciente de Cristo. Esto se puede comprender en que los ángeles dan servicio a favor de los que han sido salvados de la pena y del poder del pecado, pero que en su estado experimental progresivo no son salvos aún de la presencia del pecado, por qué siguen aún en la tierra. Eso se puede comprender que tienen la función de *"guardianes"*. Así como hay espíritus malignos los cuales están en una incesante batalla contra los creyentes[937], de igual forma hay unos los cuales están a favor para protegerlos.

Volviendo a la idea central del pasaje, el punto principal no es la existencia de ángeles guardianes, sino que son seres creados espirituales inferiores a Cristo el cual es el creador increado, ellos son los siervos inferiores espirituales del Dios soberano. Según el mismo contexto inmediato[938], se ha demostrado que los ángeles son espíritus ministradores *(servidores)*, los ángeles no solo sirven a favor de los que han heredado la salvación, sino que principalmente le sirven al que tiene el Nombre sobre todo nombre[939]. Para reafirmar lo dicho anteriormente se pueden observar dos palabras clave, la primera es ministradores, del gr. *"leitourgikos"* esto significa *"servicio público"* se hacía uso de esta para dar entender un ministerio litúrgico, eso comunica un ministerio sagrado de servicio a Dios divinamente autorizado el cual que se refiere a la ministración sagrada que realiza lo que es aceptable para el Dios todo santo.

Para ser aceptable a Dios tiene que ser establecido por Él mismo, son seres espirituales los cuales hacen una función divina bajo sus órdenes, por ello el uso enfático de la palabra servicio, del gr. *"diakonia"* es *"un ministerio de servicio activo, hecho con una actitud voluntaria"*, es ser un *"asistente"*. Esos asistentes son catalogados como seres espirituales según la misma Escritura para agradar a Dios y guardar sus propósitos.

---

[937] Efesios 6:12.
[938] Hebreos 1:7.
[939] Hebreos 1:4.

No se pueden reproducir según su especie

Porque cuando resuciten de los muertos, ni se casarán ni se darán en casamiento, sino serán como los ángeles que están en los cielos - Marcos 12:25.

La relación de casamiento no continúa en el plano celestial. Claramente no se perderá la distinción entre hombre y mujer, esto da entender que no será necesario la reproducción humana según su especie en el futuro estado de la resurrección. En cuanto a esto, es igual con ángeles en los cielos, no es necesario que ellos se reproduzcan según su propia especie, por así decirlo, no es necesario que reproduzcan más seres espirituales angélicos a partir de sí mismos. No hay ninguna mención en las Escrituras sobre algún mandamiento de reproducirse para poblar los cielos como le fue dado al hombre en la tierra[940].

Observando el verso, la respuesta de Jesús es parecida a la de los rabinos de su tiempo donde se debatían ciertos asuntos con los saduceos sobre la resurrección a partir de la ley de Moisés; era típico que en esos tiempos se leyera un texto y se le sustrajera la mayor cantidad de principios posibles, la técnica de interpretación judía normal y habitual habría leído el texto[941] como: *"no habéis leído a Moisés, cómo le habló Dios desde la zarza, diciendo: Yo soy el Dios de los patriarcas[942]"* para dar entender la misma historia, ya que no existían divisiones de versos por capítulos. Cuando Dios habló a Moisés sobre los antepasados *"Abraham, Isaac y Jacob"* comunicó con ello que había vida después de la muerte, ya que ellos habían fallecido mucho tiempo antes de la aparición en la zarza, y el tiempo en el cual Dios le habla a Moisés es en presente *"yo soy el Dios"*, no en pasado *"Yo era su Dios"*, por ello Jesús reafirma *"Dios no es Dios de muertos, sino de vivos[943]"* por esa razón no hay necesidad de reproducción, porque hay una eternidad por delante. Haciendo uso de dicha hermenéutica antigua es que los rabinos se basaban para debatir sobre temas importantes en sus creencias, Cristo hace uso de ello para dar entender que en la resurrección los seres humanos no necesitaran reproducirse más, así como los ángeles no lo hacen.

Designados con género masculino según las Escrituras

Después le apareció Jehová en el encinar de Mamre, estando él sentado a la puerta de su tienda en el calor del día. Y alzó sus ojos y miró, y he aquí tres varones que estaban junto a él; y cuando los vio, salió corriendo de la puerta de su tienda a recibirlos, y se postró en tierra - Génesis 18:1-2.

[940] Génesis 1:28, 9:7.
[941] Éxodo 3:6.
[942] Marcos 12:26.
[943] Marcos 12:27.

Dios mismo se le aparece a Abraham con otros *varones*, los cuales eran ángeles. Esto suscita una pregunta *¿contradice este suceso lo dicho por Juan "a Dios nadie le ha visto jamás" ...*[944]*?* Como bien el mismo verso expone se puede observar una teofanía[945], que en el Antiguo Testamento se considera que era Jesucristo. En el Nuevo Testamento se enseña que Jesús ha existido coeternamente con Dios Padre[946] y no es inconcebible que en ciertas ocasiones Él hubiera tomado apariencia humana antes de su encarnación, ya que Jesucristo es precisamente la manifestación personal de Dios al ser humano[947]. Un poco después de darle a Abraham la señal de la circuncisión[948] tuvo un encuentro personal con Dios mismo, el cual se le aparece con dos ángeles, sin saberlo, Abraham y Sara hospedaron a los ángeles los cuales se mencionan como varones[949], y al mismo creador de todo con la hospitalidad de sus tiempos como era de costumbre.

La aparición tuvo lugar en una tienda, las mismas eran hechas con pieles de cabra y estaban diseñadas para retener el calor por la noche al bajar las partes colgantes, y durante el día para que fluyera el aire entre ella al ser levantadas. Se gozaba de suficiente sombra y comodidad en las mismas. Era costumbre de hospitalidad que los forasteros que se acercaban a una tienda recibieran la oportunidad de reposar en ella, refrescándose así un poco para luego tomar una comida. Esto se hacía para que los enemigos potenciales se convirtieran en amigos temporales. El protocolo a llevarse a cabo exigía que la comida que se le servía al huésped fuera más de lo que inicialmente se le ofrecía, de ese modo según el suceso histórico[950], Abraham ofreció una comida la cual ordenó que se sirviera pan recién cocido, un ternero y una mezcla de leche con una especie de yogurt que la *RVR lo traduce como mantequilla*, de esos tiempos que se conoce en castellano como cuajada[951], ese manjar era uno muy generoso en tales tiempos ya que el ofrecimiento de carnes como la que él sirvió no era muy común en la dieta a los extranjeros, este relato histórico cultural puede ser que despierte la pregunta *¿Qué relación tiene la hospitalidad con los ángeles?*, la relación que tiene se puede ver en dos factores: **1**) se encarnaron en forma humana, y **2**) los varones eran atendidos por la cabeza del hogar no por su mujer, entonces tanto Dios como los dos ángeles hicieron aparición como seres masculinos.

La palabra varón del hb. *"enosh"* significa *"un hombre"* en sentido general, individual o colectivamente *"otro"* aludiendo un ser *masculino*. Entonces se puede entender que los ángeles toman forma humana masculina, no hay registro en ningún escrito que los ángeles aparecieran en alguna

[944] Juan 1:18.
[945] "Una aparición visible de Dios, generalmente en forma humana".
[946] Juan 1:1, 8:56-58, 10:30, 17:5; Colosenses 1:15-17.
[947] Juan 14:9.
[948] Génesis 17:1-27.
[949] Hebreos 13:2.
[950] Génesis 18:1-5.
[951] Cuajada / Mantequilla: "era un producto graso que se obtenía de la leche especialmente de la nata al agitarla o batirla. En tiempos bíblicos este alimento era diferente del que se conoce en el mundo occidental de la actualidad, pues era semifluido en vez de sólido. (Job 20:17)".

ocasión como mujeres, por lo tanto, se puede comprender que son designados con género masculino.

Alcé luego mis ojos, y miré, y he aquí dos mujeres que salían, y traían viento en sus alas, y tenían alas como de cigüeña, y alzaron el efa entre la tierra y los cielos - Zacarías 5:9.

Este verso es uno muy malinterpretado, ya que toman la visión de la mujer en el efa[952] y lo catalogan como ángeles, verdaderamente esta visión describe la remoción de la maldad de la tierra por parte de Dios. Para el sumo sacerdote Josué y para Zorobabel, eso representaba un desafío para asegurarse que la maldad sería removida; tarea que, sin la ayuda de Dios sería totalmente imposible llevarla a cabo. La objeción de que las mujeres con alas mencionadas en el verso no son ángeles como muchos imponen en una herrada aplicación interpretativa es que, en el Antiguo Testamento los ángeles nunca aparecieron como femeninos *(como bien mencioné anteriormente)* y no se describen con alas, los únicos descritos con alas son los serafines[953], la literatura ugarítica antigua representaba con alas a la diosa pagana Anat[954], la cual era considerada hermana y esposa de Baal al mismo tiempo, según el arte de Mesopotamia las criaturas aladas generalmente eran o bien genios o demonios, en el caso de la visión claramente en representación a la creencia de esos tiempos, fue dada la misma para que comprendiera que eran agentes del mal, no angelicales.

En ocasiones en esos tiempos, conforme la misma cultura popular pagana se consideraba a la diosa Istar[955] como una con alas. Otro punto importante para considerar que eran agentes malignos es la mención de la cigüeña, el mismo era considerado un animal impuro[956], ya que se creía que eran protectores del mal y el secularismo, encargados de administrar la destrucción. La mujer alada es la personificación de la maldad, la tapa de plomo cubriendo el cesto alude que el mal estaba restringido, y dos mujeres volaron sobre Sinar (Babilonia) lo cual da a entender la religión idolatra que se practicaba, eso demuestra que *no eran ángeles tomando forma humana femenina*. La mención hecha *"el ángel[957]"* claramente alude a un ser espiritual masculino.

---

[952] Ephah, diversas medidas (abreviado) ephah {ay-faw'}; de derivación egipcia; un efah o medida para el grano; por lo tanto, una medida en general – medir, bien se comprende que era un canasto para el grano, y era considerada la medida más grande utilizada para el comercio.

[953] Isaías 6:2.

[954] Anat era principalmente una diosa pagana semita de la fertilidad en la mitología caldea. Tanto hermana como esposa de Baal, era frecuentemente representada desnuda con pechos y un área vaginal prominentes con alas, con un tocado similar a la diosa Hathor de Egipto, a quien a veces se le ha relacionado (provienen de tierras extranjeras, poseen un carácter violento y tienen connotaciones sexuales). Anat, además de ser una deidad de la fertilidad, era una joven e impetuosa diosa de la guerra a la que se relacionó también con la Atenea griega. Fue descrita en Ugarit (moderna Ras Shamra) como "madre de los dioses" o "amante del cielo". Su culto se extendió principalmente por Fenicia, Siria, Chipre, Palestina y Egipto.

[955] Istar/Ishtar: "era la diosa pagana babilónica del amor y la belleza, de la vida, de la fertilidad, y patrona de otros temas menores. Se asociaba principalmente con la sexualidad: su culto implicaba la prostitución sagrada; la ciudad sagrada Uruk se llamaba la "ciudad de las cortesanas sagradas", y ella misma fue la "cortesana de los dioses".

[956] Levítico 11:19, Deuteronomio 14:18.

[957] Zacarías 5:10.

Con todo lo antes mencionado queda claro que los ángeles han sido designados por Dios como seres con género masculino.

Son innumerables

Os habéis acercado al monte de Sion, a la ciudad del Dios vivo, Jerusalén la celestial, a la compañía de muchos millares de ángeles - Hebreos 12:22.

El privilegio del creyente es entrar en el santuario celestial. Por la fe, mediante el Hijo se llega hacia Dios en arrepentimiento. No hay limitantes para entrar en el lugar santísimo por Cristo. La ley tuvo lugar en Sinaí, la fe la tiene en Sion. Ese monte simboliza las bendiciones de la gracia divina mediante la obra redentora de Cristo. La ciudad del Dios vivo es una celestial, la cual su fundamento, arquitecto y constructor es Dios mismo. En tal presencia se es rodeado por una *infinita campaña de seres angelicales*, sin mancha de pecado pero que son incapaces de experimentar la redención consumada por Jesús. El antiguo pacto de la ley y el nuevo pacto del evangelio son contrastados en este verso con el Sinaí donde fue dada la ley, y con Sion, la ciudad eterna de los cielos la cual simboliza el evangelio de la gracia[958]. La tradición judía acentuaba el vasto número de seres angelicales presentes cuando Dios dio la ley al hombre, incluso, se llegó a reclamar que había miles por cada israelita; se cree que el escritor de Hebreos probablemente tomó la misma idea de los ángeles mencionados en escritos antiguos[959]. La palabra griega para millares es traducida con frecuencia como el número *diez mil*[960]. Con ello se daba entender que era una serie innumerable al mencionar una escala tan alta. Entonces se puede concluir en conformidad a la idea expresada tanto en la cultura, creencias y Escrituras que son seres espirituales innumerables los cuales tienen su morada en la santidad de Dios.

Su organización

Miguel

Pero cuando el arcángel Miguel contendía con el diablo, disputando con él por el cuerpo de Moisés, no se atrevió a proferir juicio de maldición contra él, sino que dijo: El Señor te reprenda - Judas 1:9.

Un arcángel es un ser celestial encargado de anunciar los misterios de Dios con categoría superior a la de los demás ángeles. Ningún oro ángel

[958] Gálatas 24:26; Hebreos 12:18-24.
[959] Salmos 68:17.
[960] Apocalipsis 5:11-12.

lleva el título de arcángel, como está registrado; existen otros tipos de ángeles principales de los cuales Miguel es uno de ellos[961]. El otro mencionado como principal es Gabriel[962], estos son los únicos dos seres angélicos mencionados en el Antiguo Testamento, de manera que vinieron a ser los seres con más renombre entre los judíos, tanto así que se aludía que Miguel era el arcángel que guardaba a Israel.

Según la costumbre rabínica judía, se comunicaba por generaciones la historia sobre la muerte de Moisés donde el maligno actuaba como acusador y el arcángel no desafiaba sus acusaciones, sino más bien las presentaba en plena sujeción ante el juez supremo, haciendo uso de *"el Señor te reprenda*[963]*"*. Eso demostraba según la cultura que, aunque fuese un ser celestial con autoridad nunca dejó de sujetarse a la autoridad máxima. Miguel como un arcángel con autoridad sobre otros ángeles y sujeto a la autoridad divina es a quien Dios usará para echar afuera a Satanás en el periodo de la guerra[964], la palabra arcángel del gr. *"arjaggelos"* es *"un principal entre los ángeles"* es decir *"un gobernante de ángeles, un ángel superior"*, es sustantivo de *"arjon"* que es *"principal"* y de *"angelos"* que es *"ángel"*. Se aludía que hay siete arcángeles delante del trono de Dios[965], los cuales tienen autoridad sobre otros. Se comprende que los arcángeles, sean cuatro, sean siete, o sean dos solamente *(no hay claridad de cuantos son)*, gozan de una autoridad elevada *(sobre otros ángeles, más no de Dios)* y que los otros seres angelicales no tienen.

Príncipes principales

Mas el príncipe del reino de Persia se me opuso durante veintiún días; pero he aquí Miguel, uno de los principales príncipes, vino para ayudarme, y quedé allí con los reyes de Persia - Daniel 10:13.

El príncipe del reino de Persia era una criatura sobrenatural la cual intentó controlar a los gobernantes humanos de Persia para que estos se opusieran al plan divino. Los ángeles caídos como en este caso procuraron influir en asuntos nacionales, como se puede ver hoy día. Miguel, como guardián de los asuntos de Israel como bien mencioné anteriormente significa *¿Quién como Dios?*, y es nombrado un príncipe principal[966], el ángel bueno el cual no se conoce su nombre, pero si su existencia, hace aparición en la visión, y tuvo un lugar de preeminencia para influir en los

---

961 Daniel 10:13, v.21, 12:1.
962 Daniel 8:16, 9:21.
963 Zacarias 3:2.
964 Apocalipsis 12:7-9.
965 Lucas 1:19; Apocalipsis 8:2. "Los judíos después del exilio según sus tradiciones, distinguieron varias órdenes de ángeles, y algunos (como el autor del Libro apócrifo de Enoc, 9:1,), contaron cuatro ángeles **1**) *Miguel*, **2**) *Sariel*, **3**) *Rafael* y **4**) *Gabriel* (respondiendo a los cuatro lados del trono de Dios) comunicando que ellos eran los de más alto rango; pero otros, y aparentemente la mayoría (Tobías 12:15, donde se refiere a Rafael entre siete, como en Apocalipsis 8:2), contaron siete según el modelo de los siete, los espíritus más elevados en la religión de Zoroastro".
966 Daniel 10:21, 12:1.

asuntos correctos de la nación[967], los príncipes son vistos como tratando de tener una influencia sobre los asuntos que dirigen una nación[968].

Leon Wood comenta: *"Debido a que Grecia también tendría un "príncipe" similar asignado a su debido tiempo (Dn 10:20), y el pueblo de Dios estaría bajo la jurisdicción de Grecia después que ésta venciese a Persia, parece razonable la sugerencia de que Satanás suele asignar emisarios especiales para influir a los gobiernos contra el pueblo de Dios. Ciertamente, este capítulo contribuye mucho en los que respecta a la naturaleza de los conflictos entre las altas potestades en referencia al programa de Dios en la tierra (cf. Ef 6:11-12)[969]".*

Esto concuerda con las evidencias contemporáneas de las naciones, las cuales se dirigen a un rumbo contrario al camino de Dios. El ángel caído designado por Satanás para controlar los asuntos gubernamentales de Persia, que por supuesto, fue hecho sin el consentimiento del rey terrenal de dicha región, revela como el adversario coloca sus agentes principales, así como un batallón de conquista, esto puede explicar las inclinaciones de odio, movimientos inmorales y paganismo en cada nación sin perder de vista la responsabilidad moral que cada cual tiene. De modo semejante, Dios tiene sus agentes angelicales que cooperan en oposición a los de Satanás. Los conflictos mencionados en (Efe Cap. 6) y la batalla futura (Ap Cap. 12), tiene armonía con tal suposición. El texto tiene dos palabras clave las cuales indican con exactitud la idea presentada, la primera es príncipe, del hb. *"sar"* significa *"jefe, cabeza"*, el uso primario es de un oficial en el sentido de que tiene autoridad inmediata como líder, la segunda es principales, del hb. *"ri'shon"*, esto es *"primero"* tanto en lugar de tiempo como en rango, es un adjetivo que comunica *"un anterior destacado"*, esto es en sí, *"el que viene en primer lugar en rango y orden"*. Los príncipes principales se le conocen en el Nuevo Testamento como principados, son una rama de ángeles colocados con una autoridad, no mayor que los arcángeles y por supuesto no mayor que su creador.

Gobernantes

Para que la multiforme sabiduría de Dios sea ahora dada a conocer por medio de la iglesia a los principados y potestades en los lugares celestiales - Efesios 3:10.

---

967 Daniel 10:5-7: "Muchos debaten entre si era Emmanuel mismo el cual se le apareció a Daniel por la similitud con Apocalipsis 1:13-16 la cual concuerda con ello; o si era solo un ser angelical más el cual reflejaba el poder de Dios sobre él". Sea cual sea la interpretación, el enfoque correcto es que era bueno, y su intención era establecer la voluntad divina.

968 Daniel 10:21.

969 Wood, Leon. A Commentary on Daniel. Zondervan Publishing House, Grand Rapids, Michigan, EE. UU. 1973. / Robert Anderson en su obra "El príncipe que ha de venir" Editorial Portavoz (1 de junio de 1980) hace de igual forma referencias sobre el asunto.

Los principados y potestades en el argot rabínico judío de esos tiempos describían diferentes órdenes de ángeles[970]. Algunos manuscritos judíos antiguos hablan de que Dios muestra su poder y gloria a los ángeles mediante su pueblo para que de esa forma reciba alabanza. Estas potestades eran vistas como autoridades celestiales para mostrar el organizado gobierno divino y realmente eran considerados gobernantes. Tales se pueden dividir en dos, ángeles santos y ángeles caídos[971]. Dios manifiesta su gloria por medio de la iglesia a todos los ángeles *(santos y caídos)*, Los ángeles que guardaron su dignidad se regocijan en cada acto divino[972], su regocijo yace en dos factores:

1) *En Dios.*

2) *Porque participan activamente con la Iglesia en su vida diaria*[973].

Aunque los ángeles caídos no tienen deseo de alabar a Dios, no quita que ellos vean la gloria de Dios en la salvación y preservación de la Iglesia por Cristo. Estos gobernantes según las Escrituras son posicionados en *"los lugares celestiales*[974]*"*. Esto tiene por significado el dominio de tales seres espirituales sobre una región, no como los principados *(príncipes principales)* los cuales tienen dominio sobre los que gobiernan la región. Un gobernante que en este caso es potestad, de *"exousia"* habla en sentido de capacidades y privilegios, un sujeto con fuerza, este término de uso magistral tipificaba un control o autoridad delegado para una jurisdicción. Se puede aludir en conformidad a lo antes mencionado que los gobernantes se encuentran en una escala inferior pero no menos importante a los príncipes principales.

Guardas

Para todos en general

¿No son todos espíritus ministradores, enviados para servicio a favor de los que serán herederos de la salvación? - Hebreos 1:14.

Como antes mencionado en la sección ***"son espirituales"*** de este mismo capítulo, la misión de los ángeles es servir. *¿Debe haber asombro de que existan ángeles que guardan a los humanos y por sobre todo a los creyentes?,* el destino de los ángeles es guardar a la humanidad y ayudar a seguir la santidad de Dios en los recipientes de la verdad, los creyentes.

[970] Romanos 8:38; Efesios 6:12; Colosenses 1:16, 2:10-15; Tito 3:1.

[971] Efesios 1:21, 6:12.

[972] Lucas 15:1; 1 Pedro 1:12.

[973] 1 Corintios 11:10 "*por causa de los ángeles*: comunica como la insubordinación de una persona a una autoridad ofende a los ángeles los cuales observan la conducta de los creyentes en su vida diaria y reuniones"; cf. Hebreos 1:14.

[974] Efesios 1:3.

Para los niños en especial

Mirad que no menospreciéis a uno de estos pequeños; porque os digo que sus ángeles en los cielos ven siempre el rostro de mi Padre que está en los cielos - Mateo 18:10.

Como bien mencioné anteriormente en el comienzo del capítulo en la sección ***"Cristo enseñó sobre ellos"*** toco un poco sobre el asunto, cuando Jesús comunica *"sus ángeles"* aquí el pronombre utilizado es de término colectivo y da a entender un servicio dado por parte de los ángeles. Cristo enseñó que esos ángeles están *"siempre"* mirando el rostro de Dios para oír y seguir sus órdenes de ayudar a los creyentes cuando lo necesiten, y claramente al presentar a los niños como ejemplo se entiende que es una ilustración para sus hijos, y que de igual forma tiene una atención especial con ellos.

Los lectores judíos reconocían en general el concepto de los ángeles guardianes[975], en tales tiempos era muy común la creencia que cada persona tenía un ángel guardián. Los rabinos de la época enseñaban que los seres angelicales superiores recibían órdenes directas del trono de Dios, pero que, a diferencia de los ángeles inferiores y los mortales, solamente los ángeles superiores por lo regular veían el trono divino y la gloria de Dios. Se creía que, si un pequeño era maltratado, los ángeles inferiores comunicaban a los superiores para que estos denunciaran a los que cometieron la falta para que así al ser testigos no se pasara su falta en el día del juicio.

En relación con la creencia rabínica de tales tiempos, es importante aclarar dos puntos:

1) Dios es preeminente y omnisciente: *El no necesita que le informen sobre los asuntos de la creación de los cuales tiene pleno conocimiento*[976].

2) *el hecho que los ángeles informen es en relación con testigos para la corte final, el juicio del gran trono blanco.*

Volviendo al tema central, se puede comprender que Dios tiene un trato especial con la niñez, así como con los creyentes[977], para guardarlos enviando ángeles ministradores.

---

[975] Según la costumbre rabínica judía "Los ángeles a diferencia de los hombres no cambian, son la manifestación absoluta de una sola esencia emocional; tienen una sola dimensión dentro de la existencia y son por naturaleza mensajeros. "Malaj" la palabra que se utiliza para decir ángel en hebreo, significa "mensajero". Por esencia son enviados; el eslabón que une dos mundos distintos y los mantiene en contacto. Pueden ser un emisario de Dios hacia los seres de la tierra o hacia otros ángeles y criaturas divinas, como pueden ser un ente que transporta energía desde la tierra hacia el mundo divino y del divino al humano. La diferencia real entre los ángeles y el hombre no radica en que el hombre tiene cuerpo y el ángel no, sino en la diferencia esencial del alma humana contra la naturaleza inmutable del ángel. El alma del hombre es compleja, contradictoria y llena de todo tipo de elementos existenciales que lo definen, mientras que la esencia del ángel es estática, clara y unidimensional. Por otro lado, el hombre, gracias a que es multifacético y capaz de contener contradicción puede entender la naturaleza del mal y distinguir entre bien y mal. Y precisamente es esta habilidad lo que le permite elevarse a grandes alturas y al mismo tiempo crear la posibilidad del fracaso y el tropiezo. Nada de lo cual el ángel lo puede hacer. Ya que el ángel es eternamente el mismo" por esta razón los rabinos enseñaban que el hombre tiene un ángel guardián.

[976] Hebreos 4:13.

[977] Hebreos 1:14.

Serafines

Relacionados con la adoración a Dios

Por encima de él había serafines; cada uno tenía seis alas; con dos cubrían sus rostros, con dos cubrían sus pies, y con dos volaban. Y el uno al otro daba voces, diciendo: Santo, santo, santo, Jehová de los ejércitos; toda la tierra está llena de su gloria - Isaías 6:2-3.

La palabra serafín proviene del hb. *"saraph"* que significa *"arder"*, la forma en hebreo es plural y esto resalta la ardiente santidad de Dios[978], el verso expone que estos seres tienen seis alas de las cuales con dos servían y con cuatro de ellas reverenciaban a Dios. Los serafines celebran y se regocijan en la santidad de Dios y son los encargados de comunicarles a los siervos de Dios que deben ser purificados/limpiados antes de servirle en adoración[979].

Los serafines según las Escrituras y los documentos externos históricos pertenecen a un orden angelical que se asemejan a los cuatro seres vivientes mencionados en (Ap 4:6), los cuales se alude que son similares a los querubines mencionados en (Ez Cap. 10). Con relación a sus alas, se puede ver que son seis como antes mencionado. Con dos de ellas cubrían su rostro, esto se entiende que no se atrevían a mirar la gloria de Dios de forma directa en reverencia y respeto. Con otras dos cubrían sus pies, eso daba entender que reconocían su inferioridad y que su consagración para el servicio no provenía de ellos mismos sino de Dios, estas cuatro alas representan el servicio ante su gloria, y con las otras dos volaban mientras servían. Cuatro de las alas tienen relación con la adoración ante el trono divino y hacen hincapié en la prioridad de alabar a Dios.

Los serafines son representados en la visión de Isaías como seres angelicales, en otras partes de las Escrituras como serpientes ardientes[980], las serpientes que hostigaron a los Israelitas en el desierto son designadas de esa manera, incluso Isaías hace mención sobre ello como serpientes voladoras las cuales estaban comisionadas a implantar juicios divinos[981], debido a que las criaturas sobrenaturales eran a menudo representadas en la antigüedad con figuras compuestas, en muchos casos como el de (Gén 3:24) se hacía representación a los querubines como estatuas colocadas para preservar la entrada, de igual forma con los serafines al hacer uso de ellos como serpientes, cabe a resaltar que no significa que eran serpientes literalmente, sino más bien era una figura para el entendimiento contemporáneo de la época, el hecho de que eran asociadas con serpientes está ligado al termino *"saraph"* como antes mencioné, por lo tanto una de las creencias era que las

---

[978] Hebreos 12:29; Deuteronomio 4:24.

[979] Isaías 6:6-7.

[980] Números 21:6.

[981] Isaías 14:29, 30:6

serpientes estaban ligadas al fuego por la historia antigua del uso de la serpiente por parte de Lucero para engañar a Eva y así faltaran a la santidad divina, la literatura de Oriente arroja luz para apoyar en cierto modo tales descripciones en su contexto histórico cultural.

Los Israelitas estaban familiarizados con esos términos al grado que se encontraron en excavaciones hechas en Palestina evidencias arqueológicas fechadas a ese periodo, en las cuales había unos sellos decorados con ureus aladas[982] un símbolo de realeza y autoridad, de igual forma se encontró un relieve de Tell Halaf[983] con la descripción de un ser humano con seis alas, eso da entender que, en esa época por su trasfondo, se comprendía claramente las figuras para con tales seres angélicos. La función de dichos seres en asociación con el fuego bajo la creencia de esos tiempos apunta a una purificación, preservando así que la adoración a Dios esté ajustada a su deseo, realeza, majestad y autoridad.

Querubines

Relacionados con guardar la santidad de Dios

Echó, pues, fuera al hombre, y puso al oriente del huerto de Edén querubines, y una espada encendida que se revolvía por todos lados, para guardar el camino del árbol de la vida - Génesis 3:24.

Querubín del hb. *"kerub"* es un sustantivo masculino de origen incierto el cual expresa un ser angelical. En el griego del Nuevo Testamento *"queroubin"* del plural *"querub"* era considerado como un representante ideal de la creación animada de Dios. Los querubines son una orden de seres angelicales encargados de guardar la santidad de Dios, aquí aparecen guardando el acceso al árbol de la vida en Edén, tales seres estaban

---

[982] Uadyet, originaria del delta del Nilo, simbolizaba al Bajo Egipto, diosa protectora del faraón, era una serpiente que actuaba como protección de dioses y faraones en la mitología del antiguo Egipto y se le atribuía la característica de ser muy poderosa. Encarnaba a las diosas solares. Nejbet, representada como un buitre, era símbolo del Alto Egipto; deidad protectora del faraón en los nacimientos, la coronación, las fiestas de jubileo y en las batallas. Uno de los títulos del faraón, el nombre de Nebty contiene el Uraeus. También aparece representado en la parte superior de muchos templos y formando parte de las coronas egipcias, como diadema sujetando el Nemes (tocado de los faraones), y en joyas o amuletos de faraones y dioses. La cobra y las serpientes eran símbolos de resurrección y estaban asociadas a los mitos solares del viaje del Sol por el cielo y el inframundo, la Duat. Se las veneraba principalmente en Buto y al morir se depositaban en cajas de bronce o madera, grabadas con relieves de imágenes de serpientes, que algunas veces tenían cabeza humana tocada con la corona Doble y el uraeus. La creencia popular pagana transformó a los Serafines conforme sus creencias en guardianes de dioses "faraones" para preservarlos eternamente.

[983] Tell Halaf (Arabe), es un sitio arqueológico en la gobernación de Al Hasakah, en el noreste de Siria, cerca de la frontera con Turquía, justo enfrente de Ceylanpinar. Fue el primer hallazgo de una cultura neolítica, posteriormente llamada la cultura Halaf, caracterizada por cerámica vidriada pintada con diseños geométricos y animales. El sitio, que data del siglo VI a. C., fue una ciudad gobernante hitita al principio y más tarde fue la ubicación de la ciudad-estado arameo de Guzana o Gozan en el siglo X a.C. A fines del siglo IX a. C., la ciudad y sus alrededores se incorporaron al Imperio asirio. Durante la Guerra Civil Siria.

representados junto al propiciatorio colocado sobre el arca[984], los seres representados en (Ap 4:6) como cuatro seres vivientes se entiende que son de la misma clase[985] y estaban delante y alrededor del trono de Dios, la representación *llenos de ojos* da entender la *atención dedicada de ellos en guardar su santidad.* Los querubines son mencionados muchas veces a lo largo de todas las Escrituras comunicando que actuaban como guardas ante la presencia de Dios como bien expresa el verso, *guardaron el árbol de la vida.*

Según la poesía israelí los querubines rodean y sostienen el trono de Dios[986]. En otra figura poética cultural se hacía la representación del Señor cabalgando sobre uno de ellos[987]. En relación con la función de ellos, el templo de Salomón fue decorado con muchas lujosas representaciones de querubines para dar a comprender que en el mismo debía preservarse la santidad de Dios[988]. El Antiguo Testamento no describe a los querubines como lo hace con otros seres angelicales, la referencia más cercana se ve con Ezequiel que los vio en sus visiones con cuatro caras y cuatro alas cada uno[989]. Observando la misma poesía Israelita, tiene similitud a los hallazgos arqueológicos que se han descubierto, sacando a la luz artefactos que pueden tener semejanza con querubines, en el Oriente antiguo las representaciones de seres alados eran muy comunes como bien ya se ha mencionado. Por ejemplo, en Gebal[990] (1200 a.C.) se encontró una escultura en la que dos figuras aladas sostienen el trono del rey. Los querubines presentan otro caso donde la revelación Escritural divina usa imágenes y figuras comunes, y hasta elementos usados en sus tiempos con el sentido de desmitologizar completamente las creencias erradas, enfocando así al creyente en la realidad celestial.

W.E. Vine comenta: "la primera referencia a los *querubim* se encuentra en Gn 3:24, que debería traducirse "al este del huerto del edén, Él hizo morar un tabernáculo de *querubim*, y la espada flamígera que giraba a uno y a otro lado para impedir el paso al árbol de la vida". Ello no era solo para mantener fuera a los hombres caídos; la presencia de los *querubim* sugiere que los hombres redimidos, restaurados a Dios bajo las condiciones divinas, tendrían acceso al árbol de la vida (véase Ap 22:14). Ciertas otras referencias del AT dan una clara indicación de que en ocasiones lo que se tiene a la vista son seres angélicos; p.ej., Psa 18:10; Eze 28:4: Lo mismo sucede con la visión de los *querubim* en Eze 10:1-20; 11:22.

---

[984] Éxodo 25:18-22.

[985] Ezequiel 10:15-20.

[986] 1 Samuel 4:4; 2 Samuel 6:2; 2 Reyes 19:15; Salmos 80:1; 99.1; Isaías 37:16, Ezequiel Cap. 10.

[987] 2 Samuel 22:11; Salmos 18:10.

[988] 1 Reyes 7:29-36.

[989] Ezequiel 10:3-5; cf. 1.4-28.

[990] Gebal, colina de Tiberia, (2 Reyes 23: 8; Nehemías 11:31) era una ciudad Levítica localizada en el territorio geográfico de la Tribu de Benjamín en el límite norte de Judá, adyacente a Ramá en Benjamín al norte de Gabaa (Isaías 10:29; Josué 18:24, 18:28). Ha sido identificado con Jeba', a unas 5½ millas al norte de Jerusalén. Durante las guerras en el tiempo de Saúl, Gebal fue retenida como guarnición por los filisteos (1 Samuel 13: 3), pero fueron expulsados por Jonatán. Durante los reinados de Asa, rey de Judá y Baasa, rey de Israel, Gebal fue una de las dos ciudades que Asa edificó a partir de las piedras que Baasa había usado para fortificar a Ramá (1 Reyes 15:22; 2 Crónicas 16:6).

En el NT se encuentra este término en Heb 9:5, donde se hace referencia al arca en el tabernáculo, y se sugiere que se trata de aquellos que ministran para la manifestación de la gloria de Dios. Por ello, es posible llegar a la conclusión de que, por cuanto en el pasado y en el presente los seres angélicos han actuado y actúan administrativamente en el servicio de Dios, y que el hombre redimido ha de actuar administrativamente en el futuro en comunión con Él, los *querubim* en las Escrituras representan a uno u otro de estos dos grupos de seres creados en conformidad a lo que se expone en los varios pasajes con ellos relacionados[991]".

Antiguamente se hacía representaciones ornamentales sobre el propiciatorio en el arca del pacto, y ellos estaban asociados con la propiedad de la deidad por el hecho de que eran los guardianes. Aquí velaban el camino al árbol el cual era una propiedad divina, y ahora una restringida por Dios a causa de la desobediencia del hombre, y en el templo eran la representación de un lugar santo. Con esto se puede observar a los querubines y la espada encendida, como la representación de la santidad de Dios, claramente la que el hombre perdió en el Edén, *la espada encendida representa el emblema de la gloria divina en su actitud de rechazo hacia el pecado*. Los querubines estaban delante de Dios como los protectores en su misma presencia, del cual Lucero era uno de ellos[992]. Se puede comprender con esto que los querubines están encargados de hacer guardia a todo aquello que tiene que ver con la santidad de Dios.

Escogidos

Te encarezco delante de Dios y del Señor Jesucristo, y de sus ángeles escogidos, que guardes estas cosas sin prejuicios, no haciendo nada con parcialidad - 1 Timoteo 5:21.

Los ángeles son observadores del plano terrenal en el cual vive el humano, y se supone que ellos deben ver una sana aplicación de la justicia en la disciplina de los creyentes. Estos ángeles escogidos fueron los que preservaron su dignidad al no estar envueltos en la rebelión contra Dios, y esperan que, así como ellos que no cedieron ante el engaño de Satanás para caer, la iglesia de igual forma. Entonces, los ángeles no caídos se distinguen de Satanás y los que él engañó, se supone que los creyentes de igual forma se distingan.

---

[991] Vine, W.E. Diccionario expositivo de palabras del Antiguo y Nuevo Testamento Exhaustivo de Vine. "Querubín", Thomas Nelson Inc. Pág. 731. Nashville, Tennessee, EE. UU 2007 / 199 Editorial Caribe.
[992] Ezequiel 28:13-14.

Aquí indica dos cosas:

1) *el propósito soberano de Dios al elegir ángeles para su reino eterno.*

2) *la elección divina de creyentes "escogidos*[993]*".*

La palabra escogidos del gr. *"ekklectos"* comunica *"seleccionados"* tales gozan el favor soberano de Dios para administrar sus servicios. Esta palabra *"escogidos/elegidos"* en su significado más antiguo también lo encontramos en arameo, siríaco y asirio. El vocablo tiene términos paralelos de igual forma en egipcio, arcádico y en las lenguas cananeas para dar entender la libre elección, esto comprende tanto a la facultad soberana de Dios basada en su preeminencia, omnisciencia y supremacía, y la del individuo en ejecutar u omitir. Entonces, se puede concluir que esos ángeles elegidos están para servir continuamente.

Su ministerio

En relación con Jesucristo

Predijeron el nacimiento

Al sexto mes el ángel Gabriel fue enviado por Dios a una ciudad de Galilea, llamada Nazaret, a una virgen desposada con un varón que se llamaba José, de la casa de David; y el nombre de la virgen era María. Y entrando el ángel en donde ella estaba, dijo: !Salve, muy favorecida! El Señor es contigo; bendita tú entre las mujeres. Mas ella, cuando le vio, se turbó por sus palabras, y pensaba qué salutación sería esta. Entonces el ángel le dijo: María, no temas, porque has hallado gracia delante de Dios. Y ahora, concebirás en tu vientre, y darás a luz un hijo, y llamarás su nombre JESÚS. Este será grande, y será llamado Hijo del Altísimo; y el Señor Dios le dará el trono de David su padre; y reinará sobre la casa de Jacob para siempre, y su reino no tendrá fin - Lucas 1:26-33.

Vemos en la historia como el ángel se dirigió a María diciéndole que era muy favorecida, ya que el Señor la estaba visitando, haciéndola a ella participe privilegiada de Su propósito soberano. Hay dos puntos a resaltar:

1) *María nunca recibió adoración, oración o veneración por parte del ángel.*

2) *el ángel comunico que ella era muy favorecida, nunca dijo que era llena de gracia.*

María quedó turbada ante esa experiencia; pero el ángel calmó su temor, y comunicándole que Dios la escogió a ella como el instrumento por el cual el tan esperado Mesías vendría a este mundo. Se puede observar a simple vista las verdades importantes en la anunciación:

---

[993] Romanos 8:33; Romanos 11:7; Colosenses 3:12; 2 Timoteo 2:10; Tito 1:1; 1 Pedro 1:2; 2 Juan 1:1, v.13.

A) **Concebirás y darás a luz un hijo:** *La humanidad perfecta del Mesías.*
B) **Llamarás su nombre Jesús:** (*significa Dios es el salvador*) *Su deidad perfecta y su misión como salvador.*
C) **Será grande:** *Su grandeza en su persona y obra.*
D) **Será llamado Hijo del Altísimo:** *Su identidad como el Hijo de Dios.*
E) **El Señor Dios le dará el trono de su padre David:** *Tiene al trono de David, con esto se establece como el Mesías.*
F) **Reinará sobre la casa de Jacob para siempre; y su reino no tendrá fin:** *Su reino es eterno y universal.*

El mensaje dado a María es el momento más grande que la historia humana ha podido experimentar, el anuncio del nacimiento venidero del Señor de señores. El Rey de gloria, la verdad encarnada, *Dios hecho hombre* (Is 9:6). Este suceso histórico da a entender la relación cercana que los ángeles tienen para servir a Dios, por lo cual un ángel llamado Gabriel[994], participó en la proclamación del futuro nacimiento del Mesías ya profetizado[995].

Protegieron su infancia

Después que partieron ellos, he aquí un ángel del Señor apareció en sueños a José y dijo: Levántate y toma al niño y a su madre, y huye a Egipto, y permanece allá hasta que yo te diga; porque acontecerá que Herodes buscará al niño para matarlo - Mateo 2:13.

Jesucristo sufrió amenaza de muerte desde su infancia, aunque clara y evidentemente Él nació para morir, no era el tiempo señalado por Dios. En medio del peligro de ser interrumpido el propósito de Dios en Cristo, un ángel advirtió en sueños a José para que fuera a Egipto con su familia. Herodes se encontraba listo para emprender su misión maligna para detener al rey ya nacido. José exilió a causa de la maldad de Herodes. Geográficamente había una comunidad judía numerosa viviendo en Egipto en esos tiempos. Incluso, muchos han llegado a creer que era tan numerosa

---

[994] Gabriel que significa "fortaleza de Dios", es un arcángel que, normalmente, hace de mensajero enviado por Dios a determinadas personas.
[995] 2 Samuel 7:12-16; Isaías 7:14, 9:6-7, 10:21; Daniel 2:44, 4:3, 6:26, 7:14.

que podía ser la tercera parte de Alejandría ubicada al norte de Egipto. Esta fue una de las ciudades más grandes del imperio la cual contaba con una población estimada con alrededor de un millón de personas.

Alejandría incluía elementos judíos de buena posición económica, y educado en el pensamiento griego, lo cual le hacía una ciudad idónea para que no encontraran al infante del maligno plan de Herodes. El ángel dirigió a José para preservar así a Jesús de la muerte antes de su tiempo. Este ángel le anunció detalladamente varias cosas:

1) *Huyera con su familia a Egipto.*
2) *Que permanecieran allí hasta nuevo aviso* (esto alude que volvería a comunicarle otro mensaje).
3) *la razón era que Herodes buscaba al niño para matarlo.* La aparición angelical muestra claramente el servicio que estos seres prestaron a Cristo para que Él cumpliese su propósito mesiánico.

Le sirvieron luego de la tentación

El diablo entonces le dejó; y he aquí vinieron ángeles y le servían - Mateo 4:11.

Luego que Jesús rechazar cada una de las tentaciones de Satanás demostrando así su idoneidad, viéndose imposibilitado le dejó, el verso menciona la aparición de unos ángeles los cuales le servían, se puede comprender que esta fue una *asistencia sobrenatural.* La palabra *"servían"* del gr. *"diakoneo"* comunica que atendieron administrando sus necesidades humanas suministrando lo necesario, recordando que llevaba muchos días sin comer, entonces se puede llegar a la conclusión que probablemente le proveyeron de alimentos físicos siendo que había rehusado proveerse por sí mismo *(piedras en pan de forma milagrosa)* por sugerencia del diablo.

Cabe resaltar que Jesús no dependía de los ángeles, así como no dependió de Satanás y tampoco de sí mismo, Él dependía del Espíritu y las Escrituras en dirección y comunión con el Padre, demostrando así la perfecta unidad de la divinidad. Los ángeles en el momento necesario proveyeron lo necesario, para que Cristo cumpliera con su función tal como fue enviado.

Estaban prestos a defenderlo

¿Acaso piensas que no puedo ahora orar a mi Padre, y que él no me daría más de doce legiones de ángeles? - Mateo 26:53.

Si Jesús hubiese querido pudo haber resistido a quienes fueron aprenderle, esto claramente fue una respuesta a la acción de Pedro con su espada, que, aunque él pensaba que hacía bien, el Señor le dio entender que era incorrecto, Él no necesitaba defensa humana, ya que a su disposición tenía sin número de ángeles para defender su causa. En un instante podría haber pedido y le habrían sido enviadas más de doce legiones de ángeles, una legión romana variaba entre 3,000 a 6,000 soldados, entonces Cristo dio a entender que había entre 36,000 a 72,000 ángeles prestos a defenderlo.

Lógicamente el Señor no tenía intención de hacer uso de ello ya que, al hacerlo, sólo hubiera servido para frustrar el plan divino. Las Escrituras, que predecían su entrega, dolor, crucifixión, resurrección y ascensión, debían cumplirse. Una fuerza angelical de tal magnitud podía acabar con cualquier ejercito humano que se levantase contra ellos, los ejércitos celestiales aparecen varias veces en el Antiguo Testamento, y son presentados como al servicio divino y de forma invencible[996]. Estos ángeles como cantidad mínima estaban dispuestos a defender a Jesús con tan solo Él pensarlo.

Removieron la piedra del sepulcro

Y hubo un gran terremoto; porque un ángel del Señor, descendiendo del cielo y llegando, removió la piedra, y se sentó sobre ella - Mateo 28:2.

Antes de amanecer la mañana del día primero, las mujeres fueron a ver el sepulcro. Al acercarse hubo un terremoto; un ángel hace aparición en la escena descendiendo del cielo y removiendo la piedra de la entrada del sepulcro, y se sentó sobre ella. Los guardias aterrorizados por este ser radiante revestido de un blanco resplandeciente, cayeron inconscientes. Los ángeles y en especial los visiblemente poderosos según las practicas del judaísmo antiguo lo asociaban con fuego y con otros elementos de la misma naturaleza, y por lo general se aterrorizaban las personas[997]. En este suceso tuvo lugar el segundo terremoto, el primero fue en la crucifixión[998], se puede entender sobre el terror que estos causaban ya que fue observado por los soldados Romanos[999], quienes debían velar la tumba y los cuales atestiguaron dando relato sobre el asunto. Cristo ya había resucitado cuando la piedra fue removida, su cuerpo glorificado no era restringido por los obstáculos, la demostración del triunfo se vio cuando el ángel se sentó sobre la piedra, la muerte fue vencida. El solo hecho de que un ser angelical participara en remover la piedra de su lugar, afirma el reconocimiento servicial del mismo ante la deidad, autoridad, poder y señorío de Jesús.

Proclamaron su resurrección

No está aquí, pues ha resucitado, como dijo. Venid, ved el lugar donde fue puesto el Señor - Mateo 28:6.

[996] 2 Reyes 6:17, 19:35.
[997] Jueces 6:22-23, 13:19-20, (libros apócrifos: 4 de Esdras 10:25-27, 3 de Enoc 22:4-9).
[998] Mateo 27:51.
[999] Mateo 28:4.

El ángel comunicó a las mujeres, que aquel el cual ellas buscaban se había levantado, tal como prometió. La piedra fue retirada, no para dejar salir al Señor, ya que Él en su cuerpo glorificado no tenía limitantes físicos, sino para que las mujeres vieran que había resucitado. El glorioso mensaje de resurrección, el cual es la sustancia del Evangelio[1000] fue proclamado por vez primera. El ángel trajo a memoria a las mujeres el hecho de que Cristo había declarado en varias ocasiones que Él sería crucificado y resucitaría de entre los muertos, las mujeres buscaban un cadáver y en cambio encontraron un vacío en el sepulcro.

La proclamación angelical de la resurrección de Cristo presenta desde su comienzo, hasta su final la verdad de forma inteligente, organizada y evidenciada:

1) **No está aquí:** *una respuesta contraria a lo que ellas buscaban, buscaban un cuerpo el cual no se encontraba en el lugar.*

2) **ha resucitado:** *no está muerto, está vivo, nadie robó su cuerpo, Él mismo se levantó y se fue.*

3) **como dijo:** *lo que Él dijo con anterioridad a su muerte y resurrección lo cumplió.*

4) **vengan:** *se les hace una invitación a observar por sí mismas las evidencias que demuestran los hechos.*

5) **el lugar donde fue puesto el Señor:** *habla en pasado, afirmando la realidad de los hechos antes mencionados.*

Se puede comprender que, así como el Señor murió y resucitó viniendo de lo celestial a lo terrenal, el evangelio es de igual forma, de lo celestial a lo terrenal, y el comienzo de la proclamación de este debía ser también de lo celestial a lo terrenal por la naturaleza de su carácter, fue proclamado por un ángel y atestiguado celestialmente por los tres.

Lucas[1001] y Juan[1002] presentan en sus escritos a otros dos seres angelicales mientras que Mateo solo a uno, el orden según la costumbre Israelita dada por Dios era que se debía presentar testimonio por dos o más para que el mismo fuera aceptado como un hecho verídico. Muchos adversarios del Evangelio presentan posibles contradicciones a causa de esto, ya que Mateo menciona solo uno, verdaderamente no existe ninguna contradicción. Un ángel del Señor removió la piedra sentándose sobre ella fuera del sepulcro mientras que los otros dos se encontraban dentro de la tumba. Este orden estaba acorde a la presentación de una evidencia testificada para ser aceptada, dos seres celestiales *(ángeles)* testificaron en conjunto del que proclamó *(otro ángel)* que la resurrección de Cristo es un hecho histórico verídico.

En relación con los creyentes

[1000] 1 Corintios 15:1-5.

[1001] Lucas 24:4

[1002] Juan 20:1-2, v.12.

Ayudan, y son participes en respuestas por parte de Dios

Y he aquí que se presentó un ángel del Señor, y una luz resplandeció en la cárcel; y tocando a Pedro en el costado, le despertó, diciendo: Levántate pronto. Y las cadenas se le cayeron de las manos - Hechos 12:7.

Cuando Herodes[1003] iba a sacar a Pedro para celebrar el espectáculo en el cual le darían muerte, esa misma noche se encontraba durmiendo profundamente, aunque al otro día según el plan de Herodes y los judíos era asesinarlo a temprana hora, él se encontraba tranquilo encadenado entre dos guardias, las puertas del templo se abrían a medianoche, pero la gente solo tenía acceso hasta al amanecer, la audiencia para Pedro fue programada a primera hora del día debido a que los juicios no debían ser hechos en la noche[1004]. Cristo le prometió a Pedro que viviría hasta su edad avanzada[1005] y por tanto sabía que cualquier cosa que Herodes hiciera en su maldad (*que era igual de malo que su abuelo*) no podía matarlo en ese momento, por eso dormía profundamente.

En medio de su prisión se hace aparición un ángel del Señor el cual inundó el lugar de luz, solo un ser celestial proveniente de Dios emana luz, si fuera contrario, sería oscuridad[1006]. Ese ángel toca a Pedro y le ordena que se levante. En ese mismo instante, las cadenas se le cayeron. Luego, el ángel mandó a Pedro que le siguiera. Pedro escoltado por el ángel pasó sin problema alguno las guardias de la cárcel. Cuando llegaron a la puerta de hierro, ésta se le abrió por sí misma *(se entiende que el ángel la abrió)*. Después de haber avanzado el ángel desapareció y Pedro se percata que aquello no había sido un sueño, sino que el Señor lo había salvado milagrosamente de la mano malvada de Herodes y de las malintencionadas decisiones de los judíos, lamentablemente Jacobo no corrió con la misma suerte, al ser el primero en ser martirizado[1007].

Agripa ejerció mucho más poder directo que el mismo Sanedrín, y su guardia era mucho más eficiente que la de otros, pero su eficiencia militar y el mismo poder del Sanedrín de nada sirvieron ante Dios. Para poder comprender por qué Pedro pensaba que era un sueño, se rumora que era a causa de una historia griega popular en sus tiempos, en la cual Dionisio[1008]

[1003] Aquí habla de Herodes Agripa, hijo de Aristóbulo, nieto de Herodes el Grande, el cual asesinó los infantes de Belén. Kenneth E. Bailey comenta sobre Herodes el Grande: "Herodes era una persona extremadamente compleja. Desde el punto de vista racial era árabe. Su padre procedía de una tribu árabe de la parte sur de Tierra Santa, llamada Idumea. Su madre era de Petra, que fue la capital del reino árabe conocido con el nombre de nabateo y que poblaba el norte de Arabia en el siglo I". "Sus características personales – árabe de raza, judío de religión, griego de cultura y romano en cuanto a su política". "Se casó con diez mujeres. Con frecuencia vio a sus hijos como potenciales rivales políticos y mandó a estrangular a os de sus favoritos en una fortaleza de Samaria. Más tarde empezó a sospechar de la lealtad política de su esposa preferida, Mariamna, e hizo que la asesinaran". "Herodes era sumamente inteligente y cruel" – Bailey, Kenneth E. Jesús a través de los ojos de medio oriente. Estudios culturales de los Evangelios. Pág 56-57. Grupo Nelson, Nashville, Tennessee. EE. UU. 2012.

[1004] Hechos 4:3-5.

[1005] Juan 21:18.

[1006] Cabe señalar que Satanás se disfraza como ángel de luz, pero de él no emana luz (2 Corintios 11:14). Todo aquello que no sea de Dios no emana luz, es oscuridad.

[1007] Hechos 12:1-2.

[1008] Según las historias griegas: "Dionisio era una deidad griega la cual fue encarcelada por el rey Penteo".

había hecho que las cadenas cayeran y que las puertas cerradas con llave se abrieran por sí solas, esto aparece en la literatura antigua desde Homero hasta Josefo, se entiende que esa era la causa por la cual Pedro pensaba que soñaba, ya que estaba familiarizado con dicha historia. Observado todo el suceso histórico y bíblico, se entiende como Dios envía sus ángeles a servir y ayudar a sus hijos participando de las respuestas divinas a sus hijos[1009].

Son espectadores de las experiencias

Porque según pienso, Dios nos ha exhibido a nosotros los apóstoles como postreros, como a sentenciados a muerte; pues hemos llegado a ser espectáculo al mundo, a los ángeles y a los hombres - 1 Corintios 4:9.

Pablo presenta en este verso un contraste entre la autosatisfacción de los creyentes corintios, y la suerte que corrían los apóstoles. Presenta a los siervos de Dios como lanzados en la arena mientras el ojo público lo contempla, esos ojos eran el mundo, los ángeles y los hombres. El espectáculo se entiende bien que era literalmente un teatro o bien una contienda de gladiadores e incluso una entrada triunfal de un general romano el cual llevaba soldados cautivos al final de su desfile hacia la arena. Aquí presenta a los siervos de Dios como gladiadores designados a morir en la arena.

En el contexto cultural de esos tiempos, los filósofos estoicos creían que se ganaban la admiración de sus dioses paganos y de los seres mortales al perseverar en el sufrimiento. La persona encargada de los juegos en el anfiteatro exhibía a los gladiadores que lucharían contra las bestias, Pablo presenta el contraste dándole a entender a los corintios que ellos como apóstoles de Cristo llegaron a ser un espectáculo al ser el objeto de escarnio, no una admiración, por ello cuando dice *"como postreros"* es que eran el último espectáculo del día, el cual era reservado para los criminales condenados y considerados como miserables, en la imagen presentada son llevados al coliseo romano para luchar a muerte, la exposición de ellos como espectáculo, se entiende que eran condenados para ser ridiculizados, escupidos, encarcelados y azotados.

Los *"postreros"* que se sacaban para su muerte pública se seleccionaban para el tan gran y esperado final. Dios en su suprema sabiduría y soberanía escogió hacer una exhibición pública de los siervos de Dios frente al mundo, los hombres y los ángeles en esa era como un espectáculo, para luego exhibir otro espectáculo muy diferente, el cual era uno triunfal, el de los generales entrando al celebrar su victoria con su batallón[1010], esa futura exhibición será presentada de igual forma, ante el mundo, los hombres y los ángeles. El estadio corinto tenía la capacidad de albergar aproximadamente 18,000 personas cómodamente, cuando el verso habla sobre el mundo, los ojos del

[1009] Hechos 12:11-17.
[1010] Mateo 19:28.

hombre y los ángeles, los lectores de ese tiempo comprendían que era una cantidad sumamente numerable, tanto de personas como al igual de ángeles, los cuales eran espectadores. Se puede comprender según las Escrituras que los ángeles son espectadores de las experiencias de los creyentes, no por que gozan de omnisciencia y preeminencia *(ya que el único que tiene dicha facultad es Dios),* sino porque están presentes sirviendo a los hijos de Dios.

Dieron ánimo en tiempos peligrosos

Porque esta noche ha estado conmigo el ángel del Dios de quien soy y a quien sirvo, diciendo: Pablo, no temas; es necesario que comparezcas ante César; y he aquí, Dios te ha concedido todos los que navegan contigo - Hechos 27:23-24.

Lucas narra a Pablo alentando a la tripulación sobre como un ángel de Dios se le apareció asegurándole que saldría ileso para ir a compadecer ante el César, y de igual forma los que estaban junto con él. Les aseguró que, aunque la nave se perdería, que no habría pérdida entre ellos. El ángel del Señor se le había revelado asegurándole que era necesario ir ante César en Roma. Esto muestra dos cosas:

1) *El ángel le envía un mensaje esperanzador a Pablo para que confíe en la supremacía divina.*

2) *Pablo comunica el mismo mensaje a otros dándoles, lo mismo que él recibió.*

A. W. Tozer escribe: "Cuando «sopló una brisa del sur», la nave que llevaba a Pablo navegó con suavidad, y nadie a bordo sabía quién era Pablo ni cuánta fuerza de carácter yacía oculta tras aquel exterior llano. Pero cuando estalló sobre ellos la fuerte tempestad del Euroclidón, la grandeza de Pablo fue pronto motivo de conversación de todos en la nave. El apóstol, aunque era preso, tomó literalmente el mando de la nave, tomó decisiones y dio órdenes que significaban vida o muerte para la gente. Y creo que la crisis evidenció algo en Pablo que no había sido claro siquiera para él. Las hermosas teorías se tornaron en hechos sólidos cuando estalló la tempestad[1011]". Sin importar lo duro de la situación Pablo esperanzó a otros según la misma esperanza que él recibió por parte del ser angelical. Cuando él expresa *"de quien soy y a quien sirvo"* da entender que, así como ese ángel le pertenece a Dios y le sirve, Pablo de igual forma. Esto se comprende que en momentos difíciles ángeles enviaron mensajes esperanzadores a sus siervos en esos tiempos.

**Nota importante*[1012].

[1011] Tozer, A.W. Ese increíble cristiano. Editorial Alianza. Harrisburg, PA EE.UU. 1964 by Christian Publications, Inc.

[1012] "Cabe a resaltar que las Escrituras Neotestamentarias estaban en elaboración basadas en una continuidad del Antiguo Testamento, por lo tanto, era necesario que las personas elegidas por Dios para escribir fueran conducidos de esa forma, hoy día Dios habla y dirige por el Hijo conforme las Escrituras, no necesita comunicar mensajes mediante emisarios angelicales que ya están comunicados en todo el consejo divino (La Biblia). Aunque no se descarta que Dios lo permita,

Muestran interés en la proclamación del evangelio

Así os digo que hay gozo delante de los ángeles de Dios por un pecador que se arrepiente - Lucas 15:10.

La mujer en el contexto de la parábola representa al Espíritu[1013], el cual busca a los pecadores con la lámpara la cual es Palabra de Dios. Las dracmas[1014] representan a los pecadores no arrepentidos, y la dracma perdida sugiere que es la persona dispuesta a confesar que está sin relación con Dios. En el relato hecho por Jesús en el contexto inmediato[1015], expone a una oveja errante por voluntad propia. Según lo expresado por Cristo en el contexto se puede observar dos cosas:

1) *La oveja por su propia naturaleza torpe se extravía de su pastor, saliéndose del camino ya trazado, eso demuestra la naturaleza corrupta del ser humano y su deseo de hacer su necia y propia voluntad.*

2) *La moneda es un objeto inanimado, lo cual sugiere la condición del pecador, una sin vida, muerto en delitos y pecados.*

En la primera el pastor busca la oveja diligentemente hasta encontrarla, en la segunda la mujer busca la moneda con diligencia y de igual forma tiene el resultado. En la primera el pastor luego de encontrar la oveja reúne a sus amigos y vecinos, en la segunda la mujer llama a sus amigas y vecinas para que celebren su hallazgo juntamente con ella. Así como la oveja encontrada trajo más placer que las noventa y nueve, de igual forma la moneda encontrada que las nueve que nunca se habían perdido. Esto demuestra como sucede cuando el pecador que se humilla confesando su condición perdida le trae gozo al corazón de Dios. Los vecinos y amigos mencionados en la parábola, claramente habla del acompañamiento de los seres angélicos, los cuales Cristo mismo menciona, ellos son testigos de tres cosas:

1) *La acción divina en buscar, convencer y al perdido.*

2) *La consecuencia de la búsqueda electiva de Dios en su soberana voluntad amorosa que es encontrar al perdido y regenerarlo.*

3) *El gozo de Dios por dicho hallazgo, por eso dice "gozo delante de los ángeles".*

Al ser testigos los ángeles, ellos disfrutan de igual forma con Dios lo que a Él le es causa de gozo, de no ser así, Jesús no lo hubiese mencionado.

---

no es la norma, hay que ser cuidadosos, ya que sin número de falsas enseñanzas han surgido mediante la comunicación de supuestos seres angelicales, por ello se alude que ya no es necesario teniendo a la mano la Palabra inspirada e inerrante de Dios".

[1013] Nota aclaratoria: Nunca afirma que el Espíritu Santo sea mujer. Solo es una representación para expresar una verdad tras la historia.

[1014] Era el nombre de una antigua moneda de las ciudades-estado griegas y los reinos helenísticos de Asia, equivalente a un denario, es decir, el salario mínimo de un día, 1 denario era 3.6g. (Mateo 17:24). No hay que confundir el dracma griego de plata con el "dracma" de oro (dar·kemóhn) de las Escrituras Hebreas, una moneda que normalmente equivalía al dárico persa, que pesaba 8.4.g El dracma de oro era una moneda persa que fue utilizada en Palestina después del regreso del cautiverio (1 Crónicas 29:7, Ezequiel 8:27). Valía alrededor de cinco dólares. Diferente al dracma griego.

[1015] Juan 15:1-7

Según la costumbre judía de esos tiempos, se creía que los ángeles en los cielos estaban interesados grandemente en las obras divinas hechas en la tierra; y que cada persona por lo menos tenía asignado un ángel para guardarlo. Jesús hace uso de dicha creencia popular dando a entender *la satisfacción celestial que causa el arrepentimiento*. Esto nos lleva entender que para el lector diligente de las Escrituras le será fácil notar que el verso 10 es muy similar al verso 7 de su mismo contexto, pero tiene algo más, aquí lleva al lector, así como Cristo llevó a su audiencia al trono de Dios, dando aún más énfasis al significado de la salvación del perdido y el disfrute de Dios y su compañía celestial. Se puede entender que los ángeles al ser testigos *(espectadores)* de los asuntos divinos, así como de las experiencias humanas, se gozan de la obra divina de la salvación hecha por su propio creador, en aquellos que Él, en el libre ejercicio de su soberana voluntad, ha escogido desde antes de la fundación del mundo.

Un ángel del Señor habló a Felipe, diciendo: Levántate y ve hacia el sur, por el camino que desciende de Jerusalén a Gaza, el cual es desierto - Hechos 8:26.

En medio de la manifestación salvífica de Dios en Samaria, fue que un ángel dirigió a Felipe a otro evento de labor similar. Debía salir de Samaria donde muchos estaban recibiendo la bendición divina, e ir a ministrar la salvación de Cristo a un hombre *(claramente él no lo sabía)* y ahí el Espíritu le comunicó que se acercara al carro[1016]. El ángel dirigió a Felipe al lugar, pero no podía hacer la tarea de predicar el evangelio, por varias razones:

1) *Esa tarea fue ordenada a los creyentes*[1017].

2) *Los ángeles no pueden hablar de un acontecimiento que no les consta, ya que la redención es para el hombre, no para ellos*[1018]*, por lo tanto, no pueden hablar de algo lo cual no pueden experimentar y no les ha sido ordenado.*

3) *De hacerlo entonces usurparían la obra divina del Espíritu en la predicación del evangelio, la cual es convencer de pecado, justicia y juicio*[1019]. Entonces estarían evadiendo el orden divino.

Felipe en obediencia incondicional se dirigió al Sur de Samaria a Jerusalén tal como le fue encomendado por Dios mediante el ángel a una de las rutas que conducían a Gaza[1020]. Felipe dejó un lugar de fertilidad espiritual para dirigirse a un lugar árido, cabe a resaltar que Jesucristo había dicho en tiempo atrás a sus discípulos que cosecharían donde ellos no habían sembrado[1021], Cristo se encontraba en Samaria junto con ellos cuando le afirmó que serían participes de cosechar gozosamente las almas para Él, aun

[1016] Hechos 8:29.
[1017] Mateo 28:19-20: "id" es una orden, "haced" es otra orden, "enseñando que guarden" es otra orden.
[1018] Hebreos 2:16, Gálatas 3:29.
[1019] Juan 16:8-11.
[1020] El camino a la Antigua ciudad de Gaza había sido destruido en el 93. a.C. y se encontraba más al interior de Gaza en la época de Felipe.
[1021] Juan 4:38.

cuando la semilla había sido sembrada por otro, lo cual se refería a los profetas del Antiguo Testamento, Juan Bautista y Él, y la gran cosecha de almas en Samaria es una evidencia de ello, y de ahí es que parte Felipe hacia Gaza sin saber qué ocurriría.

William Barclay comenta más a fondo sobre ello: "había una carretera desde Jerusalén que pasaba por Belén y Hebrón y se unía a la carretera principal d Egipto un poco al Sur de Gaza. Había dos ciudades con este nombre. Una Gaza había sido destruida en la guerra del año 93. a.C., y una nueva Gaza se había edificado más al Sur en el año 57 a.C. La primera se llamaba Gaza vieja o desierta para distinguirla de la segunda. Por esta carretera iba el eunuco etíope en su carruaje. Era el ministro de hacienda de Etiopía. Candace no era un nombre propio, sino el título de las reinas de Etiopía, como Faraón el de los reyes de Egipto. Este eunuco había ido a Jerusalén a dar culto a Dios. En aquellos días había muchas personas que estaban cansadas e insatisfechas de la idolatría y la consiguiente inmoralidad de las naciones. En el judaísmo encontraban la fe en un Dios único y una moralidad austera que le daba sentido a la vida. Si se convertían al judaísmo y se circuncidaban, se los llamaba prosélitos; si no llegaban a ese punto, pero asistían regularmente a la sinagoga y leían las Escrituras, se los llamaba temerosos de Dios. Este etíope debe haber sido uno de los buscadores, ya fuera prosélito o temeroso de Dios. Iba leyendo el capítulo 53 de Isaías; y, partiendo de ahí, Felipe le presento a Jesús[1022]".

Este camino lleno de columnas de piedras milenarias las cuales indicaban cada mil pasos era desértico por completo, a los ojos de cualquier persona era absurdo ir por ese camino ya que era poco transitable, solo los comerciantes lo tomaban y no acostumbraban a detenerse a charlar con nadie por los peligros de la época y porque estaban enfocados en sus negocios; incluso para Felipe podía sonarle raro ir, ya que luego de experimentar lo que pasó en Samaria transitar ahora a un lugar que casi nadie pasaba por el, sería muy extraño; sin embargo obedeció el mensaje dado por el ángel, lo cual llevó a la salvación de alguien el cual necesitaba saber de Jesucristo. Esto demuestra:

1) *la obediencia del ángel en comunicarle a Felipe lo que debía hacer.*

2) *Felipe ya estaba relacionado con algún mensaje anterior dado por seres angelicales, de no ser así, no tenía la obligación de obedecer, se comprende que él reconocía que ese ser venía de Dios por lo tanto obedeció.*

3) *el interés del ángel de que el evangelio fuera predicado.*

Con esto se entiende que los ángeles se gozan de que la salvación de Cristo se lleve a cabo y se muestra su interés de que se predique el evangelio para que así suceda.

Cuidan de los justos en su muerte

[1022] Barclay William. Comentario al Nuevo Testamento. Citando hechos 8:26, Págs. 517-518, Editorial CLIE. C/ Ferrocarril, 8. Viladecavals, (BCN), España.

Aconteció que murió el mendigo, y fue llevado por los ángeles al seno de Abraham; y murió también el rico, y fue sepultado - Lucas 16:22.

Se debe aclarar, que, aunque no se debe sacar doctrina de las parábolas, se puede reforzar la misma con las verdades descritas detrás de ellas. En esta parábola Jesús hace una ilustración la cual demuestra una verdad. El seno de Abraham era un lenguaje figurado que ilustraba el paraíso[1023]. J. Oliver Buswell Jr., lo presenta de esta forma: "El hombre rico y Abraham y Lázaro son presentados como espíritus sin cuerpo, porque están entre los muertos (v. 30). El hecho de que se mencionan ojos, voces, y lenguas, no significa existencia corporal, tal como la mención de la mano, el brazo, los ojos, y los oídos de Dios, no significan que Dios tenga cuerpo (Is 59:1; 2 Cró 16:9, Jer 27:5). Sabemos por pasajes más claros en las Escrituras que Dios no tiene cuerpo en Su estado esencial y eterno. Estas referencias a partes del cuerpo se entienden como modos figurados de expresión, para facilitar nuestra comprensión. En forma similar, los términos corporales mencionados en Lc 16:19–31 no indican un estado corporal[1024]".

Según la narración de Jesús, cuando Lázaro el mendigo murió *"fue llevado por ángeles al seno de Abraham"*. Muchas personas cuestionan si los ángeles participan realmente en llevar a los creyentes al paraíso cuanto estos mueren. De igual forma no existe razón alguna para dudar que si participen. Como antes mencionado, los ángeles ministran a los creyentes mientras están presentes en la tierra, y no hay razón alguna para que no lo hagan en el momento en el cual mueren. El pensamiento de tener comunión con Abraham daba referencia a una gloria inefable para cualquier judío de esos tiempos. Se comprende que ese seno mencionado es lo mismo que participar de la presencia divina, fue llevado en gr. *"apofero"* significa *"llevar, conquistar"*, está compuesta de *"apo"* que es *"apartar"* ilustra *"hacer distante"* y de *"fero"* que es *"llevar, cargar"* esto es poner un peso sobre sí mismo, esto da entender como una persona toma sobre sí algo o alguien y lo lleva.

La tradición judía describía a los justos siendo llevados por los ángeles ante la presencia divina, y a los malvados siendo llevados por demonios al lugar de donde estarían separados para ser atormentados. Cristo se enfoca en lo angelical para comunicar la salvación ya que en el mismo contexto inmediato se expone el tema de las riquezas. Culturalmente, no importando la escala social, o que tan pobre fuera, la persona debía ser sepultada, de no ser sepultado era considerado algo sumamente terrible[1025]. Según la narración hecha por Cristo, Lázaro no tenía parientes y mucho menos un protector[1026] caritativo, por consecuente no tuvo una sepultura adecuada,

---

[1023] Lucas 23:43; 2 Corintios 12:4.
[1024] J. Oliver Buswell Jr. Teología Sistemática. Zondervan Publishing House. Grand Rapids, Michigan. EE. UU. 1962.
[1025] 1 Reyes 14:13.
[1026] Superior de la escala social el cual otorgaba favores actuando como patrocinador político a favor de sus protegidos, es decir, sus dependientes sociales. Los protegidos debían obligatoriamente rendir honores a sus protectores.

mientras que el rico de lo más seguro sí al tener protegidos como era de costumbre. Era de esperarse que los verdaderos Israelitas y en especial los martirizados compartieran con Abraham en el futuro, ya que, según las creencias de esa era, sería un lugar honorifico estar lo más cercano junto a él como anfitrión en el banquete, y su finalidad era que, al llegar con él, recostar su cabeza al grado de estar cerca de su pecho.

Kenneth E. Bailey lo expresa de esta forma: "Lázaro era demasiado pobre para tener un funeral, pero los ángeles lo transportaron al cielo, donde Abraham hizo una fiesta para darle bienvenida[1027]. Se reclinó en el seno de Abraham, es decir, en un *triclinium* en el lugar de honor a la derecha de Abraham. En la última cena, Juan se reclinó en el seno de Jesús (Jn 13:23). Ese era el sitio reservado para Lázaro[1028]".

Como no se indica según la parábola dicha por Jesucristo, no es un estado corporal físico sino espiritual, y de igual forma se entiende como antes mencionado, que los ángeles sirven y cuidan de los asuntos de la vida de los creyentes también lo pueden hacer en su muerte[1029]. El hecho que Jesús hiciera uso en su parábola sobre los ángeles llevando al mendigo a la presencia divina, sugiere que ellos participan en acompañar y en cuidar de los creyentes en la muerte de igual forma. Aunque no hay una comunicación clara que exponga en las Escrituras dicha idea, pero a su vez no se descarta que así sea, ya que Jesús lo mencionó.

En relación con las naciones

Una relación especial con Israel

En aquel tiempo se levantará Miguel, el gran príncipe que está de parte de los hijos de tu pueblo; y será tiempo de angustia, cual nunca fue desde que hubo gente hasta entonces; pero en aquel tiempo será libertado tu pueblo, todos los que se hallen escritos en el libro - Daniel 12:1.

En aquel tiempo se entiende que será los de tribulación descritos en su contexto inmediato[1030], Miguel se levantará a defender la causa de Israel en medio de la angustia de ese día, mencionado como *"cual nunca fue"*, Jesús hace uso de las mismas palabras[1031] para dar entender la magnitud de la tribulación que acontecerá. Miguel es mencionado como el gran príncipe *(principal como antes mencionado)* y es puesto como protector de Israel *"de parte de los hijos de tu pueblo"*. Eso da entender que de no ser por la función por la cual fue colocado por Dios, Israel sin duda alguna hubiera sido

[1027] Es la primera vez que aparece esta idea en la tradición judía.

[1028] Kenneth E. Bailey. Jesús a través de los ojos del medio Oriente. Estudios culturales de los Evangelios. Pág. 387. Grupo Nelson 2012. Nashville Tennessee. EE. UU.

[1029] Judas 9.

[1030] Daniel 11:36-45.

[1031] Mateo 24:21.

exterminado a lo largo de toda la historia, incluyendo la actualidad y los sucesos futuros que aún no se cumplen.

Esa era futura será una de angustia, como nunca se ha experimentado, si se interpreta el suceso a la luz de las Escrituras se podrá comprender que los 144,000 judíos se arrepentirán en Cristo como su salvador, en especial en la primera mitad de la tribulación cuando en Israel sea reconocido el anticristo como mesías enviado al querer saber de los hechos futuros a ocurrir[1032], ya que *"correrán de aquí para allá"* lo cual comunica que a medida que el fin se va acercando irán de un lado a otro procurando descubrir lo que falta por suceder, por ello dice que la *"ciencia aumentará"*, eso se comprende que los acontecimientos serán descubiertos por ellos conforme el conocimiento de lo que ya se predijo; entonces se puede llegar a la conclusión que si las Escrituras lo dicen *(y como su cumplimiento es perfecto)* sucederá.

Daniel el cual vivió casi toda su vida en Babilonia, tenía aproximadamente ochenta años cuando recibió la promesa de su *"heredad"*, esto claramente habla de la preservación del pueblo de Israel, y al mencionar a Miguel como aquel que está de parte del pueblo, se entiende que tiene un trato especial con ellos. Podemos concluir que Dios tiene un trato especial para con Israel en la preservación de una cantidad quienes se mantendrán puros y Miguel participará de ello.

Ejecutan la providencia divina

Pero yo te declararé lo que está escrito en el libro de la verdad; y ninguno me ayuda contra ellos, sino Miguel vuestro príncipe - Daniel 10:21.

Es importante analizar la composición del verso en la historia y su léxico para comprender cómo el ángel del Señor trabaja para ejecutar la providencia divina. La providencia se entiende como *"Medida que se toma para lograr un fin determinado"*. El fin determinado y establecido por Dios conforme sus parámetros, está basado en la suprema sabiduría y soberanía divina, y su omnisciencia y preeminencia. El libro de la verdad *(escritura de verdad)* en su propio contexto hace referencia al sueño que se le fue dado originalmente a Nabucodonosor[1033], donde le son mostrados los imperios, eso también incluye las dos visiones ya dadas a Daniel[1034], en las cuales la primera el imperio Medo-persa era representado por un pectoral de plata. La estatua como bien la había visto Nabucodonosor, representaba los reinos

[1032] Daniel 12:4.
[1033] Daniel 2:39.
[1034] Daniel 7:5-6, 8:3-8.

como el hombre los ve. Daniel observó los reinos humanos como Dios los ve *"una fiera que devora mucho a su paso"*, los Medo-Persas eran conocidos por su fortaleza y ferocidad en la batalla[1035] y la superioridad de ellos en el imperio se notó en sus conquistas principales:

1) Lidia (546 a.C.)[1036].

2) Babilonia (539 a.C.)[1037] *Hechas por Ciro II mejor conocido como Ciro el Grande.*

3) Egipto (525 a.C.) Encabezada por Cambises II[1038].

La siguiente descripción vista por Daniel es la del Leopardo, define el imperio Greco bajo Alejandro Magno[1039]. Este imperio el cual se destacó 200 años después de Daniel tenía como símbolo cuatro alas de ave, las cuales tenían como significado la rapidez de sus conquistas. Las cuatro cabezas

---

[1035] Isaías 13:17-18.

[1036] La Crónica de Nabonido informa que en el verano del 546-547 a.C., Ciro «conquistó Lidia» y mató a su rey. Los símbolos cuneiformes que representan el reino conquistado parecen poder interpretarse como «Lidia». Los primeros años de la conquista persa de Lidia fueron tumultuosos. Pacties, lidio encargado del tesoro de Sardes, lideró una rebelión que asedió Sardes. Esta fue reprimida por el sátrapa Mazares, quien murió poco después. Su sucesor, Harpago, dirigió la conquista de las ciudades griegas de Asia Menor / ROLLINGER, R. (2004): «The Median Empire, the End of Urartu and Cyrus, the Great Campaign in 547 BC», en *Proceedings of the 1st International Conference on Ancient Cultural Relations Between Iran and West Asia, Tehran 2004.*

[1037] El rey de Babilonia era Nabonido, que había pasado una gran parte de su reinado en el oasis árabe de Tema, pero había regresado a Babilonia probablemente a raíz de la amenaza de Ciro. Las campañas contra Babilonia parecen haber comenzado a finales de la década de 540 a. C. El primer hecho preciso del que se tiene noticia es la victoria de Ciro sobre los babilonios en la batalla de Opis, en el otoño de 539 a. C. Sippar se rindió, y Gobrias, gobernador persa de Gutium, entró sin batalla en Babilonia el 12 de octubre del 539 a. C. Ciro llegó varios días más tarde. Para la conquista de Babilonia, Ciro tuvo el sustancial apoyo del sacerdocio babilonio, que estaba enfrentado con Nabonido a causa de sus reformas religiosas. A su vez, la llegada de Ciro es celebrada por la comunidad judía de Babilonia (Isaías 41:27). / TOLINI, G. (2005): "Quelques éléments concernant la prise de Babylone par Cyrus (octorbe 539 av. J.-C)", en *Arta (Achaemenid Research Texts and Archaeology).*

[1038] Tras la muerte de su padre (Ciro II) en la primavera del 530 a. C., se convirtió en el soberano único del Imperio persa. Las tablillas encontradas en Babilonia acerca de su reinado abarcan hasta su octavo año de reinado, concretamente hasta marzo del 523 a. C. Tras la conquista de los países asiáticos por Ciro, era esperable que Cambises emprendiera la conquista de Egipto, el único estado independiente que subsistía en Oriente. Según la la inscripción de Behistún de Darío I, antes de partir con su expedición, mandó asesinar a su hermano Esmerdis, a quien Ciro había designado gobernador de las provincias orientales. Los autores griegos clásicos dicen por el contrario que su asesinato se produjo tras la conquista de Egipto. La guerra comenzó en 525 a. C., cuando al faraón Ahmose II lo sucedió su hijo Psamético III. Cambises había preparado la marcha de su ejército a través del desierto del Sinaí con la ayuda de tribus árabes, que le prepararon depósitos de agua, esenciales para cruzar el desierto. La esperanza del anterior faraón egipcio, Ahmose II, para conjurar la amenaza persa se basaba en una alianza con los griegos. Pero su esperanza fue vana cuando comprobó que las ciudades chipriotas y el tirano Polícrates de Samos (quien poseía una poderosa flota) decidieron pasarse al bando persa, como también hiciera Fanes de Halicarnaso, comandante de las tropas griegas mercenarias en Egipto, y el egipcio Udjahorresne de Sais, jefe de la flota egipcia. Heródoto (3,66) establece su reinado desde la muerte de su padre, y le otorga una duración de siete años y cinco meses, desde el año 530 a.C. hasta el verano del 523 a.C. Finalmente, en la decisiva batalla de Pelusio, los persas derrotaron a los egipcios. Poco después, Menfis caía en manos de Cambises. Psamético fue capturado y ejecutado tras intentar una rebelión. Las inscripciones egipcias de este periodo muestran que Cambises adoptó oficialmente los títulos y costumbres de los faraones, si bien es factible creer que no ocultó su desprecio por las costumbres y la religión egipcia / Schafer: Die aethiopische königsinschrift des Berliner Museums, 1901.

[1039] Alejandro Magno, (El nombre, derivado de las palabras griegas *αλέξω* 'repeler, proteger' y *ανήρ* 'hombre', puede significar literalmente tanto 'protector de los hombres' como 'espanta hombres') fue el rey de Macedonia desde 336 a.C. hasta su muerte en junio de 323 a. C. Hijo y sucesor de Olimpia de Epiro y Filipo II de Macedonia, su padre, quien lo preparó para reinar, proporcionándole una experiencia militar y encomendando a Aristóteles su formación intelectual. Alejandro Magno dedicó los primeros años de su reinado a imponer su autoridad sobre los pueblos sometidos a Macedonia, que habían aprovechado la muerte de Filipo para rebelarse. Como hegemón de toda Grecia en concepto de sucesor de su padre (asesinado), continuó el plan de su padre y el que habían aprobado las polis griegas: conquistar el vasto imperio de Persia, para vengar todos los daños que les habían causado a los griegos por siglos, incluyendo la captura de todas las ciudades costeras de Asia Menor y varias islas del mar Egeo. Preparó un ejército de aliados griegos (mayormente macedonios) y en el año 334 a.C. se lanzó con su pequeño ejército, de apenas 40 000 hombres, contra el poderoso Imperio persa: una guerra de venganza de los griegos —bajo el liderazgo de Macedonia— contra los persas / «Protagonistas de la historia. Ficha: Alejandro Magno». Archivado desde el original el 25 de diciembre de 2010. Consultado el 20 de Junio de 2018.

representaban la rotura de su imperio al morir Alejandro[1040]. En la profecía bíblica las cabezas siempre simbolizan reinos, estas cuatro cabezas se entiende que serían[1041]:

1) Grecia.

2) Tracia.

3) Siria.

4) Egipto.

En su lugar subieron otros, que en el mismo libro de Daniel se les representan como cuernos, levantándose hacia los cuatro vientos del cielo, esta fue la división del reinado lo cual en ese tiempo no sucedía todavía, pero que sucedió tiempo después de Daniel como ya mencionado.Según la historia y cultura de esos tiempos el libro de la verdad se le llamaba la tabla de los destinos, se decía que contenía y dictaba el curso de la historia y el cosmos[1042]. Si se observa detenidamente, *el ángel* le presenta a Daniel tres cosas fundamentales:

1) *Le declaró*: La palabra declararé del hb. *"nagad"* significa *"manifestar, anunciar, dar una explicación"* el verbo muestra *"dar a conocer con narración"* claramente es informar a alguien sobre algún asunto. El ángel tenía la tarea de informar a Daniel para que este conociera.

2) *Está escrito*: escrito del hb. *"katab"* es *"algo registrado"* eso comunica un edicto hecho por una autoridad, el ángel le comunicó a Daniel los asuntos a ocurrir basados en la soberanía de Dios y el curso histórico mismo que Él le daría a todo.

3) *La verdad*: la palabra verdad del hb. *"'emet"* es *"estabilidad, confiabilidad"* da entender *"lo asegurado"*, es un sustantivo femenino que comunica *"fidelidad"* por lo cual comprendemos que es el cumplimiento de lo que Dios, como máxima autoridad soberana dictó que sucediera.

Observando los hechos históricos, bíblicos, y léxicos, todo esto sugiere que el plan de Dios que contiene designios verdaderos y ciertos para los hombres y las naciones se cumplieron y se cumplirán. Dios puede revelar en conformidad a su propia discreción y deseo soberano los sucesos marcados en la historia por su propia mano, en este caso, *usó su ángel para demostrar ejecución de Su providencia*[1043].

Ejecutarán los juicios de la tribulación

Leer Apocalipsis 8:1-13.

Aquí se muestra todo lo referente al séptimo sello y el comienzo de las siete trompetas y *el uso divino de sus ángeles* para ejecutarlo. Claramente es

---

[1040] Se estima que Alejandro el Grande murió a los 32-33 años en el 323 a.C. cuando estaba en pleno apogeo de su fuerza.

[1041] Daniel 8:8.

[1042] Daniel 7:25.

[1043] Isaías 46:9-11.

un hecho escatológico el cual tendrá cumplimiento, no es un hecho presente. Si observamos detalladamente, después del paréntesis presentado en el contexto inmediato[1044], en el que se observa a dos grupos de santos en la tribulación:

A) 144,00 judíos[1045].

B) Multitud de gentiles[1046].

Ahora se ve el último sello. Éste se pone en operación y en medio de ello vino un silencio aproximado de unos treinta minutos en los cielos, una pausa que precede a la profundidad de cada juicio. En comparación con otros juicios mencionados en las Escrituras, no se menciona ningún juicio específico al abrirse el séptimo sello, se salta directamente a siete trompetas. Muchos entienden que el séptimo sello se compone de las siete trompetas, lo cual es lo más lógico según la composición Escritural. El texto griego *dice "los siete ángeles de la presencia de Dios"*, ya había transcurrido siete sellos de juicio y ahora la humanidad iba experimentar el furor de siete trompetas.

El otro Ángel mencionado en el verso 3 es considerado como el Señor Jesús, ya que se puso de pie delante del altar, esto representa la perfección, mérito y virtud de Cristo en su persona y obra de redención. Ese altar del incienso es el diseño presentado para el altar terrenal del tabernáculo puesto directamente delante del velo en la época de Moisés. El otro Ángel, el cual en la antigüedad según el Antiguo Testamento se le llamaba el Ángel del Señor[1047], se puede comprender que era Jesús mismo por que las oraciones de todos los santos ascienden al cielo por medio de Él[1048]. Por ello la ilustración del altar del tabernáculo e incensario. El incienso mencionado habla de la fragancia de su persona y obra, esta es la evidencia máxima del porque el otro ángel es Jesucristo mismo, ya que Él es el único idóneo y eficaz para presentar las oraciones de los hijos a Dios Padre en perfección intachable y efectividad. En este contexto, se puede comprender que las oraciones son las de los santos de la tribulación, quienes ruegan a Dios que castigue a los malvados, por esa razón es que se observa a Jesús tomando un carbón encendido lo cual representa juicio, lo lanzó a la tierra, eso causará un gran terremoto con relámpagos y fuertes truenos.

Es ahí donde entra en escena los siete ángeles para participar de los juicios tocando las trompetas. Henry. B. Swete comenta «las oraciones de los santos vuelven a la tierra en forma de cólera»[1049]. Así, es que los juicios de las siete trompetas son introducidos haciendo perturbación violenta en la naturaleza. La primera trompeta tocada por el primero de siete ángeles golpea la tierra[1050] en el cual se ve:

[1044] Apocalipsis 7:1-17.
[1045] Apocalipsis 7:1-8.
[1046] Apocalipsis 7:9-17.
[1047] Génesis. 16:13, 31:11-13; Jueces 6:22; Oseas 12:3-4.
[1048] Efesios 2:18; Hebreos 7:25-26.
[1049] Swete Henry Barclay. The Apocalypse of St. John. Kessinger Publishing, LLC (July 25, 2006). Obra original en inglés (Porción traducida al español).
[1050] Apocalipsis 8:7.

1) *Granizo y fuego mezclados con sangre, profecía dicha por Joel*[1051], y *muy similar a la séptima plaga manifestada a Egipto*[1052].

2) *la tercera parte de los árboles será quemada en conjunto de toda hierba verde.*

Aunque se puede referir a la región Mediterránea su efecto será en la totalidad de la tierra, y es evidente que su concentración más grande será en Oriente Medio. La segunda trompeta es tocada por el segundo de siete ángeles golpea el mar y afecta su habitad[1053]. Muchos estudiosos afirman que puede ser que sea un meteoro bastante grande el cual caerá en el mar Mediterráneo, otros alegóricamente e incluso algunos lo ven como algo literal, por lo cual una montaña caerá en el mar.

Evis L. Carballosa expresa sobre el tema lo siguiente: "el sonido de la primera trompeta produjo la destrucción de la tercera parte de la vegetación de la tierra. La vegetación es importante, entre otras cosas, para la producción de oxígeno, algo sin lo cual es imposible sostener la vida física. La vegetación es importante para mantener el equilibrio de la temperatura. De modo que la primera trompeta produce juicios que afectaran aspectos vitales para el hombre. La segunda trompeta también evoca el juicio de Egipto en los días de Moisés (Éx. 7:20-21). En esta primera plaga egipcia, Dios hirió a la fuente de la vida para los habitantes de aquella nación. Los egipcios creían que el Nilo era dador de vida, porque en la llanura que se extiende a ambos lados sus márgenes se cosechaban los granos que alimentaban a la nación. Para los egipcios el Nilo era un dios. En los tiempos escatológicos, Dios herirá el mar, una de las fuentes de sustento más importantes para el hombre. Dice Juan que algo parecido a una gran montaña ardiendo en fuego **«fue precipitada»** (*ebléithei*) en el mar. El resultado inmediato de esa acción hace que la tercera parte del mar se convierta en sangre. La vida marina es igualmente afectada puesto que **«la tercera parte de los seres vivientes que estaban en el mar».**

Otra secuela de ese juicio es la destrucción de la tercera parte de las naves, debido a la turbulencia causada al convertirse la tercera parte del mar en sangre. Obsérvese que, como en el caso de la primera trompeta, el área afectada es la tercera parte del mar, de los peces y de las naves. Juan se refiere a cosas concretas que son juzgadas por Dios. Hay quienes han intentado alegorizar el significado de los juicios aquí descritos, pero el resultado ha sido interpretaciones superficiales y sin control exegético ni hermenéutico[1054]. Lo más sensato, como se ha reiterado a través de este estudio, es mantener una hermenéutica congruente, basada en el texto bíblico y que sigue el método histórico, gramático-cultural y contextual de cada pasaje. Generalmente, cuando hay algo que no debe tomarse en sentido estrictamente literal, el autor de Apocalipsis lo hace saber. Por ejemplo, en

---

[1051] Joel 2:30-32.
[1052] Éxodo 9:22-25
[1053] Apocalipsis 8:8-9.
[1054] Para una síntesis de las diferentes interpretaciones alegóricas de este pasaje, véase E.W. Bullinger, *op. cit.* pp. 308-310.

8:8 dice que «como una gran montaña ardiendo en fuego fue precipitada en el mar». Juan quiere que el lector entienda que lo que fue precipitado en el mar no fue una montaña, sino algo semejante a una montaña, tal vez en volumen[1055]".

Se puede comprender con lo antes mencionado que dicho juicio será uno en el cual lo que caerá será del tamaño de una montaña, por ello es inteligente y adecuado observar que podría ser un meteorito de tamaño colosal, que al caer en el mar afectará la economía mundial sobrepasando la imaginación del hombre. Normalmente la sangre que corría por el agua tipificaba guerra[1056], pero aquí claramente es un acto divino directo haciendo uso de un ángel para ejecutarlo. Se comprende que es un meteoro ya que en la literatura antigua se creía que una estrella ardiente sería arrojada al mar, lo cual es un paralelo con Babilonia como una montaña ardiendo[1057] para ilustrar su caída por los juicios divinos, esta plaga tiene que ver con el fin de ciertos recursos necesarios, así como con Egipto[1058].

La tercera trompeta tocada por el tercer de siete ángeles golpea las aguas[1059]. Esta tercera trompeta menciona una estrella ardiente llamada Ajenjo, en Palestina se cultiva muchas especies de Ajenjo, y todas tienen un sabor fuerte y muy amargo, este era usado como una figura para referirse a la idolatría[1060], el adulterio[1061], y el sufrimiento[1062], lo cual es motivo para que su uso sea tenido como símbolo de amargura de lo que ocurrirá, esta plaga hará que la tercera parte del agua potable no sea funcional. En apariencia, el Ajenjo no es venenoso, pero al hacer las aguas amargas muchos por deshidratación morirán, teóricamente puede ser que sea otro meteoro, ya que afirma el mismo verso "cayó en tierra" y dice que era una estrella ardiente del cielo, una tercera parte de la tierra; hace referencia a la región del Antiguo imperio Romano[1063]. Y al caer hará que las aguas sean nauseabundas e imposibles de tomarlas, tanto así que son comparadas con aguas de hiel[1064].

La cuarta trompeta tocada por el cuarto de siete ángeles golpea los cielos[1065]. Eso puede significar varias cosas, unos creen que es el ciclo de los horarios del día y la noche en el cual se acortará de 24 horas a 16 horas, otros que el poder del sol y la luna en conjunto de las estrellas se reducirá a una tercera parte. Wilfredo Calderón comenta: "varios estudiosos del Apocalipsis piensan que el oscurecimiento de los astros durará por un periodo indeterminado, pues, aunque se dice que *será la tercera parte del*

[1055] Carballosa Evis L. Apocalipsis: La consumación del plan eterno de Dios. Pág. 168. Editorial Portavoz. Filial de Kregel Publications, Grand Rapids, Michigan. 1997.
[1056] Isaías 15:9.
[1057] Jeremías 51:25, v.42.
[1058] Éxodo 7:18.
[1059] Apocalipsis 8:10-11.
[1060] Deuteronomio 29:18.
[1061] Proverbios 5:4.
[1062] Lamentaciones 3:19.
[1063] Daniel 7:7-8.
[1064] Jeremías 9:15: Hiel, un líquido producido por el hígado que es extremadamente amargo.
[1065] Apocalipsis 8:12-13.

día, y así mismo de la noche, no se especifica si esto ocurrirá sólo una vez o se extenderá por algún tiempo. Sin embargo, si tan sólo fuera un día y una noche, tal fenómeno atormentaría a la gente por dieciséis horas consecutivas. Debemos entender que el propósito de todos estos juicios es hacer que la humanidad reconozca el poder y señorío de Dios, tal como sucedió en Egipto antes del éxodo de Israel[1066]".

Sea cual sea el suceso, si es que se acortarán las horas a 16 de 24 por día, o es que será un suceso de 16 horas seguidas, se entiende que será una acción divina literal[1067] ejecutada por un ángel el cual puede ser que sea uno visible a los habitantes de la tierra ya que este gritaba en voz alta los tres *"ayes"* que corresponden a los juicios anteriores. Eso recuerda la novena plaga en Egipto[1068]. La oscuridad en tiempos antiguos era vista como un juicio espantoso el cual imposibilitaba toda función humana paralizando por completo todo. El grito de los *"ayes"* que representan los juicios ya ejecutados y los que vendrán, hacen un anuncio negativo, *lo peor está por venir*, las tres que faltan serán aun peor que las otras que ya sonaron. Los tres juicios restantes son dados a conocer por el ángel como los tres *"ayes"* por su terrible efecto sobre la humanidad. Según lo visto, los primeros cuatro juicios afectan al medio ambiente del hombre; y los últimos tres afectarán al hombre mismo. Esto tiene una semejanza con plagas sobre Egipto[1069]. Los juicios siguientes se pueden observar en Ap 9:1-21 y 15:6-16:21.

Como bien se ha observado se puede identificar una serie de juicios en los cuales Dios derramará su ira haciendo uso de seres angelicales:

A) **Siete sellos** (Ap 6:1-8:6); la relación de esta serie de juicios involucra:

1) al anticristo.
2) guerra.
3) hambre.
4) muerte.
5) mártires orando.
6) fuertes terremotos.
7) el anuncio de las trompetas.

B) **Siete trompetas** (Ap 8:7-9:21); la relación de esta serie de juicios involucra como antes mencionado:

1) vegetación quemada.
2) daño marítimo.
3) agua potable inservible.
4) oscuridad, *aquí los tres "ayes" siguientes*.

[1066] Wilfredo Calderón. Apocalipsis, un mensaje escatológico. Gospel Press, div. de Senda de vida publishers, Co. Miami, Florida. EE.UU. ediciones 2007-2010.
[1067] Lucas 21:25-26.
[1068] Éxodo 10:22-23.
[1069] Éxodo Caps. 7–12.

5) aumento de actividad demoniaca.
6) la tercera parte de los humanos muere.
7) se anuncian las copas.

C) Siete copas (Ap 15:1-16:21); la relación de esta serie de juicios involucra:

1) úlceras malignas.
2) el mar en sangre.
3) los ríos en sangre.
4) hombres quemados.
5) el reino de la bestia cubierto de tinieblas.
6) la invasión del Este.
7) el terremoto más fuerte de la historia que producirá la más grande destrucción jamás antes vista.

En esta serie de juicios los cuales tendrán un cumplimiento definitivo en el futuro, Dios utiliza *seres angelicales* para llevarlos a cabo, en los sellos hace uso de ellos para comunicarle a Juan lo que había de suceder, en las trompetas también hace uso de ellos, pero ya lo hace en un sentido más directo al ser partícipes de su derramamiento, y con las copas de igual forma. Esto demuestra la participación sujeta de los ángeles en ejecutar los propósitos divinos como Él, en su supremacía y soberanía ha establecido.

En relación con los no creyentes

Anuncian los juicios divinos

Porque vamos a destruir este lugar, por cuanto el clamor contra ellos ha subido de punto delante de Jehová; por tanto, Jehová nos ha enviado para destruirlo - Génesis 19:13.

Dios había prometido perdón a Sodoma si se encontraban allí diez justos[1070], era obvio que no se encontraba esa cantidad, ya que los ángeles llegaron para destruir por mandato divino. La evidencia arqueológica señala la existencia de una civilización avanzada en esa región durante la época de Abraham. Muchos investigadores confirman algún tipo de destrucción devastadora. Incluso, muchos estudiosos opinan que las ciudades sepultadas yacen debajo de las aguas al extremo sur del mar muerto. Su inclinación al pecado revela que la gente en los días de Lot tenía que enfrentarse con la misma inclinación pecaminosa la cual se enfrenta el mundo en esta era

[1070] Génesis 18:32.

presente. Estos ángeles se presentan ante el justo Lot, como bien lo llamó Pedro[1071], para informarle que la región entera será destruida ya que el clamor de las acciones de sus habitantes había subido delante del Señor, claramente se comprende que todo pecado se encuentra descubierto ante la mirada omnisciente de Dios, que, por último, si no hay arrepentimiento, terminará en juicio. Los ángeles insistieron que Lot y los suyos salieran de la ciudad. Incluso, al tratar de convencer a sus yernos, ya que sus hijas estaban pronto a casarse a ellos les pareció que estaba bromeando[1072], esto es una demostración de cómo vivían alejados del Señor y su orden.

Chales F. Pfeiffer lo ilustra de esta forma: "la trágica experiencia con los hombres de la ciudad, una vez en casa de Lot, demostró que la situación más atroz posible dominaba en Sodoma. Los ángeles, que habían llegado con órdenes divinas de descubrir la medida de depravación humana en aquel lugar, no precisaban ya de ningún otro descubrimiento. Se practicaba abierta y descaradamente la más vil e indescriptible forma de pecado. Los mensajeros de Dios solamente tenían ya que pronunciar la sentencia oficial, dar un aviso adecuado, y buscar por todos los medios que Lot y su familia salieran de la ciudad sentenciada. Era necesario darse prisa. Se exigió una obediencia incondicional. Lot trató desesperadamente dar aviso y persuadir a aquellos de su propia familia para que dejaran la ciudad. Pero como nos dice la narración, pareció a sus yernos como que se burlaba[1073]".

De igual forma el historiador Alfred Edersheim comenta: "El final de Sodoma fue comunicado a Abraham para que sirviera de advertencia a los hijos de Israel. No se debe considerar como un juicio aislado; sino que la escena de desolación, que ocuparía para siempre los lugares de las ciudades de la llanura, también para siempre mostraría a Israel las consecuencias del pecado, y serviría para ellos como una figura del juicio futuro. Es bajo la luz que las Escrituras del AT como en el NT nos presenta la destrucción de Sodoma y Gomorra[1074]". Podemos ver como los ángeles comunicaron los juicios divinos para tal región a Lot *"vamos a destruir"* la palabra destruir del hb. *"shajat"* es *"decaer"* en otras palabras, *"arruinar"* tanto literal como figurado correspondía hacer un daño, demoler y derribar. El uso de esa palabra se comprendía en esos tiempos como la destrucción total para castigar la maldad. Con esto se puede comprender en conjunto de todo lo antes mencionado, que los ángeles al servicio de Dios comunican Sus juicios[1075].

Castigan por parte de Dios

[1071] 2 Pedro 2:7-8.

[1072] Génesis 19:14.

[1073] Charles F. Pfeiffer. Comentario Bíblico Moody: Antiguo Testamento. Pág. 35. Editorial Portavoz, filial de Kregel Publications. Grand Rapids, Michigan. EE. UU. 1993.

[1074] Edersheim Alfred. Comentario Bíblico Histórico. Pág. 64. Editorial CLIE. C/Ferrocarril, 8. Viladecavals, Barcelona, España. 2009.

[1075] La comunicación de los juicios divinos por parte de los ángeles se ve de igual forma en Apocalipsis 8:13. Similarmente se puede observar en Apocalipsis 14:6-7, donde el ángel comunicaba dos cosas **a**) el evangelio eterno "el último llamamiento de gracia que Dios hace al mundo antes de que Cristo regrese con juicio de castigo" y, **b**) la hora de su juicio ha llegado: "comunicando la efectividad los juicios a venir por parte de Dios".

Al momento un ángel del Señor le hirió, por cuanto no dio la gloria a Dios; y expiró comido de gusanos - Hechos 12:23.

Según la narración contextual, Herodes salió en ropas reales y el pueblo gritó: *«¡Voz de Dios, y no de hombre!»* él nunca rehusó esos honores divinos y mucho menos canalizó dicha proclamación hacia Dios para darle la gloria. Este hecho histórico fue narrado por Josefo[1076], diciendo que Herodes cayó derribado mientras pronunciaba su discurso y, después de cinco días de sufrimientos, murió[1077]. La herida que el ángel le propinó claramente fue por no darle la gloria a Dios, en otras palabras, él aceptó las aclamaciones del pueblo que afirmaba que él era un pequeño dios *"voz de dios y no de hombre"*[1078], el verso expresa que fue comido por gusanos, en escritos históricos se afirma que paso cinco días con un dolor de estómago horrible y agonizante.

Herodes experimentó una muerte muy dolorosa, fue carcomido por los gusanos *(parásitos)* de adentro hacia afuera. De acuerdo con la sintomatología, los médicos contemporáneos suponen que Herodes sufría de una insuficiencia renal crónica en etapa terminal, agravada por una gangrena genital conocida como *gangrena de Fournier*[1079], un mal extremadamente raro actualmente. Según Josefo "La enfermedad de Herodes se agravaba día a día, castigándole Dios por los crímenes que había cometido. Una especie de fuego lo iba consumiendo lentamente, el cual no solo se manifestaba por su ardor al tacto, sino que le dolía en el interior. Sentía un vehemente deseo de tomar alimento, el cual era imposible concederle; agréguese la ulceración de los intestinos y especialmente un cólico que le ocasionaba terribles dolores; también en los pies estaba afectado por una inflamación con un humor transparente y sufría un mal análogo en el abdomen; además una gangrena en las partes genitales que engendraba gusanos[1080]"

Dios cedió castigarlo en seguida a causa su aceptación de ser un dios terrenal. El mismo que había dado muerte a Jacobo para tener aceptación y complacencia de los judíos, fue él mismo que fue azotado con una horrenda enfermedad en manos de un ángel del Señor para que así recibiera el repudio de estos. El cosechó lo que sembró. Agripa hizo alarde de su poder, y sus aduladores lo alababan como un dios, esa clase de alabanza hecha a los protectores[1081] reales era común durante siglos en Oriente griego. En el

[1076] Historiador Judío del siglo I, el cual vivió durante la guerra del 66-70 d.C. Sus obras, "La guerra de los judíos, Antigüedades de los judíos, Contra Apión y, su Auto Biografía Vida" son fuentes útiles de información tocante a la Palestina del siglo I, fueron escritas en la diáspora con una fuerte influencia helénica. La narración hecha por Josefo sobre la muerte de Herodes se puede ver en su obra "Las Antigüedades de los judíos" Libro XVII, caps. VI al VIII.

[1077] Hechos ocurridos en el 44 d.C.

[1078] Hechos 12:22.

[1079] La gangrena de Fournier es una *fascitis necros* tipo I que afecta a hombres y mujeres en cualquier edad. Se origina por una infección de la región perineal genital y del tercio inferior del abdomen; es decir, que va desde el ano hasta el periné, incluyendo escroto, genitales y la pared abdominal (flemón perineal) y puede propagarse hasta la clavícula.

[1080] Josefo. Antigüedades de los judíos Libro XVII, cap. VI. BN Publishing (Abril 16, 2012).

[1081] Los protectores como antes mencionado eran unos superiores de escala social romana los cuales otorgaban favores y patrocinaban políticamente a favor de quienes protegían (dependientes sociales), sus protegidos tenían la obligación social de rendir honores a sus protectores.

periodo romano, el César esperaba que otros gobernantes tales como el general Germánico[1082] en Egipto evitaran dichas alabanzas como deidades.

Dado a que Agripa no evadió dicha alabanza, cayó de inmediato, como antes mencioné sobre Josefo, el mismo afirma que Agripa fue llevado al palacio, en donde murió a la edad de 54 años después de una larga agonía. En esos tiempos se pensaba que la muerte por enfermedad intestinal y mucho más por gusanos no solo era la más horrible, sino que era a causa de maldición. Aquel el cual se proclamaba un dios terrenal, y buscaba aceptación y alabanza de sus protegidos, termino recibiendo repudio.

J.I. Packer y M.C Tenney comentan sobre dicha enfermedad: "Isaías advirtió que los rebeldes de Israel serían afligidos por gusanos (Is 51:8). También predijo esta suerte para Babilona (Is 14:11). Esta *enfermedad de parásitos* podía ser fatal porque *no había remedios disponibles*[1083]". Según las evidencias clínicas e históricas se puede ver que dicha gangrena la cual corría en todos sus intestinos y área genial produjo gusanos. Las afirmaciones históricas en conjunto de las bíblicas y médicas arrojan luz al tema de que los ángeles son utilizados por Dios para ejecutar los castigos divinos de ser necesario.

Serán segadores en la separación del fin

La siega es el fin del siglo; y los segadores son los ángeles - Mateo 13:39.

La siega es la consumación del siglo que tendrá lugar cuando Jesucristo vuelva en poder y gloria para reinar. Cristo comunica en la explicación de su parábola que los ángeles harán la separación en la era futura, ya que en la presente como la raíz de la maleza está entrelazada con la del trigo al arrancar una haría daño a la otra, y para preservar su cosecha esperará el tiempo indicado, en el cual los ángeles harán dicha separación del trigo de la cizaña, según Apocalipsis 19 y Judas 14-15 se confirma tal hecho a ocurrir. Observando el contexto cultural de esos tiempos, algunos grupos como los esenios, se apartaban del resto del judaísmo para que así pudiesen alcanzar un mayor nivel de pureza. De igual forma el judaísmo enseñaba que Dios conocía los corazones de cada uno, y que solamente al final de los tiempos en el día del juicio de ejecutaría una separación adecuada de justos y malvados.

[1082] Fue un político y militar romano miembro de la dinastía Julio-Claudia. En el año 4 fue adoptado por su tío Tiberio dentro del plan dinástico elaborado por Augusto tras la muerte de sus hijos adoptivos. Estuvo casado con Agripina la Mayor con quien fue padre de nueve hijos, seis de los cuales llegaron a la edad adulta. Controló un motín de las tropas de Germania que pretendían hacerle emperador tras la muerte de Augusto y dirigió una expedición punitiva a territorio germano para vengar la derrota de Varo. Nombrado gobernador de Siria por Tiberio, se atrajo las suspicacias de este por su visita a la provincia de Egipto.

[1083] J.I Packer y M.C. Tenney. Usos y costumbres de la biblia: Manual ilustrado revisado y actualizado. O. Gusanos. Pág. 469. Grupo Nelson, (Thomas Nelson Inc.) Nashville Tennessee. EE.UU. 2009.

Los textos judíos antiguos[1084] comunicaban la cosecha para dar entender una acción divina futura, la misma se utilizaba para ilustrar el fin, así como comparaban el infierno con un horno[1085], lo hacían al comprar a los justos como un resplandor glorioso en el reino divino. La audiencia la cual Jesús se dirigió estaba familiarizada con la idea de la división en el día postrero, en la cual unos irían al horno y otros resplandecerían con el Señor. El hecho que Cristo mencionase un acto a ocurrir por parte de los ángeles lleva a suponer que será tal como Él lo afirma, entonces podemos comprender que los ángeles como seres serviciales harán un trabajo de separación entre justos y malvados en los postreros días.

Ángeles caídos

Esta es otra clase de ángeles, aunque abandonaron su dignidad como se mencionó anteriormente, no dejan de ser ángeles, sino que a causa de su rebelión voluntaria son caídos[1086].

Serán juzgados

¿O no sabéis que hemos de juzgar a los ángeles? - 1 Corintios 6:3.

Pablo exhorta a los corintios que los creyentes han de juzgar a los ángeles. Esto da entender según Judas 6, 2 Pedro 2:4-9 y Apocalipsis 20:10, que los ángeles caídos serán juzgados. Claramente se entiende que Cristo será el Juez (Jn 5:22). Es a causa de la unión del creyente con Cristo que se afirma que los ángeles en un día futuro serán juzgados por los creyentes. Viendo el mismo contexto de Corinto, se observa detalladamente que la comparación hecha con una era futura es para establecer una función adecuada en la era presente, en la cual si el creyente es considerado capacitado para juzgar a los ángeles en ese tiempo, lo debe ser para poder encargarse de los problemas que surgen en esta vida presente, así como será un hecho futuro mediante la unión que este tiene con Jesús, de igual forma en el presente para juzgar sus asuntos de vida mediante Él. Según la tradición judía los justos juzgarían las naciones y se aludía que de igual forma estaban incluidos los ángeles, los cuales se creía que ejercían influencia de gobierno sobre ellas.

Los asuntos mencionados *"las cosas de esta vida"* se refería normalmente en su contexto cultural a los problemas de adulterio, el cual era considerado una ofensa, Kennet E. Bailey comenta sobre ello: *"Al parecer, alguien de la comunidad había ido a los tribunales con respecto a este caso de incesto, o al menos había amenazado con hacerlo. Podía haber sido la*

[1084] Apócrifos: 4 Esdras 4:30-32; 2 Baruc 70:2 /
Canónicos: Isaías 32:13-15; Jeremías 31:27-28; Oseas 2:21-23, 6:11.

[1085] Apócrifos: 1 Enoc 54:6, 98:3; 4 Esdras 7:36.

[1086] Un ángel caído es uno el cual ha sido expulsado del cielo por desobedecer o rebelarse contra los mandatos de Dios. Según la creencia popular judía, estos fueron expulsados del cielo arrancándoles las alas.

muchacha enredada, su airado hermano o, quizá, su humillado esposo. Tal vez los miembros de la iglesia habían optado por plantear el caso. Pablo comienza esta homilía apostólica dando rienda suelta a su indignación[1087]*"*. Al hacer uso de las malas conductas de los humanos en las cuales se lanzaban unos a otros en los tribunales por causa de sus adulterios, se entiende que de igual forma los ángeles caídos serán juzgados por el suyo, al haber rechazado a Dios manchando su estado puro y digno por la corrupción engañosa de Lucero. El que una persona fuera llevada a los tribunales por un caso como ese, era muy desagradable, por la sencilla razón de ser una vergüenza pública, los ángeles caídos vivirán la misma vergüenza en su futuro. Se comprende por lo antes mencionado en conjunto de las evidencias Escriturales, culturales e históricas que los ángeles caídos sufrirán su juicio vergonzoso.

No tienen perdón de Dios

Dios no perdonó a los ángeles que pecaron, sino que arrojándolos al infierno los entregó a prisiones de oscuridad, para ser reservados al juicio - 2 Pedro 2:4.

Pedro presenta en toda la línea de pensamiento varios ejemplos del Antiguo Testamento sobre el juicio de Dios hacia la apostasía:

1) *Los ángeles que pecaron.*

2) *Las ciudades de Sodoma y Gomorra.*

Los ángeles que pecaron son los mismos citados por Judas[1088], puede ser también que sean los que se rebelaron contra Dios en conjunto de Satanás antes que Adán y Eva pecaran. En mi opinión, me inclino más a los que son los citados en Génesis 6:2 ya que la composición del texto expresa a Noé como parte de la misma línea de tiempo[1089]. De ahí en adelante se parte que esos ángeles:

A) *No guardaron su dignidad.*

B) *Abandonaron su morada santa.*

Aunque no se puede tener una seguridad, hay buenas razones para pensar que son los mismos *«hijos de Dios»* en Génesis. Como ya mencionado, el termino antiguo *"hijos de Dios"* significaba ángeles[1090]. La referencia sobre dichos ángeles es que estos dejaron su posición asignada, dejando a un lado su morada celestial por una morada terrenal. Como antes mencionado, la inclinación de algunos estudiosos sobre los hijos nacidos de la unión aberrante fueron los nefilim, que es *"los caídos*[1091]*"*. Dios sintió un enorme desagrado ante la inclinación apostata de estos ángeles.

[1087] Kenneth E. Bailey. Pablo a través de los ojos Mediterráneos. Pág. 170. Grupo Nelson (Thomas Nelson Inc.). Nashville Tennessee, EE.UU. 2013.

[1088] Judas 6.

[1089] 2 Pedro 2:5.

[1090] Job 1:6, 2:1.

[1091] Génesis 6:4.

De mi parte puedo decir, sean los mencionados antes del diluvio de Noé o, los que se rebelaron con Lucero antes de Adán y Eva, estos ángeles fueron arrojados literalmente a una prisión *"tártaro"*, la cual los alberga en espera del juicio final, ese tártaro era un lugar no solo para retener a los impíos ya fallecidos, sino que es un lugar donde en un estado consciente se presenta la tortura eterna por el conocimiento de lo que les espera, sabiendo que no tendrán escapatoria. Los mismos escritores judíos comunicaban que ese lugar albergaba a los que estaban separados para juicio.

La lógica de este verso expresa que si Dios no perdonó a esos ángeles tampoco lo hará con falsos que tuercen la verdad. Sin salirme del tema, se puede concluir que, sea los ángeles que estuvieron envueltos en la rebelión de Lucero, o los que se inclinaron a mal formar la humanidad en su unión sexual como muchos afirman, están separados en el tártaro esperando el juicio final, y no recibieron, reciben o recibirán perdón divino.

Trabajan en equipo

¿Cómo te llamas? Y respondió diciendo: Legión me llamo; porque somos muchos - Marcos 5:9.

Una legión era la mayor unidad del ejército romano, con una fuerza aproximada entre 3,000 a 6,000 hombres, esto indica que era una cantidad bastante numerable de demonios los mencionados aquí. La dinámica del verso consiste en que Cristo le pregunta su nombre, la razón lógica se basa en que Jesús en el pleno uso de su facultad omnisciente sabía que en la persona había una cantidad de demonios diferentes, la realidad era que se dirigió al de mayor rango, por ello habla en singular no en plural (*un espíritu inmundo* - Mr 5:2), al dirigirse al principal el cual tenía la responsabilidad de dirigir a los otros, responde legión, porque muchos somos. Eso demuestra que:

1) *Hay siempre uno con mayor cargo de responsabilidad.*

2) *Hay un grupo que le sigue de menor rango.*

3) *Trabajan grupal y organizadamente en muchos casos.*

Según la costumbre y literatura judía antigua, identificar los nombres de los espíritus o los nombres por los cuales podían ser denominados, era una práctica común en los exorcismos de épocas pasadas. Según el libro apócrifo judío el Testamento de Salomón[1092], exponía ritos mágicos exorcistas que reflejaban familiaridad con las costumbres de la época, pero en el caso de Jesús no era necesario hacer prácticas contrarias al orden divino natural y espiritual, ya que esta es la única referencia donde Jesús dialoga con un principal para identificarle, y claramente aquí no precede para aplicar el exorcismo.

[1092] Obra judía no cristiana considerada un texto griego en los pseudoepígrafos escritos entre los siglos I y III d.C.

La razón del intercambio de palabras entre Jesús y el principal de la legión en el hombre no era conocer su nombre, porque Cristo ya lo sabía, era *evidenciar la realidad de este caso*. Es importante entender que ellos perdieron su dignidad, no su organización. Entonces, como antes mencionado al ser seres angélicos, tenían un orden celestial designado y su caída no impide que sigan trabajando en equipo como lo hacían antes de caer. Se puede comprender con todo esto que tales ángeles caídos, trabajan en equipo de ser necesario.

Ayudan a Satanás en sus obras y participaran de su mismo fin

Entonces dirá también a los de la izquierda: Apartaos de mí, malditos, al fuego eterno preparado para el diablo y sus ángeles - Mateo 25:41.

Esta ilustración estaba basada en una costumbre de los pastores de aquella época, los cuales separaban las ovejas de las cabras. Por lo general, las ovejas y las cabras estaban juntas durante el día, dependiendo el rebaño y las especificaciones del dueño. De noche, se colocaban en corrales distintos para que tuvieran protección de otros animales, de los ladrones y del frío (Gén 30:32-33; 31:38-40). Las ovejas especialmente a las hembras y sus crías eran colocadas en corrales diferentes para protegerlas de las cabras, las cuales se consideraban muy agresivas y en muchos casos dañaban las ovejas. En esta ilustración, Jesús usó una costumbre que era muy conocida para su audiencia para que comprendieran el mensaje con claridad.

Al seguir la línea del propio contexto inmediato se comprende que se habla de un futuro juicio a los gentiles (Mt 25:31-34), luego de ello prosigue presentando la inclinación obediente de las ovejas (Mt 25:35-40) quienes cuidan de los suyos validando así el mandato divino, prosiguiendo con la exposición presenta quienes son los cabritos, como aquellos que descuidaron de los suyos por un enfoque egoísta personal invalidando así el mandamiento divino (Mt 25:41-46), la razón por la cual se invalida el mandamiento divino es porque no había temor de Dios, por esa razón no podían ser considerados ovejas, sino más bien cabritos, las ovejas se presentan como sentadas a la derecha, es decir en un lugar de *honor* y *aceptación*, y los cabros a la izquierda en un lugar de maldición, olvido y juicio de fuego eterno, lo enfático del verso es que ese lugar es uno *"preparado para el diablo y sus ángeles"*. Esto demuestra varias cosas dignas de analizar:

1) Cristo está hablando sobre un hecho futuro de la gran tribulación que se verá antes de su regreso *"Cuando el Hijo del hombre venga en Su gloria y todos los santos ángeles con Él"* (v.31).

2) Se establecerá el gran juicio a las naciones el cual comenzará al principio de la edad de su reinado *"serán reunidas todas las naciones"* (v.32).

3) Separará las naciones que cooperan con el Anticristo a la izquierda y las que no a la derecha (v.33).

Este es el punto donde deseo llegar, la cooperación de las naciones con el Anticristo. Tales naciones sufrirán el mismo castigo que Satanás y sus ángeles por cooperar junto a ellos contra Cristo y los suyos, claramente al hablar de naciones se habla de sus habitantes, no en general, ya que no todos los habitantes de las naciones que cooperarán junto al Anticristo estarán de acuerdo en apoyarle. Esto demuestra que, para que Satanás logre cumplir sus propósitos malignos necesita:

1) *La colaboración de agentes directos* (ángeles caídos).

2) *la colaboración de agentes indirectos* (Humanos dispuestos e inclinados al mal en su corrupta naturaleza).

La tradición judía señala que Belial[1093] fue creado específicamente para el abismo y que la destrucción para los humanos no era el propósito original de Dios[1094]. En otras tradiciones judías los ángeles caídos eran considerados demonios[1095]. Como podemos ver la tradición judía rabínica estaba dividida en relación con la duración y estancia del infierno, por ello al Jesús hacer la descripción de *"eterno"* expresa que de por cierto así es, y al decir los de la izquierda son apartados de Dios *"al fuego"* se hace uso de la palabra *malditos* del gr. *"kataraomai"* es voz media de *"katara"* para condenar; esto es que participaran del mismo destino que el diablo y sus ángeles. Con esto se comprende que al cooperar con Satanás de igual forma tendrán su mismo destino. Estos ángeles participan de los planes del diablo para que este cumpla su tronchado propósito hasta donde Dios, en su suprema soberanía se lo permite, y de igual forma sufrirán el mismo fin eterno.

Proclaman falsedades doctrinales

Pero el Espíritu dice claramente que en los postreros tiempos algunos apostatarán de la fe, escuchando a espíritus engañadores y a doctrinas de demonios - 1 Timoteo 4:1.

El Espíritu habla claramente mediante la misma plataforma la cual Él inspiró, las Escrituras[1096]. La primera afirmación del verso comunica que lo que se dirá a continuación es de esencia divina, al igual como antes se les comunicó a los ancianos en Éfeso[1097] y a lo largo de las mismas Escrituras.

[1093] Epíteto frecuente de desprecio y desdén, que significa "inutilidad" y lit. "hijos de Belial" (2Co 6:15), donde Belial se presenta como opuesto a Cristo, de esta manera acercándose a la posición diabólica del anticristo. En este último significado es que los escritores judíos apocalípticos con frecuencia lo usan tanto para Satanás como para el anticristo.

[1094] "Así, del mismo modo que este bien os está reservado, así les está destinado el perder. [El Altísimo no quiere que todos los hombres perezcan] (s). Pero después de haber sido creados, han profanado el nombre de su creador; no han dado gracias a aquel que los había formado" – Libro IV Apocalipsis de Esdras 8:59-60. (Libro apócrifo judío).

[1095] 2 Pedro 2:4.

[1096] 2 Timoteo 3:16-17; 2 Pedro 1:19-21.

[1097] Hechos 20:29-30.

La enseñanza divina claramente consiste en que los postreros tiempos se caracterizarán por un rechazo de la verdad[1098]. Postreros tiempos significa *«el periodo desde la primera venida de Cristo hasta su regreso[1099]»*, esta descrito como uno en el cual muchos *apostatarán de la fe*. Los que caigan en los lazos seductores de los falsos maestros abandonaran las doctrinas fundamentales de las Escrituras, la palabra *"apostatar"* se traduce en que una *persona se aleja por completo de su posición original*, se considera al igual que los ángeles que abandonaron su dignidad, alejándose por completo de su posición original de igual forma. Estas personas citadas como apostatas son aquellos que creen en engaños, revelando así su verdadera naturaleza[1100].

Sobre los que apostatarán se hace uso de una palabra gr. *"aphistémi"* que realmente se entiende como *"caer, abstenerse, retirarse"* está compuesta de *"apo"* y *"histemi"*; eso da entender algo para eliminar, es decir, de forma activa, *"desertar"*, la palabra algunos es característica de que una minoría desertaría en esa era particular, pero al paso del tiempo, parece haberse transformado en una gran mayoría. Es casi imposible ver este verso sin pensar en el surgimiento de los falsos maestros con falsas enseñanzas en nuestro tiempo presente. La manera en que se extienden con sus doctrinas se describe de manera precisa por el Espíritu de Dios en las Escrituras. Observando el contexto religioso de estos tiempos, una gran parte de esas personas que siguen a los falsos y sus doctrinas estaban antes en iglesias locales sanas. Y en algunos casos muchas congregaciones se tornaron a una falsedad doctrinal haciendo de ella la fuente de su moral, quizá en un tiempo esas iglesias habían sido sanas en la fe, pero fueron apartándose al evangelio social contemporáneo lleno de positivismo.

El texto expone que la inclinación a ese apartamiento de la sana enseñanza consiste en prestar atención a *"espíritus engañadores"*, esta descripción se emplea aquí en sentido figurado para ilustrar a los falsos maestros, con ello da entender que en su ser moran y son inspirados por malos espíritus. Hay que aclarar que cuando dice *doctrinas de demonios* no significa doctrinas que enseñan acerca de los demonios *(Satanología/Demoniología)*, sino más bien doctrinas inspiradas por los demonios, la palabra gr. *"daimonion"* es de origen neutro y *describe un ser maligno*, entonces esas enseñanzas se entienden que su origen es completamente maligno.

El carácter de sus doctrinas tiene la esencia de quienes la inspiran, es malvada porque se origina en los demonios. La actividad que mejor define a Satanás y a sus ángeles caídos es el engaño[1101]. Prestar atención a tales doctrinas es equivalente a oír mentiras de la misma mente y boca de Satanás, mentiras que utiliza todo el tiempo para corromper y pervertir la verdad[1102].

[1098] Mateo 24:4-12; 2 Tesalonicenses 2:3-12; Hebreos 3:12, 5:11-14, 6:1-8, 10:26-31, 2 Pedro 3:3, 1 Juan 2:18, Judas 8.
[1099] Hechos 2:16-17; Hebreos 1:1-2, 9:26; 1 Pedro 1:20; 1 Juan 2:18.
[1100] 1 Juan 2:19; Judas 24.
[1101] Juan 8:44; 1 Juan 4:1-6.
[1102] 2 Tesalonicenses 2:9; Apocalipsis 9:2-11, 16:14, 20:2-3, v.8, v.10.

Queda claro con esto que los ángeles caídos proclaman falsedades doctrinales mediante agentes indirectos dispuestos a dejar su posición original tal como ellos la dejaron.

Son engañadores y su fin está establecido

Y el diablo que los engañaba fue lanzado en el lago de fuego y azufre, donde estaban la bestia y el falso profeta; y serán atormentados día y noche por los siglos de los siglos - Apocalipsis 20:10.

Aunque el verso expone *"fue"* como un hecho pasado, verdaderamente es la afirmación de un hecho el cual ocurrirá definitivamente. Satanás desde tiempos antiguos tiene una campaña de incrédulos consigo. Si observamos dice *"el que engañaba"* Satanás, estará junto la bestia y el falso profeta al final de los tiempos por la eternidad en tormento, esto demuestra que:

1) *son engañadores.*

2) *tienen su fin establecido.* Esto se entiende en:

A) *la influencia engañadora de Satanás y sus ángeles ya no será operante.*

B) *Mil años antes fueron lanzados el Falso Profeta y la Bestia*[1103], *tienen el mismo destino porque Satanás es su fuente.*

C) *indica la identidad de su eternidad, cabe observar que el primer acto de Satanás registrado con el hombre es el engaño*[1104], *y de igual forma será el último*[1105].

La tradición judía indicaba la derrota final y juicio de Satanás culminando con sus amenazas, una posición que en armonía con el punto de vista del Antiguo Testamento Dios reinaría eternamente después del día del juicio. Se comprende con lo antes mencionado que Satanás y sus ángeles caídos son engañadores y su fin está establecido.

Culminando con este capítulo "En contraste con los ángeles santos, una innumerable cantidad de ángeles se describen como caídos de su primer estado. Dirigidos por Satanás, quien originalmente era un ángel santo, una innumerable cantidad de ángeles cayó, rebelándose contra Dios, y se convirtieron en pecadores en su naturaleza y obras. Los ángeles caídos se dividen en dos clases: **1**) los que están en libertad, y **2**) los que están en cadenas. De los ángeles caídos, solamente Satanás es mencionado en forma particular por las Escrituras. Es probable que cuando Satanás cayó, él llevó tras sí a una multitud de seres que tenían un rango inferior al suyo[1106]".

[1103] Apocalipsis 19:20.

[1104] Génesis Cap. 3.

[1105] Apocalipsis 20:7-15.

[1106] Lewis Sperry Chafer. Teología Sistemática, Tomo I. Los Ángeles. Editorial CLIE. C/ Ferrocarril, 8. 08232, Viladecavalls (BCN) España.

Capítulo VI: Demoniología

(La doctrina de los demonios)

En este capítulo se estudiará dos secciones en conjunto las cuales van de la mano, estas son la Satanología y Demoniología, las mismas son parte de la Angeología ya que los seres caídos como Lucifer y sus ángeles claramente tienen que ver con el tema. El énfasis de esta sección trata específicamente con el gobernante de los ángeles caídos[1107]. Se analizará la carrera de Satanás y sus agentes, que se extiende desde un pasado sin fecha, pero si con origen, antes de la creación del hombre[1108], hasta la eternidad futura para que de esta manera se determine que la naturaleza o las cualidades que tiene Satanás y los demonios. La doctrina acerca de Satanás y los demonios es influyente en la Biblia y forma una parte importante de la Palabra de Dios.

Puede ser que se esté preguntando *¿Por qué estudiar sobre Satanás y sus agentes?* Porque no estudiar sobre él es ignorar una porción considerable de la revelación de Dios en las Escrituras. Satanás y los demonios se mencionan a lo largo de la Biblia desde Génesis hasta Apocalipsis. Si bien nuestra necesidad es detenernos a estudiar y enfocarnos en las riquezas de Cristo en lugar de Satanás y los demonios, necesitamos conocer esta doctrina de la Biblia para poder estar alertas sobre quién y qué es él. Como área principal de la revelación de Dios, el estudio de Satanás enseña acerca de su carácter, propósitos, la naturaleza de la tentación y la provisión del cristiano contra él. La enseñanza de la Biblia acerca de Satanás es parte de "la fe", las Escrituras exhortan al creyente a estar alerta ante el diablo y sus tácticas para estar "firmes en la fe".

Su existencia

En siete libros de las escrituras veterotestamentarias se enseña específicamente sobre su existencia:

1) *Génesis.*

2) *1 Crónicas.*

3) *Job.*

4) *Salmos.*

5) *Isaías.*

6) *Ezequiel.*

7) *Zacarías.*

Y a lo largo de las Escrituras se menciona sobre su carácter, inclinación y propósito. Tanto así que Cristo reconocía y enseñaba sobre su existencia.

[1107] Mateo 25:42, Apocalipsis 12:7-9.

[1108] Job 38:7.

La negación de la realidad de su existencia generalmente toma la forma de considerar la idea de Satanás como la personificación del mal, pero en realidad no es un ser que tiene su propia existencia separada. La idea de *"Satanás"* como persona se desarrolló más en los tiempos del Nuevo Testamento, y esto requirió, según nos dicen, reinterpretaciones de las *"historias"* del Antiguo Testamento, ya que, según se afirma, no contienen la idea de una distintiva figura demoníaca. Además, el dualismo iraní, se dice, contribuyó a la idea judía de un Satanás personal durante el período greco-romano[1109]. Rechazar la realidad y existencia de Satanás es rechazar la Biblia como la palabra de Dios ya que ella lo menciona. Su existencia se enseña desde Génesis hasta Apocalipsis.

Lo que las Escrituras afirman

El enemigo que la sembró es el diablo - Mateo 13:39.

Aunque el verso fue utilizando anteriormente haciendo énfasis en el tema de los segadores en angeología, aquí tocaré el otro punto de interés. Jesucristo menciona en esta parábola dos palabras:

1) *Enemigo.*

2) *Diablo.*

El cual deposita otra semilla, no tocaré muy a fondo estas palabras porque más adelante será explicado, pero es importante notar que al Jesús mencionarlo es por algo. El enemigo presentado es Satanás. Es el enemigo de Dios y de todo que de Él provenga, en el mismo contexto inmediato es presentado como *"el malo[1110]"*. Everett F. Harrison comenta: *"Igual que la explicación del Sembrador, en este caso la semilla ha producido plantas (13:19). Así como surgen genuinos creyentes de Cristo, surge una falsificación del diablo, cuyos hijos a menudo se disfrazan de creyentes (2 Co. 11:13-15)[1111]"*.

En la parábola del sembrador, Jesús presenta cuatro diferentes respuestas a la Palabra de Dios:

1) *Ninguna.*

2) *Emocional.*

3) *Mundana.*

4) *Fructífera.*

En las primeras tres se observa a lo que se menciona como *"los que no entienden"* es ahí donde viene el malo que es Satanás, el enemigo de Dios y comienza a hacer su trabajo, haciendo de tales una falsificación, personas con fe milagrosa e intelectual más no salvífica, crédulos conceptuales, no

---

[1109] Obra original en Ingles: T. H. E. Gangster, "Satan," The Interpreter's Dictionary of the Bible [New York: Abingdon Press, Nashville, Tennessee EE. UU, 1976].

[1110] Mateo 13:19.

[1111] Everett F. Harrison. Comentario Bíblico Moody: Nuevo Testamento. Pág. 25. Editorial Portavoz, filial de Kregel Publications. Grand Rapids, Michigan. EE.UU. 1993. Título del original: Wycliffe Bible Commentary: New Testament. Moody Bible Institute, Chicago, Illinois. Moody Press. 1962.

creyentes regenerados, es decir, personas con una idea, pero sin convicción. La respuesta fructífera es todo lo contrario, ya que concibe y crece hasta dar el fruto esperado. Este es el contraste entre los hijos de Dios y los hijos del diablo, ya que según el mismo contexto sigue en su exposición hablando sobre el trigo y la cizaña[1112], y nuevamente presenta al enemigo, el cual sembró la mala semilla entre el trigo. Si se sigue observando, más adelante Jesucristo expresa en sus discursos a una mujer con tres medidas de harina[1113], hay dos inclinaciones en base a su interpretación, la primera es en sentido negativo, puesto que la levadura es considerada en otros lugares de las Escrituras como la presencia de la *maldad, falsedad doctrinal e impureza*, algunos entienden que habla de la presencia de los falsos creyentes y la maldad de estos, junto con los verdaderos[1114]. La segunda interpretación es que la levadura de esta parábola tiene un significado positivo, haciendo indicación del crecimiento del evangelio.

En mi opinión me baso más en la primera, aquí mis argumentos contextuales:

A) Anteriormente presenta tres respuestas inadecuadas a la palabra de Dios en su primer y segundo discurso, visto en el contexto inmediato *(ninguna, emocional y mundana)* y en su cuarto discurso presenta tres medidas de harina.

B) Presenta un campo con trigo y cizaña *(en ambas ilustraciones se encuentra el malo/enemigo tomando acción)* su ilustración es negativa.

C) Presenta una explicación en su quinto discurso sobre el sembrador, el trigo y la cizaña, para narrar como los ángeles segarán haciendo separación entre ambos, uno como buen producto y otro separado como malo para el fuego.

Esto enseña un lado positivo y uno negativo, el sembrador hace su obra, el enemigo quiere detenerla, la inclinación de Satanás es implantar engaño haciendo uso de la verdad[1115], distorsionando la percepción de las personas en conjunto de su naturaleza corrupta para que así vivan en una fantasía, alejados de Dios y su voluntad.

Yo veía a Satanás caer del cielo como un rayo - Lucas 10:18.

Lo que Jesús expresó muchos lo han comprendido de dos formas distintas. Primero, que vio en el alarde de ellos la misma motivación de Satanás antes de caer del cielo. La segunda interpretación es una advertencia en contra de la altivez. William Barclay comenta: *"No cabe duda de que Jesús prosiguió advirtiendo a sus discípulos contra el orgullo y el pasarse de confiados*[1116]*"*. Cabe aclarar que esta caída es aún futura la cual será

[1112] Mateo 13:25-26. Mala hierba, en este caso un grano que en su hoja se parece al trigo, pero se distingue del trigo en su etapa madura.
[1113] Mateo 13:33.
[1114] Éxodo 12:15; Levítico 2:11; Mateo 16:6; 1 Corintios 5:6-9; 1 Timoteo 4:1; Judas 12.
[1115] Génesis 3:1-7; Juan 8:44; 2 Corintios 11:3.
[1116] Barclay William. Comentario al Nuevo Testamento. Citando Lucas 10:18, Pág. 323, Editorial CLIE. C/ Ferrocarril, 8. Viladecavals, Barcelona, España.

ejecutada por Miguel y sus ángeles[1117] y que tendrá lugar durante la Tribulación antes del regreso de Cristo. A mi entender, Cristo está afirmando ambas cosas:

1) *Vio en su alarde una motivación errada.*

2) *Hace exhortación en contra de la altivez, la cual viene antes de la caída*[1118].

Al decir yo *"veía"* es un tiempo imperfecto en el verbo griego *"theoneo"* que es *"ser espectador"*, esto tiene una acción continua y literal en el pasado, muchos comprenden que habla de un hecho el cual ya sucedió, pero verdaderamente es un hecho a suceder, ya que está hablando que lo vio como una acción a ocurrir en el futuro a causa de su arrogancia, por así decirlo, *su derrota está garantizada en tiempo futuro a causa de su altivez en tiempo pasado*, en relación a *"caer del cielo"* no es literal, la imagen era usada para dar a entender cuando una persona, grupo de personas o nación, es colocada en una posición de derrota por sus malas acciones[1119].

Esto enseña que Satanás es un ser orgulloso, cinco conjugaciones futuras haciendo uso de *"yo"* indican la arrogancia que este tiene[1120], y de la misma es que quiso prevenir a sus discípulos, por lo tanto, las Escrituras enseñan que es un ser arrogante el cual busca que el hombre lo sea de igual forma.

Y si también Satanás está dividido contra sí mismo, ¿cómo permanecerá su reino? - Lucas 11:18.

El Señor primeramente expresó que todo reino dividido contra sí mismo, queda en ruinas, cae. Con esto dio a entender que si Él era un instrumento del diablo como los Fariseos le acusaban por echar fuera de un ciego mudo un demonio, entonces Satanás estaba luchando contra sus propios siervos. En otras palabras, parafraseando *"Es ridículo pensar que el diablo se opondría a sí mismo para obstruir sus propios planes"*. Esto da entender que Satanás es organizado en la ejecución de sus malvados, pero tronchados propósitos.

[1117] Apocalipsis 12:7-9.

[1118] Proverbios 16:18.

[1119] Lamentaciones 2:1: "estrado de sus pies" era considerado el arca del pacto del templo (1 Crónicas 28:2; Salmos 99:5). Eso da entender que, a causa de la arrogancia del hombre por la caída, en el tiempo correcto establecido por el Señor, Él moriría en la cruz, quitando la división con mucho dolor.

[1120] Isaías 14:12-14.

Su personalidad

Intelecto

Pero temo que como la serpiente con su astucia engañó a Eva, vuestros sentidos sean de alguna manera extraviados de la sincera fidelidad a Cristo - 2 Corintios 11:3.

Aquí se presenta como los creyentes pueden ser engañados y sus pensamientos pueden ser extraviados de la *sincera fidelidad*, santidad y devoción a Cristo si estos prestan atención a algo o alguien fuera del Señor. La fidelidad sincera denota un corazón el cual está ocupado con un objeto solamente, es decir, no está inclinado a dos direcciones, su enfoque es únicamente en el Señor Jesús, y no permite que los afectos sean arrastrados por nadie ni nada más. Esa inclinación correcta tiene como resultado una vida santa en su devoción a Cristo. Partiendo de dicha explicación es que Pablo le recuerda a la Iglesia de Corinto cómo Satanás astutamente engañó a Eva apelando a su intelecto. De igual forma era lo que estaban haciendo los falsos maestros que rondaban en Corinto. Por ello es por lo que Pablo trata la historia de Eva y su dialogo con la serpiente como un hecho, no como una leyenda mitológica. Satanás es considerado un ser intelectual en el verso mencionado por dos razones:

1) **Es astuto:** *una persona astuta es considerada como aquella que tiene la habilidad para comprender las cosas y obtener provecho o beneficio mediante engaño o evitándolo.*
2) **Es comunicativo:** *una persona con la capacidad de comunicarse por obligación tiene la capacidad de la razón para poder ejecutarlo. Las palabras y acciones son el producto del pensamiento.*

El verbo engañó del gr. *"exapatao"* es un compuesto el cual comunica la idea de *"engaño absoluto/engaño completo"*. Es de igual forma utilizado en 1 Timoteo 2:14, ese engaño pleno se expresa como una seducción que envuelve a la persona en la violación de las leyes y su orden. Según lo mencionado por Pablo acerca de Satanás se presenta la motivación y uso de su intelecto en dos cosas:

1) *Planifica sus estrategias.*

2) *Complica lo sencillo, colocando adheridos a un mensaje directo y claro para que se pierda el enfoque.*

En algunas tradiciones judías antiguas se comprendía como Satanás hacía uso de vestimenta buena para engañar sexualmente. El siguiente verso comunica la imagen de una doncella comprometida[1121], esta es presentada por que en esos tiempos era castigable con destierro bajo la ley romana, y bajo la ley del Antiguo Testamento en los tiempos de Moisés con muerte a

[1121] 2 Corintios 11:2.

quienes corrompieran a las mujeres comprometidas engañándolas. Con esto se comprende que Eva perdió el rumbo por prestar atención a los engaños sensuales de Satanás haciendo de igual forma con Adán, lo cual trajo como resultado:

A) *muerte*[1122].

B) *destierro del Edén*[1123].

En su malintencionado uso intelectual logró su cometido. Lucero fue el ángel creado con mayor responsabilidad de entre todos los de su especie. *"Satanás fue creado originalmente como el ser más elevado entre las criaturas morales de Dios*[1124]*"*. Si los ángeles los cuales fueron creados como seres por debajo de Lucero gozan de intelectualidad, significa que él como ser creado elevado por sobre ellos de igual forma.

Las Escrituras arrojan suficiente información en conjunto del producto evidenciado visto en la historia y actualidad, que Satanás es un ser con plena función intelectual, aunque esta sea utilizada para el mal.

Emociones

Entonces el dragón se llenó de ira contra la mujer; y se fue a hacer guerra contra el resto de la descendencia de ella, los que guardan los mandamientos de Dios y tienen el testimonio de Jesucristo - Apocalipsis 12:17.

Se entiende que la ira es un sentimiento de enfado muy grande y en muchos casos violento dependiendo el contexto o los factores que lo envuelven, por ejemplo, Dios tiene ira, pero su ira es a causa del pecado y es una ira santa, el hombre tiene ira, pero es errada porque no goza de supremacía y soberanía como Dios el cual puede hacer usos de sus facultades como Él en su sabiduría perfecta sabe hacer, Satanás tiene ira, pero su sentimiento es mal dirigido porque está enfadado a causa de no tener la posición deseada, la cual es ser dios sobre todo, ese sentir claramente es el producto de una emoción mal intencionada y mal dirigida. La ira es un enojo emocional y apasionado en el caso de los seres creados, en el caso de Dios, como ser increado no.

La ira, cuando se adueña del hombre, es generalmente una manifestación de la naturaleza pecaminosa del hombre que monta en cólera, y queda latente la desaprobación de Dios hacia ella y sus efectos. *«La ira del hombre no obra la justicia de Dios*[1125]*»*. Las Escrituras insisten en contra de este estado de ánimo mal dirigido[1126]. Se comprende que la ira, en el hombre, es pecaminosa por cuanto es el producto de su naturaleza caída, es el reflejo de

[1122] Génesis 2:16-17.

[1123] Génesis 3:24.

[1124] Lewis Sperry Chafer. Teología Sistemática, Tomo I. Satanás: Su Personalidad y Poder. Editorial CLIE. C/ Ferrocarril, 8. 08232, Vila de cavalls (BCN) España.

[1125] Santiago 1:20.

[1126] Salmos 37:8; Proverbios 12:16, 15:1, 19:19, 26:17, 27:4, Pr 29:11-,2 Corintios 12:20; Gálatas 5:20; Efesios 4:31; Colosenses 3:8; 1 Timoteo 2:8.

su egoísmo. A causa de dicha emoción, el hombre puede perder el dominio propio, cosa que Dios aborrece. Por ello el creyente es exhortado constantemente a ser sobrio[1127], lo cual implica evidentemente sabiduría en su manera de actuar, y el dominio de sus emociones, para gloria de Dios.

De igual forma la ira es el producto de la naturaleza caída de Satanás la cual desea tener la posición divina. En el verso mencionado de Apocalipsis, es la consecuencia de una guerra en la cual Miguel y sus ángeles le echaron fuera a Satanás y sus ángeles caídos a la tierra porque no había lugar para él y su campaña en el cielo, a causa de dicho enfrentamiento, se molestará y arremeterá encolerizado *(lleno de ira)* por esa humillación, hará el malvado intento lanzar su venganza sobre la mujer, aquellos judíos que mostrarán su fe guardando los mandamientos de Dios en Jesucristo.

La descendencia de la mujer alude a la promesa hecha en el Edén[1128] la cual tiene una perspectiva de lente doble para referirse a la promesa de redención de Cristo en la cruz y a la victoria plena al final de los tiempos; presenta que la descendencia de la mujer finalmente le aplastará la cabeza a la serpiente, pero claramente luego de que esta le hiriera en el calcañar. Esto tiene comienzo en la cruz y tendrá su final en los días postreros. La palabra utilizada se llenó de ira del gr. *"orgizó"* significa *"molestia"* esto demuestra en su voz pasiva que es un ser con ejercicio intelectual que participa de igual forma de naturaleza emocional.

Voluntad

Y escapen del lazo del diablo, en que están cautivos a voluntad de él - 2 Timoteo 2:26.

Este verso expone claramente como Satanás ha tomado cautivos para sí, esclavos para hacer su voluntad, por así decirlo son personas hechizadas y envenenadas por él. Tal cautividad es ilustrada como pecado, en sí lo que da a entender que el deseo del diablo es mantener cautivos a los hombres en su corrupción. Voluntad del gr. *"thelema"* como bien se sabe es, *"elección, propósito"* en sentido abstracto es *"inclinación"*, esto es el deseo que determina un hecho. Entonces con esto se puede comprender que Satanás es un ser que en base a su naturaleza intelectual y emocional disfruta de igual forma de voluntad para ejecutar sus acciones.

Responsabilidad Moral

Entonces dirá también a los de la izquierda: Apartaos de mí, malditos, al fuego eterno preparado para el diablo y sus ángeles - Mateo 25:41.

[1127] 1 Tesalonicenses 5:6; Tito 1:8, 2:2, v.12; 1 Pedro 1:13, 4:7, 5:8.
[1128] Génesis 3:15.

Como antes mencionado en el tema de angeología, se utilizó el verso para exponer un punto de importancia, aquí se tocará otro de igual forma, y es la responsabilidad moral que él tiene. Como antes se observó, el fuego fue preparado para el diablo y sus ángeles, y no para el hombre. Sin embargo, si el hombre sigue al diablo oponiéndose en un rechazo voluntario a la misericordia de Dios en Cristo, tendrá su suerte en el mismo fuego con Satanás y sus ángeles caídos, si se nota *el verbo acusa al objeto*, por el cual se dicta una condena de culpabilidad, este término legal basa la culpabilidad en su responsabilidad, recordando que *todo ser intelectual no es víctima del pecado, es responsable del mismo*.

Si Satanás fue culpable por encabezar voluntariamente una rebelión inmoral e irresponsable, es porque tenía sobre sus hombros una responsabilidad moral anticipada. La responsabilidad consiste en que el ser intelectual *está obligado a cumplir sus obligaciones de forma adecuada*, al no cumplirlas se le etiqueta de *irresponsable*, y al faltar al carácter divino, recordando que la moral no es subjetiva sino objetiva y absoluta porque el estándar yace en Dios, se le conoce como *inmoral*. Dicha responsabilidad moral se puede definir como *"el conjunto de valores y normas de una persona o de un grupo social, que funciona como una guía para obrar. Es decir, la moral orienta acerca de que acciones son correctas y cuales son incorrectas"*.

Dios como ser justo condena al culpable, jamás condenaría a un inocente; eso está en contra de su justa esencia, por consecuente si Satanás no hubiera sido culpable no recibiría dicha condena, por lo tanto, se puede comprender que él tiene sobre sí el peso de la responsabilidad moral la cual faltó voluntariamente, y su consecuencia es la condenación.

Sus designaciones

Conocidas por sus nombres

Satanás

Originalmente significa *"adversario"*. Es presentado en las Escrituras como el principal de los ángeles caídos, y como el gran adversario de Dios y del hombre. Sin el artículo, la palabra hebrea se usa en un sentido general para denotar a alguien que es *un oponente*, en varios lugares de las Escrituras así se demuestra:

A) *El ángel que estorbó a Balaam*[1129].
B) *David como oponente en batalla*[1130].
C) *Un adversario político*[1131].

[1129] Números 22:22.
[1130] 1 Samuel 29:4.
[1131] 1 Reyes 11:14.

Con el artículo definido como prefijado, es un nombre propio[1132], designando a Satanás como una personalidad. Se reconoce en otras partes de las Escrituras que la palabra *"Satanás"* es un nombre propio sin el artículo para ilustrar al principal de los ángeles caídos[1133].

Diablo

Del gr. *"diabolos"* originalmente significa *"calumniador"*, un ejemplo lo podemos ver en Mateo 4:1 donde dice *"para ser tentado por el diablo"*. En el contexto de dicho suceso se presenta Satanás para tentarle utilizando la misma metodología que usó con Eva en el Edén y con el pueblo de Israel en el desierto, *"calumnias"*. Esta palabra presenta su inclinación conforme su propio nombre como uno que acusa con falsedades, correctamente, un difamador; un acusador falso, es literalmente alguien que *"lanza"*, es decir, presenta cargos que derriban *(destruyen)*. Se demuestra con su designación su inclinación, como el derribador, lo contrario a Dios, el edificador. Esto acentúa su objetivo y su trabajo para manchar el carácter de Dios y de sus hijos.

Lucifer

Lucifer o Lucero, originalmente significa *"hijo de la mañana"* alude *"el que porta la luz"* o mejor dicho *"el portador de la antorcha"*. Cicerón explica que a la estrella de Venus se la llama así cuando por la mañana precede a la salida del sol, y es la misma que aparece por la tarde, tras la puesta del sol *(entonces se la llama hésperos)*. Las Escrituras hacen mención de dicho nombre, ¡¡dando entender que el creador mismo le llamó de esa forma "!!*Cómo caíste del cielo, oh Lucero, hijo de la mañana!*[1134]*"*. Lucero *"el que resplandece"* evidentemente es una referencia sobre Satanás personificado en el rey de Babilonia. El mismo perdió su resplandor al momento de abandonar su dignidad y/o posición de servicio en justicia por la cual fue creado.

En la Biblia aparece varias veces la expresión *"Estrella de la mañana"*, Por una parte, designa a Lucifer, el serafín desterrado. Por otra a Cristo mismo[1135], lo que da entender que en su caída al querer ser semejante al Altísimo[1136] su motivación era ser semejante a Cristo en su deidad. Lucifer como bien llamado también adversario anteriormente, se levanta contra Dios por no tener dicha semejanza e igualdad divina, y su molestia para con el hombre es que Dios le otorgó en misericordia y gracia la participación de los atributos comunicables de Dios en Cristo y su posición en Él, aclarando, más no ser divino como lo es Él. El Dios verdadero es uno, más nadie ni más

---

[1132] Job Caps.1 y 2; Zacarías 3:1-2.
[1133] 1 Crónicas 21:1.
[1134] Isaías 14:12.
[1135] Apocalipsis 22:16, 2:7-8; 2 Pedro 1:19; Números 24:17
[1136] Isaías 14:14.

nada puede tomar ese lugar, Lucero fue un ser creado inferior al creador, al igual el hombre. Se ilustra a lucifer con la estrella por el mismo significado en su contexto original. La palabra hebrea para Lucifer es *"helel"*, y significa *"el brillante"*, proveniente de *"halal"* que significativamente compone dos significados: **1)** *"brillar"*, y dependiendo el contexto, **2)** *"presumir o alabar"*. Lucero observó el brillo en él, olvidando que la fuente de su brillo era aquel mismo el cual él deseaba usurpar su lugar glorioso.

Beelzebú

En la literatura cananea de Ugarit la palabra *"zbl"* significa *"príncipe"*, y la forma *"zbl Bl"* significa *"Príncipe Baal"* lo que se traduce en componentes de Beelzebú de forma invertida; por ello, el nombre se referiría al antiguo dios cananeo *"Baal"*. Beelzebú originalmente quiere decir *"Señor del estiércol"*, puesto que en hebreo *"zebel"* significa *"estiércol"*. Los Rollos del Mar Muerto y la literatura rabínica antigua usan *"zbl"* para nombrar uno de los siete cielos de la tradición judía el cual tipifica *"la morada del maligno"*; de modo que Beelzebú daba entender *"el señor maligno que mora con el estiércol"*. Este falso dios filisteo pagano, era adorado en la antigua ciudad de Ecrón[1137] durante los tiempos del Antiguo Testamento. Beelzebú en su significado común era *"el señor de las moscas*[1138]*"* las cuales claramente se anidan en el estiércol. Este nombre era significativo para referirse al carácter e inclinación de Satanás.

Belial

Originalmente este nombre del hebreo *"Beliyaal"* significa *"inútil"* comunica *"ruina, sin esperanza y sin orden"* ese nombre para los judíos aludía algo indigno, malvado e impío. En 2 Corintios 6:15, Pablo hace uso como un nombre para Satanás como el epítome de la inutilidad, la ruina sin remedio y la fuente de toda maldad e idolatría lo cual es inútil. Cuando se emplea en forma aislada significa *"destructor*[1139]*"* o *"malvado*[1140]*"*. En el Nuevo Testamento y en los Rollos del Mar Muerto se usa el término como un hombre propio de Satanás y/o del príncipe de demonios y las tinieblas.

Abadón/Apolión

Abadón es la forma griega y Apolión es la hebrea. Ambas significan *"destructor, destrucción"*. El nombre en su función propia conecta a Satanás como la cabeza sobre los ángeles caídos en el abismo y su obra destructora, la cual ocurrirá cuando se le apertura del abismo en la Tribulación para

---

[1137] Fue una de las cinco antiguas ciudades de la Pentápolis filistea ubicada en el suroeste de Canaán.
[1138] 2 Reyes 1:2.
[1139] Nahum 2:1.
[1140] 2 Samuel 23:6; Job 34:18.

liberar a sus agentes encarcelados[1141], sin embargo, esta designación hace más *énfasis en su trabajo* que en su carácter; su obra es *tratar de destruir la gloria de Dios y Su propósito para con el hombre*. Haciendo mal uso de los elementos a su alcance tanto naturales como sobre naturales para que, de esa forma, mal formar y destruir las sociedades y la humanidad llevándolas a la ruina moral y espiritual.

Sus títulos

Un título es lo que acredita una propiedad sobre una persona o cosa. A diferencia de un nombre que sirve para designar los seres vivos o las cosas materiales o mentales; gramaticalmente funciona como núcleo de un sintagma nominal, y varía en cuanto al género y al número. Satanás con sus nombres, se distingue de entre los seres vivos y los objetos físicos o abstractos. Con sus títulos se distingue en cuestión de carácter, función e inclinación.

Maligno

Sabemos que somos de Dios, y el mundo entero está bajo el maligno - 1 Juan 5:19.

Cuando habla de mundo *"kosmos"* bien conocido como un *"sistema ordenado"* comunica el orden conjunto utilizado para tratar una representación como un todo. El mundo entero, el sistema, sus gobernantes, gente, enseñanzas, ideas y tentaciones impías dirigidas al placer humano de la concupiscencia, está gobernado por el maligno. La palabra maligno del gr. *"poneros"* propiamente sea en efecto o influencia significa *"dañino"*, eso se refiere más al carácter esencial indicando degeneración de la virtud original. Esto comunica una persona enferma adolorida que causa dolor a otros.

El verso expone sólo dos esferas de subsistencia:

1) *En Cristo*.

2) *En Satanás*.

Esto da entender que las personas o son salvas, o están perdidas. No existe un término medio. Juan explica un contraste de dos gobiernos, uno benigno y organizado para el bien, otro maligno y organizado para el mal. Los judíos creían que todas las naciones, menos Israel se encontraban bajo el dominio de Satanás y sus ángeles caídos. No es difícil observar el origen de esta idea, ya que la mayoría de los gentiles adoraban ídolos y practicaban inmoralidades sexuales en conjunto de otros pecados. Estas dos esferas presentadas en contraste exponen que en el gobierno dirigido por el maligno existe una opresión tirana, pero en el de Cristo libertad y preservación.

[1141] Apocalipsis 9:7-11.

Aquellos que están bajo el sistema de Satanás no tienen la libertad para obedecer a Dios como aquellos que están en Cristo, a no ser que se arrepientan, su única opción es obedecer a su gobernante Satanás y su malvado gobierno. Según lo antes mencionado se logra comprender que Satanás es un ser maligno *(enfermo)* en su naturaleza, función e inclinaciones rebeldes *"hasta que se halló en ti maldad*[1142]*"*.

Tentador

Por lo cual también yo, no pudiendo soportar más, envié para informarme de vuestra fe, no sea que os hubiese tentado el tentador, y que nuestro trabajo resultase en vano - 1 Tesalonicenses 3:5.

Uno de los propósitos de Satanás es presentar la tentación para cambiar la lealtad a Dios por el confort personal. Según el contexto inmediato, Satanás es caracterizado como el estorbador[1143], aquí es presentado como el *"tentador"* esto es en el sentido de que él pone a prueba con la intención de provocar la caída del que es tentado[1144]. Las Escrituras comunican que el creyente no debe pasar por alto las asechanzas del diablo[1145] y debe recordar que de igual forma es un ser vulnerable que puede resbalar[1146], lo que aquí se menciona es una atribución a los acontecimientos de la obra de Satanás.

Los creyentes en Tesalónica estaban sufriendo persecución, ya que la sinagogas se estaban vaciando y los religiosos judíos apuntaban a Pablo y los creyentes como revoltosos y a Jasón de dar hospedaje a los traidores contra el César, por esta razón Pablo en el verso expone *"por lo cual"* dando entender a sus lectores que se refería a su persecución y su reacción ante ella, ya que estaban pasando por un periodo de mucha presión, prosiguiendo con *"no pudiendo soportar más"* en su uso ilustraba el énfasis de conocer la situación y condición de los hermanos para animarles en la instrucción y fortalecerlos en ánimo, como menciona en el contexto inmediato[1147]. El *"informe de la fe de la iglesia"* da a entender su firmeza en medio de la tentación a volverse atrás, ya que al trasladar su fe a otra cosa que no sea Cristo sería vano el trabajo realizado. Se puede entender que *el propósito de Satanás al ser llamado tentador es colocar una caída.*

Tanto *"tentado"* como *"tentador"* ambas del gr. *"peirazo"* significan lo mismo, *"examinar y probar"*. Proveniente de *"peira"* que es *"para poner a prueba"* de forma objetiva, es decir, *"esforzarse por escudriñar"*, eso comunica la idea de intentar o poner a prueba la fe, virtud, y carácter de una persona o un grupo de personas, incitando a un desvió del camino o propósito; por lo tanto, según el contexto es equivalente a *"solicitar el*

1142 Ezequiel 28:15^{b}.
1143 1 Tesalonicenses 2:18.
1144 Mateo 4:3; 1 Corintios 7:5; Santiago 1:12-18.
1145 2 Corintios 2:11, 11:23.
1146 Efesios 6:11.
1147 1 Tesalonicenses 3:1-2.

pecado". Pablo menciona ambas en un orden, aunque significan lo mismo la única diferencia yace en que *"tentado"* revela la inclinación, propósito y esfuerzo de la persona que desea desviar a otro, y *"tentador"* su carácter y personalidad. Se puede concluir entendiendo que su nombre *"Tentador"* es uno muy bien honrado por él, ya que expresa su inclinación, propósito y personalidad.

Príncipe de este mundo

Ahora es el juicio de este mundo; ahora el príncipe de este mundo será echado fuera - Juan 12:31.

Yéndonos al tiempo en el cual Cristo expresó lo dicho en el verso, el mundo estaba a punto de crucificarle a Él. Y al hacerlo *"este mundo"* se condenaría a sí mismo. La sentencia pronunciada es a causa del terrible rechazo del mundo a la misericordia del Padre en Cristo. En la crucifixión se pronunciaría la condenación sobre la culpabilidad del hombre. En relación con la temática, se comprende que el príncipe mencionado de este mundo es Satanás. Según las afirmaciones de Cristo *"el príncipe de este mundo"* sería plenamente derrotado en la cruz del calvario. Mediante Cristo y su sacrificio se proveería un camino para los hombres, y al mismo tiempo la derrota de Satanás[1148]. Con Jesús colgado en la cruz la suerte del príncipe de este mundo estaría sellada para su manifestación en un tiempo futuro cuando sea echado al fuego eterno.

En los textos judíos antiguos, Dios es quien gobierna todo, pero de igual forma los ángeles caídos ejercen su dominio sobre las naciones en sus inclinaciones pecaminosas excluyendo a Israel. En su presentación, Cristo no comunica que Dios no tenga el control soberano, sobre todo, más bien está hablando sobre el dominio en asuntos humanos en cuestión de moralidad e inclinación espiritual. Ya que el hombre es corrupto pecador, se inclinará de modo automático al pecado, el vínculo por el cual mantiene su gobierno sobre los hombres, por ello es llamado *"príncipe del mundo"* por la influencia inmoral que este presenta a la concupiscencia del hombre para mantenerlo bajo su gobierno opresivo.

Este verso comunica una verdad impresionante que la divido en varias fracciones:

1) *Jesús sufriría la ira de Dios a causa del pecado.*

2) *El hombre al rechazarlo acarrea la aceptación de la ira divina, aunque ya la ira de Dios está sobre el mismo por su herencia Adámica.*

3) *Se derrota al príncipe de este mundo en la expiación del pecado; el cual es el medio legal para mantener sujetos a los hombres en esclavitud.*

4) *le quita el derecho legal al príncipe.*

[1148] Colosenses 2:15.

Con esto se entiende que príncipe de este mundo es uno de sus nombres para ilustrar su inclinación a esclavizar con un dominio a los hombres con el pecado.

Dios de este siglo

En los cuales el dios de este siglo cegó el entendimiento de los incrédulos, para que no les resplandezca la luz del evangelio de la gloria de Cristo, el cual es la imagen de Dios - 2 Corintios 4:4.

Aquí Satanás es llamado el *"dios de este siglo"* nótese que anteriormente tocamos que se llamaba *"el príncipe de este mundo"* para ilustrar su carácter e inclinación de esclavizar a los hombres, al hacer uso de *"dios de este siglo"* comunica la forma en la cual mantiene esclavizados a los hombres, colocándole un velo sobre las mentes incrédulas para mantenerlos en las tinieblas, su finalidad es *"para que no les resplandezca la iluminación del evangelio de la gloria de Cristo"*.

La comparación Paulina sobre el sol y el evangelio expresa la idea que como de igual forma el sol sale diariamente, se vea o no, su luz siempre resplandece, aunque se trate de evitar es un hecho natural manejado por la soberanía divina, de igual forma la luz del evangelio está siempre resplandeciendo. Dios está siempre resplandeciendo para la vista y entendimiento de los corazones. Pero aquí se presenta el problema, Satanás pone una barrera entre el hombre y Dios. Esa barrera involucra varias cosas:

1) *Soberbia.*

2) *Rebelión.*

3) *Justicia propia.*

4) *Autocomplacencia* y muchas cosas más.

Todo aquello que esté en contra del carácter y esencia divino sirve para obstaculizar la luz del evangelio e impide que resplandezca Cristo en los corazones. Satanás no desea que los hombres participen de todo don divino.

Un ejemplo de ello es el siguiente, según la verdad de las Escrituras la esencia del evangelio tiene que ver con la gloria de Cristo. Según el velo puesto por el *"dios de este siglo"* la esencia de la verdad tiene que ver con un simple carpintero de Nazaret quien es presentado como uno común entre los hombres. El propósito de Satanás es desenfocar al hombre de que Cristo es el objeto de la fe[1149]. En muchos escritos judíos de la época, Satanás era presentado como *"el dios de esta edad"* para ilustrar que las naciones vecinas estaban bajo su engaño, muchos rabinos de ese tiempo enseñaban con ese término haciendo referencia a Sodoma y Gomorra para ilustrar el dominio que Satanás tenía sobre sus habitantes engañándolos con sus propios placeres. La atracción que muestra el poder, los bienes materiales, y el placer son algunos de los medios utilizados para que nadie se enfoque en

---

[1149] Hebreos 12:2.

el Dios verdadero, y al seguir tales cosas rechazando al creador de todo, hacen así a Satanás su dios. El propósito de ello es adquirir lo que siempre deseó, pero no pudo, no puede, ni podrá alcanzar, ser la imagen de Dios y recibir el único reconocimiento divino, sobre todo.

Aquí se presentas varias palabras que ilustran lo antes mencionado. La palabra dios del gr. *"theos"* en el sentido presentado del verso comunica una deidad, esta palabra aunque se hacía uso para referirse a Dios, aquí se usa para referirse a una deidad pagana vista como un líder que sujetaba todo ante ella, por ello hace uso de la palabra siglo que es *"edad, curso"* se utiliza para enfatizar su gobierno sobre este período, el cual está marcado por una creciente apostasía, engaño y decadencia moral. En otras partes de las Escrituras se le llama a esto *"presente siglo malo*[1150]*"*, esto da a entender que Satanás es la razón por la cual no se ve mejora alguna.

La razón de que no se vea ninguna mejora es que la era se moldea o se adapta obteniendo así el carácter propio del maligno, es un siglo maligno la cual empeora debido a su plan y actividad, tanto para estorbar el propósito divino, como para establecer su propio gobierno y adoración[1151]. Esa mentalidad del siglo presente es expresada por ideales, opiniones, metas y las perspectivas de las personas no regeneradas, en las cuales se incluye filosofías, educación e incluso su comercio[1152]. Esto se demuestra en su ceguera, Pablo expresa en el comunicado que Satanás se encarga de cegar el entendimiento a los hombres para que no vean la verdad, y lo hace mediante el sistema pecaminoso que ha creado.

Su finalidad es influenciar a vivir de forma no piadosa, haciendo que el hombre repose en sus recursos para que siga en complacencia personal la depravación moral[1153]. Dios en su suprema soberanía es quien permite esa ceguera[1154], de no ser permitido por Dios entonces la soberanía caería sobre los hombros de Satanás, podría ser considerado Dios y no dios, al él tener entonces el dominio absoluto de elegir cegar a quien guste, entonces, la razón del porqué Dios lo permite es explicable, para que así Él en su plena facultad soberana aplique su libre ejercicio según su sabiduría de elegir a los suyos predestinándolos en amor conforme su voluntad suprema, cosa que Satanás no puede hacer.

Como bien se ha dicho anteriormente, el deseo de Satanás es ser la imagen divina y así recibir el reconocimiento que solo Dios puede tener, la palabra imagen del gr. *"eikón"* significa *"figura"* es *"una semejanza"*, literalmente se usaba para *"estatua"* con esto se ilustraba un perfil o representación figurativa de algo o alguien. Esto da entender que Cristo es esa representación exacta de Dios[1155] la cual Satanás siempre deseó ser, por ello al cegar el entendimiento de los incrédulos envuelve a esta era en su

[1150] Gálatas 1:4.
[1151] Apocalipsis Cap. 13.
[1152] 2 Corintios 10:5.
[1153] Mateo 13:19.
[1154] Juan 12:40.
[1155] Colosenses 1:15, 2:9; Hebreos 1:3.

corrupto y depravado sistema, estableciéndose sobre ellos como el *"dios de este siglo"* al seguir su voluntad y no la de Dios. Cabe recordar que *"este siglo"* alude un tiempo definido, por lo tanto, se comprende que la maldad tendrá fin porque el autor de esta lo tendrá[1156].

Príncipe del poder del aire

En los cuales anduvisteis en otro tiempo, siguiendo la corriente de este mundo, conforme al príncipe de la potestad del aire, el espíritu que ahora opera en los hijos de desobediencia - Efesios 2:2.

Tanto *"príncipe"* como *"el espíritu"* hacen referencia a Satanás. El *"príncipe de la potestad del aire"* era un título natural para expresar el dominio que Satanás tenía. En esos tiempos se creía que los espíritus tenían dominio en esferas inferiores al cielo en el ámbito atmosférico, alejados del ámbito elevado de los ángeles de Dios ante su trono, se llega a esa conclusión léxica ya que *"aire"* era un término común para referirse a la esfera de los cielos atmosféricos visibles. Las Escrituras señalan con esta advertencia que la conducta depravada es una totalmente diabólica, por el solo hecho de seguir el ejemplo del diablo, el cual es mencionado como *"el príncipe de la potestad del aire"*.

Cuando una persona camina bajo la dirección del pecado, está siendo conducido por el principal gobernante de la maldad, quien está en la atmósfera manifestando su esencia. La palabra aire del gr. *"ahr"* se refiere a la atmósfera inmediata sobre la esfera terrícola, la cual muchos comprenden basados en el mismo léxico que es su base de operaciones, y que en la misma manifiesta su influencia, que claramente es el pecado. Este verso no solo expresa la localidad de su operación, sino que también representa de alguna forma la atmósfera en la que se mueve el mundo, una influenciada por Satanás.

Frank E. Gaebelein comenta: *"Él es el "gobernante" de un reino que se dice que es "del aire". Tomado literalmente, esto significaría la atmósfera alrededor de la tierra, que, de acuerdo con la antigua cosmología, es la morada de los demonios*[1157]*"*. Brindar la obediencia al príncipe de la potestad del aire es la causa que él sea llamado *"el dios de este siglo"* y es la explicación de por qué muchos se rebajan a una conducta inferior actuando como seres no racionales, es decir animales, siendo desobedientes conforme a él, haciendo como bien dice le verso *"espíritu que ahora actúa en los hijos de desobediencia"*. El término hijo de desobediencia es un hebraísmo que los lectores de ese tiempo entendían como *"personas desobedientes"* o *"inmorales"*. Tales hijos se caracterizan por su desobediencia consciente, pública y descarada, su fuente de energía es

[1156] Apocalipsis 20:10.

[1157] Obra original en Ingles. Frank E. Gaebelein, Editor General, Comentario de la Biblia del Expositor, Nuevo Testamento, Zondervan, Grand Rapids, EE. UU. 1976-1992.

provista por la inmoralidad de Satanás y a causa de ello se disponen a deshonrar y desobedecer a Dios. Siguiendo el contexto del versículo, se presenta como muchos estaban tornándose a la depravación olvidando su nueva posición de gracia al seguir la corriente de este mundo. Se habían tornado de vuelta a los pecados de sus tiempos pasados, al molde en el que antes vivían, el cual es de *"engaño, inmoralidad, impiedad, egoísmo, violencia, rebelión y placeres personales"*. Si se define esto en una sola palabra sería *"depravación total"*.

"La NVI sugiere que se refiere a "el gobernante", lo que significa que Satanás personalmente trabaja en hijos de desobediencia. Sin embargo, parece que *"el espíritu"* es lo mismo que *"el reino (exousias, lit., autoridad) del aire"*. Este es el antecedente más cercano y tiene sentido gramaticalmente. Este *"espíritu"* se refiere a la fuerza o atmósfera impersonal, que es controlada y dirigida por Satanás (1 Jn 5:19)[1158]". Ese es el propósito por el cual es mencionado como príncipe de la potestad del aire, buscar la depravación del hombre en todos los sentidos. Con su nombre *"príncipe de la potestad del aire"* se entiende que él opera sus funciones buscando inclinar a los hombres constantemente a la maldad y rebelión contra Dios.

Acusador de los hermanos

Entonces oí una gran voz en el cielo, que decía: Ahora ha venido la salvación, el poder, y el reino de nuestro Dios, y la autoridad de su Cristo; porque ha sido lanzado fuera el acusador de nuestros hermanos, el que los acusaba delante de nuestro Dios día y noche - Apocalipsis 12:10.

Este nombre no es una simple característica de Satanás, es en realidad una parte importante que ilustra su inclinación, basado en su comportamiento es llamado así *"el acusador"*. Recordando que, según la costumbre judía, el nombre ilustra el carácter o propósito de quien lo porta, por lo tanto, este título es apropiado porque sin descanso el acusa a todo aquel que peca. La palabra acusador del gr. *"kategoros"*, significa *"el que está en contra"* se refiere a alguien que trae acusaciones de condenación contra otros, compuesta de *"kata"* que es *"en contra"* y de *"agora"* que es *"asamblea"* comunica una persona contra otra en la asamblea, es decir, un demandante en legal. Con esto se entiende que una de las actividades de Satanás es acusar a los creyentes ante Dios. De igual forma es también un intento de difamar el carácter divino y su plan para con sus hijos[1159].

Partiendo de la descripción hecha en el Antiguo Testamento con Job, Satanás es presentado como un acusador de justos, haciendo el papel de un fiscal ante el tribunal divino. En textos posteriores se presenta el papel de

---

[1158] Obra original en Ingles. John F. Walvoord and Roy B. Zuck, Editors, The Bible Knowledge Commentary, Victor Books, Wheaton, EE.UU. 1983-1985.
[1159] Job Caps. 1-2.

Satanás como un tentador que busca hacer caer en una trampa, para luego chantajear con las evidencias que incriminan a la persona, ese pensamiento llegó a ser predominante entre los rabinos, los cuales afirmaban que él acusaba a Israel día y noche sin descanso excepto el día de la expiación. Observando el texto, se presenta una voz celestial, tales eran los vestidos de blanco[1160] afirmando un hecho *"la salvación, el poder, el reino y autoridad"*, ese era un grito triunfal, hablando de que Cristo es quien gobernará eternamente, la consecuencia será que el acusador será arrojado, esto demuestra un fin a sus demandas legales. La imagen de Satanás como acusador es expresada en diversas fuentes tanto antiguas como presentes, y en conformidad a las Escrituras se declara que Cristo le finaliza las acusaciones de los justos para siempre.

Sus representaciones

Serpiente

Y fue lanzado fuera el gran dragón, la serpiente antigua, que se llama diablo y Satanás, el cual engaña al mundo entero; fue arrojado a la tierra, y sus ángeles fueron arrojados con él - Apocalipsis 12:9.

Satanás y sus ángeles son lanzados en tierra. La descripción que Juan hace *"la serpiente antigua"*, está basada en la misma ilustración de Génesis 3 para comunicar las actividades pecaminosas basadas en su engaño y su arrastrar en tierra como consecuencia a su acción, es importante notar que lo presenta como *"diablo y Satanás"*, exponiendo la caída de sus calumnias y su derrota como adversario. Satanás fue juzgado en varias maneras:

1) *Terminó su posición como protector de los asuntos divinos*[1161].
2) *Según la profecía en Edén sobre "la simiente"*
(como antes mencionado tiene una perspectiva doble)[1162].
3) *en la cruz del calvario*[1163]. Satanás será juzgado en otras formas:
- **A**) *Pérdida de acceso a la atmosfera celestial*[1164].
- **B**) *Su fin en el abismo*[1165].
- **C**) *Su tormento eterno en el lago de fuego*[1166].

Como se puede observar la primera sección de juicios ya se ejecutó dictaminando la culpabilidad de su sentencia, la segunda está por cumplirse, haciendo que su sentencia sea una condena, un ejemplo de ello se puede ver en esta comparación, la serpiente fue juzgada en Edén[1167], de igual forma

[1160] Apocalipsis 6:10-11.
[1161] Ezequiel 28:14-16.
[1162] Génesis 3:15.
[1163] Juan 12:31.
[1164] Como el mismo verso 9 de Apocalipsis 12 menciona.
[1165] Apocalipsis 20:3.
[1166] Apocalipsis 20:10.
[1167] Génesis 3:14.

participará de unos juicios futuros ya mencionados. La ilustración utilizada en la historia y las Escrituras apunta que la serpiente mencionada es Satanás para la comprensión de sus inclinaciones, acciones y futuro.

Dragón

También apareció otra señal en el cielo: he aquí un gran dragón escarlata, que tenía siete cabezas y diez cuernos, y en sus cabezas siete diademas - Apocalipsis 12:3.

La señal en el cielo vista en este verso es la de un gran dragón rojo con varias descripciones sobre el:

1) *Siete cabezas.*

2) *Diez cuernos.*

3) *En cada cabeza una diadema.*

La interpretación adecuada de este verso es clara. El dragón que habla es Satanás, y la descripción de los cuernos y diademas es un paralelo al imperio Romano el cual será reavivado[1168], eso demuestra como Satanás será el sostén y proveedor de la mala influencia para ese poder futuro mundial. La palabra dragón del gr. *"drakon"* se refiere a un *"monstruo espantoso, una serpiente grande"*. Se usaba para dar énfasis al carácter y crueldad sedientamente viciosa de derramar sangre de Satanás. Este nombre demuestra lo que él realmente es, un ser de espanto[1169]. La misma probablemente viene de una forma alternativa de *"derkomai"* que es *"mirar"*; un tipo de serpiente fabulosa la cual hacía encantos (fascinaciones).

Robert H. Mounce lo explica de esta forma: "La mitología antigua está repleta de referencias a dragones. En el folklore cananeo el gran monstruo del abismo se conocía como Leviatán. Estrechamente asociada estaba Rahab (alias Tiamat), el monstruo femenino del caos. Alusiones a esos dragones no son extrañas en el Antiguo Testamento. Con bastante frecuencia se refieren metafóricamente a los enemigos de Israel. En el Salmo 74:14, Leviatán es Egipto. En Isaías 27:1 es Asiria y Babilonia. En otro sitio leemos de Faraón como... el gran dragón que yace en medio de tus ríos... (Ez. 29:3) y de Behemot, una gran bestia cuyos miembros son como barras de hierro (Job 4:18). Contra ese trasfondo como el gran enemigo del pueblo de Dios[1170]".

El dragón es una representación de un ser depravado, espantoso, y desfigurado que lleva sobre sí el caos buscando distorsionar la creación, lo contrario a Dios, el cual es ordenado. J. Massyngberde Ford hace la siguiente declaración: "el dragón es lo opuesto a Jehová. No sólo es el enemigo de Jehová (Is. 27:1; 51:9; Job 7:12), sino que, además, es la antítesis de Jehová.

[1168] Apocalipsis 13:1.

[1169] Ezequiel 28:19.

[1170] Obra original en Ingles: Robert H. Mounce. The Book of Revelations. Eerdmans Publishing Co. Grand Rapids, Michigan EE.UU. 1997.

El dragón representa el caos, mientras que Jehová es la fuente de todo el orden en el universo[1171]". Se puede comprender que *la ilustración del dragón para Satanás representa todo lo contrario al carácter divino.*

Ángel de luz

Y no es maravilla, porque el mismo Satanás se disfraza como ángel de luz - 2 Corintios 11:14.

Muchos ven a Satanás en representaciones como un ser rojo con cola y cuernos, esta referencia hecha por el mercado popular es una muy lejana a la realidad, y a lo que las Escrituras expresan. Si vemos el verso expone que se viste como ángel de luz, observándolo en el sentido literal tendría dos explicaciones:

1) *Que hace uso de los asuntos divinos tales como, la Biblia, y la figura de Jesucristo.*

2) *Que perdió su luz al momento de abandonar su dignidad rebelándose contra Dios al querer ser como Él.*

La verdad Pablo en todo el contexto inmediato habla en tono directo para referirse a los falsos maestros y su astucia para engañar, sin salirnos del enfoque central, para que un falso base sus falacias doctrinales y engañe con astucia debe haber detrás del mismo quien le proporcione los recursos, como se mencionó anteriormente, detrás de las falsas doctrinas hay demonios, entonces esto refleja que si hay falsos que las propagan es porque hay una fuente demoniaca que la sostiene[1172].

Al ver la comparación, los ministros falsos se presentan como servidores de justicia cuando realmente son servidores de Satanás. El engaño de Satanás consiste en falsificar la luz, presentándose como un ángel del Señor. Según textos judíos antiguos, considerados apócrifo pseudoepigráficos se hacía referencia a la tentación de Eva en el Edén, contando la historia de cómo Satanás se disfrazó como ángel de luz para poder engañar[1173], esta narración era común entre los rabinos de esos tiempos para dar entender el engaño que Satanás efectúa falsificando venir por parte de Dios para poder engañar. El verso expresa que *"se viste"*, esto figura que se presenta como algo que no es, aquí se puede observar dos cosas:

1) *Es un ángel, su diseño original no lo ha perdido, fue creado como tal y así se quedará, pero lo que cambia es que es caído, y por tal razón como está separado de la fuente divina la cual emana luz, él es tinieblas,* por consecuente.

2) *Se disfraza como que tiene luz, porque realmente no la tiene, es un ser corrupto en el cual nació la maldad.*

[1171] Obra original en Ingles: J. Massyngberde. Revelation. The Anchor Yale Bible Commentaries (Book 38). Yale University Press. EE.UU. 1995.

[1172] 1 Timoteo 4:1.

[1173] Libro apócrifo pseudoepigráfico - El apocalipsis de Moisés.

Con esto se comprende que Satanás se disfraza haciendo honor a la falsedad que en él habita, para así cumplir sus deseos con el engaño.

Su naturaleza y carácter

Es un ser creado

(Perteneciente al orden de Querubines y tuvo una posición exaltada)

Los primores de tus tamboriles y flautas estuvieron preparados para ti en el día de tu creación. Tú, querubín grande, protector, yo te puse en el santo monte de Dios, allí estuviste; en medio de las piedras de fuego te paseabas - Ezequiel 28:13^{b}-14.

Se entiende que Ezequiel hace uso del príncipe de Tiro para ilustrar lo que se encontraba tras de él en sus motivaciones, inclinaciones y propósitos. En el mismo contexto inmediato se hace la descripción de la altivez, sabiduría y riqueza del príncipe de Tiro[1174], luego se presenta un cambio drástico, de príncipe a rey de Tiro[1175], el cual ahora es presentado como uno lleno de altivez a causa de su belleza y gran posición, toda la descripción hecha presenta dos cosas:

1) *Al hablar de príncipe se refería literalmente al ser humano que gobernaba Tiro.*

2) *Al hacer el cambio a rey, hablaba sobre quien le motivaba a sus malas decisiones opuestas a Dios.*

Se entiende que habla sobre Satanás, ya que expone que era *"el sello de perfección, lleno de sabiduría y acabado en hermosura, el cual se encontraba en Edén, huerto de Dios, sus vestiduras llenas de piedras preciosas"*, y lo que resalta en el texto y por lo cual se entiende que el cambio de príncipe a rey habla de Satanás es que le llama *"querubín grande"*, esta ilustración es una demasiado impresionante para hacer referencia a un simple humano, gobernante o héroe de batalla de esos tiempos, ya que la misma literatura y costumbre de tal era, no permitía hacer uso de una hipérbole tan exagerada para hacer referencia a los hombres, se entiende que habla de una posición creada exaltada sobre otros seres, más no de Dios.

En relación con ello, Charles Lee Freinberg expresa: "Aparentemente Ezequiel tenía en mente la situación de su época con su atención fija sobre el gobernante de Tiro, la personificación de la altivez y la impiedad. Pero al contemplar los pensamientos y modales del monarca, discernió claramente tras él la fuerza que le motivaba y la personalidad de le empujaba a su oposición a Dios. Resumiendo, vio la obra y actividad de Satanás, a quien el rey de Tiro estaba imitando de tantas maneras. Recordemos el incidente en Mateo 16:21-23 cuando nuestro Señor Jesús reprendió a Pedro. Fueron las

---

[1174] Ezequiel 28:1-10.

[1175] Ezequiel 28:11.

palabras más duras que Cristo pronunció durante su ministerio terrenal. Pero Él no quiso dar a entender que Pedro se hubiese convertido en Satanás; lo que hizo fue indicar que la motivación tras la oposición de Pedro respecto a ir al Calvario no procedía sino del príncipe de los demonios. Esto parece ser una situación semejante. Algunos expositores liberales admiten la posibilidad de que Ezequiel tuviese en mente algún espíritu o genio de Tiro comparable a los principados y potestades angélicas del libro de Daniel, a las que se les encomiendan los asuntos de las naciones[1176]".

Siguiendo ahora en la referencia tras el príncipe de Tiro. Las Escrituras narran a los *"cherub*[1177]*"* más de 90 veces en el Antiguo Testamento haciendo referencia a ellos como seres celestiales. En muchos casos aparecen como seres con alas en gran variedad, hay casos que presentan ilustraciones de querubines con diferentes caras, apareciendo con rostro de águila y con rostro humano. Eso era un simbolismo para ilustrar los diferentes rangos que estos tenían entre su especie, así los reconocían en el antiguo Oriente, también hacían uso de ello el pueblo de Israel para dar a comprender que los que tenían rostro humano eran de parte de Dios y los de rostro animal los que representaban religiones paganas de naciones cercanas. Según la literatura judía antigua, se pensaba que Satanás, como querubín, es quien guardaba el árbol de la vida, así como lo querubines guardaron la entrada al Edén después de ser expulsado el hombre de este[1178].

Siguiendo con el contexto cultural, el concepto de los montes santos era una figura muy común en la antigüedad. El pensamiento de Oriente concebía que en la montaña más alta era donde habitaba la deidad. Según los judíos tanto la cumbre de la montaña más alta y la esfera celestial, eran similares. En tales tiempos rondaba la idea que las dos montañas sagradas más importantes eran Sinaí y el monte donde se encontraba el templo, al mencionar la montaña y en conjunto a ello el Edén, se entiende en el comunicado del texto que se paseaba en el paraíso, es decir ante la misma presencia divina y el lugar de su habitación. En escritos antiguos existían numerosas conexiones para entender la iconografía presentada como lo era el elemento decorativo de las piezas de marfil y sus piedras para comprender lo mencionado como *"piedras de fuego"*.

Se entiende con esto que era un lugar especial y bien posicionado, ya que en esos tiempos se creía que solo aquellos que habitaban en un lugar lleno de piedras preciosas gozaban de una posición favorecida, este texto ha sido utilizado por muchos para dar entender que Lucifer gobernó en un Edén preexistente en este mismo planeta antes de Adán y Eva caer por su rebelión, no existe evidencia alguna que favorezca dicho argumento, ya que la misma composición del verso expresa el día que fue creado.

[1176] Obra original en Ingles: Charles L. Feinberg. The Prophecy of Ezekiel: The Glory of the Lord. Págs. 161-162. Moody Press, Chicago, Illinois. EE. UU 1969.

[1177] Son considerados como los guardianes de la gloria de Dios. Su nombre significa «los próximos» o «los segundos». En la Cábala Judía se considera que tienen funciones místicas. El Zohar, que es una colección muy importante de libros del misticismo judío, dice que los querubines fueron guiados por uno de ellos, llamado Kerubiel según la enciclopedia Judía.

[1178] Génesis 3:24.

Día del hb. *"yom"* es *"edad"* esta palabra comunica el tiempo exacto de su creación, el cual fue el mismo que todo lo existente, y creado del hb. *"bara'"* es *"seleccionar, alimentar"*, esto representa que Dios es el sujeto de este verbo, el único con la capacidad soberana de elegir que hacer y qué no hacer con su creación, haciendo uso de ambas comunica que Dios seleccionó como sería creado Lucifer y cuál sería su posición y función, las piedras preciosas en su vestidura presentan una forma muy similar a la vestidura sumo sacerdotal[1179], los tamborines y flautas indica que su liderazgo tenía que ver con la dirección de la adoración a Dios, eso demuestra cual fue su función.

En relación con su creación y posición, a Lucifer se nombra *"hijo de la mañana*[1180]*"*, se entiende según las Escrituras que el día cuando toda la creación fue originalmente *establecida "las estrellas de la mañana cantaron (Lucifer y sus acompañantes*[1181]*) y los hijos (ángeles) de Dios gritaron de gozo*[1182]*"*, ese mismo día en que todo fue formado y establecido cantaron alegremente a Dios. La expresión hijo de la mañana se puede entrelazar con las estrellas de la mañana, antes de su caída rebelde fue usado por Dios para dirigir la adoración a Él. Al hacer la ilustración de sus vestimentas las cuales tenían que ver con las sumos sacerdotales y, al monte de Dios de Edén que realmente figura su misma presencia y habitación, se entiende que era un ser con acceso ante la santidad de Dios como los sacerdotes la tenían, y el cual su función era estar frente Él adorándole.

Estos argumentos tanto léxicos como bíblicos desmienten la idea de que existía un Edén terrenal antes de la creación y el cual Lucifer gobernaba en la tierra. Todo esto tiene referencias únicas al momento que fue creado y su función como querubín. La vestidura de este querubín le fue dada de acuerdo con su rango y adecuada para su función de adoración, los instrumentos usados eran para las fiestas y procesiones, para dirigir a Dios los honores correspondientes, él había ocupado un lugar de prominencia especial al guardar los asuntos divinos ante Su trono[1183]. Se comprende con todo lo mencionado que al igual que los ángeles, Satanás es un ser creado por Cristo, el creador y sustentador de todo[1184] y cumplía con una función bajo la soberanía del Señor.

Es un ser espiritual

Vestíos de toda la armadura de Dios, para que podáis estar firmes contra las asechanzas del diablo. Porque no tenemos lucha contra sangre y carne, sino contra principados, contra potestades, contra los

---

[1179] Éxodo 28:17-20.

[1180] Isaías 14:12.

[1181] El texto (Job 38:7) expresa las estrellas de la mañana, dando a entender que seguían la dirección del director (el Lucero de la mañana), al seguirla se unían a él, por ello se hace uso de un plural y no de in singular, pero en realidad define que detrás de los muchos estaba uno que los dirigía.

[1182] Job 38:4-7.

[1183] Éxodo 25:20.

[1184] Juan 1:1; Salmos 148:1-5; Colosenses 1:16; Ezequiel 28:13.

gobernadores de las tinieblas de este siglo, contra huestes espirituales de maldad en las regiones celestes - Efesios 6:11-12.

Según las Escrituras se describe a los ángeles como espíritus y a los ángeles caídos en muchos casos como demonios[1185]. Además, el hecho de que se informe que tales seres se encuentran en los lugares celestiales en una batalla que no es física *(sangre y carne)*, también sugiere que Satanás y sus ángeles son seres espirituales. Las Escrituras de igual forma hacen descripción de estos seres como invisibles, lo cual demuestra que son espirituales[1186]. En el Antiguo Testamento muchos comprendieron que libraban batallas de origen espiritual[1187], y según textos antiguos en conjunto del verso presentado se ilustra la batalla de igual forma, espiritual y en oración, sometiéndose el creyente a Dios al hacer su voluntad no yendo directamente contra la hostilidad humana, sino contra aquello que está tras ella[1188]. En esos tiempos era costumbre popular hablar de rangos altos para ilustrar tanto ángeles como espíritus malignos, por el cual se les nombraba *"huestes espirituales de maldad"* y *"fuerzas espirituales malignas"*, esto era una expresión griega idiomática para determinar que eran *"espíritus inmundos"* el cual era un término judío neotestamentario.

La guerra no es una lucha contra filosofías, herejes, sectarios o un gobierno humano. La batalla verdaderamente es contra fuerzas espirituales, ángeles caídos, que, aunque no se puedan ver están alrededor. Es cierto que ningún espíritu maligno puede habitar en un creyente, pero si hostigarlo. No debe ser causa de temor que ellos ataquen al creyente ya que el mismo debe sujetarse a Dios, resistir y solos huirán[1189]. El verso habla de los ángeles caídos como principados, potestades, que ejercen dominio en las tinieblas, huestes espirituales malignos en la esfera celeste. Esto hace referencia a la escala organizada que estos tienen en su propósito y función. La naturaleza de tales seres como bien hemos estado observado no es de carne y hueso, es espiritual, por ello Pablo dice que todos estos *"principados, potestades, gobernadores de las tinieblas y huestes"* son *"espirituales"*, la palabra espirituales del gr. *"pneumatikos"* de *"pneuma"* es algo *"no-carnal"* lo opuesto a natural material, algo sobre lo natural, en este caso la especie presentada en su naturaleza es espiritual. Satanás como parte de esta se entiende que es de igual forma, un ser espiritual que no está separado de dicha naturaleza, recordando que él como ser creado, es de igual forma espiritual, como los otros ángeles, espirituales.

[1185] Hebreos 1:14; Mateo 8:16, 12:45; Lucas 7:21, 8:2, 11:26; Hechos 19:12, 16:14.

[1186] Colosenses 1:16.

[1187] Génesis 32:22-32; Daniel10:10-21.

[1188] Daniel 10:12-13, v.21.

[1189] Santiago 4:7.

Sus rangos de personalidad

Al igual que los ángeles, Satanás posee rasgos que demuestran personalidad. Tales como antes mencionado:

A) Inteligencia[1190].
B) Emociones[1191].
C) Voluntad[1192]

La referencia que se hace de Satanás tanto en el Antiguo[1193] como en el Nuevo Testamento[1194], hacen uso de pronombres que claramente atribuyen personalidad, en el caso de Satanás, se entiende por lo mismo que es una persona. Las designaciones que se analizarán a continuación demostrarán tanto de manera lógica, bíblica, histórica y léxica lo que solo una personalidad puede tener.

Homicida y Mentiroso

Vosotros sois de vuestro padre el diablo, y los deseos de vuestro padre queréis hacer. Él ha sido homicida desde el principio, y no ha permanecido en la verdad, porque no hay verdad en él. Cuando habla mentira, de suyo habla; porque es mentiroso, y padre de mentira - Juan 8:44.

Jesús directamente les dijo que su padre era el diablo. Esto se refiere a la imitación de este por sus pensamientos, palabras y acciones. Mostrando con ello una relación íntima con Satanás al actuar tal como él actúa. Cristo expresa la intención de sus corazones en:

1) *Los deseos de vuestro padre queréis hacer*, demuestra con ello la fuente de las acciones de tales hombres.

2) *Él ha sido homicida desde el principio*, Satanás fue el agente que trajo la muerte a la humanidad en Edén.

3) *no ha permanecido en la verdad, porque no hay verdad en él.*

En Satanás no hay verdad, ni la más mínima pizca de ella, por consecuente lo que en él habita es mentira y engaño puro en su máxima expresión, *al hablar mentira, lo hace conforme a su propia naturaleza (de suyo habla)*. La mentira es la base existencial de su ser, él es el padre de la mentira, mejor dicho, *es la fuente de esta*. Los judíos estaban haciendo una imitación falsa de Satanás, y basado en lo antes mencionado se puede ver que eran:

A) *homicidas*, porque su intención era la muerte Cristo.

[1190] 2 Corintios 11:3.
[1191] Enojo: Apocalipsis 12:17 / Deseo: Lucas 22:31.
[1192] Isaías 14:12-14, 2 Timoteo 2:26.
[1193] Job. Cap. 1.
[1194] Mateo 4:1-12.

B) *mentirosos*, por su afirmación de que Dios era su Padre, pero invalidaban sus mandamientos.

C) *proyectaban una piedad falsa*, vivían una mentira, a los ojos del hombre eran santos, a los de Dios no.

El Señor Jesús explica severamente que el pecado y su consecuencia tiene su origen en el mismo Satanás. Ya que estuvo en la verdad, pero no permaneció en ella, estuvo sirviendo a Dios cumpliendo la función por la cual fue creado hasta el día en el que se halló maldad en él[1195], desde el momento en que nació en él la maldad automáticamente no había verdad y pasó a ser el creador de la mentira, y la consecuencia de ello es las tinieblas. Aquí muestra la incapacidad de Satanás de adquirir todo lo divino y su desprecio a la verdad. Es imposible argumentar contra las afirmaciones de Cristo. Él es la verdad, por lo tanto, no hay mentira en Él. Todo lo contrario, a Satanás, el cual es el asesino original que negó la verdad[1196].

Jesús aquí expone la misma tradición judía, la cual subrayaba que Adán fue llevado a la muerte a causa de la mentira. Como la audiencia del Señor quería darle muerte y estaban rechazando la verdad, su conducta demostró quien era su padre; este tema es uno de carácter espiritual más no étnico. Tres palabras clave en este texto revelan cuál es la naturaleza y proceder de Satanás. La primera es homicida del gr. *"anthropoktonos"* la misma es compuesta de *"anthropos"* que es *"hombre"* y de *"kteino"* que significa *"quitar la vida"*, ilustra a Satanás como el autor del pecado y la muerte, con esto se demuestra cuál es su motivación, la misma es evidenciada en:

1) *Su rebelión ante Dios.*

2) *Hacer que el hombre se revelara en Edén, lo cual tuvo consecuencia de muerte a toda la raza humana.*

3) *Motivar al hombre a que viva en sus placeres pecaminosos y malas acciones sin responsabilidad, como por ejemplo Caín y Abel.*

La fuente de la muerte es el pecado. La otra palabra es mentira, la misma del gr. *"pseudos"* significa *"falsedad"* y comunica lo opuesto a la verdad, esta palabra define la finalidad de sus acciones, que es engañar, y la palabra mentiroso del gr. *"pseustes"* es *"falsificador"* esta define su carácter, la esencia o fuente de la mentira que brota de él. Observando el contexto bíblico, cultural e histórico podemos comprender que las acciones de Satanás están basadas en su misma naturaleza, homicida y mentiroso.

Pecador

El diablo peca desde el principio - 1 Juan 3:8^b.

Satanás practica el pecado desde el principio, eso es que desde el primer momento en que se halló en él maldad se ha mantenido practicándolo, haciendo del pecado una conducta continua y característica de su esencia. El

---

[1195] Ezequiel 28:15.

[1196] Juan 8:32, vv.37-40.

hecho que el ser humano exprese la corrupción del pecado es una evidencia de la existencia, inclinación y propósito de Satanás, todos los hijos del diablo siguen el camino ancho, haciendo del pecado una continuidad, hábito y modo regular de vivir de igual forma que él. Se entiende que el humano se hace hijo del diablo de dos formas:

1) *por nacimiento, gracias a la naturaleza caída.*

2) *imitando su conducta basada en la misma naturaleza mencionada.*

El principio o nacimiento del pecado fue en el corazón de Lucifer[1197]. Las Escrituras hablan claramente el origen exacto del pecado de esa forma. Satanás pecó y fue expulsado de su posición elevada. El pecado, entonces, se encontró en este ser creado por Dios de manera perfecta y sin culpa, esto demuestra que él por libre elección y voluntad, actuó inadecuadamente.

"Según la Biblia, entonces, el pecado se originó en un acto de libre elección en el que la criatura deliberadamente, responsablemente y con una comprensión adecuada de los temas eligió corromper el carácter sagrado de la piedad con la cual Dios había dotado a Su creación... Satanás pecó necesariamente. Dios está justamente enojado con todo el pecado... La negación de la voluntad personal parece ser un dogmatismo filosófico puramente arbitrario, contrario a la visión bíblica. Si Dios está justamente enojado con el pecado, se sigue que el pecador es culpable, cósmicamente, en última instancia, absolutamente... El pecado debe estar dentro de los decretos eternos de Dios en algún sentido en el cual Él no es el autor de ello ... Dentro de los decretos de Dios, hay decretos de permiso de aquellas cosas de las cuales Dios mismo no es el autor. Esto no es un mero permiso de lo inevitable[1198]".

¿Cuál era la naturaleza del pecado de Lucifer? Como lo expresa la biblia misma[1199] fue el *"orgullo"* que brotó en su corazón a causa de su belleza y posición que, al enfocarse en él mismo, y no en su Creador, lo inclinó a una arrogante aspiración[1200] por la cual nació el pecado, y la consecuencia fue la caída. Las Escrituras describen que el carácter del pecado en el corazón de Lucero es una ambición arrogantemente rebelde totalmente contraria al orden divino.

C. I. Scofield hace una ilustración de esta posición hablando sobre Isaías 14: "Los versículos 12-14 evidentemente se refieren a Satanás quien, como príncipe de este sistema mundial (Juan 12:31; 14:30; 16:11; ver Apoc 13:8, nota), es el gobernante real, aunque no visto de las sucesivas potencias mundiales. Tiro, Babilonia, Medo-Persia, Grecia, Roma, etc. (cp. Eze 28:12 - 14). Lucifer, "estrella del día", no puede ser otro que Satanás. Este significativo pasaje apunta al comienzo del pecado en el universo. **Cuando Satanás dijo: "Lo haré", comenzó el pecado**. Ver Ap. 20:10, nota. Para otros casos de dirigirse a Satanás a través de otro, cp. Gen 3:15; Mat 16:22

[1197] Ezequiel 28:15-19.

[1198] Obra original en inglés: Carl F. H. Henry. "Basic Christian Doctrines / El origen y la naturaleza del pecado". [New York: Holt. EE.UU. Rinehart y Winston, 1962].

[1199] 1 Timoteo 3: 6-7; Ezequiel 28:17.

[1200] Isaías 14:12-17.

- 23.15[1201]". En documentos encontrados llamados los Rollos del Mar Muerto, se narra que todos los pecados fueron a causa de una influencia hecha por un espíritu de error. Según el concepto tradicional judío se enseñaba que el maligno había introducido el pecado a la esfera de la existencia, por lo tanto, todos los pecados eran la obra y carácter del maligno. Todo lo antes mencionado demuestra que la fuente del pecado es Satanás, y en consecuencia a ello es pecador.

Adversario

Sed sobrios, y velad; porque vuestro adversario el diablo, como león rugiente, anda alrededor buscando a quien devorar - 1 Pedro 5:8.

Se exhorta al creyente a que este debe ser sobrio y estar alerta. Ser sobrio significa ser *serio en los pensamientos*, es adoptar un enfoque realista de todo lo que nos rodea, el creyente debe ser uno inteligente y ejercitado en el discernimiento. J. Dwight Pentecost afirmó: *"Una persona que no se preocupa de la naturaleza o del carácter del mundo, que es desconocedor de los propósitos y ataques de nuestro adversario, el Diablo, puede permitirse vivir de forma ligera o frívola. Pero aquel que ve la vida como Jesús la ve tiene que adoptar una actitud totalmente nueva, una perspectiva totalmente nueva caracterizada por la sobriedad*[1202]*"*.

El discernimiento saludable por parte del creyente en todos los asuntos serios de la vida trae consigo de la mano una constante vigilancia que lo mantiene alerta para hacer frente a cada ataque de Satanás. Si se nota, el *"adversario"* del gr. *"antidkos"* literalmente significa *"un oponente"*, realmente era uno que se oponía legalmente en las cortes presentando argumentos en contra. El *"diablo"* o mejor dicho el *"calumniador"*, es presentado como un león rugiente el cual busca su presa para devorarla. Esa descripción alude como él intenta atemorizar mediante las persecuciones. Haciendo una observación sobre el reino animal, la presa de los leones son los animales indefensos y enfermos, los más jóvenes faltos de experiencia o los que se apartan de la manada, ellos cazan a sus presas cuando estas se encuentran solas o desprevenidas. Los leones eran vistos como las bestias más feroces y poderosas las cuales llegaron a usarse como figura de un enemigo del pueblo de Dios[1203].

Observando el cristianismo histórico, según la época de Nerón, los creyentes eran servidos como alimento a los leones, esa persecución fue una muy nombrada en esos tiempos, angustia que muchos creyentes atravesaban en diferentes lugares. Esto es una advertencia para que en medio de la persecución o sufrimiento se tenga cuidado, ya que al ilustrar la inclinación

---

[1201] Comentario de la Biblia de Estudio Scofield. Verso citado Isaías 14:12-14 B&H Español; LifeWay Plaza Nashville, TN 37234 Revised ed. (May 1, 2001).

[1202] Obra original en inglés: J. Dwight Pentecost. Your Adversary the Devil. Kregel Publications. Grand Rapids, Michigan. EE.UU. 1997.

[1203] Salmos 22:13.

de la fiera en conjunto de la palabra devorar que en su pensamiento original comunicaba lo que el mar rojo hizo con los egipcios que perseguían a los Israelitas[1204], con eso dio a entender que Satanás desea ahogar a los creyentes como un contrincante astuto que busca al débil, desamparado y adolorido para darle su fin con engaños. Lucifer como *"adversario"* busca que la gente apostate de la verdad. Esta referencia popular antigua es traída por Pedro para que sus lectores comprendieran la seriedad del asunto y la urgencia y responsabilidad del creyente en mantenerse alerta ejercitando seriamente el discernimiento. Con esto se entiende que él como *"adversario"* busca atemorizar para que los que ya están en la verdad se aparten de ella y los que aún no, nunca vengan a ella.

Sus limitantes

No participa de omnisciencia, omnipresencia y omnipotencia por ser creación, de lo contrario sería como Dios. Aunque Satanás es un ser poderoso *no goza de los atributos divinos,* eso incluye los comunicables también[1205]. Él no puede estar en todas partes a la vez. Satanás solo adquiere información como el jefe de los demonios los cuales son muy numerosos[1206]. Dado a sus limitaciones, Satanás no puede tentar personalmente a cada persona de manera individual por no tener la habilidad natural de poder estar presente en todo lugar en la misma esfera de espacio y tiempo. Mediante su sistema tiene una participación conjunta con los ángeles caídos, para poder maniobrar cumpliendo sus malvados propósitos, como no es omnipotente, omnipresente ni omnisciente cuando se menciona a Satanás se entiende que en muchos casos son sus agentes en representación de él. Se considera que Satanás es un ser con límites que no está autorizado por Dios para atravesarlos.

Puede ser resistido

Someteos, pues, a Dios; resistid al diablo, y huirá de vosotros - Santiago 4:7.

Conociendo que Satanás se levantó en guerra contra Dios, no se tiene que esperar saber quién ganó. Dios venció[1207], y en el regreso de Cristo sufrirá su eterna condena[1208]. Aunque él ya está derrotado y su fin está predestinado, hace sus intentos de convencer a los hombres de estar alineados con él, como ser derrotado Satanás perdió terreno (*aclaro: ante Dios nunca tuvo ni la más mínima oportunidad*), entonces se le puede resistir. Este verso expone unos principios para ello:

[1204] Hebreos 11:29.
[1205] Gálatas 5:22-23.
[1206] Marcos 5:9.
[1207] Apocalipsis 12:10-12.
[1208] Apocalipsis 20:10-15.

1) **Someteos:** del gr. *"hupotasso"* que es *"subordinar"*; reflexivamente, obedecer, estar bajo obediencia. Literalmente esto comunica *"humillación"*, en su sentido original es *"alinearse bajo otro"*, esta palabra se aplicaba a los soldados que estaban bajo autoridad de un comandante, el creyente debe someterse a la autoridad y voluntad divina con un corazón dispuesto a ceder el control de su vida. Con eso se describe una sumisión consciente a la autoridad de Dios como regidor soberano del universo. Alguien el cual rendirá lealtad total a Dios, obedecerá sus mandamientos y seguirá su dirección soberana en cada asunto de la vida[1209].
2) **Resistid:** del gr. *"anthistemi"* significa *"ponerse en contra"*, compuesta de *"anti"* que es *"opuesto, por causa de"* comunicando una reacción, y de *"istemi"* que es *"permanecer de pie, ser persistente"* comunicando la intención, como se puede ver una es de carácter externo y otro interno, literal es *"mantener una posición firme en contra"* es no permitir que él seduzca, esto se refiere a no prestarle atención a sus mentiras.

Los textos antiguos relacionados a los asuntos sobrenaturales comunicaban sobre como los demonios huían ante las afirmaciones de hombres con autoridad divina. El enfoque contextual aquí presentado es mucho más que algo espiritual, va en la esfera ética, mejor conocido como la esfera moral. Los principios expuestos en el verso expresan que el creyente debe escoger entre los valores divinos o los del mundo[1210] y, entre la sabiduría de Dios o la sabiduría animal, terrenal y diabólica[1211]. Esto ilustra el panorama de una persona la cual vive en el camino de la paz, es decir, acorde a los valores celestiales, no es parte del sistema de Satanás, por lo tanto, expresa una rebelión abierta y publica a su tirano dominio basado en la capacidad y apoyo de Dios. Con esto se entiende que Satanás como ser caído y derrotado, puede ser resistido.

Dios le pone límites en todo

Dijo Jehová a Satanás: He aquí, todo lo que tiene está en tu mano; solamente no pongas tu mano sobre él. Y salió Satanás de delante de Jehová - Job 1:12.

Existen limitantes puestos sobre las actividades de Satanás, como lo hay para todo lo creado, se debe comprender que el único ser el cual no está sujeto a ley es el autor de ellas, Dios. De esta conversación se aprende sobre las limitaciones que Dios le pone en todo a él:

[1209] Mateo 10:38.
[1210] Santiago 4:4.
[1211] Santiago 3:15-17.

1) *Está obligado a rendirle cuentas a Dios, todos los seres creados tienen la obligación de presentarse ante su Creador*[1212].

2) *Dios en su omnisciencia conocía de ante mano que Satanás tenía la intención de atacar a Job, esto demuestra que si no le había atacado antes era porque Dios no lo permitía*[1213].

3) *Satanás puede estar en un solo lugar a la vez*[1214].

4) *No tiene la capacidad de penetrar la mente para predecir el futuro conforme el pensamiento humano, de poder hacerlo y saberlo, habría sabido que Job resistiría la presión y no perdería su tiempo*[1215].

5) *No puede hacer nada sin el permiso de Dios.*

6) *Dios le coloca a Satanás hasta qué punto puede llegar, aunque Satanás trabaje pensando en sus propósitos personales, siempre cumple con los divinos*[1216].

La respuesta de Satanás a Dios[1217] demuestra que él es un ser real y activo, pero de igual forma que es un ser limitado y bajo autoridad. No está autorizado a ejercer ninguna acción fuera el propósito y voluntad de Dios.

Su estado original y caída

Fue un ser privilegiado

Vino a mí palabra de Jehová, diciendo: Hijo de hombre, levanta endechas sobre el rey de Tiro, y dile: Así ha dicho Jehová el Señor: Tú eras el sello de la perfección, lleno de sabiduría, y acabado de hermosura. En Edén, en el huerto de Dios estuviste; de toda piedra preciosa era tu vestidura; de cornerina, topacio, jaspe, crisólito, berilo y ónice; de zafiro, carbunclo, esmeralda y oro; los primores de tus tamboriles y flautas estuvieron preparados para ti en el día de tu creación. Tú, querubín grande, protector, yo te puse en el santo monte de Dios, allí estuviste; en medio de las piedras de fuego te paseabas. Perfecto eras en todos tus caminos desde el día que fuiste creado, hasta que se halló en ti maldad - Ezequiel 28:11-15.

Dios mismo habla a Isaías y le menciona cuál era el estado original de Lucifer, aquí se puede observar los privilegios que él tenía, tales eran:

1) ***Sello de la perfección***: El texto hebreo de manera literal afirma *"tú quien sella la medida"*. Se incluía en el pensamiento real asirio antiguo el título de *"hombre perfecto/rey perfecto"* con el cual se daba a entender que la persona tras la figura usada era como un sello de estampar finamente tallado, el cual a menudo era elaborado con

[1212] Job 1:6.
[1213] Job 1:8-11.
[1214] Job 1:6-7. Nótese que dice: de rondar la tierra, demuestra que no tiene la facultad omnipresente.
[1215] Job 1:9-11.
[1216] Job 2:6.
[1217] Job 1:7.

piedras semipreciosas y su uso era como una marca de identidad y protección de las leyes reales. Eso demuestra su estado original como *"un ser perfecto que cumplía su función"*. La cuestión aquí es que habla en pasado, *"tú eras"*, lo cual se entiende que le habla luego de caer y le expresa con la figura del sello que cuando él fue creado originalmente por Dios era la *perfección de la sabiduría y hermosura*, esto insinúa que Lucifer era el ángel más sabio y hermoso de los creados por Dios, y sirvió al Señor en santidad y justicia por un lapso. Él era de hermosura perfecta.

2) ***Vestidura de piedras preciosas:*** Como antes mencionado, era una relación a la vestidura del sumo sacerdocio[1218]. El cual tenía acceso a la presencia divina. Con esto se entiende que uno de sus privilegios era el acceso ante la presencia de Dios. El pectoral del sumo sacerdote contenía 12 piedras preciosas[1219], de las cuales algunas son mencionadas en el verso. Los reyes utilizaban una prenda llena de piedras preciosas en la cabeza o en una banda / turbante no en el pecho. En tiempos antiguos una prenda llena de gemas era sinónimo de grandeza y alta posición. Con esto se entiende el privilegio que Lucifer tenía en su alta posición dada por Dios.
3) ***Grande y protector en el santo monte de Dios:*** Como bien se explicó anteriormente, el monte estaba relacionado al lugar o habitación de la deidad. El *Santo monte de Dios* con el *Edén* mencionado en el mismo verso *(no es el mismo Edén donde Dios colocó a Adán*[1220]*)* ambos tienen que ver con la presencia de Dios. Lucifer tenía participación protegiendo asuntos divinos de importancia como querubín que era[1221].
4) ***Perfecto:*** Lucifer era un ser perfecto según lo que Dios mismo mencionó a Isaías, eso era en el sentido de *rectitud moral e integridad.* El punto de partida de su perfección moral e integridad estaba basado en su creador, nótese que el mismo verbo recae sobre quien le formo, *"desde el día en que fuiste creado"* no aludiendo que la perfección moral y su estado integro yacían en sí mismo, sino más bien en otra fuente, Dios. El fin de su integridad y rectitud se vio *"hasta que se halló en ti maldad"*, la palabra *"hallar"* del hb. *"matsa"* es *"acontecer, aparecer"* es cuando algo hace acto de presencia. El fin de su perfección moral integra se vio cuando él trajo a sí mismo la maldad al hacerla presente.

"Se despertó en el primer momento de su existencia en la belleza y el poder de su posición exaltada; rodeado de toda la magnificencia que Dios le dio. Se veía a sí mismo como el más poderoso en todas las huestes de poder,

[1218] Éxodo 28:17-20.
[1219] Éxodo 39:10-13.
[1220] Génesis Cap. 3.
[1221] Como bien se menciona anteriormente sobre los querubines. Eran protectores de la Santidad divina.

sabiduría y belleza. Solo en el trono de Dios mismo vio más de lo que él mismo poseía, y es posible que incluso en algún sentido no fuera completamente visible para los ojos de la criatura... Antes de su caída se puede decir que ocupó el papel del primer ministro para Dios, gobernando posiblemente sobre el universo, pero ciertamente sobre este mundo[1222]". Como bien hemos observado, Lucifer fue un ser privilegiado por Dios.

Su pecado

Tú que decías en tu corazón: Subiré al cielo; en lo alto, junto a las estrellas de Dios, levantaré mi trono, y en el monte del testimonio me sentaré, a los lados del norte; sobre las alturas de las nubes subiré, y seré semejante al Altísimo - Isaías 14:13-14.

Las Escrituras enseñan que Lucero a partir de su estado intachable y glorioso pecó tornándose a un ser injusto y perverso, es decir, de ser moralmente recto e íntegro, a ser inmoral e inicuo. Pero *¿cuál fue exactamente la naturaleza de su pecado?* Según lo revelado a Isaías se presentan indicaciones de sumo interés lo cual no se debe, ni se puede pasar por alto. La iniquidad en Lucifer vino por un acto auto espontáneo en su corazón, ya que, en él, Dios había hecho una combinación de poder y belleza otorgándole autoridad y privilegios. El comienzo del pecado tuvo partida en lo más profundo de sus intenciones.

Su corazón por un acto voluntario se volvió inicuo. El origen exacto del pecado según lo narra las Escrituras fue en Lucifer. Por lo tanto, fue expulsado de su posición elevada convirtiéndose en Diablo/Satanás. El pecado, se encontró en esta criatura perfecta la cual fue creada en pureza. La pregunta que suscita a toda esta narración es *¿Dios fue el culpable del pecado?* la respuesta es No. Aunque Dios en su suprema soberanía permitiera que el pecado fuera incluido en su plan eterno para la manifestación de su gracia a la creación. Él nunca asume la responsabilidad del pecado, incluyendo la decisión y acción de Lucifer, por la sencilla razón de que está contrario a su esencia. Lucifer goza de voluntad, intelecto y emociones, eso trae consigo de la mano una responsabilidad moral, entonces se entiende que él fue responsable por sí mismo de su motivación y acción.

Las Escrituras proyectan el proceso y producto del pecado en Lucero, comienza diciendo *"Tú que decías en tu corazón"*, aquí hay dos palabras importantes para comprender el mismo, la primera es la *"decías"* del hb. *"'amar"* y significa *"permanecer, afirmar"* esto comunica una meditación profunda sobre algo o alguien, es el pensamiento de expresión interna, esto da entender que él lo veía como un hecho. La otra es *"corazón"* del hb. *"lebab"* este caso es el asiento del sentir y el actuar, describe la disposición interna la cual impulsa la ejecución de un acto externo, la cede de las

[1222] Donald Gray Barnhouse. La Guerra Invisible. Editorial Vida; (Febrero 7, 2002).

expresiones. El Pecado de Lucero era que el veía como un hecho lo que en su motivación errada deseaba, y estaba dispuesto a ejecutarlo de forma arrogante. Es exactamente lo que hoy muchos creyentes le llaman fe *(la fe se ajusta a Dios y sus órdenes, no trata de ajustarlo a Él al placer personal)*, sin percatarse que no lo es, ya que la motivación y su fin son errados, eso se puede observar en:

A) **Subiré al cielo:** Deseaba ocupar el mismo lugar que Dios ocupa.
B) **Sobre las estrellas** (ángeles[1223]) **de Dios levantaré mi trono:** Deseaba elevar su trono por encima del de Dios para gobernar sobre Él y los ángeles, ya que al someter al creador *(caso imposible de lograr)* sometería a la creación.
C) **En el monte del testimonio me sentaré, en el extremo norte (sea sobre la asamblea angelical o sobre el trono mesiánico):** Según la literatura antigua, el monte del testimonio se refiere al lugar donde Dios moraba y tomaba las decisiones, ese lugar era uno alto el cual estaba ubicado en "zaphon" que significa norte[1224] en hebreo, donde se ponía el sol y alumbraba todo a su paso, eso ilustraba un lugar glorioso lleno de luz el cual solo los elegidos por Dios podían presenciar sus actos en dicho espacio, de modo con esto se demuestra que su ambición era gobernar rigiendo una tiranía siendo él el centro de atención y luz que todo resplandece.
D) **Sobre las alturas de las nubes subiré (tomar la gloria de Dios):** Quería la gloria que solo le pertenece a Dios[1225].
E) **Seré semejante al Altísimo (ser amo soberano):** Su meta final era ser el "Elyon" lo cual destacaba la fortaleza y soberanía divina como el verdadero Dios-creador. Lucero quería tomarse el lugar de creador aun sin este tener parte en ello y mucho menos el poder de ejecutarlo.

Con esto se comprende que el pecado de Satanás fue el orgullo[1226] anhelando una posición inadecuada a su persona que solo Dios la puede tener por ser quien es. Su pecado es caracterizado por *querer ser como Dios*, por consecuente es un imitador *"seré semejante al Altísimo"*.

Su castigo

Su castigo el cual ya ha sido nombrado está basado en su acción voluntaria de rebelión a Dios, su nombramiento como culpable en la cruz del calvario por Jesucristo, y en los postreros tiempos, en el regreso inminente del Señor Jesús al establecer su reinado y echarlo para siempre a

---

1223 Job 38:7.
1224 Salmos 48:2.
1225 Isaías 19:1; Éxodo 16:10.
1226 1 Timoteo 3:6.

su tormento eterno. Los juicios a Satanás y su final castigo están ilustrados a lo largo de las Escrituras:

1) **Arrojado de su posición original celestial**[1227]**:** Este arrojamiento tiene dos etapas, la primera se vio cuando este perdió su lugar y posición servicial, ya que él ocupaba un lugar privilegiado y puro desde su creación y a causa de su pecado se enalteció y fue rechazado. La segunda se verá consumada cuando su posición en el soberano dominio de Dios terminará en ese momento el cual en medio de la tribulación será lanzado al abismo y suelto por un tiempo será lanzado al lago de fuego eternamente[1228].
2) **Su fin es mencionado en Edén**[1229]**:** En medio del suceso en Edén, Dios no plantea ninguna interrogación a la serpiente como con Adán y Eva. Dios hace un juicio directo sobre la serpiente *(Lucifer)*, tal juicio el cual Cristo tiene que ver con este, resultaría que golpearía a Satanás en la cabeza, mientras él lo hace en el calcañar de la simiente, esto ilustra una herida mortal y dolorosa la cual en medio del sufrimiento se declararía la victoria, así como él usó una mujer para hacer caer a la humanidad, mediante la mujer Dios traería el medio victorioso, aunque doloroso, para consumar su juicio.

   La serpiente se entiende según historiadores que gozaba una posición alta en el reino animal antes de la caída, y a causa de lo sucedido pasó de lo alto a lo más bajo, todo el reino animal se vio afectado a causa del pecado[1230], la forma de la serpiente y su movimiento se vieron alterados a tal grado que comería polvo, esto ilustra humillación[1231], el polvo en la literatura antigua era considerado como parte del mundo subterráneo para describir el sepulcro, en sí aludía el polvo en la boca del cadáver, con eso se dio a entender que su humillación lleva en sí muerte y la incapacidad de volver a dañar, ya que solo una serpiente con la cabeza en alto puede causar una mordedura, pero mientras su cabeza está en el suelo no. Su fin se establece en dos etapas de igual forma, se entiende que habla de:

   A) *la cruz, el lugar del juicio divino.*
   B) *el arrojamiento antes mencionado.*
3) **Mediante el Sacrificio de Cristo**[1232]**:** La ira divina caería sobre Cristo en la cruz del calvario, mediante tal juicio Dios derrotaría a Satanás al hacer expiación por todo el pecado, ya que el pecado es el medio legal por el cual Lucifer tiene dominio sobre los hombres en una tirana esclavitud, al ser expiado, significa que es quitado, dejando a Satanás sin derecho legal alguno a menos que el hombre

[1227] Ezequiel 28:16.
[1228] Apocalipsis 20:1-10.
[1229] Génesis 3:14-15.
[1230] Jeremías 12:4; Romanos 8:20.
[1231] Miqueas 7:17; Isaías 65:25.
[1232] Juan 12:31.

le de la libertad a ese derecho al negar la misericordia del Padre mediante el Hijo, en la cruz se establece:

A) *La condenación y juicio de los que rechazan, el mundo en ese entonces estaba a punto de crucificar al Señor Jesús, al hacerlo se condenó a sí mismo.*

B) *La victoria definitiva, el destino de Satanás fue sellado. Cristo derrota a Satanás en la cruz*[1233].

4) **Expulsado de la esfera celeste en la Tribulación**[1234]**:** Como antes mencionado, si antes fue rebajado a humillación, en medio de ese hecho futuro será doblemente humillado, a causa de ello se levantará el Anticristo rompiendo su pacto de siete años con Israel, y enfurecido le atacará[1235]. Cabe aclarar que será solo una acción de Satanás en su intento de derrocar el plan divino, si nos vamos al propio contexto histórico, Dios condujo a su pueblo fuera de Egipto introduciéndolo al desierto y preservándolo[1236], otros textos de igual forma mencionan como Dios ampara a su pueblo bajo Sus alas[1237], esto recuerda la provisión milagrosa del desierto con el suministro de maná para sustentarlos. A pesar de sus intentos llenos de ira contra Israel, Dios preservará a los elegidos que Él en su soberanía tenga para su plan, sin importar que a causa de su expulsión lleno de ira ejecute sus acciones.

5) **Confiando al abismo**[1238]**:** Se menciona mil años, en latín se conoce como *millennium*, de ahí deriva lo que hoy conocemos como milenio, en ese tiempo Cristo reinará en la esfera terrícola[1239], Satanás queda imposibilitado para ejercer sus malignas funciones y en medio de ese tiempo se vivirá un ambiente de:

A) *Justicia*[1240].

B) *Paz universal*[1241].

C) *Un alto incremento en la productividad de la tierra*[1242].

Esto demuestra el gran contraste que hay entre Dios y Satanás, él mata, hurta y destruye, mientras que Cristo vivifica, otorga dádivas y edifica. Luego de cumplirse mil años Satanás será liberado de su prisión para hacer su último intento fallido de derribar a Cristo[1243]. Aquí se puede observar el proceso de su sentencia, el cual es sujeto mil años, histórico culturalmente, se acostumbraba a tener a los enjuiciados presos en la cárcel de la corte, para luego pasarlos a juicio y de ahí cumplieran su sentencia, el *"pretorio"* o *"guardia*

[1233] Colosenses 2:14-15.
[1234] Apocalipsis 12:13.
[1235] Daniel 4:32, 7:25, 9:27, 12:7.
[1236] Éxodo 19:4; Deuteronomio 32:11.
[1237] Salmos 17:8, 36:7, 57:1, 61:4, 63:7, 91:4; Jeremías 49:22.
[1238] Apocalipsis 20:2.
[1239] Isaías 2:3; Daniel 7:14; Zacarías 14:9.
[1240] Isaías 11:3-5.
[1241] Isaías 2:4.
[1242] Isaías 35:1-2.
[1243] Apocalipsis 20:7-9.

pretoriana" era parte del servicio del tribunal de justicia, la guardia que cuidaba de los asuntos de un gobernante en particular y de forma exclusiva, en o fuera de la ciudad. En este caso se hace uso de la ilustración para dar entender que Satanás está bajo custodia para pasarlo a juicio y de ahí a cumplir su sentencia.

6) **Lanzado al lago de fuego eternamente[1244]:** Aquí se marca el final de la historia de Satanás y su influencia sobre el mundo, y, de hecho, el final de él en su parte en la creación de Dios. Satanás estará en el mismo lugar donde mil años antes de que él fuera liberado para cumplir su condena fueron lanzados la bestia y el falso profeta[1245]. La magnitud de este juicio se demuestra en que es uno de carácter eterno. Esto da entender que, así como es un castigo eterno, de igual forma el enjuiciado a vivirlo *(Satanás)* no tiene poder eterno, su condenación es segura. Aquel que comenzó su obra maligna en la humanidad en un principio[1246], y la continúa en este tiempo presente[1247], tendrá su fin en la era futura, al nunca ser librado de ese fuego atormentador, el que era una amenaza para la humanidad, terminará viviendo bajo el tormento en la eternidad.

Con esto se comprende todo el proceso por el cual Satanás ha sido atravesado desde el Edén hasta la era futura a causa de su pecado y maldad. La obra malvada de Lucifer para con la humanidad se demuestra en varios puntos:

A) **Contra la humanidad de Cristo:** El hecho que lo tentara en el desierto[1248] es una demostración eficaz de su odio hacia Dios y la humanidad, tratando así de frustrar la obra divina del Señor Jesús para con el hombre[1249].

B) **Contra toda nacionalidad:** Satanás en su campaña de odio hacia Dios y el hombre hace uso del engaño a las naciones, por el cual en la era futura reunirá sus agentes, así como lo logró al ser echado del cielo llevándose consigo una cantidad de ángeles engañados[1250].

C) **Hace uso de la naturaleza corrupta del hombre para infundir incredulidad:** Satanás, esclavizando con el pecado, lo utiliza para crear el panorama de la auto complacencia, cegando así el entendimiento de los no creyentes[1251] al arrebatarles la palabra ya sembrada[1252], los utiliza para que se opongan a toda obra divina[1253].

D) **Hace el intento de manchar el nombre y obra de Jesús en los creyentes:** Satanás hace el intento de llevar al creyente a que

---

[1244] Apocalipsis 20:10.
[1245] Apocalipsis 19:20.
[1246] Génesis 3:1-6.
[1247] 1 Pedro 5:8.
[1248] Mateo 4:1-11.
[1249] Mateo 2:16, 16:23; Juan 8:44, 13:27.
[1250] Apocalipsis 16:13-14, 20:3.
[1251] 2 Corintios 4:4.
[1252] Lucas 8:12.
[1253] Apocalipsis 2:13.

mienta[1254], ya que la mentira está ligada al pecado va contra la misma naturaleza verdadera y limpia de Dios. de lograr que el creyente mienta o no, levanta calumnias en su contra[1255] para así estorbar la obra por la cual fue llamado[1256] haciendo uso de sus agentes caídos para intentar derribarlo de varias formas[1257]:

1) *Cometer actos inmorales*[1258].

2) *Sembrando cizaña entre cada uno*[1259].

3) *Con persecuciones como un acto externo*[1260].

4) *Con falsos maestros y sus doctrinas como un acto interno*[1261].

Así como las Escrituras demuestran el objetivo de Satanás en derrumbar la obra divina, y al ser humano, y en especial a los creyentes. También revela la defensa que cada hijo de Dios tiene contra sus ataques. Como bien se sabe, Dios es, sobre todo, y siempre es y debe ser lo fundamental en cada asunto, por ello se entiende que la primera defensa que el hijo de Dios tiene contra Lucifer y sus agentes caídos es la obra intercesora de Cristo[1262]. El Señor rogaba al Padre para que los creyentes fuesen guardados *"preservados"* del maligno, en su obra sumo sacerdotal intercede por el creyente compadeciéndose del mismo, comprendiendo lo que siente cuando lo atraviesa[1263]. Aunque es saludable comprender que Satanás es utilizado en muchos casos para cumplir los propósitos divinos y así el creyente se beneficie[1264], el cristiano no puede bajar la guardia[1265] y su expectativa ante los motivos de Satanás[1266] *(implantar incredulidad, inclinar a la inmoralidad, plantar cizaña, persecuciones y falsas doctrinas)*.

El otro factor de carácter general yace en que el creyente debe hacerle frente, eso se logra haciendo resistencia haciendo uso de los recursos divinos[1267] para no ser presa fácil de sus artimañas. Queda claro con esto que Dios ha dejado provisto varias cosas:

1) *La derrota definitiva del poder de Satanás*.

2) *La derrota definitiva del dominio del pecado*[1268].

3) *La victoria definitiva en Cristo para que el creyente la disfrute*.

Se observó cada punto cobre el origen de Satanás, y las doctrinas bíblicas sobre él. Ahora tocaré otro punto importante el cual va de la mano a la Angeología y Satanología, y es la Demoniología.

1254 Hechos 5:3.
1255 Apocalipsis 12:10.
1256 1 Tesalonicenses 2:18.
1257 Efesios 6:11-12.
1258 1 Corintios 7:5.
1259 Mateo 13:38-39.
1260 Apocalipsis 2:10.
1261 2 Timoteo 3; Mateo 7:13-20; Mateo 24:3-30; 2 Pedro 2:1-3; 1 Juan 4:1.
1262 Juan 17:15.
1263 Hebreos 4:13-15; 1 Juan 2:1.
1264 2 Corintios 12:7.
1265 1 Pedro 5:8.
1266 Judas 8-9.
1267 Santiago 4:7; Efesios 6:11-18.
1268 Romanos 6:5-11; Gálatas 5:24.

La *Demoniología* es el estudio acerca de la naturaleza y las cualidades de los ángeles caídos, por así decirlo es *la doctrina de los demonios*.

Su origen

Existe un concepto griego pagano que afirma que los demonios son almas de las personas fallecidas las cuales eran malas en el lapso que vivieron en la tierra, incluso existe una creencia la cual afirma que son espíritus desencarnados de una raza pre-adámica, no existe registro bíblico sobre dicha raza, y las Escrituras no dan referencia a ello en su propio contexto léxico e histórico cultural. Por lo tanto, ambas referencias deben ser tomadas como teorías. Lo que se logra comprender está narrado en las Escrituras, y todo aquello que esté fuera de su marco puede causar confusión al lector. Las Escrituras exponen la temática de los Ángeles caídos. Lucifer el cual ya estudiamos anteriormente es uno de ellos, y es llamado el príncipe de los demonios[1269], al ser nombrado de esa forma se entiende por lógica y basándonos en el mismo léxico que los ángeles caídos son demonios y no las almas de los hombres malvados que murieron y mucho menos una raza pre-adámica.

Basado en el estudio anterior de Angeología, se vio los diferentes rangos angelicales existentes y sus funciones, de igual forma con los caídos, el hecho que sean caídos no quita que perdieran su organización, inteligencia y motivaciones, por lo tanto, es razonable comprender que los demonios son ángeles caídos y las mismas Escrituras exponen que algunos de ellos están confinados a prisiones oscuras a causa de la participación del pecado[1270].

Sus características

La naturaleza de los demonios

Y cuando Jesús vio que la multitud se agolpaba, reprendió al espíritu inmundo - Marcos 9:25.

En tales tiempos era costumbre que los exorcistas intentaran someter a los demonios con sus conjuros invocando espíritus superiores usando raíces con olores desagradables y técnicas de sujeción mediante el dolor. Pero Cristo hace uso de una orden verbal, con ello demostró su autoridad divina. Esto lleva a comprender al menos tres cosas, una del carácter divino creativo y dos del carácter angelical caído, lo primero es, como antes mencionado, Jesús es el creador[1271], Él fue quien creó a los ángeles, ellos como seres creados estaban y están sujetos a la autoridad divina, por consecuente están obligados a obedecerle, la autoridad de Jesús se demostró en la obediencia

[1269] Mateo 12:24.
[1270] Génesis 6:1-4; 2 Pedro 2:4; Judas 6.
[1271] Colosenses 1:16-17.

de estos al sujetar sus acciones a la orden. En relación con la naturaleza de estos ángeles es mencionado por Marcos como:

1) *Espíritus*: demuestra que son seres espirituales, el hecho que se revelaran contra Dios no les quitó su orden, intelecto, y especie, son ángeles sin pureza, sin luz, llenos de tinieblas, pero siguen siendo seres espirituales.

2) *Inmundos*: esto refleja la magnitud de su delito, y como Dios ve todo aquello que esté contrario a sí mismo, esta palabra del gr. *"akathartos"* significa *"impuro"*, habla en sentido negativo para ilustrar algo o alguien ceremonial y moralmente sucio, de ahí parte que es demoniaco.

Esto demuestra que son seres espirituales en su naturaleza con una condición sucia ante Dios.

El intelecto de los demonios

Tienen conocimiento sobre Jesucristo

!Ah! ¿qué tienes con nosotros, Jesús nazareno? ¿Has venido para destruirnos? Sé quién eres, el Santo de Dios - Marcos 1:24.

Los rabinos de esa época entendían que los demonios tenían un conocimiento sobrenatural que los seres humanos no; por esa razón para cada lector no debe ser algo sorprendente que los demonios reconocieran la identidad de Jesús la cual en ese entonces no era reconocida por su mismo pueblo. Aquí se pueden comprender dos cosas, la primera que este demonio hablaba como si estuviera unido al hombre, la segunda que era el principal de los demonios y que ese hombre tenía una legión en sí, sea cual sea el caso, el demonio o el principal de ellos menciona varias cosas que demuestran el conocimiento que tienen los demonios sobre Cristo:

1) Afirma tener conocimiento de Él *"Sé quién eres"* es imposible no conocer a quien los creó y le servían en la majestad de su gloria celestial.
2) Menciona su final en cada obra llevada a cabo por ellos y su sentencia *"has venido para destruirnos"* que literalmente es *"has venido para estorbarnos"* aquí reconocen la autoridad divina de Jesús para detener sus funciones y el final que les espera.
3) Mencionó su nombre, *"Jesús"* conocían su persona específicamente.
4) Mencionó donde nació *"nazareno"* reconocían su perfecta humanidad.
5) Mencionó su verdadera identidad *"Santo"* este siempre fue un título utilizado para Dios en los tiempos del Antiguo Testamento, pero el término *"Santo de Dios"* significa la *"diestra de Dios"*, esto daba entender aquel quien es aprobado por Dios, con esto comprendía que Cristo era intachable, puro en todos los sentidos tanto moral como ceremonial.

6) Mencionó quien lo envió *"Dios"* el enviado tenía la misma autoridad de quien le envió, por consecuente ellos reconocen la divinidad de Cristo. Con esto se comprende que *los demonios tienen un conocimiento (intelecto) claro de quien es Jesucristo a totalidad.*

Tienen conocimiento de su sentencia

¿Qué tienes con nosotros, Jesús, Hijo de Dios? ¿Has venido acá para atormentarnos antes de tiempo? - Mateo 8:29.

Las Escrituras enseñan que al final de los tiempos Satanás y sus agentes serán colocados en el lago de fuego el cual arde con azufre[1272]. Cuando le preguntan directamente al Señor *¿Has venido acá para atormentarnos antes de tiempo?* Al afirmar *"antes de tiempo"* significa claramente *"antes del juicio"*. Se pueden observar tres cosas:

1) *Los demonios no tenían conocimiento que el Mesías vendría en dos etapas* (primera y segunda venida).

2) *Reconocían la divinidad de Cristo y su autoridad soberana.*

3) *Lo dijeron en forma de asombro conociendo que Dios es fiel en sus cumplimientos y que su fin había acabado en ese instante.*

En mi opinión me inclino al primer y segundo punto, ya que ellos dieron a entender que tenían conocimiento de su sentencia, y se comprendía que la misma tendría comienzo con el juicio divino mediante el Mesías. En los tiempos de Jesús hubo un despertar demoniaco a causa de la misma presencia de Cristo.

William Barclay comenta sobre la creencia popular que se manejaba en esos tiempos acerca de la presencia abundante de los demonios: *"El mundo antiguo creía incuestionable e intensamente en los malos espíritus. El aire estaba tan lleno de estos espíritus que no era posible insertar en él la punta de una aguja sin encontrarse con alguno. Algunos decían que había siete millones y medio de ellos; había diez mil en la mano derecha de cada persona, y otros diez mil en su izquierda; y todos estaban esperando la oportunidad para hacer daño[1273]"*. Se entiende que la santidad de Cristo hizo un revuelto en el plano donde estos ángeles caídos se movían. Aquí los demonios reconocieron, en contraste con los judíos, la deidad de Jesús, ya que Jesucristo mismo es el juez divino[1274] el cual en su tiempo establecerá todas las cosas, y al reconocer la soberanía de Jesús y su autoridad para ejecutar el cumplimiento de Sus juicios, se demuestra que tenían pleno conocimiento de su sentencia.

[1272] Apocalipsis 20:1-10.

[1273] William Barclay. Comentario al Nuevo Testamento. Mateo 8:29. Pág. 86. Editorial CLIE. C/Ferrocarril 8. Viladecavals, Barcelona, España. 2006.

[1274] Hechos 17:30-31.

Tienen conocimiento del plan de salvación

Tú crees que Dios es uno; bien haces. También los demonios creen, y tiemblan - Santiago 2:19.

La unidad de Dios como bien se le conocía *"Shemá"* es una creencia fundamental no solo del judaísmo, sino que es la verdad revelada en las Escrituras sobre Dios[1275], el contraste consiste en que si se dice creer en dicha doctrina se debe demostrar por las obras que se expresan, deben ser buenas, así como la doctrina lo es. Esto demuestras dos cosas:

1) *Los demonios tienen pleno conocimiento del carácter de Dios y su inclinación por salvar.*

2) *Están imposibilitados de cumplir buenas obras.*

Se debe comprender que el mismo contexto del verso expresa como Santiago cuestiona a las personas que hacen énfasis en centrar una fe la cual carece de expresión práctica, con esto muestra la nulidad de la misma, dando a entender que no basta con creer en Dios solamente, sino que la fe verdadera se expresa en la práctica de esta, al igual forma los demonios también conocen que Dios es uno y temen a Él pero son incapaces de cumplir lo bueno. El objetivo de la presentación divina yace en que Dios debe ser el objeto supremo del afecto humano, eso da entender que el propósito por el cual Dios se muestra es para salvar, y eso los demonios lo saben.

Se entiende que una vida equilibrada goza de dos componentes en conjunto:

A) *Pensamiento.*

B) *Acción.*

Es imposible que una no esté acompañada de la otra, de ser así, y actuar por separado habría una disfunción. Eso involucra que el ser pensante ejecute lo que planificó, sería sumamente ilógico que un ser fuera medio ser, pensar sin actuar o actuar sin pensar, para ser funcional debe tener ambas, los pensamientos deben ser traducidos en acciones, la fe debe rebosar las obras de aquél en quien se cree. Las acciones deben estar basadas en los principios, los demonios con esto se demuestran que no son seres funcionales, tienen el pensamiento correcto, *Dios existe*, Él nos creó, nosotros le vimos cara a cara, y basado en ello conocen su fin, pero están imposibilitados de ejecutar acciones gratas a Dios. En una vida equilibrada debe haber fe, y las obras son las que expresan la misma, es decir, el comportamiento comunica lo que realmente se cree y en quien se cree.

Los demonios creen, pero se estremecen al pensar en el castigo que recibirán por parte de Dios. *Conocen la realidad, pero están incapacitados de vivir en conformidad a ella.* La fe sin obras es una que solo se maneja en el plano intelectual, y por ello su resultado es sin valor alguno. Los demonios tienen conocimiento de la realidad de la salvación y el producto de una fe

[1275] Deuteronomio 6:4-5.

saludable, aunque estos no tengan la capacidad de vivirla, y tiemblan de terror porque entienden que hay salvación en Dios y ellos no pueden ser parte de esta.

Tienen un sistema doctrinal errado bien desarrollado

Pero el Espíritu dice claramente que en los postreros tiempos algunos apostatarán de la fe, escuchando a espíritus engañadores y a doctrinas de demonios; por la hipocresía de mentirosos que, teniendo cauterizada la conciencia, prohibirán casarse, y mandarán abstenerse de alimentos que Dios creó para que con acción de gracias participasen de ellos los creyentes y los que han conocido la verdad - 1 Timoteo 4:1-3.

Como antes mencionado, uno de sus propósitos es difundir engaño doctrinal. La herejía es demostrada aquí como algo contrario al propósito divino. Las falsas enseñanzas según el verso son de carácter demoniaco, y las mismas son esparcidas por personas hipócritas y mentirosas, hipócritas por la incapacidad de producir una vida justa viéndose obligados a falsificar la piedad y mentirosos porque su raíz es la misma mentira que proviene del padre de mentira, por ello se cataloga como diabólicas. La falsedad doctrinal promueve que todo aquello que Dios creo para un disfrute organizado y en agradecimiento sea anulado, si se nota, Pablo menciona dos cosas que se prohibían:

1) *Los alimentos.*

2) *El matrimonio.*

Ambas son necesidades, el alimento como medio de subsistir y el matrimonio como organismo establecido por Dios, la familia. La primera da sostén a la segunda, y la segunda es el núcleo de la sociedad, por ende, se entiende que la falsedad doctrinal inspirada en el mismo corazón de Satanás busca corromper el orden divino en todas las esferas.

Tales doctrinas las cuales en este contexto era el gnosticismo en Éfeso buscaban corromper la verdad, y en el contexto general se entiende que todas las falsas enseñanzas son propagadas por personas no solo hipócritas y mentirosas, sino también con una conciencia cauterizada. La cauterización era la acción de quemar con un hierro ardiente. La misma se utilizaba para marcar los animales y a los esclavos indicando así que eran pertenecientes a un amo. Este término también se usaba para referirse al procedimiento usado por los médicos griegos para quemar una herida y cicatrizarla. Así el área quemada quedaba anestesiada e insensible. Esto da entender que los falsos maestros con sus falsas enseñanzas están conducidos por demonios, y su conciencia es esclava e insensible demostrando con sus doctrinas y acciones a quien pertenecen, a Satanás.

Esto expone su actual estado inmoral y que su fin es conducir a la misma con un sistema herético bien organizado.

Su actividad

Tratan de frustrar los planes divinos[1276]

Y vi salir de la boca del dragón, y de la boca de la bestia, y de la boca del falso profeta, tres espíritus inmundos a manera de ranas; pues son espíritus de demonios, que hacen señales, y van a los reyes de la tierra en todo el mundo, para reunirlos a la batalla de aquel gran día del Dios Todopoderoso. He aquí, yo vengo como ladrón. Bienaventurado el que vela, y guarda sus ropas, para que no ande desnudo, y vean su vergüenza. Y los reunió en el lugar que en hebreo se llama Armagedón - Apocalipsis 16:13-16.

En la visión Juan observa a tres espíritus impuros que provienen de la boca del dragón, la bestia y del falso profeta. Esos espíritus obrarán milagros para engañar a los gobernantes e incitarán a una batalla. El Señor menciona una cobertura especial sobre los santos, los que están esperando su regreso, guardándose puros de la idolatría de que se levantará. Cristo vendrá a los no redimidos como lo hace un ladrón, eso tiene por significado que les causará estragos. Ya que los ejércitos del mundo se reunirán en el Armagedón *(Montaña de Meguido*[1277] *hecho que abundaré más adelante)* eso causará una gran pérdida. Si observamos con detalle, el dragón claramente habla de Satanás, se menciona la bestia, al anticristo[1278], y al falso profeta bajo las órdenes del anticristo[1279]. Se entiende que esta es una falsificación de la divinidad, una trinidad fraudulenta. Esta guerra consta de varias batallas, el comienzo será mediante la campaña del anticristo hasta internarse en Egipto[1280], luego el asedio a Jerusalén[1281], culminando en Armagedón.

En medio de tal campaña, los creyentes de esa era son llamados a sobrevivir en alerta, al hacer uso de "*yo vengo como ladrón. Bienaventurado el que vela, y guarda sus ropas, para que no ande desnudo, y vean su vergüenza*" se comprendía en dos cosas:

1) *En el primer siglo si a un guarda lo atrapaban durmiendo mientras trabajaba, como castigo le quitaban su ropa dejándolo desnudo para vergüenza pública.*

2) *los Judíos en época de calor acostumbraban a dormir sin ropa y se presenta una escena donde la cabeza del hogar sale al encuentro corriendo al ladrón por las calles y queda avergonzado por su desnudez.*

[1276] Pasaje de referencia temática: Daniel 10:10-14.

[1277] Ubicado en la cabecera de la llanura de Esdraelón, fue el escenario de grandes batallas como la de Barac contra los Cananeos - Jueces Cap.4, y la de Gedeón contra los Madianitas - Jueces Cap. 7. Se entiende que es Armagedón por el mismo término hebreo "har" que es "monte". Se entiende que Meguido no es un monte sino más bien una ciudad en la llanura también conocido como el valle de Josafat (Jueces 5:19-20; 2 Reyes 23:29; Joel 3:2-14; Ezequiel 38:8, 39:2-17; Zacarías 12:10-11). Puede ser que Juan no esté dando un lugar geográfico exacto sino más bien refiriéndose a un hecho definitivo.

[1278] Apocalipsis 13:1-10.

[1279] Apocalipsis 13:11-18.

[1280] Daniel 11:40-45.

[1281] Zacarías 14:1.

Con ambas referencias sea cual sea la indicada, lo que se quiere comunicar conforme al contexto cultural es que se entienda la urgencia del asunto, ya que eso daba entender como una persona podía sufrir las consecuencias de los acontecimientos de los juicios divinos[1282].

El uso de las ranas se utilizaba para describir los espíritus que promovían la acción del dragón, la bestia y el falso profeta como un símbolo negativo. Las ranas eran consideradas como animales despreciables, inmundos[1283], tanto así que en el periodo del emperador Nerón hacían uso de ellas para decir que él encarnaría en una rana en tono de burla[1284]. Esto también hace referencia a la plaga de Egipto[1285]. La referencia usada sobre ellas da a entender como los demonios hacen uso de una propaganda e incentivo verbal para atraer a muchos a su causa maligna bajo engaños. Según los libros apócrifos[1286] se menciona los demonios haciendo estragos en el periodo final del fin. Y en los textos del manual de Guerra de Qumrán dicen que el ejército de Belial formado de las naciones y de Israel apóstata se reunirán para que Dios y su remanente los destruyan[1287].

Sobre estos tres espíritus mencionados en el verso, se entiende que la palabra espíritu *"pneuma"* es aliento, en tales tiempos se narraba la historia que si un espíritu maligno salía de la boca de alguien era equivalente a decir que la persona tenía mal aliento, eso nos lleva a comprender en conjunto de las ranas mencionadas varias cosas:

1) *La influencia malvada e inmunda que estos demonios ejercerán.*

2) *El croar de las ranas era considerado como un habla sin sentido, carente de esencia, sin fundamento.*

3) *Eran transportadoras de plagas.*

Con esto se entiende que las ranas que salieron de la boca del dragón, la bestia y el falso profeta, sus palabras serán como una plaga inmunda llena de vanidad, vacías, sin sentido y acorde a las tinieblas. Con todo lo antes mencionado se puede observar que la actividad de los demonios es tratar de frustrar el propósito divino de manera organizada más sin victoria alguna.

Ejecutan las órdenes de Satanás

Vestíos de toda la armadura de Dios, para que podáis estar firmes contra las asechanzas del diablo. Porque no tenemos lucha contra sangre y carne, sino contra principados, contra potestades, contra los gobernadores de las tinieblas de este siglo, contra huestes espirituales de maldad en las regiones celestes - Efesios 6:11-12.

[1282] Isaías 47:3; Ezequiel 16:37.

[1283] Incluidos por definición entre los animales del agua - Levítico 11:10.

[1284] Lucio Apuleyo. Metamorfosis; el asno de oro. Berbera Editores. Delibes 96, Guadalupe Victoria II, 07790 Ciudad de México, CDMX.

[1285] Éxodo 8:5-11; Salmos 105:30.

[1286] 2 Baruc: un Apocalipsis judío el cual data la última parte del siglo I o de la primera del siglo II d.C.

[1287] 4 de Esdras: un Apocalipsis judío del siglo I d.C.

El poder de Satanás, aunque es limitado aumenta por la innumerable cantidad de demonios, los cuales hacen su voluntad sirviéndole. Aunque él no es omnipresente, omnipotente u omnisciente, él tiene contacto por todo el mundo a través de la información que ellos le proporcionan. Se entiende que los demonios están sujetos a la autoridad de Satanás sobre ellos por lo mismo que el verso expresa, la palabra griega para *"asechanzas"* se traduce como *"maquinaciones"* eso alude *"astucia, engaño"* en realidad comunica cuáles son sus métodos, y como no es un ser omnipresente, omnipotente u omnisciente se ve obligado a ejecutar sus malvados propósitos haciendo uso de sus agentes, solo no podría hacerlo.

Sus asechanzas son propagadas por todo el mundo sobre el cual él como príncipe de las tinieblas, ordena a sus huestes de demonios. Las *"asechanzas, maquinaciones"* se entiende que hace uso de los pecados, los cuales incluyen las prácticas inmorales, y doctrinas falsas las cuales alimentan tales inclinaciones, y de igual forma todas las cosas atractivas del mundo[1288]. Las Escrituras hacen referencia a Lucifer con varios nombres que ilustran su autoridad sobre otros seres de igual condición que la de él:

1) **querubín grande[1289]:** Se entiende que hay seres de menor rango.
2) **príncipe de los demonios[1290]:** Se entiende que tiene otros bajo su autoridad.
3) **dios de este siglo[1291]:** Se entiende que sujeta a otros bajo un dominio y poder.
4) **príncipe de la potestad del aire[1292]:** Se entiende que maneja a sus agentes en regiones específicas.

Con esas referencias se comunica como se mantiene constantemente oponiéndose abiertamente a toda obra de divina[1293] buscando pervertir la Palabra de Dios[1294], y así obstaculizar a los hijos de Dios[1295] para que de esa forma no se predique el Evangelio, al tentar a los creyentes[1296], mantenido al mundo bajo a su merced[1297]. Se llega a la conclusión de que bajo su dominio maligno tiene otros a su cargo por la mención de la palabra *"lucha"* este término alude *el combate mano a mano de dos gladiadores en un coliseo.* Es imposible que él como ser creado y falto de los atributos divinos no comunicables *(omnipresencia, omnipotencia y omnisciencia)* pueda por si solo luchar mano a mano con cada creyente existente en cualquier era en la esfera de espacio y tiempo que este se encuentre. En la lucha mano a mano que él presenta, hace uso de sus huestes todo el tiempo para atacar.

1288 2 Corintios 2:11.
1289 Ezequiel 28:14.
1290 Lucas 11:15.
1291 2 Corintios 4:4.
1292 Efesios 2:2.
1293 Zacarías 3:1.
1294 Génesis 3:1-6, Mateo 4:6.
1295 1 Tesalonicenses 2:18.
1296 1 Timoteo 3:7.
1297 1 Juan 5:19.

Por ello Pablo menciona cuatro designaciones militares para describir los diferentes rangos y operaciones de los demonios y la inclinación malvada sobrenatural en la cual operan. Los demonios al servicio de Satanás están estructurados de tal forma que quiere asegurar el éxito en sus planes destructivos. Con todo lo mencionado se puede entender que los ángeles caídos ejecutan la dirección de Satanás.

Dios los utiliza para cumplir Sus propósitos

El Espíritu de Jehová se apartó de Saúl, y le atormentaba un espíritu malo de parte de Jehová - 1 Samuel 16:14.

Dios no se apartó arbitrariamente, pero le dejó a un lado, debido a que no deseaba más al Espíritu se le permitió a un espíritu maligno que le atormentara por su rebelión. Cabe recordar que la administración del Espíritu en la economía del Antiguo Testamento no estaba relacionada a la salvación en una habitación permanente en la persona como lo es en el Nuevo Testamento, sino más bien en la capacitación para cumplir con las funciones serviciales para un cargo o ministerio. En el periodo de los jueces el Espíritu capacitaba a sus elegidos con su autoridad para poder cumplir el propósito divino[1298]. Esta es una evidencia de lo antes mencionado. La pregunta que suscita a esta narración histórica es *¿qué era ese espíritu atormentador?* Muchos asumen que Saúl se encontraba en una profunda tristeza sucumbido en una depresión, pero la realidad es que Dios mismo permitió que un demonio lo atormentara. Eso demuestra el poder divino sobre cualquier ser creado, sea limpio o impuro[1299], Dios nunca ha perdido ni perderá el dominio sobre su creación.

Relacionado a la capacidad divina del Espíritu, Él como ser soberano capacitaba a los reyes con el valor y confianza necesaria para actuar cumpliendo así la voluntad divina para su pueblo, el rey era un representante divino así como los jueces, profetas y sacerdotes, y al perder esa cobertura divina experimentaban lo contrario, indecisión, desconfianza y una paranoia llena de miedos, los cuales en el contexto cultural de esos tiempos se comprendía que eran efectos negativos producidos por el alejamiento de la ley divina al aceptar el gobierno del maligno, en otras palabras, Dios hacía uso de esos agentes caídos para dar lecciones a quien Él como ser soberano deseaba darlas, así como Dios podía castigar con enfermedades físicas, también podía disciplinar con la aflicción psicológica mediante ellos. Eso demuestra como Dios utilizó un espíritu maligno como instrumento para traer juicio sobre Saúl y el resultado de ello fue un desorden mental al precipicio de la locura. Lo que Dios permite, se entiende que es lo que Él hace.

[1298] Jueces 6:34-35.
[1299] 1 Reyes 22:19-23.

Influyen enfermedades

Y echado fuera el demonio, el mudo habló; y la gente se maravillaba, y decía: Nunca se ha visto cosa semejante en Israel - Mateo 9:33.

Se puede suponer según el verso que Satanás utilizó sus agentes para enfermar clausurando el habla para que no pudiera adorar y dar testimonio de la gracia divina[1300]. Históricamente los profetas Elías y Eliseo habían realizado sin número de sanidades de manera extraordinaria por parte de Dios a los ojos y entendimiento humano; la única persona la cual Dios utilizó en el Antiguo Testamento para ejecutar un acto de libertad por un demonio fue David[1301] por esta razón el pueblo estaba maravillado. Aunque se entiende que la enfermedad en el ser humano es consecuencia de la caída, basado en ello Satanás hace uso para hacer mal, Hechos 10:38 afirma que Satanás oprime con enfermedades, Job 2:7, que utilizó una sarna para llenar a Job de pies a cabeza, Lucas 13:11 habla de una mujer que desde muchos años tenía una enfermedad, y andaba encorvada, Jesucristo menciona en el v.16 que esa mujer Satanás la había atado dieciocho años, con esto se entiende que de igual forma los demonios hacen uso de la enfermedad causando así opresión, ahora, cabe a aclarar que solo en algunos casos mencionados en las Escrituras se afirma que es a causa de posesión, en muchos casos solo es opresión externa.

En el contexto cultural los rabinos judíos atribuían las enfermedades a ciertos demonios específicos con rangos de autoridad, siendo responsables de causar enfermedades como epilepsia, trastornos mentales, y corporales. Ellos tenían la costumbre popular la cual afirmaba que en muchas partes del cuerpo se alojaba un demonio causando así enfermedades conforme al carácter o inclinación de este. Observando todo lo mencionado se comprende que *en muchos casos los demonios causan enfermedades para oprimir*. En este verso mencionado se entiende que era una posesión, es interesante ver que *echando fuera el demonio el mudo habló*, esto se entiende que era el demonio quien lo mantenía sin voz. Entonces, una sana conclusión es que, aunque la enfermedad es consecuencia de la caída en Edén, en muchos casos los demonios también influyen.

Poseen personas

Y cuando salió él de la barca, en seguida vino a su encuentro, de los sepulcros, un hombre con un espíritu inmundo, que tenía su morada en los sepulcros, y nadie podía atarle, ni aun con cadenas. Porque muchas veces había sido atado con grillos y cadenas, más las cadenas habían sido hechas pedazos por él, y desmenuzados los grillos; y nadie le podía

---

[1300] Mateo 9:32.
[1301] 1 Samuel 16:23.

dominar. Y siempre, de día y de noche, andaba dando voces en los montes y en los sepulcros, e hiriéndose con piedras - Marcos 5:2-5.

Era parte esencial de las religiones paganas cortarse con piedras filosas para la adoración de deidades falsas[1302]. En muchos de los casos el judaísmo creía que esas acciones en conjunto de la fuerza sobrenatural eran a causa de una posesión demoníaca. Los judíos consideraban que los sepulcros además de ser inmundos era el lugar predilecto de los demonios, en tales tiempos al igual que en otras culturas antiguas, había personas que llevaban ofrendas a los muertos, y los rabinos enseñaban que tales acciones agradaban a los demonios. La cultura popular afirmaba que los demonios ejercían mayor actividad de noche[1303] a causa de su identidad tenebrosa, se puede ver entonces que era un lugar peligroso *(Sepulcro: considerado inmundo, sucio y peligroso)*, a una hora peligrosa *(era de noche)* con una persona peligrosa *(un hombre poseído con fuerza sobrenatural y violento)*.

Se cree que la liberación del endemoniado suscita un desafío para el cumplimiento de la misión del evangelio, el cual es uno de carácter transformador, no solo en lo personal sino también en lo social; esto conlleva un cambio en las relaciones y las actitudes, un intercambio de violencia irracional a juicio cabal, de ser irresponsable a ser responsable. La ejecución del poder divino en toda autoridad mediante Cristo en esta historia verídica asume la realidad de que los demonios y los endemoniados *(poseídos)* existen. Desde el primer milagro presentado en la narración de Marcos[1304] se puede observar. Aunque existan dificultades lógicas sobre esta historia las cuales asumen que Cristo se adaptó culturalmente a los factores que le rodeaban en su época, la realidad es otra, Jesús trató este caso como entre otros como parte de su misión terrenal, traer libertad a los oprimidos proclamando el mensaje del evangelio.

En muchos casos los endemoniados perdían por completo el control sobre su cuerpo[1305] y sobre la mente[1306], cabe aclarar que no significa que las enfermedades mentales y físicas sean a causa de una posesión demoniaca. Si notamos, la acción de Cristo era una muy diferente a las de los exorcistas contemporáneos a su época, esos exorcistas itinerantes existían desde el apogeo de los imperios babilónicos y egipcios donde se narraban relatos de expulsiones de demonios sobre personas. Antiguamente se utilizaban una serie de encantamientos *(hechizos)*, pociones y palabras de contenido mágico según sus creencias para que supuestamente el exorcismo se llevara a cabo de forma efectiva. Jesucristo de forma sencilla utilizó sus labios sin acudir a ningún método acostumbrado en esos días. El hecho de que esta manifestación se llevase a cabo demuestra tres cosas:

[1302] 1 Reyes 18:28.
[1303] Marcos 4:35.
[1304] Marcos 1:21-26.
[1305] Marcos 9:25.
[1306] Marcos 5:15.

1) *Satanás, con la presencia de Cristo, sabía que se estaba marcando su fin y se sentía amenazado*[1307].

2) *existe una realidad evidente de la existencia de demonios poseyendo personas (no creyentes), si las Escrituras lo dicen y la historia lo confirma es una realidad.*

3) la *autoridad divina de Cristo Jesús sobre todo poder.*

Como ya observamos, el mismo contexto histórico cultural puede responder cualquier interrogante sobre la existencia y realidad de los demonios y sus posesiones. Observando ahora verso por verso podemos notar la naturaleza de la misión de Cristo y la naturaleza de dichos demonios:

1) **Salió de la barca:** Esto ilustra la misión por la cual Jesús vino al mundo; en el contexto inmediato[1308] Jesucristo calmó la tormenta en la barca, ahora saliendo de ella calmaría la tormenta en una persona.
2) **De los sepulcros:** Como bien se mencionó se creía que gustaban de ese lugar inmundo, esto ilustra de igual forma la consecuencia del pecado, muerte.
3) **Nadie podía atarle, ni aun con cadenas... nadie le podía dominar:** Eso demuestra que tanto el pecado como los poderes malignos solo ceden ante la persona, obra y autoridad divina de Cristo, esta es una de las múltiples evidencias que demuestran que la solución es solo Él.
4) **Y siempre, de día y de noche:** Aquí se observa como una persona alejada de la voluntad de Dios es una sin paz constantemente.
5) **Andaba, dando voces en los montes, y en los sepulcros e hiriéndose con piedras:** Este es un cuadro simbólico el cual le ocurre a todos aquellos no regenerados, dar voces del gr. *"boaó"* ilustra *"llorar"*, aparentemente es una forma prolongada de un verbo primario para *"gritar"*, esto alude un *"grito de dolor"* se entiende con esto la agonía que expresaba. No existe ni una sola persona sin Cristo capaz de ser feliz.

Muchos comprenden que su posesión fue causada por un pánico terrible, según la historia muchos basan este argumento porque Palestina era un lugar ocupado. Las legiones romanas que en muchos casos eran salvajes e irresponsables, se les culpaba de atrocidades que a muchos los paralizaba de terror. Basado en ello asumen que este hombre pudo haber visto como su familia, seres queridos o conocidos sufrieron a manos de los romanos y su rapiña. Entienden que la terrible experiencia le llevó al colapso mental ya que las legiones mismas creaban una visión de terror, muerte y destrucción. Y que a causa de ello es que vio afectado en una posesión, por otra parte, yo me baso en que la naturaleza de dicha legión la cual poseía a este hombre tenía la misma naturaleza que la figura de las legiones romanas:

[1307] Marcos 1:24.

[1308] Marcos 4:35-41.

A) *Terror* (por la distorsión mental que le causaban).

B) *muerte* (por la naturaleza de los demonios y del mismo pecado).

C) *destrucción* (ya que los demonios su fin es igual que su amo Satanás, matar, hurtar y destruir)

Esto es exactamente lo que hacían con ese hombre, tomando el control mental y su juicio cabal al hacer actos irracionales, hacerle daño a su cuerpo y alma, manteniéndolo en un estado pecaminoso para que tuviera el mismo fin que ellos, muerte. Con eso se demuestra la realidad de la *posesión demoniaca* y que *su fin* es *causar dolor e inclinaciones inmorales e irracionales*.

Poseen animales

***Y saliendo aquellos espíritus inmundos, entraron en los cerdos, los cuales eran como dos mil; y el hato se precipitó en el mar por un despeñadero, y en el mar se ahogaron* - Marcos 5:13.**

La tradición rabínica judía *(no todos)* enseñaba que los demonios podían morir, y muchos interpretes antiguos daban por hecho que los demonios ya habían muerto y en muchos casos estaban inhabilitados. Muchas tradiciones antiguas mencionadas en literatura judía[1309] sostenían que algunos demonios, de escalas inferiores en autoridad tenían miedo al agua y en otras inclinaciones teológicas de la época se comprendía que ciertos demonios gustaban de esta. Esto tiene relación a la posesión de los cerdos de la narración anterior en la liberación del endemoniado. Se entiende de manera teórica que buscaron posesionar algo físico para mantenerse en la esfera terrenal y así no ir al abismo, el cual les espera en un futuro. La solicitud de estos demonios a Jesús de ir al hato de los cerdos se entiende que fue para no ir a ese lugar, esto demuestra que no importa el tiempo o espacio en la era que se encuentren algún día irán a parar a ese destino, aunque traten de huir del mismo. En esta escena, Cristo permitió en su libre y sabio ejercicio soberano que los demonios entraran en los cerdos. Si observamos con cuidado el contexto inmediato, cuando el endemoniado vio de lejos a Jesús actuó de primera instancia honrándole[1310], y luego cambio la dinámica con una queja amarga. El orden de los acontecimientos antes mencionados puede haber sido así:

1) El endemoniado efectuó un acto de respeto ante el Señor.
2) Jesús ordenó al espíritu inmundo que saliese de él.
3) El espíritu, reconoció la autoridad divina de Jesús, y rogó a Jesús que dejase de atormentarlo.
4) El portavoz *(principal)* de los demonios pidió permiso para entrar en los cerdos.

[1309] Testamento de Salomón 5:11-12: Obra judía no Cristiana del siglo III d.C. la cual proviene de Asia Menor; sus ritos exorcistas reflejaban la familiaridad con los textos mágicos prohibidos.

[1310] Marcos 5:6.

5) Cristo en su soberanía les da el permiso que ellos pidieron, con el resultado de que al menos unos dos mil cerdos se precipitaron por el acantilado y se ahogaron en el mar.

Muchos opositores de las Escrituras y de Cristo frecuentemente han criticado este hecho por supuestamente causar la destrucción de los cerdos. Es importante considerar varios puntos fundamentales contra las acusaciones y críticas a este texto por parte de los opositores:

- Jesucristo no fue quien causó la destrucción; Él solo permitió que los demonios entraran en ellos conforme su petición. Fue la naturaleza destructora de los demonios quienes causaron la muerte a los cerdos.
- No existe registro histórico alguno de que el o los dueños del hato de cerdos tuvieran molestia alguna, legalmente de ser así, podían ofrecer una queja y quedaría registrado históricamente que Jesús tuvo una falta social. Muchos suponen que quizás se trataba de Israelitas haciendo uso indebido de una crianza la cual estaba prohibida, ya que según la ley eran animales inmundos. La realidad del asunto consiste en que Jesús nunca haría nada incorrecto, por ende, se entiende que no había queja contra Él ya que no era el culpable.
- Ese hombre tenía más valor que cualquier animal.
- Si la causa por la cual se debía actuar de esa manera estuviese afectando a un ser querido, cercano o conocido a nosotros, habríamos hecho de igual forma que Jesús si estuviese a nuestro alcance hacerlo.

Barclay comenta sobre ello: “Hay personas excesivamente detallistas que culpan a Jesús por devolver la salud a un hombre a costa de la muerte de unos cerdos. No cabe duda de que es una manera muy ciega de ver las cosas. ¿Cómo puede llegar a compararse el destino de los cerdos al de una persona con un alma inmortal? No tenemos ningún reparo, supongo yo, en que nos pongan carne de cerdo para la comida, ni la rechazamos porque haya supuesto la vida de un animal. Sin duda, si matamos animales para no pasar hambre, no podemos presentar ninguna objeción si la salvación de la mente y el alma de una persona supuso la muerte de una manada de esos animales. Hay una sensiblería blandengue que languidece de lastima por el daño que sufre un animal, y nunca mueve ni un dedo para remediar el estado lastimoso de millares de hombres y mujeres y niños de Dios. Eso no es decir que no tenemos por qué preocuparnos de lo que le sucede a la creación animal de Dios, porque Dios ama todas las criaturas de sus manos han hecho; pero sí es decir que debemos conservar un sano sentido de la proporción, y en el baremo de Dios no hay nada tan importante como un alma humana[1311]".

Cabe notar que no fue Jesucristo quien los dirigió a los cerdos, fueron los demonios quienes pidieron habitarlos, con esto queda demostrado que en algunos casos buscan habitar animales los cuales eran considerados inmundos a causa de su misma naturaleza caída la cual es considerada conforme las Escrituras como inmunda[1312].

Son oponentes a que los creyentes maduren en la fe propagando falsedades doctrinales

***Pero les resistía Elimas, el mago (pues así se traduce su nombre), procurando apartar de la fe al procónsul* – Hechos 13:8.**

Según el verso se ve el panorama donde se encontraba un falso profeta, judío llamado Barjesús[1313]. El mismo contexto presenta al procónsul de Chipre Sergio Paulo quien era un funcionario romano que gozaba del más alto rango en la isla. Este falso profeta estaba relacionado con Sergio Paulo el cual era descrito por Lucas como un hombre inteligente. A menudo los gobernantes de esa época tenían hechiceros privados a su servicio. Sergio, llamó a los predicadores *(Bernabé y Pablo)* deseando oír la palabra de Dios, y en el encuentro, este falso profeta se oponía, esto da entender:

1) *Se opuso porque si Sergio Paulo creía en Jesús se quedaría sin empleo.*

2) *Estaba poseído por demonios.*

3) *Era satánicamente inspirado para ser obstáculo al evangelio.*

En este caso todo puede aplicar y de no ser así, y no estar poseído, sus obras contaban como diabólicas por tener el carácter del mismo Satanás, el opositor del Evangelio. En este relato se ven los personajes involucrados en un orden:

A) *Sergio Paulo* (buscador de la verdad de forma genuina).

B) *Barjesús* (enemigo de esta).

C) *Pablo* (ejecutando una reprensión abiertamente con la verdad).

Conforme la reprensión hecha por Pablo no hay sospecha alguna que fue por el Espíritu de Dios que lo hizo, y para no dejar ninguna duda de que no hablaba bajo el impulso de la carne, de manera explícita el verso mismo dice que él *"estaba lleno del Espíritu Santo*[1314]*"*. Fijando la mirada sobre el falso profeta *(mago)*, Pablo afirmó que él estaba lleno de todo engaño y de toda maldad. La oposición de este falso inspirada por las mismas doctrinas de demonios[1315], *"buscaba trastornar los caminos rectos del Señor*[1316]*"*, esto

---

[1311] William Barclay. Comentario al Nuevo Testamento. Marcos 5:13. Pág. 226. Editorial CLIE. C/Ferrocarril 8. Viladecavals, Barcelona, España. 2006.
[1312] Mateo 12:43-45.
[1313] Hechos 13:6.
[1314] Hechos 13:9.
[1315] 1 Timoteo 4:1.
[1316] Hechos 13:10.

explica que este hechicero afirmaba ser de Dios, pero más bien provenía de Satanás. Por esa razón la mano de Dios se lanzó contra él. Sergio Paulo el cual anhelaba conocer la verdad estaba siendo engañado por Barjesús *(un hijo del diablo como Pablo mismo le llama)* al grado de ser nombrado Elimas *(hombre sabio)*, falsificando la verdad con engaños y maldad, trastornando así la conducta que la misma verdad produce tratando de apartarlo de la fe. Concluyendo, se entiende que tanto Satanás como los demonios, se oponen al crecimiento en la fe con maldad, engaños, mentiras y falacias doctrinales contra los que anhelan conocer la verdad.

Su acción al poseer

Se puede definir una posesión demoniaca como la residencia de un demonio ejerciendo control e influencia sobre la persona causando ciertos trastornos tanto en su mente como en su cuerpo. Es saludable distinguir correctamente la diferencia que hay entre la influencia que estos pueden tener a la posesión que estos pueden hacer en las actividades y desarrollo de una persona. La actividad de influencia es una la cual que se ejerce externamente, la posesión es una la cual es internamente con miras a una expresión externa. No hay registro bíblico de que un creyente en el cual mora el Espíritu de Dios pueda ser poseído por alguno de ellos, pero si puede ser el blanco para practicar sus influencias y opresiones externas como lo fue el caso de Job.

Los efectos de una posesión

En muchos casos, más no en todos se pueden ver una o más señales de:

1) **Enfermedades físicas** (Mt 9:32-33): Era muy probable que estuviesen saliendo de la casa de Pedro, a partir de ahí le traen a Jesús un hombre mudo, el cual, como antes mencionado, un espíritu inmundo *(demonio)* era quien impedía su habla, causando así mudez en la persona. Hay distinción entre una enfermedad causada por posesión (como en el caso del mudo, el epiléptico entre otros) y una como resultado natural (Hch 5:16): la acción en la cual traían multitudes de enfermos de las ciudades vecinas a Pedro para que con tan solo su sombra Dios hiciera la obra milagrosa de sanidad, se divide en dos clases:

    A) enfermedades naturales *"trayendo enfermos"*.

    B) *atormentados por espíritus inmundos*.

    El solo hecho que el verso haga uso de *"y"* plasma la división entre ambos, aludiendo que se encontraban *enfermos por causas naturales y enfermos por causas demoniacas*. En la antigüedad, muchos pensaban que la sombra estaba conectada con la persona.

Según la ley judía, si la sombra de una persona tocaba un cadáver la misma se volvía tan impura como si hubiera tocado ella misma el cuerpo con sus propias manos. En este caso, la creencia popular de esos días consistía en que, si para los asuntos de pureza ceremonial la sombra era parte de la persona y podía afectar o beneficiarle, de igual forma para los asuntos milagrosos. *"En el mundo antiguo todas las enfermedades se les atribuían a los espíritus. Los egipcios, por ejemplo, creían que el cuerpo humano se puede dividir en muchas partes, y que cada una de ellas puede haber un espíritu malo*[1317]*"*. Por esa razón traían ante Pedro los enfermos naturales y los enfermos oprimidos por el diablo. Se entiende que hay causas las cuales vienen como consecuencia de la caída del hombre en Edén y por la opresión y posesión demoniaca.

2) **Alteraciones mentales** (Mt 17:15): La traducción para lunático originalmente es *"epiléptico"*. El padre se arrodilló ante Jesucristo en ruego para que sanase a su hijo endemoniado el cual sufría violentas convulsiones y que a causa de ellas quedaba con quemaduras y casi se ahogaba en varias ocasiones. Aquí se presenta una posesión la cual privaba a la persona de hacer buen uso de sus facultades mentales. Según estudios médicos se ha llegado a la conclusión clínica que, la epilepsia es un síntoma de disfunción ictal e interictal del cerebro. La etiología subyacente y el tratamiento de la epilepsia también pueden afectar la cognición. Por lo tanto, parece obvio que se desarrolle un deterioro cognitivo como síntoma secundario de la epilepsia.

   Se entiende que este demonio interrumpía a la persona que hiciera uso de su facultad intelectual de manera adecuada al grado de ir degradándola. Es sano comprender que no todos los casos son causados por ello, otros son de efecto natural. Hay una gran variedad de trastornos mentales, cada uno de ellos con manifestaciones distintas. En general, se caracterizan por una combinación de *alteraciones del pensamiento, la percepción, las emociones, la conducta y las relaciones con los demás*. Entre ellos para poner ejemplos se incluyen *la depresión, el trastorno afectivo bipolar, la esquizofrenia y otras psicosis, la demencia, las discapacidades intelectuales y los trastornos del desarrollo, como el autismo* entre otros. En muchos casos son de origen natural, se entiende que tales trastornos o alteraciones vienen a causa de la caída del hombre en Edén, por el cual toda la creación sufre las consecuencias.

La posesión demoniaca es una *exclusivamente para los incrédulos*, y en los tiempos de Cristo tales manifestaciones eran vistas mayormente en

[1317] William Barclay. Comentario al Nuevo Testamento. Hechos 5:16. Pág. 512. Editorial CLIE. C/Ferrocarril 8. Viladecavals, Barcelona, España. 2006

aquellos que no eran *Israelitas (la cantidad de israelitas era mínima)*. La manifestación de dichos seres en una persona se ve a causa de una actividad de la luz y verdad manifestada presencialmente, la divinidad encarnada, Jesús.

Su destino

Se entiende que, si el destino de Satanás como cabeza de los ángeles caídos es el abismo y el lago de fuego, y de igual forma los demonios. Esto se divide en dos etapas:

1) Temporal:

Y le rogaban que no los mandase ir al abismo - Lucas 8:31.

Se entiende por abismo como el lugar donde serán arrojados los espíritus malvados separados para su juicio[1318]. Los demonios reconocían la soberanía del Hijo de Dios. Sabían que su condenación era de esperarse, y que Cristo es quien haría que su cumplimiento se lleve a cabo. Estos demonios buscaban aplazar su juicio rogándole que no les ordenara ir al abismo. Según la tradición judía, muchos demonios se encontraban en la atmosfera, y se interpretaba en esos tiempos que al decir abismo se hablaba de la tierra, la realidad del asunto es que habla de un lugar sin fondo el cual está preparado para ellos en los cumplimientos futuros. En relación con la petición, esto se entiende que:

A) *Al Jesús darle esa orden se verían obligados a obedecer.*

B) *Tenían conocimiento de ese lugar. Esto demuestra que, así como la soberanía de Cristo es real, de igual forma lo es el juicio que les espera*[1319].

2) Eterno:

Entonces dirá también a los de la izquierda: Apartaos de mí, malditos, al fuego eterno preparado para el diablo y sus ángeles - Mateo 25:41.

Jesús está hablando de un final esperado, y de seguro se llevará a cabo, ese suceso es el tan mencionado en (Ap 20:10) donde sufrirán eternamente Satanás y sus agentes. Según la tradición rabínica judía, la descripción de *"eterno"* que se hace mediante los labios de Jesús no era por cierto una concesión universal entre el judaísmo, claramente el término habla al respecto de duración. Aunque Jesús habla sobre las cabras que serán separadas a la izquierda se entiende que estas irán al mismo destino el cual está preparado para Satanás y sus ángeles, el fuego eterno.

[1318] Apocalipsis 9:1, 20:1-3.

[1319] Apocalipsis 9:11.

El destino eterno está relacionado al carácter de quienes participaran del este, por ejemplo, la eternidad con Cristo está relacionada a que quienes participan de ella, disfrutan de igual forma de todo aquello que Jesús les comunica, tanto en posición como en condición, desde sus atributos comunicables hasta los experimentales acontecimientos de Él, por eso se les llama *"justos*[1320]*"* porque son parte de su justicia; el destino sin Cristo está relacionado de igual forma, los partícipes forman parte del carácter pecador caído, por eso son llamados *"malditos"*, la misma del gr. *"kataraomai"* es voz media de *"katara"* para *"condenar"*, son condenados porque su esencia es igual que la de Lucifer, prefieren el pecado antes que Aquel que regenera[1321].

Ambas eternidades tienen que ver con identidad. Entonces se comprende los ángeles caídos sufrirán un dolor eterno al igual que Lucifer y todo aquel que se identifique con él.

[1320] Mateo 25:46.

[1321] Juan 3:19-20.

Capítulo VII: Antropología

(La doctrina del hombre)

La antropología es el estudio de la humanidad desde una perspectiva bíblica. Está centrada principalmente en la naturaleza de la humanidad, en cómo los elementos inmateriales y materiales del hombre se relacionan entre sí. La antropología es una rama de la teología que estudia al hombre desde el punto de vista de la revelación que Dios ha dado, y en especial las Escritura, estableciendo el concepto correcto del hombre y resumiendo su acción en la Creación.

Su origen

En relación con el origen del hombre existen teorías evolucionistas las cuales son enemigas abiertas de las Escrituras y carecen de evidencias. El ateísmo ve la causa original como una evolución o generación instantánea. Y el evolucionismo teísta lo ve de la perspectiva en la cual la causa original es el producto del poder divino como una fuerza que condujo el proceso evolutivo, las dos teorías incluyen un desarrollo accidental en lo natural y su herencia en las características.

"Habiéndose descubierto en el medio de un universo maravilloso y siendo del más alto orden de las criaturas físicas, el hombre, naturalmente, buscaría la forma de entender su propio origen tanto como el origen de todas las cosas existentes. Dado que la Naturaleza no revela la creación del hombre y la tradición no sería una fuente digna de confianza en la información, es razonable esperar que Dios revelara los hechos esenciales acerca de la creación del hombre en la Biblia. En los primeros capítulos del Génesis, y donde se quiera en la Biblia, la creación del hombre se enseña claramente en la Escritura. A causa de que el origen del hombre es un asunto natural para la investigación y especulación, aquellos que han tratado de contestar la pregunta aparte de la Escritura han hecho numerosas tentativas para explicar el origen del hombre. Estos hechos conflictivos demuestran que el hombre no tiene información cierta acerca de su origen a no ser la que la Biblia le pueda dar, y sólo en la Escritura uno puede esperar encontrar un relato completo y exacto. Uno de los puntos de vista más comunes que se han levantado en contradicción con la doctrina de la creación del hombre revelada en la Biblia es la teoría de la evolución. Esta teoría es que de alguna manera llegó a la existencia siendo una célula viviente y de esta célula viviente el hombre evolucionó por un proceso de selección natural. La evolución intenta explicar todas las complicadas formas de vida en este mundo por este proceso natural[1322]".

Las evidencias demuestran que la inclinación correcta sobre toda formación natural material es el creacionismo, eso se puede ver en:

A) Extensión: Se entiende que las Escrituras no son escritos que hablan sobre ciencia, pero al mencionar cualquier hecho científico no se puede encontrar error alguno en ellas.

B) Autoridad: Todo lo presentado en las Escrituras participa de dos factores:

1) *Verdad.*

2) *Carácter divino.*

Se entiende con esto que toda la verdad presentada en la Biblia goza de autoridad divina y por ende su cumplimiento es tal cual.

La creación no solo es considerada como un hecho histórico a los ojos de cualquier persona con buen uso de su facultad intelectual, sino que las Escrituras como autoridad divina en su extendida evidencia así lo señala[1323]. Se entiende con esto que la misma creación expresa no tan solo en su diseño, y formación inteligente, que proviene de un creador con una facultad intelectual suprema, sino también en su orden adecuado para todas las cosas y su función para su cumplimiento. El ser humano disfruta de unas características que otros seres de la creación no, las cuales en esta sección tocaré más adelante. Ahora tocaré el punto importante sobre las partes material e inmaterial del hombre.

Material

La creación del cuerpo

Entonces Jehová Dios formó al hombre del polvo de la tierra, y sopló en su nariz aliento de vida, y fue el hombre un ser viviente - Génesis 2:7.

El cuerpo del hombre según lo mencionado en las Escrituras fue formado de las diminutas partículas de la tierra, se entiende que tanto tierra como hombre en los términos originales hebreos significan lo mismo[1324]. Pero la diferencia está en que el hombre para componer un ser animado *"ser viviente"* su aliento provino directamente de Dios. Tanto el hombre como los animales fueron creados de la misma fuente, la tierra[1325], pero la diferencia yace en que el hombre es imagen y semejanza de Dios y los animales no. Mientras que en el primer relato de Génesis el hombre es la corona de la creación de Dios sobre los animales creados, en este caso el hombre es lo primero que Dios forma. Originalmente no se hace uso del

[1322] Lewis Sperry Chafer. Teología Sistemática, Tomo I. El Hombre: Su Creación. Editorial CLIE. C/ Ferrocarril, 8. 08232, Vila de cavalls (BCN) España.
[1323] Éxodo cap. 20; Salmos cap. 8; Mateo cap. 19; Hebreos cap. 4.
[1324] 1 Corintios 15:47.
[1325] Génesis 1:25-27.

verbo *"crear"* para el hombre, sino más bien *"formar"*, lo cual se refiere a la actividad de un alfarero moldeando la pieza de barro. El uso del hb. *"adam"* para *"hombre"* no hace alusión a un nombre propio sino más bien a su especie, y *"adamah"* para *"tierra"* habla sobre la sustancia de la cual fue formada esa especie, esto se comprende que, así como el hombre fue formado de la tierra esta sería su habitación[1326], y su responsabilidad sería cuidar de ella[1327], y al morir volvería de donde fue tomado[1328]. El soplo divino hizo del hombre una criatura diferente a las demás, el cual es equivalente a la imagen y semejanza de Dios[1329], factor que no goza otras especies de la creación.

La formación divina para con el hombre proclama como el cuerpo físico fue hecho de una sustancia ya existente. Al observar el relato de la creación cuando Dios deposita al rojizo *"adam"* en el huerto ya todo estaba creado, luego de dar forma sopla en él vida, lo cual tiene que ver con la parte inmaterial del hombre, he aquí una concepción de partes material e inmaterial en uno solo, por eso es llamado alma viviente, la palabra alma del hb. *"nephesh"* literalmente significa *"aquello que respira"*, aunque esta palabra se ha utilizado con múltiples sentidos para aludir que el hombre es espíritu, alma y cuerpo, como bien se conoce teológicamente la tricotomía, no es así, la realidad es que habla sobre la misma esencia de la vida, se entiende que al decir alma viviente habla de la interacción que tiene la parte inmaterial con Dios y todo lo espiritual, y la material como la expresión y recepción de todo aquello que rodea al individuo.

Al Dios formar y dar vida al hombre lo capacitó con todo lo necesario para desarrollarse en ambas esferas, la espiritual y material. Según creencias judías antiguas, la creación del primer hombre del polvo de la tierra es descrita que a partir de la mezcla de la sangre divina con la formación del barro existe la humanidad, por ello la creencia popular de que la sangre representa la vida y esencia de la deidad en el hombre, ese es el concepto similar para el soplo de vida. Al ser formado en su estado material del polvo rojo de la tierra implica que no hay nada especial en los elementos utilizados que constituyen el cuerpo material. En sí, el cuerpo era una coraza inanimada hasta que el creador sopló, por lo tanto, la vida y el valor que el hombre tiene es a causa de Dios.

Y de la costilla que Jehová Dios tomó del hombre, hizo una mujer, y la trajo al hombre. Dijo entonces Adán: Esto es ahora hueso de mis huesos y carne de mi carne; ésta será llamada Varona, porque del varón fue tomada - Génesis 2:22-23.

[1326] Génesis 2:8.
[1327] Génesis 2:5, 3:23.
[1328] Génesis 3:19.
[1329] Génesis 1:26-27.

Aquí hay dos palabras importantes que arrojan luz al tema de la formación material, estas son *"varón"* y *"varona"* la primera del hb. *"ish"* y la segunda de *"ishshah"* demuestra como ella tenía su origen en él, el primer hombre fue formado de una sustancia ya creada, de igual forma la mujer, por así decirlo, él fue formado de la tierra y ella del hombre[1330], por lo tanto, gozan ambos de los mismos componentes antes mencionados, material e inmaterial. Las palabras varón y varona sostienen una relación íntima que hace alusión a la creación original, por consecuente tiene que ver que la mujer, aunque fue formada del hombre, es un ser material e inmaterial en su composición, el hombre hecho de una sustancia sólida *"tierra"* y la mujer hecha de una sustancia blanda *"el hombre"*, eso apunta el cuidado que el hombre debe tener de ella, no como ser inferior, sino como ser funcional y delicado.

Nótese que con el hombre se utilizó el verbo *"formar"*, pero con la mujer se usa el verbo *"hacer"*, el término hebreo alude que Dios *"construyó"* a la mujer indicando que prestó una atención dedicada y adecuada para su elaboración. Basado en dicha construcción, la mujer constituye el complemento del hombre, no solo en el sentimiento y área espiritual, sino también a su estado material.

"La forma bíblica de entender la materia comienza con la historia de la creación. Dios la creó y era buena, no mala. Sí, la materia proporcionó el estímulo para la desobediencia y la expulsión de Adán y Eva del huerto. Sin embargo, la materia (en este caso, el fruto prohibido) no tenía la culpa, sino la decisión de Adán y Eva, que escogieron desobedecer el mandato de Dios relacionado con ella. Tras esa desobediencia, toda la vida comenzó a desbaratarse. Sin embargo, el suceso más importante que afirmaba que la materia era buena, no mala, fue la venida de Cristo. Cuando el verbo se hizo carne y habitó entre nosotros (Jn 1:14), la materia en sí misma se afirmó como vehículo adecuado para la total revelación de Dios. Sí, la mente de Dios se puede entender, de forma parcial, por medio de la creación, a través de las cosas que fueron hechas. Más allá de la creación, la Palabra de Dios hablada a los profetas aportó un más alto nivel de revelación. A pesar de ello, cuando el Verbo de Dios entró a nuestro mundo mediante el nacimiento de un niño, la materia demostró ser digna de recibir y comunicar la plenitud de Dios.

La teología denomina este hecho la encarnación, y, desde ese momento en adelante, la materia y el espíritu quedaron vinculados de un modo único. La unión de la materia y el espíritu también se ve en la forma en que Jesús le creó un sentido que comunicó a todos los que estaban a su alrededor. (Lc 13:18-19, 21). El mundo material se convirtió en la cuna en la que él colocó su mensaje espiritual-material. La encarnación del espíritu en la materia tuvo lugar una vez tras otra a lo largo de la vida y las enseñanzas de Jesús, y tocó los misterios más profundos de nuestra existencia como seres humanos. No

---

[1330] 1 Corintios 11:8.

somos espíritus incorpóreos, ni tampoco almas temporalmente apresadas en un cuerpo que un día será descartado cuando volvamos al espíritu puro... cuando Jesús hablaba de materia, con mayor frecuencia que de la oración, sabía que el ser humano es una misteriosa combinación de cuerpo y espíritu... Esta conexión interna de cuerpo y espíritu se expone de forma brillante en el llamamiento de Pedro, que se relata en Lucas 5:1-11[1331]".

Con lo antes mencionado se puede comprender que el ser humano en una de sus composiciones es material. Para reforzar esto, es importante hacer una observación detallada sobre cada designación hecha tanto lógica como Escrituralmente.

A) Cuerpo (Mt 6:22): Aquí se establece un contraste entre algo sano e insano, utilizando el cuerpo como medio de recepción y expresión, el ojo sano *"bueno"* normalmente daba entender uno generoso el cual está preparado para recibir dirección y corrección de ser necesario. En cambio, el ojo malo daba entender una persona con motivaciones avaras, con un enfoque enfermo. El contraste de una visión clara y una visión nublada, un ojo que recibe la luz y otro que a causa de la obstrucción por la enfermedad no, Cristo hace uso de una parte física por el cual se percibe lo exterior, se procesa la información y luego se expresa, esta analogía del ojo humano enseña acerca de la percepción espiritual y natural. El cuerpo es parte fundamental para la percepción y la expresión. Se puede comprender que mediante el cuerpo se expresa lo espiritual y físico de forma material, dependiendo si las inclinaciones son buenas, o enfermizas, se hará posible, o imposible, vivir consigo mismo o con otros.

B) Carne (Gál 2:20): Del gr. *"sarx"* aunque es sinónimo de cuerpo para referirse a lo material, indica la totalidad de la persona en muchos casos (1 Ped 1:24), y en otras para la naturaleza caída (Rom 7:18). La palabra *"sarx"* tiene dos variantes, una positiva y una negativa. No siempre es mencionada como algo malo en las Escrituras. Al hacer uso de manera positiva lo hace en relación con las relaciones sexuales matrimoniales (Efe 5:31), y el cuerpo humano de Cristo sin pecado (Jn 1:14; 1 Jn 4: 2-3). De hecho, la carne haciendo énfasis en lo que es físico, es necesaria para que el cuerpo viva la fe en la que Dios trabaja (Gál 2:20). En el aspecto que generalmente se hace uso de la palabra con un tono negativo, se refiere a tomar decisiones expresando las acciones de acuerdo con la naturaleza caída, es decir, separado independiente de la colaboración de Dios, por así decirlo, alejado de la fe. Por lo tanto, lo que es *"de la carne"* en su definición negativa, es desagradable para Dios, eso incluye todo aquello que ante el ojo humano parece digno, moral o justo. El sentido negativo que se le da habla de cómo

[1331] Kenneth E. Bailey. Jesús a través de los ojos del medio oriente: Estudios Culturales de los Evangelios. Págs. 135-136. Thomas Nelson Inc. Nashville Tennessee. EE. UU. 2012.

generalmente está relacionada con el esfuerzo humano rechazando la capacidad divina, en otras palabras, las decisiones que tienen origen y están autorizadas por uno mismo. Todo aquello que repose en la capacidad humana como fuente de la vida y moral es considerado *"carne"*. En el aspecto material, se entiende que es la sustancia suave del cuerpo, que cubre los huesos y está impregnada de sangre. Es una combinación hábil de partes relacionadas *"un organismo"*, que muestra el material o sustancia, la cual comunica el todo el hombre en su composición experimental tanto en lo visible, audible y tangible.

C) **Barro** (2 Cor 4:7): Tanto un vaso como el mismo barro son componentes físicos, el barro como materia y el vaso como la formación elaborada de la misma son materiales. El uso de *"vasos de barro"* se entiende que habla de la fragilidad del cuerpo humano. según el contexto cultural e histórico, los vasos de barro a diferencia de los de bronce se descartaban con facilidad por su frágil y poca duración, además siempre había disponibilidad de barro a la mano, dando a entender que era un material común. Esos envases desechables se creía que al romperse alguno contaminaba la pureza ceremonial, por ello se consideraba que era un recipiente extraño para depositar en el algún contenido valioso, de igual forma se utilizaban como lámparas cuando se les vertía de aceite haciendo que la luz fuera el tesoro en el vaso por causa del aceite. El uso del barro y la formación de un vaso ilustra como en el cuerpo físico Dios depositó un tesoro valioso para expresarlo mediante este.

D) **Templo del Espíritu** (1 Cor 6:19): En otros pasajes y en el mismo contexto de la carta se hace referencia a la iglesia como el cuerpo de Cristo (1 Cor 3:16), aquí se presenta el cuerpo como algo singular, dando entender que cada creyente es un templo, en el cual el Espíritu de Dios hace su habitación permanente revistiéndolo así de dignidad en todos los asuntos de la vida. Los documentos conocidos como los Rollos Mar Muerto ilustran al pueblo de Dios como un edificio *"templo"*. Se entiende con esa imagen que mediante el componente físico/material Dios hacía ver un poco de sí mismo a los hombres, aquí se ilustra de igual forma, mediante el cuerpo físico del creyente Dios muestra de sí. Por ello el verso siguiente afirma *"glorificad, pues, a Dios en vuestro cuerpo"*. La composición material *(en este caso el cuerpo del creyente)* es un medio por el cual Dios se muestra a los hombres. Esto concluye en que no le toca al creyente tomar su cuerpo para usarlo de la manera que desea, sino de la manera que Dios quiere que se haga, expresarlo a Él.

E) **Visto como humillación** (Fil 3:21): El presente estado moral el cual se expresa mediante el físico es llamado por Pablo como *"el cuerpo de la humillación nuestra"*. El concepto de la resurrección lógicamente involucra el aspecto material del hombre no solo el espiritual, lo único que hace diferencia es que la naturaleza luego de la misma será diferente a la naturaleza actual. Los griegos consideraban una historia ficticia o supersticiosa la resurrección de los muertos, incluso con tan solo narrarlo lo veían como algo ofensivo. El cuerpo en su actual estado físico es uno ajustado en humillación, ya que está sujeto a vejez, sufrimiento, enfermedad y por último a muerte, esto demuestra los límites de este. Pablo presenta como Cristo lo transformará a un cuerpo de gloria conforme al suyo mismo, si se nota, no hará en la resurrección un cuerpo espiritual, sino más bien uno físico perfecto. El cual no estará sujeto a la muerte, y a las limitaciones naturales de tiempo y espacio.

El cuerpo resucitado será uno perfectamente ajustado a las condiciones celestiales. Para aclarar el punto, ese cuerpo glorificado será idéntico al del Señor Jesús resucitado, sin quitarle a cada creyente su propia identidad física para toda la eternidad. Cabe aclarar que el cuerpo resucitado no tiene nada relacionado a los atributos de Dios. Muchos piensan que, en la resurrección al ser idénticos a Jesucristo en su cuerpo resucitado, podrán disfrutar de omnisciencia, omnipresencia y omnipotencia, eso es un grave error, esos atributos solo los tiene Dios. cuando habla de un estado resucitado perfecto como Cristo da entender claramente que seremos moralmente como el Señor Jesús al estar exentos del pecado. El futuro de todos los hombres es ser resucitados de entre los muertos[1332]. Los no regenerados para una existencia con Satanás y sus ángeles[1333] como antes mencionado, y los redimidos para una eternidad con Cristo. Ambas resurrecciones ilustran un estado físico.

Inmaterial

El origen

El origen de la parte inmaterial del hombre se explicó anteriormente en la creación del cuerpo cuando "*sopló en su nariz aliento de vida, y fue el hombre un ser viviente*". Quiero enfocar la atención a otros principios los cuales hablan de manera evidenciada que gozamos de esa parte inmaterial, espiritual. Existen dos inclinaciones acerca de la composición inmaterial del hombre, *la dicotomía* y *la tricotomía*, la dicotomía en su significado verbal es la división de un concepto o una materia teórica en dos aspectos, especialmente cuando son opuestos o están muy diferenciados entre sí. Cuando se refiere a la dicotomía en los asuntos teológicos se debe entender como la enseñanza que el ser humano está compuesto de dos esencias, en si es considerado como dualismo antropológico. Este punto de vista contrasta

[1332] Juan 5:28-29.
[1333] Apocalipsis 20:12-15.

con la tricotomía. La tricotomía es el método de clasificación en que las divisiones y subdivisiones tienen tres partes, dicha clasificación basa su enseñanza de que el ser humano está compuesto de espíritu, alma y cuerpo, este punto de vista contrasta de igual forma la dicotomía.

Es muy clara la distinción entre los aspectos materiales e inmateriales de la naturaleza humana, y la distinción entre el aspecto inmaterial es más difícil, ya que una lo divide en espíritu y alma haciendo referencia a que significan lo mismo, y la otra por separado, espíritu es una cosa y alma otra. Sea cual sea la correcta, no basaré la exposición en inclinarme a la dicotomía o tricotomía, sino más bien me centraré en exponer que, así como el hombre goza de sustancia material también de la inmaterial. En cuanto a cómo se relacionan y como están conectados estos aspectos de la naturaleza humana, existen otras teorías principales conocidas como el monismo antropológico[1334] y el hilemorfismo antropológico[1335], estas dos teorías se ocupan principalmente de ilustrar cómo se combinan los tres aspectos de la humanidad para formar la naturaleza humana.

Hay versículos en las Escrituras que unen los términos alma y espíritu[1336], de igual forma existen otros pasajes que no presentan justamente el alma y el espíritu como la misma cosa, dando a entender la separación entre el alma y el espíritu[1337], por esta razón deseo mantener mi postura neutral *(Material e Inmaterial)*, para así evitar confusiones en los lectores.

Hay un verso el cual ha sido muy polémico en su interpretación: *"Porque la palabra de Dios es viva y eficaz, y más cortante que toda espada de dos filos; y penetra hasta partir el alma y el espíritu, las coyunturas y los tuétanos, y discierne los pensamientos y las intenciones del corazón*[1338]*"*. Se pueden interpretar dos cosas de este:

1) *La división entre el alma y el espíritu.*

2) *La división de que solo Dios puede discernir la realidad de la sustancia inmaterial, si está dividida o no.*

Con estos puntos en mente, ni la interpretación de la dicotomía ni la tricotomía se pueden demostrar explícitamente. Esto suscita las preguntas *¿El aspecto inmaterial de la naturaleza humana involucra un alma y un espíritu?* Claramente sí, de no ser así no se haría mención del espíritu y alma en las Escrituras. *¿Están el alma y el espíritu unidos "dicotomía", o estrechamente relacionadas pero separados "tricotomía"?* No existe

---

[1334] Posición filosófica que sostiene que el hombre está constituido por un solo principio o bien de naturaleza material, o bien de naturaleza espiritual pero no de ambos.

[1335] Es la teoría filosófica ideada por Aristóteles, según la cual todo cuerpo se halla constituido por dos principios esenciales, que son la materia y la forma. Como cualquier objeto material tiene una forma, la materia prima es el sustrato básico de toda la realidad. En el mundo material, la materia no puede darse sin forma y la forma no puede darse sin materia. Mientras que la materia pura no tiene más que una existencia teórica, la forma pura existe realmente: es la divinidad, el primer motor inmóvil. En sí se basa en: **1**) Materia: *Aquello de lo que la cosa está hecha* y, **2**) Forma: *Lo que hace que una cosa sea lo que es.*

[1336] Mateo 10:28; Lucas 1:46-47; 1 Corintios 5:3, 7:34.

[1337] Romanos 8:16; 1 Tesalonicenses 5:23; Hebreos 4:12.

[1338] Hebreos 4:12.

claridad alguna, por eso es saludable mantenerse en un punto neutral el cual arroje luz conforme las evidencias sólidas.

Los que creen en la tricotomía, afirman que *"el cuerpo físico es lo que conecta con el mundo material que le rodea, el alma es la esencia de del ser, y el espíritu es la conexión con Dios"*. Los que creen en la dicotomía, se inclinan a la misma comprensión del cuerpo, aunque ven *"el espíritu como parte del alma que se conecta con Dios"*. Así que el asunto aquí es esencialmente si el alma y el espíritu son aspectos diferentes de la naturaleza humana inmaterial, o si el espíritu es simplemente una parte del alma, siendo el alma toda la parte inmaterial de la naturaleza humana. *¿Cuál punto de vista es el correcto?*

Es sabio no ser dogmático, hay que reconocer que, aunque no hay evidencias para argumentar a favor de una y exponer la falacia de otra, ambas teorías son razonables. Ninguna de ambas interpretaciones es considerada herejía. Este es un asunto donde la mente humana limitada no nos permite ver más allá. Pero de lo que se puede estar seguro, es que *la naturaleza humana se compone de una parte material y otra inmaterial.*

Características

La imagen y semejanza de Dios en el ser humano está basada en el estado original de Adán el cual era uno de pureza relativa, o, mejor dicho, propia de un ser creado en inocencia. La caída logró que se perdiera ese estado puro más no la imagen y semejanza divina en él[1339].

Existen varias teorías sobre la parte inmaterial como una transmitida.

1) **Preexistencia:** *Esta teoría se basa en que todas las almas de los seres humanos fueron creadas en el principio de toda la creación y confinadas a cuerpos físicos.*
2) **Creacionismo:** *Esta teoría se basa en que el alma del individuo es creada por Dios al mismo tiempo en que es formado su cuerpo.*
3) **Traducianismo:** *Esta teoría se basa en que el alma es transmitida generacionalmente de manera natural de igual forma que el cuerpo.*

Definiendo los conceptos inmateriales

El alma

El alma es bien conocida como lo que designa la vida personal y al individuo mismo. Según las especificaciones Escriturales disfruta de:

1339 1 Corintios 11:7; Santiago 3:9.

Emociones

Porque satisfaré al alma cansada, y saciaré a toda alma entristecida - Jeremías 31:25.

Aquí se puede ver las emociones de fatiga y aflicción, ambos de aspecto interno, pero con consecuencias externas. El cansancio es en sí la debilidad o falta de fuerza. Este se puede dividir en:

1) **Mental**: *este es provocado por la alta función mental, al emplear las energías en trabajo, pensamientos, estudios, imágenes o grandes fuentes de información, eso trae a consecuencia alta tensión.*

2) **Emocional**: *se trata de un agotamiento que suele venir asociado con sentimientos de angustia, estrés y tristeza. A un nivel elevado se presentan problemas de atención y la sensación de que los pensamientos se van ralentizando cada vez más.*

3) **Físico**: *es la falta de fuerzas después de realizar una actividad física la cual se invierte gran parte de las energías.*

En cada caso la fatiga es el producto del agotamiento tanto mental, emocional como físico y es un mecanismo regulador del organismo que indica la necesidad de descanso, la satisfacción que Dios promete es un reposo basado en la restauración a Judá según el contexto, pero al observar los principios se puede entender que el alma tiene la capacidad de hacer uso de las emociones, el asiento de las mismas se encuentra en la parte inmaterial interna del hombre y no necesariamente se afectan por lo físico.

Decisiones

Amados, yo os ruego como a extranjeros y peregrinos, que os abstengáis de los deseos carnales que batallan contra el alma - 1 Pedro 2:11.

La aplicación amplia de esto se refiere a cualquier deseo intenso que sea contrario a la voluntad de Dios. Eso incluye todas las cosas las cuales se presentan como una oposición incesante contra el bienestar espiritual. Por así decirlo, todo aquello que detiene el crecimiento espiritual es porque estorba la comunión con Dios. Todas las decisiones que se deben tomar en la vida son de aspecto interno en el área inmaterial. Este verso comienza con lo que bien se conocía según el contexto cultural como *"código doméstico"*, eso era para establecer una ética como bien se acostumbraba en esos tiempos, dichos códigos estaban basados para animar a los lectores a inclinarse a tomar decisiones correctas, la única distinción aquí es que la motivación de estos códigos estaba basada en una iniciativa divina vinculada a la obra y persona de Cristo en el creyente[1340].

[1340] El código ético presentado aquí va desde 1 Pedro 2:11-4:11 donde se expone los deberes del creyente. Pablo de igual forma hace presentación de dichos códigos domésticos (Efesios 5:21-6:9; Colosenses 3:18-4:1; Tito 2:1-10).

Los filósofos griegos de la época presentaban las pasiones pecaminosas como una *"guerra contra el alma"* y Pedro aquí utiliza ese mismo concepto para dar entender lo que se libra en el ser interno con las distracciones terrenales y las respectivas decisiones a tomarse, con eso hace una demanda a un estilo de vida apropiado a las órdenes divinas. Las decisiones según lo antes visto se ven en esta área inmaterial que tenemos. Por esa razón toda decisión debe estar basada en la inerrante palabra de Dios.

El espíritu

Esto se refiere al aspecto más elevado, o más bien, más sublime en la composición humana interna[1341].

Todo ser humano tiene espíritu

Porque ¿quién de los hombres sabe las cosas del hombre, sino el espíritu del hombre que está en él? - 1 Corintios 2:11.

El espíritu del hombre es mencionado en las Escrituras como lo más escondido dentro del ser humano. La palabra espíritu del gr. *"pneuma"* comunica una corriente de aire, es decir la respiración; por analogía o figurativamente, *la parte racional humana, el principio vital con disposición mental.* Aquí se entiende que todo ser humano participa de este componente inmaterial interno, Pablo con la pregunta trae en conjunto la respuesta, para dar a tender que el hombre sabe ciertas cosas del mismo hombre, por así decirlo, como el humano participa sabe que otro de igual forma. Kenneth E. Bailey lo ilustra de esta forma: "Esta parábola consta de tres partes: el *hombre*, sus *pensamientos* y su *espíritu*. Yo soy una persona, tengo un nombre. Tengo pensamientos, y estos tres son parte de mí, y, en un sentido profundo me representan... No pueden conocerme a mí sin antes conocer mis pensamientos. Mi persona y lo que yo pienso son una sola cosa, aunque, a pesar de ello, no son idénticos. También tengo un espíritu... Estas tres cosas son realidades... Su persona, sus pensamientos revelados por medio de sus palabras, y su espíritu – que funcionan juntas, aunque es posible no entenderlas más de forma parcial, aisladas unas de otras[1342]".

Aunque no se sabe con exactitud en que parte se encuentra este componente inmaterial en el hombre, se puede comprender que participa de este. Hay sentimientos muy personales, cosas privadas, experiencias íntimas que nadie las sabe sino solamente el espíritu de la persona, esto comunica dos cosas:

1) *Que es lo más profundo que el ser humano tiene.*

2) *Que es el área racional del hombre.*

[1341] Romanos 8:16.

[1342] Kenneth E. Bailey. Pablo a través de los ojos Mediterráneos. Págs. 114-115. Grupo Nelson/Thomas Nelson Inc. Nashville Tennessee. EE.UU. 2013.

Con lo mencionado se entiende que el ser humano participa de espíritu como parte fundamental de su área inmaterial.

Toma decisiones

Así que, amados, puesto que tenemos tales promesas, limpiémonos de toda contaminación de carne y de espíritu, perfeccionando la santidad en el temor de Dios - 2 Corintios 7:1.

Según las promesas divinas[1343], el creyente puede tomar la decisión de rendirse a Dios para ser limpio de toda contaminación de carne y de espíritu. Aquí demuestra dos asuntos en la santificación:

- La contaminación de la carne, (toda impureza física).
- La contaminación del espíritu, que es de asunto interno (pensamientos y motivaciones).

Pablo en el verso muestra ambos lados, *el aspecto negativo*, y *el positivo*. En el negativo muestra la versión de la impureza del área material e inmaterial del hombre, en el positivo revela la perfección que se adquiere en la santidad y en el temor del Señor. Observando el verso, dentro del área inmaterial el creyente puede tomar una de dos opciones:

1) *Echar a un lado lo que contamina para ser conformado al Señor Jesucristo.*

2) *Quedarse en su actual condición contaminada y no participar de sus beneficios.*

Este verso sugiere que la santificación práctica es un proceso a lo largo de toda la vida, en la cual se toma la decisión de rendirse en temor a Dios o permanecer en su actual estado. Con esto se demuestra que esta parte inmaterial del hombre en su interior goza de la capacidad racional de toma de decisiones. Aunque se menciona tanto alma como espíritu, en la parte inmaterial del hombre esta designado ambas, ya sea en unión, o por separado como antes vimos. Uno de los más amplios conceptos el cual define la parte inmaterial del hombre es el *corazón*. Este es la sede de la vida, sea consciente o subconscientemente el mismo proyecta *emocionalidad e intelectualidad.* Otro concepto mencionado es la *conciencia*, la misma se presenta como un testigo interno, aunque afectado a causa de la caída del hombre en muchos casos tiene la función de guiar con la *ley natural*. También tenemos lo que se conoce como la *mente*, es la parte interna e inmaterial la cual es el asiento del intelecto y *entendimiento*. La mente fue afectada de igual forma que la conciencia a causa de la caída, y solo puede ser renovada mediante la obra redentora de Cristo por el Espíritu.

[1343] 2 Corintios 6:17-18.

Corazón

Jesús le dijo: Amarás al Señor tu Dios con todo tu corazón, y con toda tu alma, y con toda tu mente - Mateo 22:37.

Comenzaré diciendo qué, si Jesús lo menciona es porque es una realidad, el hombre en su ser interno inmaterial tiene corazón, claramente no se habla del corazón físico. La palabra corazón del gr. *"kardia"* habla sobre los sentimientos, los cuales involucran la facultad del pensamiento, es lo que impulsa la vida humana, es decir, el motor de las acciones, el asiento de los deseos y afectos personales. Observando el contexto histórico cultural los líderes religiosos de ese tiempo habían hecho un listado de más de 600[1344] reglamentos los cuales con frecuencia trataban de distinguir lo más importante de lo menos importante.

Un experto en la ley le pide a Jesús que identifique la ley de mayor importancia, de lo cual Jesús responde citando lo que bien se conocía en esos tiempos como la shema[1345], los judíos lo utilizaban en sus oraciones diarias. Cristo encierra los 613 mandamientos en dos, amar a Dios y al prójimo, nótese que al amarlo se debe involucrar el corazón, esto se entendía por la audiencia de ese tiempo que significaba *"sinceridad total"* el corazón tenía que ver con una facultad inteligente en la cual se ocupa la persona de poner todas sus energías de manera sabia. Mi conclusión personal sobre esto es que *"el creyente maduro en vez de preocuparse acerca de todo lo que no debe hacer, se ocupa en todo lo que sí puede hacer"*, esto es invertir inteligentemente la facultad racional, en este caso el corazón. Con esto se entiende que el ser humano en su parte inmaterial disfruta del mismo.

Que si confesares con tu boca que Jesús es el Señor, y creyeres en tu corazón que Dios le levantó de los muertos, serás salvo. Porque con el corazón se cree para justicia, pero con la boca se confiesa para salvación - Romanos 10:9-10.

La aceptación de la encarnación de Cristo y que Él es el mismo Dios del Antiguo Testamento, en conjunto de la verdad de su resurrección, con todo lo que está involucrado en ella. Es una clave importante, ya que la resurrección de Cristo es una prueba de que Él había consumado la obra y que el Padre estaba satisfecho. Esta aceptación tare consigo estar de acuerdo y conformado con aquello que le trae agrado al Padre. Creer esto con el

---

[1344] Los rabinos tenían ordenanzas que estaban divididos en 4 libros importantes de los cuales su composición era verbal más no escrita hasta después del 100-400. d.C. los escritos eran: **1)** Midrash donde se dividían en: **a)** Halakah: *Secciones legales*, y **b)** Haggadah: *Narraciones y sermones del AT*, **2)** Tosefta: *eran enseñanzas no encontradas en la Mishna*, **3)** Talmud Palestino: *conocido como Guemara, comentarios sobre la Mishna*, y **4)** Talmud Babilónico, el cual se dividía en dos: **a)** Mishna: *porciones legales sobre la Torá*, **b)** Guemara: *comentario sobre la Mishna*.

[1345] Deuteronomio 6:5; Levítico 19:18. Cada mañana y cada noche los judíos recitaban la Shema, tres párrafos bíblicos (Deuteronomio 6:4–9, 11:13–21; Números 15:37–41) que comienzan con la frase más famosa y relevante del judaísmo, *"Oye, oh Israel. Dios es nuestro Señor, Dios es Uno"*. la Shema continúa con varios aspectos básicos del amor a Dios, el estudio de la Torá, el principio de recompensa y castigo y el éxodo de Egipto.

corazón significa colocar las capacidades mentales, emocionales y la facultad de voluntad en ello, es decir, emplear todo el ser y lo que lo compone en las evidencias. Eso trae por resultado confesar que Jesús es el Señor, a causa de creer con el corazón que Dios está satisfecho al resucitarle. La confesión verbal es el resultado de una apropiación personal en el corazón de la persona y obra de Jesucristo.

La base de dicha apropiación personal es el corazón, se da a entender por *creer para justicia*, eso va mucho más allá de asentimiento emocional, es una aceptación de un hecho con todo el ser inmaterial de manera inteligente. El resultado de la recepción de la salvación causado por la apropiación interna de todo el ser en su área inmaterial *(corazón)* produce una confesión verbal, por lo tanto, creer resulta confesar, las palabras están sujetas al pensamiento no el pensamiento a las palabras, estas son acciones simultáneas, una interna *(corazón)* otra externa *(confesión)*.

El verso presenta un paralelismo propio en la literatura del Antiguo Testamento, hay dos cláusulas que permanecen juntas en la misma interpretación, de manera que aquello que se cree debe ser confesado y forman así una unidad. Es comprensible que la exposición aquí presentada está basada en el texto antiguo donde se afirma que la boca y el corazón son los ingredientes adecuados para comunicar la fe[1346]. El corazón es mencionado como esa parte inmaterial la cual goza de la facultad intelectual y es el asiento de las emociones y sentimientos, por el cual se es impulsado a ejecutar las acciones. Todo ser humano participa de ello.

Conciencia[1347]

Mostrando la obra de la ley escrita en sus corazones, dando testimonio su conciencia, y acusándoles o defendiéndoles sus razonamientos - Romanos 2:15.

La ley tenía la intención de llevar a cabo en los israelitas un conocimiento adecuado de su incapacidad moral para que así dependieran directamente de Dios en todo. El hecho de que una persona conozca lo correcto con respecto a los antepasados, demuestra la obra de la ley, en este caso. Por eso se menciona como que está *escrita en sus corazones,* eso significa tener un conocimiento de los acontecimientos divinos históricamente hablando, no habla de la ley grabada en los corazones por la residencia del Espíritu Santo en la persona. Basado en dicho conocimiento se comprende que ciertas acciones son fundamentalmente erradas, a causa de la misma historia y la ley que las demuestran. Luego de presentar el contexto histórico y la historicidad divina, Pablo hace uso de una parte inmaterial interna del hombre, la *conciencia*, se comprendía que esta servía como un controlador instintivo, este controlador trata de canalizar los

[1346] Deuteronomio 30:14.
[1347] Hebreos 10:22; 1 Pedro 2:19.

pensamientos constantemente para que de esa forma se decida lo correcto e incorrecto de las acciones, en este caso la conciencia acusa o defiende los razonamientos, para así prohibir o permitir.

La palabra consciencia del gr. *"suneidesis"* es *"percepción"* habla de la consciencia moral, la facultad de distinguir lo cierto de lo errado e impulsa a la persona a elegir el primero, pero por otra parte se tiene la *razón*. Ha de saberse que a causa de la caída la facultad racional ha sido corrompida, al grado que es difícil confiar en la misma para tomar decisiones claras y correctas que estén acorde a la voluntad soberana de Dios. Razonamientos del gr. *"logismos"* es *"calculo"* la facultad de evaluar y ver lo que mejor conviene, en muchos casos esa facultad se levanta contra todo consejo divino[1348]. Todo ser humano tiene una ley natural llamada consciencia la cual es el canalizador de las decisiones, pero cabe aclarar que no es una garantía para que estas sean las correctas, la garantía es la Palabra de Dios.

Mente

No os conforméis a este siglo, sino transformaos por medio de la renovación de vuestro entendimiento, para que comprobéis cuál sea la buena voluntad de Dios, agradable y perfecta - Romanos 12:2.

La mente juega un papel importante en la parte inmaterial del hombre, esta es el conjunto de capacidades intelectuales de la persona, esa parte del ser humano en la que se considera que se desarrollan las mismas. Al analizar bien el texto se puede observar el proceso del uso mental adecuado de una persona:

1) **No os conforméis:** Literalmente comunica no vivir de acuerdo con la manera o estilo de vida de la era. Esto expresa el uso saludable de la mente para tomar las decisiones que corresponden a un estilo de vida adecuado.
2) **Transformaos por medio de la renovación de vuestro entendimiento:** Esto es el ejercicio y aplicación que se emplea en los pensamientos espiritualmente. Este proceso de transformación es uno continuo, aquí se refiere:
   A) *colocar la mente y sus pensamientos de forma correcta en las cosas correctas.*
   B) *las acciones deben ir acompañadas de dicho pensamiento.* Eso involucra un cambio de adentro hacia afuera (mediante el Espíritu), todo cambio para bien (al estar saturada de las Escrituras) o para mal (al estar enfocada en la corriente de la era) está basado en la ejecución de la mente, y sus acciones que están ligadas a ella. El entendimiento mencionado es el centro de ese cambio[1349], ya que en conformidad a lo que se entiende se actúa,

[1348] Colosenses 2:14.
[1349] 2 Corintios 10:5; Efesios 4:23.

no se puede actuar sin antes comprender el porqué de algo, eso es ser irracional.

3) **Comprobéis:** Aquí presenta el uso de la razón al analizar con cuidado todo detalle, ya que literalmente comprobar comunica la idea de *"averiguar"*, esta es la capacidad de discernir. Averiguar va de la mano con experimentar, es poner a prueba lo que se descubre, esto es en sí conocer por experiencia propia aquello lo cual se le dedicó el empleo intelectual para su comprensión. El verso expresa que la persona en conformidad a una mente adecuada en las cosas correctas experimentará la buena, agradable y perfecta voluntad de Dios al aplicarla de manera inteligente en su vida, eso depende si la persona emplea sus energías mentales en la Palabra de Dios.

Este verso comunica el uso apropiado de la mente, hablando de aquellos que logran discernir lo que es bueno, agradable y perfecto; conociendo así la voluntad de Dios por experiencia personal al utilizarla en las Escrituras. En esos tiempos los rabinos y los filósofos entendían que la mente era el asiento de las actitudes y los valores que afectaban el estilo de vida. Este es un desafío para abandonar las pautas mentales y los estilos de vida diferentes al de Dios, en este caso es hacer el uso de la mente para diferenciar lo correcto de lo incorrecto, e inclinarse a lo primero en conformidad a la voluntad divina comunicada en la biblia.

El mundo se emplea aquí para denotar la sociedad o el sistema que el hombre ha edificado para hacerse feliz a sí mismo en sus propios recursos o capacidades no teniendo en cuenta a Dios en nada, y en conformidad a lo antes mencionado se entiende que, al no hacerlo, no se está empleando adecuadamente la mente.

Todo esto antes mencionado involucra la parte inmaterial del hombre en su composición interna, por así decirlo, espiritual.

La caída

Existen diversas posturas ante la historia y evidencias de la caída del hombre en el huerto del Edén:

1) **Liberal:** presenta una leyenda general de manera descriptiva sobre la religión y sus principios en un periodo posterior.

2) **Neo-ortodoxo:** presenta un mito primitivo de carácter ancestral aludiendo que no es un relato histórico, sino más bien la expresión de ciertas verdades sin hechos.

Evidencias de la caída

El mandamiento

Y mandó Jehová Dios al hombre, diciendo: De todo árbol del huerto podrás comer; más del árbol de la ciencia del bien y del mal no comerás; porque el día que de él comieres, ciertamente morirás - Génesis 2:16-17.

En su propio contexto[1350] Dios le ordenó a Adán varias cosas:

1) Cultivar el huerto.

2) Proteger la santidad del Edén *(guardarlo)*.

3) Comer de todo fruto menos el del árbol de la ciencia *(comer del fruto incluía el del árbol de la vida el cual no tenía prohibiciones)*.

4) Nombrar cada animal con una identidad propia para distinción.

Dios le dio a Adán una gran responsabilidad, y a la vez le dio las alternativas a escoger. La pregunta que suscita al mandamiento es *¿Por qué Dios colocó un árbol en el huerto para luego darle prohibición sobre el mismo?* Sería saludable comprender que el Señor quería que Adán le obedeciera libremente en un ejercicio voluntario, no por obligación. Sin una alternativa, Adán nunca hubiese podido ejecutar libremente una elección en voluntad propia y hubiese sido como un prisionero, ajustando su obediencia de modo superficial. Ambos árboles representan un ejercicio decisivo por el cual si obedecía recibía recompensas, y si desobedecía la triste consecuencia de muerte.

Muchos presentan dos puntos de vista diferentes sobre la realidad de estos árboles:

1) *Que eran árboles reales pero simbólicos, aludiendo que la vida con Dios estaba simbolizada con comer del árbol de la vida.*

2) *Que eran reales, pero poseían propiedades especiales, este pensamiento afirma que al Adán y Eva al comer del árbol de la vida podían tener vida eterna y disfrutar de una relación permanente con el Señor como Sus hijos.*

Según la narración bíblica se entiende que eran árboles reales, pero no se puede llegar a la conclusión de que los mismos tenían propiedades especiales, de hacerlo, se ajustaría la eternidad a una fuente natural y no a la celestial, una dependencia de algo creado y no del creador; el hombre fue hecho por Dios para que dependiera de Él en voluntad propia. Basado en ello, aquí se presenta la pena por violar el mandamiento divino, la pena era de muerte, la misma abarca un sentido tanto espiritual instantánea, física progresiva y finalmente eterna. El árbol de la vida según las creencias antiguas era un símbolo de inmortalidad[1351] y el árbol del conocimiento es una alusión a la inmortalidad de igual forma, pero en uso negativo, e

---

[1350] Génesis 2:15-20.

[1351] Génesis 3:22; Apocalipsis 2:7, 22:14.

implicaba adquirir un conocimiento que solo es propio de Dios[1352]. El uso del verbo *"conocer"* se refiere a un conocimiento intelectual, íntimo o experimental, la capacidad de decidir y discernir. Esta capacidad alude a tomar decisiones en el campo moral sin tener en cuanta al máximo ejemplo de ella, a Dios, es una gran responsabilidad la que trae consigo las decisiones.

Desobedecer el mandamiento conllevaría una separación de Dios. La composición de los versos muestra la intensidad del mandamiento, primero dice mandó, la misma del hb. *"tsavah"* significa *"designar, ordenar"* con eso estableció el límite que no se podía cruzar, el cual era *"no comerás"*, el mandamiento fue claro, podía comer de todo fruto menos el de la ciencia, el verso expresa que Dios le dio a Adán la libertad de comer de todo *(incluyendo el de la vida)* y a su vez le coloca el límite establecido, la prohibición traía consigo una advertencia *"el día que de él comieres"* la palabra día del hb. *"yom"* comunica un espacio en el tiempo, lo cual se comprende como *"el momento"*, a partir del momento el cual rebasare el límite (comer) vendría la consecuencia *"morirás"*, esta palabra del hb. *"mohar"* comunica *"casarse"* alude un *"compromiso"* la obligación de cumplir con las normas o leyes que ajustan a la persona a llevar a cabo una obligación, eso da a entender que la persona debe hacerse responsable y cargar con el peso de su decisión. El árbol de la ciencia no fue el causante de la caída; sino más bien fue debido a no acatar la Palabra dicha por el Señor, se entiende con eso que al desobedecer el mandato florece el fracaso. La decisión de desobedecer llevó al hombre a caer y él, como representante de la raza humana, trajo al hombre la misma condición caída como cabeza federal de la misma[1353].

La tentación

Pero la serpiente era astuta, más que todos los animales del campo que Jehová Dios había hecho; la cual dijo a la mujer: ¿Conque Dios os ha dicho: No comáis de todo árbol del huerto? Y la mujer respondió a la serpiente: Del fruto de los árboles del huerto podemos comer; pero del fruto del árbol que está en medio del huerto dijo Dios: No comeréis de él, ni le tocaréis, para que no muráis. Entonces la serpiente dijo a la mujer: No moriréis; sino que sabe Dios que el día que comáis de él, serán abiertos vuestros ojos, y seréis como Dios, sabiendo el bien y el mal. Y vio la mujer que el árbol era bueno para comer, y que era agradable a los ojos, y árbol codiciable para alcanzar la sabiduría; y tomó de su fruto, y comió; y dio también a su marido, el cual comió así como ella. Entonces fueron

[1352] El conocimiento de la mente divina en cuanto a la creación, esto es el plan de un universo ordenado en lo natural como su relación con el orden moral y espiritual que tuvo en mente desde el principio como la máxima expresión de sus tareas creativas.
[1353] Romanos 3:23, 5:12-20, 10:15.

abiertos los ojos de ambos, y conocieron que estaban desnudos; entonces cosieron hojas de higuera, y se hicieron delantales - Génesis 3:1-7.

Hay sin número de evidencias tanto históricas, lógicas, experimentales y bíblicas sobre la tentación, los efectos de la caída del hombre y de la creación que es imposible negar el hecho del pecado en esta tierra. La primera mención que se hace de un ser de la creación en esta escena es la serpiente, parece ser que era una criatura de gran hermosura antes de la caída. Se hace una descripción de esta como *"astuta"* del hb. *"arum"* literalmente *"ingeniosa, lista"* eso no es en sentido negativo, recordando que todo lo que Dios hizo antes de la caída fue positivo *"vio que era bueno"*, lo que describe aquí es sus habilidades y su actividad de movimiento e instinto de conservación, se puede comprender que era astuta por su adaptación al ambiente donde se encontraba.

Lucifer haciendo uso de la serpiente habló a la mujer, aquí cabe una teoría, Eva no se sorprendió de esa acción por tres razones:

1) *No tenía conocimiento que la serpiente no podía hablar.*

2) *Ignoraba las funciones de cada eslabón de la creación a causa de que ella fue hecha después de que Adán pusiera nombre a cada animal*[1354].

3) *la serpiente tenía una capacidad limitada de expresión antes de la caída*. Sea cual sea la razón, la cual se desconoce, Eva no se vio sorprendida ni asustada.

Satanás como ser espiritual haciendo uso de un ser material establece la relación comunicativa de manera efectiva llamando así la atención de la Mujer con una pregunta *¿Conque Dios os ha dicho: No comáis de todo árbol del huerto?* la pregunta fue diseñada insinuando que Dios no era justo al poner un límite, el límite que Dios colocó era un solo árbol, no todos, de esta forma puso en duda la Palabra que Dios había dicho con anticipación. De lo cual la mujer respondió *Del fruto de los árboles del huerto podemos comer; pero del fruto del árbol que está en medio del huerto dijo Dios: No comeréis de él, ni le tocaréis, para que no muráis.* Aquí la duda comenzó su juego. Dios es claro en sus mandamientos, Él dijo el día *que comas* morirás, nunca dijo el día que toques y comas morirás. Aquí la duda trajo un adherido al mandamiento divino al tratar de corregir a la serpiente, la palabra tocar del hb. *"naga"* originalmente es *"acercarse"*, la prohibición divina no era esa.

Esta conversación florece una pregunta *¿por qué se acercó a Eva y no a Adán directamente?*, eso se puede deber a dos factores:

1) *el propósito de Satanás era corromper el orden causando una rebelión a la autoridad puesta por Dios, el hombre como cabeza y la mujer como su ayuda, tal como él lo hizo anticipadamente antes de caer* (se rebeló contra la autoridad divina).

2) *no se acercó a Adán porque él se percataría de algo inusual no antes visto en la serpiente y así no caerían en su trampa.*

[1354] Génesis 2:19-23.

El propósito fundamental era que al agregar *"ni le tocaréis"* a la orden divina, es como si la mujer plantara su propia ley sobre la de Dios, ahí Lucifer alcanzó parte de su intención. En medio de ese intercambio de palabras luego de la mujer traer su respuesta con el adherido, Satanás responde *No moriréis; sino que sabe Dios que el día que comáis de él, serán abiertos vuestros ojos, y seréis como Dios, sabiendo el bien y el mal.* A diferencia del primer acercamiento con una intención malvada y a la vez bien elaborada contradice abiertamente a Dios luego de hacer que la mujer plantara su propia ley. Aquí podemos ver tres cosas:

1) *La falsedad es la base del mensaje*[1355], hace una declaración simple negando la Palabra de Dios y las consecuencias de sobrepasar el límite al decirle *"no moriréis"*, aquí busca una rebelión directa contra Dios lo cual llevaría a un desorden.

2) *Sugiere un alcance superior de conocimiento "serán abiertos vuestros ojos"* nótese que habla en plural, no en singular, aquí añade a Adán como parte de ese conocimiento, dándole a entender a Eva que Adán de lo más seguro estaría de acuerdo con lo antes dicho.

3) *Le plantea que el Creador no desea que pasen el límite por*:

- **A**) *Dios desea tenerlos en ignorancia*, Satanás oculta la consecuencia, dando a entender que Dios es un ser mezquino y envidioso.
- **B**) *dio a entender que Dios no quería que ellos fueran como Él a causa de su envidia, y les ofreció ser seres divinos*.

Cuando le dice *"seréis como Dios"* hace uso del plural hb. *"Elohim"* con el cual le da entender que serán dioses *¿No era esa la misma motivación de él, ser semejante al Altísimo*[1356]*?* El conocimiento que Lucifer ofreció en su engaño era el de la omnisciencia. Dios es el único ser que goza de omnisciencia, en el sentido de que su conocimiento del mal es perfecto, pero no en lo experimental, porque en Él no hay maldad, en su naturaleza solo hay bondad. Dios está totalmente separado de la maldad, aunque la conozca a perfección. Lo que no les dijo era que el conocimiento que ellos tendrían del mal sería en su propia experiencia mediante la degradación moral y la destrucción de todo lo organizado en la creación.

Eso suscitó que la mujer vio que *el árbol era bueno para comer, y que era agradable a los ojos, y árbol codiciable para alcanzar la sabiduría.* Esta tentación apeló codiciablemente al apetito físico, al deseo inmoral y de grandeza[1357]. Esto presenta que Eva fue engañada, ya que ella no estuvo presente cuando Dios le dio la orden a Adán sobre el límite de no comer del árbol de la ciencia[1358], por lógica él se lo comunicó a ella. Adán comió bajo el pleno conocimiento de que no debía hacerlo, él no fue engañado[1359]. El pecado del hombre fue mucho más allá de comer un fruto prohibido, fue la

---

[1355] Juan 8:44.
[1356] Isaías 14:13-14.
[1357] 1 Juan 2:16.
[1358] Génesis 2:15-22.
[1359] 2 Corintios 11:3; 1 Timoteo 2:14.

desobediencia directa al mandato divino, creyendo la mentira de Satanás al poner su propia voluntad sobre la de Dios. Aquí nace la incredulidad en el hombre. La tentación trajo consigo el terrible sentimiento experimental de la maldad contrario a la oferta hecha por la serpiente, al ella ser engañada y él desobedecer por voluntad propia, percibieron su desnudez con vergüenza, esto demuestra como cambió el enfoque, de mirar a Dios en confianza plena, a mirarse a sí mismos en plena desconfianza de Dios. Eso trajo un desajuste en su armonía con Dios y con lo creado tratando de ocultar su falta de manera inútil por el profundo sentimiento de culta inmediato al acceder a la tentación de forma negativa.

Según ilustraciones de escritos rabínicos judíos, algunos creían que el hombre estaba cubierto por una luz como una vestidura, la cual se entendía que era a causa de su pureza original por parte Dios, y que al desobedecer perdieron esa envoltura, por la cual pudieron ver que estaban desnudos. De ser correcta esa ilustración se podría comprender como ellos perdieron la investidura inmaterial celestial y trataron de vestirse con el medio material terrenal *"hojas de higuera*[1360]*"*. Geográficamente hablando, las hojas de higuera son las más grandes que se pueden encontrar en la región de Canaán y podían cubrir en cierta medida a una persona. Se creía según la historia rabínica antigua que la higuera era un símbolo de fertilidad, y al comer del fruto prohibido Adán y Eva pusieron en movimiento el desorden de la humanidad haciéndola fértil a la inmoralidad. Muchos tienen la teoría que el fruto prohibido era la misma higuera y que basado en su caída trataron de cubrir su vergüenza con las hojas del mismo árbol que Dios prohibió comer, de igual forma se tiene la ilustración popular de una manzana por la transliteración del latín *"malam"* que es manzana y *"malum"* que significa malo. Cualquiera que haya sido la fruta, el acto de Adán y Eva fue un rechazo deliberado al mandamiento divino, Eva actuó independientemente de Adán, y Adán independientemente de Dios.

La consecuencia

Según (Gén 3:8-24) se puede enumerar detalladamente las consecuencias que causó la caída.

Se escondieron

Y oyeron la voz de Jehová Dios que se paseaba en el huerto, al aire del día; y el hombre y su mujer se escondieron de la presencia de Jehová Dios entre los árboles del huerto. Mas Jehová Dios llamó al hombre, y le dijo: ¿Dónde estás tú? - Génesis 3:8-9.

[1360] La higuera es un árbol frutal de corteza lisa y grisácea, ramas gruesas, hojas caducas, verdes, grandes, palmeadas y divididas en 3 o 5 lóbulos irregularmente dentados y flores unisexuales que se encuentran dentro de un receptáculo que se transforma en el fruto (higo); puede alcanzar los 5 m de altura; crece en las regiones de clima mediterráneo.

La primera consecuencia de la caída fue la ruptura de una relación correcta con Dios. Esa voz que en una ocasión era dulce, ahora ante la percepción del hombre caído era causa de temor. Cabe aclarar que no fue la voz de Dios la que cambió, fue el hombre en su percepción de Dios, al corromperse él se corrompió la idea que tenía de todo lo que le rodeaba. La terminología utilizada para *"al aire del día"* significaba de igual forma una *"tormenta*[1361] *"*. Históricamente se relacionaba a menudo con la deidad haciendo aparición en una tormenta para juicio. Eso nos da a entender que tanto Adán como Eva oyeron en la voz de Dios un trueno, moviéndose en el viento como una tormenta por el huerto. A causa de ello es que el hombre se trata de esconder de Dios, rechazando con su acción la omnipresencia y omnisciencia divina[1362].

La presencia divina mencionada en el texto verdaderamente alude a la presencia visible de Dios, una manifestación especial para ellos que hoy conocemos como teofanía. En las ocasiones que Dios se mostraba mediante ese medio lo hacía para identificarse con la debilidad humana de modo que la comunicación con el ser humano fuera efectiva al ser una personal. Dios es un ser personal el cual busca compañerismo con los seres humanos como creador y Padre que es. Se entiende que Dios no es un ser humano y mucho menos piensa como uno[1363]. Aquí se muestra como Dios quiso tener comunión con ellos, pero a causa de su pecado entraron en pánico. La acción de ellos de esconderse llevó a Dios a hacer una pregunta retórica *(Dios sabía dónde se encontraban)*, el Señor no estaba indagando por un lugar específico sino más bien por la condición de ellos. Con esto se comprende que tanto una percepción errada de Dios, tratar de huir, y tratar esconderse de Él es equivalente a negar tanto su existencia como sus atributos. Esta es la primera evidencia de la consecuencia y condición caída en el ser humano.

Tuvieron miedo

Y él respondió: Oí tu voz en el huerto, y tuve miedo, porque estaba desnudo; y me escondí. - Génesis 3:10.

Conforme la percepción errada que ahora tenían de Dios sintieron su voz como un trueno en medio de la tormenta y se presenta la segunda evidencia del pecado, *"el miedo"* porque sentían de igual forma que estaban desprotegidos al sentirse desnudos. La palabra miedo del hb. *"yare'"* significa *"espanto"* alude cuando una persona está asustada por algún suceso el cual piensa que vendrá sobre sí, eso ilustra *"sentirse amedrentado"*.

[1361] Sofonías 2:2.

[1362] 2 Crónicas 16:9; Salmos 34:15, 139:7-10: Jeremías 23:23-24; Amós 9:2-3; Zacarías 4:10.

[1363] Isaías 55:8-9.

La confrontación

Y Dios le dijo: ¿Quién te enseñó que estabas desnudo? ¿Has comido del árbol de que yo te mandé no comieses? - Génesis 3:11.

La manera en la que el Señor construye la pregunta elimina por completo cualquier pretexto sobre la ignorancia y a su vez señala el hecho de la acción que se había llevado a cabo al violar el mandamiento divino en su voluntad propia. Dos palabras clave muestran la naturaleza de la confrontación, la primera es *enseñó* del hb. *"nagad"* que literalmente alude *"hacer visible"*. Una raíz primitiva; apropiadamente para comunicar *"al frente"*, es decir, *"algo manifestado"*. Nótese que la composición de la pregunta no dice *¿cómo supiste?* Ya que si hacía esa pregunta daría entender que la fuente sería Adán en el conocimiento del asunto, sino más bien el verbo recae en otra acción o persona como la fuente de la información, por lo cual verdaderamente comunica el texto *¿quién te dijo?* o *¿quién te informó?*, eso se entiende que lleva al receptor de la pregunta a traer a luz el asunto tal como sucedió.

Por esa razón rápidamente le pregunta nuevamente sobre el árbol, la palabra que utiliza para el mandamiento dado es mandé, del hb. *"tsavah"* que significa *"prohibí"* le recuerda que no debía pasar ese límite marcado, el solo hecho de componer de esta forma las preguntas estaba buscando que, así como Adán sobrepasó el límite voluntariamente, bajo el mismo principio revelara por voluntad propia su confesión sobre su mal acto. La necesidad de confrontación en el ser humano y la resistencia de los pecadores acerca de admitir su error es otra evidencia más de la caída en el Edén.

La negación

Y el hombre respondió: La mujer que me diste por compañera me dio del árbol, y yo comí. Entonces Jehová Dios dijo a la mujer: ¿Qué es lo que has hecho? Y dijo la mujer: La serpiente me engañó, y comí - Génesis 3:12-13.

Adán culpó a Dios y a Eva rechazando con ello su responsabilidad, con esto da a entender conforme su criterio, que se trataba de una cuestión en la cual se vio obligado actuar de esa forma. Dios vuelve a formular otra pregunta, pero ahora a la mujer *¿Qué es lo que has hecho?* Con esto se enfatiza en el problema. Eva evade su responsabilidad de igual forma con una media verdad, la realidad es que, si, la serpiente la engañó, pero eso no la excluía de su responsabilidad, ya que ella mediante la comunicación que Adán le había dado sobre el mandamiento tenía pleno conocimiento de que no se debía comer de ese árbol en específico, en un sentido ella culpó a Dios por el solo hecho de darle existencia a la serpiente. El rechazo humano a sus responsabilidades, tanto ¡morales, familiares, sociales, personales, laborales, económicas etc.! Es una evidencia más de la consecuencia de la caía en el ser humano.

Los juicios

El relato de la caída demuestra los juicios divinos sobre el pecado de tal forma que su cumplimiento se puede observar desde el momento que fueron ejecutados hasta el día de hoy.

Y Jehová Dios dijo a la serpiente: Por cuanto esto hiciste, maldita serás entre todas las bestias y entre todos los animales del campo; sobre tu pecho andarás, y polvo comerás todos los días de tu vida. Y pondré enemistad entre ti y la mujer, y entre tu simiente y la simiente suya; ésta te herirá en la cabeza, y tú le herirás en el calcañar. A la mujer dijo: Multiplicaré en gran manera los dolores en tus preñeces; con dolor darás a luz los hijos; y tu deseo será para tu marido, y él se enseñoreará de ti. Y al hombre dijo: Por cuanto obedeciste a la voz de tu mujer, y comiste del árbol de que te mandé diciendo: No comerás de él; maldita será la tierra por tu causa; con dolor comerás de ella todos los días de tu vida. Espinos y cardos te producirá, y comerás plantas del campo. Con el sudor de tu rostro comerás el pan hasta que vuelvas a la tierra, porque de ella fuiste tomado; pues polvo eres, y al polvo volverás. Y llamó Adán el nombre de su mujer, Eva, por cuanto ella era madre de todos los vivientes - Génesis 3:14-20.

Maldijo la serpiente

Todo el resto de la creación se vio afectado a causa de la caída del hombre[1364]. Pero la serpiente en particular sufrió unas consecuencias aún más severas, ya que su forma y movimiento fueron alterados al grado de ser reducida a una humillación *(comer polvo simbolizaba humillar[1365])*. Hoy día la serpiente representa todo aquello que es digno de repudio, odioso y bajo.

De las 36 especies de serpientes que hay en la región oriental solo una era venenosa, y esa la *Vípera Palaestinae*, mejor conocida como como *Daboia palaestinae* o la *Víbora de Palestina*, y aunque las otras 35 especies no eran venenosas, siempre se miraban con desprecio, la inclinación de la humanidad hacia esta especia animal la cual era considerada como sucia luego de caer el hombre, y el solo hecho de que se arrastre sobre su pecho, evidencia la realidad del pecado y el juicio divino ejecutado en ella.

[1364] Jeremías 12:4; Romanos 8:20.

[1365] Miqueas 7:17; Isaías 66:25.

Enemistad entre la Simiente y Satanás

La descendencia de Satanás se levantaría contra todo lo de Dios[1366], esa descendencia heriría en el talón[1367] *(le hará sufrir)* a la simiente de la mujer *(Cristo)*, pero a su vez Jesús, golpearía letalmente a Satanás en la cabeza *(la Cruz y la resurrección*[1368]*)*. Aquí vemos lo que bien se conoce como un *"protoevangelio"*, eso trata de una enemistad entre el mal y el hombre la cual va a subsistir por largos tiempos. Cuando se coloca el pronombre masculino da a entender que la victoria no sería mediante los hombres sino mediante uno de los hombres, nótese que dice *la simiente*, no las simientes[1369].

Muchos piensan que *"la simiente"* debe ser interpretado colectivamente, mientras que otros, de manera individual, se entiende conforme el mismo léxico que la interpretación correcta es sobre la referencia del mesías. La palabra enemistad del hb. *"'elibah"* significa *"hostilidad"*, esto es la maldad que conduce a actos violentos contra otra persona, una inclinación prolongada entre enemigos mortales. La enemistad entre Satanás y Cristo es evidente, *"se opone y se levanta contra todo lo que se llama Dios o es objeto de culto*[1370]*"*. Por otra parte, la palabra simiente del hb. *"zera'"* significa descendencia, su uso literal indica una semilla en el campo la cual produce un grupo de frutos según su especie. Se comprendía de igual forma en el pensamiento antiguo que aludía a una cementera, dando entender así que mediante un hombre vienen tras sí otros según su linaje, claramente esto habla de Cristo y la descendencia de Él[1371].

La maldición hecha a la serpiente *"te arrastrarás"* era para hacer inoperante su facultad de dañar de manera eficaz, la serpiente para poder dañar tiene que estar erguida, al arrastrarla en tierra le quita la eficacia de su daño, eso tiene mucho que ver con su derrota, ya que mediante la muerte y resurrección de Cristo le aplastó la cabeza, una serpiente erguida es imposible aplastarle la cabeza, más una arrastrándose si, con esto Dios preparó la victoria de Cristo y la derrota del maligno y el pecado. Aquí se presenta una realidad histórica que ya tuvo su cumplimiento en la cual Dios habla a Lucifer, quien utilizó la serpiente y a su vez a la mujer; en efecto, Dios le está diciendo *"así como hiciste uso de la mujer para hacer caer al hombre, Yo la utilizaré a ella como instrumento para salvarlo y exponer tu insuficiencia"*.

La existencia humana de Jesús certifica lo antes dicho, aunque muchos no crean en Él, no pueden negar su existencia en esta tierra. La humanidad

---

[1366] Juan 8:44; Efesios 2:2.

[1367] Calcañar: se entiende que era el esfuerzo constante de Satanás en tratar de hacer caer a Jesucristo en su estancia en la tierra, con eso intentaba derrotarlo como con el primer Adán y así no se cumpliera el propósito divino, eso va en conjunto con los sufrimientos en la Cruz.

[1368] Colosenses 2:14-15. Un golpe en el talón no es mortal, pero uno en la cabeza si lo era, mediante la resurrección de Cristo quedó expuesta la insuficiencia de Lucifer y sellado su destino.

[1369] Gálatas 3:16.

[1370] 2 Tesalonicenses 2:4.

[1371] Juan 1:12-13.

de Jesús trajo consigo el cumplimiento de lo antes dicho, quedando claro que tanto la maldad del ser humano en contra de otro, y la historicidad de Cristo en su humanidad, muerte y resurrección son evidencias externas de un cumplimiento perfecto el cual trajo juicio a Satanás, al pecado y al hombre caído.

Dolor en la preñes y dolor[1372] de parto

La mujer a causa de la caía sufrió la sentencia de sufrir dolor en el alumbramiento. Según las Escrituras, un verso de referencia a este hecho lo es (1 Tim 2:13-15) donde se presenta la escena de la caída y luego expresa de igual forma el parto, eso tiene tres significados:

1) *Saldrá sana y salva en el alumbramiento.*

2) *Se salvaría mediante el nacimiento del salvador.*

3) *Que la realización de la mujer se encuentra en cumplir de forma dedicada su papel dado por Dios como ayuda idónea.*

Es saludable entender que el gozo que una mujer obtiene de su maternidad es mediante el mismo dolor, sufre el parto, pero al culminar este goza el producto por el cual sufrió, tanto así, que lo atesora y es el objeto de su amor. La Escrituras hacen referencia a este dolor como una agonía terrible e incluso como la peor de todas[1373]. En la antigüedad se asociaba el dolor del parto con la dificultad de la vida, tanto en el proceso del nacimiento como en el mismo nacimiento, para dar entender los dolores difíciles que el ser humano atraviesa.

Si se nota, el plan divino era que ellos traerían hijos e hijas dentro del paraíso perfecto, sin macha y sin maldad, pero debido a la caída ahora vendrían a la semejanza de Adán[1374], eso da entender como la caída de Adán trajo dolor a la creación, de igual forma la mujer al ser engañada y ser el instrumento por el cual el hombre bajo voluntad propia desobedeció, ella sufriría el mismo dolor que la creación sufrió. Aunque la condena divina es directamente contra la serpiente, la mujer tendría que cargar la consecuencia del mal uso de su decisión, a partir de ese momento ella cargaría con una existencia penosa, y el dolor es la evidencia de ello. Dios dijo que multiplicaría los dolores, la palabra multiplicaré del hb. *"rabah"* significa *"aumentar"*, se comprendía que era *"acumular"*, el Señor está dando a entender que el proceso del embarazo hasta el día de alumbramiento los dolores irían en aumento *(solo una madre puede dar testimonio de ello)*, el aumento sería en dolores, nótese el juego de palabras del verso, dice dolores y dolor, la primera del hb. *"'itstsabon"* es *"con trabajo"* eso da entender un arduo esfuerzo, Dios hizo que la mujer en este juicio recordara el dolor que trajo a la creación en su propio cuerpo, así que a causa de ello tendría que esforzarse en todo el proceso de embarazo cargándolo, la otra palabra, dolor,

[1372] El dolor es una intensa, molesta desagradable.
[1373] Isaías 13:8, 21:3.
[1374] Génesis 5:3.

del hb. *"'etseb"* significa *"retortijón"* eso aludía un dolor físico. El proceso de embarazo de la mujer en el esfuerzo que esta debe tener a causa de la criatura y su arduo crecimiento de molestia, hasta el alumbramiento el cual es un uno doloroso, esto es otra evidencia de las consecuencias y juicios divinos sobre el pecado. Y hoy día sigue en pie.

El deseo (voluntad) de la mujer para su marido, y su marido enseñoreándose de su mujer

Según la cultura y sociedad antigua israelí los matrimonios arreglados se le restaba importancia al rol del amor romántico. Pero, sin embargo, tenían que trabajar en equipo. Fuese o no arreglado el matrimonio, el papel de la mujer en el campo, en los pequeños negocios y en las tiendas era restringido mediante su etapa de embarazo y el cuidado del niño. La supervivencia del matrimonio estaba condicionada en compartir el trabajo y la formación de los hijos que procreaban, ambos tenían un papel a seguir dentro y fuera del hogar, y en ambas esferas el hombre gozaba de la autoridad sobre su familia, claramente no se le restaba a la mujer su autoridad como parte funcional de la misma, pero no por sobre su marido. Basado en la caída, la mujer tendría un atractivo profundo hacia su marido, puede ser en compensación por el dolor del mismo alumbramiento, pero en este caso se entiende que el deseo de la mujer sería controlado por el marido al ser uno con dominio sobre ella[1375]. A causa de la desobediencia en Edén el hombre sería la cabeza de la mujer, antes de la caída la cabeza de la mujer era Dios mismo, esto se entiende que *"ahora será quien te gobierna aquel mismo que a causa de tu engaño con la serpiente hiciste caer"*.

El pecado transformó el armonioso y ordenado sistema de Dios en una lucha de voluntad personal egoísta. El matrimonio necesita la ayuda divina para gozar de una armonía y orden en su hogar. La inclinación de la mujer es ser cabeza sobre su marido, pero la realidad es que Dios estableció que el marido gobernara. Esto se demuestra en las palabras *"deseo"* y *"enseñorear"*, la palabra deseo del hb. *"teshuqah"* significa *"anhelar"* eso es *"un fuerte sentimiento de alcanzar algo"*, y la palabra enseñoreará del hb. *"mashal"* comunica *"apoderarse, gobernar"* esto denota un liderazgo y autoridad, en este caso la mujer anhela ser la líder y autoridad del hombre. Esta interpretación de la maldición se basa en mostrar el conflicto que tendrá el hombre con el pecado, y conforme ello la mujer busca gobernarlo. El solo hecho de existir una lucha de poderes en medio del organismo familiar y la raza humana se entiende como una evidencia de la consecuencia del pecado la cual se demuestra hasta hoy día.

[1375] Efesios 5:22-25.

La tierra maldita a causa del hombre y con dolor comerá de ella

La maldición sobre el hombre por parte de Dios no recae directamente sobre él, sino más bien se le es impuesta mediante la tierra la cual él debía guardar en una administración sana[1376]. El trabajo que Adán debía realizar era uno de forma placentera, ahora a consecuencia del pecado se transformó en una tarea dura y llena de fatiga. Al principio la tierra fue ordenada para ser un paraíso, pero a causa de la mala decisión de Adán su producción está basada en calamidad, al Dios mencionarle *"todos los días de tu vida"* le declara la finalidad de esta, su sentencia de muerte, lo que trae por significado un comienzo y un fin de su existencia en la tierra como consecuencia de su separación de Dios. Como el administrador de la creación se corrompió, la consecuencia de ello es que lo administrado de igual forma. La caída afectó por completo todo lo creado y su medio ambiente, eso hace ahora que el trabajo que antes era uno fácil ahora será uno difícil. El arduo y difícil trabajo es una evidencia más del juicio sobre el pecado que hasta la edad presente se puede experimentar[1377].

A causa de la caída produjo espinos, cardos y animales venenosos.

La ilustración de las espinas en el Antiguo Cercano Oriente era de dolor y sufrimiento. Existía un pensamiento que el huerto antes de la caída producía en sus plantas piedras preciosas por la armonía fructífera de la creación con Dios, pero cuando el hombre introdujo el pecado hubo la transformación a espinas causando dolor. No hay evidencias de dicha narración como una verídica, por lo tanto, se entiende que es teoría, pero fuera de ser teoría marca ilustrativamente cómo en la antigüedad observaban el reflejo del pecado en la creación. Originalmente no había espinos y cardos en la creación, verdaderamente estos fueron el resultado de la maldición a causa del mismo pecado. Eso es ilustrado con el uso de la palabra producirá, la misma del hb. *"tsamaj"* comunica *"brotar"* esto es hacer germinar, por lógica el mismo verbo demuestra que es algo lo cual tendría comienzo a partir de ese momento, por ello se comprende que en el estado original la creación no las tenía. Dios maldijo el objeto del trabajo del ser humano, las espinas demuestran la resistencia de la creación ante la actitud desobediente del hombre, haciendo de ello un panorama difícil para adquirir su alimento de ella con arduo esfuerzo, no como en su estado original que crecía por sí sola bajo el mandato divino, el hecho que creciera sola en un orden demostraba la armonía que la creación tenía con el creador[1378]. Las espinas demuestran en evidencia visible y tangible como a causa del pecado la armonía se vio afectada hasta la era presente.

[1376] Genesis 2:15.

[1377] No se alude que el trabajo sea maldición, ya que el hombre debía trabajar antes de su caída, la maldición consiste en que se dificultó.

[1378] Génesis 1:11-12.

Falta de energía, vejez y mortalidad

Luego de la maldición sobre la tierra y la oposición de esta, Dios hace una afirmación rigurosa, *"con el sudor de tu rostro comerás el pan"*, esto da a entender que si deseaba alimentarse sería bajo el difícil esfuerzo propio. La vitalidad que el hombre antes adquiría mediante Dios como la fuente de ella, ahora sería provista en los alimentos, pero de manera insuficiente por el solo hecho de que la tierra ahora estaba bajo la maldición a causa del pecado. El poder divino fue el que mantuvo al polvo vivo en forma humana, al pecar y alejarse de Dios volvería entonces al lugar de donde fue tomado, el polvo. Aquí se presenta la muerte por el pecado, el hombre se vuelve mortal haciéndose susceptible a los sufrimientos y desgracias que trajo su desobediencia, aunque no trajo muerte instantánea, la trajo en otros aspectos:

1) Espiritual: *una separación relacional de Dios.*

2) Corporal: *el hombre envejece y vuelve a la tierra*[1379].

3) Eterna: *una separación de Dios a totalidad.*

Todo esto es a causa de la misma desobediencia. El arduo trabajo, la falta de energía mediante los alimentos, la vejez y la mortalidad son evidencias experimentales las cuales demuestran el juicio divino a causa del pecado, el cual afectó a toda la raza humana, esta realidad por experiencia propia no se pueden negar.

La raza humana cargaría de forma hereditaria la misma condición que ellos

Ha de saberse que cuando Dios formó a Adán el término que significa hombre era en relación con la especie o raza humana. Aquí se repite el panorama, aquel que dio nombre a todos los animales ahora le tocaba nombrar a la mujer. Dios le dio nombre al hombre como identidad personal y a la vez hereditaria, le llamó Adán que literalmente significa *"barro rojo"*. No olvidemos que la mujer *"varona"* como bien mismo el varón le llamó fue hecha de él, ahora Adán pasa a nombrarla a ella como Eva del hb. *"chawwah"* originalmente eso significa *"vida"*, ahora a causa de la caída Adán lleva entre sí la mortandad y rebelión y Eva el alma viva, por así decirlo la productora de vida. Por ello se dice de ella que sería la madre de todos los vivientes, eso comunica dos cosas:

1) *La raza la cual pertenecemos.*

2) *La condición que heredamos.*

No existen diferentes razas entre los hombres, la ignorancia afirma que existen diversas razas, ¡blanca, negra, amarilla, indígena, hispana etc!, la realidad es que solo hay una existente y es la raza humana, y toda esta raza

---

[1379] Adán vivió 930 años – Génesis 5:5. A causa del pecado con el paso de los años el hombre se degrada más y su límite de tiempo cada vez disminuye. La tasa de mortalidad a nivel mundial afirma un estimado para las personas de 65-75 años, cuando en tiempos pasados duraban más de 85-95. Los factores en el ambiente donde se desenvuelva la persona en conjunto de su estilo de vida tanto moral como espiritual determinan la degradación el mismo.

por consecuente participa de la misma condición caída[1380]. Al Adán dar nombre a los animales se demostraba por parte de Dios la autoridad de él sobre ellos, al Dios permitirle a Adán ponerle nombre a la mujer significa lo mismo, su autoridad sobre ella. Un ejemplo de la autoridad se demostró en la misma creación cuando Dios nombró cada cosa según su nombre y según su especie, de igual forma al colocar al hombre como administrador de lo creado le da autoridad sobre los animales y sobre la mujer, a partir de la caída la raza humana toma para sí su misma condición. El deseo insaciable del hombre por dominar la flora, la fauna y a otros seres humanos es una evidencia de la caída.

Dios cubre su vergüenza

Y Jehová Dios hizo al hombre y a su mujer túnicas de pieles, y los vistió - Génesis 3:21.

Dios sustituyó el inadecuado cubrimiento de Adán y Eva con hojas por uno de pieles, esto demuestra cómo les enseñó a ellos el modelo de ofrenda dado de un protector a sus protegidos. En la elaboración de las túnicas de pieles le estaba dando a entender a ellos que sus esfuerzos por cubrirse eran insuficientes, de igual forma les enseñaba el derramamiento de sangre, que corresponde a los animales que dieron su vida y los cuales se entiende que son un tipo de Cristo, sin sangre no hay remisión de pecados y aquí se establece el primer sacrificio como la base del perfecto plan de redención divino.

Se debe considerar que Dios mismo fue quien proporcionó no solo el modelo sino también la vestimenta, lo cual se comprende que tanto la salvación como la limpieza del pecado corresponden a Dios, no al hombre. Los intentos de cubrir las faltas personales y alcanzar una pureza personal en los recursos propios es una evidencia de la existencia de pecado en el ser humano, de no existir el mismo como muchos afirman no hubiese una necesidad por tratar de cubrirlos, y por tratar de alcanzar lo divino en los méritos personales.

Son expulsados

Y dijo Jehová Dios: He aquí el hombre es como uno de nosotros, sabiendo el bien y el mal; ahora, pues, que no alargue su mano, y tome también del árbol de la vida, y coma, y viva para siempre. Y lo sacó Jehová del huerto del Edén, para que labrase la tierra de que fue tomado. Echó, pues, fuera al hombre, y puso al oriente del huerto de Edén querubines, y una espada encendida que se revolvía por todos lados, para guardar el camino del árbol de la vida - Génesis 3:22-24.

[1380] Romanos 3:10, v.23.

Existe dos interpretaciones sobre con quien Dios hablaba:

1) *Con los ángeles.*

2) *Consigo mismo.*

Mi posición es en relación con el segundo punto, por varias razones:

A) *el término nosotros es Elohim, un plural para la deidad utilizado de igual forma por Lucifer para la tentación al decirle a Eva que serían como Dios, dioses en la tierra*[1381].

B) *aunque lo ángeles gozan de una naturaleza moral e inteligencia, ellos no tenía le conocimiento que Dios tiene, por ello se refiere a sí mismo ya que Él conoce el mal por su omnisciencia y el hombre le conoció por experiencia, los ángeles no.*

Por ende, me reclino más a que hablaba consigo mismo. El Señor conocía la maldad por su pleno entendimiento absoluto de las cosas, pero no por experiencia propia como antes mencionado, el hombre la conoce al hacerse malo, a causa de la maldad en el hombre, lo cual va contrario a la esencia bondadosa de Dios, es que toma la decisión de alejarlos del árbol de la vida para que no comiesen. Muchos lo ven como un juicio fuerte, incluso lo ven como un acto poco misericordioso, pero la realidad es que fue un acto de amor y misericordia, ya que si lograban comer de dicho árbol viviría el hombre en una eterna esclavitud al pecado, la maldad y oscuridad. Al Dios echarlos del huerto interrumpió que tomaran otra decisión errada y vivieran en un sufrimiento eterno en vida, en medio de su expulsión los acompañó fuera del huerto, la obra divina se revela aquí de esta forma:

1) *Dios los expulsa por amor y los guía a la salida.*

2) *Dios recibe al hombre en amor y lo guía a la entrada mediante el Hijo.*

Aunque Dios está airado con el hombre con mucha fuerza y disgusto demostró su gracia. Los querubines subrayan la santidad de Dios que Adán y Eva habían perdido haciendo uso de la espada como un emblema de su actitud hacia el pecado. Queda claro en conformidad a todo lo antes mencionado en este capítulo que el hombre es un ser funcional compuesto de elementos materiales e inmateriales, y por el cual las mismas evidencias presentan la realidad del asunto, se llega a la conclusión de que todo ser humano participa de todo lo dicho con anterioridad.

[1381] Génesis 3:5.

Capítulo VIII: Hamartiología

(La doctrina del pecado)

La hamartiología es el estudio del pecado, se refiere a cómo se originó el pecado, cómo afecta a la humanidad, y en qué resultará después de la muerte. El pecado significa esencialmente a "no dar en el blanco". Todos los seres humanos a causa de la herencia de la raza por Adán, no ha dado en el blanco de la justicia de Dios. La hamartiología explica por el hombre ha fallado, cómo lo ha hecho, y las consecuencias de no dar en el blanco. La hamartiología explica que todos somos pecadores por herencia, imputación, y por elección personal. Apunta a la solución para el pecado, y a comprender la realidad de la naturaleza pecaminosa del hombre. El propósito de la hamartiología es que el estudiante comprenda la profundidad del pecado, para así poder entender la altura del amor de Dios por los pecadores.

¿Cuál es la definición del pecado?

El pecado se describe como la transgresión de la ley divina[1382] y como la rebelión en su contra[1383]. Todos los seres humanos heredamos la naturaleza de Adán, y por consecuente su pecado. La palabra pecado viene del gr. *"hamartia"* y significa *"fracaso"*, cuando una persona se pierde del camino y se sale de su propósito *"errar al blanco"*, la traducción sería *"una ofensa"* se entiende que el pecado es todo aquello que esté en total desacuerdo a la esencia y carácter de Dios. Y en el hb. *"chataah"* es *"ofensa"*. Todo pecado ante Dios es visto de igual forma, como algo repugnante, en lo que respecta tanto a las consecuencias eternas y a la salvación, todos los pecados son iguales. Todos y cada uno de los pecados conducen a condenación eterna[1384].

El pecado en sí es considerado "*una falta de conformidad en naturaleza, disposición o acto, con la ley moral de Dios"*. Esta es una definición precisa del pecado[1385]. Bíblicamente el pecado es más que una *"falta de conformidad"*, en sí es una rebelión que desea someter personalmente a Dios y su justicia al placer personal[1386]. Es un intento de extinguir los mandamientos divinos sobre el deber y las prohibiciones con responsabilidad, buscando así anular el conocimiento de la verdad y su pureza. El pecado es de naturaleza moral y espiritual el cual tiene la idea de autonomía y rebelión. Es de naturaleza moral, porque después de la caída, el

---

1382 1 Juan 3:4.
1383 Deuteronomio 9:7; Josué 1:18.
1384 Romanos 6:23.
1385 1 Juan 3:4.
1386 Isaías 14:12-14; Génesis 3:1-7.

hombre en su naturaleza ética está corrompido por el pecado, y es de naturaleza espiritual porque después de la misma caída el hombre en su rebelión se distanció del Señor colocando una barrera de separación entre Dios y él, tanto en la esfera de espacio y tiempo en la que se encuentra, como eternamente.

Hay varios términos en el Antiguo Testamento que arrojan luz a la idea del pecado. Estos son:

1) **Éxodo 20:20:** ***No temáis; porque para probaros vino Dios, y para que su temor esté delante de vosotros, para que no pequéis.*** *Pequéis* del hb. *"chata"* originalmente significa *"perder la marca"*.
2) **Génesis 38:7:** ***Y Er, el primogénito de Judá, fue malo ante los ojos de Jehová, y le quitó Jehová la vida.*** La palabra *malo* del hb. *"ra"* significa *"malvado/maldad"* comunica la idea de *"ruina"*.
3) **Números 15:22:** ***Y cuando errareis, y no hiciereis todos estos mandamientos que Jehová ha dicho a Moisés.*** La palabra *errar* del hb. *"taah"* significa *"descarriarse"*.

Estos son algunos de los términos los cuales arrojan luz sobre el significado del pecado en el Antiguo Testamento, se puede entender que comunica la idea de perder el propósito divino en la vida al salirse del camino trazado, e inclinarse a la maldad. Al otro lado, en el Nuevo Testamento se encuentran varios términos de igual forma. Algunos de estos son:

1) **Romanos 5:12:** ***Por tanto, como el pecado entró en el mundo por un hombre, y por el pecado la muerte, así la muerte pasó a todos los hombres, por cuanto todos pecaron.*** *Pecado* del gr. *"hamartano"* significa *"perder la marca"*. Al igual que *"chata"* del hebreo, está fuera el propósito divino por el cual se fue creado, tanto en carácter, conducta, e inclinaciones, todo lo que conlleva el ser por completo. La otra palabra para *pecaron* viene del gr. *"kakos"* y significa *"enfermedad"* esta palabra comunica la idea de *"una moral sucia"* en sí habla de la condición ética de la persona como una repugnante para ilustra los malos efectos de una moralidad corrupta en su carácter esencial.
2) **Hebreos 3:12:** ***Mirad, hermanos, que no haya en ninguno de vosotros corazón malo de incredulidad para apartarse del Dios vivo.*** *Malo* del gr. *"poneros"* significa *"mal moral"*, ilustra *"maldad"* al igual que la palabra hebrea *"ra"* que es ir a la ruina, en el griego habla sobre la fatiga consecuente a una moral inadecuada, sea en efecto o influencia, y por lo tanto diferente a *"kakos"*, que se refiere más bien al carácter esencial, esto indica la degeneración de la virtud original; figuradamente habla de una calamidad; por lo cual la persona es considerada un ser enfermo, es decir, enfermo moralmente y culpable.

3) **1 Juan 3:4:** ***Todo aquel que comete pecado, infringe también la ley; pues el pecado es infracción de la ley.*** Aquí pecado viene del gr. *"anomos"* que significa *"anarquía"* en este caso es *"sin ley o ilegal"*, es decir de forma negativa un ser no sujeto a la ley y por implicación, un transgresor.

El origen del pecado se encuentra en la desobediencia de Lucifer y los ángeles que siguieron su jugada. Tanto (Is 14:12-15) como (Ez 28:12-19), ambos pasajes insinúan la caída del Querubín. Cuando Lucero hace aparición en la escena con el hombre en el Edén ya era un ser caído, por así decirlo, pecador (2 Cor 11:3).

Definiciones erradas del pecado

- **Es una ilusión:** esta errada idea con el paso del tiempo se ha ido adaptando a diversas formas de expresión; afirmando que la falta de información es la razón fundamental del por qué el ser humano tiene una ilusión del pecado, con eso se afirma que mientras el hombre adquiere información y logra progresar por ella, al paso del tiempo el pecado irá desapareciendo.
- **Es el egoísmo:** aunque es parte del pecado no es la sustancia o por así decirlo la totalidad, ya que el componente fundamental del mismo no está mencionado, con esta idea se proyecta la falta al hombre, pero no a Dios, negando así su existencia.
- **Es violaciones a las leyes:** si se incluye las leyes divinas y el carácter de Dios es correcto el término, pero lamentablemente esta idea es incompleta, porque define que el pecado está basado en romper las leyes terrenales, negando de igual forma la existencia y supremacía de Dios.

La definición correcta del pecado es: *cualquier cosa contraria al carácter y esencia de Dios, en todos los sentidos.*

El pecado relacionado con Dios y su creación

Dios como ser perfecto en cada asunto no puede pecar[1387]; sin embargo, el plan divino permitió que el pecado tomara parte en el mundo, ya que incluía un salvador de este antes de la fundación de todo, no puede haber un salvador sin antes haber a quienes salvar. Relacionado a Lucifer el pecado se halló en él, lo cual da por sentado que él es su autor. Con relación a los ángeles muchos siguieron el camino de Lucero en su rebelión, y con el hombre el mismo se originó en Edén, no por el huerto o lo que en él habitaba, sino por la acción del hombre en el mismo. Así como el pecado entro en el

---

[1387] Hebreos 6:18.

corazón de Lucifer mediante el ejercicio voluntario y desobediente, el pecado entró en la raza humana a través del mismo ejercicio voluntario y desobediente de Adán[1388]. Con estas ilustraciones sobre la rebelión de Lucifer y la caída de Adán, se lleva naturalmente a escudriñar la naturaleza esencial del pecado, su origen, transmisión, efectos y castigo.

El ser humano como creación de Dios está relacionado personal y directamente con el pecado a causa de la caía. Ese pecado personal son las acciones cometidas por cada individuo de manera voluntaria o por ignorancia, errar al blanco va de la mano también a dar en un blanco falso. Ese pecado personal tiene por consecuencia la pérdida de la comunión con Dios, y basado en ello Dios mismo ha provisto ciertos medios para remediarlo:

1) **Redención:** mediante ello quita de en medio la culpa del pecado.
2) **Justificación:** mediante ella hace la declaración perfecta por la cual se imputa la justicia de Jesús al pecador creyente.

Esos dos remedios llevan a una consecuencia positiva, esta es *"una relación con Dios tal como Él desea"*, la naturaleza pecaminosa juega un papel presencial luego de la caída deseando ser protagonista de la historia. *¿Qué significado tiene la misma?*

La naturaleza caída

La naturaleza pecaminosa del ser humano es la errada capacidad que lleva a una inclinación hacia las cosas que hacen de la persona ser una reprobada ante Dios.

Su culpa

Porque la ira de Dios se revela desde el cielo contra toda impiedad e injusticia de los hombres que detienen con injusticia la verdad - Romanos 1:18.

La culpa del hombre se demuestra en que la *ira de Dios se revela desde el cielo contra toda impiedad e injusticia de los hombres que detienen con injusticia la verdad.* La ira de Dios se revela por:

1) *su impureza* (Rom 1:24).
2) *sus inclinaciones* (Rom 1:26).
3) *su mente reprobada* (Rom 1:28).

Observando el v.18 de Romanos capítulo 1, comienza diciendo que la ira de Dios se revela, esto es *hacerse manifiesta*, la manifestación de su ira literalmente involucra un sentimiento personal por parte de Dios en cuanto al pecado, dando entender tres cosas:

[1388] Romanos 5:12.

A) *desde el cielo*: esa ira divina es originada en base a su santidad.

B) *contra toda impiedad e injusticia*: se opone deliberadamente a todo aquello que esté en desacuerdo a su esencia y carácter.

C) *de los hombres que detienen con injusticia la verdad:* Dios está acusando directamente al hombre de que la verdad le fue dada y con sus acciones e inclinaciones la rechazó.

Según la cultura y costumbre grecorromana la ira de sus dioses se atribuía a las calamidades, desastres naturales, derrotas en las guerras, divisiones en los pueblos y pobreza según su comportamiento y conforme el ánimo de sus deidades. El argumento presentado aquí usa la idea de esos tiempos para darle a entender a los lectores que la ira de Dios está basada en un atributo divino y no en un estado de ánimo. El contraste cultural con los judíos se ve de igual forma, según las obras literarias rabínicas la palabra *"cielo"* era una referencia para Dios mismo, y al adherirla al componente de la infracción a las leyes divinas, esa frase daba a entender *"Dios está enojado"*, por ello el uso de hacer *"manifiesto"* como un paralelo a la verdad que los malvados tratan de esconder sobre el carácter divino[1389]. Con eso comunicaba que es imposible tratar de esconder la verdad, ya que Dios, la daría a conocer, en este caso mediante su ira.

La palabra *ira* del gr. *"orgé"* significa *"indignación"* y por implicación comunica un castigo. De no ser culpable el ser humano entonces no acarrearía castigo, eso sería injusto, pero como Dios es justo por naturaleza paga en conformidad a la misma. Otra palabra es *impiedad*, la misma del gr. *"asebeia"* proviene de *"asebés"* que literalmente es *"irreverente, falto de temor"*, luego sigue con *injusticia* del gr. *"adikia"* literalmente expresa *"maldad"* alguien que moralmente en su vida y actos va tras el error. Esto demuestra como Dios está indignado con el ser humano a causa de su irreverencia no temerosa de Él, su maldad y por detener la verdad.

La expresión *"detienen con injusticia la verdad"* no da entender que ellos poseían la verdad, sino más bien que no la ponían en práctica, detener de *"katejo"*, este verbo se traduce como retener, o, mejor dicho, restringir, habla de alguien que se resiste hacer lo que debe y es correcto. Entonces las expresiones del hombre están ligadas a su maldad, irreverencia, falta de temor haciendo que el carácter justo y santo de Dios sufra indignación, al grado de darles el pago que corresponde. Con lo antes mencionado se puede entender que el ser humano es culpable por naturaleza, no necesita esforzarse para serlo, ya nace siéndolo.

[1389] Romanos 1:17-23.

Su manifestación

Porque lo que de Dios se conoce les es manifiesto, pues Dios se lo manifestó - Romanos 1:19.

Aquí se revela la perdición del hombre, no por el conocimiento que no tiene, sino porque lo rehúsa[1390]. Dios se ha dado a conocer en la creación manifestando su poder, dejando una evidencia clara de sí mismo. El Señor en su supremacía plantó pruebas irrefutables de su existencia en la naturaleza para que el ser humano mediante la razón y la ley moral se inclinara a Él[1391]. El creador demuestra con el hábitat donde se encuentra el hombre su firma como diseñador de todo. Eso manifiesta la pecaminosidad de este al no reconocer su soberanía y poder creativo. La misma composición del verso expresa el deseo del Señor por darse a conocer *"se conoce"*, *"manifiesto"* y *"manifestó"* donde quiera que se encuentre el ser humano en esta esfera terrícola, mientras tenga contacto con la creación, su pecado queda al descubierto al ver todo y no reconocer quien lo creó.

Sin excusa / Ignorancia voluntaria

Porque las cosas invisibles de él, su eterno poder y deidad, se hacen claramente visibles desde la creación del mundo, siendo entendidas por medio de las cosas hechas, de modo que no tienen excusa. Pues habiendo conocido a Dios, no le glorificaron como a Dios, ni le dieron gracias, sino que se envanecieron en sus razonamientos, y su necio corazón fue entenebrecido. Profesando ser sabios, se hicieron necios, y cambiaron la gloria del Dios incorruptible en semejanza de imagen de hombre corruptible, de aves, de cuadrúpedos y de reptiles - Romanos 1:20-23.

La referencia hecha *"cosas invisibles"* hace una mención clara de:
1) *Su poder.*
2) *Su deidad.*

Tales atributos divinos inmateriales e invisibles, se hacen visibles mediante lo material *"las cosas que fueron hechas"*, la misma creación transmite el mensaje acerca de su creador[1392]. El poder eterno de Dios lógicamente necesita un ser poderoso con eternidad que lo ejecute, ya que el poder jamás tendrá función sin alguien que lo ponga en actividad, una acción sin un ser tras ella sería muy irracional, quién ejecutó las acciones en su *"deidad"* establece conforme su naturaleza todo lo creado en fidelidad, gracia y bondad absoluta[1393], haciendo así con ello que nadie tenga excusa. La responsabilidad humana queda expuesta, ya que Dios hace responsable a

---

[1390] Juan 3:20
[1391] Romanos 1:21-21, v.28, 2:15.
[1392] Salmos 19:1-8, 94:9, Hechos 14:15-17, 17:23-28.
[1393] Génesis 8:21-22; Hechos 14:17.

cada quién que no ha respondido a lo que Él ha mostrado de sí mismo en lo creado por el solo hecho que su deidad revela que más nadie, ni más nada, pudo haber tenido la capacidad de hacer lo que Él formó. Esto incluye aquellas personas las cuales nunca has escuchado acerca de Dios.

Al usar el texto la palabra *"divinidad"* del gr. *"theiotes"* se inclina a la condición perfecta de Dios en lo que hace, con ello sugiere el carácter divino más que su ser esencial; por así decirlo, la comunicación de su perfección en lo que hace. La creación demanda un creador y el diseño un diseñador, es imposible ver uno sin lo otro. Por eso no tienen excusa. Basado en tales hechos evidenciados es que *"habiendo conocido"* no por experiencia o por fe, sino en su rechazo a las pruebas, no le glorificaron, siendo malagradecidos hasta con lo que ha Dios creado y ellos participan aun así y le dan uso para beneficio personal. En lugar de dar gracias el hombre se inclina a razonamientos y filosofías huecas. Eso da como resultado la pérdida de la claridad en la razón. Los hombres se enorgullecen cada vez más acerca de su supuesto conocimiento, el mismo por el cual Adán y Eva fueron hundidos, pero en este caso no hay una sorpresa, sino más bien una aceptación de él sin percatarse que se consumen en la ignorancia.

Lo que caracteriza aquéllos que niegan a Dios en su vano conocimiento es:

1) *La arrogancia.*
2) *La ignorancia.*
3) *La estupidez.*

En lugar de ir en ascenso van en descenso, en el errado camino de la depravación, al grado de adorar lo creado *(corruptible)* y no al creador *(incorruptible)*. Entonces, se comprende que tanto la ignorancia voluntaria como la exposición del poder divino como firma en la creación, revelan que no hay excusas para el pecador.

Su consecuencia

Por lo cual también Dios los entregó a la inmundicia, en las concupiscencias de sus corazones, de modo que deshonraron entre sí sus propios cuerpos, ya que cambiaron la verdad de Dios por la mentira, honrando y dando culto a las criaturas antes que al Creador, el cual es bendito por los siglos. Amén. Por esto Dios los entregó a pasiones vergonzosas; pues aun sus mujeres cambiaron el uso natural por el que es contra naturaleza, y de igual modo también los hombres, dejando el uso natural de la mujer, se encendieron en su lascivia unos con otros, cometiendo hechos vergonzosos hombres con hombres, y recibiendo en sí mismos la retribución debida a su extravío. Y como ellos no aprobaron tener en cuenta a Dios, Dios los entregó a una mente reprobada, para hacer cosas que no convienen - Romanos 1:24-28.

La cultura grecorromana favorecía diversas manifestaciones sexuales; las cuales han sido señaladas en las Escrituras como aberraciones, perversiones y desviaciones, y la conclusión clínica moderna en su afán de ocultar la realidad de la depravación humana le ha nombrado como *"tendencias"*. Platón en su *"Diálogos"* hace referencia a las inclinaciones homosexual y bisexual como una aceptable en su época que la condición natural heterosexual. Ese tipo de actitud pecaminosa era muy común entre ellos en esos tiempos. La noción distorsionada que se tenía al carácter de Dios pervertía la manera en que se trataba sexualmente a las demás personas.

La conclusión lógica de los resultados por los actos cometidos por parte del ser humano se expresa con el término *"por lo cual también"*. La entrega por parte de Dios conforme a los resultados vistos en sus acciones se ve en:

1) Los entregó a la inmundicia (v.24).
2) Los entregó a pasiones viles (v.26).
3) Los entregó a una mente reprobada (v.28).

En otras palabras, la ira de Dios se ve reflejada en la personalidad entera del ser humano caído. La entrega por parte de Dios es una judicial, era la entrega de un prisionero para la imposición de una sentencia, con eso se entiende que los hombres que abandonan a Dios, Él los abandona en esa cárcel[1394]. Eso Dios lo lleva a cabo de dos formas:

1) Indirectamente: Permitiendo en Su soberanía conforme el ejercicio perfecto de su capacidad natural omnisciente y preeminente que el hombre no arrepentido sufra las consecuencias de:
A) *Su naturaleza.*
B) *Sus inclinaciones.*
C) *Sus acciones.*

Esas son las evidencias de la culpabilidad de este en el juicio. Eso es igual que el juicio de un delito en el cual se puede observar:

- **Autor Intelectual**: los que planeen o preparen su realización (inclinación).
- **Autor Material**: los que lo realizan por sí mismos (naturaleza).
- **Autor Mediato**: el que lo lleva a cabo sirviéndose de otro como instrumento (acciones).

La palabra entregó del gr. *"paradidomai"* literalmente significa *"abandonar"* Dios abandona al hombre en su propia corrupción para que este continúe haciendo lo que en su naturaleza, inclinación y acciones rebeldes hace, este abandono no es uno permisivo sino más bien uno judicial como antes visto.

[1394] Jueces 10:13; 2 Crónicas 15:2, 24:20; Salmos 81:11-12; Oseas 4:17; Mateo 15:14; Hechos 7:38-42, 14:16.

2) **Directamente:** Eso es mediante actos de castigo, sea en el área catástrofe natural, físico corporal, mental emocional, espiritual etc, los medios varían en conformidad a su soberanía.

Pablo indica cómo opera la ira de Dios[1395] dejando que las personas se conduzcan en su propia condenación al deformar la humanidad. En el Antiguo Testamento se pueden ver como Dios entregó a la gente a la dureza de su propio corazón[1396]. Esto es lo que más bien se le conoce como *"ceguera penal"*[1397].

En respuesta a los corazones malvados Dios los abandonó en la cárcel preparados para juicio en su propia impureza sexual: *"adulterio, fornicación, homosexualidades, prostitución"* etc. Convirtieron su vida en una continua orgía sexual mediante la cual deshonraron entre sí sus propios cuerpos. Por ello especifica que los abandonó en la inmundicia de sus corazones, la palabra inmundicia del gr. *"'akatharsían"* literalmente significa *"suciedad"* se aplicaba con frecuencia a la materia en estado de *descomposición/putrefacta*, esto se entiende como Dios veía sus acciones motivadas por el deseo *"concupiscencia"* malvado. La deshonra mencionada se entiende como un insulto, a causa de su maldad utilizaban el cuerpo como medio de expresión para insultar a Dios con sus acciones por dos razones:

1) *una violación directa al mandamiento divino.*

2) *al hacerlo retaban a Dios colocándose ellos como superiores a Él yendo en contra de las intenciones originales del creador.*

El abandono divino tuvo lugar porque los hombres abandonaron la verdad acerca de Dios por ir tras la mentira. Un ídolo es una falsa representación de Dios, por consecuente es una mentira, aquí se observa le límite de la estupidez, ya que incluso adora algo que está por debajo no solo de Dios como creador, sino del mismo hombre como autoridad puesta por Dios sobre lo creado[1398], con esto cae en un nivel muy bajo. Al colocar como objeto de adoración lo creado, se insulta y deshonra al creador tanto directa como indirectamente, no cabe la posibilidad de la ignorancia, ya que la ignorancia por parte del hombre es voluntaria, y de igual forma sus acciones, el hombre sufre sus consecuencias por parte de Dios al este levantarse como criatura en contra de su creador. Por esta causa Dios entregó a las personas a los efectos eróticos activos conforme sus deseos desconociendo la vergüenza.

Despertar a los más jóvenes el placer erótico entre los de su mismo género sexual era un pasatiempo común en esos tiempos. Cabe aclarar que no todos los Romanos fueron afectados por estas inclinaciones griegas, ya que muchos de la escala social alta, moralistas y filósofos las veían como

---

[1395] Romanos 1:18.

[1396] Isaías 69:9-11, 29:9-12; Jeremías 44:25-27.

[1397] Salmos 81:12.

[1398] Génesis 1:26-27.

repulsivas oponiéndose a la inversión de género contra la misma naturaleza, asemejándose a los judíos en el pensamiento del propósito original[1399]. A causa de la entrega divina a sus propios placeres, de igual forma que las mujeres perdieron el sentido de la vergüenza, los hombres se volvieron sodomitas, haciendo de sus funciones naturales una perversión. Eso se ve ilustrado en varios factores:

1) **Se apartaron de la relación matrimonial ordenada por Dios:** con ello se rebelaban contra el propósito divino de la institución familiar[1400].
2) **Se encendieron en sus deseos lascivos:** emprendieron la práctica de la homosexualidad, con ello daban entender que había una equivocación en el diseño natural[1401], Dios estaba errado según los criterios errados de los que practicaban tal pecado.
3) **Su pecado tuvo efectos destructivos tales como:**
   A) *Enfermedades.*
   B) *Culpa.*
   C) *Deformación de personalidad, "recibiendo en sí mismos la retribución debida a su extravío".*

Aquí se puede observar la ley de siembra y cosecha[1402], el carácter autodestructivo del pecado es visto en la consecuencia que este acarrea. No existe todavía ningún ser humano el cual peque, y no reciba las consecuencias de sus acciones. La naturaleza caída del hombre es susceptible a todas las formas de perversión. Debido al rechazo del ser humano hacia Dios como Creador, y Sustentador de todo, Dios lo abandonó en su mente reprobada, la traducción original para reprobada es *"no pasar la prueba"* esto ilustra los metales inservibles que eran desechados por contener demasiadas impurezas, con esto se comprende que la mente el hombre carece de valor y utilidad[1403], y conforme a esa carencia está dispuesto a cometer toda forma de maldad.

Sus acciones

Estando atestados de toda injusticia, fornicación, perversidad, avaricia, maldad; llenos de envidia, homicidios, contiendas, engaños y malignidades; murmuradores, detractores, aborrecedores de Dios, injuriosos, soberbios, altivos, inventores de males, desobedientes a los padres, necios, desleales, sin afecto natural, implacables, sin misericordia; quienes habiendo entendido el juicio de Dios, que los que practican tales cosas son dignos de muerte, no sólo las hacen, sino que también se complacen con los que las practican - Romanos 1:29-32.

[1399] Génesis 2:18.
[1400] Génesis 2:23-25.
[1401] Génesis 2:21-22.
[1402] Gálatas 6:7-8.
[1403] Jeremías 6:30.

Pablo luego de presentar las motivaciones, inclinaciones y consecuencias del pecado en su rama sexual ahora expone una tenebrosa lista que caracteriza al hombre en su intento de sobreponerse sobre Dios, nótese que antes de ello dice que el ser humano está *atestado*, esta palabra del gr. *"pleróo"* significa *"lleno"* esto sugiere una acción completa con resultados permanentes, por así decirlo entonces comunica que el hombre está *lleno/repleto* de:

1) **Injusticia:** En su significado común es la falta o ausencia de justicia, de bien común y de equilibrio, en referencia a un suceso, a un acto o a una situación de hecho. La injusticia puede formar parte de un grupo social y también de sujetos individuales. La misma del gr. *"'adikia"* literalmente significa que el humano está desprovisto de la santidad que la divinidad demanda para estar ante Él. En el aspecto práctico, el hombre vive constantemente negando y faltando a Dios en un desvió pleno de la moral que Dios demanda a las criaturas[1404].
2) **Fornicación:** Esto es una iniquidad activa, la misma del gr. *"poneiríai"* en si comunica *"perversidad"*, no se debe confundir con *"porneia"* para el acto sexual. Pablo aquí ilustra la perversidad y la actividad de la iniquidad en todo su apogeo, en sí es *"un mal activo"*.
3) **Avaricia:** Del gr. *"plenexía"* es un deseo incontrolable e insaciable de acumular elementos materiales sin importar aún dañar al prójimo para adquirirlos. Esta es la causa de la pobreza y miseria en muchas vidas[1405].
4) **Maldad:** Del gr. *"kakía"* es la disposición para ejecutar la maldad que está anidada en el corazón, mientras que la actividad del mal es *"fornicación"* en este mismo verso, la maldad es la esencia de dicha actividad por la cual tiene la falta de misericordia hacia otros. Esto es el deseo de dañar a otros; un odio venenoso.
5) **Envidia:** Del gr. *"fthónou"* alude a un resentimiento originado en no tener o hacer lo que el prójimo sí[1406].
6) **Homicidio:** de *"fónou"* esto habla tanto en lo físico como en lo moral.
7) **Contiendas:** De la palabra gr. *"éridos"* comunica la idea de pleitos, se entiende que este es el resultado directo de:
    A) *Envidias.*
    B) *Maldad.*
    C) *Avaricia.*
    D) *Arrogancia.*

    Puede ser todas en conjunto como por separado lo que resulta la disputa.
8) **Engaño y Malignidad:** Literalmente es *"engaños maliciosos / malintencionados"* esto involucra tanto a la persona como a

[1404] Romanos 3:10-12.
[1405] 1 Timoteo 6:10.
[1406] Génesis 37:4-11; Hechos 7:9; Mateo 27:18.

copartícipes para ejecutar una acción en contra de alguien, o algo, la fuente de ello es mala voluntad, resentimiento, hostilidad y amargura.

9) **Murmuración:** La raíz de este vocablo es el verbo *"psithurídso"* que significa *"hablar en secreto"*, comunica hablar al oído de otro, en tal época esto era se entendía cómo alguien que derramaba veneno. Los judíos creían que la murmuración era un sinónimo de lepra[1407], de igual forma los grecorromanos lo veían como veneno, un mal que dañaba a todo aquel que lo recibía.
10) **Detractores:** De *"katalálous"* es en sí los que hablan mal de otros con el fin de manchar su prestigio, son calumniadores directos.
11) **Aborrecedores de Dios:** El vocablo original es pasivo, del gr. *"theosthygeis"* y se refiere a *"aborrecidos por Dios"*, esto también incluye el activo *"aborrecedores de Dios"*, ¡ya que es un compuesto de *"theos"* que es *"Dios*! y de *"stygéo"* que es *"aborrecer, odiar"*, ambos significados pueden ser, ya que Dios aborrece a aquellos que le aborrecen[1408].
12) **Injuriosos:** Del verbo *"hybrídso"* significa *"insulto"*. Eso es como un ser orgulloso y con crueldad trata insolentemente a su prójimo, y no contento con eso disfruta su comportamiento.
13) **Altivos:** Este vocablo compuesto de *"hyper"* que es *"sobre, encima"* y de *"fainomia"* que significa *"aparecer"*, un altivo es aquel el cual se coloca sobre otros con el fin de sobresalir, su motivación está basada en el protagonismo, desvaloriza a otros con tal de darse como el único con valor.
14) **Soberbios:** Del gr. *"'alazónas"* esto define una persona vanagloriosa la cual va por doquier haciendo falsas promesas con el fin de obtener beneficios personales.
15) **Inventores de males:** Estas personas de enfocan en producir y propagar todo tipo de mal, incluso invierten su tiempo elaborando formas nuevas para propagarlo.
16) **Desobedientes a los padres:** Este es el pecado más antiguo según la escala judía rabínica de los pecados, y es la bandera que señala el acercamiento de los tiempos finales[1409]. Con esto se comprendía que, si no eran capaces de sujetarse a la autoridad de la casa menos a la cívica y eclesiástica, esto ilustra como una persona rompe el orden establecido.
17) **Necios:** Literalmente sin entendimiento.
18) **Desleales:** Se entendía que era faltar a las promesas, una persona no digna de depositar confianza.
19) **Sin afecto natural:** Del gr. *"astrórgous"* comunica la idea de alguien sin amor hacia los de su propia casa. p.ej. el abandono de los padres en la edad avanzada, el aborto, el abandono de padre o madre del hogar

[1407] Números 12:1-16.
[1408] Mateo 10:33.
[1409] 2 Timoteo 3:2; Efesios 6:1-3.

dejando solo al componente familiar restante etc. Estos viven actuando con total menosprecio de los vínculos naturales y de las obligaciones que les corresponden.

20) Implacables: Los que persiguen a quienes consideran enemigos o una amenaza:

A) *su persona.*

B) *sus ideales* (esto incluye creencia religiosa).

21) Sin misericordia: Esto es la falta de piedad hacia otras personas que sufren o están atravesando un momento difícil.

Nótese que cada una de las ilustraciones muestra la terrible condición del hombre sin Dios en este mundo. Se puede llegar a la conclusión que esta naturaleza caída se observa primeramente en los que pervierten la sexualidad (vv.26-27) y la práctica relacional errada con los demás (vv.29-31) cada persona tiene un conocimiento innato no sólo de que está mal, sino de que son dignos de muerte. El veredicto divino afirma la culpabilidad basado en la naturaleza y carácter que reflejan sus acciones, por más que intente el hombre en legalizar el pecado evitando su culpabilidad, ya está condenado. Por tratar de legalizar ante el ojo humano la maldad es que no se detiene ante las formas de impiedad, no contento con eso, se une con otros de igual inclinación para promover el pecado en un sentimiento de falta de responsabilidad grupal y disfrutan lo que hacen.

Todo lo antes mencionado describe la caída la cual resulta en un abandono por parte de Dios en su propio pecado[1410], la esencia queda al descubierto[1411], su expresión[1412], y su desenlace[1413]. La parte importante aquí es la Justicia de Dios, ya que Él es justo al manifestar su ira contra el pecado. Se entiende que el hombre ha sido informado con todo lo necesario para poder inclinarse a su creador, quitando así cualquier excusa ante Él, ya que mediante la revelación natural queda evidenciado no solo un Dios creador y justo, sino también la incapacidad moral e injusta del hombre, por esa razón Dios actuó judicialmente, como todo un ser soberano y santo.

Su lógica y corazón

Teniendo el entendimiento entenebrecido, ajenos de la vida de Dios por la ignorancia que en ellos hay, por la dureza de su corazón - Efesios 4:18.

El hombre natural vive con una venda que mantiene su lógica en un mundo de ficción. El entendimiento entenebrecido tiene una incapacidad natural la cual no puede comprender la verdad divina a causa del enorme

[1410] Romanos 1:18.
[1411] Romanos 1:24-25.
[1412] Romanos 1:26-27.
[1413] Romanos 1:28-32.

abismo que hay entre el hombre y Dios por su pecado[1414], el pecado suscita una profunda ignorancia y un duro corazón como piedra. Esto es una vida domada por los antivalores y la pérdida de la sensibilidad moral y espiritual. El entendimiento lleno de tinieblas, aunque su comienzo fue en Edén con la caída, sus efectos son continuos con resultados a toda humanidad, haciendo del mismo un ser ajeno a la misma esencia de la vida verdadera, que es Dios mismo. Esta ignorancia y dureza es voluntaria. La palabra entendimiento de *"dianoia"* significa *"comprensión"* en conjunto de su entenebrecido estatus expresa la idea de *"imaginación"*, es decir vive fantaseando alejado de la realidad.

El resultado de esta naturaleza caída *(pecaminosa)* es una depravación total la cual esta falta de los méritos necesarios ante los ojos de Dios, la consecuencia de ello es muerte espiritual, física y eterna. Esta naturaleza ha sido transmitida a todo ser participante de naturaleza racional, es decir humano[1415].

Imputación del pecado

El pecado imputado resulta de la participación humana conforme a la descendencia de Adán, en este caso la naturaleza Adámica, la cual ningún ser humano puede negar por más que quiera. Imputar lo cual significa atribuir la responsabilidad de un delito a una persona, es la definición más exacta para la herencia recibida a la raza humana mediante Adán.

Toda la humanidad es pecadora

Por tanto, como el pecado entró en el mundo por un hombre, y por el pecado la muerte, así la muerte pasó a todos los hombres, por cuanto todos pecaron - Romanos 5:12.

La entrada del pecado no se trata de un pecado en particular, sino más bien de la imputación de la naturaleza del pecado en el género humano. A causa de ello el ser humano se convirtió en pecador. Adán transmitió a todos sus descendientes la naturaleza pecaminosa a causa de su primer acto de desobediencia en el Edén. A partir de Adán esa naturaleza está presente al momento de nacer, esto hace imposible que el hombre viva agradablemente a Dios. Su pecado transformó su naturaleza interior de justa a injusta y trajo depravación y muerte. Adán no sufrió la muerte de forma inmediata, pero a través de su desobediencia la muerte se convirtió en una penosa realidad para él y la humanidad. La muerte se manifiesta de tres formas:

1) *Separación de Dios*[1416].

[1414] 1 Corintios 2:14.
[1415] Salmos 51:5.
[1416] La separación de Dios es sinónimo de muerte espiritual - Efesios 2:1-2, 4:18.

2) *Física*[1417].

3) *Eterna*[1418].

La separación eterna de Dios trae a consecuencia el tormento[1419]. A causa de que toda la humanidad es descendencia de Adán, heredó su condición caída y depravada, por ello el término *"todos pecaron"*. El ser humano no es pecador porque peca, peca porque es pecador. Adán es la cabeza federal de la raza humana y el desastroso resultado del pecado es la muerte, la consecuencia de la caída una lejanía de Dios. Las evidencias mostradas anteriormente en todo el capítulo demuestran que el ser humano al participar de una o todas las inclinaciones ya mencionadas participa de una naturaleza corrupta, caída y en rebeldía directa contra Dios[1420].

Toda la humanidad participa activamente del pecado y contrae de igual forma su culpabilidad, al ser Adán la representación de la raza humana la misma por consecuente contrae:

1) *Su naturaleza.*

2) *Sus inclinaciones naturales.*

3) *Su consecuencia.*

Se entiende que el pecado es transmitido directamente a cada ser individual de la raza humana, teniendo como consecuencia el castigo de muerte tanto física, espiritual como eterna.

El pecado en la vida del regenerado

El creyente peca

Si decimos que no tenemos pecado, nos engañamos a nosotros mismos, y la verdad no está en nosotros. Si confesamos nuestros pecados, él es fiel y justo para perdonar nuestros pecados, y limpiarnos de toda maldad. Si decimos que no hemos pecado, le hacemos a él mentiroso, y su palabra no está en nosotros - 1 Juan 1:8-10.

Según el contexto histórico cultural los profetas en el Antiguo Testamento de manera repetida condenaban como engaño los falsos alegatos de inocencia[1421], siempre basaban su mensaje en el requerimiento divino del reconocimiento del pecado en arrepentimiento[1422]. Si se observa las inclinaciones rabínicas de esos tiempos, en la sinagoga se hacían oraciones de perdón en las cuales se recitaban confesiones de pecado a Dios; indicando que el pueblo judío *(creyente y no creyente en Cristo)* en los tiempos de Jesús y posteriormente reconocía el hecho del pecado y los pecados en la vida humana.

[1417] Hebreos 9:27.

[1418] Conocida como la segunda muerte.

[1419] Apocalipsis 20:11-15.

[1420] Romanos 8:7.

[1421] Jeremías 2:35; Oseas 8:2; Proverbios 30:12.

[1422] Levítico 5:5, 16:"1; Salmos 32:1-5; Proverbios 28:13; Jeremías 3:13.

La comunión correcta con Dios demanda que el creyente reconozca la verdad sobre sí mismo, nadie puede confesar algo lo cual no reconoce que tiene o ha hecho. Negar que el ser humano participa de una naturaleza caída indica dos cosas: **1)** *ficción* y **2)** *autoengaño*. Lo cual es el producto de la falsedad, es como tratar de vivir un paraíso imaginario apartado de la realidad. La distinción hecha en este pasaje entre pecado y pecados designa la naturaleza corrupta del hombre en su totalidad. Al hablar de pecados se refiere a los males que se comenten y al hablar de pecado se refiere a lo que el hombre es, esto significa que lo que el ser humano es, es mucho peor de lo que hace, por la sencilla razón de que todo lo que hace *(pecados)*, es a causa de todo lo que es *(pecador)*. Si una persona no admite que es pecador mucho menos admitirá que comete pecados, la persona que no admite la primera omite la segunda y la consecuencia es que la salvación nunca fue una realidad en su vida[1423].

Las acciones pecaminosas en el ser humano las podemos dividir en seis para tener un mayor entendimiento sobre la naturaleza caída, los pecados se pueden ver en:

1) Comisión: Son los pecados que una persona comete natural y activamente[1424].

2) Omisión: Es el resultado de no hacer lo que la palabra de Dios enseña que se debe hacer[1425].

3) Pensamiento: Son los pecados que se forman e ilustran en el área intelectual inmaterial del ser humano para de ahí determinar la realización de estos[1426].

4) Acto: Es la ofensa a Dios la cual se concibió en la mente y se lleva a la acción, de lo inmaterial a lo material, del pensar al actuar con sus respectivas consecuencias[1427].

5) Secretos: Son los actos los cuales se hacen alejados del vínculo social u ojo público, en este caso pueden ser:

A) *La persona los comete en soledad.*

B) *Un grupo de personas los cometen en conjunto acuerdo apartados de los demás*[1428].

C) *Quien los comete no comprende que está mal su acción*[1429].

Se considera secretos ante el ojo humano, pero no ocultos ante los ojos divinos[1430]. El pecado oculto no existe, el pecado secreto sí.

6) Públicos: Son aquellas acciones las cuales se muestran al ojo divino y público[1431].

[1423] Mateo 19:16-22.
[1424] Romanos 7:14-20.
[1425] Santiago 4:17.
[1426] Salmos 94:11; Marcos 7:20-23.
[1427] Génesis 3:6.
[1428] Proverbios 28:13.
[1429] Salmos 19:12.
[1430] Eclesiastés 12:13-14; Hebreos 4:13.
[1431] Mateo 26:69-75: Negar a Dios es una ofensa/pecado terrible con consecuencias eternas (Mateo 10:33).

Al actuar en una, o todas de las inclinaciones arriba mencionadas se evidencia que el creyente lucha con esa naturaleza, pero a su vez, puede ampararse en la promesa divina por gracia de que Dios es fiel y justo para perdonar, por ello es necesario la confesión de los pecados a Dios, nótese que en este verso no habla que ese *confesar* es para requisito de la salvación en sí, habla de una correcta comunión para los ya salvos. El perdón ilustrado aquí es el paterno, no el judicial, la salvación se efectúa en la regeneración de aquel el cual se arrepiente y no desea vivir más una vida de pecado en conformidad a la persona y obra de Cristo, pero eso no es garantía para que no siga pecando, el creyente peca, y al hacerlo su responsabilidad ante el Padre si desea tener una comunión correcta con Él, debe ser la confesión y alejamiento en los recursos divinos.

La palabra *"confesemos"* viene de un vocablo griego que literalmente es traducido *como "decir la misma cosa que otro"* eso es *"admitir la verdad sobre una acusación*"; en este caso, se refiere a la aceptación de la naturaleza y acciones de la humanidad ante el Señor. Dios es fiel en el sentido de que ha prometido perdonar, y claro, cumple su promesa. Dios es justo para perdonar basado en su propia naturaleza y su vez porque proveyó una base justa para el perdón en la cruz. La persona y obra de Cristo garantiza el perdón y limpieza de toda maldad a los corazones sinceros y rendidos ante su supremacía.

Para comprender mejor lo mencionado, el perdón judicial es aquel el cual condena a la persona por la violación a la ley divina. El creyente necesita el perdón judicial sólo una vez; ya que la persona y obra de Jesús solventa la pena de todos los pecados, es una obra perfecta, hecha por un ser perfecto, para perfeccionar a los imperfectos[1432], La obra de Cristo en la cruz cubre los tiempos del ser humano tanto en:

1) *Pasado.*

2) *Presente.*

3) *Futuro.*

Pero, aunque el creyente ya no necesite el perdón judicial, si necesita el Paternal a lo largo de toda su vida hasta el día de la resurrección, donde tendrá un cuerpo perfecto y una naturaleza de igual forma en santidad absoluta como Cristo, sin pecado[1433]. Finalmente, la confesión de los pecados caracteriza a los creyentes genuinos y en lugar de enfocarse en la confesión de cada pecado individual lo que se comunica es el reconocimiento consciente de que se necesita limpieza y perdón por el Padre para gozar de una intimidad adecuada con Él[1434]. Negar la realidad de la existencia y evidencias del pecado y las manifestaciones de este es decirle directamente a Dios que es un mentiroso, se comete el mismo error de Adán en el Edén al evadir su responsabilidad[1435].

[1432] Hebreos 10:14.

[1433] 1 Corintios 15:51-54.

[1434] Efesios 4:32; Colosenses 2:13.

[1435] Génesis 3:11-12.

Dios afirmó que todos los seres humanos son pecadores entonces, negar ese hecho equivale a levantar calumnias difamatorias contra Él[1436]. Reconocer el pecado y los pecados ante Dios es reconocer que Él es verdad y su palabra de igual forma. El creyente, aunque niegue el hecho de que tiene una naturaleza pecaminosa *(muchos lo niegan)* las evidencias de las acciones humanas más, las afirmaciones divinas sobre el tema demuestran lo contrario[1437]. Aunque le creyente ante los ojos de Dios ya no es pecador, peca.

Debe andar en luz

Pero si andamos en luz, como él está en luz, tenemos comunión unos con otros, y la sangre de Jesucristo su Hijo nos limpia de todo pecado - 1 Juan 1:7.

La creencia contemporánea de esos tiempos era que tanto el agua como la sangre eran medios de purificación ritual los cuales Dios había elegido para limpiar en un sentido físico. De igual forma la sangre hacía el efecto necesario de purificación de acuerdo con el Antiguo Testamento[1438]. Se entendía que la sangre del sacrificio apartaba todo lo que se debía consagrar para Dios limpiándolo del pecado mediante la expiación[1439]. Se entiende que, en conjunto de dicho contexto, que andar en luz equivalía a vivir en obediencia a los mandamientos divinos, eso deriva dos cosas:

1) *Comunión con Dios por la continua limpieza del pecado.*

2) *Comunión con otros que participan de la relación correcta con Dios.*

El contraste que presenta este verso es el de la luz como la limpieza y las tinieblas que necesitan limpiarse. Si el creyente afirma tener comunión con Dios caminará en luz en conjunto de aquellos que profesan de igual forma, andar en luz se entiende que es vivir a la esfera de su andar gracias a la provisión divina mediante el Hijo. *Luz* del gr. *"phós"* en este contexto comunica de forma literal y especialmente en términos de sus resultados *"aquello que se manifiesta"* en sí es la manifestación de la vida auto existente de Dios; la iluminación divina para revelar e impartir la vida de Cristo.

Un creyente genuino se conformará a la verdad y santidad de Cristo, la cual es la luz antes mencionada, no a las tinieblas en falsedad y pecaminosidad. Esa manera de andar resultará en una limpieza continua *(progresiva)* del pecado a medida que el Señor le va transformando a Su imagen. Quienes andan en la luz del Señor participan de su carácter, tales son los que se caracterizan por vivir la santidad de Dios en una comunión verdadera[1440]. Un verdadero creyente es aquel el cual muestra continuamente

---

[1436] Salmos 14:3, 51:5; Isaías 53:6; Jeremías 17:5-6; Romanos 3:10-19; v.:23, 6:23.

[1437] Gálatas 5:13-17.

[1438] Hebreos 9:21-22.

[1439] Levítico 16:30.

[1440] I Juan 3:11, Santiago 1:27.

que no anda en tinieblas y reconoce constantemente a la luz de Cristo su pecado[1441]. Se puede comprender que andar en luz es un reconocimiento pleno, constante y dedicado de la naturaleza y acciones erradas personales a la luz de la santidad de Cristo, para que así en conformidad a ello se adquiera una relación correcta con Dios en comunión, lo cual resultará en una relación correcta con aquellos que participan de igual forma en conjunto a lo antes mencionado, dicho sea de paso, si alguien dice ser creyente y no tiene comunión con otros creyentes, es por no tener comunión con Dios, el tal camina en tinieblas por no reconocer su pecado y pecados.

Los medios para el manejo del pecado en la vida del creyente

Las Escrituras

En mi corazón he guardado tus dichos, Para no pecar contra ti - Salmos 119:11.

Es sano comprender que Dios no hace santo al creyente en el aspecto funcional experimental sin la cooperación del mismo en rendición y sujeción, la santidad posicional se entiende que es el acto divino por el cual Cristo en su gracia nos coloca en Él, pero la santidad experimental progresiva o condicional como bien se le conoce, es un asunto de día a día y se experimenta a la medida que el creyente se sujeta en rendición absoluta a la suprema soberanía de Dios. Eso se logra mediante las Escrituras en su lectura y estudio contextual adecuado.

Asimilar la Palabra de Dios es la mejor herramienta para que el creyente se defienda contra el pecado[1442]. Este verso expone una verdad clara, la palabra *dichos* del hb. *"'imrah"* literalmente es *"mandatos"* esta es una palabra razonable que alude *"enseñanzas"*, la enseñanza divina trae consigo una demanda de cumplimiento. Esa demanda para cumplirse y para poder llevarla a cabo debe ser *atesorada/valorada*, eso significa que el creyente debe apropiarse de ella haciendo de esta la guía fundamental de su pensamiento, palabras y acciones. Antes que los labios afirmen las declaraciones divinas el corazón debe ser la habitación de estas, su Palabra constituye la norma de fe y la sujeción a sus consejos y juicios para una vida victoriosa sobre el mal. Eso es lo que capacita al creyente dándole lo necesario para una vida plena[1443], la función de las Escrituras al ser guardadas en el corazón son las de brindar la ayuda necesaria para que el lector y amante de Dios no se incline al pecado.

La palabra *pecar* del hb. *"jata'"* es *"errar"* esto comunica descarriarse, fallar a la meta, se usaba con el fin de ilustrar el sentido moral, indicando con ello la idea de violar las leyes divinas. El enfoque aquí presentado es

---

1441 2 Corintios 6:14; Efesios 5:8; Colosenses 1:12-13.
1442 Mateo 4:1-11.
1443 2 Timoteo 3:16-17.

buscar el consejo divino para vivir una vida recta e integra en conformidad a su medio Escrito.

La intercesión de Cristo

No ruego que los quites del mundo, sino que los guardes del mal - Juan 17:15.

La tradición judía hacía énfasis en la separación de las prácticas, costumbres y culturas de otras naciones. En el Antiguo Testamento Dios había separado a Israel para sí mismo de entre las otras naciones dándoles mandamientos especiales que harían de ellos la diferencia marcada[1444]. Esto arroja luz a que, si en la antigüedad Dios separó a su pueblo de las demás naciones dándole la ley de sus mandamientos en especial, cuanto más son santificados los creyentes mediante Cristo siendo Él la ley encarnada[1445]. Cristo trata a su Iglesia como el remanente puro del pacto nuevo.

El Señor está intercediendo por los creyentes en un mundo hostil, si notamos hace uso de la palabra *"del mal"*, para indicar que debemos ser guardados en esta esfera. Ese es un vocablo neutro del griego *"poneros"* y puede significar dos cosas:

1) *Del mal mismo como la fuente de todo lo corrupto y sucio.*

2) *Del maligno*, lo cual puede ser:

- **A**) *De la gente malvada.*
- **B**) *De Satanás.*
- **C**) *De ambos.*

El solo hecho que el creyente se encuentre en el mundo no significa que deba ser parte de este, se entiende que el mundo tiene un sistema el cual está ilustrado de varias formas:

1) *Bajo el dominio del maligno*[1446].

2) *Dominado por el usurpador*[1447].

Viendo el mismo contexto literario inmediato[1448] en conjunto de los demás versos mencionados se entiende que la interpretación más adecuada de ese verbo neutro habla de Satanás, y claramente no se puede descartar a sus agentes los cuales materializan la maldad en este mundo[1449]. Es bueno tener el entendimiento claro que, aunque el sacrificio de Cristo fue la derrota de Satanás, sigue maquinando su sistema maligno en contra de los creyentes procurando destruirlos, él desea derribar todo aquello que tenga que ver con Dios y su imagen[1450]. El hecho de que Jesucristo intercediera por los creyentes para guardarlos demuestra que:

1) *El pecado y la maldad son existentes en este planeta.*

1444 Levítico 11:44-45.
1445 Juan 1:1-18; Mateo 5:17.
1446 1 Juan 5:19.
1447 1 Juan 2:13-14, 3:12, 5:18.
1448 Juan 12:31, 14:30, 16:11.
1449 Mateo 6:13.
1450 1 Pedro 5:8.

2) *El creyente es el blanco de ello.*

Mediante el Señor puede haber la seguridad de la perseverancia y preservación del pecado y de quienes lo practican.

La habitación permanente del Espíritu y su dirección

En el último y gran día de la fiesta, Jesús se puso en pie y alzó la voz, diciendo: Si alguno tiene sed, venga a mí y beba. El que cree en mí, como dice la Escritura, de su interior correrán ríos de agua viva. Esto dijo del Espíritu que habían de recibir los que creyesen en él; pues aún no había venido el Espíritu Santo, porque Jesús no había sido aún glorificado - Juan 7:37-39.

En los tiempos de Cristo había una tradición que se remontaba de muchos años atrás en la que, en los días de la fiesta de los tabernáculos, aunque no se menciona en el Antiguo Testamento tomaban un recipiente de oro o en algunos casos de plata junto al altar de los holocaustos llenándolo con agua del estanque de Siloé. Tan pronto llegaba el octavo día se oían toques de trompeta y se recitaba a voz alta *"Sacaréis con gozo aguas de las fuentes de la salvación*[1451]*"*. Luego de ir marchando y cantando el agua era derramada como un sacrificio especial a Dios a la hora de hacer el sacrificio matutino. Los judíos tenían la costumbre de usar el agua porque era un símbolo de la bendición divina y abundancia para sus cosechas. Jesús hizo uso de este acontecimiento para hacer una invitación pública en el último día de la fiesta, con ello daba a entender que Él era la fuente viva que vertía un agua que era conforme la misma, viva. Como toda acción y palabras del Maestro, Jesucristo utilizó como referencia los Escritos antiguos al mencionar *"si alguno tiene sed, venga a mí y beba*[1452]*"*. La invitación de Cristo expone un requisito, una condición y un beneficio:

1) **Si alguno tiene sed:** Expone una necesidad personal.
2) **Venga a mí:** El medio, comunica una acción por parte del necesitado en acercarse a la fuente.
3) **Y beba:** El beneficio, la sed saciada por medio de la fuente.

El requisito era tener fe, *"el que cree en mí"*, bajo las condiciones divinas *"como dice la Escritura"*. Durante la fiesta se hacía lectura de varias porciones del Antiguo Testamento:

1) El templo con la roca del desierto[1453].
2) El manantial abierto[1454].
3) El traspasado[1455].

[1451] Isaías 12:3.
[1452] Isaías 55:1.
[1453] Ezequiel 47:5-12; Salmos 78:15-16.
[1454] Zacarías 13:1-14:8.
[1455] Zacarías 12:10. cf. Juan 19:33-37.

Cada una de las porciones leídas en la ceremonia tuvo su cumplimiento en Cristo. Jesús es la roca que mana agua, el nuevo templo, la fuente abierta y el traspasado. Derramar agua era conocido dentro de la tradición judía como una figura de los ríos de agua viva[1456]. La importancia radica en el hecho de que Cristo es el cumplimiento de todo lo anticipado por la celebración de los tabernáculos como bien se le conocía como *"sukkot*[1457] *"*, la misma tenía por significado el cumplimiento dependiente de la voluntad santa de Dios en su pueblo. Cuando Cristo expuso su mensaje se entiende que Él es ese cumplimiento en perfección. La promesa que Cristo establece es la capacidad divina tal como Él mismo la experimentó al ser la divinidad encarnada, la dotación de una habitación permanente de Su Espíritu en aquel que cree en Él *(acudir a Cristo y beber es lo mismo que creer en Él)* conforme las Escrituras. La expresión *de su interior correrá ríos de agua viva* comunica corrientes de vida fluyendo del interior del creyente para la iluminación y beneficio de otros.

En el judaísmo, como antes mencionado la mayoría no creía que el Espíritu estaba activo en su tiempo, pero esperaban el pleno derramamiento de este en la era mesiánica. Por lo general el agua simbolizaba la Torah o la sabiduría en los textos judíos dada por el Espíritu[1458]. Se dice claramente que la expresión es en relación con el Espíritu Santo. La gran e importante enseñanza es que todos los creyentes reciben el mismo Espíritu de Dios el cual habitaba en Cristo al creer en Él como la fuente de todo lo celestial. En otras palabras: *esto desmientes que no es cierto que el Espíritu viene a morar en los creyentes tiempo después de su conversión*, es en ese mismo momento de la regeneración por arrepentimiento. Este versículo habla de una manera clara y concreta que todos los que creen en Cristo reciben su Espíritu.

Cuando el Señor Jesús dijo estas palabras, aún no se había dado. Al decir Juan en su explicación que "*pues aún no había venido"* o *"no había sido dado"* literalmente es *"no había Espíritu"*, esto da a entender que, aunque el Espíritu estaba activo en el mundo desde su comienzo[1459], la era en la cual el Espíritu había de habitar en el pueblo de Dios, capacitándolos con poder y energía comenzaría en otro tiempo[1460]. No fue sino hasta que el Señor Jesús ascendió que el Espíritu descendió en Pentecostés. Desde ese momento, cada creyente ha sido habitado por el Espíritu Santo para disfrutar del beneficio divino de una moral recta en base a la dirección divina, así como se debe creer en Cristo conforme las Escrituras, se debe ser guiado por el Espíritu

---

[1456] Ezequiel 47:1-9; Zacarías 13:1.

[1457] Comúnmente traducido como Fiesta de Tabernáculos o Fiesta de la Recolección, pronunciación tradicional Ashkenazi Sukkos o Succos, literalmente (Fiesta de Booths) es una fiesta bíblica judía celebrada el día 15 del séptimo mes, Tishrei (varía desde finales de septiembre hasta finales de octubre). Durante la existencia del Templo de Jerusalén, fue uno de los Tres Festivales de Peregrinación (en hebreo: shalosh regalim) en el que se ordenó a los israelitas realizar una peregrinación al Templo. Sucot tiene un doble significado. El que se menciona en el Libro del Éxodo es de naturaleza agrícola: "Fiesta de la cosecha al final del año" (Éxodo 34:22), y marca el final del tiempo de cosecha y, por lo tanto, del año agrícola en la Tierra de Israel. La importancia religiosa más elaborada del Libro de Levítico es la de conmemorar el Éxodo y la dependencia del pueblo de Israel en la voluntad de Dios (Levítico 23: 42-43).

[1458] Isaías 44:3; Ezequiel 36:24-27; Joel 2:28.

[1459] Génesis 1:2.

[1460] Juan 14:26, 15:26, 16:7.

conforme las Escrituras, ellas garantizan la dirección por quien las inspiró. La inerrante palabra de Dios es la guía del Espíritu para una ética acorde a Su carácter. Ningún creyente tiene excusas para vivir dominado por el pecado.

El me glorificará; porque tomará de lo mío, y os lo hará saber - Juan 16:14.

El Señor muestra dos principios vitales para el creyente participe activa y organizadamente de la dirección divina:

1) **Me glorificará:** Del gr. *"doxa"* en este caso afirma *"honrar"*, exaltar su dignidad, el propósito fundamental de la obra del Espíritu en su ministerio terrenal es llevar al creyente a glorificar a Dios, en sí hace que el receptor participante cumpla con el propósito por el cual fue creado en su diseño original, amar, servir, glorificar y adorar a Dios. Esto señala que toda verdad se encuentra centrada en la persona del Hijo[1461].
2) **Tomará de lo mío, y os lo hará saber:** Del gr. *"anaggelló"* y es *"anunciar"* dar detalladamente un reporte, su propósito general es comunicar el conocimiento necesario sobre la persona, obra y enseñanzas de Cristo al creyente, con el fin de luego hacer del mismo la expresión viva de Su presencia[1462]. Cristo es el tema principal del Antiguo Testamento[1463], y la manifestación de ese tema en el Nuevo Testamento.

La amistad íntima e ideal era caracterizada en esos tiempos cuando se expresaba al compartir posesiones personales de gran valor. El punto principal aquí es que Dios comparte lo más valioso, su propio corazón con los suyos, así como compartió su Palabra con los profetas[1464], hoy día comparte su propia naturaleza con sus hijos[1465]. Con todo lo antes visto se entiende que el manejo adecuado del pecado en la vida del creyente está condicionado al uso responsable de las Escrituras, la habitación del Espíritu mediante la fe en Cristo para vivir conforme las Escrituras y la confesión de las faltas ante Dios por la provisión del Hijo en la cruz.

Libertad del dominio del pecado

"Puesto que la salvación del poder del pecado es una provisión de la gracia de Dios para los que ya son salvos de la culpa y de la pena del pecado, la doctrina que... consideramos se limita en su aplicación solamente a los regenerados. Aunque ya están salvos y seguros en Cristo, los cristianos

---

[1461] Hebreos 1:1-2.
[1462] Gálatas 5:22-23.
[1463] Juan 1:45, 5:37; Lucas24:27, v.44; Hechos 10:43, 18:28; Romanos 1:1-2; 1 Corintios 15:3; 1 Pedro 1:10-11; Apocalipsis 19:10.
[1464] Génesis 18:17; Amós 3:7.
[1465] 2 Pedro 1:4.

tienen todavía la disposición a pecar y cometer pecados. De esto tenemos pruebas abundantes en las Escrituras y en la experiencia humana. Basándose en el hecho de que los cristianos pecan, el Nuevo Testamento procede a explicar cuál es el camino divinamente trazado para que el hijo de Dios se libere del poder del pecado. Por suponer que el cristiano no debiera pecar ni tener la inclinación al pecado, muchos creyentes que no han alcanzado la madurez espiritual se alarman y confunden —y aun dudan de su salvación— cuando descubren en su vida el poder dominante del pecado. Es una actitud positiva que se preocupen del pecado, debido a la ofensa que éste ocasiona a la santidad de Dios; pero en lugar de poner en duda su salvación o entregarse a la práctica del pecado, debieran escudriñar lo que Dios en su gracia ha provisto para que los suyos puedan liberarse del dominio del pecado. Con excepción del plan de salvación no hay otro tema más importante que demande un conocimiento cabal por la mente humana que el plan divino por el cual un cristiano puede vivir para la gloria de Dios. La ignorancia y el error pueden resultar en un trágico error espiritual. En la predicación del evangelio existe una gran necesidad de claridad en la exposición de la doctrina bíblica de la salvación del poder del pecado[1466]".

La co-crucifixión

Sabiendo esto, que nuestro viejo hombre fue crucificado juntamente con él, para que el cuerpo del pecado sea destruido, a fin de que no sirvamos más al pecado - Romanos 6:6.

La esclavitud era una práctica común en el imperio romano. Los esclavos eran considerados como inferiores y en esa época el número de esclavos era mucho mayor que los libres. Los esclavos desempeñaban las labores de servicio, administración pública, maestros de los hijos del amo y en algunos casos podían poseer propiedades, pero en lo social siempre eran vistos como seres inferiores. En el aspecto legal, cuando un esclavo gentil se escapaba de un amo judío y se convertía al judaísmo mediante las aguas, en teoría legal judía su nueva persona lo hacía libre de su amo anterior.

El viejo hombre (*lo cual se refiere a lo que éramos antes en Adán*) tiene que ver con uso, no con tiempo, habla de la naturaleza en sí, no de la edad, esa naturaleza fue crucificada con Cristo, esto hace énfasis en la identificación del creyente con Jesús en su muerte. El verbo pasivo indicativo del gr. *"synestauróthe"* contempla un acto el cual tuvo su realización en quien ejecutó la acción, pero a su vez participa el receptor al mismo tiempo, mejor dicho, se destaca la realidad de lo sucedido por Jesús al morir y por el creyente al recibir esa acción.

[1466] Lewis Sperry Chafer. Teología Sistemática, Tomo II. Salvación del poder del pecado. Editorial CLIE. C/ Ferrocarril, 8. 08232, Vila de cavalls (BCN) España.

La acción de la co-crucifixión del creyente con Jesús fue elaborada por el Espíritu en el momento de la regeneración por fe, este acto, aunque tuvo un cumplimiento pasado sus efectos son continuos. Se entiende que nuestro viejo hombre murió juntamente con Jesús y la vida que ahora se puede disfrutar es la de Cristo mismo[1467]. Mediante la crucifixión de Cristo y la unión del creyente a Él en la cruz, el control de esa naturaleza, y sus vicios[1468] pierde su influencia maligna cuando hay una identidad correcta en Él. Por ello se usa el sinónimo de *viejo hombre* para *cuerpo de pecado*, lo cual tiene el mismo significado para ilustrar el control de la naturaleza pecaminosa, se emplea los términos *"cuerpo"* y *"carne"* para referirse a las inclinaciones pecaminosas que están entrelazadas con debilidades y deleites físicos. Aunque el viejo hombre murió juntamente con Jesucristo en la cruz, el pecado mantiene un pie sobre la condición humana que se caracteriza por sus deseos corruptos. Eso comprende que el creyente tiene dos naturalezas que se oponen entre sí, la vieja y la nueva[1469].

Mediante crucifixión ese viejo hombre ha sido puesto en un estado inoperante, al mencionar *"sea destruido"* del gr. *"katargeithei"* significa *"inactividad"* no comunica la idea de aniquilación, más si de *"hacer cesar"*. El gobierno tirano del pecado sobre la vida del creyente queda reducido a nada al ser dominado por Cristo cuando el creyente se identifica con Él en su muerte y resurrección.

Consideración personal

Así también vosotros consideraos muertos al pecado, pero vivos para Dios en Cristo Jesús, Señor nuestro. - Romanos 6:11.

La consideración literalmente significa hacer cálculo, poner en tela de juicio el pecado, su naturaleza, carácter y el hecho de la muerte de Jesús y la participación del creyente en conjunto a ella. Ese vocablo se utilizaba en la contabilidad, eso habla de una acción continua que señala un hecho con una orden, eso se entiende como *"valorarse a sí mismo muerto al pecado"*, pero de igual forma vivo para Dios por su unión a un ser vivo, Jesús, lo cual queda certificado mediante Su resurrección y una vida de santidad por Él. La obra de Cristo en la cruz ha dado el paso glorioso de hacer inoperante la tiranía del pecado en la vida del creyente, entonces considerarse significa dar por hecho esa acción.

De la descripción posicional de la co-crucifixión, ahora se describe los resultados prácticos de la verdad de Cristo. Debe haber una aceptación de lo que Dios dice acerca de sus hijos como cierto, y vivir a la luz de ello. Este resultado práctico se puede ver de esta forma, p.ej. *cuando el creyente se considera muerto al pecado responderá a la tentación como lo haría un*

[1467] Gálatas 2:20.
[1468] Gálatas 5:24.
[1469] Gálatas 5:17.

muerto, mejor dicho, no responde al mismo. Hay una importancia magna que Dios le da a este hecho y al conocimiento que el creyente debe adquirir del mismo. Las Escrituras siempre identifican el conocimiento como el fundamento de toda práctica[1470], por ello el uso del término *"así también"* que tiene unidad con *"sabiendo esto"* del v.6. La consideración del creyente verdaderamente debe expresar una confianza absoluta en lo que se entiende que es verdad conforme las Escrituras, esa confianza debe ser la base que conduzca las acciones y decisiones en base a la misma palabra de Dios. El creyente debe actuar ante el pecado como lo hace un muerto y ante Dios como lo hace un vivo.

Una ley más fuerte

Porque la ley del Espíritu de vida en Cristo Jesús me ha librado de la ley del pecado y de la muerte - Romanos 8:2.

La razón por la que no hay condenación para el creyente se ve en el uso de la palabra *"porque"* como seguimiento al verso anterior (Rom 8:1). La referencia hecha a la administración del Espíritu se refiere a la aplicación que Él da al creyente conforme la persona del Hijo[1471]. Nótese que hay dos leyes en oposición, la ley del Espíritu y la ley del pecado. El principio característico del Espíritu es capacitar a los creyentes para que glorifiquen a Dios y vivan moralmente en santidad. La característica principal del pecado morador es el de arrastrar a una persona hacia la muerte y la inmoralidad. Para que una ley pueda vencer otra debe ser más fuerte en sus argumentos y organizada. Por ejemplo, en los parámetros legales podemos ver:

1) **Derogación:** Consiste en dejar parcialmente sin efecto una ley.
2) **Reforma:** Consiste en dejar sin efecto una parte de una ley al reemplazarla por otro texto.
3) **Abrogación:** Consiste en dejar sin efecto totalmente una ley.
4) **Subrogación:** Consiste en la sustitución de un texto legal integro, por otro.

La ley del Espíritu al ser Dios el legislador eterno por el cual toda ley existente tiene operación es más fuerte, y en el caso de la ley del pecado se aplica cada uno de los principios jurídicos arriba mencionados para colocarla como una sin valor. Se aplica la *derogación*, por el solo hecho de que el creyente está en espera de un nuevo cuerpo glorificado en la resurrección, se entiende que su estancia con una naturaleza caída en esta esfera terrenal es parcial, y mediante ese nuevo cuerpo perfecto ya no vivirá con pecado al ser igual que el de Cristo. Aplica de igual forma una *reforma* legal, ya que mediante el sacrificio de Jesús y su resurrección el creyente participa de una nueva ley, la de Cristo.

[1470] Colosenses 3:10.

[1471] 1 Corintios 15:45; Juan 5:21, 6:33, vv.39-40, v-47.

La ley de Cristo deja sin efecto la vieja naturaleza al hacerla inoperante al ser remplazada la ley del pecado, por la ley del Espíritu. De igual forma se aplica la *abrogación*, ya que mediante la nueva ley del Espíritu la cual es vida, deja sin efecto la ley del pecado que es muerte, al Jesús resucitar la ley del pecado pierde su efecto por el solo hecho de que Jesús venció la muerte. Y de último se aplica la *subrogación*, mediante la victoria de Cristo en la resurrección queda sustituido el texto legal que acordaba muerte conforme a la cabeza federal del hombre, Adán, por el nuevo texto, la cabeza federal del creyente ahora viene ser Jesucristo. De muerte a vida. La ley del Espíritu de vida en Cristo Jesús es más fuerte que la ley del pecado y muerte. Él venció la muerte que en sí es parte del pecado, a su vez el creyente por su identificación con Él vence de igual forma.

Un ejemplo sencillo de como la ley del Espíritu venció a la ley del pecado se ilustra de esta forma, tenemos la ley de gravedad y la ley que rige el objeto en medio de ella, si se lanza una piedra al aire, desciende porque es más pesada que el aire que desplaza. Pero, si se lanza un ave la cual también es más pesada que el aire que desplaza, emprenderá el vuelo, no por la facultad que esta tiene de volar al hacer uso de sus alas, porque si se lanza al aire un ave muerta pasará igual que la piedra, caerá, sino por la misma vida que tiene la cual le da la capacidad de hacer uso de sus facultades naturales. Es entonces que la ley de vida en el ave vence a la ley de la gravedad. De igual forma la ley del Espíritu da la facultad necesaria de vida en la resurrección de Jesús, liberando al creyente de la muerte y de su ley llamada pecado.

El mundo y su efecto perdido

Pero lejos esté de mí gloriarme, sino en la cruz de nuestro Señor Jesucristo, por quien el mundo me es crucificado a mí, y yo al mundo - Gálatas 6:14.

No existe razón alguna para que el creyente se sienta alagado a no ser en la cruz de Cristo. La palabra griega que se traduce *"gloriarse"* es una expresión básica de alabanza que a diferencia de la traducción no incluye el aspecto de orgullo. En ella, el mundo murió para el creyente y el creyente al mundo (*se supone, pero no todos se identifican con ello* [1472]). Cuando una persona participa de la salvación el mundo se despide de ella aborreciéndola[1473], la respuesta del creyente ante el mundo debe ser de igual forma. Mediante la cruz el mundo ha perdido su atractivo para el creyente porque el afecto de su corazón ahora es uno el cual lo llena todo, la cruz es una gran línea divisoria entre el mundo y el creyente por varias razones:

1) *Por quien murió en ella* (el Hijo de Dios).

2) *Por el efecto que causó en ella* (salvación de la pena del pecado).

[1472] Filipenses 3:20-21.
[1473] Juan 15:1-2.

3) *por la participación del creyente en conjunto a Cristo en ella* (salvación del dominio del pecado).

Estas razones son las cuales por las que el creyente debe regocijarse en la cruz y no en el mundo[1474]. Entonces se entiende que Dios proveyó la herramienta perfecta para separar al creyente del sistema maligno satánico llamado mundo[1475] mediante la cruz de Cristo. Dios ha provisto las herramientas necesarias para que el creyente maneje en su vida el pecado y viva en la libertad del dominio opresivo del mismo:

1) *Su Espíritu.*

2) *Las Escrituras.*

3) *La Cruz*:

A) *el ministerio de intercesión de Jesús ante el Padre.*

B) *la co-crucifixión con Cristo.*

C) *la separación del mundo.*

La consecuencia del pecado en la vida del creyente

Sin comunión

El que dice que permanece en él, debe andar como él anduvo - 1 Juan 2:6.

Permanecer tiene un significado muy utilizado por Juan para comunicar *"salvación"* en este caso le habla a los ya salvos, la pauta aquí es *"el que dice que es salvo"* debe andar como él anduvo. *Permanecer en él* es una expresión para *"estar en Dios"* el pensamiento se destaca en *"conocerle a él"* hablando de compañerismo. La vida de obediencia de Cristo es el modelo del creyente. La vida y palabras de Jesús, tal como está expuesta en las Escrituras, es la guía. El que afirma ser creyente debe vivir como Jesús vivió[1476], en obediencia por el poder de su Espíritu. La obediencia a los mandamientos divinos constituye la evidencia de una comunión genuina. Las evidencias que hacen demostración de la salvación son *doctrinal* y *ética*. La evidencia doctrinal está basada en una correcta enseñanza de Cristo y del pecado[1477], esta es de carácter interno, mientras que la evidencia ética consiste en obediencia moral práctica[1478], esta es de carácter externo.

La obediencia es la evidencia visible de salvación[1479]. Quien verdaderamente ha sido iluminado en la verdad será obediente a la Palabra de Dios. Esta es la base de la comunión *"permanecer[1480]"*. *Andar como Cristo dará como resultado poner en orden el comportamiento* en todo

[1474] Romanos 8:1-3; 1 Corintios 2:2; 1 Pedro 2:24; 1 Juan 5:4.
[1475] 1 Juan 2:15-16; 5:19.
[1476] Juan 6:38.
[1477] 1 Juan 1:1-4, vv.5-10, 2:1-2.
[1478] 1 Juan 2:7-11.
[1479] Santiago 2:14-25; 2 Pedro 2:5-11.
[1480] 1 Juan 3:24.

aquello que respecta al pecado (que es un desorden) y los demás asuntos en la vida. Este versículo muestra tres principios importantes:

1) *Obediencia* (permanece).

2) *Obligación* (debe).

3) *Expresión* (como él anduvo).

Estos principios proyectan que el conocimiento de quién es Cristo dará por resultado una conducta ética, práctica y cotidiana. Con esto se entiende que no desear vivir alejado de todo aquello que a Dios le desagrada *(pecado)* trae como consecuencia una comunión rota. Anhelar vivir desordenadamente en una conducta inmoral es decirle a Dios, no me interesas. Cabe aclarar que en muchos casos es un proceso en el creyente por su inmadurez e ignorancia, pero en otros, es su estilo de vida predilecto, aunque con sus labios dicen soy creyente, con sus acciones afirman, no lo soy. Se entiende que quien ama el pecado y lo expresa no tiene comunión alguna con el Señor.

Disciplina divina

Porque el Señor al que ama, disciplina, Y azota a todo el que recibe por hijo - Hebreos 12:6.

En la antigüedad, el mundo griego tenía el pensamiento del término *"disciplina"* para *"educación"*, el mismo transmite el principio de instrucción moral. Algunos rabinos de la época utilizaban escritos antiguos[1481] de manera similar. En el contexto de los escritos judíos la disciplina era señal del amor de un padre a su hijo y su preocupación por que caminara en obediencia y rectitud. Los maestros judíos tenían la creencia que Dios mediante el dolor y el sufrimiento hacía que sus hijos inclinados a pecar optaran por arrepentirse al sentir en carne propia el dolor de la expiación. Claramente esa era la creencia popular, mediante el verso se puede ver que Dios a quien ama lo disciplina, y azota a sus hijos para llevarlos a una conducta correcta y aceptable. No se está afirmando que Dios se goza en enviar tribulaciones y azotes, y las persecuciones que sufren los suyos, pero si, que Dios mira con amor y permite en su soberanía que se atraviese dichas experiencias para aprendizaje. Dios, como un Padre, no disciplina a quienes son indiferentes a Él, sino más bien a los que le pertenecen, nótese que dice *"recibe por hijo"* eso es un sentido de pertenencia.

Aunque Dios no disfruta hacer uso del azote, el solo hecho que el verso lo exprese es una razón válida para aceptar que es un medio que Él utiliza para la disciplina, la palabra *azota* del gr. *"mastigoó"* se refiere *"pegar con un látigo"*, esta era una forma severa y dolorosa de flagelación común en esos tiempos en la cual ataban a un poste o marco a su víctima para darle su

[1481] Proverbios 3:11-12.

lección por un acto malvado; figuradamente significaba Dios enviando dolor severo en los mejores intereses eternos del creyente. Según el verso se ven dos cosas:

1) *La acción.*

2) *La consecuencia.*

Las pruebas y sufrimientos en la vida del creyente Dios los utiliza para educar disciplinadamente a los suyos con esas experiencias, es parte del amor expresado de Dios por sus hijos[1482], este término disciplinario significa educación del niño. Con eso se incluye instrucción, corrección y advertencia. Todo esto tiene el propósito de cultivar las virtudes deseadas por Dios en el creyente eliminando su inclinación hacia el mal. Este pasaje afirma de forma clara que la disciplina divina es una prueba de Su amor, y cada uno de sus hijos participa de ello.

Existen varias razones por las cuales el creyente es disciplinado por parte de Dios:

1) Es parte de su proceso educativo para participar en la capacidad de la santidad divina[1483].
2) Es una prueba del amor genuino del Padre[1484].
3) El propósito es educarlo en la obediencia[1485].
4) Para que su vida sea el producto vivo de la justicia de Dios[1486].

Como ejemplo de esto podemos ver el trato del Señor con Job, el amor purificador de Dios es omnisciente cuando se experimenta sufrimiento temporal. Por lo tanto, siempre funciona para un mayor beneficio eterno a medida que el creyente vive en la fe[1487]. Podemos ver muchos ejemplos, Dios autorizó una cantidad increíble de dolor terrenal *(trayendo ganancia celestial)* en las vidas de los creyentes a lo largo de la historia[1488]. Aunque se habla de las persecuciones que los creyentes atravesaban, se entiende que cualquiera que sea el medio, Dios lo utiliza para educar a los suyos en la santidad.

Enfermedades y muerte física

Por lo cual hay muchos enfermos y debilitados entre vosotros, y muchos duermen - 1 Corintios 11:30.

Dios en muchos casos hace uso de la enfermedad y sus sufrimientos para educar y de la muerte para preservar[1489]. El Señor puede traer en Su soberanía muerte física sobre un creyente como lo fue el caso de Ananías y

[1482] 2 Corintios 12:7-10.
[1483] Hebreos 12:10.
[1484] Hebreos 12:6-8.
[1485] Hebreos 12:9.
[1486] Hebreos 12:11.
[1487] Romanos 8:18-25, v.38.
[1488] Libro de Job; 2 Corintios 1:3-4, 4:16-17; Filipenses 1:29; 2 Timoteo 3:12.
[1489] 1 Corintios 11:32.

Safira[1490]. De igual forma permite bajo la misma soberanía enfermedades físicas y emocionales prolongadas hasta llegar a la muerte como en el caso del abuso en la cena del Señor en Corinto. La palabra *debilidad* del gr. *"asthenesis"* comunica dos tipos, la debilidad física y la emocional, pero también tenemos *"arrostoi"* que se refiere a la enfermedad física. El uso del verbo dormir del gr. *"koimaomai"* se refiere al cuerpo no al alma, con esto da a entender que el pecado tiene su efecto y consecuencias sobre el cuerpo del creyente, atrayendo así el castigo divino sobre él para que su espíritu *(parte inmaterial interna)* sea salvado. La destrucción de la carne era considerando como el sufrimiento, enfermedad y finalmente la muerte del cuerpo físico a consecuencia de castigo por los pecados cometidos[1491].

La omisión del propio juicio divino tuvo como resultado la acción disciplinaria de Dios sobre algunos creyentes en Corinto. Muchos *(no todos)* estaban enfermos, debilitados, y dormían. En otras palabras, habían caído en enfermedades, mientras que otros habían sido llevados al hogar celestial a consecuencia de sus acciones e inclinaciones erradas. Como ellos no habían juzgado el pecado en sus vidas bajo la luz de las Escrituras y los mandamientos divinos que ellas expresan, el Señor vio preciso tomar las medidas disciplinarias correctas conforme su suprema sabiduría contra ellos. Históricamente los maestros judíos hacían énfasis que en el mundo Dios pasaba su castigo a los justos por sus pocos pecados, y aún más por los muchos. De igual forma recalcaban que en el tiempo final venidero traería castigo a los malos por sus pecados; los rabinos creían que el sufrimiento presente para los justos era libertad del sufrimiento y castigo futuro. Este verso comunica que el método utilizado por Dios es el sufrimiento para educar.

Nótese algo importante, la idea presentada según la problemática de las divisiones sociales[1492] de Corinto era, que, si ellos no podían recibir a otros miembros de la iglesia, tampoco podían recibir sanidad, restauración y restructuración de su comunión mediante ella[1493] por el solo hecho de tener un discernimiento deficiente de la persona y obra de Cristo. Para ilustrar esto no existe mejor ejemplo que Judas, él estuvo presente en la cena original, en medio de ese suceso Jesús hizo partición del pan, y mojándolo en el plato se lo ofrece a Judas[1494]. Según la cultura de Oriente ese es un acto tradicional de bendición que era utilizado para expresar una amistad profunda entre dos o más personas. El pedazo de pan mojado se ofrecía y se decía en conjunto del ofrecimiento *"come esto por mí"* eso significaba en otras palabras *"participa de lo mío"*. Jesucristo ofreció con ello su amistad, pero Judas[1495] la rechazó y se retiró. Judas tenía una percepción errada de la persona y obra de Jesús, eligiendo así el camino del pecado el cual tuvo consecuencia de

---

[1490] Hechos 5:1-11.

[1491] 1 Corintios 5:5; 1 Timoteo 1:20.

[1492] La división social era bien conocida en ese tiempo en la iglesia como "indigna": no estaba en consonancia con los méritos de Cristo. Ya que rechazaba el modelo de Jesús quién no dividía las clases sociales.

[1493] 1 Corintios 12:9; Lucas 13:1-5; 1 Juan 5:16.

[1494] Juan 13:26.

[1495] Lucas 22:48.

muerte, la diferencia entre Judas y los creyentes de Corinto no era mucha, la única diferencia era que los enfermos y debilitados hasta dormir fueron salvos, y Judas no.

"El grave pecado recordado no está relacionado con detalles del estilo de adoración. Tampoco se centra en una descripción rigurosa de la presencia de Cristo en los elementos. Tiene que ver con el hambre y la embriaguez que menosprecia a la iglesia y avergüenza a los que no tienen nada... los graves resultados negativos de esta actividad se describen en el punto culminante del centro. Algunos están enfermos y otros muertos. En el aspecto físico, comer en exceso y emborracharse puede contribuir a crear problemas de salud. Pero Pablo, tan misterioso como siempre, sugiere que la naturaleza de su comunión rota afectaba negativamente a su bienestar espiritual y a su salud física[1496]".

Se entiende con esto que, aunque la enfermedad es consecuencia de la caída, Dios utiliza los sufrimientos físicos y emocionales en muchos casos para educar a sus hijos a que se aparten de toda practica lejana a su carácter Santo.

Expulsión de la congregación

En el nombre de nuestro Señor Jesucristo, reunidos vosotros y mi espíritu, con el poder de nuestro Señor Jesucristo, el tal sea entregado a Satanás para destrucción de la carne, a fin de que el espíritu sea salvo en el día del Señor Jesús - 1 Corintios 5:4-5.

Se describe a la iglesia reunida para tomar acción moral sobre aquel que su conducta afectaba al cuerpo, en muchos casos o en casi todos, la conducta inmoral de una persona puede afectar en varias áreas:

1) **Personal:** *Siempre se verá afectada la persona directamente.*
2) **Familiar:** *Dependiendo el vínculo que esta persona tenga y los componentes que participen del organismo familiar se verán afectados directa o indirectamente.*
3) **Eclesiástico:** *La comunión con aquellos que anhelan la santidad de Dios y la adoración se ve afectada*[1497].
4) **Social:** *dependiendo las relaciones que este tenga se verán afectadas de una u otra forma.* En este caso afectaba personal, familiar y eclesiástico, ya que el caso presentado involucraba:
   - **A**) *Inmoralidad sexual* (Incesto).
   - **B**) *Desintegración familiar.*
   - **C**) *Problemas eclesiásticos.*

Aunque Pablo no está corporalmente presente, se encontraba presente en espíritu al reunirse en el nombre del Señor Jesucristo. El Señor Jesús

[1496] Kenneth E. Bailey. Pablo a través de los ojos Mediterráneos. Pág. 323. Grupo Nelson (Thomas Nelson Inc.). Nashville Tennessee, EE.UU. 2013.
[1497] Romanos 8:7-8.

había dado órdenes de autoridad a la iglesia para ejercitar la disciplina en todos los casos de esta naturaleza[1498]. El orden divino demanda la acción de su cuerpo al tratar las acciones pecaminosas por varias razones:

1) **En el nombre de nuestro Señor Jesucristo:** Cristo es la cabeza del cuerpo *(la iglesia)*, el propósito de la cabeza es expresar su mente mediante su cuerpo. El cuerpo *(la iglesia)* es el organismo vivo el cual su deber es obedecer la voluntad de la cabeza para así expresarla, por así decirlo la cabeza controla el cuerpo. Entonces los creyentes deben tomar medidas estrictas y a su vez amables para tratar el pecado[1499], si la persona insiste en seguir su desordenado estilo de vida debe ser cortado para que no afecte otros miembros del cuerpo. Usaré de ejemplo la gangrena, la misma es la muerte de tejidos orgánicos que se produce por la falta de riego sanguíneo o por la infección de una herida, supongamos que la misma afecta un pie del cuerpo, si al tratarse el pie no sufre cambios favorables de limpieza de dicha infección debe ser removido para que no se afecte el cuerpo entero. Si un miembro del cuerpo persiste en pecar, la cabeza *(Cristo)* manda a remover ese miembro para que no afecte a otros.
2) **Reunidos vosotros y mi espíritu, con el poder de nuestro Señor Jesucristo:** Se presenta la autoridad divina para ejercer en la iglesia local lo antes mencionado.
3) **El tal sea entregado a Satanás:** Basado en la autoridad divina otorgada a la iglesia se debe aplicar un acto judicial disciplinario.
4) **A fin de que el espíritu sea salvo en el día del Señor Jesús:** El propósito de la medida judicial no es condenar al ofensor, sino más bien su salvación.

El uso del término *"sea entregado a Satanás"* significa que la iglesia tenía de disciplinar a ese hermano que persistía en pecar, entregándolo como *"prisionero de guerra con una sentencia judicial"* a su sistema el cual es el mundo[1500], la esfera la cual él domina, esto equivalía a ser excomulgado[1501], eso también hacía referencia al castigo el cual resultaba en la destrucción o ruina del cuerpo físico mediante enfermedad, persecución o muerte, por ello el uso de la palabra *"destrucción"* no para aniquilación de la persona, sino más bien para dejarlo que se consuma en su propia ruina, recordando que la consecuencia del pecado siempre será castigo[1502].

Culturalmente hablando los rabinos judíos de esos tiempos usaban la excomunión para reemplazar a la persona señalada de muerte tal como en el Antiguo Testamento, los creyentes del primer siglo adoptaron esta práctica, no con el fin de castigar judicialmente a muerte a la persona, pero sin con el fin de sacarlo fuera para que sufra el castigo consecuente de sus propias

[1498] Mateo 18:15-20.
[1499] Gálatas 6:1-2.
[1500] 1 Juan 5:19.
[1501] 1 Corintios 5:2, v. 7, v.13.
[1502] 1 Juan 5:16-17.

inclinaciones y acciones pecaminosas. En todo caso, es saludable recordar que la disciplina de los creyentes está siempre inclinada y ordenada para conseguir su restauración a la comunión con Dios. La expulsión no es un fin en sí, sino un medio para un fin, para que le pese en su consciencia y regrese a los brazos amorosos del Padre. En el pensamiento divino no existe de ninguna manera la posibilidad de la condena eterna del creyente, pero si su disciplina en esta vida a causa del pecado. Por tal razón esa persona si persistía en sus inclinaciones pecaminosas debía ser *"quitado"* literalmente expulsado de en medio de la congregación[1503].

El remedio

Al que no conoció pecado, por nosotros lo hizo pecado, para que nosotros fuésemos hechos justicia de Dios en él - 2 Corintios 5:21.

Imputar es poner algo a la cuenta de otro. Dios imputa a Cristo lo que no le pertenece, los pecados. Este verso nunca expresa que Jesús se convirtió en pecador, sino que cargó a su cuenta el pecado que no era suyo. Este es el concepto Escritural de sustitución[1504]. A su vez Dios en Su gracia imputa al pecador arrepentido lo que realmente no le pertenece, la verdad y justicia de Dios, sobre esa base es que el creyente es declarado por el Padre como justo. Dios tomó a Su Hijo el cual no conoció el *pecado (en experiencia propia, pero si conocía lo que era)*, haciendo que Él cargara nuestros pecados ocupando nuestro lugar. Cristo llevó sobre sí la maldición que merecíamos para poder ser libres y justos a Sus ojos[1505]. Dado a que Jesucristo sufrió el castigo por los pecados reales, la reconciliación que Él otorga no es potencial sino más bien eficaz y real.

El Señor Jesús afrontó de manera efectiva la cuestión del pecado, el corazón del evangelio se ve expresado aquí por varias razones:

1) **No conoció pecado:** Jesucristo no tiene pecado ni mancha alguna[1506]. Como bien explique anteriormente, el conocimiento del pecado en su omnisciencia es perfecto, por el solo hecho de conocer todo, pero el conocimiento de pecado en experiencia no, porque no fue, no es y nunca será pecador.
2) **Por nosotros lo hizo pecado:** Dios aplica el principio divino de imputación tratando a Jesucristo como si Él fuera un pecador, aunque claramente no lo fue, ese trato estaba relacionado a la permisión divina para morir como sustituto para pagar el castigo por los pecados[1507]. En la cruz, Él fue tratado como si fuera culpable de todos los pecados

[1503] 1 Corintios 5:2.
[1504] Isaías 53:4-6.
[1505] Gálatas 3:13.
[1506] Gálatas 4:4-5; Lucas 23:4, v.14, v.22, v.47; Juan 8:46; Hebreos 4:15, 7:26; 1 Pedro 1:19, 2:22-24, 3:18; Apocalipsis 5:2-10.
[1507] Isaías 53:4-6; Gálatas 3:10-13; 1 Pedro 2:24.

cometidos por todos los que habrían de creer, aunque no había cometido uno solo[1508].

3) **Justicia de Dios:** La justicia divina se acredita a la cuenta del creyente, la misma es la justicia del Santo Hijo de Dios[1509]. Cristo no fue un pecador, pero fue tratado como el peor de ellos, el creyente no es justo en sus propios méritos, pero es tratado como si fuera el mejor de los justos. Todo gracias a que Dios mediante Cristo vistió al creyente con su justicia, trata al creyente como si solo hiciera las obras justas del Hijo sin pecado alguno.

El remedio perfecto para todo pecado siempre será el medio divino, Cristo. Así como el pecado fue imputado por Adán, de igual forma la justicia divina mediante Cristo en aquellos que depositan su fe en Él y son regenerados. Lo cual resulta en:

1) **Redención:** Como antes mencionado esta imparte una nueva naturaleza con la capacidad adecuada de servir a Dios conforme los recursos divinos.
2) **Su Espíritu:** Una de las personas de la divinidad la cual hace residencia permanente en el creyente haciendo de este su habitación eterna, dándole así la victoria sobre el dominio de la naturaleza caía la cual ya fue juzgada en la cruz[1510].
3) **La confesión de pecado:** Es fundamental por dos razones:
    A) *En la vida del pecador para arrepentimiento y ser regenerado.*
    B) *En la vida del creyente para restablecer su comunión con Dios.*

[1508] Lucas 23:39-41.
[1509] Romanos 1:17, 3:21-24; Filipenses 3:9.
[1510] Romanos 6:6, v.11, 8:2; Gálatas 2:20, 5:24, 6:14.

Capítulo IX: Soteriología

(La doctrina de la salvación)

"Dios es justo en su Ser. Es imposible que Él se desvíe de su propia justicia, ni siquiera como por una "sombra de variación" (Stg. 1:17). Él no puede mirar el pecado con el más mínimo grado de tolerancia. Por consiguiente, puesto que todos los hombres son pecadores, tanto por naturaleza como por práctica, el juicio divino ha venido sobre todos ellos para condenación. La aceptación de esta verdad es vital para llegar a un correcto entendimiento del evangelio de la gracia divina. Dios es justo en sus caminos. Debe también reconocerse que Dios es incapaz de considerar con ligereza o con ánimo superficial el pecado, o de perdonarlo en un acto de laxitud o debilidad moral. El triunfo del evangelio no radica en que Dios haya tratado con lenidad o blandura el pecado; sino más bien en el hecho de que todos los juicios que la infinita justicia tenía necesariamente que imponer sobre el culpable, el Cordero de Dios los sufrió en nuestro lugar, y que este plan que procede de la mente del mismo Dios es, de acuerdo con las normas de su justicia, suficiente para la salvación de todo el que cree en Él. Por medio de este plan Dios puede satisfacer su amor salvando al pecador sin menoscabo de su justicia inmutable; y el pecador, que en sí mismo está sin ninguna esperanza, puede verse libre de toda condenación[1511]".

La soteriología es la rama de la teología que estudia la salvación. El término proviene del griego sōtēria que significa "salvación" y logos "estudio de". Según la religión de que se trate se obtienen conceptos muy distintos, y es importante comprender cada cual para definir realmente de cada una cual tiene la inclinación adecuada basada en las evidencias de la verdad:

- La mitología egipcia se refiere a la salvación del Ka[1512] y la momificación solemne, aunque no se detalla un plan de salvación muy definido.
- En el islam se describe la salvación del creyente escapando del fuego infernal cumpliendo los cinco pilares[1513].

[1511] Lewis Sperry Chafer. Teología Sistemática, Tomo II. Cuatro aspectos de la justicia. Editorial CLIE. C/ Ferrocarril, 8. 08232, Vila de cavalls (BCN) España.

[1512] Es la "fuerza vital", un componente del espíritu humano, una pizca del principio universal e inmortal de la vida, según la mitología egipcia. Para los antiguos egipcios los componentes del espíritu humano eran: Ib, Ka, Ba, Aj, Ren y Sheut. Se pensaba que el ka era creado por Jnum, con su torno de alfarero, para ser depositado en los hijos en el momento de su concepción. Este elemento confería la inmortalidad a cada hombre que incluso podría transformarse en un dios, necher, si lo hubiera merecido por sus excepcionales buenas acciones durante su vida en la Tierra. Los egipcios también creían que el ka se mantenía por medio de los alimentos. El ka podía perdurar en el cuerpo del difunto si se conservaba momificado; por esta razón era necesario embalsamar a los cadáveres, y se debían depositar ofrendas de alimentos a los difuntos, aunque era los kau de las ofrendas lo que se consumía, no la parte material. El ka de los dioses y faraones estaba indisolublemente unido a su cuerpo, mientras que los demás egipcios obtenían su ka por mediación del faraón.

[1513] Los preceptos fundamentales de esta religión, obligatorios para todos los musulmanes, según la concepción suní. Son cinco: profesión de fe, oración, azaque, ayuno y peregrinación a La Meca.

- En el budismo el fiel debe destruir el ciclo de reencarnaciones[1514], dejando atrás el deseo como causa del sufrimiento cultivando una moral y ética estrictas mediante el noble camino óctuple[1515].
- El hinduismo aconseja llevar una vida ordenada de acuerdo con la ley natural y ética del dharma[1516] para obtener la liberación y escapar de la rueda del sufrimiento.
- El judaísmo tiene una similitud soteriológica con las otras dos religiones monoteístas en cuanto a la observación de una Ley y una vida moral y físicamente correctas.
- En el cristianismo la doctrina de la salvación se centra en la *persona y obra de Jesucristo* y cómo se hace posible la salvación espiritual en Él. En algunas iglesias y ramas se tienen diferentes conceptos, como (en el protestantismo) la predestinación y la salvación sólo por la fe en Cristo, y el sensacionalismo como la fe en Cristo y la preservación de la salvación por méritos personales.

Basado en los puntos antes vistos. La mitología egipcia basaba su salvación en el Faraón y la elaboración material del cuerpo momificado, pero dudaban en sus puntos doctrinales. El islam basa su salvación en las acciones obligatorias que ellos deben ejercer cumpliendo los cinco pilares. Según el budismo la persona se salva adoptando un cuerpo material diferente cada vez que muere al guardar sus ocho puntos principales, eso entonces hace que la salvación sea ética y recaiga en sus esfuerzos personales. La base soteriológica del hinduismo rige la salvación en la ley cósmica y la aplicación ética que la persona tenga, en este caso de igual forma basa la salvación personal en las acciones. Por otro lado, tenemos el judaísmo, tal inclinación basa su salvación de la condena eterna en las obras personales y en guardar la ley. Y de último vemos el cristianismo, que basa su *salvación en la persona y obra de Cristo no en las obras o acciones personales*.

[1514] Esta creencia consistente en que la esencia individual de las personas ya sea mente, alma, conciencia o energía, adopta un cuerpo material no solo una vez sino varias según va muriendo.

[1515] El Noble Camino Óctuple es considerado, según el budismo, como la vía que lleva al cese de dukkha ('sufrimiento'). Este cese del sufrimiento se conoce como nirvana. os elementos del noble camino óctuple se subdividen en tres categorías básicas: *sabiduría, conducta ética* y *entrenamiento de la mente* (o meditación); para rehabilitar y desacondicionar la mente. En todos los elementos del noble camino, la palabra «correcta» es una traducción de la palabra "sammā" (en pali), que significa 'plenitud', 'coherencia', 'perfección' o 'ideal'. Basan sus 8 puntos en: *visión correcta, determinación correcta, hablar correcto, actuar correcto, medio de vida correcto, esfuerzo correcto, consciencia del momento correcto,* y *meditación correcta.*

[1516] Es una palabra sánscrita que significa 'religión', 'ley religiosa' o 'conducta piadosa correcta'. Con ligeras diferencias conceptuales, se utiliza en casi todas las doctrinas y religiones de origen indio (las religiones dhármicas), como el budismo, el hinduismo, el jainismo y el sijismo. Dharma significa 'ley cósmica y orden', aunque también se aplica a las enseñanzas de Buda. En la doctrina budista, el dharma es también el término usado para 'fenómenos'.

¿Qué dice las Escrituras sobre la salvación?

Las Escrituran muestran varias razones por las cuales Dios desea salvar a la humanidad y su fin:

1) Para mostrar su amor[1517].

2) Para mostrar su gracia[1518].

3) Para mostrar su obra mediante la Iglesia[1519].

La gracia es la base y la fe su instrumento y ambas experiencias hacen receptores de la salvación a aquellos quienes depositan su confianza en el Señor. La salvación no es por *"obras"* del gr. *"ek"* que significa *la fuente la cual procede algo*, en este caso las obras no producen salvación sino más bien la salvación resulta en buenas obras. Toda buena obra fluye en lo que Dios ya hizo en y a favor del creyente.

Porque por gracia sois salvos por medio de la fe; y esto no de vosotros, pues es don de Dios - Efesios 2:8.

Podemos observar al menos cuatro principios clave en este verso que demuestran que significa la salvación y como adquirirla:

1) **Gracia:** La palabra gracia del gr. *"charis"* alude la bondad divina, aunque la transliteración correcta es un favor no merecido, me baso bajo el mismo contexto de las Escrituras y conforme el carácter divino que gracia es *"la inclinación de Dios hacer algo, sin verse obligado hacerlo como ser soberano"*. Esta palabra comunica la influencia divina sobre el corazón del hombre la cual le da valor.
2) **Salvos:** Del gr. *"sózó"* significa *"sanar, ser hecho entero"* comunica la idea de *"preservar, proteger"* aquí podemos ver el objeto de la fe, la finalidad de ella.
3) **Por medio de la fe:** Del gr. *"pistis"* es *"fidelidad"*, es la convicción en la verdad y la confianza que se deposita en la misma. En este caso la fe es un vehículo no el fin, el fin es Cristo y su salvación, la fe es solo el medio para llegar al fin.
4) **Don de Dios:** Del gr. *"dóron"* significa *"un presente"* en este caso un sacrificio, claramente la palabra *"don"* en este contexto no habla sobre la fe sino más bien sobre el objeto de la fe, que es quien se sacrificó por salvar. Las Escrituras exponen este don en particular con el Hijo y su obra sustitutiva[1520], se entiende entonces que el don se basa en la salvación dada por gracia haciendo uso del medio que es la fe para recibirla. La fe no tiene valor en sí, quién le da valor a la misma es el objeto correcto, Jesús. Por eso el don es Él. Por lo tanto, en ningún otro lugar del Nuevo Testamento la palabra *"don"*

[1517] Efesios 2:1-6.
[1518] Efesios 2:7-9.
[1519] Efesios 2:10.
[1520] 2 Corintios 9:15.

se refiere a la fe, aunque se debe reconocer que, si no fuera por la misericordia de Dios y Su benevolente capacitación, elección e iluminación, no se podría ejercitar la fe salvífica[1521].

La clave para entender es identificar correctamente el antecedente del pronombre *"esto"* del gr. *"touto"*, si el don hubiese sido la fe, el verso entonces diría *"Porque por gracia sois salvos por medio de la fe; y esta fe no es de vosotros, esta fe es don de Dios; esta fe no es por obras, para que nadie se glorie"* (en este caso el antecedente del pronombre se identifica como fe). Cuando verdaderamente el verso determina "*Porque por gracia sois salvos por medio de la fe; y esta salvación no es de vosotros, esta salvación es don de Dios; esta salvación no es por obras, para que nadie se glorie"* (en este caso el antecedente del pronombre es identificado como *"salvación"*, lo cual es la idea del verbo principal *sois salvos*). La salvación es el don de Dios y este don es recibido por fe personal. De ser la fe el don mencionado entonces se restaría valor al objeto de esta que es Cristo, la persona que le da valor a la fe, colocando así a la fe como la del valor, pues entonces si la fe es la que tiene el valor y no la persona de Jesús, se necesita fe en cualquier cosa o persona fuera del Señor y se es salvo. Claramente el don es Cristo, y sin Él no hay salvación alguna[1522].

El plan de salvación se ve de la forma más clara que podamos hallar. *Todo se origina la gracia divina.* Dios provee la salvación al ser humano siendo el mismo indigno de ella, y lo hace sobre la base de la persona y de la obra del Señor Jesucristo. El Padre la da como una posesión presente a los que en fe creen en Su Hijo. Nótese que habla en pasado: *sois salvos* que literalmente es, *habéis sido salvados*. Comunica que ya la habían recibido, y que su efecto tiene una consecuencia continua, esto se entiende que la obra es perfecta basada en la persona perfecta, cubre todo tiempo y espacio. Mediante la fe se recibe ese don eterno de vida interminable en Él. El hombre de fe asume su puesto como pecador culpable y recibe su única esperanza de salvación en la persona y obra del Hijo.

La verdadera fe salvífica es la entrega de una persona pecadora a un ser justo, santo y piadoso en carácter propio, Jesús. Jamás el hombre pudo, puede o podrá ganar, incluso merecer la salvación. Esa idea que nace en el corazón corrupto del hombre que desea evadir su responsabilidad moral es eliminada cuando se dice *"y esto no de vosotros pues es don de Dios"*. Un don, naturalmente, es un presente gratuito e incondicional. Es sólo sobre esta base que Dios ofrece la salvación. Ese regalo *(sacrificial)* de Dios es la salvación por gracia y por medio de la fe al reposar en Jesucristo como el único medio para alcanzarla.

[1521] Juan 6:44, 65; Romanos 9:16, Mateo 11:27; 16:16-17; Hechos 16:14.
[1522] Juan 14:6.

La elección divina

Evidencias de la elección

La naturaleza de la elección divina en la actividad creativa se establece en su propio carácter. Este es el acto incondicional basado en su sabiduría, omnisciencia y preeminencia divina por el cual Dios escoge a los individuos que Él desea usar, salvar y cumplir su propósito. Tanto la elección de salvación como la elección para uso divino en cumplimiento de sus propósitos, está basado en la soberanía de Dios.

¿Qué, pues, diremos? ¿Que hay injusticia en Dios? En ninguna manera. Pues a Moisés dice: Tendré misericordia del que yo tenga misericordia, y me compadeceré del que yo me compadezca. Así que no depende del que quiere, ni del que corre, sino de Dios que tiene misericordia. Porque la Escritura dice a Faraón: Para esto mismo te he levantado, para mostrar en ti mi poder, y para que mi nombre sea anunciado por toda la tierra. De manera que de quien quiere, tiene misericordia, y al que quiere endurecer, endurece. Pero me dirás: ¿Por qué, pues, inculpa? porque ¿quién ha resistido a su voluntad? Mas antes, oh hombre, ¿quién eres tú, para que alterques con Dios? ¿Dirá el vaso de barro al que lo formó: ¿Por qué me has hecho así? ¿O no tiene potestad el alfarero sobre el barro, para hacer de la misma masa un vaso para honra y otro para deshonra? - Romanos 9:14-21.

Dios como creador y dueño de todo participa de soberanía, y basado en ello tiene el derecho de escoger a quien Él como ser supremo desee. En su propio contexto[1523] Dios había perdonado a Israel debido a que Moisés encontró favor ante los ojos de Dios[1524], basado en ello el Señor le mostraría a Moisés su gloria[1525] por la amistad que tenía Moisés con Dios[1526]. Sin embargo, *la elección divina de las personas no era arbitraria sino más bien estaba basada en la respuesta de las personas al llamado de Dios*, se puede considerar que era una colaboración de la soberanía divina y la responsabilidad humana[1527] aún Dios habiendo llamado a Moisés y a Israel incondicionalmente. Se debe comprender que la elección divina está ajustada a su propia omnisciencia[1528], preminencia[1529] y sabiduría[1530] perfecta, no a la decisión humana, aunque esta participe.

[1523] Éxodo 33:19.
[1524] Éxodo 33:12-17.
[1525] Éxodo 33:18-23.
[1526] Éxodo 33:11.
[1527] Éxodo 32:32-34.
[1528] Conocimiento de todas las cosas reales y posibles, un conocimiento pleno te todo lo racional e irracional a la mente humana.
[1529] Es el privilegio, exención o ventaja de que goza una persona por razón o mérito especial. Por así decirlo, para Dios el pasado, presente y futuro del hombre, siempre son Su presente.
[1530] Facultad de las personas para actuar con sensatez, prudencia o acierto, la sabiduría divina consiste en que Él escoge los mejores medios para crear los mejores resultados.

Se puede entender y con razón que la enseñanza de la elección soberana divina suscita objeciones, no por la doctrina en sí, sino por la falta de información de quién objeta. Basado en esa falta de información las personas acusan a Dios de injusto, eso incluye creyentes que ignoran de igual forma que llamar injusto a un ser perfecto en carácter y esencia es una falta irreverente. Basado en el concepto consecuente a la falta de información dicen que, si Dios escoge a unos, condena al resto, que, si Dios ya lo dispuso todo por adelantado, no hay nada que se pueda hacer tocante a ello, entonces según su criterio Dios es injusto al condenar. Las Escrituras niegan cualquier posibilidad de injusticia en Dios. Las Escrituras nunca tratarán de diluir la infinita soberanía divina para el entendimiento de la perspectiva humana, corrupta y finita a fin de hacerla aceptable.

Nótese el argumento, comienza con una pregunta *¿Hay injusticia en Dios?* eso anticipa la objeción a la doctrina de la elección soberana de Dios. La palabra injusticia del gr. *"adikia"* significa *"maldad"*, de *"adikos"* la cual se aplicaba para ilustrar una injusticia legal, al decir que Dios es injusto tanto en calidad e implicación del acto se le llama a Él moralmente erróneo y malvado. Esa pregunta estaba dirigida para responderse por sí sola con las mismas Escrituras, historia y experiencia humana oponiéndose directamente al concepto de un Dios arbitrario e injusto[1531]. Pablo comienza citando un pasaje de Éxodo *«Tendré misericordia del que yo tenga misericordia, y me compadeceré del que yo me compadeceré»*. Esa es la respuesta a las acusaciones de que la doctrina de la elección soberana es incompatible e ilógica, al citar el Antiguo Testamento como era de costumbre está indicando claramente que Dios posee soberanía absoluta y elige libremente en su sabiduría, omnisciencia y preeminencia a quiénes se salvarán sin violar sus otros atributos divinos. Dios es quién determina quién o quiénes reciben misericordia de su parte.

El Señor en su conocimiento previo de todas las cosas ve la actividad e intenciones y juzga como corresponde, claramente al ver el contexto de la cita que Pablo expuso la misericordia divina está dirigida a quienes cumplen sus condiciones, las condiciones eran tener fe en Dios e inclinarse a sus estatutos de igual forma, en fe[1532]. Para tener un sano entendimiento de esta doctrina es importante recordar que todo ser humano nace ya condenado. Como hablé en el capítulo anterior, toda persona queda condenada por su propio pecado e incredulidad voluntaria. Si los seres humanos fuesen dejados a la merced de sí mismos, la consecuencia inevitable sería que todos perecerían eternamente. Dios ejecuta su libre elección soberana al proclamar una invitación al evangelio a toda criatura, mediante esa invitación Dios escoge a unos ya condenados para que sean objetos de su gracia y así la muestren a los demás.

Esto no significa que Dios escoge arbitrariamente condenar a los otros, ellos ya estaban condenados por la imputación natural pecaminosa de la

[1531] Génesis 18:25; Salmos 7:9, 48:10, 71:19, 119:137, v.142; Jeremías 9:23-24.
[1532] Éxodo 32:11-35.

cabeza federal humana, Adán. Son condenados por rebeldes y por su rechazo a la misericordia divina en el Evangelio. Los escogidos pueden agradecer a Dios por su gracia y los perdidos no tienen a quien culpar fuera de sí mismos, aquellos que afirman que Dios es arbitrario e injusto son los mismos que rechazan que son pecadores y evaden su responsabilidad moral ante Dios. La pregunta hecha para elaborar su argumento se contesta a sí misma *¿Hay injusticia en Dios? En ninguna manera.*

Dios levantó a ese faraón en particular para demostrar su poder. Dios afirmó que el propósito era *"para que los egipcios sepan que yo soy el Señor*[1533]*"*. Dios mismo fue quien endureció el malvado corazón del Faraón[1534], pero no fue sino hasta el mismo Faraón endureció su propio corazón con anticipación[1535]. En otras palabras, Dios lo elevó a él en conformidad a sus mismas decisiones para luego luchar en su contra; Dios conocía las decisiones del corazón duro del faraón de ante mano antes de ejecutarle juicio en su contra[1536]. Las escrituras afirman la soberanía de Dios, como la responsabilidad humana[1537], dando por hecho que Dios es lo suficientemente supremo en su soberanía para asegurar ambas cosas, haciendo que las decisiones humanas no puedan anular el cumplimiento de su Palabra[1538]. La compasión y misericordia de Dios no se pueden ganar o merecer por parte del pecador; en consecuencia, se excluye por completo la salvación por obras, Dios acepta al pecador y le otorga su misericordia y gracia sobre la base de la fe en Él, de no ser así no hay misericordia alguna. El destino final del ser humano no descansa en la fuerza de su voluntad ni en sus capacidades personales, sino en la misericordia de Dios.

Cuando las Escrituras dicen *"no depende del que quiere"*, no quiere decir que la voluntad humana no esté involucrada en su salvación, ya que debe tomar una decisión basada el convencimiento de pecado, justicia y juicio que el Espíritu da, y la respuesta debe ser arrepentimiento, el cual es un acto voluntario del humano conformado al convencimiento recibido. La invitación del evangelio está dirigida a la voluntad de la persona[1539]. Cuando dice, *"ni del que corre"*, la palabra *"corre"* es un participio presente el cual comunica una acción continua/repetida, esa acción es una contemporánea al verbo que ilustra una expresión basada en la voluntad, la consagración que involucra la salvación y es consecuencia continua de la misma es una respuesta al llamamiento divino, eso se conoce como un esfuerzo por parte de la persona[1540]. La disposición juega un papel importante, la cuestión aquí no es que el hombre haga o no uso de su voluntad, es que *el querer del hombre y su hacer no son los factores determinantes de la salvación, el factor primordial y determinante es que la salvación es del Señor.*

[1533] Éxodo 10:2.
[1534] Éxodo 9:12, v. 35, 10:27, 11:10.
[1535] Éxodo 7:22, 8:15, v.32.
[1536] Romanos 1:24-25; 2 Tesalonicenses 2:10-12.
[1537] Deuteronomio 29:4.
[1538] 1 Reyes 22:26-30. vv. 34-35.
[1539] Juan 5:40; Apocalipsis 22:17.
[1540] Lucas 13:24.

G. Campbell Morgan comenta sobre ello: "Ni querer de nuestra parte, ni correr, puede procurarnos la salvación que necesitamos, ni capacitarnos para entrar en las bendiciones que esta salvación provee. … Por nosotros mismos no tendremos el querer nuestra salvación ni haremos esfuerzo alguno por alcanzarla. Todo en la salvación humana procede de Dios[1541]". El Dr. Chafer de igual forma afirma: "Las Escrituras revelan a Dios como un soberano absoluto que por su propia voluntad quiso crear el universo y dirigir su historia de acuerdo con un plan preordenado. El concepto de un Dios infinito y omnipotente concuerda con el hecho de que Él sea soberano y tenga poder para ejecutar su programa en la forma que Él lo quiso determinar. Sin embargo, la comprensión de ese plan por parte del hombre presenta innumerables problemas y, en particular, el de cómo puede el hombre obrar libre y responsablemente en un universo programado. Los sistemas humanos de pensamiento han tenido la tendencia a ir a los dos extremos, uno en que el propósito soberano de Dios se presenta como absoluto, o el otro en que se magnifica la libertad del hombre hasta el punto de que Dios ya no tiene control sobre las cosas. Al tratar de resolver esa dificultad, la única solución es acudir a la revelación divina y tratar de interpretar la experiencia humana sobre la base de lo que la Biblia enseña[1542]". La elección divina de las personas que Dios desea para vida eterna conforme a su gracia es un hecho que no se puede negar, y al negarlo se da por sentado que Dios no sabe lo que hace. De igual forma se debe entender que la salvación no es validad por la decisión humana[1543] aunque esta juega un papel importante en ella, ya que hasta la fe de la persona al ser canalizada y enfocada en el objeto correcto *(Jesucristo)* por el Espíritu para recibir validez y consecuentemente la salvación es un regalo de Dios[1544]. No existe mérito o esfuerzo humano que pueda recibir lo que Dios en Su soberanía ha determinado[1545].

El Señor hace uso de lo que está disponible para que sus propósitos se cumplan a la perfección. Dios no obligó al faraón a actuar como actuó; en otras palabras, Dios no lo predestinó para que adoptara esa actitud rebelde, y tampoco no lo dejó con ninguna alternativa en el asunto, el mismo trato que tuvo con Adán en el Edén ha sido el mismo trato que ha tenido con el hombre a lo largo de la historia, Dios nunca deja a la persona sin alternativas, el hecho de que la persona elija si vivir temerosamente en obediencia a Dios o no, no le resta supremacía soberana a Él. Dios utilizó el corazón terco de ese hombre en sus propias decisiones para que su nombre fuera glorificado. Pablo hace uso del Antiguo Testamento nuevamente[1546], para probar que Dios elige en su soberanía quién servirá para cumplir sus propósitos y de qué forma. El Faraón fue puesto en su posición para servir el propósito de

[1541] Obra original en Ingles: G. Campbell Morgan, Searchlights from the Word. Wipf & Stock Publishers. Reprint edition (April 1, 2010)199 W 8th Ave #3, Eugene, OR 97401, USA.

[1542] Lewis Sperry Chafer. Teología Sistemática, Tomo II. Elección Divina. Editorial CLIE. C/ Ferrocarril, 8. 08232, Vila de cavalls (BCN) España.

[1543] Romanos 8:29.

[1544] Romanos 1:16; Juan 6:37; Efesios 2:8-9.

[1545] Romanos 9:11.

[1546] Éxodo 9:16.

Dios y así exaltar el carácter divino. La soberanía de Dios se ve no sólo en que muestra su misericordia a quienes Él desea, sino en que de igual forma endurece el corazón de otros, como bien mencioné en el capítulo anterior, se entiende que está basado en la *"ignorancia voluntaria"*. El ejemplo que se cita es la demostración malvada, cruel y obstinada de este líder egipcio, el cual sin excusa alguna de sus actos recibió muchas advertencias, y persistió en endurecer su corazón. Si Dios quería podía haberlo destruido en el acto como con otros en la historia, pero no lo hizo así. En lugar de ello, lo mantuvo vivo para exhibir su grandioso poder, y dar a conocer su nombre por toda la tierra, al grado que los Filisteos en Canaán se enteraron de los juicios divinos resultando en temor a Dios[1547].

Este Faraón presentado como ejemplo endureció su corazón por sí mismo, y a partir de ello, Dios lo endureció aún más como juicio contra él, es el mismo caso presentado en (Rom 1:18-32) en el cual Dios los entrega. Los propios Faraones en el antiguo Egipto eran considerados y reverenciados como dioses. Este Faraón que ejercía su dominio en la época de Moisés se consideraba a sí mismo como una deidad apta para resistir al Dios verdadero. Su actitud en relación ante Dios se ve cuando cuestiona el nombre de Él *"¿Quién es Jehová, para que yo oiga su voz y deje ir a Israel?*[1548]*"* basado en esa actitud arrogante y dura contra Dios, Él lo endureció aún más de lo que ya estaba, y sus juicios cubrieron toda la región. El mismo sol que derrite el hielo endurece el barro. El mismo Dios que muestra misericordia al corazón arrepentido, endurece también al no arrepentido. Todo aquel que rechaza la gracia se le es denegada de igual forma. Dios tiene derecho de hacer como Él quiera, por cuanto es Dios, y es justo perfectamente, jamás actúa o actuará injustamente, esto sigue respondiendo la pregunta *¿Hay injusticia en Dios? En ninguna manera.* Dios siempre tendrá misericordia de aquellos que siguen sus requisitos y al igual responde a la terquedad hacia su persona, el que desee la dureza la recibirá.

El divino acto de liberar a Israel del dominio opresivo del Faraón demostró el pecado, la maldad y por igual la ira y el castigo eterno de Dios hacia ello. Dios mismo en la historia presenta las dos caras de la moneda, en una la gracia y en otra el juicio. Moisés recibió misericordia mientras que el Faraón recibió el juicio, en ambos extremos fue la voluntad soberana de Dios[1549]. El endurecimiento del Faraón muestra no solo la arrogancia y persistencia de él en pecar, sino la supremacía divina de que Dios, como dueño absoluto de todo hace uso como sabe y entiende en su sabiduría. El significado literal de la palabra gr. *"skleruno"* tiene que ver con *endurecer algo*, Hipócrates la utilizó para referirse a la parte ósea del cuerpo humano, por así decirlo, *cabeza dura*, la misma se utiliza con frecuencia en sentido figurado para referirse a ser *"terco"*.

[1547] 1 Samuel 4:8.
[1548] Éxodo 5:2.
[1549] Romanos 11:7; Josué 11:18-20; 1 Tesalonicenses 5:9; 2 Pedro 2:12.

En varias ocasiones las Escrituras en Éxodo narran que Dios endureció su corazón[1550], y en otras dice que el mismo lo endureció[1551]. *¿Se contradice la Escritura? No*, en ningún momento expresa dos acciones opuestas, sino más bien que Dios retiró toda su influencia que le restringía a él de inclinarse al pecado, permitiendo que su corazón terco y perverso procurara su propia maldad sin estorbo alguno[1552], en otras palabras, *Dios dejó que en él fluyera la misma maldad que tanto anhelaba*. Muchos en su afán de negar a Dios y su miedo al negar la soberanía divina, afirman que esta conclusión lleva al fatalismo. Sin embargo, aquí no se plantea una un argumento analítico, sino más bien una reprensión directa con evidencias históricas y experimentales para corregir a todo aquel que se atreva a deducir absurdamente que Dios no puede hacer lo que a Él le place con lo mismo que Él creó.

La idea es que si un alfarero le da forma a la masa de barro tal como él desea, *¿Cuánto más el creador del barro?* La objeción presentada es *¿cómo puede Dios inculpar a alguien de pecado e incredulidad si Él mismo ha determinado en su soberanía el destino de esa persona?* La realidad es que no solo Dios lo determinó, también la persona en dos puntos, estos son:

1) *Nació pecador y por consecuente nació perdido.*

2) *En su ignorancia voluntaria deciden no volverse a la misericordia divina.*

Se puede ver aquí el vivo ejemplo de la soberanía divina y la responsabilidad humana. La palabra inculpar literalmente comunica *"criticar"*, esa crítica está basada en la resistencia que el hombre pone a Dios sin éxito alguno. El lenguaje que se utilizó en esta carta es igual al de Isaías[1553] demostrando el punto de que Dios hace a la gente y por consiguiente puede hacer con los tales como a Él le plazca, y no significa que sea arbitrariamente. El pensamiento común en la iglesia del siglo XIX era que Dios los salvaría si Él quería, a consecuencia de ello no buscaban la salvación, aunque la salvación no se gana por méritos humanos o esfuerzos propios, el corazón del hombre debe inclinarse a desearla. Ese punto de vista de la soberanía divina difiere al extremo con lo mencionado en esta sección. Aun cuando se enseña la predestinación se debe comprender que lo que quiere decir a la luz de esa época, es muy diferente a lo que ha llegado a significar en la teología actual como lo es el caso del siglo XIX, en el cual se muestra una distorsión de esta teología.

La gran mayoría de los judíos tenía la creencia de que ellos como pueblo habían sido escogidos para salvación, mirando así la predestinación en términos étnicos corporativos. La predestinación presentada por Pablo habla en contexto de una salvación global tanto para judíos como para gentiles, quitando de en medio la condición cultural. El contexto presentado sugiere que Dios escoge soberanamente a quien Él quiera sin necesitar una base

---

1550 Éxodo 4:21, 7:3; v.13.

1551 Éxodo 8:32, 9:34.

1552 Romanos 1:24, v.26, v.28.

1553 Isaías 29:16, 45:9, 64:8.

genealógica. Dios es libre para elegir basado en otro criterio diferente al de su pacto con Israel[1554]; Dios escoge en base a la fe en Cristo conocida por Él de ante mano en su omnisciencia y preeminencia[1555].

Basado en lo antes visto es que se formula otra pregunta *¿quién ha resistido a su voluntad?* Esta pregunta confronta cualquier intento de filosofar con la soberanía divina para tratar de rebajarla a conceptos humanos aceptables. No existe ningún ser humano que a sabiendas o no, no experimente la soberanía divina en su vida. Con esta pregunta pasa de un análisis confrontador a un análisis experimental, la experiencia misma afirma por si sola que la soberanía divina rige todo en su beneplácito, no existe, ni existirá ser humano alguno que se resista a la soberana voluntad divina y salga exitoso. Conforme a la misma experiencia se entiende que es una gran insolencia por parte de cualquier ser racional que se trate de encontrar falta alguna en su creador. El hombre lleno de pecado, ignorancia, debilidad y finito no está en posición de debatir con un ser santo en esencia propia, conocedor de todo, sin flaquezas e infinito, y mucho menos de poner en tela de juicio su sabiduría y rectitud la de sus acciones.

Por esa razón es que se formula otra pregunta la cual confronta directamente al que objeta la suprema soberanía de Dios *¿quién eres tú, para que alterques con Dios?* La palabra *altercar* del gr. *"antapokrinomai"* es un compuesto de *"anti"* que significa *"opuesto, en lugar de, hacer frente"* y de *"apokrinomai"* que es *"responder"* en sí habla de una *persona que responde a la defensiva.* La naturaleza de la respuesta la cual se hace con otra pregunta *¿dirá el vaso de barro al que lo formó: ¿por qué me has hecho así?* se dirige a los que tienen preguntas de carácter altanero y con afanes de cuestionar a Dios en sus decisiones pretendiendo usar sus argumentos tontos como excusa para su propio pecado e incredulidad. La respuesta misma se establece con otra pregunta *¿O no tiene potestad el alfarero sobre el barro, para hacer de la misma masa un vaso para honra y otro para deshonra?* Con esto ataca directamente cualquier argumento intelectual contrario a la doctrina de la elección divina. El Señor tiene el poder de hacer lo posible para que el ser humano elija ente lo digno y lo indigno, entre el bien y el mal, entre la santidad y el pecado. La falta nunca proviene de Dios, siempre proviene del hombre. Dios no tiene culpa alguna, por la sencilla razón de que la responsabilidad moral recae sobre el hombre no sobre Dios.

En Oriente Medio era muy común ver en ciertos lugares el gremio de los alfareros. Estos por lo general trabajaban en una rueda giratoria que el alfarero impulsaba con el pie permitiendo así que el material se mantuviera en movimiento constante, eso le permitía al alfarero darle la forma deseada a la masa. En muchos casos la pieza era moldeada una y otra vez hasta alcanzar la figura deseada. Con el uso de la analogía el alfarero que de igual forma está presente en el Antiguo Testamento[1556], se argumenta que es

---

[1554] Romanos 3:1-8.

[1555] Romanos 4:11-13, 8:29-30.

[1556] Isaías 64:6-8; Jeremías 18:3-16.

irracional y arrogante que los hombres cuestionen la elección divina, así como un pedazo de barro cuestiona los propósitos del alfarero. La ilustración del alfarero con el barro se usó para comunicar la soberanía divina. El alfarero, naturalmente, es el Señor. El barro lógicamente es la pecadora raza humana. Si el alfarero dejase sola la masa se pierde la sustancia al descomponerse, si Dios dejara solo la humanidad sería toda enviada a la condenación eterna. Dios no sería injusto si deja a la humanidad sola, pero como Él cumple lo que promete no lo hace, y en lugar de apartarse y dejar que se pierda, selecciona soberanamente un puñado de arcilla, lo toma por su gracia y lo conforma a imagen de su Hijo. *¿Tiene Dios derecho de hacer eso?* Si. Es importante entender que *Dios no está condenando arbitrariamente a los demás al fuego eterno. Ellos ya a están condenados por su propia obstinación e incredulidad*[1557]. Dios tiene la potestad y autoridad absoluta para derramar sus bendiciones donde Él decida y retenerlas siempre donde Él quiera. No olvidando que ninguno es merecedor de ello.

Según nos escogió en él antes de la fundación del mundo, para que fuésemos santos y sin mancha delante de él, en amor habiéndonos predestinado para ser adoptados hijos suyos por medio de Jesucristo, según el puro afecto de su voluntad - Efesios 1:4-5.

La selección divina de los creyentes ocurrió antes de la creación y su propósito concluye la santidad de los tales. Dios tomó la iniciativa de elaborar un plan perfecto de salvación antes de crear todo. El pecado no fue algo que tomó por sorpresa a la omnisciente mente de Dios, Él no improvisó un plan en conformidad a ese hecho, sino más bien ya estaba establecido *"desde la eternidad"*. El sustantivo *"predestinar"* significa *"decidir de antemano"* eso nos enseña:

1) **La acción de elección fue hecha por la divinidad en la eternidad:** La decisión de Dios se realizó *"antes de los siglos*[1558]*"*, esto hace énfasis en la libertad divina de ejercer su poder soberano.
2) **La predestinación como el acto voluntario de la libre elección divina supone un plan perfecto:** No fue el resultado de una decisión por accidente, se entiende que el fundamento y el acto motivado de su plan es el amor divino que beneficia lo creado[1559].
3) **La elección predestinada está fundamentada en Cristo:** Se entiende que, así como todo fundamento firme de las Escrituras encuentra su base en la persona y obra de Jesús, de igual forma lo es la elección divina para sus hijos. El sufrimiento que Cristo experimentó ya había sido determinado que sucediera[1560]. Las malas acciones y decisiones de los

---

[1557] Juan 3:18-20.
[1558] 1 Corintios 2:17.
[1559] Efesios 1:11-12.
[1560] Hechos 2:23, 4:28.

seres humanos no fueron determinadas por Dios de ante mano, pero anticipó los sufrimientos que el Salvador sufriría a manos de ellos. La maldad no necesita ser impulsada por Dios para que se realicen malas acciones, la gente mala naturalmente las expresará. Dios utilizó el mal de esas personas y llevó a cabo sus planes con un anticipado conocimiento de todo. Cristo fue predestinado *"para que él sea el primogénito entre muchos hermanos*[1561]*"*, la encarnación de Cristo forma parte de un plan perfecto trazado desde la eternidad.

4) **La elección predestinada del creyente basado en la sabiduría divina:** Dios estableció en su decisión predeterminada y perfecta varias cosas para sus hijos:

   A) **sabiduría manifestada en la persona de Cristo:** *la misma está disponible a favor del creyente*[1562].

   B) **adopción:** *el Padre decidió unilateralmente un camino planificado para la participación familiar de los asuntos celestiales*[1563].

   C) **imagen perfecta**: *el plan de Dios incluyó adquirir la imagen del Hijo de Dios en sus hijos*[1564].

5) **Todos los aspectos de la salvación fueron predeterminados por Dios:** La recepción de la naturaleza divina mediante el arrepentimiento conduce a la justificación, la santificación y a la glorificación en la manifestación del regreso del Hijo de Dios[1565].

6) **Es un plan inalterable:** Nadie, ni nada puede alterar el plan divino para que sus propósitos se cumplan, no hay poder existente fuera de Él que logre ser capaz de alterar su voluntad.

La presentación de la elección divina en este verso demuestra no a la persona escogida, sino el propósito por el cual fue escogida. Ese propósito estaba encerrado en la persona y obra de Jesús por el cual Dios como creador absoluto y sabio formuló su plan para el mundo teniendo en mente su gracia redentora. El Antiguo Testamento afirma que Dios predestinó *"escogió"* a Israel en Abraham para que fueran el pueblo de su pacto adoptándolos como hijos, aunque ese pueblo no estuvo en muchas ocasiones a la altura de ese pacto. El ser humano llega a ser parte del pacto divino mediante Cristo, no por los antecedentes culturales, étnicos, incluso los intelectuales. Cristo es la esencia de la elección predeterminada de Dios para la salvación.

Este pasaje contiene dos verbos que hablan sobre la elección de Dios. El primero es *"nos escogió"* del gr. *"exelexato"* que proviene de *"eklegomai"* lo cual traducido significa *"seleccionó entre"*. De igual forma vemos el sustantivo adjetivo *"eklektos"* que es *"elegido"*, cuando dice que *"nos eligió"* habla de un tiempo específico en el pasado, indicando con esto que

---

[1561] Romanos 8:29.
[1562] 1 Corintios 2:7.
[1563] Efesios 1:5.
[1564] Romanos 8:29.
[1565] Romanos 8:30.

fue una decisión personal basada en su omnisciencia. El segundo verbo presentado es *"proorisas*[1566]*"* el cual proviene de *"prooridzo"*, está formado por la preposición *"pro"* que es *"antes"* y *"horidzo"* que es *"determinar"*. El verbo compuesto literalmente significa *"decretar de antemano"* eso es lo que bien se le conoce como predestinar[1567], Dios es el único ser capaz de decretar para que se ejecute sus dichos, en este caso lo hizo desde antes de la fundación del mundo. Esto hace hincapié en la suprema soberanía de Dios y por un lado la responsabilidad del hombre ante dicha soberanía. Nadie que ha sido salvado puede decir que fue salvo por su propia elección hacia Dios. La salvación es en respuesta a la elección que Dios hizo, por otra parte, nadie está perdido porque Dios así lo desee, sino más bien por la irresponsabilidad de la persona[1568].

Esta doctrina *"la elección"* está verificada a lo largo de todas las Escrituras[1569]. La elección divina indica que Dios no solo *por sí mismo* ejecutó en su libertad soberana una selección de entre muchos, sino que esa elección estaba basada en que era *para Él mismo* y para *traerle gloria*[1570]. La predestinación divina no anula la responsabilidad humana para creer y arrepentirse en Jesús como su Señor y Salvador[1571]. Mediante la voluntad soberana de Dios antes de la creación del mundo aquellos que son salvos por el Hijo han alcanzado la unidad eterna con Él[1572]. Tanto el propósito como el resultado en la elección divina de los que habrán de ser salvos coloca en justicia perfecta a los creyentes en una posición libre de condena ante Dios[1573], aunque en su vida diaria no se vea todo el tiempo la conformidad a su parámetro de santidad a la perfección, en su nueva posición son vistos sin culpa alguna.

Con la predestinación divina se entiende el motivo del propósito de Dios en su elección soberana, su amor. Mediante su voluntad Dios brinda su amor, sus recursos y su herencia a sus hijos adoptados, Dios otorga su propia naturaleza a quienes ha elegido por confiar en Cristo, convirtiéndolos en una conformidad la imagen de su Hijo, concediendo sus bendiciones y su misma naturaleza[1574]. La doctrina de la elección divina es vital para comprender la salvación por gracia.

[1566] Efesios 1:5.

[1567] Mateo 24:22, v.31; Lucas 18:7; Hechos 4:28; Romanos 8:29, 9:11; Efesios 3:11; 2 Timoteo 2:10; Santiago 2:5; 1 Pedro 1:2, v.20.

[1568] 2 Pedro 3:9.

[1569] Deuteronomio 7:6; Isaías 45:4; Juan 6:44; Hechos 13:48; 1 Tesalonicenses 1:3-4; 2 Tesalonicenses 2:13; 2 Timoteo 2:10: 1 Pedro 1:2.

[1570] Efesios 1:6, v.12: v.14.

[1571] Mateo 3:1-2, 4:17: Juan 5:40.

[1572] Apocalipsis 13:8,17:8.

[1573] Efesios 5:27; Colosenses 2:10.

[1574] Juan 15:15; Romanos 8:15.

Y creyeron todos los que estaban ordenados para vida eterna - Hechos 13:48.

Los judíos al creer que estaban predestinados a salvación mediante su descendencia de Abraham consideraban algo ofensivo que se dijera que los gentiles por igual lo eran. Con su arrogante actitud pasaban por alto que la alusión al tema en el Antiguo Testamento era la misma[1575]. Dios había designado y provisto de antemano la vida eterna para aquellos que creen, incluyendo gentiles[1576]. El mensaje de salvación recibido por los gentiles encolerizó a los judíos al ver que glorificaban la palabra del Señor que habían oído. En la historia presentada se puede observar la elección soberana de Dios. Las Escrituras enseñan que el Señor eligió antes de la fundación del mundo a quienes encajarían perfectamente en su propósito conforme y su voluntad para que estuviesen en Cristo. Y con el mismo énfasis enseña que el hombre tiene una responsabilidad moral que al hacer uso de su facultad racional de manera correcta depositando su fe en Jesús, será salvo.

Tanto la elección divina como la responsabilidad humana son verdades presentes en las Escrituras, es un error enfatizar en una a expensas de la otra. La palabra que hace hincapié en ese hecho es *"ordenados"*, la misma del gr. *"tasso"* significa *"arreglar de manera ordenada", "disponer"*, comunica una orden, se usaba en sentido militar para arreglar soldados en orden de rango, en este caso era establecer una posición par aun deber. Dios estableció la salvación posicionando al creyente en Cristo predeterminadamente para que cumpliera así los deberes divinos en Su gracia.

El ser humano es condenado por su propia elección, no por la de Dios. La enseñanza de la elección divina exalta el puesto que le pertenece a Dios como el soberano gobernante del universo, dando a entender que Él puede hacer como bien le place en su sabiduría preminente y omnisciente. Ya que Dios nunca decidirá hacer nada malvado, muchas de las dificultades planteadas con este tema se resuelven teniendo en cuenta que Él, como ser altísimo en supremacía y perfecto en justicia, ejecuta sus soberanas acciones en conformidad a su personalidad perfecta y bondad absoluta en Cristo Jesús. "La soberanía de Dios, es absoluta; pero nunca es ejercida condenando a hombres que debieran ser salvados; más bien, ha resultado en la salvación de hombres que merecen la perdición[1577]". Dios es quien escoge al hombre para salvación, no lo contrario[1578].

Y sabemos que a los que aman a Dios, todas las cosas les ayudan a bien, esto es, a los que conforme a su propósito son llamados. Porque a los que antes conoció, también los predestinó para que fuesen hechos conformes a la imagen de su Hijo, para que él sea el primogénito entre

---

[1575] Isaías 49:6, comparar con Hechos 13:47.
[1576] Juan 3:15-20; Romanos 1:16, 10:9-10: 1 Timoteo 2:4; 2 Pedro 3:9; Apocalipsis 22:17.
[1577] Charles R. Erdman. The Epistle of Paul to the Romans. The Westminster Press (1925) London. UK.
[1578] Juan 6:65; Efesios 1:4; Colosenses 3:12; 2 Tesalonicenses 2:13.

muchos hermanos. Y a los que predestinó, a éstos también llamó; y a los que llamó, a éstos también justificó; y a los que justificó, a éstos también glorificó - Romanos 8:28-30.

Todo lo que Dios permite que suceda en la vida del creyente está dispuesto para modelarlo conforme a la imagen de Su Hijo. La vida del creyente no está controlada por la casualidad, la suerte o el destino, sino por el Señor que es perfectamente sabio como para equivocarse. Histórico culturalmente, los filósofos estoicos creían que todo resultaba para bien, desde el punto de vista de Dios, aun cuando ningún otro ser individual subsistiría. El judaísmo creía que Dios era soberano y que estaba llevando la historia a su clímax, cuando vindicaría a su pueblo y convertiría sus sufrimientos pasados para provecho de ellos al recompensarlos.

Según las Escrituras el último bien de las adversidades es conformar a los que depositan su fe en Él a la imagen que Dios desea que tengan, la de Cristo. En este texto hay varias palabras clave que arrojan luz al comunicado, la primera es *"sabemos"* del gr. *"eido"* y significa *"conocer"*, es una clara comprensión, este verbo es utilizado en presente activo para *"jorao"* que en sí es *"ver perceptivamente"*, alude tener un claro entendimiento sobre el tema. Claramente está diciendo *"como ya comprenden"*. Los únicos que pueden comprender son aquellos que aman a Dios, la palabra *"aman"* del gr. *"agapao"* se traduce de igual forma, amar, pero aquí habla en sentido social y moral, alude un amor extremadamente fuerte e inclinado hacia su objetivo del corazón. Tales personas que se inclinan hacia Dios con ese afecto, son los que comprenden que todas las cosas (buenas o malas) ayudan, la palabra *ayudan* viene del gr. *"sunergeo"* y significa "colaborar/cooperar", proviene de *"sunergos"* que es *"colaborador"*, está compuesta de *"sun"* que es *"unión con/junto a"* y de *"ergon"* que es *"trabajar"*, se entiende como una asociación para cumplir su objetivo laboral, en este caso *"el desempeño o resultado de una actividad"*.

Quienes han inclinado su afecto a Dios son los que comprenden que todo en la vida, sea el suceso que sea, es una cooperación mano a mano para con Dios mismo, aquí nos exhorta a creer fielmente e inclinarnos a comprender que todo en la vida está dirigido por Dios en su soberanía, y que, aunque sea algo visto como mal a nuestra percepción, al comprender que todo está organizado por un ser perfecto en bondad esa percepción cambia. El cambio de percepción al conocer que Él es soberano yace, en que logra que todo lo veamos como un bien, la palabra *bien* del gr. *"agathos"* significa *"beneficio"*, aquí alude *"algo provechoso"*, este es un reto para comprender claramente que hasta los sucesos malos en nuestra contra tienen un beneficio de provecho para los que responden al amor divino amándole con todo el ser. Ahora, esto es para aquellos que han sido convocados a su *"propósito"*, tal palabra del gr. *"prothesis"* significa *"designado de antemano"*, es un diseño planificado para un fin específico, proviene de *"prothemai"* que es *"colocar antes"*, alude *"una exhibición al ojo público de algo planificado con anterioridad"* esto es lo que bien le llamamos preeminencia divina. Por ello afirma que en ese propósito han sido *"llamados"*, del gr. *"kletos"* una invitación a la santidad elegida por Dios mismo, ser parte de.

Un hecho importante para la comprensión adecuada de la elección divina es que Dios nos conoció de antemano en la eternidad. Y no se trata de un conocimiento intelectual, sino más bien personal en todo sentido. Por lo que respecta al conocimiento, Él conocía a todos los que nacieron, nacen y aun nacerán. Pero su conocimiento anticipado abarca sólo aquellos a los que predestinó a ser modelados conforme a la imagen de Cristo. De modo que se trataba de un conocimiento que jamás podría quedar frustrado al estar basado en la divinidad del Señor. Ese conocimiento anticipado es lo que asegura el arrepentimiento. Naturalmente, esto se trata en ser moralmente como Él, ser absolutamente tan libre de pecado como Él lo es, y que se poseerá un cuerpo glorificado como el de Él. En aquel día de gloria Cristo será el primogénito entre muchos. Primogénito significa aquí el primero en rango y honor. Él no sería uno entre los iguales, sino aquel que tiene el puesto supremo de honor como cabeza administrativa de los que están a su cargo.

Algunos pensadores griegos enseñaban que se debía anhelar ser como la deidad, pero la idea de la imagen es más prominente en fuentes judías. En el pensamiento judío la sabiduría era la imagen más pura de Dios[1579] pero los textos judíos a menudo hablaban de Adán o de la humanidad en general como hecha a la imagen de Dios[1580]. Los creyentes serán conformados a imagen del primogénito de la nueva creación, el postrer Adán, Jesús[1581]. Pablo hace un juego de palabras para dar a comprender el mensaje de forma clara a sus lectores, primeramente hace una presentación sobre la conformidad al propósito y preeminencia de Dios, "antes conoció" esta palabra del gr. *"pronostikos"* significa *"saber de antemano"*, es en sí, *conocer el destino*, compuesta de *"pro"* que es "antes" y de *"ginosko*" que es *"saber"*, está ligada a su mismo propósito, ya que para cumplir el propósito debe conocer primero el fin destinado.

Dios como un ser perfectamente preeminente todo lo conoce, el pasado, presente y futuro, siempre son su presente *(como bien mencioné anteriormente)*, y planificó todo en base su conocimiento perfecto de todas las cosas, para que así todo *(bien o mal)* coopere en conjunto para el bienestar del creyente y así hacerlo parte de su plan. Por ello *"predestinó"*, la misma viene del gr. *"prooridzo"* y significa *"determinar antes/predeterminar"*, esta palabra alude *"tomar una decisión ordenada antes de algún suceso"*. La decisión que Dios tomó antes de la eternidad fue conformar a sus hijos, la palabra *"conformes"* viene del gr. *"summorfos"* y tiene como significado *"formar juntamente"*, es adjetivo de *"sun"* que es *"junto con"* y de *"morfe"* que es *"tener forma/ser semejante a"*, imagine

1579 Colosenses 1:15.
1580 Génesis 1:26-27; 5:3.
1581 Romanos 5:12-21.

un recipiente de cristal el cual le coloca agua su interior, por lógica, el líquido tomará la forma del recipiente, el compuesto que es utilizado para llenar el envase no puede tener forma por si solo o fuera del recipiente mismo, toma el molde, esto demuestra que todo suceso en la vida está perfectamente organizado por Dios para que su propósito eterno se cumpla en la nuestra y tomemos la forma que Él desea.

El deseo de Dios es que tomemos forma en la *"imagen"* que Él eligió en su sabiduría perfecta, la palabra imagen del gr. *"eikin"* significa *"parecido"*, alude una estatua, en este caso una representación o copia exacta vista al ojo público. Pero la pregunta aquí es, *¿una copia exacta de qué o de quién?*, la respuesta está en el *"Hijo"*, del gr. *"juios"* y significa *"parentesco inmediato"*, descendencia que ocupa el lugar. En este caso alude nuestra posición en Él y los beneficios que recibimos en su persona, esto es una íntima unión con el Padre y la participación de su propia naturaleza. Cristo es el molde que Dios tiene para hacer de los creyentes lo que Él desea, antes de su resurrección Cristo era el unigénito[1582], después de su levantamiento de la tumba es el *"primogénito"*, tal palabra del gr. *"prototokos"* significa *"cabeza"*, alude *"quien se distingue, el principal"*, en este caso la persona con alta responsabilidad ejemplar. En el antiguo Medio Oriente, si el compuesto familiar era numeroso y los padres no se encontraban en la casa, los hijos menores tenían la obligación de seguir el molde del hermano mayor para el buen funcionamiento familiar, por eso Pablo utiliza la palabra *"hermanos"*, la misma viene del gr. *"adelfos"* y significa *"próximo"* denota una unión del vientre, nacidos de mismos padres, en este caso, hechos hijos por el Hijo para ser como Él.

Para explicar mejor esto, Pablo presenta más detalles en su exposición para evitar duda alguna en sus lectores sobre la elección soberana de Dios y su propósito al hacerlo, primero afirma que Dios *"llamó"* del gr. *"kaleo"* significa *"invitar"*, en este caso alude *"dar nombre propio/identidad"* tener una persona en consideración (Eje. Mt. 22:1-14; 2 Ped. 3:9 como antes mencioné). Los que aceptaron la consideración de su llamado, a esos, Dios los *"justifico"*, la misma viene del gr. *"dikaiooo"* y significa *"hacer inocente"*, libres de pagar por sus faltas, aquí alude la responsabilidad de la persona, aquel que es deudor es responsable por su deuda, al acudir a su llamado, el quita la misma, la justificación divina en aquel que acude a su invitación salvífica es la proporción vigorosa de Dios para tener un carácter correcto, para ser recto y apropiado para lo que Él desea. A esos que Dios justificó, de igual forma y bajo el mismo principio los *"glorificó"*, esta palabra viene del gr. *"doxadzo"* y es *"honrar"*, alude exaltar su dignidad, en este caso la dignidad caída del hombre en el Edén, Dios la restablece en aquél que cree mediante el Hijo y participa de la regeneración del Espíritu, el creyente tendrá un cuerpo glorificado como el de Cristo[1583], no se puede perder de vista que la dignidad caída en el huerto ha sido restablecida por

---

[1582] Juan 1:18.

[1583] 1 Corintios 15:35-57.

Jesús en el creyente como un hecho posicional celestial, para poder vivir en la esfera condicional terrenal[1584], la dignidad del hombre es establecida nuevamente por Jesucristo, al ser hechos como Él aquellos que creen en Él, para poder expresarlo a Él.

Todo en la vida está organizado para que Cristo exprese su vida en los que han depositado su fe en Él, no hay mayor bienestar que ese, ser como el Hijo por el poder de su Espíritu en conformidad a las Escrituras. Si se pierde la perspectiva de que, todo en la vida está eternamente diseñado por la divina voluntad del que todo lo creó, nada tendría sentido. Aquí se cumple el propósito eterno de la elección divina, ser como Jesucristo, por ello es por lo que todos los asuntos o sucesos en la vida son para bien, no hay mejor provecho en nosotros que ser como Jesús, pero solo los que depositan su fe en Él pueden ser partícipes.

La crucifixión

Jesucristo murió en lugar del pecador, haciendo una sustitución e imputando lo que a Él le corresponde al creyente y lo que al creyente le corresponde a Él.

Sustitución

Como el Hijo del Hombre no vino para ser servido, sino para servir, y para dar su vida en rescate por muchos - Mateo 20:28.

La muerte de Jesús dio satisfacción a todas las demandas justas de Dios contra el pecado. Fue suficiente para quitar todos los pecados del mundo. Cristo murió por todos, pero no para todos, en otras palabras, su sacrificio solo es válido en aquellos que depositan su fe en Él. Si observamos con detalle este verso, podremos ver que habla del servicio, alguien que se entrega enteramente a la voluntad de otra persona hasta el límite puesto en las Escrituras. Cristo se presenta a sí mismo como ejemplo de servicio a los demás. Históricamente el liderazgo gentil dominaba dictatorialmente, usando su poder y autoridad carnal de manera opresiva. El creyente debe actuar de manera opuesta. Como lo hizo Jesús. La manifestación de dicho servicio no solo fue en su ministerio terrenal, su servicio verdaderamente fue en la cruz. Jesús hace alusión al siervo sufriente mencionado en Isaías[1585] que ofrece su vida a favor de muchos. La preposición *"por"* del gr. *"anti"* literalmente es *"en lugar de"*. Jesucristo trae a luz la interpretación correcta y el significado de Su sacrificio como una sustitución. El *"rescate"* gr. *"lutron"* es una redención, era el precio a pagar para liberar a un esclavo, y en otros casos a un prisionero. El carácter de dicho rescate es uno ofrecido a Dios, por el cual se logró satisfacer la justicia e ira divina contra el pecado.

[1584] Efesios 2:6; Colosenses 2:9-10; 2 Pedro 1:4; Hebreos 10:14.
[1585] Isaías 53.

Ese precio fue la propia vida de la Vida, Cristo mismo, mediante la expiación en sangre[1586]. El significado de la entrega voluntaria de Jesucristo en la cruz es Él sometiéndose a sí mismo al castigo divino contra el pecado en lugar del pecador por voluntad de otro, la del Padre[1587]. Sufrir el trago amargo de la ira divina en lugar del pecador fue la *"copa"* que Él tomó[1588].

Porque también Cristo padeció una sola vez por los pecados, el justo por los injustos, para llevarnos a Dios, siendo a la verdad muerto en la carne, pero vivificado en espíritu - 1 Pedro 3:18.

El sufrimiento del Señor Jesús en la cruz fue con un propósito *"por los pecados"* el precio fue pagado por completo al grado que no se debe absolutamente nada, aunque el creyente sufre consecuencias por los pecados, estos no le afectan en la esfera de la expiación, ya que mediante su muerte en la cruz ha sido preservado y la deuda quitada. El enfoque principal del texto era alentar a los creyentes en medio del sufrimiento que atravesaban recordándoles que Cristo sufrió de manera injusta pero que de igual forma había sido la voluntad de Dios[1589]. El triunfo de Jesús se hace notorio en la cruz según Pedro lo comunica. Al grado de hacer *un solo sacrificio, una sola vez, por todos los pecados*. En conformidad al antiguo pacto, el pueblo ofrecía sacrificios constantes. Pero el sacrificio único de Jesús por los pecados tuvo validez suficiente para todos, por tal razón nunca será necesario repetirlo de nuevo[1590].

La mención de *"el justo por los injustos"* es una declaración de la perfección de Jesús, sin mancha, sin pecado[1591] y de su expiación sustitutiva. Jesucristo nunca pecó y mucho menos tuvo una naturaleza pecaminosa la cual resulta en pecar, y aun así ocupó el lugar de los pecadores injustos. Mediante dicha acción Cristo trajo la satisfacción necesaria al corazón justo del Padre el cual ejecuta un castigo justo contra el pecado y el cual era requerido por la ley, mediante su muerte abrió el camino a Dios[1592], la preposición *"por los injustos"* de *"huper"* literalmente es *"en beneficio de los injustos"*, la muerte del Señor trajo un beneficio eterno en aquellos que se rinden arrepentidos ante la soberanía de Dios en fe. Ese beneficio consiste en llevar al injusto ante Dios, la palabra llevarnos del gr. *"prosagó"* significa *"presentar"*, esta palabra se usaba en un sentido comercial, con la que se daba entender abrir un camino, alude *"acercamiento"*, compuesta de *"pros"* que es *"proximidad"* mover de un lugar a otro, y de *"agó"* que es *"dirigir"*. Conforme el sacrificio de Jesús el arrepentido es puesto ante Dios posicionalmente de forma completa y definitiva[1593].

[1586] Levítico 17:11; Hebreos 9:22.
[1587] Isaías 53:4-5; 2 Corintios 5:21.
[1588] Mateo 20:22.
[1589] 1 Pedro 3:11.
[1590] Hebreos 7:27, 9:26-28.
[1591] Hebreos 7:26.
[1592] Juan 14:6; Hechos 4:12.
[1593] Marcos 15:38.

A pesar de la ejecución física y violenta que atravesó el Señor la cual puso fin a su vida terrenal[1594] y que en su condición humana estuvo muerto durante tres días, su deidad nunca falleció como pasó con su cuerpo[1595]. La deidad de Cristo[1596] es la garantía de la eficacia de su sacrificio y la preservación de aquellos quienes en Él creen[1597]. Aquí se presenta a Jesucristo como el ejemplo máximo el padecimiento por causa de la justicia. Hay al menos seis rasgos definidos de su sufrimiento en el contexto de este verso:

1) **Expiatorio:** liberó a los pecadores que creen en Él del castigo por sus pecados.
2) **Eficaz:** murió una sola vez y solucionó para siempre la problemática de los pecados.
3) **Vicario:** El justo murió por los injustos[1598]. "Dios cargó sobre él la iniquidad de todos".
4) **Reconciliador:** Por su muerte el pecador arrepentido ha sido traído a Dios. Quitando la barrera del pecado que causó la separación.
5) **Violento:** Cristo murió por ejecución. La más cruel y dolorosa.
6) **Consumado en Su resurrección:** Se levantó de entre los muertos al tercer día.

Cristo es el sustituto eficaz el cual pagó injustamente lo que el ser humano debía pagar justamente. Sus resultados son vistos en varias formas, en la sustitución los pecados son quitados, y es impartida la justica de Cristo.

Redención

La redención es conocida como un rescate al que está cautivo pagando una cantidad por ello, la salvación del ser humano llevada a cabo por la pasión y muerte de Jesús, en otros términos, es comprar, rescatar de perdida.

Precio del rescate

Pero hubo también falsos profetas entre el pueblo, como habrá entre vosotros falsos maestros, que introducirán encubiertamente herejías destructoras, y aun negarán al Señor que los rescató, atrayendo sobre sí mismos destrucción repentina - 2 Pedro 2:1.

Dado a que Pedro compara los falsos maestros y profetas, resulta necesario tomar en cuenta el trasfondo histórico respecto a estos últimos de

[1594] Hebreos 5:7.
[1595] Lucas 23:46.
[1596] Colosenses 2:9.
[1597] Colosenses 2:10.
[1598] Isaías 53:6^{b}.

acuerdo con el Antiguo Testamento. Eso incluye pasajes del Pentateuco[1599], profetas mayores[1600] y menores[1601]. Cabe recordar que toda falsa enseñanza yace de una errada Cristología, la cual trae a consecuencia de igual forma una errada Soteriología. La palabra *herejía* del gr. *"haireseis"* tiene el sentido que se intensifica por el hecho de que el sustantivo que la acompaña destrucción *"apoleia"* da como significado *"ruina total"*. La idea es que estos falsos maestros instruían solo algunos puntos verdaderos de la doctrina e ingeniosamente incluían errores en sus enseñanzas; el sincretismo de verdad con mentira es lo que hace que muy sutil ciertas enseñanzas. En contraste con la inspiración de la Palabra[1602], los falsos eran aquellos que expresaban visiones provenientes de su propia imaginación y no de Dios. Esas ideas presentaban una perspectiva errada sobre la persona y obra de Cristo, invalidando por completo el precio por el rescate.

El pecio por los pecados de todos los hombres fue pagado en la muerte de Jesús, incluyendo el de estos falsos maestros, pero solo los arrepentidos en fe son los que pueden gozar del perdón[1603]. En otras palabras, todos los hombres son comprados, pero no todos los hombres son redimidos. La redención se aplica sólo a las personas que se arrepienten de sus pecados basado en la obra consumada de la cruz, acogiéndose al valor de la sangre derramada por el cordero pascual perfecto[1604]. Cristo con su muerte en la cruz compró el mundo y todo lo que en él habita. Pero no redimió a todo el mundo. Aunque su obra fue suficiente para la redención de toda la humanidad, es sólo efectiva para aquellos que se arrepienten. Este verso presenta un contraste magno entre los salvos y los no salvos. Ya que claramente alude que los maestros falsos presentados no habían sido regenerados por la indicación de su destino *"destrucción repentina"* por que viven en su vida presente el carácter eterno del lago de fuego, en otras palabras, viven a la oscuridad de su perdición mientras, el regenerado vive a la luz de su salvación.

Los términos utilizados aquí son de carácter analógicos más que teológicos porque hablan de cómo un amo humano tiene dominio sobre su casa. La costumbre local era que el amo compraba los esclavos y los esclavos le debían lealtad. En su claro y afirmativo sentido doctrinal, los principios muestran que esta analogía puede verse como la responsabilidad de sujetarse a Dios en conformidad al mandamiento Escrito visto en el mismo contexto inmediato[1605], y como los no regenerados a causa de su incapacidad y falta de virtud divina no lo cumplían. El carácter de los no salvos se describe claramente cuando declaran sobre sí la salvación de Cristo, pero con su conducta niegan su soberano señorío, mientras el carácter de los salvos se puede observar en que su inclinación es motivada por el Señor, para así

[1599] Deuteronomio 13:1-5.
[1600] Isaías 9:14-15.
[1601] Miqueas 3:5-7.
[1602] 2 Pedro 1:19-21.
[1603] 1 Corintios 6:20, 1 Timoteo 4:10, 1 Pedro 1:18-20.
[1604] 1 Pedro 1:18-19.
[1605] 2 Pedro 1:19-21.

sujetarse a las Escrituras. Con esto se entiende que Cristo murió por todos pagando un precio, pero ese precio es válido solo en los arrepentidos.

Retirar al esclavo del mercado

Cristo nos redimió de la maldición de la ley, hecho por nosotros maldición (porque está escrito: Maldito todo el que es colgado en un madero - Gálatas 3:13.

Sin duda alguna esto se refiere primariamente a los creyentes judíos, ya que emplea la forma *"por nosotros"*. Los creyentes de la iglesia en Galacia pensaban que Cristo los había redimido parcialmente, y que a consecuencia de ello tenían que adquirir el resto de la redención mediante la sujeción a la circuncisión y a otros ritos ceremoniales del judaísmo. Esa era la razón de su extravío por los falsos maestros al hacer la errada mezcla de cristianismo con judaísmo, fe más obras. Pablo contrasta esa postura afirmando que Cristo nos ha comprado por completo haciendo uso de los Escritos antiguos que mostraban la misma ley[1606].

Cristo hizo un acto de redención muriendo en lugar de aquel que, si merecía la muerte, sufriendo la ira de Dios sin Él merecerla por los pecados que Él nunca cometió y por una naturaleza corrupta la cual Él, como ser perfectamente divino y divinamente perfecto no participó. La redención se entiende que la maldición de Dios cayó sobre Él como sustituto del ser humano. Con tal acción Jesús logró que los pecados del hombre fueron puestos sobre Él, pero sin pecado. Cristo no redimió a los hombres guardando los 613 mandamientos que habla el Antiguo Testamento, aunque de una manera perfecta durante toda su vida terrenal si los guardó[1607]. Las Escrituras jamás enseñan que su obediencia perfecta a la ley sea contada a favor del creyente. Pero lo que si enseña es que Él libró a los creyentes de la ley llevando sobre sí mismo la maldición en su muerte. Esto da entender que aparte de su muerte no puede haber salvación alguna. La ley decía que cuando un criminal condenado era colgado de un madero, era señal de que estaba bajo maldición. Cristo en su muerte por crucifixión, al ser colgado en un madero[1608] hizo una compra, dando libertad a los esclavos.

Siguiendo el principio de relacionar los pasajes del Antiguo Testamento sobre la base de las palabras clave bien se sabe que está citando (Deut 21:22-23) para mostrar que Jesús al llevar la maldición sobre Él trajo libertad sobre otros que no alcanzan a cumplir la ley y serían dignos de morir. El orden que se presenta en este texto es el siguiente:

1) **Redención:** Del gr. *"exagorazó"* literalmente significa *"canjear, comprar"* en sentido figurado *"rescatar de la perdida"* ese es el acto de recuperar mediante una compra y hacer libre pagando el precio

[1606] Deuteronomio 21:23.
[1607] Mateo 5:17.
[1608] Hechos 5:30; 1 Pedro 2:24.

correspondiente. La palabra griega que se traduce *"redimió"* era utilizada con frecuencia para hablar de la compra de la libertad de un esclavo o un deudor. La muerte de Jesús fue una de sustitución por el pecado, la cual trajo satisfacción a la justicia divina, agotando así su ira hacia los salvos. Cristo, gracias a ello se convirtió en el comprador de los elegidos para librarlos de su esclavitud al pecado y de su sentencia de muerte eterna[1609].

2) **Maldición:** Del gr. *"katara"* es *"execración"* alude una condena muy severa, la maldición de la ley presentada en el verso es la muerte, en otras palabras, la pena por violar los mandamientos, no hay nada más severo y digno de castigo que romper las ordenes de Dios. Al Cristo soportar toda la ira divina por los pecados en la cruz, Él puso sobre sus hombros la maldición pronunciada sobre aquellos que transgredían los mandamientos de Dios[1610] haciéndose a sí mismo maldición, el verbo maldición del gr. *"epikataratos"* tiene significado de *"execrable"* esto comunica digno de muerte. Cristo sin ser digno de tal condena se colocó en lugar del esclavo, eso trajo a consecuencia lo siguiente:
    - A) **Libertad:** Cristo ha libertado a los que estaban bajo la ley pagando la pena de muerte que la misma ley exigía, al colocarse en su lugar dio un pago perfecto y aceptable para exonerar al creyente.
    - B) **Confirmado por las Escrituras:** El término *"porque está escrito"* se utilizaba sin número de veces en el Nuevo Testamento para hacer uso del Antiguo y reafirmar la verdad tras los argumentos presentados.

Se puede comprender con esto que Jesús logró un pago aceptable ante Dios para dar libertad al esclavo, aceptando Él la carga que no le correspondía.

Libertad completa

Como el Hijo del Hombre no vino para ser servido, sino para servir, y para dar su vida en rescate por muchos - Mateo 20:28.

Los beneficios de la redención se basan en que la paga del pecado queda cancelada y quien peca queda libre de la consecuencia eterna que produce el pecado. La condición natural del hombre fue caracterizada por la culpa: *"Por cuanto todos pecaron... están destituidos de la gloria de Dios."* La redención de Cristo ha librado de la culpa al arrepentido: *"siendo justificados gratuitamente por su gracia, mediante la redención que es en Cristo Jesús."* Al grado que el Padre ve a sus redimidos tal como ve a su Hijo *"porque con una sola ofrenda hizo perfectos para siempre a los*

[1609] Gálatas 4:5; Tito 2:14; Romanos 3:24; 1 Corintios 1:30; Efesios 1:7; Colosenses 1:14; Hebreos 9:12.
[1610] 2 Corintios 5:21; Gálatas 3:10; Hebreos 9:28; 1 Pedro 2:24, 3:18.

santificados[1611]*"* esto suscita que si el Padre ve a sus redimidos como ve a Cristo, los ve tan salvos como Jesús lo es, y en Él no hay condenación[1612]. Es imposible que el sacrificio de Cristo sea parcial, de ser así Cristo podría ser considerado imperfecto, lo cual involucra entonces que es un pecador común más. Jesús es el cordero perfecto, sin mancha, el cual nunca pecó y en sus labios nunca hubo engaño[1613], su naturaleza era, es y siempre será perfecta por ser divino. Dios con nosotros, esa es la garantía de que todo lo que conlleva la salvación en base a su muerte en la cruz goza del mismo carácter de Él, la salvación en el creyente es perfecta, así como Él lo es, entonces se entiende la libertad mediante la cruz es completa, por qué Él es pleno.

Reconciliación

Este es el estado el cual el hombre está lejos de Dios, enajenado por completo de Él y es cambiado para que pueda responder a la salvación. Dios es un ser puro y perfecto que no tolera el pecado, el cual es una inconformidad a Su carácter y esencia, por lo tanto, lo rechaza, eso creó una enemistad con Dios, por esa razón del hombre necesita una reconciliación.

Porque si siendo enemigos, fuimos reconciliados con Dios por la muerte de su Hijo, mucho más, estando reconciliados, seremos salvos por su vida. - Romanos 5:10.

En esos tiempos la comunidad griega hablaba de personas que se reconciliaban reanudando su amistad luego de haber estado en un gran desacuerdo, esta figura fue utilizada por Pablo para dar a entender a sus lectores lo que logró Jesucristo mediante su muerte en la cruz. La palabra *reconciliados* del gr. *"katallassó"* y se usaba para componer una diferencia, *"conciliar"* cambiar el estado lejano de alguien o algo a cercano. Cuando Cristo murió en la cruz, Él trajo satisfacción al juicio de Dios e hizo posible que sus enemigos encontraran la paz con Él. La *"reconciliación"* del hombre con Dios, comprende el ejercicio de su gracia y el perdón de los pecados del pecador arrepentido. El resultado del sacrificio de Cristo es que la relación ha cambiado de enemistad a amistad. "*Ya no os llamaré siervos... amigos*[1614]*."* La reconciliación consiste en que el hombre era enemigo de Dios, pero ahora al ser creyente es amigo. El hombre estaba en un estado de condenación por sus pecados, pero ahora ha sido perdonado. Se encontraba en guerra con Dios, pero ahora tiene la paz que sobrepasa todo[1615]. *"Justificados, pues, por la fe, tenemos paz para con Dios por medio de*

[1611] Hebreos 10:14.
[1612] Romanos 8:1.
[1613] 1 Pedro 2:22.
[1614] Juan 15:15.
[1615] Filipenses 4:7.

nuestro Señor Jesucristo" - Romanos 5:1. Cristo reconcilió al pecador arrepentido con Dios, estableciendo la paz con su sacrificio.

Propiciación

La propiciación lleva la idea básica de satisfacer, concretamente a Dios. La propiciación es un acto entre dos partes que implica calmar la ira de alguien que está ofendido y ser reconciliado con él. La necesidad de apaciguar a Dios es algo que muchas religiones tienen en común. En las antiguas religiones paganas, así como en muchas religiones hoy en día, se enseña la idea de que el hombre aplaca a Dios ofreciendo varias ofrendas o haciendo sacrificios. Sin embargo, las Escrituras muestran que *Dios mismo proporcionó el único medio por el cual se puede aplacar su ira y el pecador puede reconciliarse con Él.*

Necesaria a causa de la ira de Dios

Porque la ira de Dios se revela desde el cielo contra toda impiedad e injusticia de los hombres que detienen con injusticia la verdad - Romanos 1:18.

La propiciación era necesaria por dos razones:

1) **Por Dios:** *ya que el en su omnisciencia y omnipresencia no tolera la presencia del pecado a causa de su repugnancia.*

2) **Por el hombre:** *más bien para beneficio del ser humano por el cual el Señor actuó a favor de este sobre la base de su amor y misericordia, ya que era objeto de la ira divina sobre sí a causa de su rebelión y pecado.*

La palabra ira del gr. *"orgé"* literalmente significa *"castigo"*, está no corresponde a una explosión impulsiva desenfrenada y enojada contra las personas desagradables a Dios, sino más bien es la respuesta determinada de un ser justo y puro en contra de lo injusto e impuro, la ira de Dios es una justa indignación hacia el pecado[1616]. Este verso revela varias cosas en particular:

1) El sentimiento y emoción personal de Dios.
2) Su inclinación hacia toda naturaleza y acto pecaminoso.
3) La indignación divina originada a causa de dicha naturaleza y actos.
4) Dios se opone directa e indirectamente a todo aquello que esté contrario a su esencia, carácter y estándares.
5) Dios está en contra de quienes rechazan reconocer quién es Él y lo que Él es en sí mismo.
6) Se presenta la ira divina como un atributo, no como un estado de ánimo.

[1616] Salmos 2:5, v.12, 45:7, 75:8, 76:6-7, 78:49-51, 90:7-9, Isaías 51:17, Jeremías 25:15-16, Juan 3:36, Romanos 9:22, Efesios 5:6, Colosenses 3:5-6.

La ira divina está basada en su santidad y justicia. Para levantarse en contra de una naturaleza impura, injusta e indigna. Mediante Cristo y su sacrificio perfecto en la cruz, esa ira queda removida sobre aquellos los cuales eran dignos de recibirla. Su muerte en la cruz suscitó:

A) *Limpieza.*

B) *Paz.*

C) *Reconciliación.*

D) *Identidad perfecta.*

La garantía con un gran valor eterno para que la ira de Dios no repose sobre los suyos yace en la persona y obra de Jesús. La indignación que Dios siente con respecto al pecado queda anulada en los hijos a causa del Hijo.

Mediante la propiciación Dios está satisfecho por completo

Y él es la propiciación por nuestros pecados; y no solamente por los nuestros, sino también por los de todo el mundo - 1 Juan 2:2.

Una propiciación era una expiación, una manera de aplacar o satisfacer la ira divina cuya norma había sido violada; esto alude a los sacrificios antiguos ofrecidos por los pecados. Según el judaísmo el sacrificio que se ofrecía en el día de la expiación estaba establecido a favor de Israel solamente, en contraste a eso, el sacrificio de Cristo no fue solo a favor de los creyentes, sino también de aquellos que por ignorancia voluntaria prefieren estar en su actual condición enemiga de Dios. Cristo murió por ellos también[1617] aunque no se haga efectiva la salvación en ellos "*y no solamente por los nuestros, sino también por los de todo el mundo*", este era un término genérico el cual no se refiere a todos los individuos de la raza humana, sino a la humanidad en general. Cristo solo pagó el castigo de aquellos que habrían de arrepentirse en fe, aunque murió por todos solo pagó por los creyentes, el no regenerado sufrirá condenación eternamente para pagar por sus propios pecados, así que es imposible que Cristo pagase los de ellos, de haberlo hecho serían salvos todos y no habría castigo.

Cristo trajo satisfacción plena a la ira eterna de Dios, pero solo a favor de los elegidos que creen. Su muerte en sí misma tuvo un valor infinito por ser Dios encarnado y crucificado, pero a la vez limitado por solo estar disponible para los creyentes. Por el solo hecho de morir en la cruz un ser divinamente perfecto, fue suficiente para pagar el castigo por los pecados de todos los que son traídos por la gracia de Dios para fe. Se entiende que esa satisfacción divina y expiación eficaz para salvación solo se aplica a quienes creen, no a toda la raza humana, aunque muriera por toda la humanidad[1618]. Además de la evidencia divina plasmada en la creación, esta es otra razón por la cual quedan sin excusa.

[1617] Juan 1:29, 3:16, 6:51; 1 Timoteo 2:6; Hebreos 2:9.

[1618] Juan 10:11, v.15, 17:9, v.20, Hechos 20:28, Romanos 8:32, v.37, Efesios 5:25.

La propiciación o como bien se le conoce *"expiación"* puede entenderse de varias formas:

1) La demostración del amor divino.
2) La demostración de la justicia de Dios.
3) La victoria sobre la oscuridad, sobre el mal y todos sus componentes.
4) La compensación hacia el Padre.

Cristo es la compensación que permite apaciguar el justo castigo de Dios sobre los injustos pecadores que lo merecen al reconciliarlos con Él[1619]. El Señor Jesús es la plena satisfacción, la única ofrenda que pudo traer al corazón de Dios deleite. El Señor en su muerte logró derrumbar toda barrera que obstaculizaba la comunión con Dios. Gracias a ello Dios muestra su misericordia porque el Hijo ha dado la satisfacción necesaria a las demandas justas del Padre. *Aunque no todo el mundo es salvo, la obra del Señor es suficientemente eficaz en su valor para salvar a todos*, si todos los hombres fuesen automáticamente salvos, no habría necesidad de proclamar el evangelio, por lo tanto, la suficiencia de su sacrificio está abierta para todos, aunque no todos la disfruten por su falta de fe. El que cree en Jesús es posicionado en esa satisfacción eterna, y por lo tanto es libre de la ira de Dios y su castigo eterno.

El medio elegido de la propiciación (La sangre de Jesús)

A quien Dios puso como propiciación por medio de la fe en su sangre, para manifestar su justicia, a causa de haber pasado por alto, en su paciencia, los pecados pasados - Romanos 3:25.

Dios presentó a Jesús como el instrumento perfecto de propiciación por el pecado, por eso el verso dice *"a quien Dios puso",* ese gran sacrificio no fue uno secreto, sino visto al ojo público. La propiciación es un medio por el cual se satisface la justicia divina, y mediante ello se evita la ira de Dios mostrando misericordia sobre la base del sacrificio aceptable. Los que colocan su fe en Cristo reciben la misericordia divina en virtud de su sangre derramada en la cruz del calvario. En 1 Juan 2:2 como antes visto, Jesús es descrito como la propiciación por los pecados. Su obra redentora fue por toda la humanidad, pero solamente es eficaz para los que depositan su fe en Él. De igual forma en 1 Juan 4:10 afirma que el amor de Dios es manifiesto mediante el Hijo para ser la propiciación por los pecados.

El equivalente del Antiguo Testamento de la palabra propiciación es *propiciatorio*, la propiciación mencionada en este verso se entiende claramente entonces que habla del *"lugar de la propiciación"*. El propiciatorio era la cubierta del arca. En el día de la expiación, el sumo

---

[1619] Romanos 1:18; 2 Corintios 5:21; Efesios 2:3; Hebreos 2:17, 9:15.

sacerdote rociaba ese propiciatorio con la sangre sacrificial. Mediante esto se cubrían los pecados tanto del sumo sacerdote como del pueblo. Cristo es descrito como el lugar de propiciación donde las santas demandas de Dios quedan satisfechas[1620]. Mediante su obra no sólo cubrió los pecados, sino que los quitó por completo de en medio. La santidad ofendida de Dios y su justa ira en contra de todos por los cuales Cristo murió ya está satisfecha[1621]. El hombre es un ser incapaz de satisfacer las demandas celestialmente justas de Dios aparte de Jesucristo. El ser humano solamente es capaz de satisfacer las demandas justas de Dios en sus propios recursos al pasar la eternidad en el castigo eterno pagando por su violación al carácter y leyes divinas.

Un punto importante para discutir es "*por medio de la fe en su sangre*" no está diciendo que se debe colocar la fe en Su sangre, ya que Cristo mismo es el objeto adecuado de la fe[1622]. El objeto correcto de la fe es su persona, el cual coloca al que cree en una posición nueva de justicia mediante su sangre[1623], el objeto no es la sangre sino más bien quien la derramó. Al leer (Rom 1:16) *"Porque no me avergüenzo del evangelio, porque es poder de Dios para salvación a todo aquel que cree"*. La palabra poder el gr. *"dunamis"* alude la eficacia del evangelio por ser uno lleno de la omnipotencia divina, en otras palabras, el poder de Dios yace en quién se sacrificó, el Dios omnipotente hecho Hombre[1624]. Solo el poder de Dios puede vencer el pecado y darle al hombre una vida nueva[1625]. Por esa razón la fe no debe reposar en la sangre, sino más bien en Cristo, quien la derramó, es Él quien da el valor eterno por ser eterno, de ser la sangre la del valor y el objeto de la fe, los sacrificios antiguos serían igual de eficaces que el de Jesús. La fe en El es la condición por la cual la propiciación con su sangre tiene valor. Aunque su sangre es el precio que fue pagado, quien da valor a ese precio es Jesús.

La satisfacción divina en la obra consumada de Cristo declara la justicia de Dios para la remisión de los pecados. Antes que Cristo diese su vida para morir, a los antiguos que creían en Él les era contado su fe por justicia[1626]. Esto suscita la pregunta *¿cómo podía Dios aplicar su justicia mediante el sacrificio de Jesús aún sin este todavía venir como Hombre?* La respuesta a esta pregunta yace en que Dios sabía que Cristo iba a morir para salvar a los hombres sobre la base de su obra futura [1627]. Aunque los santos antiguos no sabían nada acerca de la crucifixión, Dios como ser omnisciente y preeminente sí, y basado en sus atributos y plan perfectos colocaba todo el valor de la obra de Cristo a cuenta de los creyentes en la antigüedad. En otras palabras, esos creyentes antes de Jesús eran salvos a crédito. Fueron salvos

---

[1620] Levítico 16:14.
[1621] Isaías 53:11; Colosenses 2:11-14.
[1622] Hebreos 12:2.
[1623] Romanos 5:17.
[1624] Éxodo 15:6; Deuteronomio 32:39; Job 9:4; Salmos 33:8-9, 89:13, 106:8-9; Isaías 26:4, 43:13; Jeremías 10:12, 27:5; Mateo 28:18; Romanos 9:21.
[1625] Romanos 5:6, 8:3; Juan 1:12; 1 Corintios 1:18, vv.23-25, 2:1-4, 4:20; 1 Pedro 1:23.
[1626] Génesis 15:6, Hebreos 11:39-40.
[1627] Hechos 4:28.

sobre la base del precio que aún estaba por satisfacer las demandas justas de Dios. Ellos miraban adelante hacia el mesías por venir; y los creyentes de esta era, miran hacia atrás al mesías que ya vino.

A eso es lo que se refiere cuando dice que la propiciación de Cristo manifiesta la justicia de Dios. Su justicia hizo *"pasar por alto... los pecados pasados"* Muchos piensan equivocadamente que esto habla de indiferencia, eso es un error, ya que Dios no se hace indiferente ante el pecado. La demanda justa de Dios afirma que todo pecado y pecador debe ser castigado. Lo que se está tratando aquí es acerca de pasar por alto los pecados de los creyentes que fueron salvos antes de Jesús. Cabe aclarar que Dios nunca excusó los pecados y mucho menos pretendía no verlos. La realidad es que el Señor en su libre ejercicio soberano sabía que Cristo completaría la expiación, y mediante ella salvó a los hombres sobre esa base. Con esto se entiende que el periodo antiguo fue uno de paciencia divina hasta que Cristo estableciera su perfecta obra. Esa paciencia de manifestó por al menos cuatro mil años, en la cual Dios retuvo su juicio sobre el pecado para que fuese Jesús quien cargara toda la santa y justa la ira divina sobre sí, y así quitar la barrera de en medio.

Con esto se comprende que al expiar *"propiciar"* Dios alejaba su ira. Según la tradición judía las oraciones, ofrendas y buenas obras podían alejarla[1628], claramente es una idea errónea por el solo hecho de invalidar la gracia colocando al hombre y sus acciones por sobre Cristo y su obra, solo las ofrendas que Dios deseaba eran aceptadas bajo sus condiciones. La ley requería el derramamiento de sangre, tenía que morir algo apropiadamente para calmar la justa ira divina sobre la persona que merecía morir por su pecado[1629]. Al hacerlo tal como se requería Dios pasaba por alto misericordiosamente sus faltas[1630]. Se entiende con esto que esos sacrificios demoraban la ira divina hasta el día de la expiación en el cual se perdonaba el pecado. El sacrificio de Cristo tuvo un mayor y mejor efecto por ser un cordero perfecto *"que quita el pecado del mundo[1631]"*. Ese fue el medio elegido por Dios, la sangre de Jesús *"porque la sangre de los toros y de los machos cabríos no puede quitar los pecados[1632]"* pero la de Él sí.

Fin de la ley mosaica

Porque el fin de la ley es Cristo, para justicia a todo aquel que cree - Romanos 10:4.

El objetivo de la ley es revelar el pecado[1633], dejando convicto al transgresor condenándolo. La misma está imposibilitada de impartir justicia

[1628] Literatura apócrifa: Eclesiástico 3:3, v.20, 32:1-3; Sabiduría de Salomón 18:20-21.
[1629] Éxodo 25:22.
[1630] Éxodo 12:13.
[1631] Juan 1:29.
[1632] Leer Hebreos 10:4-14.
[1633] Romanos 7:7.

basada en méritos, aunque esta sea santa, justa y buena[1634]. La penalidad es muerte para el quebranto de las leyes. Cuando un transgresor se arrepiente en Jesucristo como su salvador, al ser revestido con la Justicia divina la ley no tiene nada que decirle. Mediante la muerte del sustituto, el mismo transgresor ha muerto juntamente con Él a la ley. Cristo provee su justicia basado en los méritos de su gracia en respuesta a la fe[1635], lo que la ley no podía, la ley encarnada sí.

La palabra *fin* del gr. *"telos"* se traduce literalmente como *"cumplimiento"* el significado de esta palabra se entiende que no está haciendo una referencia a que Jesús cumplió la ley a perfección[1636], sino más bien, que al colocar la fe en el lugar correcto (*en Cristo como Señor y Salvador*) se establece el fin a la búsqueda inútil de justicia mediante el intento del transgresor para salvarse a sí mismo al tratar de obedecer a la ley en sus esfuerzos y recursos personales[1637]. La meta de la ley es Cristo, ella es el *"ayo"* para llevar al transgresor hacia Él[1638]. Un *"ayo"* en el original griego denota un siervo el cual su deber era cuidar al niño del amo criándolo hasta su edad adulta, era un tutor que acompañaba al niño a todas partes vigilando su conducta tanto dentro del hogar como fuera del mismo, culturalmente hablando muchos ayos ejercían disciplinas tan estrictas que quienes estaban bajo la tutela de ellos soñaban con alcanzar el día de la libertad de su custodia permanente. En este caso la ley es el *ayo* que muestra los pecados y cumple la función apropiada de conducir a la persona a Cristo, entonces el objetivo de la ley es Él, y en Él se encuentra el cumplimiento *(clímax)* de la misma.

Anulando el acta de los decretos que había contra nosotros, que nos era contraria, quitándola de en medio y clavándola en la cruz - Colosenses 2:14.

La ley está en contra del transgresor y el simple hecho de ser incapaz de guardar sus preceptos garantiza la culpabilidad. Todo ser humano tiene ante la santidad de Dios una deuda por romper su ley[1639] la cual resulta imposible pagar en sí mismo[1640], por tal razón está bajo sentencia con pena de muerte[1641]. Un *acta* generalmente denota un documento de contabilidad el cual certifica una deuda y sus penalidades adscritas. En el acta el deudor escribía un pagaré describiendo detalladamente su deuda; cuando la deuda era pagada, esa acta se anulaba. La tradición rabínica judía presentaba los pecados como una deuda ante el Señor, en la antigüedad hacían uso de la palabra *decretos* para dar entender las regulaciones en la ley divina. Ellos

---

1634 Romanos 7:12.
1635 Romanos 3:20; Hechos 13:39.
1636 Mateo 5:17-18.
1637 Romanos 3:20-22; Isaías 64:6; Colosenses 2:13-14.
1638 Gálatas 3:24.
1639 Romanos 3:23.
1640 Gálatas 3:10; Santiago 2:10; Mateo 18:23-27.
1641 Romanos 6:23.

creían que sus pecados eran perdonados mediante el arrepentimiento por la ley; por el cual los registros serían borrados en el día anual de la expiación.

La ley mosaica simboliza la frase *"acta de los decretos"* la cual coloca como deudor al hombre ante Dios por el pecado; esa deuda ha sido cancelada al ser pagada por Dios mismo[1642]. La palabra decretos del gr. *"dogma"* literalmente significa *"edicto público"* eso hablaba de una *"ordenanza"*, la misma proviene de la base del gr. *"dokeo"* que era una *ley civil, ceremonial o eclesiástica*. Judicialmente hablando se colgaba el acta en la cruz con la cual se describía la culpa del reo y sus delitos[1643]. La idea presentada en el verso es que toda deuda fue clavada en la cruz y pagada en ese modo en la obra de Cristo. La obra de Jesús en la cruz canceló el documento de deuda en contra del transgresor que consistía en violación de las ordenanzas de los mandamientos incluyendo todos los mandamientos ceremoniales dados a Israel. *"Por la muerte de Cristo en la cruz, la ley que condenaba a los hombres perdió su autoridad penal, por cuanto Cristo, por su muerte, llevó por el hombre la maldición de la ley y vino a ser el fin de la ley*[1644]*"*. Esta antigua práctica de clavar la evidencia escrita *(acta)* de la cancelación de deudas en un lugar público, era un aviso a los demás de que el acreedor ya no tenía más demanda sobre el deudor. Aunque la ley no está muerta, el creyente ha muerto a ella. La deuda fue cancelada[1645].

Teorías sobre el sacrificio de Cristo en la cruz

Cabe aclarar que todas las teorías a mencionarse deben ser rechazadas por el solo hecho de negar una o más verdades bíblicas acerca de la persona de Cristo y su obra.

1) **Se pagó a Satanás por el rescate:** Esta perspectiva considera la expiación de Cristo como un rescate pagado a Satanás para comprar la liberación del hombre de su esclavitud impuesta por él. Esa teoría basa su creencia en que la condición espiritual del hombre está cautiva a Satanás, y que el significado de la muerte de Cristo era para obtener la victoria de Dios sobre él. Esta teoría tiene pocos partidarios a través de la historia de la Iglesia. *Es herética* por el solo hecho que coloca a Satanás como un ser supremo, en vez de Dios, como aquel que exigió que un pago fuese hecho por el pecado y así ignora completamente las demandas de la justicia de Dios como las que vemos a través de toda la Escritura. Esta inclinación tiene un concepto de Satanás muy elevado, e incluso más de lo debido otorgándole más poder de lo que realmente posee. No hay apoyo Escritural para esta idea de que los pecadores le deben algo a Satanás. Es Dios quien exige un pago para el pecado. De

[1642] Juan 19:30.
[1643] Mateo 27:37.
[1644] Obra original en Ingles: H. A. W. Meyer, Critical and Exegetical Handbook to the Epistles to the Philippians and Colossians, T & T Clark / Bloomsbury Publishing Inc. 1385 Broadway New York. EE.UU. 1875.
[1645] 2 Corintios 3:7-11.

ser Satanás quien lo exige entonces estaría por encima de Dios. Esta teoría queda descartada.

2) **Teoría de la recapitulación:** Esta inclinación considera la expiación de Jesucristo como algo que invierte el camino de la humanidad de la desobediencia a la obediencia. Asume qué la vida de Cristo recapituló todas las fases de la vida humana y al hacerlo, invirtió el camino de la desobediencia iniciado por Adán. Este punto de vista no puede ser apoyado bíblicamente. Y por otra parte hay que ser cuidadosos, ya que el sacrificio de Jesús fue uno predeterminado por la voluntad Dios, no se puede basar el mismo en la humanidad sino más bien en la soberanía divina, aunque fue en beneficio del hombre, la fuente de la vida y sacrificio de Cristo es la supremacía de Dios.
3) **Teoría de satisfacción:** Esta perspectiva elaborada por Anselmo de Canterbury[1646] alude a una satisfacción condigna hecha al honor divino, el cual había sido ofendido por el pecado del hombre. En otras palabras, que el pecado le había robado el honor a Dios. Los que sostienen esta posición creen que la condición espiritual del hombre es la de deshonrar a Dios y por lo tanto la muerte de Cristo, la cual trajo infinito honor a Dios, puede ser aplicada a los pecadores para salvación. Esta idea niega el verdadero estado espiritual de pecadores no regenerados y su necesidad de una naturaleza completamente nueva, disponible sólo en Cristo. Este pensamiento sufre de varias contradicciones Escriturales:
   A) *rechaza la obediencia de Jesús en su ministerio terrenal.*
   B) *ignora el sufrimiento vicario de Cristo.*
   C) *rechaza que Cristo murió como pena por el pecado abrazando la satisfacción para pecado "concepto católico romano" de penitencia.*
4) **Teoría Dramática:** Esta idea considera que la expiación de Cristo logra la victoria en un conflicto divino entre el bien y el mal ganando así la libertad del hombre de su esclavitud a Satanás. El significado de la muerte de Cristo según esta teoría era garantizar la victoria de Dios sobre Satanás y proveer una manera para redimir al mundo de la esclavitud del mal. Este pensamiento de igual forma tiene un concepto muy elevado de Lucifer del que se debería tener. El propósito de la sangre derramada va mucho más allá de garantizar una victoria sobre Satanás, el propósito es satisfacer la justicia divina.
5) **Teoría de la influencia moral:** Esta perspectiva presenta la muerte de Cristo como una manifestación del amor de Dios el cual debería influir en el hombre para hacer el bien. Tal idea fue propuesta por Abelardo[1647]. Los que aceptan esta teoría creen que el hombre está espiritualmente enfermo y en necesidad de ayuda, y que el hombre es inducido a aceptar

---

[1646] Se le conoce también como Anselmo de Aosta, por el lugar donde nació, o Anselmo de Bec, si se atiende a la población donde estaba enclavado el monasterio del cual llegó a ser prior. Fue un monje benedictino que fungió como arzobispo de Canterbury durante el periodo 1093-1109.

[1647] Mejor conocido como Pedro Abelardo. Fue un filósofo y teólogo francés. Alumno y bien pronto adversario de Guillermo de Champeaux y de Anselmo de Laon. No siendo clérigo, reunía a numerosos discípulos (en Melun, Corbeil, París).

el perdón de Dios al ver el amor de Dios para con el hombre. Creen que el propósito y el significado de la expiación de Cristo eran para demostrar el amor de Dios para con el hombre. Aunque se entiende que la expiación de Cristo es el ejemplo supremo del amor divino, esta teoría es considerada herética por el solo hecho de negar la verdadera condición espiritual del hombre y negar que Dios realmente exija un pago por el pecado. Esta idea de la expiación de Cristo deja a la humanidad sin un sacrificio verdadero pagó por el pecado.

6) **Teoría del ejemplo:** Esta idea elaborada por Socino[1648], propone que Jesús fue un simple mártir el cual sirve de ejemplo. Este punto de vista ve la expiación de Cristo proveyendo simplemente un ejemplo de fe y obediencia para inspirar al hombre a ser obediente a Dios. Los que aceptan este punto de vista creen que el hombre está vivo espiritualmente y que la vida de Cristo y la expiación eran simplemente un ejemplo de la verdadera fe y obediencia y deben servir como una inspiración al hombre para llevar una vida similar. Es similar a la teoría moral, ya que niega que la justicia de Dios realmente exija un pago por el pecado y que la muerte de Cristo en la cruz sea tal pago. La diferencia entre ambas teorías es que la teoría de la influencia moral dice que la muerte de Cristo nos enseña cuánto nos ama Dios y la teoría del ejemplo dice que la muerte de Cristo nos enseña cómo vivir. La teoría del ejemplo falla en su reconocimiento de la verdadera condición espiritual del hombre y que la justicia de Dios exige un pago por el pecado, algo que el hombre no es capaz de cumplir.
7) **Teoría gubernamental (rectoral):** Esta idea presenta que la muerte de Cristo fue necesaria para mostrar el desagrado de Dios por el pecado. Basa su pensamiento en que Dios en sus normas de gobierno exigieron la muerte de Jesús. Quienes sostienen este punto de vista consideran la expiación de Jesús como una gran estima de Dios para su ley y su actitud hacia el pecado, tales creen que el significado de la muerte de Cristo era para ser un sustituto para la pena del pecado. Este punto de vista falla al enseñar que Cristo realmente pagó la pena de los pecados que corresponden al hombre, dando a entender que Su sufrimiento simplemente mostró a la humanidad que las leyes de Dios fueron quebrantadas y que alguna pena fue pagada.
8) **Teoría mística:** Esta perspectiva es semejante a la teoría moral, solo por el hecho de que presenta la muerte de Cristo como una influencia mística. Quienes sostienen este punto de vista consideran que el conocimiento de esto influirá místicamente al hombre y despertará su "conciencia de dios". Creen que la condición espiritual del hombre no es el resultado del pecado sino simplemente la carencia de esta

---

[1648] Fausto Paulo Sozini (éste era su verdadero nombre) fue un reformador protestante nacido en Siena en el año 1539 y muerto en Cracovia en 1604. Estudió teología en Basilea, y fue quien desarrolló las ideas antitrinitarias de su tío, Lelio Socino, que están en la base del socinianismo. Se le considera el fundador de este movimiento reformista que dio origen a la posterior reforma de los unitarios que aún existe en Europa.

"conciencia de dios". Claramente esta es una de las más heréticas de todas estas teorías porque para creer esto, uno tiene que creer que Cristo tuvo una naturaleza pecaminosa, contrario a las afirmaciones de las Escrituras que expresan que Jesús es el Dios-Hombre perfecto, sin pecado en todo aspecto de su naturaleza.

9) **Teoría del accidente:** Esta idea enseña que Cristo se enamoró de su papel mesiánico. Quienes sostienen esta perspectiva predican que Cristo murió por error en el proceso considerando que la muerte de Jesús no tiene ningún valor alguno. Esta postura es una totalmente herética, ya que las Escrituras presentan la predicción de Cristo respecto su muerte en la cruz[1649], y el plan de Dios conforme su voluntad desde antes de la creación[1650]. Y la muerte de Jesús tuvo un valor ante Dios muy apreciado[1651].

La necesidad de fe

Esperamos en el Dios viviente, que es el Salvador de todos los hombres, mayormente de los que creen. - 1 Timoteo 4:10.

A pesar del hecho de que no todos se salvan, Cristo no adquiere fracaso alguno al haber muerto por todos. La fe personal en Jesús es necesaria para salvación. Su muerte es una ilimitada en relación con su valor, ya que abarca a todos los hombres, porque fue por todos los hombres[1652]; sin embargo, solo es efectiva para los elegidos, ya que se aplica solo a los que creen. El universalismo jamás es enseñado en las Escrituras, muchos han tomado la parte "*el Salvador de todos los hombres*" para dar a entender que mediante Jesús todos son salvos sin necesidad de arrepentimiento. La biblia enseña claramente que Dios no salvará a todo ser humano, no porque Él no pueda hacerlo, sino más bien por hecho de que Él no se niega a sí mismo, y por el rechazo a su misericordia. En consecuencia, a eso tendrán una estadía eterna en el fuego[1653]. La división que hace el texto crea un contraste que desmiente del universalismo. Nótese que la palabra *"mayormente"* tiene por significado que Jesús murió a favor de la humanidad en general, pero solo los creyentes la disfrutan[1654] por ello el uso *"de los que creen"*.

El punto aquí es que mientras Dios en su gracia dio a los creyentes libertad de la corrupción de la naturaleza caída y salvación del castigo eterno en el Hijo, y todo ser humano en el sentido más amplio de la palabra experimenta el beneficio de la bondad divina en su gracia aun sin merecerlo, y se puede ilustrar en:

[1649] Mateo 16:21, 17:22, 20:17-19, 26:1-5.
[1650] Hechos 2:23.
[1651] Isaías 53:4-6.
[1652] 2 Corintios 5:15.
[1653] Mateo 25:41, v.46; Apocalipsis 20:11-15.
[1654] Juan 3:16-20; Romanos 5:4, 10:9-13; Efesios 2:8-9.

1) **Gracia común:** Esto describe la bondad divina mostrándose a toda la humanidad[1655]: Este término teológico se manifiesta de varias formas:
   A) Refrenando el pecado y su juicio[1656]. No se quiere decir que Dios pase por alto el pecado, porque no es así. Sino más bien, que Dios detiene la incidencia del pecado la cual su consecuencia es juicio sobre el mismo.
   B) Manteniendo el orden social conforme las leyes del gobierno[1657]. Se presenta mediante las leyes judiciales un orden divino[1658]. La ley humana la cual está establecida conforme la soberanía divina y su propósito perfecto siempre debe ser obedecida, sin embargo, tiene limitantes, con tal que no ofenda la ley divina y la conciencia tanto personal como la ajena.
   C) Capacitando al hombre para que aprecie la bondad[1659].
   D) Dotándole de bendiciones temporales[1660].
2) **Compasión:** El amor divino expresa su compasión hacia los no regenerados aun sin estos merecerlo[1661].
3) **Su llamado y amonestación al arrepentimiento:** Dios advierte constantemente al hombre acerca del destino eterno y seguro que le espera, demostrando así un corazón misericordioso, tal misericordia se manifiesta en:
   A) No se complace en la muerte de los impíos[1662].
   B) Su invitación al evangelio de la salvación en Cristo[1663].
   C) No desea que ninguno perezca[1664].

El carácter salvador de Dios siempre se ha revelado desde la caída del hombre en el Edén, hasta el sol de hoy. Tratando con amor y compasión a lo que no creerán, esto no significa que por el hecho de tratar con amor a los no regenerados los salvará sin arrepentimiento, Dios es Padre de la creación, y esa paternidad no garantiza salvación, la paternidad que salva es la de ser hechos sus hijos[1665]. Cristo es la provisión adecuada para la salvación de todos los hombres, pero realmente Él es el salvador de todos los que creen. Se comprende con esto que, así como Jesús es la provisión adecuada de la salvación, la fe es el medio adecuado y necesario para ser depositada en dicha provisión, la cual responde salvando.

[1655] Salmos 145:9.
[1656] Romanos 2:3-6, v.15.
[1657] Romanos 13:1-5.
[1658] Cabe aclarar que en la era moderna muchas leyes no están ajustadas a dicho orden, y la responsabilidad de cada estado, cultura e individuo es ajustarse a las normas divinas.
[1659] Salmos 50:2.
[1660] Mateo 5:45; Hechos 14:15-17, 17:25.
[1661] Éxodo 34:6-7; Salmos 86:5; Daniel 9:9; Mateo 23:37; Lucas 19:41-44; Isaías16:11-13; Jeremías 48:35-37.
[1662] Ezequiel 18:30-32, 33:11.
[1663] Mateo 11:28-29, 22:2-14; Juan 6:35-40, 5:39-40; Apocalipsis 22:17.
[1664] 2 Pedro 3:9.
[1665] Juan 1:12.

El Espíritu y su obra en la salvación

El ministerio del Espíritu Santo es necesario a causa de:

1) **Para el establecimiento de la voluntad divina** (Jn 16:8-11, v.14): El Espíritu es quien establece orden en los propósitos divinos en la tierra, ya que es Él quien dirige a las personas a la salvación trayendo un convencimiento con argumentos y evidencias basadas en la verdad, y de una, lleva a los creyentes a la exaltación divina de Cristo, y muestra todo lo concerniente a Él para adquirir no un mero conocimiento teórico, sino más bien experimental.
2) **La depravación humana**[1666] (Efe 2:1-3): A causa de los delitos, pecados, y corriente del mundo, los hijos de desobediencia que por naturaleza son dignos del depósito de la ira divina, se encuentran que solo un Dios santo y justo en esencia propia el cual no tolera la maldad y el pecado, provee una solución para el mismo en su gracia.
3) **Es el agente regenerador** (Tit 3:5): Es el Espíritu Santo quien limpia del pecado, y regenera dando una vida nueva a quienes depositan su fe en el Señor Jesús. En otras palabras, es Él quien hace real la salvación en la persona, Cristo la hizo real pagando el precio en la cruz, el Espíritu la hace real al impartirla en la persona, esto suscita dos cosas:
   A) *La novedad de vida es un regalo divino.*
   B) *Es una investidura que preserva en perfecta protección al creyente*[1667].

Los cuatro componentes de la salvación

Aceptación

La aceptación está basada en múltiples hechos Cristo-céntricos en los cuales la divinidad trabaja en una perfecta participación, tanto el Padre, como el Espíritu en conjunto al Hijo a favor del que cree, esto es expresado de diversas formas:

A) Redención[1668]
B) Reconciliación[1669].
C) Perdón[1670].
D) Aceptación[1671].
E) Glorificación[1672].
F) Justificación[1673].
G) Libertad[1674]

[1666] Romanos 3:10-18, 1 Corintios 2:14, 2 Corintios 4:3-4.
[1667] Romanos 8:2.
[1668] Romanos 3:24.
[1669] 2 Corintios 5:19-21.
[1670] Romanos 3:25.
[1671] Efesios 1:6.
[1672] Romanos 8:30.
[1673] Romanos 3:24.
[1674] Colosenses 1:13.

Posición

Esto es la manera en la que alguien es colocado en un espacio, por lo cual se determina su relación con la orientación respecto a algo o alguien. La posición que goza el salvo está basada en la colocación de este junto al objeto de su fe, Jesucristo. Mediante esta posición se garantiza los beneficios y bendiciones a recibirse en dicha persona, tales son:

A) Ciudadanía Celestial[1675].
B) Sacerdocio Santo[1676].
C) Parte de la familia divina[1677].
D) Pueblo especial de Dios[1678].
E) Adopción[1679].

Herencia

Esto es el conjunto de bienes, derechos y obligaciones sea por ley o por testamento, que se heredan de una persona tras la muerte de la cabeza familiar. Cristo al ser la cabeza federal de la nueva creación, tras su muerte hace participes de sus bienes a los que creen mediante la obra del Espíritu. Cabe hacer la aclaración que Dios no es deudor del hombre y mucho menos está obligado a hacer algo a su favor, la herencia es por gracia, y esta incluye:

A) Plenitud[1680].
B) Bendición espiritual[1681].
C) Herencia celestial[1682].

Capacitación divina

La capacitación impartida por parte del Señor al creyente consiste en comunicar todo aquello correspondiente al Hijo por el Espíritu en aquel que cree. Eso hace que la persona arrepentida sea apta o capaz para lograr una función adecuada en las obras predeterminadas antes de la fundación del mundo y grabadas en las Escrituras, estas son:

A) En la gracia de Dios[1683].
B) Por la habitación permanente de la deidad[1684].
C) Bajo la libertad de la ley[1685].

1675 Filipenses 3:20.
1676 1 Pedro 2:5.
1677 Efesios 2:19.
1678 1 Pedro 2:9.
1679 Gálatas 4:5.
1680 Colosenses 2:9-10.
1681 Efesios 1:3.
1682 1 Pedro 1:4.
1683 Romanos 6:14.
1684 1 Corintios 6:19; Gálatas 2:20.
1685 2 Corintios 3:6-13.

Seguridad de salvación

¿Puede un creyente verdadero perder la salvación por pecar? Existe una problemática muy grave sobre este tema en la mente de muchos creyentes lo cual se entiende que es por falta de información adecuada y contextual de las Escrituras.

"En la experiencia cristiana, la seguridad de que uno es salvo por la fe en Cristo es esencial para el cumplimiento de todo el programa de crecimiento en la gracia y el conocimiento de Cristo. La seguridad es asunto de experiencia y se relaciona con la confianza personal en la salvación presente. No se debe confundir con la doctrina de la seguridad eterna del creyente... La seguridad eterna es una cuestión de doctrina, mientras la seguridad presente es un asunto de lo que la persona cree en un momento dado acerca de su salvación personal. La seguridad presente depende de tres aspectos importantes de la experiencia:

1) Comprensión de que la salvación provista en Cristo Jesús es completa.
2) El testimonio confirmatorio de la experiencia cristiana.
3) Aceptación por fe de las promesas bíblicas de la salvación.

Para tener una verdadera seguridad de salvación es esencial tener una clara comprensión de lo que Cristo obtuvo por medio de su muerte en la cruz. La salvación no es una obra del hombre para agradar a Dios, sino una obra de Dios en favor del hombre. Depende completamente de la gracia divina, sin tener en consideración ningún mérito humano. La persona que comprende que Cristo murió en su favor y proveyó una salvación completa que se ofrece a cualquiera que cree sinceramente en Cristo, puede tener la seguridad de su salvación en cuanto cumple la condición de confiar en Cristo como Salvador. En muchos casos la falta de seguridad se debe a una comprensión incompleta de la naturaleza de la salvación. Una vez que se ha comprendido que la salvación es un obsequio que no puede obtenerse por esfuerzos humanos, que no puede merecerse y que está disponible como un don de Dios para todo aquel que la reciba por fe, se ha echado una base adecuada para la seguridad de la salvación, y la cuestión se resuelve por si sola en la respuesta a la pregunta de si uno ha creído realmente en Cristo.

Esta pregunta puede ser respondida por las confirmaciones que se encuentran en la experiencia cristiana de una persona que ha recibido la salvación. Entre las diversas realizaciones divinas que en conjunto constituyen la salvación de un alma, la Biblia da un énfasis supremo a la recepción de una nueva vida de parte de Dios. Más de 85 pasajes del Nuevo Testamento confirman este rasgo de la gracia salvadora. La consideración de estos pasajes deja ver el hecho de que esta vida impartida es don de Dios para todo aquel que cree en Cristo[1686]."

La doctrina de la seguridad eterna de la salvación está basada en un correcto y adecuado entendimiento de todo aquello que Dios habló y logró en su obra en la cruz en conjunto de todo aquello que ejecuta mediante su Espíritu en una persona arrepentida. Las Escrituras mismas afirman como Dios hace real la salvación en el creyente, ignorarlo, incluso negar tales hechos, es llamar a Dios mentiroso. Para que un creyente pierda su salvación entonces habría que invalidar toda promesa divina y cada acción perfecta de parte de Dios para con los suyos. La seguridad del creyente está basada en varios factores tales como:

El amor de Dios

Antes de la fiesta de la pascua, sabiendo Jesús que su hora había llegado para que pasase de este mundo al Padre, como había amado a los suyos que estaban en el mundo, los amó hasta el fin - Juan 13:1.

Cristo en medio de la comida la cual era una sesión frecuente en esos tiempos para la enseñanza, ahora se encamina hacia el Padre a pasar próximamente a la cruz. Se acercaba la hora de la manifestación de su gloria, el pacto nuevo estaba por sellarse, Él vino a los suyos, pero ellos no le recibieron, y a partir de ahí tiene otros los cuales son llamados por Dios los suyos, aquellos que le obedecen, a esos Él les demostrará su amor hasta el fin. El verbo *"hasta el fin"* literalmente significa hasta la máxima extensión, esto comunica *"a perfección"* en si da a entender con un *"amor perfecto"*, presenta no tanto una expresión de tiempo, sino más bien de agrado. El amor de Dios para con los suyos es una garantía perfecta para su preservación, por lo tanto, se puede decir que la salvación es tan perfecta, como su amor es perfecto, así como Él en esencia propia es perfecto.

La preservación divina de sus hijos

"Aunque la mayoría de los creyentes en Cristo acepta la doctrina de que pueden tener la seguridad de su salvación en determinado momento en su experiencia, muchas veces se hace la pregunta: «*¿Puede perderse una persona que ha sido salva*?» Puesto que el temor de perder la salvación podría afectar seriamente la paz mental de un creyente, y por cuanto su futuro es tan vital, esta pregunta constituye un aspecto importantísimo de la doctrina de la salvación[1687]."

[1686] Lewis Sperry Chafer. Teología Sistemática, Tomo II. Seguridad Presente de la Salvación. Editorial CLIE. C/ Ferrocarril, 8. 08232, Vila de cavalls (BCN) España.

[1687] Lewis Sperry Chafer. Teología Sistemática, Tomo II. Seguridad Eterna de la Salvación. Editorial CLIE. C/ Ferrocarril, 8. 08232, Vila de cavalls (BCN) España.

Mis ovejas oyen mi voz, y yo las conozco, y me siguen, y yo les doy vida eterna; y no perecerán jamás, ni nadie las arrebatará de mi mano. Mi Padre que me las dio, es mayor que todos, y nadie las puede arrebatar de la mano de mi Padre. Yo y el Padre uno somos - Juan 10:27-30.

Cristo comienza haciendo una aclaración muy enfática *"mis ovejas"* demostrando con ello un sentido de pertenencia, esto indica con claridad que Dios había escogido a sus ovejas y que ellas, como propiedad suya creyeron y le siguieron[1688]. La garantía yace no solo en la afirmación de propiedad *"mis ovejas"*, sino también en la afirmación de su *deidad "Yo y el Padre uno somos"*; Jesús menciona la confesión básica del judaísmo *"Dios es uno"* tomada de (Deut 6:4). El solo hecho de que Jesús sea uno con el Padre, pero a su vez distinto de Él *(es decir, otra persona)*, equivale a una declaración de la deidad. Basado en su pertenencia y deidad, se observa la respuesta, *"oír su voz y seguirle"*.

La seguridad de los creyentes está basada en Cristo como el *"Buen Pastor"* tiene el poder absoluto para protegerlos. Un pastor protector de su rebaño contra cualquier amenaza de depredadores y ladrones debía estar dispuesto a pagar un alto precio de fidelidad exponiendo su vida[1689]. Es importante comprender que la preservación del creyente no está basada en su propia persona, obras e incluso creencias, sino más bien en la persona de Cristo, es decir, el único ser absolutamente perfecto en fidelidad. Nótese que en el contexto inmediato se expone a *"los ladrones, salteadores[1690]"* y a *"los lobos[1691]"*, estas ilustraciones proyectan la idea de *"daño, hurto, destrucción y muerte"*, pero a su vez los creyentes como ovejas del *Buen Pastor* pueden reposar en completa calma, ya que tienen una seguridad presente y eterna por Él y en Él, al grado de que no pueden hacerle daño a causa de su fidelidad absoluta al poner su vida para cuidarlas.

El (v.29) ofrece una lección clara de que el Padre celestial está en pleno control de la seguridad de sus ovejas *"nadie las puede arrebatar de las manos de mi Padre"*, esta es una fuerte declaración divina la cual es imposible quebrantar, la seguridad absoluta y eterna que goza cada creyente en Cristo Jesús proviene de Dios. Existe una cosa importante a ser considerada en este verso, y es que *"Jesús es Dios"*, la palabra para *"uno"* en la mención de Jesús *"el Padre y yo somos uno"* proviene del gr. *"hen"*, de *"heis"*, la misma es de genero neutro y no significa una persona, como muchos suponen, sino más bien habla de *"esencia, poder y calidad"*. Lo que Jesús comunica con esto es que tratar que arrebatar a sus discípulos de su mano era como tratar de arrebatarlos de la mano del Padre, en otras palabras, da a entender es que es algo imposible de lograr, ya que no existe nada fuera de sí mismo que sea capaz de medir fuerzas con Él y quede de pie, por

---

[1688] Juan 6:37-40, v.44, v.65, 10:3, v.16.
[1689] Juan 10:12-14; Jeremías 23:4.
[1690] Juan 10:1, v.8.
[1691] Juan 10:12.

consecuente es imposible que un creyente quede expuesto estando en Cristo, porque está seguro en las manos del Padre, porque Él y el Padre uno son en esencia, poder, calidad, designio, acción y acuerdo. Entonces, si es imposible ser arrebatado de la mano del Padre, de igual forma de la persona del Hijo.

Jesucristo revela varios principios importantes a considerarse:

1) **Pertenencia:** *"mis ovejas"* mencionado anteriormente.
2) **Reconocimiento:** *"oyen mi voz"*, eso implica una relación, comunión intima.
3) **Conocimiento:** *"yo las conozco"*, esto está basado en:
    - **A**) *Su preeminencia.*
    - **B**) *Su omnisciencia.*
    - **C**) *Su Sabiduría.*
    - **D**) *Su deidad.*
4) **Una senda marcada:** *"me siguen"*, no por conveniencia, sino más bien por ser pertenencia suya, esto revela el reconocimiento del creyente de su supremacía y soberanía.
5) **Vida presente y continua:** *"yo les doy vida eterna"*, demuestra la continuidad desde el momento en que se recibe, hasta el tiempo interminable. La vida que se recibe es eterna porque Él es eterno, entonces, aludir que se pierde la misma es referirse a Cristo como un ser mentiroso e imperfecto.
6) **Elección predestinada:** *"Mi Padre que me las dio"*, esta es otra base la cual garantiza la preservación de los hijos de Dios, el solo hecho de ser colocados en la persona de Cristo en conformidad a la soberanía divina, debe ser un argumento sólido y fiable para reposar tranquilamente en Él.
7) **Autoridad Suprema:** *"es mayor que todos"*, no existe, ni existirá nadie con mayor autoridad que el Padre, esta es la base para lo siguiente.
8) **Seguridad presente y eterna:** *"no perecerán jamás, ni nadie las arrebatará de mi mano" y "nadie las puede arrebatar de la mano de mi Padre".* La deidad se compromete a proteger y preservar por completo a los suyos conforme su autoridad absoluta. Al grado de revelar en conjunto su acción y propósito para la seguridad del rebaño en, y por el *Buen Pastor*, la perfecta unidad divina en cuanto a su naturaleza y esencia es la garantía para la seguridad tanto presente, como eterna, a favor de los hijos de Dios.
9) **Es un a afirmación divina:** El solo hecho de ser comunicado por Dios debe ser una base de reposo perfecto para aquellos que le pertenecen.

La vida eterna está establecida en el don, es decir, en Jesús. Aquí se demuestra que la importancia yace en la calidad, no en la cantidad. La remoción de la salvación en el creyente es un hecho imposibilitado, es decir, es imposible una caída permanente que termine en una pérdida total. La eternidad y su preservación no depende del esfuerzo pobre y débil de la oveja, sino en la manera en la cual Él le afianza. El *Buen Pastor* conoce a sus ovejas porque el Padre se las dio[1692] y de igual forma disfruta de una unidad perfecta con Él. Las mismas no perecerán jamás, eso quiere decir que jamás entrarán en el estado de la ira divina apartadas de su amor[1693].

La limpieza de toda mancha

Y a aquel que es poderoso para guardaros sin caída, y presentaros sin mancha delante de su gloria con gran alegría - Judas 24.

Las Escrituras expresan varias afirmaciones dignas de ser atendidas en las cuales los creyentes obtienen una seguridad en las bases doctrinales de la fe tales como *"poderoso para salvar[1694]"*, *"para dar firmeza[1695]"*, *"para socorrer[1696]"*, *"para someter[1697]"*, y aquí el verso hace énfasis en que Él es *"poderoso para guardar"*. El texto al afirmar una guarda sin caída expresa una promesa especialmente oportuna para los días de apostasía a los que Judas se está refiriendo. Pero de igual forma la promesa está basada en una presentación sin mancha delante de su gloria con gran gozo.

Eso se refiere que el reflejo de preservar al creyente sano de la apostasía es a causa de una presentación limpia hecha por Cristo, es decir, los regenerados. Cuando se piensa en lo que era el creyente antes de ser limpio, viene a mente las realidades, muertos en delitos y pecados; al pensar en lo que el creyente es en su actual condición posicionada en Cristo viene a mente lo que ahora es, limpio y revestido de su gracia. Aquí se presentan varios principios importantes, primero, la omnipotencia divina, Él es *"poderoso[1698]"*, segundo, es un guarda, *"guardaros de caída[1699]"* el Señor sustenta y guarda al creyente de la perdida eterna y de la tentación del error[1700], tercero, es un agente limpiador *"presentaros sin mancha[1701]"* si notamos las palabras *"guardaros"* y *"sin mancha"*, la primera del gr. *"phulassó"* significa *"proteger"*, comunica la idea de aislamiento; mirar, es decir, estar en guardia *(literal y figurativamente)*; por implicación, *"preservar"*, y la otra del gr. *"amomos"* significa *"sin culpa"* comunica *"sin defecto"*. Cristo reviste al creyente con la justicia divina y los hace digno de vida eterna sin este merecerlo haciendo del mismo uno *limpio por*

1692 Juan 6:29.
1693 Romanos 8:38-39.
1694 Hebreos 7:25.
1695 Romanos 16:25.
1696 Hebreos 2:18.
1697 Filipenses 3:21.
1698 Génesis 18:14; Deuteronomio 7:21; 1 Samuel 14:6; Mateo 19:26.
1699 1 Pedro 1:3-5.
1700 Job 42:2; Salmos 37:23-24, 121:3; Jeremías 32:17; Mateo 19:26; Lucas 1:37; Juan 6:39-40, v.44, 10:27-30; Efesios 3:20.
1701 2 Corintios 11:2; Efesios 5:27; Romanos 8:31-39.

completo, impartidor de alegría *"con alegría*[1702]*"* algo que solo se puede tener al estar en Él, esta alegría es la consecuencia de estar en una comunión correcta por Cristo y en Cristo. Se entiende con esto que la preservación divina y su limpieza es perfecta, así como Él en esencia propia lo es.

La intercesión del Hijo

Por lo cual puede también salvar perpetuamente a los que por él se acercan a Dios, viviendo siempre para interceder por ellos - Hebreos 7:25.

La comparación hecha en el contexto entre los sacerdotes levitas *(pecadores e imperfectos)* y el sacerdocio de Cristo *(sin pecado y perfecto)* es para aclarar que Jesús es quien se ofrece a sí mismo en un sacrificio como el cordero pascual y su vez se presenta también como la representación de los redimidos de una vez y para siempre. Sobre la superioridad del sacerdocio eterno en relación con el pasajero, se entiende que la eternidad y perfección de este sumo sacerdote es la garantía de la eficacia de su ministerio celestial.

De igual forma como Cristo vive para siempre, Él también salva completamente a los que por medio de Él son acercados a Dios, de forma general se entiende esto refiriéndose a su obra en la salvación de los pecadores de la condenación del pecado, pero en realidad se refiere a la obra de Jesús al salvar a los santos del poder del pecado como consecuencia a la salvación de sus almas, en sí habla de un conjunto de ambas, primero los salva de la condena eterna, luego los salva de la tiranía del pecado. Basado en su papel como salvador y como sumo sacerdote no existe peligro alguno de que el verdadero creyente se pierda. La seguridad eterna descansa en la esencia de su sacerdocio, que es eterna como Él lo es, si observamos el contexto inmediato (v.24) notaremos que el sacerdocio de Cristo *"permanece para siempre"* y es *"inmutable"*, la palabra permanecer del gr. *"menó"* significa *"acatar"* y comunica la idea de *"quedarse sin ser removido"*, por ello el verso es enfático al decir que es *"para siempre"*, y de igual forma es inmutable, la misma del gr. *"aparabatos"* es *"inviolable"* alude algo que no se puede cambiar, esto demuestra que Él está ahí para interceder por los creyentes de manera interminable y nada ni nadie puede cambiar ese hecho[1703].

Prosiguiendo ahora con el v.25, se expresa varios principios importantes relacionados a la obra intercesora de Cristo a favor de los suyos, primero vemos que Él salva, la palabra *salvación* del gr. *"sózó"* significa *"preservar, rescatar, hacer sano"* esta es un presente infinitivo, por lo cual se entiende que es una acción continua desde el momento en que se efectúa y se mantiene en una participación activa de forma constante, por ello la salvación es perpetua, la palabra *perpetuamente* del gr. *"pantelés"* es

---

[1702] Hebreos 12:2; 1 Pedro 1:8; Mateo 25:23.
[1703] Romanos 8:38-39.

"eternamente", eso se refiere hacer algo por completo, algo lo cual nada más le hace falta. Ese mismo concepto se expresó con la palabra *"perfección y perfeccionó*[1704]*"*, la idea tras la palabra es *"algo permanente"* viéndolo en su mismo contexto se entiende que, así como Él es un ser eterno en esencia propia, su obra intercesora y salvífica de igual forma, esto debe ser para quienes se acercan a Dios mediante el Hijo un reposo para el alma de que, en Él, y por Él, están seguros. La palabra interceder significa *"suplicar un beneficio en representación de otro"*. Esto se empleaba para las peticiones que un intermediario presentaba a un rey en representación de otro[1705]. La oración sacerdotal e intercesora de Cristo a favor de los creyentes es una perfecta en todo sentido, al grado de preservarlo para sí en su propia persona[1706].

La colocación en el cuerpo de Cristo por el Espíritu

Porque por un solo Espíritu fuimos todos bautizados en un cuerpo, sean judíos o griegos, sean esclavos o libres; y a todos se nos dio a beber de un mismo Espíritu - 1 Corintios 12:13.

La iglesia, el cuerpo de Cristo, está conformada por creyentes los cuales son adheridos a Él por el Espíritu. Cristo es quien bautiza[1707], sumergiendo a cada creyente con el Espíritu en una unidad perfecta con todos los demás creyentes verdaderos en su persona. Muchos piensan que este verso describe el bautismo en agua, pero no es así. La señal de las aguas es una externa la cual ilustra la unión del creyente con Cristo en su muerte y resurrección[1708]. De forma similar, todos los creyentes son inmersos en el cuerpo de Cristo gracias al Espíritu. Este verso subraya la unidad de los creyentes en Él. De existir creyentes verdaderos que no hayan participado en el bautismo del Espíritu, el principio de unidad en el cuerpo de Cristo sería una mentira, por lo cual se comprende que es un hecho real y a su vez no hay existencia alguna de bautismos subsiguientes. El hecho de que las Escrituras organizadamente lo mencione, se entiende que todos los creyentes, no algunos, han sido bautizados con el Espíritu conformando un solo cuerpo[1709]. Esta experiencia no es una que deba buscarse, sino que es una realidad experimental basada en la orden divina[1710]. En el acto de la salvación, todos los creyentes son miembros plenos del cuerpo de Cristo y su vez el Espíritu es depositado en cada uno haciendo que la provisión divina del Señor sea perfecta.

El término griego *"en"* puede ser traducido *"con"* o *"por medio de"* con la misma exactitud, pero se considera *"en"* más literal por estar relacionada con la *"en"* griega, en sí sería *"en un cuerpo por el Espíritu"*

[1704] Hebreos 7:11, v.19.
[1705] Romanos 8:34.
[1706] 1 Timoteo 2:5.
[1707] Mateo 3:11.
[1708] Romanos 6:3-5.
[1709] Efesios 4:4-6.
[1710] Hechos 8:17, 10:44-45, 11:15-16.

ya que el Señor nos hace parte de sí mismo, no nos hace parte de una acción, sino más bien de su persona. Como antes mencionado la palabra bautizados de *"baptizó"* es sumergir, aludía cubrir por completo, en este caso se entiende que es depositar algo dentro de la otra sustancia, por eso se entiende que en este acto los creyentes todos, somos cubiertos en Él. Otra palabra clave es *"se nos dio a beber"*, la misma del gr. *"potizó"* significa *"regar"* se usaba en termino alimenticio para dar entender *"dar alimento"* esto ilustra la idea de ser saciado. El Espíritu es el elemento principal en el que todos los creyentes fuimos bautizados *(cubiertos en Cristo)*, así como el agua es el elemento principal en el que son sumergidos en el bautismo de profesión publica como creyentes. El bautismo del Espíritu tuvo lugar en el día de Pentecostés. Entonces fue ahí cuando nació la iglesia. Cada creyente participa de los beneficios de ese bautismo cuando nace de nuevo. Desde ese entonces viene a ser parte del cuerpo de Cristo.

Basado en el hecho de la unidad al cuerpo de Cristo hay varios puntos importantes:

1) El bautismo del Espíritu es la operación divina que introduce a los creyentes en Cristo.
2) No es una obra de gracia posterior a la salvación por la cual los creyentes son más espirituales: El mismo contexto expresa que *"todos"* habían sido bautizados en el Espíritu, la reprensión hecha por Pablo era por ser carnales, no espirituales[1711].
3) No es cierto que hablar un balbuceo *(glosolalia)* palabras ininteligibles sea la señal invariable del bautismo del Espíritu. El mismo contexto en versos subsiguientes desmiente dicha teoría moderna *"Todos habían sido bautizados, pero no todos hablaban en lenguas*[1712]*"*.
4) Hay experiencias con el Espíritu Santo, y eso no se puede cuestionar, cuando el creyente se rinde a su control soberano es dotado de poder moral e intelectual. Pero cabe aclarar que una experiencia así no es lo mismo que el bautismo del Espíritu, y no debería confundirse con ello.

Todos los creyentes se les dio a beber de un mismo Espíritu, el tiempo del verbo presentado en el texto denota una acción pasada con sus efectos continuos. Cada creyente participa activamente del Espíritu de Dios en el sentido de que le recibe como una Persona la cual hace una morada permanente, y en conjunto a dicha recepción recibe los beneficios de su ministerio. Un dato importante que no debe ser olvidado es que, si el Espíritu es el agente que hizo posible por la muerte, sepultura, resurrección, y ascensión la exaltación de Cristo, bajo ese mismo principio es que ejecuta la unidad del creyente con Él. Para comunicar esta idea de forma entendible a los Corintios, Pablo utilizó el pensamiento popular de la región, el cual creía

---

[1711] 1 Corintios 3:1.
[1712] 1 Corintios 12:30.

que el universo era como un cuerpo, y que el logos de Dios, o razón, era la mente o cabeza que lo dirigía. Con esto se refiere que la unidad del cuerpo de Cristo es para mantener un orden necesario en una dependencia divina y soporte de cada uno, como miembros en edificación mutua, para la exaltación de Cristo. Ese es el propósito de ser Iglesia, el cuerpo de Cristo.

La Promesa divina de Su amor permanente

¿Quién nos separará del amor de Cristo? ¿Tribulación, o angustia, o persecución, o hambre, o desnudez, o peligro, o espada? Como está escrito: Por causa de ti somos muertos todo el tiempo; Somos contados como ovejas de matadero. Antes, en todas estas cosas somos más que vencedores por medio de aquel que nos amó. Por lo cual estoy seguro de que ni la muerte, ni la vida, ni ángeles, ni principados, ni potestades, ni lo presente, ni lo por venir, ni lo alto, ni lo profundo, ni ninguna otra cosa creada nos podrá separar del amor de Dios, que es en Cristo Jesús Señor nuestro - Romanos 8:35-39.

Hacer un listado sobre las adversidades era una práctica común en la cultura grecorromana, se hacía especialmente para mostrar que quienes se hacían llamar sabios habían pasado todas las pruebas requeridas viviendo lo que creían. Nótese que el verso comunica aspectos tanto materiales como inmateriales, la *"desnudez"* era un término aplicable que comunicaba insuficiencia de vestimenta, no a una desnudez completa, esto es en sentido material, también menciona *"espada"*, este era un modo regular de ejecución en este periodo, por esa razón se adorna con el (Sal 44:22), la aplicación rabínica del segundo siglo al martirio para reforzar ese hecho en la Septuaginta[1713]. La retórica utilizada por Pablo aquí está basada en un quiasmo, que era una estructura de paralelismos invertidos, primero coloca las persecuciones y dificultades que se pueden atravesar, y al final refuerza su mensaje con la soberanía divina. Por eso afirma *"nada podrá separarnos del amor de Cristo"*, sin importar de que se trate, es ese amor y sostén divino lo que hace que el creyente verdadero supere cualquier situación adversa u oposición.

El centro de este paralelismo es muy significativo, ya que los lectores judíos creían que triunfarían sobre toda nación en el día del juicio por el solo hecho de ser pueblo de Dios, pero la realidad tras este mensaje es que no habla de una nación, sino más bien de un organismo, la iglesia, la cual sin importar las pruebas puede triunfar sobre ellas gracias a Dios y a su favor sobre ella. Todas estas pruebas mencionadas *"tribulación, angustia, persecución, hambre, desnudez y espada"* son de carácter físico. La tribulación es esa clase de adversidad común en todos los seres humanos, la angustia comunica la confinación incomoda a un lugar para quedar

[1713] La antigua traducción al griego del Antiguo Testamento hebreo.

indefenso de manera forzosa, claramente expresa el dolor de las circunstancias desfavorables, la persecución habla del sufrimiento que los creyentes atraviesan debido a su relación con Cristo[1714], dado al mismo contexto de dicha oposición, se debe tomar *"muerte, ángeles, principados y potestades"* haciendo referencia a fuerzas espirituales que rigen naciones y hacen uso de medios materiales para oponerse a la obra de Dios.

Se puede observar tanto la persecución directa como indirecta. Tanto lo *"alto"* como lo *"bajo"* se entendía en esos tiempos como *"lo celestial"* y *"el hades"*, como el campo de la muerte. Pablo proyecta en el mensaje que no importa cualquiera que sea la situación, sea física material o inmaterial espiritual, todo está gobernado por la soberanía divina y preservado en ella, esto debe ser un reposo pleno para el creyente, y el mismo contexto inmediato lo reafirma[1715]. Sea cual sea la situación, es el amor de Cristo[1716], no el amor del creyente por Cristo, lo que da soporte al mismo. Dado a que la soberanía divina expresa su amor para los creyentes preservándolos de forma plena, es que son colocados en la persona de Cristo como *"más que vencedores"*. La composición de las palabras da significado en el griego a *"una conquista completa"*, da a entender que no hay amenaza alguna a la vida o algo inoportuno que aceche el bienestar del hijo de Dios.

Pablo afirma mediante esto, su convicción plena, note que dice *"estoy seguro"*, la palabra *seguro* del gr. *"peith"* significa *"convencido"*, esta era una expresión de convicción plena, afirma no tener duda alguna acerca de una verdad, entonces nada en absoluto, sin importar cuan extremo sea los elementos *"vida, muerte, presente o futuro, alto o profundo"* puede apartar a un verdadero creyente del amor de Dios, por el solo hecho de que su sostén está basado en el carácter divino, no en sus propias fuerzas. Esta lista que Pablo presenta verdaderamente era parte de su experiencia personal, con esto ilustró a los lectores de que sin importar lo que suceda, tales situaciones jamás pueden o podrán separar al creyente del amor de Dios en Cristo. Esto pasa a ser mucho más que una teoría, más bien es el testimonio personal de un siervo de Dios que vivió en carne propia cada una de las circunstancias mencionadas en el verso. Esta verdad debe ser una convicción plena y perfecta que da reposo al corazón creyente, de que, en Cristo, la seguridad de salvación es un hecho perfecto.

La salvación condicionada

¿Qué es una condición? Se entiende que es algo que expone una medida que trae una regulación; es la disposición que establece las distintas partes en un acuerdo. El acuerdo divino para la salvación establece que la salvación es recibida únicamente bajo la necesidad de creer en Jesucristo. Entonces la fe es el medio expuesto como condición por el cual al depositarse en Cristo

---

[1714] Mateo 5:10-12.
[1715] Romanos 8:28-30.
[1716] Juan 13:1.

se es salvo. La fe debe ser puesta en Jesús, el sustituto personal y único salvador de la paga del pecado y de su dominio. Se entiende que la fe es el vehículo que lleva al fin, y quien da valor a la misma es Jesús, la condición bíblica es depositar la fe en Él.

Mas a todos los que le recibieron, a los que creen en su nombre, les dio potestad de ser hechos hijos de Dios - Juan 1:12.

Este versículo dice con claridad cómo un hijo de ira puede llegar a ser hijo de Dios. No hay argumento alguno que exprese que tal cambio se ejecute por las buenas obras, o por membresía de la iglesia local, e incluso haciendo lo mejor de que se puede por nuestra parte, sino más bien a la manera de Dios *(recibiendo)*, creyendo en su nombre. La frase *"a todos los que le recibieron"* es una clara explicación que describe *"a los que creen en su nombre"*. El mismo contexto léxico enseña que *"recibir"* es *reconocer al Verbo de Dios en conformidad a todo lo que Él afirma sobre sí mismo*, entonces, reconocer que Él es lo que dice ser, trae la una consecuencia positiva, al depositar la fe en Él, se está demostrando *sujeción a la supremacía divina*. Entonces, *"creer en su nombre"* es la clave del asunto, la palabra creer del gr. *"pisteuó"* es *"confiar"*, y la palabra *"nombre"* del gr. *"onoma"* significa *"carácter"*, esto comunica entonces que la fe que suscita la salvación no está basada en una creencia ciega, sino más bien en una confianza plena a las afirmaciones divinas sobre sí mismo y la demostración de su perfecto carácter[1717].

Luego de ejecutar una fe inteligente la cual reposa en las mismas evidencias divinas de su carácter y afirmaciones fieles, el resultado es una recepción que goza de igual forma de un carácter justo, fiel y verdadero tal como su emisor, el término *"dio"* recalca el carácter indispensable de la gracia divina, por el solo hecho de que Él no se veía obligado a hacerlo[1718]. Lo que Dios otorgó fue una *"potestad"* a quienes creen en el *Verbo*, potestad del gr. *"exousia"* significa *"poder para actuar"*, aquellos que reciben todo el derecho legal para reclamar el título divino de *"hijos de Dios"*, cabe aclarar que ese derecho no se basa en el receptor, sino más bien en el emisor, por lo tanto no es algo que se deba reclamar como un premio o como una obligación de su parte, recordemos que es por gracia, la potestad es la facultar para poder actuar como hijos legítimos de Él. Haciendo una observación histórico cultural, al judío de esos tiempos le era difícil comprender que ya no existían privilegios en los derechos hereditarios. La palabra *"todos"* da entender que tanto gentiles como judíos, sin ningún tipo de discrimen pueden disfrutar de tales beneficios, la esfera de la revelación divina de la salvación yace en Cristo, en el depósito confiable hacia su persona y obra, esa es la única condición[1719].

[1717] Juan 14:13-14.
[1718] Efesios 2:8-10.
[1719] Hechos 16:31.

Falacias sobre la salvación

Muchos movimientos, denominaciones e inclinaciones filosóficas a lo largo de las eras han colocado adheridos incorrectos a la fe como requisitos de salvación, tales son:

1) **Rendición:** Es evidente que todo creyente debe rendirse a la suprema soberanía y señorío de Cristo[1720] y que solo Él es el único ser efectivo como dueño del universo, pero al igual es importante entender que el señorío de Cristo sobre la vida del creyente no es una condición para ser recipiente de salvación, sino más bien su señorío sobre ellos es la consecuencia de la salvación, la rendición a su dominio está para que quién en fe, se arrepiente, dedique su vida a Él en plena consagración como discípulo, de ser la rendición un requisito para salvación entonces las Escrituras dirían *"ríndanse y serán salvos"*, *"porque por gracia sois salvos, por medio de la rendición"*. La rendición a su señorío florece después de la salvación.
2) **Confesión:** *¿Qué es confesión?*, es una declaración o reconocimiento, una expresión voluntaria que hace una persona, en el sentido bíblico la confesión es el resultado de la salvación, esta acompaña el acto inicial de la misma, no hay mandamiento alguno que, de soporte basado en una decisión por una oración confesional inicial, es claro que la confesión es el resultado de la salvación, no la salvación de la confesión. No existe soporte bíblico que afirme que una persona sea salva por una simple oración. Puede haber oración sin arrepentimiento y sin fe, pero no puede haber salvación sin esos componentes.
3) **Bautismo:** El bautismo se entiende que es el acto visible que testifica ante el público el reconocimiento personal de la salvación, no existe mandamiento alguno que presente que sea un requisito para la misma. Muchos por su mala hermenéutica toman versos como (Hch 2:38) para afirmar que es necesario el bautismo para ser salvo. Tales personas pasan por alto lo que realmente expresa ese verso en su sentido léxico, verdaderamente *"arrepentíos"* proviene del gr. *"metanoesate"*, tiene por significado *"un cambio de rumbo"*, este verbo es el sentido principal del verso, no lo es *"bautícese"*, ya que el verbo *"sea bautizado"* se encuentra en un imperativo pasivo indirecto del gr. *"baptidzo"*, lo cual da a entender que no tiene la misma fuerza directa como con la orden de *"arrepentíos"*, nótese que la preposición *"para"* en la expresión *"para el perdón de los pecados"* corresponde al gr. *"eis"* que significa *"en dirección a"*, literalmente el verso apunta que el propósito del bautismo es una identificación con el perdón de los pecados a causa de un arrepentimiento. En tales tiempos el bautismo era una señal de conversión al judaísmo, el acto público por el cual afirmaba el nuevo seguidor que sería un fiel practicante de sus enseñanzas.

[1720] Romanos 10:9.

Con esto Pedro hace un llamamiento a un acto público de arrepentimiento, nunca a un método para alcanzar salvación fuera del mismo. Como antes mencionado, el arrepentimiento es el verbo principal donde recae el peso de la acción, por ser un mandamiento, entonces *el arrepentimiento literalmente es un cambio de camino, de mente y propósito*, por el cual la persona se vuelve del pecado, a Dios, es un abandono a la maldad, costumbres erradas, y filosofías de vida contrarias al carácter divino. El bautismo en agua es la consecuencia de la aceptación a seguir los mandatos divinos en una identificación publica con el Señor *"a causa de que sus pecados ya fueron perdonados"*. No hay evidencia alguna que el bautismo sea requisito para salvación.

4) **Arrepentimiento sin fe:** Se entiende que la condición para la salvación es arrepentirse, pero sin fe en Cristo, viene a ser meramente un remordimiento. Colocar la fe aparte del arrepentimiento suscita un falso adherido, ya que la acción recae entonces en el receptor y no en el emisor. La consecuencia de la fe depositada en Cristo en arrepentimiento por su persona y obra es la salvación, no existe argumento alguno que apoye que el arrepentimiento sin fe, o la fe sin arrepentimiento salve, más bien van de la mano. Para participar de la salvación debe haber un arrepentimiento "*cambio de camino, de mente y propósito*" basado en la persona de Cristo *"fe en que Él es la persona y medio correcto para limpieza"*, de estar ajustada la salvación al arrepentimiento solamente, en vano murió y resucitó Jesús, ya que no sería necesario depositar la fe en Él para la misma.

Entonces podemos concluir con esta gran verdad, que *el propósito divino es salvar al perdido, y a su vez, preservar al salvado*, como tal verdad está basada en el carácter perfecto y soberano de Dios, *no podrá jamás perecer quien se salvó y salvarse quien pereció*, en otras palabras, no existe obstáculo que evite ambas cosas. El pecado, que produce separación, ha sido llevado sobre el sustituto para presentar y guardar a todo aquel que, en arrepentimiento y fe, invoca la eficacia de su sangre derramada. En el acto de la salvación se puede ver reflejado la infinita gracia, la perfecta sabiduría, y la suprema soberanía de Dios, para que, en todo y por todos los partícipes de esta, sea Él glorificado.

Capítulo X: Eclesiología

(La doctrina de la Iglesia)

La eclesiología es el estudio de los orígenes de la iglesia, su relación con Cristo, su papel en la salvación, su política, su ética, su disciplina, su destino y su liderazgo servicial. Dado que las diferentes eclesiologías dan forma a instituciones o denominaciones muy diferentes, hay muchos subcampos en la misma. Por lo tanto, me enfocaré en el conjunto histórico cultural y Escritural sobre el tema. El término *eclesiología* se definió en el siglo XIX como la ciencia de la construcción y decoración de edificios que profesaban fe en Jesús, en la era presente se utiliza en el sentido contextual para el estudio adecuado de la historia y su papel en el mundo. Las raíces de la palabra *"eclesiología"* proviene del gr. *ekklēsiā* que significa *"congregación, iglesia"* y de *"logía"* que es *"palabras, conocimiento"* o más bien *"lógica",* este compuesto es su combinación busca hacer un estudio detallado en conformidad a la ciencia o cuerpos de conocimiento al alcance como lo son, las Escrituras, la historia y la cultura. Se puede comprender con esto que la eclesiología es la parte de la teología que dedica su estudio al papel que desempeña la Iglesia como una comunidad u organismo, y a la comprensión de lo que Iglesia significa.

¿Qué es la iglesia? ¿Quiénes la integran? Bajo este tema es importante primeramente comprender el significado de lo que es la Iglesia. La iglesia no es el Reino, aunque es parte de este, el Reino es el gobierno divino, la iglesia es el cuerpo por el cual la cabeza expresa su voluntad. Aunque la iglesia tiene parte en el papel del gobierno de Dios, esta no es quien gobierna, sino más bien es gobernada por Él. Literalmente la palabra iglesia es *Asamblea.* Una mejor traducción sería los llamados.

Y él es la cabeza del cuerpo que es la iglesia, él que es el principio, el primogénito de entre los muertos, para que en todo tenga la preeminencia - Colosenses 1:18.

El cuerpo es el organismo espiritual compuesto por creyentes regenerados del cual Cristo es la cabeza[1721]. Las ilustraciones sobre el cuerpo en las Escrituras son utilizadas en referencia al cuerpo humano como una metáfora de la iglesia, al comunicar que Cristo es su *"cabeza"* establece que es Él quien gobierna sobre ella, así como el cuerpo es controlado por su cerebro, Jesucristo controla cada parte de su cuerpo para darle dirección[1722]. Aquí hay un punto de suma importancia, primeramente, expresa que Cristo es *"el principio"*, esta palabra del gr. *"arché"* significa *"origen"*, de

---

[1721] Colosenses 2:19.

[1722] Efesios 4:15, 5:23.

"archomai" correctamente abstracto habla de *"un comienzo"*, de forma concreta expresa la idea de *"jefe"* en orden, tiempo, lugar o rango. Según el propio léxico tanto la fuente como la preeminencia de la iglesia es Él. El contexto inmediato habla de Jesús controlando la creación, y como el autor de la salvación, el conjunto contextual presenta que de igual forma la iglesia como cuerpo suyo esta bajo su dominio.

Según la costumbre de esos tiempos el término *"cabeza"* significaba *"autoridad"*, y era visto como la parte más respetada u honrada. Viéndolo desde el punto de vista de la tradición judía, llamaba a Dios en muchas ocasiones como *"el comienzo"* para aplicarlo a la sabiduría divina, la aplicación de esta idea estaba relacionada a que Él es el punto de partida, o como bien le conocemos hoy día en la cosmología, la causa primaria. Muchos le dan el sentido a este verso como que Jesús es el comienzo de la nueva creación, por el solo hecho de aplicarse el término *"primogénito"*, pero en realidad lo que expresa es acerca de su resurrección y la aplicación de esta a los suyos en los días finales[1723], cronológicamente hablando Cristo fue el primero en resucitar para nunca volver a morir, y en esa resurrección incluye a todos los regenerados[1724]. La iglesia entonces tiene su origen y sostén en la supremacía del Señor Jesús[1725].

Teniendo un claro concepto de lo que es la iglesia como organismo vivo, es importante analizar lo que es la iglesia como organización local. La iglesia local es el grupo de individuos creyentes que han hecho profesión de su fe en Cristo, siendo así organizados bajo el propósito divino de ejecutar la voluntad de Dios en conformidad a las Escrituras. En la iglesia local existen varias posiciones las cuales están diseñadas por Dios para cumplir sus propósitos y velar que estos se lleven a cabo. Tales son:

Ancianos

Los ancianos ejercen el oficio de un liderazgo en la iglesia, más no autoritario, este nombre se le colocaba a quienes supervisaban y/o pastoreaban la iglesia local.

Ruego a los ancianos que están entre vosotros, yo anciano también con ellos, y testigo de los padecimientos de Cristo, que soy también participante de la gloria que será revelada: Apacentad la grey de Dios que está entre vosotros, cuidando de ella, no por fuerza, sino voluntariamente; no por ganancia deshonesta, sino con ánimo pronto; no como teniendo señorío sobre los que están a vuestro cuidado, sino siendo ejemplos de la grey - 1 Pedro 5:1-3.

[1723] 1 Corintios 15:23.
[1724] Juan 5:28-29.
[1725] Efesios 1:4; Filipenses 2:8-11.

Este texto presenta varios puntos importantes dignos de analizar. Pedro recordaba las palabras del Maestro después de resucitar: *"Apacienta mis corderos... Pastorea mis ovejas*[1726]*"*. Los ancianos, según la economía divina para la iglesia debían ser hombres adultos con sabiduría y capaces de juzgar casos morales, en el trasfondo de dicho cargo, En tiempos antiguos los ancianos eran quienes lideraban en la mayoría de las ciudades israelitas.

En la época del Nuevo Testamento, los ancianos participaban de una posición respetable en las sinagogas, este modelo de gobierno fue adoptado por la iglesia local. Basado en dicho orden, Pedro se presenta a sí mismo entre ellos como un compañero dando ánimo los demás ancianos. Hay varias palabras importantes y clave en este texto, la primera es *"ruego"*, la misma viene del gr. *"parajaleo"* y significa *"convocar, llamar cerca, exhortar"*. Compuesta de *"para"* que es *"a un lado de"* y de *"kaleo"* que es *"llamar, ayudar"*, Pedro en si estaba comenzando su exhortación a los ancianos, ya que ellos serían el primer blanco en medio de una persecución, por ello en su comunicado les expresa *"convoco que me ayuden"*. Esta convocación va directa a los *"ancianos"* como bien se puede observar, la palabra ancianos viene del gr. *"presbiteros"* que es un comparativo de *"presbus"* que traducido literalmente es anciano y se adjudicaba a los miembros del sanedrín israelita. Esto alude a los *"miembros del consejo central"* un embajador adulto, sabio y con experiencia. Pedro convocó a aquellos que disfrutaban la misma posición que él, siervos en la obra de Dios, por ello Pedro se menciona sí mismo como *"yo anciano"*, del gr. *"sumpresbuteros"* que significa *"coparticipe"* alude a un colega.

Pedro como testigo vivo de los padecimientos de Cristo se presenta como *"participante"*, comunicando algo *"en común"* y los exhorta a permanecer, ya que él mismo no solo fue testigo de los padecimientos de Cristo, también participa de ellos, esos padecimientos traen una *"gloria"* futura. Tal gloria expresa un *"honor merecido y dado, algo admirable"* aludiendo al brillo externo de una vida interna, al igual que la transfiguración de Cristo, se está animando a los ancianos, que su participación y gloria es interna, una transformación a la misma imagen del Hijo en cada uno. Por esa razón es que luego sigue en su exposición cual debe ser la inclinación de los ancianos. Esto proyecta la idea de cuál debe ser el enfoque del anciano, ser como Jesús y ver que los demás a su cargo lo sean de igual forma.

Los ancianos deben ser hombres maduros de carácter que han sido capacitados por el Espíritu para proveer dirección espiritual a la iglesia. Para los ancianos, se puede ver claramente en (1 Tim 3:1–7) y (Tit 1:6–9). En la iglesia del primer siglo, antes que el Nuevo Testamento estuviese disponible en forma escrita, los ancianos eran designados por los apóstoles, pero sólo después que hubiese transcurrido el tiempo suficiente en una nueva congregación para que se hiciese evidente quién cumplía dicho cargo. Al seguir analizando el texto, podemos observar que Pedro prosigue diciendo

---

[1726] Juan 21:15-17.

"Apacentad la grey de Dios que está entre vosotros". La grey es pertenencia divina, y los ancianos han recibido la responsabilidad de servir como sub-pastores. Este noble servicio debe rendirse de varias formas:

1) **No forzado, sino voluntariamente:** La supervisión de la grey no debe ser tomada como una tarea a la que los hombres sean obligados, sino con buena disposición. Es el Espíritu quien da la orden, motivación y capacidad. Esto da a entender que el anciano debe tener con un corazón dispuesto a servir. Pablo proyecta la misma idea en (1 Tim 3:1): *"Si alguno anhela obispado, buena obra desea"*. Junto a la capacitación divina, debe haber buena disposición humana, de que vale tener toda la capacidad de Dios y a su vez ninguna disposición saludable en servir.

2) **No por ganancia deshonesta, sino con ánimo pronto**: El beneficio económico no debe ser el motivo para ser un anciano. Cabe aclarar que esto no significa que un anciano no pueda ser sustentado por la iglesia local (*como muchos afirman erradamente usando esta parte del verso*). La existencia de ancianos dedicados a totalidad está ilustrada en (1 Tim 5:17-18). Esto significa que un mercenario espiritual es incompatible con el este ministerio. La imagen de un anciano verdadero está basada en una abnegación plena y dirección divina, no puede ser gobernante, aunque la imagen de pastores/ancianos se había aplicado a los gobernantes en partes del antiguo Medio Oriente, esta no debe ser la inclinación de un servidor. La palabra *"ganancia deshonesta"* viene del gr. *"asjrokerdos"* y es *"dinero sucio"* como fruto de una inclinación avariciosa, a causa de una vida corrupta, esto alude *"cambiar la verdad a causa de un beneficio personal"*.

El anciano debe servir sin esperar nada a cambio y no busca sustraerle la vida a la oveja para beneficiarse, ese era el mal común en tales tiempos, había acusaciones de ganancias ilícitas contra los maestros moralistas, y era importante que los creyentes evitaran aun la apariencia de deshonestidad para no ser confundidos con ellos. Esto comunica no tenerle amor al dinero y los bienes materiales[1727]. Al igual que ciertos oficiales en la comunidad judía, estos ancianos distribuían fondos para los más necesitados. En base a tal costumbre, debían ser cautelosos de no caer en el error de amar el dinero, eso era equivalente a deshonrar a Dios.

3) **Debe proveer alimento:** La palabra *"apacentad"* viene del gr. *"poimaino"* y es *"alimentar"* alude dar comida una manada de ovejas, la misma viene de *"poimen"* que es *"pastor"*, en sí comunica *"el que cuida para alimentar"*, la misma orden le fue dada a Pedro en la resurrección *"pastorea a mis ovejas"* (*como mencioné al principio*). Pastorear llevaba consigo tres principios fundamentales:

1) *Dirigir.*

2) *Alimentar.*

[1727] 1 Timoteo 6:6-11.

3) *Proteger*.

La dirección debe estar basada en las Escrituras, el alimento es Cristo y su obra, y la protección que el pastor debe brindar a las ovejas del Señor abarca tanto:

A) **Espiritual** (*que sean conformadas a la imagen de Cristo*).

B) **Mental** (*cuidándolas de falsas enseñanzas con la verdad de Cristo*).

C) **Física** (*ayudar con sus necesidades*).

Aún en medio del peligro, los ancianos debían permanecer cumpliendo con sus deberes, tal como Jesucristo. El juego de palabras que Pedro utiliza es el de un pastor con su rebaño y su trabajo diario en el mismo, por ello después de mencionar *"apacentar"* sigue con la palabra *"grey"*, la misma viene del gr. *"poimnion"* que es *"rebaño"*, y alude a todo lo mencionado antes, el proceder del pastor con sus ovejas, la identidad del pastor con las mismas y las mismas con su pastor. eso da a entender que el único sobre la grey es su amo, Jesucristo.

4) **Debe cuidar:** El enfoque sano que se le presenta a los ancianos está basado en el mismo carácter del Señor Jesucristo, por ello no solo pide que apacienten la grey, sino que *cuiden de ella*, la palabra *"cuidando"* del gr. *"episkopeo"* significa *"supervisar"*, los supervisores eran quienes observaban con cuidado y atención, su trabajo era *examinar el estado de las cosas o de algo*. Proviene de *"episkopos"* que significa *"el que mira de arriba"*, *"el que vigila"*. Aquí esto es una palabra de uso militar, los vigilantes se encontraban en los muros, y en otros casos torres o montañas para observar que todo estuviera en orden y en paz, fuera de peligro, al acercarse el enemigo o algún otro peligro, alertaban y dirigían a los demás para la preparación. El pastor/anciano debe cuidar del rebaño de Cristo de igual forma.

5) **Sin señorío:** *"Ni como teniendo señorío sobre los que están a vuestro cuidado, sino siendo ejemplos de la grey"*. Los ancianos deben ser de ejemplo, no dictadores. Deberían estar andando al frente de la grey, no presionándola desde detrás. El mandamiento aquí es claro, no deben tratar a la grey como si fuera su pertenencia. En otras palabras, comunica un no rotundo al autoritarismo. Muchos de los abusos hechos por pastores autoritarios quedarían eliminados por la simple obediencia Escritural, la cual pone fin al comercialismo de las almas y al oficialismo en la iglesia.

Históricamente, quienes dirigían las escuelas filosóficas griegas y judías de derecho, presentaban su vida como modelo a sus estudiantes, pero algunos también ejercitaban un estricto control. Un paralelo bastante cercano a este texto sería los ancianos en las sinagogas de la diáspora, quienes eran los responsables por los cultos y dirigían la comunidad judía pero normalmente no ejercían ningún poder oficial más allá de resolver disputas legales internas. Pedro utiliza esos ejemplos para comunicar a los ancianos que *su autoridad no es nada más y nada menos que las Escrituras y direccionar a cada oveja a la persona de Cristo*. Por ello dice *no teniendo señorío sobre los que están a su cuidado*, la palabra *"cuidado"* del gr. *"klenos"* significa *"pedazos de madera"*, puede estar pensando que tiene que ver los pedazos de madera con el cuidado, le explico, esa palabra aludía *"partir la suerte de una herencia"*, dependiendo el pedazo determinaba su heredad, *su porción adecuada de lo poseído*, entonces *"cuidar"* significa *"dar a cada quien su porción individualmente"*. Esto asegura dos cosas:

A) *Que cada cual recibe su propia parte individualmente en forma personalizada.*

B) *Asegura el crecimiento en madurez, ya que no todos maduran al mismo tiempo y fluidez.*

Aquí las Escrituras enfoca que el pastor debe ser uno *dedicado a cada uno individualmente como responsable ante Dios*. Parte del cuidado en dirección es el *"ejemplo"*, la palabra *ejemplo* del gr. *"tupos"* significa *"estatua"* alude *"una semejanza que demuestra el modelo, la marca que muestra la impresión"*, en este caso habla de *"doctrina"*. El ejemplo máximo es Cristo.

"El deber del pastor/anciano verdadero es llevar a las ovejas al Pastor de pastores, a su ejemplo de palabras y vida, todo mediante las Escrituras, no nutrirlos con conceptos personales, invocando con ello un juego de emociones y no convicciones reales que descansan en la verdadera evidenciada divina." Tanto Anciano, como Obispo y Pastor, da a entender la función de supervisión, y apacentar. Esta obligación debe ser llevada a cabo en varias formas:

1) Supervisar[1728].
2) Dirigir[1729].
3) Guardar las Escrituras tal como Dios las expresó[1730].

Se comprende que esta función convocada por el Supremo Amo de la iglesia debe estar conformada bajo Su autoridad plasmada en las Escrituras y la persona del Hijo.

Obedeced a vuestros pastores, y sujetaos a ellos; porque ellos velan por vuestras almas, como quienes han de dar cuenta; para que lo hagan con alegría, y no quejándose, porque esto no os es provechoso - Hebreos 13:17.

El autor de Hebreos instruye a sus lectores para que estos recuerden a sus pastores, los cuales fueron antes que ellos. Basado en dicho recordatorio, se les exhorta a obedecer a los pastores actuales. Claramente esto se refiere a los hombres que actúan como representantes de los asuntos divinos en la iglesia, en este caso los antes mencionados *"ancianos"*. Dios otorgó a los

---

[1728] 1 Timoteo 3:1.
[1729] 1 Timoteo 5:17.
[1730] Tito 1:9.

pastores/ancianos cierta autoridad, y los creyentes deben sujetarse a la misma[1731], cabe aclarar que dicha autoridad está basada en los mandamientos de Cristo por las Escrituras, de lo contrario no habría autoridad que valga, fuera de ello sería autoritarismo. Como pastore, el anciano tiene la responsabilidad de velar por las almas de la grey de Cristo. La palabra utilizada aquí para traducir pastores/dirigentes es *"hegeomai"*, que originalmente significa *"quien gobierna"*, esto alude quienes lideran y dirigen a un grupo de personas, su tarea principal encomendada era pastorear, esta palabra también expresa la idea de los *ancianos/obispos* en relación con la administración de sus funciones con las personas. La dirección que el *pastor/dirigente* brinda debe estar ajustada a la suprema soberanía divina grabada en las Escrituras. Los pastores/ancianos ejercen la misma autoridad de Cristo al enseñar y aplicar las Escrituras tal como Él demanda[1732]. Se debe comprender que quienes aspiren a dicho cargo administrativo eclesiástico, tiene que dar cuenta a Dios por su función como mayordomos[1733].

Existe no solo una responsabilidad por parte de los pastores, sino también por parte de la iglesia para con ellos, nótese que se usa las palabras *"obedeced"*, *"sujetaos"* y *"alegría"*. La primera del gr. *"peithó"* significa *"confiar"*, la segunda del gr. *"hupeikó"* significa *"rendirse"* en este caso representa la idea de una entrega, y la tercera del gr. *"chara"* es *"gozo"*, comunica un deleite. Entonces *la iglesia es responsable de confiar, entregarse y apoyar a sus pastores para que estos puedan ejercer adecuadamente su trabajo con pleno deleite y satisfacción.* Según la cultura de esos tiempos existía un tema predominante entre los moralistas grecorromanos, el cual decía que a todo aquel que se le aconsejaba tenía la responsabilidad de entregarse a los consejos como lo hacían a los gobernadores. Los rollos del Mar Muerto, bien conocidos como los escritos de Qumrán, permitían hacer la observación sobre los líderes de la comunidad determinando el progreso y la falta de este entre los seguidores, dependiendo de ello se veía afectada la posición de su liderazgo entre la comunidad y en consecuencia ante Dios por no ejercer adecuadamente su trabajo, culturalmente hablando, la falta de sometimiento de los seguidores hacía ver a los maestros como malos administradores de su llamado.

Cualidades bíblicas de un pastor

Palabra fiel: Si alguno anhela obispado, buena obra desea. Pero es necesario que el obispo sea irreprensible, marido de una sola mujer, sobrio, prudente, decoroso, hospedador, apto para enseñar; no dado al vino, no pendenciero, no codicioso de ganancias deshonestas, sino amable, apacible, no avaro; que gobierne bien su casa, que tenga a sus

[1731] Romanos 13:1.
[1732] Hechos 20:28; 1 Tesalonicenses 5:12-13.
[1733] 1 Corintios 4:1-5; 1 Pedro 5:1-4.

hijos en sujeción con toda honestidad (pues el que no sabe gobernar su propia casa, ¿cómo cuidará de la iglesia de Dios?); no un neófito, no sea que envaneciéndose caiga en la condenación del diablo. También es necesario que tenga buen testimonio de los de afuera, para que no caiga en descrédito y en lazo del diablo – 1 Timoteo 3:1-7.

Según el contexto inmediato, Pablo escribe a Timoteo dándole instrucciones sobre la doctrina[1734], advirtiéndole el peligro de los falsos maestros y falsas enseñanzas que rondaban por Efeso haciendo alusiones a fabulas genealógicas *(Leyendas Mitológicas)* las cuales agregaban historias falsas a las historias del Antiguo Testamento, como si fueran verdades divinas. En la carta Pablo expone el valor de la gracia y una instrucción clara sobre cómo debe ser el culto y la adoración en la iglesia y su orden establecido por Dios, en tales tiempos la mujer no era letrada y era susceptible a caer en falsedades doctrinales, por ello Pablo alude a Eva como engañada ya que la información directa por Dios fue dada a Adán y él era quien conocía a fondo el mandamiento divino ates de la caída. Para preservar a la iglesia haciendo un contraste entre lo falso y lo verdadero como era de costumbre, ahora presenta como debe ser un líder ideal, necesario, servidor bien calificado por Dios el cual mediante la capacidad divina cumple con lo deseado, un portador de la verdad que no permite que la falsedad se introduzca. Las cualidades de un pastor capacitado y apto para el llamado se pueden ver claramente en este texto, los principios que revela son enfáticos y organizados en cuanto al tema, *¿Cuáles son las cualidades que debe disfrutar un hombre llamado al ministerio?,* veamos:

Tiene un claro entendimiento del valor de la doctrina

Pablo comienza haciendo uso del término *"Palabra fiel"* del gr. *"logos pistos"* que es *"palabra segura"*, este era usado para comunicar *enseñanzas vitales*, o como bien conocemos hoy día, *doctrinas fundamentales*[1735]. Es de suma importancia que el *obispo/anciano/pastor/dirigente* sea uno empapado de las Escrituras, uno que disfruta de una sana interpretación contextual de estas, de lo contrario la dirección que dará será basada en motivaciones personales. La sana aplicación doctrinal a consecuencia de una buena interpretación de las Escrituras suscita lo siguiente.

La motivación correcta

Nótese que el verso expresa *"anhelar"* y *"desear"*, ambas palabras van inclinadas a una motivación. *Anhelar* originalmente comunica *"esforzarse por alcanzar"* esta describe la acción externa, mientras que *desear* es una *"pasión",* en el griego *"epithumeó"* comunica una *"fuerza apasionada"*, la

[1734] 1 Timoteo 1:3-20.
[1735] 1 Timoteo 1:15.

cual describe una *decisión interna*. Esto quiere decir que una separada de la otra conlleva a una motivación incorrecta, juntas, describen el hombre idóneo para el ministerio motivado por el Espíritu. La motivación interna y la expresión de esta debe ser buena, así como lo es la obra la cual ejerce, por ello el uso anterior a *"desear"*, es la palabra *"buena"* del gr. *"ergon"* para *"trabajo"* lo cual se entiende entonces que esta noble labor *(buena obra desea)* debe ser llevada a cabo bajo la motivación correcta *(el Espíritu)*, por la Palabra correcta *(Escrituras)* para un fin perfecto *(Cristo)*.

Cualidades basadas en la dirección del Espíritu (Asunto externo)

Muchos expresan acerca de que todo lo mencionado por Pablo a Timoteo sobre el obispado son requisitos, de ser requisitos y no cualidades, la motivación del Espíritu en la persona quedaría invalidada, ya que no sería necesaria, por la única razón que entonces el hombre puede alcanzar cada una de las afirmaciones en el listado en sus recursos humanos, en otras palabras, no es necesario el ministerio educador y capacitador del Espíritu y mucho menos la dependencia de Él y en Él. Por tal razón es que Pablo expresa la necesidad de la intervención divina en todo este asunto, diciendo que *"es necesario"*, en otras palabras *"por esta razón"*. Basado en la situación que estaba atravesando la iglesia en Éfeso, Pablo afirma que un entendimiento claro y adecuado de la doctrina, y la motivación dada por el Espíritu, deben ser le sustento a la necesidad. Con esto da apertura a enumerar cuales son las necesidades el obispo *"episcopos /el que vigila/cuida"* debe proveer en su persona y llamado, por tal razón dice *"es necesario que el obispo sea"*:

- **Irreprensible:** Esto es *"intachable"* en sentido judicial es *"no tratado como un delincuente"* se utilizaba la misma para dar a entender que debía ser una persona *sin acusaciones en su contra*.
- **Una sola mujer:** Esto habla de *"pureza sexual"*, comunica fidelidad y lealtad. La cultura romana y griega como lo era en Éfeso, no se inclinaba a la poligamia, por ello queda descartada la idea que hablaba de segundas nupcias, el hombre de Dios debe ser uno fiel y transparente, puro en su sexualidad, ya que la dirige solamente a su esposa, tal como Dios demanda.
- **Sobrio:** El obispo es uno *"alerta"*, la sobriedad en esos tiempos daba a entender que la persona tenía una *mente despejada* y con *discernimiento claro*. El obispo debe gozar de una capacidad de discernir adecuadamente y con claridad.
- **Prudente:** El obispo debe ser uno *"disciplinado"* según la cultura y costumbre de esos tiempos una persona prudente demostraba *orden en las prioridades espirituales*, siendo serio en todo asunto en su vida.
- **Decoroso:** Esto significa ser *"ordenado"*, este término tiene que ver con un *buen comportamiento*. En tales tiempos el hogar y su orden

reglamentario como su orden de limpieza y la persona en su apariencia organizada y limpia de igual forma, demostraba el decoro.

- **Hospedador**: Aquí se refiere *"amar al extranjero"*. Para los judíos eso era equivalente a cumplir con el mandato levítico divino, para los grecorromanos bridar buena atención al extraño para que este se sintiera cómodo, la reputación del hogar en el mundo grecorromano se veía dependiendo del trato al extranjero, de igual forma los judíos pensaban que la bendición divina sería en su hogar al cumplir el mandamiento, Pablo aquí no se enfoca en la recepción de una bendición divina por cumplir o en la reputación del hogar, sino más bien en la demostración eficaz de una aplicación correcta basada en una motivación adecuada por el Espíritu como antes mencionado.
- **Apto para enseñar:** Este además de ser una cualidad, el tiempo del verbo denota que, si *es un requisito*, tal requisito es que debe ser uno *"adecuado para doctrinar"*. Si quien tiene la motivación de pastorear no es adecuado para educar con la *"palabra fiel"* no puede ejercer el liderazgo y las responsabilidades del cargo. De todas las cualidades mencionadas, este requisito recae, en que el *"episcopos" preserva la verdad* cuidando a aquellos que la aman para que la falsedad no los engañe. *Si no sabe enseñar no puede ejercer el obispado.*
- **No dado al vino:** La transliteración correcta sería *"no borracho"*. Esto alude *dominio propio*, que no sea gobernado por una fuerza ajena.
- **No pendenciero**: Se entiende que *"no puede ser violento"*. Si la persona que aspira al cargo es un ser violento, demuestra un carácter contrario al de Jesús *"manso y humilde"*. La mansedumbre y humildad son la consecuencia de una vida sujeta y rendida al Espíritu de Dios conforme la Escritura.
- **No codicioso de ganancias deshonestas:** En otras palabras *"no amante del dinero"*. En esos tiempos esto daba a entender *dinero sucio causado por la avaricia.* Aunque esta frase no aparece en los manuscritos griegos, fue adherida para comprender la avaricia, su motivación y lo que puede causar en quien la práctica y quienes son víctimas del practicante, la avaricia era la causa de generar dinero sucio al hacer mercadería de la iglesia, el pastor debe evitar esto, porque su función es cuidar, no maltratar.
- **Amable:** Esto alude a una persona que *"no busca pleitos*", El pastor debe ser una persona que *evade buscar su beneficio personal.* Esto es lo opuesto a un *"avaro"* el cual busca hacer dinero sucio como antes mencionado y como a continuación.
- **No avaro:** Esto significa que *"no está ansioso por alcanzar riquezas"*. La persona avariciosa busca atesorar y no compartir, violando así el mandato divino de proveer al necesitado. Esta es la causa por la cual deja de ser amable *(porque busca su propio beneficio)* y es amante de ganancias deshonestas. El pastor debe ser uno que comparte con el

necesitado sin esperar nada a cambio, porque comprende que su sostén está basado en Dios y Su Palabra.

Atento a su familia (Asunto interno)

- **Que gobierne bien su casa:** El hogar es la plataforma que proporciona al pastor el centro para el entrenamiento y desempeño de sus deberes. Aquí yace el núcleo del verdadero ministerio, si el hogar sufre de disfunción, es imposible que el pastor pueda ejercer su llamado de manera eficaz, por el solo hecho de que la iglesia está compuesta de igual forma por familias; el pastor y su familia deben ser el modelo ejemplar que la iglesia debe seguir. Así como el Pastor se rinde al Espíritu y sigue a Cristo con su familia, la iglesia lo hará de igual forma, pero solo si la dirige correctamente por las Escrituras.
- **Hijos sujetos en honestidad:** Los hijos son disciplinados en el Señor, más no provocados a ira[1736]. Eso comunica de igual forma el núcleo familiar, el obispo como padre, debe ser ejemplo a sus hijos, provocarlos a ira sería imponer una obligación sin la plena demostración de esta. La pregunta hecha en el verso expone claramente no solo una confrontación directa, sino que también afirma que la familia basada en la *"palabra fiel"* es la base de un liderazgo sano.

Un creyente maduro (Requisito)

Mientras que a lo largo del verso se mencionan cualidades, se puede observar que tanto *"apto para enseñar"*, *"gobierne bien su casa"* y *"no un neófito"* son requisitos establecidos por Dios.

- **No un neófito:** La madurez no es una cualidad, es un requisito, por el solo hecho de que es un proceso de años, dedicación, procesos personales, ajustes del individuo, dedicación a su aprendizaje y muchas cosas más que involucran el crecimiento de este, por esa razón se coloca enfáticamente el *"no"* como una restricción. Un recién plantado el cual todavía no ha dado frutos, para que pueda dar los mismos debe participar de ciertas cosas:

  A) *debe ser procesado.*

  B) *debe conocer y asimilar lo que conoce.*

  C) *debe tener una relación estable en comunión con Dios y con otros creyentes.*

  De no ser así el orgullo puede tomar el lugar de su corazón y sucede lo mismo que con Adán y Eva en Edén, cae directo en la trampa del diablo.

[1736] Efesios 6:4.

Dispuesto a ser probado

- El pastor, al igual que el diaconado debe ser sometido a prueba[1737], la prueba significa *"evaluación continua de su carácter y servicio"*, esto debe ser ejecutado por otros pastores y miembros maduros del cuerpo eclesiástico local. Si se observa las cualidades y los requisitos mencionados, entonces puede ejercer el ministerio, de lo contrario, no.

Diáconos

¿Qué es?, la palabra diacono significa servidor, estos tienen unas cualificaciones, obligaciones y al igual unas funciones importantes en la iglesia.

Cualificaciones

Los diáconos asimismo deben ser honestos, sin doblez, no dados a mucho vino, no codiciosos de ganancias deshonestas; que guarden el misterio de la fe con limpia conciencia. Y éstos también sean sometidos a prueba primero, y entonces ejerzan el diaconado, si son irreprensibles – 1 Timoteo 3:8-10.

Como antes mencionado sobre el obispado, Pablo pasa ahora al diaconado. Según el Nuevo Testamento, el diácono es un servidor. Este es uno que se encarga de cuidar de los asuntos de la iglesia local de forma temporal, mientras que los obispos ejercen cuidado de la vida espiritual de la iglesia. Tanto las cualidades como los requisitos para los diáconos son parecidas a lo ilustrado anteriormente para los obispos, la única diferencia es que no es de forma tan estricta. Como, por ejemplo, no se le demanda a un diácono que enseñe, pero si a un obispo.

Los diáconos deben ser personas con dignidad, esto se refiere a ser serios en carácter y pensamiento sobre los asuntos importantes. No deben comunicar palabras contradictorias *"doblez"*, eso se entiende cambiar las versiones dependiendo las personas y ocasiones, la traducción correcta sería *"no ser hipócrita"*. Deben ser coherentes y no dados al vino, claramente esto habla no distraerse con entretenimientos. Los diáconos no deben ser amantes al dinero, tal como los obispos, con esto se entiende que es un mandamiento global *(todo creyente)*, no individual *(solo los que practican el servicio ministerial)*. A lo que a administración se refiere, podría ser que una de las funciones del diácono es el manejo de los fondos de la iglesia local en la iglesia primitiva, los diáconos estaban encargados del manejo y distribución del dinero para proveer a los necesitados. Las Escrituras no definen detalladamente las responsabilidades específicas de los diáconos, lo que si

[1737] Sean sometidos a prueba primero – 1 Timoteo 3:10.

muestra es que deben servir en todo lo que se les asigne y lo que sea necesario para edificación de la iglesia.

Los diáconos han de ser sanos en la doctrina y en su vida. No pueden conformarse con solo conocer la verdad; si desean participar en el servicio deben vivirla. Tal como con el obispado, el diaconado debe ser puesto a prueba, deben ser maduros en la fe *(no neófitos)*, la costumbre cultural de esos tiempos relacionado con la vida política era que los líderes eran puestos a prueba con funciones de menor rango antes de recibir una promoción jerarca más alta, este modelo la iglesia lo adaptó para asegurar de igual forma que los aspirantes al servicio cumpliesen adecuadamente sus funciones. Los servidores deben ser observados por un tiempo no definido por los ancianos y la iglesia local, para poder recibir algunas responsabilidades. Si logran demostrar que son dignos de confianza y fieles para el servicio, entonces, pueden ejercer sus responsabilidades mayores.

Muchos creen que por tener menos grado de responsabilidad que el anciano en la iglesia local debe tener menos compromiso, eso no es real, el diácono debe ser irreprensible en su vida personal y pública. Por esa razón se menciona la palabra *"irreprensible"* lo cual se refiere a que cumple con los requisitos mencionados. Todo lo mencionado anteriormente tiene que ver con el carácter, inclinación y motivación del diaconado. Conociendo sus cualidades, función, responsabilidad y cualificación, es importante conocer sus obligaciones.

Sus obligaciones

En aquellos días, como creciera el número de los discípulos, hubo murmuración de los griegos contra los hebreos, de que las viudas de aquéllos eran desatendidas en la distribución diaria. Entonces los doce convocaron a la multitud de los discípulos, y dijeron: No es justo que nosotros dejemos la palabra de Dios, para servir a las mesas. Buscad, pues, hermanos, de entre vosotros a siete varones de buen testimonio, llenos del Espíritu Santo y de sabiduría, a quienes encarguemos de este trabajo. Y nosotros persistiremos en la oración y en el ministerio de la palabra. Agradó la propuesta a toda la multitud; y eligieron a Esteban, varón lleno de fe y del Espíritu Santo, a Felipe, a Prócoro, a Nicanor, a Timón, a Parmenas, y a Nicolás prosélito de Antioquía; a los cuales presentaron ante los apóstoles, quienes, orando, les impusieron las manos - Hechos 6:1-6.

Culturalmente hablando al mencionar a los helenistas era en referencia a creyentes provenientes del judaísmo, pero que habían asumido por su ubicación geográfica, algunas costumbres y el habla griega. Normalmente provenían del Mediterráneo, como es el caso de Bernabé, proveniente de Chipre. Las mujeres en general y las viudas en particular, formaban parte de los grupos menos favorecidos dentro de la estructura social del primer siglo.

Aquí la queja que se presenta es que las viudas de los helenistas eran desatendidas lo que literalmente se traduce como *ignoradas*, *pasadas por alto*, estaban *descuidadas*, sin que el hecho se considerara una actuación intencionada, pero el hecho que no fuese con intención no quita el peso de la responsabilidad.

Nótese que los dones y ministerios fueron otorgados en el primer siglo para que los creyentes sirvieran a Dios participando activamente en la iglesia como parte del cuerpo de Cristo para establecer la base. Es necesario reconocer esta verdad: *la iglesia no puede, ni debe, excluir a ninguna persona que habiendo nacido de nuevo desea servir a Dios, pero si debe cumplir ciertos requisitos*. Los diversos dones y ministerios dados por el Espíritu a la iglesia en el siglo uno, permitieron la realización del trabajo para el Señor, la expansión del evangelio de Cristo. Ninguna iglesia local, por más preparada que esté, puede hacer todo el trabajo, la iglesia primitiva dio ejemplo de ello. El verdadero sentido del desempeño de los ministerios en las Escrituras, están basados en la dependencia divina, el estudio adecuado de la Palabra de Dios, y la edificación mutua de los miembros del cuerpo, que como organismo vivo de desempeñan en Él.

Como bien se puede observar, según los dones ministeriales establecidos bajo la soberanía divina, y las necesidades presentadas en la iglesia, los diáconos en el contexto bíblico eran y son servidores de los ancianos y a su vez son de suma importancia[1738]. Los diáconos fueron designados para cuidar de la distribución diaria de los fondos a las viudas y los necesitados en la iglesia. El nombre *"diácono"* no se usa en este pasaje para el servicio ministerial, pero la forma verbal en la que se emplea *"No es conveniente que nosotros dejemos la palabra de Dios, para "servir" (diaconar) a las mesas"* expresa el sentido del servicio, en el contexto cultural aludía a los asuntos de negocios en sentido administrativo[1739]. En relación con la administración de las necesidades, las Escrituras ordenan en el Antiguo Testamento que los temerosos de Dios debían hacerse cargo de las viudas que no contaban con familiares cercanos ni otros medios de supervivencia.

El judaísmo se responsabilizó de manera seria y sensible con las viudas, sin embargo, debido a que era considerado honroso ser enterrado en tierra de Israel muchos judíos extranjeros llegaban a pasar sus últimos días allí, y al morir, dejaban solas a sus esposas. La causa de porque había tantas viudas era esa, a razón de que los rabinos proporcionaron adheridos teológicos a los inmigrantes de que los muertos serían resucitados solo en Israel, la idea que comunicaron era que, si eran enterrados en otras tierras, para resucitar tendrían que moverse por debajo de la tierra y que eso sería una experiencia desagradable, aunque carece de lógica, muchos así lo creían en esos tiempos. Por esa razón se encontraba un creciente número de viudas extranjeras en Jerusalén con pocas sinagogas para distribuir la ayuda necesaria y suplir a

---

[1738] Filipenses 1:1.

[1739] Mateo 21:12; Marcos 11:15; Juan 2:15.

todas ellas de manera adecuada. Este fue un problema social que, al no poder cumplirse a cabalidad, llegó a los pies de la Iglesia para ser tratado.

Así como el diaconado ocupó un lugar importante en la Iglesia, los distribuidores de ayuda lo ocuparon en el judaísmo. Tal reputación era importante a causa de la credibilidad pública que se generaba[1740]. El modelo de elección de tales ayudantes no era arbitrario o hereditario, sino más bien el Antiguo Testamento, donde la gente que brindaría una ayuda se escogía de forma adecuada[1741].

La palabra *tarea* del gr. *"creias"* plantea la idea de un desempeño oficial que trabaja una obra, en este caso es quien rinde un servicio. El principio que comunica es *"algo importante que debe hacerse"*. Está directamente relacionado con la atención de las necesidades físicas y materiales de la comunidad, en este caso particular atender las necesidades de las viudas pobres. La tarea de estos hombres que serviría las necesidades haría entonces que los ancianos pudieran dedicarse a:

1) *Oración.*

2) *La administración de la Palabra.*

Cosas que eran de mayor prioridad en la Iglesia que las necesidades físicas. Cabe aclarar que los varones elegidos no eran griegos, solo tenían nombres griegos que es diferente, la gran mayoría de los Israelitas tenían nombres griegos, ya fuera porque sus antepasados vivieran o no fuera de Jerusalén, estos hombres con nombres griegos de igual forma se les conocían como helenistas al igual que a los que provenían del judaísmo, se les llamaba así a la generación de judíos inmigrantes, aquellos que dejaron el judaísmo y a los miembros de la minoría ofendida.

Estos hombres elegidos para esta noble función debían cumplir con requisitos y obligaciones, eran varones de *buena reputación entre la multitud*, al grado que la propuesta fue agradable a la iglesia para su elección, estos eran:

1) Creyentes: Esto presenta no una inclusión sino más bien una exclusión, está función está excluido todo aquel que no se aparte del organismo vivo de la iglesia.

2) Con buen testimonio: *Testimonio* del gr. *"martureó"* literalmente es *"testifiquen"*, esta palabra en sentido judicial se utilizaba para aquellos que tenían que presentar evidencias o reportes en la corte, en este caso habla de quienes presentan con evidencias visibles, *una vida adecuada.*

3) Espirituales: Al decir *llenos del Espíritu* alude al control y dirección que Él ejerce en la vida de quien se rinde, originalmente se expresaba en medio del *dominio propio*, lo cual da a entender *"madurez"*.

4) Sabios: La misma del gr. *"sophia"* es *"hábiles"*, esto era para poner por obra lo adecuado y necesario, *saber qué hacer y cómo hacerlo*, estos no solo cumplían con lo antes mencionado, sino también eran varones **llenos de fe**, que literalmente es *"fieles"*.

1740 1 Timoteo 3:7.

1741 Deuteronomio 1:13.

Los requisitos de los diáconos se describen clara y detalladamente, por la importancia que estos tienen en la congregación de los santos. De no ser necesarios los diáconos, entonces Lucas no hubiese hecho uso de las dos expresiones griegas en mutua correlación:

1) **El crecimiento de la Palabra:** *Crecía* del gr. *"euxanan"* es *"aumentar"*, en referencia del crecimiento de aquello que vive natural o espiritualmente.

2) **La multiplicación de los discípulos:** *Multiplicar* del gr. *"eplethuneto"* se utilizaba transitivamente, para denotar *"hacer aumentar, acrecentar"*. Esta presentación explica que parte del crecimiento y expansión de la fe, se debe al servicio sano que los diáconos ejercen[1742]. Por lo tanto, son sumamente importantes y necesarios, pero a su vez, la elección de tales para el servicio debe ser adecuada y conformada:

A) *Por Dios* (conforme las Escrituras).

B) *Por el fruto que estos muestran* (como antes mencionado).

C) *Por la aceptación que estos tienen en la sociedad e iglesia.*

Cualidades personales

El líder-siervo eficiente tiene características distintivas, que a su vez proyecta a la congregación para un sano desarrollo grupal. Todo aquel que dedica su vida a la noble labor del servicio ministerial, administrativamente:

- Determina los objetivos.
- Planifica las actividades.
- Es organizado.
- Está preparado de antemano.
- Establece puntos de control para que en todo Dios sea glorificado.
- Establece y limita las responsabilidades.
- Mantiene la comunicación abierta.
- Desarrolla un ambiente cooperativo.
- Establece resolución de conflictos.
- No toma crédito que no le corresponde.

El líder servicial sabe combinar en su persona las cualidades y requisitos que en conjunto le capacitan para guiar a los demás a la voluntad de Dios. Este debe desarrollar las habilidades natas que ya tiene, y aprender las que le faltan mediante disciplina, estudio y trabajo, esto se puede observar de varias formas, el líder estable es:

- **Entregado:** Es uno entregado a Dios y a su llamado. No coloca sus intereses personales por los de Dios y busca que los intereses divinos sean establecidos en aquellos que son su responsabilidad.

[1742] Hechos 9:31; 12:24; 16:5; 19:20; 28:31.

- **Valiente:** Sabe hacer frente a cada situación con valor, sin importar cuan peligroso sea, no teme correr riesgos sin comprometer los principios divinos.
- **Decidido:** Toma decisiones firmes, comprometidas en la Palabra de Dios, aunque otros no estén de acuerdo.
- **Persuadido:** Sabe convencer para ganar la buena voluntad de otros sin recurrir a una táctica manipuladora psicológica, haciendo con ello que los demás alcancen el objetivo de su llamado sirviéndoles.
- **Humilde:** Es moderado en el exceso de autoestima, no busca ensalzarse a sí mismo. No busca sentirse grande ante otros, busca que Cristo sea el único reconocido.
- **Responsable:** Es maduro y entendido en la respuesta que debe tener ante el desafío que implica el ministerio.
- **Dispuesto:** Tiene una aptitud adecuada para hacer lo correcto basado en las normas divinas, poniéndolo en práctica, con sus habilidades, destrezas e inteligencia para producir todo lo necesario para dar honor a Dios.
- **Entusiasta:** Desarrolla las cualidades personales y grupales para que tanto él, como otros, apliquen en su vida los principios necesarios para un buen crecimiento en madurez.
- **Integro:** Es honesto en el manejo de cada asunto.
- **Generoso:** Siempre busca dar más a los demás para que asciendan, sin comprometer sus principios y responsabilidades personales.
- **Disciplinado:** Nunca olvida que a su vez es un discípulo, nunca un líder deja de ser discípulo, tanto *"discípulo"* como *"disciplina"* tienen la misma raíz. Proyecta *"seguir al maestro"* el líder servicial asume la responsabilidad de la verdadera autoridad, la cual es la sujeción, comprende que Cristo es la autoridad sobre la iglesia y no él mismo en sus propias inclinaciones, conceptos o conveniencia personal.

Estas son las cualidades personales que todo servidor en el cargo ministerial debe proyectar, tanto naturalmente como en aprendizaje.

Cualidades bíblicas

Es uno lleno de fe: Es de carácter confiable, fiel y firme.

El que es fiel en lo muy poco, también en lo más es fiel; y el que en lo muy poco es injusto, también en lo más es injusto. Pues si en las riquezas injustas no fuisteis fieles, ¿quién os confiará lo verdadero? Y si en lo ajeno no fuisteis fieles, ¿quién os dará lo que es vuestro? - Lucas 16:10-12.

El mensaje tras el relato es que se debe utilizar las posesiones para servir al prójimo, por el solo hecho de que el creyente es un administrador de los bienes divinos para todo lo que se obtiene. El término *"riquezas"* usado en el verso proviene del arameo *"mamón"* transliterado al griego como *"mammon"*, esta ilustraba las posesiones que una persona podía tener. Basado en esto, Cristo presenta varios principios administrativos que posee un líder siervo fiel y lleno de fe:

- **El que es fiel:** Esta palabra originalmente se trata de un proverbio popular de esos tiempos, la misma del gr. *"pistos"* habla de alguien digno de confianza[1743]. Si el creyente es fiel en la administración de lo que es considerado por Cristo como muy poco, esto es *"el dinero"*, entonces será fiel en lo que para Dios representa mucho, *"los tesoros espirituales"*. Por otra parte, Jesús presenta el contraste en el tema como era de acostumbrarse por los rabinos, sigue en su exposición afirmando que el que es injusto en el manejo del dinero que el Señor le ha confiado, es injusto cuando está en juego las cosas consideradas de mayor valor. Cristo aquí destaca la poca importancia relativa del dinero, al expresarlo como *"muy poco"*. Por esta razón el creyente de fe fiel es aquél que coloca el valor apropiado en su vida de manera ordenada, lo celestial por sobre lo terrenal.
- **Está dirigido a lo verdadero:** El uso fiel de los bienes materiales terrenales se conecta en múltiples ocasiones con la acumulación de tesoros en el cielo[1744]. Todo aquel que no sea honrado en uso adecuado de sus bienes para el servicio del Señor, difícilmente podrá esperar que Dios le confíe lo verdadero, esto es, las verdaderas riquezas celestiales. Se le consideraba injusto a aquel que malgastaba el dinero en cosas irrelevantes cuando se podía ocupar para cosas importantes del diario vivir. A esto se le llamaba las *"riquezas injustas"* porque se empleaba característicamente con fines y propósitos distintos a la gloria de Dios, en otras palabras, contrastaba con lo verdadero. El valor del dinero es de carácter inseguro y su vez temporal. Sin embargo, el valor de las realidades celestiales es estable y eterno. Quien gusta de un carácter servicial entiende que el propósito fundamental de lo que obtiene es para traer gloria a su creador.
- **Comprende que es ajeno:** La palabra ajeno del gr. *"allotrios"* literalmente significa *"lo que pertenece a otro"*, esto hace referencia a Dios y la mayordomía del creyente con los recursos divinos a su alcance. La administración que el creyente rinde es de carácter y calidad de mayordomo temporal. Este pasaje contrasta entre lo ajeno y lo que es pertenencia personal, y ambas literalmente son del Señor. Todo lo que el creyente posee, *¡dinero, tiempo, talentos, dones, salud, familia etc.!* todo ello es del Señor y debe emplearlo de manera responsable para Él. Entonces, todo aquello que es verdaderamente del creyente, son las

[1743] Lucas 19:17; Mateo 25:21.
[1744] Lucas 12:33, 18:22; Mateo 16:19-21.

recompensas que consigue en esta vida y por sobre todo en la venidera como resultado de su fiel servicio para Cristo en fe[1745].

Si el creyente no es fiel en lo que es de Cristo, *¿cómo va a comunicar Él las recompensas celestiales?* El líder servicial por esta razón es llamado a ser confiable en su fe.

Así, pues, ténganNos los hombres por servidores de Cristo, y administradores de los misterios de Dios. Ahora bien, se requiere de los administradores, que cada uno sea hallado fiel - 1 Corintios 4:1-2.

Literalmente un administrador es considerado un mayordomo. Pablo se describe a sí mismo y a sus compañeros de milicia como mensajeros humildes del Señor. Por tal razón es que hace uso del término servidores del gr. *"uperetes"*, esta palabra describía a los remeros de las embarcaciones de guerra, esos remeros eran los esclavos más menospreciados de todo el imperio romano, la razón fundamental por la cual los esclavos rendían un servicio fiel era porque no eran pertenencia propia, sino de otro. Por otra parte, Pablo también emplea la palabra mayordomos, esta proviene del gr. *"oikonomos"* y describe a la persona que se le confiaba la administración de todos los bienes del amo. El servidor debe ser uno fiel, en este caso digno de confianza, así como se le confiaba los bienes del amo, el servidor de Cristo debe tener dicha virtud necesaria para administrar, tal como los esclavos con las grandes haciendas a su cargo. El principio fundamental presentado aquí es que Dios no exige el éxito del servidor, sino más bien su fidelidad, lealtad y obediencia incondicional al amo en aquello que es su responsabilidad[1746].

- **Es disciplinado:** Rinde su espacio para que sea el Señor quien programe su vida.

Pero los que son de Cristo han crucificado la carne con sus pasiones y deseos. Si vivimos por el Espíritu, andemos también por el Espíritu - Gálatas 5:24-25.

Como antes mencionado, Cristo mediante su sacrificio no solo salvó de la condenación eterna del pecado, sino a su vez, del dominio del mismo gracias a la identificación que se puede adquirir en Él[1747]. El creyente debe vivir al grado de comportarse adecuadamente y en conformidad a las ordenes divinas establecidas, esto solo se puede lograr gracias a la rendición incondicional al Espíritu.

[1745] Nota aclaratoria: Este verso no habla de las "recompensas" aludiendo a la salvación, sino más bien, habla en términos administrativos.
[1746] 1 Corintios 4:17, 7:25; Mateo 24:45-51; Colosenses 1:7, 4:7.
[1747] Gálatas 2:20, Romanos 6:6.

La crucifixión presentada aquí, afirma que la carne ha sido clavada en el madero haciendo de la misma una inoperante, pero la batalla se sigue librando dentro del creyente[1748]. La afirmación Paulina se inclina a la cruz de Cristo, donde se llevó a cabo la muerte de la carne y se puso fin a su tiranía para que el creyente disfrute libremente del Señorío de Cristo[1749]. Esta acción Cristo céntrica es la que posibilita que el creyente que anda en el Espíritu pueda agradar a Dios mediante las Escrituras en este mundo. Aquí se exhorta a vivir y actuar en armonía con los propósitos divinos en oposición a una manera de vivir que satisface los deseos corruptos de la naturaleza humana, los cuales van constantemente en contra a la voluntad de Dios[1750].

El antagonismo entre el Espíritu y la carne queda subrayado en el contexto inmediato, y aquí Pablo presenta el clímax del asunto al personificarlos como sujetos, *"el deseo del uno es contrario al del otro"*, provocando la incapacidad del actuar coherente en un caso *"carne*[1751]*"* y lo contrario en el otro *"Espíritu*[1752]*"*. El énfasis *"han crucificado"* hace que el tiempo verbal del gr. *"estaurösan"* sea exigente en el aoristo, por lo tanto, obliga a que sea traducido como un indicativo que destaca el acto, no la permanencia del resultado. Aquí indica algo que sucedió de forma decisiva en el pasado, pero a su vez tiene efectos continuos que no se deben evadir. Este hecho tuvo lugar en el tiempo de la conversión. Cuando se ejecuta el arrepentimiento, en cierto sentido el arrepentido clava en la cruz la vieja, y corrupta naturaleza, acompañada de sus pasiones y deseos enfermizos. Al comunicar de igual forma unos efectos continuos, naturalmente habla que la decisión de clavar esta naturaleza contraria a Cristo ha de ser constantemente renovada.

El creyente debe mantener constantemente sus pasiones y deseos en la posición de muerte, ese es el principio de ceder el espacio para ser gobernado por Él. Por esa razón es que sigue diciendo *"si vivimos por"* el uso de *"si"* tiene habla de *"por cuanto"*, por cuanto el creyente tiene vida eterna gracias a la obra divina del Espíritu, de igual forma puede vivir en la capacidad de este. Por ello el uso de vivir y andar, la primera como la fuente y la segunda como la expresión. El líder siervo debe ceder su espacio personal para que este sea gobernado, dirigido y capacitado por Él, este hecho produce una buena conciencia ante Dios y ante los hombres, por el solo hecho de ser lo correcto[1753].

- **Es comprometido:** Sus acciones confirman su carácter fiel y disciplinado.

[1748] Romanos 7:14-25.
[1749] Romanos 6:1-11.
[1750] Romanos 8:7-8.
[1751] Gálatas 5:19-21.
[1752] Gálatas 5:22-23.
[1753] Hechos 24:16.

Así que, hermanos, os ruego por las misericordias de Dios, que presentéis vuestros cuerpos en sacrificio vivo, santo, agradable a Dios, que es vuestro culto racional. No os conforméis a este siglo, sino transformaos por medio de la renovación de vuestro entendimiento, para que comprobéis cuál sea la buena voluntad de Dios, agradable y perfecta - Romanos 12:1-2.

Las Escrituras presentan el núcleo de la consagración como una de manera inteligente. En cambio, el judaísmo antiguo y varias escuelas teológicas de esos tiempos hacían uso del término *"sacrificio"* de manera figurativa para representar la alabanza, dando a entender un estilo de vida de adoración; el *"culto racional"* habla del trabajo sacerdotal en el templo de manera consciente, eso se refiere entonces a una adecuada manera de pensar, la palabra *"racional"* se deriva del griego *"logikos"* que significa *"lógica"*, la conclusión lógica es que todo líder servicial debe rendir a Dios su servicio de manera consagrada y abnegada, por ello se hace el uso de *"sacrificios vivos"* para dar entender de manera metafórica *un estilo de vida sacrificial el cual mantiene una experiencia continua basada en tal consagración y abnegación.* Todo líder debe comprender que todas las cosas son para la gloria de Dios, y a su vez tiene la obligación moral de responder ofreciéndose a sí mismo para tal fin supremo, he aquí el verdadero compromiso. Entonces, el líder siervo puede y debe ser entregado a Dios como un instrumento de justicia y rectitud[1754].

La forma adecuada de disfrutar tal experiencia continua está basada en el principio *"no os conforméis a este siglo"*, ser *"conformado"* del gr. *"suschématizó"* se refiere a asumir una expresión externa que no refleja el estado interno, es decir, ajustarse a algo como una especie de máscara. Esto da a entender una vida hipócrita la cual no permite la experiencia consagrada antes mencionada sea expresada por ajustarse a un sistema predominante de creencias y valores sin ética alguna. La consagración se entiende que es importante para el servicio a Dios.

- **Es leal:** Muestra dedicación, apoyo y compromiso a quienes gozan de mayor autoridad que él sin tratar de sobrepasar, o demostrar sus habilidades por sobre ellos.

Y tenemos confianza respecto a vosotros en el Señor, en que hacéis y haréis lo que os hemos mandado - 2 Tesalonicenses 3:4.

Los lectores de Pablo son exhortados a pensar como los corredores de las competencias atléticas grecorromanas, los cuales debían ajustarse a las ordenes establecidas tanto por el gobierno, sus amos y la competencia en sí. El crecimiento en la gracia solo puede ser llevado a cabo en creyentes que

[1754] Romanos 6:12-13

mantienen una actitud de obediencia a Dios, en realidad, una actitud la cual es motivada por el amor a Él es lo que supera cualquier afecto. Los corredores grecorromanos se esforzaban por vivir lealmente a las normas, y buscaban ganar la carrera por amor al premio y sus beneficios. Pablo le recuerda a la iglesia sobre su responsabilidad para hacer lo que está ordenado. Entonces el líder servicial debe ser uno leal a las ordenes divinas.

- **Es un discípulo:** Tiene un entendimiento claro de los principios divinos y está dispuesto a aprender, solo un líder que aprende tiene la habilidad de educar a otros.

La palabra de Cristo more en abundancia en vosotros, enseñándoos y exhortándoos unos a otros en toda sabiduría, cantando con gracia en vuestros corazones al Señor con salmos e himnos y cánticos espirituales – Colosenses 3:16.

Este versículo presenta tres secciones:

1) **La congregación debe buscar que las enseñanzas de Cristo habiten ricamente entre cada uno:** La palabra de Cristo se refiere a las enseñanzas de Cristo tal como se hallan en las Escrituras. El contexto cultural grecorromano, creía que el *"logos"* lo cual se traduce aquí como *"palabra"* era la entidad que gobernaba todo el universo y lo organizaba de manera suprema, en este caso es la divina revelación que Jesucristo trajo al mundo. Esta orden apunta a que el creyente sature su corazón y mente con la Palabra de Dios para adquirir las capacidades necesarias para vivir de manera organizada en obediencia basado en el ejemplo de la excelencia moral de Jesús. La palabra *habite* del gr. *"enoikeo"*, es mucho más que vivir o morar en forma pasiva, implica que la palabra de Cristo debe moverse y actuar con vigor de manera orientadora en la vida del creyente. Los resultados de esto son obvios, la expresión viva de Cristo en el receptor de su Palabra. Esto se puede llevar a cabo ya que sus enseñanzas deben *"morar"* lo cual significa *"que viva en"* o *"que se sienta en casa"*, pero no es solo que more la misma, sino que esta debe ser *"en abundancia"* esto es *"cantidades extremas"*. Las Escrituras deben cubrir todos los aspectos de la vida del creyente y controlar todo pensamiento, palabra y acción[1755].
2) **En toda sabiduría la iglesia debe enseñarse y amonestarse unos a otros:** Todo creyente tiene una responsabilidad por parte de Dios para con sus hermanos y hermanas. Se entiende que la enseñanza tiene que ver con la doctrina, mientras que la *exhortación/amonestación* tiene que ver con el deber, en otras palabras, la aplicación de la doctrina. Aquí yace el núcleo del verdadero líder, es uno que aprende y aplica

[1755] Salmos 119:11; Mateo 13:9; Filipenses 2:16; 2 Timoteo 2:15.

constantemente para educar y amonestar a otros. Todo líder tiene la responsabilidad no solo de compartir con sus hermanos el conocimiento de las Escrituras y buscar ayudarlos mediante el consejo práctico y piadoso, sino también el de recibir humildemente la enseñanza de quienes, a su vez, son sus hermanos en la fe con más madurez, experiencia y conocimiento en Cristo. Enseñar y exhortar en toda sabiduría, debe ser el producto de aprender y ser amonestado de igual forma.

3) **La iglesia debe expresarse con gracia en su corazón al Señor, con salmos, himnos y cánticos espirituales:** Los salmos designan aquellas expresiones inspiradas que se encuentran en los libros poéticos hebreos de este nombre, la costumbre antigua era cantarlos como parte del culto de Israel. En cambio, los himnos se comprenden como los cánticos de alabanza dirigidos a Dios, y al afirmar *"espirituales"* da a entender que debe ser en adoración. Pablo apunta a la plena suficiencia de Cristo en conformidad a las mismas Escrituras, las cuales hablan de Él[1756]. Entonces se comprende que la expresión de la iglesia a Dios en adoración y cántico habla de la respuesta de esta a Dios al recibir la educación y amonestación de su Palabra.

La similitud de este verso con *"Y no os embriaguéis con vino, en lo cual hay disolución; antes bien, sed llenos del Espíritu, hablando entre vosotros con salmos, con himnos y cánticos espirituales, cantando y alabando al Señor en vuestros corazones*[1757]*"* es evidente por una sencilla razón, se presenta que en lugar de decir *"sed llenos del Espíritu"*, aquí dice *"La palabra de more en abundancia en vosotros"*. En otras palabras, *ser llenos del Espíritu y ser llenos de la palabra de Dios* ambos son requisitos para vivir vidas plenas, útiles y con fruto. Ningún creyente puede ser lleno del Espíritu a no ser que esté lleno de las enseñanzas de Cristo; y a su vez, el estudio de las Escrituras no será eficaz a no ser que el creyente rinda lo más íntimo de su ser al control del Espíritu, eso incluye por sobre todo al líder que en armonía con el cuerpo de Cristo debe alimentarse cada día de las Escrituras, meditando en ellas, obedeciéndolas y viviendo por ellas, el líder por más docto, capaz o intelectual que sea, nunca dejará de ser un discípulo.

- **Es obediente:** Tiene un claro entendimiento que debe ceder su lugar a la autoridad apropiada.

Sométase toda persona a las autoridades superiores; porque no hay autoridad sino de parte de Dios, y las que hay, por Dios han sido establecidas. De modo que quien se opone a la autoridad, a lo establecido por Dios resiste; y los que resisten, acarrean condenación para sí mismos - Romanos 13:1-2.

[1756] Lucas 24:44-45.
[1757] Efesios 5:18-19.

Observando el lado histórico, Nerón era el actual emperador en ese tiempo, pero todavía no había comenzado a perseguir a la iglesia; la influencia de Séneca[1758] y Burro estaban latentes en lugar de Tigelino[1759] el cual era un réprobo. Nerón era popular en Grecia y en esa región se encontraban muchos judíos palestinos los cuales apoyaban la revuelta contra Roma, acción que tomaría lugar por aproximadamente diez años, historiadores creen que los judíos afirmaban que no desistirían porque creían que Dios les daría la victoria al establecer ellos sus propias autoridades civiles basándose en pasajes del Antiguo Testamento como justificante de su revuelta[1760]. En cambio, el judaísmo creía lo opuesto, ya que basaban su vida en la creencia de la sumisión al no resistir violentamente, aunque no obedecieran las reglas, al menos que se involucrara un conflicto con las leyes divinas. Pablo escribe haciendo hincapié en que la soberanía divina tiene el control absoluto sobre los gobernantes terrenales[1761] y, por ende, es deber el creyente sujetarse.

Culturalmente hablando, en esos tiempos el tema literario común entre los escritores antiguos era la lealtad al estado. Hierocles[1762] en sus escritos expone listas de debates en conjunto a los relatos apropiados a sus contemporáneos. En cambio, otros filósofos moralistas comúnmente escribían sobre como los oficiales del gobierno y los ciudadanos debían actuar. Viendo el otro lado de la moneda, los judíos se preocupaban mucho por la opinión pública, en especial por la romana, por su estrecho lazo económico el cual los mantenía codependientes. Pablo hace uso de la cultura y costumbres de esos tiempos para proyectar un claro mensaje de sujeción sin violación de las normas divinas. Comienza diciendo *"sométase"* del gr. *"upotasso"* comunicando la idea de *"ponerse bajo, estar bajo control, sujetarse a"*. Esta palabra griega se empleaba para aludir *"la obediencia absoluta de un soldado a sus superiores"*. Esta no es una sugerencia, es una orden para reconocer la importancia del orden y posición del gobierno, no alude a una forma de gobierno en especial, sino a cualquiera que se presente, por la debida razón que todo creyente debe poner su confianza en el Señor a pesar del ambiente donde este se desenvuelva.

Este sometimiento no implica, de ninguna forma, limitar la crítica y la resistencia a los gobernantes cuando sus leyes van en contra de los preceptos divinos[1763], sobre toda ley humana se encuentra la de Dios. La autoridad tiene su origen en la divinidad, y a su vez se encuentra la responsabilidad de cada uno de ajustarse a las normas del Señor. Observando lo antes mencionado se entiende que todo aquel que ha sido justificado por la fe, está

[1758] Séneca era un filósofo estoico romano consejero de Nerón en los primeros días de su gobierno.

[1759] Sophonius Tigellinus, fue prefecto del guardaespaldas imperial romano, conocido como la Guardia Pretoriana, de 62 a 68 d.C., durante el reinado del emperador Nerón.

[1760] Isaías 45:1; Jeremías 25:9; Daniel 4:32.

[1761] Proverbios 16:10, 21:1.

[1762] Fue un filósofo estoico. Muy poco se sabe de su vida. Aulus Gellius lo menciona como uno de sus contemporáneos, y lo describe como un "hombre grave y santo".

[1763] Éxodo 1:17; Daniel 3:16-18, 6:7, v.10; Hechos 4:19.

moralmente obligado a someterse al gobierno y autoridades humanos. Aunque esta obligación es de carácter universal, el escrito se dirige en especial a los creyentes. El gobierno humano no es algo nuevo, Dios lo estableció después del limpiar la tierra con agua, dándole autoridad al ser humano para juzgar los asuntos de carácter criminal y pagar con el castigo correspondiente a los que sean hallados culpables[1764].

En todo lugar donde se encuentren seres racionales debe haber una autoridad organizada y una sujeción voluntaria a la misma. En cambio, si llegase a existir un estado de anarquía, es imposible sobrevivir definidamente bajo este, por carecer de un orden institucional para el bien común. Por esa razón Dios ha establecido el gobierno humano, y tal como las Escrituras lo exponen no existe ninguno de ellos fuera de la voluntad soberana de Dios. Sin embargo, cabe aclarar que el hecho que existan diversos tipos de gobierno y gobernantes no significa que Él apruebe todo lo que hagan. Dios desaprueba todo aquello que viole la dignidad humana y por sobre todo sus estatutos. Aunque la realidad es que en las autoridades existen quienes violan las leyes divinas y humanas debe reconocerse que aparte de su mala función, por Dios han sido ordenados.

Ningún gobierno humano es perfecto. El único gobierno ideal es el del Señor Jesucristo. Pablo escribió esta sección haciendo énfasis sobre la sujeción al gobierno mientras el malvado emperador Nerón tenía el poder. Mientras ese réprobo ejercía su tiranía, para los creyentes fueron días tenebrosos. Nerón mintió, acusando a los cristianos de comenzar un incendio que destruyó gran parte de la ciudad de Roma, historiadores debaten hasta el día de hoy si fue él mismo que quizá lo ordenó.

Nerón, mandó a torturar a los creyentes haciendo que algunos fuesen sumergidos en brea caliente para luego encenderlos como antorchas humanas para así iluminar sus orgías. En otros casos, ordenaba que les cocieran a sus cuerpos pieles de animales recién cortados y los lanzaba a los perros salvajes para ser despedazados vivos, esa era una de las agonías más terribles vistas en esos tiempos. Y a pesar de lo oscuro que fue esos días para los creyentes exhortó a que se sujeten, en la mente de cualquier persona cabe la idea de locura, pero en la del Señor no, por la sencilla razón de que toda autoridad proviene de parte de Dios. Él es el gobernador soberano de todo lo existente[1765]. Se entiende que el Señor en su supremacía estableció ciertas autoridades para que el ser humano sea organizado por ellas, estas son:

A) **Gobierno humano:** El cual su autoridad recae sobre todos los ciudadanos.
B) **La iglesia:** Su autoridad recae sobre todos los creyentes.
C) **Los padres:** Su autoridad está establecida sobre todos los hijos.
D) **Los amos:** Su autoridad está sobre todos los empleados/antes conocidos como esclavos.

[1764] Génesis 9:6.
[1765] Salmos 62:11, 103:19; 1 Timoteo 6:15.

Estas autoridades establecidas, se derivan de Dios y están definida por Él, con el propósito de recompensar el bien y restringir el mal en una esfera humana corrupta, caída. Por ello, quien desobedece o se rebela contra cada gobierno, desobedece y se rebela contra lo que Dios ha ordenado. Quién se opone a la autoridad recibe castigo. Claramente la excepción es que, si un creyente es obligado a obedecer las leyes de las autoridades sea en el gobierno humano, la iglesia, los padres y los amos, para pecar o comprometer su lealtad para con Cristo, no está obligado a hacerlo[1766]. Ningún gobierno tiene la autoridad de imponer a la conciencia del prójimo el terror y la violación de sus principios. A causa de la corrupción hay ocasiones en las que los creyentes se ven obligados a ser receptores de la ira de los hombres, por preferir obedecer a Dios, como en el caso de Nerón y otros emperadores. En esos casos el creyente ha de estar dispuesto a sufrir la pena sin queja alguna, porque comprende la responsabilidad que conlleva su llamado, es ser obediente a Dios. Y en ninguna circunstancia, los creyentes deberían rebelarse contra las autoridades y mucho menos unirse a intentos terroristas para derrocarlas.

Puesto que toda autoridad es ordenada por Dios, se entiende que toda desobediencia es rebelión contra Él. Lo cual acarrea naturalmente *"condenación"*, el castigo correspondiente del gobierno por romper sus leyes[1767]. El líder debe ser uno comprometido a seguir estos principios en plena obediencia, educando a los congregantes a ser sumisos a la voluntad divina por, sobre todo, y obedientes a las autoridades sin comprometer los principios de la fe.

- **Es dócil:** Se entiende con esto que es uno de carácter sumiso. Un líder servicial con esta característica goza de una buena actitud ante la autoridad correspondiente.

Acordaos de vuestros pastores, que os hablaron la palabra de Dios; considerad cuál haya sido el resultado de su conducta, e imitad su fe - Hebreos 13:17.

Culturalmente, los pastores de Oriente Medio tenían un dicho *"para guiar a las ovejas, camina detrás de ellas, para que te sigan, ve adelante"*.

Observando el propio contexto inmediato[1768] el escritor comunica a sus lectores que recuerden a los pastores que fueron antes que ellos. Les enseña que basado en ello obedezcan a sus actuales pastores (como antes mencioné). Estos hombres actúan como administradores de la multiforme gracia de Dios en la iglesia. El Señor les ha dado, hasta cierto punto autoridad, y los creyentes deben sujetarse a la misma siempre y cuando estén

[1766] Hechos 5:29.
[1767] Romanos 13:4.
[1768] Hebreos 13:7.

acorde a los mandamientos divinos en las Escrituras. Estos sub-pastores mencionados, tienen la responsabilidad de velar por las almas de la grey. Y a su vez tendrán que rendir cuentas a Dios. El beneficio de todos los congregantes incluyendo a los ancianos y sub-pastores yace respetar las líneas de autoridad que Dios ha establecido.

La palabra usada en este texto para *"dirigentes"* es el término griego *"hegeomai"*. Esta palabra no se traduce originalmente como *"pastores"*. La misma comunica sobre personas que cuidan a un grupo, se puede traducir correctamente como *"cuidadores[1769]"*, la tarea principal encomendada de los dirigentes mencionados no es una labor exclusiva, es un ministerio de todos los que presiden, incluyendo los *pastores/obispos/ancianos*. Entonces el texto en si expresa *"los que gobiernan sobre ustedes"* Por otro lado, se entiende que la sujeción no solo es a los pastores, sino también a los dirigentes y esos de igual forma a sus superiores, sin olvidar que la autoridad es establecida por Dios. Nótese que *la obediencia está basada no en la importancia del dirigente/sub-pastor, sino más bien en el Evangelio que predica*. Los pastores y ancianos de la iglesia ejercen la misma autoridad de Cristo, no la suya propia, al enseñar y aplicar las Escrituras[1770]. Tales funcionarios sirven a la iglesia en representación de Cristo y deben rendir cuentas a Él por su mayordomía[1771]. Por esta razón el líder-siervo debe comprender que sobre si está la autoridad de Cristo y las Escrituras, por lo tanto, debe ser uno sumiso realizando su servicio con satisfacción y deleite.

- **Es humilde:** la humildad no consiste en un sentimiento de menosprecio personal, sino más bien en un reconocimiento del valor grupal.

Digo, pues, por la gracia que me es dada, a cada cual que está entre vosotros, que no tenga más alto concepto de sí que el que debe tener, sino que piense de sí con cordura, conforme a la medida de fe que Dios repartió a cada uno - Romanos 12:3.

En tales tiempos cada clase social ejercía una función particular, como miembros del estado, existía una larga discusión por los filósofos que defendían lo que se le conocía como el *statu quo*; a su vez, los filósofos estoicos aplicaban la imagen de la cabeza y el cuerpo a la deidad y el universo, basado en ambas corrientes Pablo hace una aclaración sobre los temas, dando a entender la función especial de cada quien en el cuerpo, rompiendo los esquemas autoritarios de distinción entre laicos y el clero de las religiones antiguas. Afirma que cada miembro está estrechamente relacionado con otros para de esa forma ejercer funciones diferentes y

---

[1769] Ezequiel 3:17, 35:7; Isaías 21:8; Habacuc 2:1.
[1770] Hechos 20:28; 1 Tesalonicenses 5:12-13.
[1771] 1 Corintios 4:1-5; 1 Pedro 5:1-4.

necesarias[1772]. Pablo plantea que el conjunto de creyentes en su totalidad como organismo vivo es un cuerpo *"soma"* y que, a su vez, cada cual es un miembro de ese cuerpo *"melos"*. Cada parte de este organismo es importante, pero no debe desechar a los otros miembros del cuerpo.

Pablo en conformidad a la gracia que le había sido dada mediante el Señor Jesús[1773] trató con varias formas de pensamientos torcidos. Lo primero que trata de manera contundente es que no existe nada en el evangelio que promueva a tener un complejo de superioridad. Este verso confronta a los lectores para que su inclinación sea hacia la humildad en el ejercicio de sus responsabilidades. Tanto el líder, como el creyente en general no debe tener ideas exageradas de su propia persona para una importancia exaltada sobre otros. De igual forma mucho menos tener envidia de los demás. Más bien, debe centrarse en que cada individuo en el cuerpo es singular y que todos tienen una función importante y necesaria que llevar a cabo para la gloria de Cristo. El líder que no goza de humildad no puede ser uno eficaz y mucho menos funcional. La humildad llama a la conciencia de entender que todos los seres humanos son iguales ante los ojos de Dios. Por tal razón este verso expresa que cada uno debe pensar de sí mismo con *"cordura"*, este es el ejercicio del juicio sano lleva a una persona a reconocer que en sí mismo es nada sin la fuente[1774], el pensamiento con cordura debe estar basado en *"la medida de la fe"*.

La medida de la fe esta es la proporción correcta de la habilidad conferida que el Espíritu reparte a cada creyente de manera sobrenatural[1775], con el propósito de cumplir eficazmente su función específica en el cuerpo[1776]. La *"fe"* mencionada aquí del gr. *"pistis"* no se refiere a la fe salvífica como en otros casos, sino más bien a la fidelidad en la mayordomía la cual que se requiere para hacer buen uso de todas las responsabilidades asignadas por parte de Dios. El líder eficaz en uno el cual reconoce que él mismo no es la fuente de todo lo divino, y a su vez, entiende que cada uno es importante para edificación mutua, porque el propósito del cuerpo es llegar a la estatura del varón perfecto, Jesucristo[1777], y para lograrlo, solo se puede mediante los recursos divinos. Esta cualidad es y debe ser natural en cada miembro del cuerpo, y ejemplificado por el liderazgo en una actitud mental por la cual se percata de que no tiene razón alguna ni méritos personales para obtener distinción alguna ante Dios.

- **Es un siervo:** Refleja todas las cualidades antes mencionadas. Su deseo es ayudar a otros a que alcancen su propósito en la voluntad divina teniendo en cuenta que es para dar gloria a Dios.

1772 Romanos 12:4-8.
1773 Romanos 1:1-5; 1 Corintios 3:10; Gálatas 2:9.
1774 1 Pedro 5:5.
1775 1 Pedro 4:10.
1776 1 Corintios 12:7, v.11.
1777 Mateo 11:29.

Así también vosotros, cuando hayáis hecho todo lo que os ha sido ordenado, decid: Siervos inútiles somos, pues lo que debíamos hacer, hicimos - Lucas 17:10.

La enseñanza aquí es que el carácter relacional entre el amo y el siervo permite al amo hacer las demandas deseadas a su siervo. Siendo así, cuánto más puede esperar Dios de sus siervos en el reino. Tanto el líder como el creyente en general debe reconocer permanentemente que todo lo que haca en el servicio para el Señor es insuficiente, sin importar los sacrificios, pasión y diligencia con que lo haga. Todo discípulo es esclavo del Señor Jesucristo. Cada creyente es su pertenencia. A la luz del sacrificio en la cruz del calvario, nada de lo que pueda hacer para su Señor será lo suficientemente vasto o aceptable para recibir recompensas por lo hecho. El mismo verso expone que *"después de haber hecho todo lo que le ha sido ordenado"* debe admitir su inutilidad, ya que sólo ha hecho lo que debía hacer, y sin importar los adheridos, no serán suficientes para ser útil en sus propios recursos personales. "Roy Hession explica las cinco marcas del esclavo de esta forma:

1) Ha de estar dispuesto a que se le ponga trabajo sobre trabajo, sin que se le dé consideración alguna.
2) Al hacer esto, ha de estar dispuesto a que no se le den las gracias.
3) Habiéndolo hecho, no tiene que achacar egoísmo a su amo.
4) Ha de confesar que es un siervo inútil.
5) Ha de admitir que, al hacer y soportar su tarea con gentileza y humildad, no ha hecho ni un poco más de lo que era su deber hacer[1778]".

Cristo expone que cada creyente en general es un siervo inútil, es decir, no es digno de algún honor especial. Quienes obedecen no deben pensar que su obediencia es algo meritorio en sí mismos. En esos tiempos muchos dueños tenían pocos esclavos; por lo tanto, estos trabajaban en diferentes áreas, tanto en el campo como en la preparación de alimentos. Los dueños consideraban que los trabajos asignados eran el deber de los esclavos y que no tenían opción alguna. De igual forma era considerado poco honroso que los amos comieran junto sus esclavos, aunque en pocos casos si ocurría. La idea presentada en la ilustración expresa que la fe crece a medida que el siervo cumple su propósito, servir.

Observándolo desde el lado soteriológico esto es un golpe mortal para la doctrina de la salvación por obras. El siervo reconoce su inutilidad y el amo le aplaude su fidelidad. El líder debe por sobre todo ser siervo, con esto encierra todas las características arriba mencionadas, este es el núcleo de un liderazgo efectivo bíblico, acorde a la voluntad de Dios.

[1778] Roy Hession, El camino del calvario. CLC Editorial, Sheffield, Reino Unido. 2004.

La iglesia y sus ordenanzas

¿Qué son ordenanzas?, es el conjunto de preceptos prescritos por una autoridad para llevarse a cabo. Muchos le llaman sacramentos. Esta palabra añade la idea de una impartición directa de gracia mediante la celebración de las ordenanzas. Las ordenanzas en muchos grupos religiosos varían, en algunos son solamente la cena del Señor y el bautismo, en otros grupos son los antes mencionados y el bautismo de infantes. En esta sección nos centraremos en el contenido Escritural e histórico cultural, para observar adecuadamente como se deben llevar a cabo las mismas.

La cena

Sobre esta ordenanza existen varias ideas, el asunto es observar conforme las Escrituras e historia cuál es la correcta.

- **Consustanciación:** Esta idea presenta que el cuerpo y la sangre de Cristo están presentes y combinados con los elementos naturales del pan y el vino. La idea que presenta la coexistencia en unión, al ser ambigua y carecer de fundamento ha sido rechazada en su totalidad. Esta idea es considerada errónea.
- **Transustanciación:** Esta palabra se deriva del latín *trans* que es *"a través"* y *substantia* que significa *"sustancia"*. Este término se utiliza en la teología católica romana para denotar la idea que durante la ceremonia el *"pan y el vino"* se transforman, en sustancia, literalmente en la carne y sangre de Cristo, incluso cuando los elementos parecen seguir siendo los mismos no hay cambio alguno en su forma material. Esta doctrina *no tiene fundamento escritural*. Hay rasgos de este dogma en algunos de los escritos post-apostólicos, y se defendió fuertemente este concepto a comienzos del siglo IX d.C. El Concilio de Letrán IV (1215) adoptó esta doctrina, el Concilio de Trento (1545-1563) la formalizó y el Concilio Vaticano II (1962-1965) la reafirmó. Al no tener base doctrinal adecuada conforme las Escrituras, debe ser rechazada ya que es vista por el catolicismo romano como un "re-sacrificio" de Cristo por los pecados, y a su vez como una *"reofrenda y representación*" de su sacrificio. Esto contradice directamente lo que dice la Escritura; Jesús murió *"una sola vez"* y no necesita ser re-sacrificado[1779]. Esta idea es considerada herética.
- **Recordatorio:** Según (Lc 22:19-20) al observar el léxico se presenta las palabras *"en memoria"*. Viendo de igual forma el contexto histórico cultural en la Pascua se compartían cuatro copas de vino, y en conjunto a ello cuatro platos: *hierbas amargas, panes sin levadura, cordero asado* y *frutas*. La copa mencionada en el verso era la tan bien conocida como la copa de *"acción de gracias"*. En el tratado de Lucas, él menciona dos

[1779] Hebreos 7:27, 10:10; 1 Pedro 3:18.

copas (v.17 y v.20), en cambio Mateo, Marcos y Pablo hablan de una sola, lo hacen por la sencilla razón de centrar la atención del lector en el significado *en memoria de Jesús*. La copa la cual ellos se enfocan era bien conocida como *"la copa de bendición*[1780]*"* que vincula la observancia antigua y la nueva. La palabra memoria del gr. *"anamnésis"* significa *"recordatorio"* alude a una conmemoración, celebrar el hecho, nunca alude a un acto literal, sino más bien a una ilustración sobre la acción que Cristo llevaría a cabo, al igual que *"Yo soy la puerta", "Yo soy el agua viva", "Yo soy el pan del cielo"*. Cristo habla de una representación la cual muestra un suceso, no en el pan o el vino, sino en la acción que Él llevaría a cabo, por lo tanto, se entiende que hacer un recordatorio es la inclinación correcta.

Porque yo recibí del Señor lo que también os he enseñado: Que el Señor Jesús, la noche que fue entregado, tomó pan; y habiendo dado gracias, lo partió, y dijo: Tomad, comed; esto es mi cuerpo que por vosotros es partido; haced esto en memoria de mí. Así mismo tomó también la copa, después de haber cenado, diciendo: Esta copa es el nuevo pacto en mi sangre; haced esto todas las veces que la bebiereis, en memoria de mí. Así, pues, todas las veces que comiereis este pan, y bebiereis esta copa, la muerte del Señor anunciáis hasta que él venga - 1 Corintios 11:23-26.

Las palabras esto es mi cuerpo debe entenderse *"esto significa mi cuerpo"*. Esto ha sido usado para apoyar doctrinas como la transubstanciación y la consubstanciación como antes mencioné, con su identificación realista del pan con el cuerpo de Cristo. El término utilizado por Pablo en Corinto *"esto"* proviene del gr. *"touto"* y se encuentra en *neutro*, y no masculino como debiera ser si se hubiera referido al pan, en cambio la palabra pan del gr. *"artos"* es masculino. Esto se refiere a *toda la acción* no al elemento en sí, como ocurre con el segundo *"esto"*. El pueblo judío entró en un pacto con el Señor[1781], pero lo rompía constantemente. Jeremías por el Espíritu predijo que Dios establecería un pacto basado en el perdón de los pecados, y que escribiría su ley en los corazones[1782].

La sangre derramada de Jesús es el medio para establecer ese pacto. El sistema antiguo como un tipo fue reemplazado por Cristo y su muerte como el antitipo. El mismo uso que Lucas dio en 22:19-20 es el mismo que Pablo presenta en la idea de su carta. Al afirmar que la muerte del Señor *"anunciáis"* está dando a entender que se debe mirar hacia atrás a la vida y muerte de Cristo, y a su vez reposar en la promesa divina de su regreso, la cual cumplirá tal como cumplió su sacrificio, pensando en esos hechos con el pan y el vino como una ilustración, no como un hecho constante manifestado en los elementos materiales inanimados.

[1780] 1 Corintios 10:16.
[1781] Éxodo Cap. 24.
[1782] Jeremías 31:31 ss.

El propio contexto histórico cultural sobre este verso y su tema expresan las palabras *"recibir y enseñar"*, estas se utilizaban regularmente para trasmitir las tradiciones importantes[1783]. Muchos rabinos de la época hablaban de sus tradiciones recibidas haciendo mención *"por parte de Moisés"* aunque hubiesen sido comunicadas por sus familiares y antepasados, lo que querían dar a entender era que la tradición se remontaba desde tiempos antiguos. Pablo lo que da a entender aquí es que mediante los discípulos anteriores le fue comunicado el asunto de la cena la cual tuvo lugar en la noche, como siempre se acostumbraba a celebrar la pascua. El pan pascual era uno sin levadura, esto se interpretaba figurativamente como *"el pan de aflicción de los antepasados"*, el pan que probaron en los tiempos de Moisés, y Cristo aplica el principio de *"aflicción"* para sí mismo[1784].

Muchos en los tiempos de Pablo como costumbre comían haciendo memoria de sus familiares ya fallecidos, y el sentido que se comunica en este mensaje Paulino es la conmemoración Pascual de los actos redentores divinos en la historia[1785] presentada como una tradición solemne digna de ser practicada por toda generación, por esta razón se presenta un limitante *"hasta que Él venga[1786]"*, esta celebración Pascual tenía miras hacia el futuro, así como Dios había redimido en el Éxodo en los días de Moisés, este es el argumento que sostiene con validez y claridad que la cena del Señor es un recordatorio y recae en la acción divina, no en los elementos utilizados para la conmemoración.

El bautismo

El bautismo tiene por significado la identificación de una persona con un mensaje o grupo. Esta palabra del gr. *baptizo* alude normalmente en su mensaje *"en"* y no *"por"*, por lo tanto, se entiende que comunica inmersión *"en"* y *"del"* agua por su transliteración *"completamente mojado"*. El bautismo según el judaísmo antiguo se hacía como una práctica para que los prosélitos en su nueva identidad fueran libres de la esclavitud *(si eran esclavos)*, y de sus deudas pasadas *(si tenían alguna)*, la forma la cual ejecutaban el acto era en inmersión, de igual forma el bautismo de Juan[1787] y el que la iglesia del siglo primero practicaba[1788]. Cabe aclarar que el hecho de que la práctica se incline a la inmersión no se debe rechazar la aspersión, como nota personal lo digo, hay casos los cuales el recién arrepentido, se identifica tanto al grado de anhelar ser bautizado al momento, pero este no puede por estar postrado a una cama o por sufrir alguna dolencia la cual le imposibilite hacerlo, en esos casos puede ser utilizado, ya que el fin del bautismo es un reconocimiento público de su nueva identidad con Jesús y

---

[1783] 1 Corintios 11:2, 15:3.
[1784] Marcos 14:22-26.
[1785] Éxodo 12:14.
[1786] Marcos 14:25.
[1787] Mateo 3:13-16.
[1788] Romanos 6:4.

todos los hechos divinos. Basado en este tema es importante analizar cada punto a favor y en contra, los cuales han sido polémicos en la historia de la iglesia:

- **Bautismo de infantes:** Muchos argumentan a favor, de que se entiende que el bautismo en el Nuevo Testamento es una analogía a la circuncisión del Antiguo Testamento que se administraba al octavo día de nacer. A su vez, los bautismos familiares eran comunes en el primer siglo, los cuales incluían a los niños, si la cabeza del hogar se arrepentía de sus pecados, lo practicaba públicamente junto a su familia, incluyendo a los niños. Muchos argumentan a favor de tal práctica utilizando al carcelero[1789], en vista de la situación misma no está muy claro si era un soldado activo o retirado[1790], si era uno retirado ofreciendo servicio de lo más seguro tenía hijos pequeños, de estar activo se entiende que según las normas militares de esa época no se les permitía casarse de manera oficial hasta su retiro; sea una o la otra no existe argumento fiable que muestre que el bautismo de infantes se practicara en esta situación como muchos lo han utilizado a su favor.

  Por otra parte, hay argumentos en contra de esta práctica, el primero es que el bautismo es el acto consciente de fe, no inconsciente, por esta razón su administración a un infante es irrelevante por carecer de un acto racional al respecto. A su vez como no hay una claridad bíblica sobre el bautismo de infantes en la participación de este en la composición familiar muchos se inclinan mejor a no practicarlo. Como nota neutral, sea una de las posturas o la otra, el bautismo no es requisito para salvación, sino más bien es consecuencia de la salvación.
- **Bautismo por los muertos:** Esta práctica se entiende que va de la mano a los sacrificios expiatorios que se ofrecían por los difuntos[1791], esto quiere decir que una persona en efecto simbólico lo hacía a favor de un familiar o prosélito de la misma línea doctrinal que no pudo hacerlo por sí mismo antes de fallecer. Existían dos inclinaciones diferentes al respecto:

  1) *El judaísmo antiguo*: Si alguien iba a ser ejecutado, antes de la muerte de la persona decían que sus pecados podían ser limpiados mediante el bautismo, luego de la ejecución colocaban una piedra sobre el ataúd dando una ejecución simbólica para que le contara como justicia ante Dios, esta práctica era muy común de igual forma en los grupos judíos del Mediterráneo donde supervisaban así los entierros de sus propios miembros. En escritos no inspirados se dice *"es obra santa y piadosa orar por los muertos. Por eso mandó hacer un sacrificio expiatorio a favor de los muertos, para que queden liberados del pecado*[1792]".

[1789] Hechos 16:33.
[1790] Hechos 16:20-23.
[1791] 1 Corintios 15:29.
[1792] 2 Macabeos 12:46.

2) *Paganismo*: En el primer siglo procuraban rendir honor a sus muertos colocando comida, agua, ropa y dinero en las tumbas, que según sus creencias era para el sustento de su viaje al más allá.

Observando todo el contexto histórico, sea por prácticas paganas, o judío rabínicas, según el mandamiento divino esta práctica es errada.

Se entiende entonces que ambas ordenanzas, la cena como recordatorio de su muerte y regreso, y el bautismo como testimonio de la nueva identidad de forma racional e inteligente, se basan en que el arrepentido adquiere en Cristo una nueva vida, y de esa forma se conmemora en una el agradecimiento y reconocimiento de su misericordia en la cruz, y en la otra la expresión de ello como acto público, y no como un método o adherido salvífico, sino como consecuencia a la salvación.

El gobierno eclesiástico

El fin del gobierno eclesiástico debe manifestarse en varias formas, pero con un solo objetivo:

- **Proclamar la gran comisión** (Mt 28:18-20): La proclamación del evangelio debe estar basada en tres aspectos fundamentales:
  1) **Obediencia**, Jesús dijo *"id"*, *"haced"*, *"os he mandado"*.
  2) **Educación**, *"discípulos", "enseñándoles que guarden"*.
  3) **Basado en la persona y obra de Cristo**, *"potestad me es dada"*.
- **Producir creyentes que caminen en santidad**: Basado en el discipulado, el enfoque principal del Espíritu en la vida del creyente se ve de dos formas (Jn 16:14):
  1) **Glorificar a Cristo** *"Él me glorificará"*.
  2) **Expresar la vida del Hijo naturalmente en los suyos** *"tomará de lo mío, y os lo hará saber"*, en otras palabras *"lo comunicará"*.
- **Cuidar los asuntos de los congregantes en todas las áreas que forman la totalidad de ellos** (1 Tim 5:1-25), **esto es en las áreas**:
  A) *Espirituales.*
  B) *Emocionales/mentales.*
  C) *Económicos.*
  D) *Familiares.*
  E) *Sociales.*
- **Comunicar el bien a la sociedad** (Gál 6:10):
  1) *Los asuntos del cuerpo de Cristo como prioridad.*
  2) *Los asuntos de la humanidad.* Ambas deben estar basadas al igual forma que lo antes mencionado *(espiritual, emocional/mental, y familiar)*.
- **Glorificar a Dios**: Por sobre todas las cosas antes mencionadas, esta es la fundamental, ya que cumple con el diseño original por el cual el ser

humano fue creado, y este es: *amar, servir y adorar* a Dios, esto solo se logra mediante la persona de Cristo (Jn 14:6).

La iglesia en siglo primero basaba su vida y acciones en todo lo antes expresado, al ver Hechos 2:41-42, la iglesia en Jerusalén practicaban al pie de la letra todo como resultado de Pentecostés:

1) *"recibieron la Palabra"*, basaban todo según las Escrituras.
2) *"eran bautizados"*, daban profesión de fe pública con testimonio.
3) *"perseveraban en la doctrina"* el discipulado conforme las enseñanzas de Cristo esa parte vial de la administración.
4) *"comunión"* y *"partimiento del pan"*, tenían buena relación entre ellos basado en la obra y persona del Hijo.
5) *"oración"* dependían de Dios.

La finalidad del gobierno eclesiástico bíblico establecido por Dios debe cumplir con estos parámetros, de hacerse lo contrario, no es iglesia. Los primeros creyentes que formaron la comunidad en Jerusalén llamada iglesia, estableció prioridades claras en las enseñanzas de Cristo esperando su pronto retorno, basado en ello no desarrollaron un modelo de gobierno, solucionando los problemas internos según surgían; de manera informal. Sin embargo, comprendían que Cristo era le centro y la fuente de todo lo que hacían[1793].

La iglesia como organismo vivo

La iglesia reúne a todos los creyentes que han sido regenerados por el Espíritu Santo en todas las eras, culturas, y nacionalidades. Este grupo corporativo esta edificado sobre la base divina de la persona, doctrina y obras del Señor Jesucristo. "El énfasis principal en el Nuevo Testamento está en la iglesia como organismo, la unión viva de todos los verdaderos creyentes en Cristo. Esta es la verdad distintiva que se presenta a partir del día de Pentecostés, con el advenimiento del Espíritu, y que acaba con la venida de Cristo[1794]."

Su constructor y fundador

Y yo también te digo, que tú eres Pedro, y sobre esta roca edificaré mi iglesia; y las puertas del Hades no prevalecerán contra ella - Mateo 16:18.

La confesión de fe es la base fundamental de la construcción, *"sobre esta roca"*. La palabra para Pedro del gr. *"Petros"*, significa *pequeña*

[1793] Hechos 20:28.
[1794] Lewis Sperry Chafer. Teología Sistemática, Tomo II. La iglesia: Sus miembros. Editorial CLIE. C/ Ferrocarril, 8. 08232, Vila de cavalls (BCN) España.

roca[1795]. Aquí Jesucristo hace uso de un juego de palabras con los términos *"Petro"* y *"Petra"*, en arameo *Pedro* y *Roca* son la misma palabra *"Cefas"*; y en griego son términos análogos que en ese tiempo se usaban de manera intercambiable, la diferencia entonces es que *"Petra"* tiene como significado *"piedra de fundación*[1796]*"* en cambio *"Cefas"* una simple roca. Las Escrituras expresan con claridad que Jesús es la piedra base de la fundación[1797], es un error pensar que algún hombre pecador e imperfecto tiene la capacidad natural de cumplir con el requisito fundacional de la iglesia[1798], el papel de supremacía es únicamente de Cristo, por lo tanto, nunca se refiere a Pedro en sí.

Las palabras de Jesús son malinterpretadas por muchos que consciente o inconscientemente le dan su toque personal al asunto para beneficio propio, eso es un grave error. Contrastando con la idea personal que algunos le han dado a este verso, Pedro mismo explica la figura del lenguaje en una de sus cartas dando a entender que la iglesia está conformada por elementos llamados *"piedras vivas*[1799]*"* las cuales al igual que Pedro, hacen la confesión de fe *"Jesús es el Señor"*. Nótese que las piedras vivas jamás toman el lugar de la *"piedra principal del ángulo*[1800]*"* por la sencilla razón de que quien le da formación y firmeza es Cristo. Este argumento Escritural encaja adecuadamente con la misma exposición de Cristo a Pedro, por lo tanto, se comprende que *"sobre esta roca"* alude a Cristo Jesús.

Si la fuerza verbal se encontrara apoyada sobre Pedro como la fuente fundacional de la iglesia, entonces Cristo jamás hubiese dicho *"mi iglesia"*, sino más bien entonces hubiese dicho *"la iglesia"* o *"tu iglesia"* cosa que jamás se mencionó, el sentido que Jesús da es que Él es el arquitecto, constructor, dueño y Señor de la iglesia, no un simple humano imperfecto. De esta estar fundada sobre la base de un hombre corrupto y pecador, el Hades tendría victoria sobre ella. El Hades en este contexto habla del lugar de castigo para los incrédulos ya muertos.

Por lógica y naturaleza misma del curso de las cosas en la vida, a causa de la caída en Edén se logra llegar a este mediante la muerte. Por lo tanto, Hades es una frase judía para referirse a *"muerte*[1801]*"*. Se invalida la creencia de que Pedro es el fundador de la Iglesia por ser finito, al ser Jesús su fundamento, es que la muerte no tiene poder para detenerla, porque *Él es Vida*. Entonces se entiende que sobre la divina revelación de la profesión de fe en Cristo comenzó Pentecostés y hasta el día de hoy, es la clave para ser parte del cuerpo de Cristo.

[1795] Juan 1:42.
[1796] Mateo 7:24-25.
[1797] Hechos 4:11-12; 1 Corintios 3:11.
[1798] Efesios 2:20.
[1799] 1 Pedro 2:5.
[1800] 1 Pedro 2:6-7.
[1801] Hebreos 2:14-15.

Su cabeza

La confesión más importante en la historia de la iglesia como antes mencioné ha sido *"Jesucristo es el Señor"*. De ahí parte todo, Jesús es el centro de todo, él está antes que todo lo creado y todo lo creado depende de él[1802]. Sin Cristo el creyente es nada; Él es la fuente y el personaje central de todo lo existente. Jesucristo es el fundamento, el edificador, y por sobre todo la máxima autoridad y la meta a la que todo creyente por más docto, capaz y experimentado que sea debe aspirar ser. El punto referencial para poder desarrollar una ética conforme a las Escrituras debe ser Jesús, el modelo moral vivo y eficaz; sus enseñanzas son para aplicarlas, sus órdenes para obedecerlas, y su vida para ser formada en la nuestra, ese es el fundamento de la iglesia como cuerpo de Cristo.

y sometió todas las cosas bajo sus pies, y lo dio por cabeza sobre todas las cosas a la iglesia, la cual es su cuerpo, la plenitud de Aquel que todo lo llena en todo - Efesios 1:22-23.

Este verso introduce a la iglesia como el cuerpo de Cristo. Afirmando que el Señor es la cabeza sobre ella. La iglesia, la cual se entendía como una asamblea local en Jerusalén, Antioquía y los lugares cercanos, mediante Jesucristo adquiere una dimensión universal. Cristo al ser la cabeza, reina en el universo por medio de su cuerpo. Cabe aclarar que la iglesia no es llamada a establecer el reino de Cristo, ya que Él es quien lo establecerá en el momento adecuado a llevar a cabo los hechos escatológicos, la iglesia como cuerpo y Cristo como su cabeza se entiende que es el organismo vivo el cual sigue organizadamente sus órdenes, el cuerpo es el medio de expresión.

Este cuerpo universal, el cual todo verdadero creyente pertenece, es un organismo espiritual que solo se puede ser parte mediante el bautismo del Espíritu[1803]. Es importante comprender la figura del cuerpo para poder entender la función de la Cabeza. Paul Enns lo describe de esta forma: "La palabra cuerpo es una metáfora que ilustra la unidad y universalidad de la iglesia. Como la cabeza tiene autoridad sobre el cuerpo físico y le da dirección, así también Cristo es cabeza de la iglesia, tiene autoridad sobre ella y le da dirección. La ilustración del cuerpo también enfatiza la unidad de todos los creyentes en era de la iglesia, pues reconcilia a judíos y gentiles en un cuerpo. No hay distinción, son uno en Cristo (1 Co. 12:13; Ef. 2:16; 4:4). Más aún, Cristo alimenta a la iglesia con líderes dotados, de modo que ella pueda madurar y edificarse como un cuerpo en Cristo (Ef. 4:12, 16; Col. 2:19). La participación en los elementos que componen la Cena del Señor ilustra la unidad de la iglesia como cuerpo de Cristo (1 Co. 10:16-17).[1804]"

[1802] Colosenses 1:15-20

[1803] 1 Corintios 12:13.

[1804] Paul Enns. Compendio Portavoz de Teología. Pág.349. Figuras de la iglesia. Editorial Portavoz. Grand Rapids, Michigan. EE. UU. 2010.

Cristo como cabeza del cuerpo, establece principios fundamentales para su iglesia de varias formas:

- **Sometió todas las cosas:** Se presenta el concepto de subordinar, hacer obediente, en el griego es un compuesto de *"jupo"* que denota posición y condición, y de *"tasso"* que es asignar de manera organizada. En sí, el texto alude, *"organizó todo para su obediencia a Él"*. Por ello usa el término bajo sus pies. Cristo cumple el destino por el cual el hombre fue creado al principio[1805] y busca expresarlo mediante su cuerpo como veremos a continuación.
- **Lo dio por cabeza sobre todas las cosas a la iglesia**: Esto comunica *"atrapo todo en la cabeza"*, esto se refiere a la pieza angular de una construcción y la más necesaria para sostenerla. En si es, la pieza necesaria para sostener lo demás. La autoridad absoluta y final sobre los llamados fuera, la Iglesia compuesta por los *"elegidos"* como el mismo contexto ilustra proviene del gr. *"ekklectos"* y significa *"los electos - escogidos, santos"*, estos se distinguen por sus acciones. El término cabeza *alude "la pieza que sostiene los santos para que estos expresen su propósito"*, esto entonces está basado en una dependencia a la autoridad y su control absoluto.
- **La cuál es su cuerpo** (hablando de la Iglesia) La cual del gr. *"hëtis"* significa *"la cual de hecho es"*, esta una afirmación de un hecho posicional y condicional. En cambio, la palabra cuerpo del gr. *"soma"* habla del agente expresivo, la expresión física del pensamiento. Esto alude *"quien expresa los motivos"*. La iglesia como cuerpo tiene la obligación espiritual, moral, física y hasta económica de expresar la voluntad de la cabeza, su deber es ser el medio expresivo de Cristo, el cual cumple el diseño divino para el hombre como mencioné en el primer punto.
- **La plenitud de Aquel que lo llena todo**: El término griego *"pleroma"* para *"llenar"* comunica una *totalidad*, la participación de una fuente, esto da a entender que *"quien lo llena todo, se expresa soberanamente mediante lo que llenó"*.

Este es el sentido verdadero del cuerpo de Cristo, ser la expresión de la voluntad divina de forma entendible, observando lo antes mencionado, puede ser que suscite la pregunta *¿Cuál debe ser el proceder del cuerpo en respuesta a la cabeza, la cual es Cristo?*

A) Permitir que Él se exprese mediante cada cual como creyente.
B) Testificar la verdad con acciones de vida.
C) Dar a conocer la multiforme sabiduría divina en una vida temerosa.
D) Traer gloria eterna a Dios en una vida de plena adoración ajustada a las Escrituras.
E) Edificar a sus miembros: alimentarlos y ejercitarlos en la Palabra.

[1805] Génesis 1:26.

F) Disciplinar a sus miembros: Corregir conforme las Escrituras. El propósito de la Iglesia es glorificar a Dios y servirle, permitiendo su control soberano y amable en ella.

El propósito divino no es la conversión del mundo, aunque a su vez Dios desea que todos vengan al conocimiento de la verdad y arrepentimiento[1806] no significa que busca convertir al mundo, sino más bien el propósito de Dios es el llamamiento de todos los que creerán en Jesucristo, para que conforme a tal llamado salgan del mundo y vengan a formar parte en el cuerpo de Cristo, la iglesia. La iglesia como organismo vivo ha sido organizada sobre el mismo principio del cuerpo humano, es decir, cada parte está estrechamente relacionada con las demás, y a su vez, todo el cuerpo como un organismo se relaciona con la cabeza la cual dirige todo el cuerpo. El cuerpo de Cristo no necesita esencialmente de una organización jerarca humana, puesto que su relación es espiritual y sobrenatural, su verdadero orden práctico yace en Jesús. Entonces se entiende que el término *"Cabeza"* expresa *"Autoridad"*: Como la parte más importante, respetada y honrada de todo. *"Quien guía y controla para que sea expresada la voluntad mediante su cuerpo[1807]."*

Su vid

Yo soy la vid verdadera, y mi Padre es el labrador. Todo pámpano que en mí no lleva fruto, lo quitará; y todo aquel que lleva fruto, lo limpiará, para que lleve más fruto. Ya vosotros estáis limpios por la palabra que os he hablado. Permaneced en mí, y yo en vosotros. Como el pámpano no puede llevar fruto por sí mismo, si no permanece en la vid, así tampoco vosotros, si no permanecéis en mí. Yo soy la vid, vosotros los pámpanos; el que permanece en mí, y yo en él, éste lleva mucho fruto; porque separados de mí nada podéis hacer. El que en mí no permanece, será echado fuera como pámpano, y se secará; y los recogen, y los echan en el fuego, y arden. Si permanecéis en mí, y mis palabras permanecen en vosotros, pedid todo lo que queréis, y os será hecho. En esto es glorificado mi Padre, en que llevéis mucho fruto, y seáis así mis discípulos - Juan 15:1-8.

"Cuando Jesús trazó la alegoría de la vid sabía de lo que estaba hablando. La vid se cultiva todavía en toda Palestina, más o menos como en España, aunque más en terrazas. Es una planta que requiere mucha atención si se quiere obtener un fruto de calidad. El terreno tiene que estar prácticamente limpio, y las plantas se separan convenientemente para que se puedan desarrollar. Se suelen podar los sarmientos en el invierno reduciendo su cepa a su mínima expresión. Algunas veces se poda la cepa a menos de

[1806] 2 Pedro 3:9.
[1807] Colosenses 1:18.

un metro de altura, dejándole brazos radiales que se atan a tutores hasta que se hacen resistentes, que son los que producen los sarmientos, y estos el fruto; otras veces como parras, que se hacen muy frondosas a la puerta de las cabañas. Pero siempre requieren una buena preparación y un buen cuidado del suelo. No se deja que la vid dé fruto los tres primeros años, para que desarrolle conservando toda su energía. Ya adulta produce dos tipos de sarmientos, unos que dan fruto y otros que no. Los que no van a dar fruto se cortan bien atrás para que no vuelvan a brotar ni esquilmen la fuerza de la planta. La vid no puede producir un buen fruto a menos que se le pode drásticamente—y Jesús lo sabía muy bien.[1808]"

La vid era un símbolo utilizado para ilustrar al pueblo de Israel como propiedad de Dios[1809]. La afirmación de Cristo sobre el título de propiedad es similar, pero a su vez es diferente a la del Antiguo Testamento, Jesús se presenta como la vid verdadera, el verdadero pueblo de Dios, la vid y sus ramas. Dios, el Padre es quien plantó esa vid y la cuida, eso se entiende como la comunidad que Él ha fundado. El contraste se presenta de manera clara, la nación de Israel fue presentada como una vid plantada por Dios. Pero resultó infiel y sin fruto, de modo que el Señor Jesucristo se presenta ahora a sí mismo como la vid verdadera, el perfecto cumplimiento de todos los tipos, sombras y símiles antes ilustrados a través de la historia. El punto fundamental aquí es la dependencia de los pámpanos a la vid para su sostén.

Jesús hace un juego de palabras que revela la naturaleza de su persona y su obra. La afirmación de Cristo *"yo soy la vid verdadera"* es una afirmación sobre su deidad, la frase *"Yo soy"* en el evangelio de Juan[1810] habla del mismo *"Yo soy"* de la antigüedad, esto revela todo lo necesario sobre su divina personalidad. La palabra permanecer es la forma verbal para *"lugar de morada[1811]"*. Según el Antiguo Testamento Dios prometió morar siempre con su pueblo obediente a su pacto[1812], esto revela la naturaleza de su obra y propósito, esto fue para establecer la seguridad del principio de dependencia en Él. Permanecer del gr. *"menó"* tiene un significado más profundo que simplemente seguir creyendo en él, aunque también incluye eso; significa *"habitar continuamente, hacer suyo propio"* esto verdaderamente alude *"vivir en unión íntima con él guardando Sus mandamientos"*.

Así como el Padre permanece en el Hijo, los creyentes permanecen en Él. La divinidad es la fuente y sostén inagotable de tal relación, no el creyente. Solo de esa forma sería posible llevar su fruto. La evidencia máxima que aclara lo antes mencionado se puede ver en Judas Iscariote, él fue un vivo ejemplo del tipo de rama que no produce fruto alguno, aunque tenía con la vid una relación de apego aparente. Cristo hace uso de la permanencia con esta alegoría tomando el mensaje antiguo de los profetas

[1808] William Barclay. Comentario al Nuevo Testamento. Juan 15:1. Pág. 466. Editorial CLIE. C/Ferrocarril 8. Viladecavals, Barcelona, España. 2006.

[1809] Salmos 80:8-11; Isaías. 5:1-7; Jeremías 2:21; Ezequiel 19:10-12; Oseas 10:1.

[1810] Juan 6:35, 8:12, 10:7, 10:9, 10:11, 10:14, 11:25, 14:6.

[1811] Juan 14:2, v.23.

[1812] Éxodo 25:8, 29:45; Levítico 26:11-12; Ezequiel 37:27-28, 43:9.

en el Antiguo Testamento donde llamaban por parte de Dios a Israel a llevar fruto[1813].

Existen diferentes opiniones tocantes a lo que se significa *"el pámpano que no lleva fruto"*. Algunos creen que se trata del falso que se hace pasar por verdadero, alguien que pretende ser creyente pero que nunca se ha unido a Cristo por la fe, en otras palabras, no regenerado. Otros creen que se trata de un verdadero creyente el cual pierde su salvación por no dar fruto, argumento que cae solo al suelo por su falta de argumentos, y a su vez es evidentemente imposible, porque va en contra de sin número de pasajes que enseñan que el creyente tiene una salvación imperecedera *(observar la sección anterior sobre el tema de soteriología)*. Otros creen que se trata de un verdadero creyente que recae en un estado de apostasía, que al apartase del Señor por su interés en las cosas de este mundo deja de expresar el fruto del Espíritu. Para tener un claro entendimiento de lo que el Señor hace exactamente con los pámpanos sin fruto depende del término griego *"airo"* que significa *"quita, remover"*, esto se está refiriendo a la disciplina, en este caso la muerte física[1814]. Sin embargo, la misma palabra a su vez significa *"levantar, ascender*[1815] *"*. Entonces, observando el significado puede ser que apunte refiriéndose a alentar al creyente sin fruto facilitándole el camino para que consiga luz y fruto. La composición en término general, en mi opinión, expresa ambas cosas, dando aliento al mostrar el camino al creyente que no da fruto para que así pueda hacerlo.

Las ramas muertas e infructíferas obviamente no tienen uso alguno para la carpintería y otros oficios de tales tiempos en los cuales se empleaba el material; su único valor adecuado era como combustible, se comprendía con esto que el mensaje proyectaba un ejemplo para que comprendieran la necesidad de cada uno de fructificar, y su vez una advertencia del proceso divino disciplinario si no presta atención a la exhortación anterior, culminando así con su existencia, recordando que Dios es soberano de hacer con su pertenencia como solo Él sabe conforme su sabiduría suprema. El labrador se esmera en su labor para deshacerse de la vegetación muerta para que las ramas vivas que llevan fruto puedan distinguirse bien.

El pámpano que lleva fruto se entiende que es el creyente que crece a la semejanza del Señor Jesús. Incluso, tales pámpanos necesitan ser podados y limpiados, la palabra *"limpiará"* del gr. *"kathairó"* expresa quitar lo que impide el crecimiento, el propósito es para que lleve más fruto. Viéndolo en el plano agrícola, el viñador tomaba la vid para limpiarla de insectos, mildiu[1816] y hongos, lo mismo sucede con el creyente, ha de ser limpiado de todo aquello que va contrario al carácter del Señor Jesucristo. El Padre *(presentado como el labrador)* quita todas las interrupciones de la vida del creyente para que este pueda llevar fruto en abundancia, Él hace todo lo

[1813] Isaías 27:6; Oseas 14:4-8.
[1814] 1 Corintios 11:30.
[1815] Juan 8:54.
[1816] Enfermedades criptogámicas que atacan a las plantas. Están causadas por omicetos de la familia Peronosporaceae.

necesario para arrancar los obstáculos que frustren una vida espiritual sana conformada al Hijo, tal como el agricultor, quita todo lo que impide el crecimiento en las ramas limpiándolas para que puedan rendir fruto al máximo[1817]. El medio utilizado por Cristo como agente purificador es la palabra de Dios, la palabra limpios del gr. *"katharos"* expresa *"pureza"*. Los discípulos originalmente fueron limpiados por la palabra en el momento de su conversión, ese mismo principio es aplicado en todo creyente de manera global, la limpieza divina presentada se refiere al efecto que causa la Palabra en quienes en arrepentimiento son justificados y santificados.

El creyente ha sido colocado posicionalmente en Cristo[1818] ese es el sentido de permanencia que Jesús da en su mensaje, una obediencia a la Palabra de Dios conformada a la nueva posición que se adquiere en Él. Esto se refleja en una íntima comunión con el Señor en el diario vivir. Volviendo a la ilustración del pámpano, la rama que permanece apegada a la vid absorbe toda la sabia, que verdaderamente es la esencia de vida y alimento de la vid, y mediante ese proceso expresa el producto, el cual es el fruto. Si el creyente se mantiene en comunión con Cristo, en oración, escudriñando y obedeciendo su palabra, y en unidad con las otras ramas fructíferas, está siendo consciente de su unión con Él y con los otros pámpanos pertenecientes a la vid. Al mantener este estilo de vida de manera constante en un contacto con Él, el creyente entonces gozará de una vida plena con todos los bienes divinos comunicados en gracia a los suyos y de la suministración de los recursos espirituales por el Espíritu. La rama sólo puede llevar fruto si esta permanece apegada a la vid. Por lo tanto, la única manera en que los creyentes pueden llevar fruto de carácter Cristo-céntrico es viviendo constantemente en contacto con Cristo por el Espíritu, esta es la fuente alimenticia de la iglesia, y es el mensaje proyectado por Jesús.

Cristo mismo es la vid; los creyentes son los pámpanos. La esencia del mensaje no se basa en que el pámpano tenga que vivir su vida para la *Vid*, sino que sencillamente debe dejar que la vida de la *Vid* fluya mediante los pámpanos de forma natural. El contraste es notorio, por ejemplo, muchos creyentes piden al Señor que les ayude a vivir su vida para Él, en vez de pedir que el Señor Jesús, viva su vida por medio de ellos. El pámpano de la vid tiene un solo propósito —dar fruto—. Es bueno para dar fruto —siempre y cuando permanezca en la vid—. De lo contrario para nada sirve. La expresión *"el que en mí no permanece"* significa *"a menos que"*, realmente expresa *"a menos que alguien permanezca en mí"*. Esto no significa que permanecer en Cristo es una condición que el creyente debe cumplir por sí mismo. Dios siempre está en primer plano pues es Él quien hace posible que se pueda permanecer en sí mismo.

La discrepancia de muchos yace a causa de una mala interpretación del texto, aludiendo que Cristo habla sobre la salvación del creyente. El tema que trata no es la salvación en sí, sino más bien la sujeción obediente que

[1817] Hebreos 12:3-11.
[1818] Efesios 2:6.

produce fruto. El resultado de la falta de comunión lleva a la negligencia, y a causa de ello es echado fuera como el pámpano —no por Jesús—. Cristo nunca expresa en el texto que Él hecha fuera a la rama inservible, nótese que dice *"será echado fuera"* no dice *"yo lo echaré fuera"* o *"el Padre lo echará fuera"*, esto se puede entender como un rechazo de los demás hacia esa persona. Los pámpanos son recogidos y lanzados al fuego, y arden. No es Dios quien lo hace sino la misma gente. Esto representa dos cosas:

1) *El rechazo por parte de los demás creyentes que no desean que su vida espiritual se vea afectada por otros*[1819].

2) *Que la gente del mundo se burla del creyente recaído por su incapacidad moral de vivir lo que dice creer.*

Echar al fuego en el contexto cultural era equivalente a repudiar una persona, alejarse de ella[1820]. Cuanto más cerca el creyente permanece del Señor, más aprende a pensar sus pensamientos. Cuanto más le conoce por medio de su palabra, más comprende su voluntad. Cuanto más su voluntad concuerde con la suya, tanto más podrá estar seguro como ser funcional y desarrollado adecuadamente en Él. Cuando el creyente exhibe la semejanza de Cristo en su vida ante el mundo, Dios es glorificado. Esto suscita que la gente se vea obligada a confesar la existencia de un gran Dios por la transformación de un ser tan pecador y malvado en uno piadoso y santo. El progreso de eso se puede observar en el texto en tres facetas:

1) *Fruto.*

2) *Más fruto.*

3) *Mucho fruto*[1821].

Cuando el creyente permanece en Él demuestra ser discípulo de Jesús y que Él es el maestro. En el contexto cultural, el discípulo se esforzaba por asemejarse a su maestro, demostrando así a que escuela rabínica pertenecía, la audiencia de Cristo comprendía claramente el mensaje que quería proyectar, que solamente mediante una dependencia divina a sus enseñanzas y capacidades, se podía lograr tal semejanza con Él.

Con el fruto divino expresado naturalmente mediante el creyente como pámpano, se cumple el diseño original para con el hombre en la persona del Hijo, solo por la relación directa con Jesús, se puede *amar, servir, adorar y glorificar a Dios*. En Jesucristo se cumple todo lo que Dios desea que uno sea, eso es ser iglesia, vivir en conformidad a la condición perfecta y excelencia moral que trae satisfacción al corazón del Padre, la expresión plena de Cristo, la *Vid* de los pámpanos, la *Cabeza* del cuerpo, el *Camino* del peregrino, la complacencia celestial[1822].

[1819] 1 Corintios 5:1-13.

[1820] Un ejemplo vivo de ello es el Rey David. Un verdadero creyente que, por su irresponsabilidad y falta de obediencia a las normas divinas, hasta el día de hoy, sufre una mancha en su vida moral por cometer adulterio, mentira y homicidio. Este es el argumento de los opositores para rechazar la verdad. Eso era considerado como ser echado al fuego.

[1821] *Fruto, más fruto*: Juan 15:2. Y *mucho fruto*: Juan 15:8.

[1822] Mateo 3:17.

Capítulo XI: Escatología

(Doctrina de las cosas futuras)

¿Qué es la Escatología? Del gr. *éskhatos* que significa *"último"* y *logos* que es *"estudio"* se comprende que es el conjunto de creencias sobre las cosas futuras a ocurrir, o realidades ultimas. La teología cristiana se ha ocupado mucho —especialmente durante el medievo y la Reforma— de los "novísimos", que corresponde a los últimos cuatro estados del ser humano, que son: *muerte, juicio, tormento y gloria.*

Escatología general se puede ver en varias formas:

- **La Parusía:** Conocido como el *"advenimiento glorioso"* o *"segunda venida"* de Jesucristo[1823] y el *"fin de los tiempos"*. Antes de ese tiempo se desarrollará la *gran tribulación*, en la cual se hará prominente el papel del anticristo.
- **La *"resurrección de la carne"*:** Todos resucitarán en el último día con sus cuerpos reconstituidos y perfeccionados, es decir, semejantes al de Jesucristo.
- **Escatología consumada:** La vida eterna, ya sea en el cielo o en el infierno.
- **Escatología intermedia:** Muerte física y muerte espiritual (el castigo eterno de Dios).

De una exégesis de las Escrituras tomada en su sentido gramatical se puede elaborar distintos apartados escatológicos extraídos básicamente desde el libro del Apocalipsis, bien que las aportaciones desde los otros libros aparte de la biblia son también importantes, no se desechan por completo por sus aportaciones históricas, se entiende que las Escrituras como fuente inspirada son la base informativa más adecuada. Los apartados son:

1) **Muerte física:** Como seres creados afecta a todos[1824]. Inmediatamente que la persona pierde aliento "muere", va directamente a un juicio, *(particular)* aparte del juicio final, para después estar ya sea gozando del paraíso o sufriendo en el infierno en agonía en espera para su juicio final.
2) **La segunda venida:** Este es el segmento más grande y a su vez más esperado por sin número de creyentes, este hecho a esperarse está situado en el fin de los tiempos[1825].

[1823] La primera venida habría ocurrido aproximadamente entre el 6 a. C.

[1824] Hebreos 9:27.

[1825] Hebreos 9:28.

3) **El anticristo:** Se entiende que aparecerá en los tiempos del fin, con doctrinas que negarán a Cristo y sus enseñanzas[1826].
4) **Resurrección:** Cristo la enseñó con claridad y él mismo lo llevó a cabo, Él resucitó.
5) **Los juicios:** El juicio particular inmediatamente después de la muerte y el juicio final, que será de carácter universal.

Observando estos cinco puntos se entiende que la escatología se trata del estudio de las *"cosas finales"*, bien el fin de la vida individual, o del fin de los tiempos, pero por sobre todas las cosas, la escatología trata más bien sobre la naturaleza del Reino de Dios en la persona de Cristo. A grandes rasgos, incluye el estudio del destino de la humanidad tal como se describe en las Escrituras, la fuente primaria para cualquier estudio escatológico. Los eventos escatológicos de interés más importantes para muchos son la muerte y la vida después de la muerte, el cielo y el infierno, el segundo advenimiento de Jesús, la resurrección de los muertos, el arrebatamiento[1827], la gran tribulación, el milenio, el fin del mundo, el juicio final, así como el cielo y la tierra nuevos del mundo que vendrá.

Los pasajes escatológicos se encuentran a través de toda la biblia, tanto en el Antiguo como del Nuevo Testamento. Hay también muchos ejemplos extrabíblicos de profecías escatológicas, así como tradiciones eclesiales, que, aunque carezcan de inspiración, aportan hasta cierto punto información sobre las inclinaciones de los tiempos de su elaboración. A pesar de que la fuente de estudio es una sola, existen al menos tres corrientes escatológicas:

1) **Postmilenarismo:** Este se inclina a que la segunda venida de Cristo será después del milenio. El orden de los acontecimientos según esta postura escatológica afirma que la última parte de la era de la iglesia es el milenio, y que a su vez será una era pacífica y llena de abundancia, gracias a la participación de la iglesia. Luego de ello, vendrá Cristo nuevamente y entonces, seguirá a ello una resurrección general, el juicio final y a partir de ahí la eternidad. Su método de interpretación es ampliamente alegórico con todo lo relacionado a la profecía. En su método hermenéutico afirma que apocalipsis 20 se cumplirá en el reino terrenal el cual será establecido mediante la iglesia y su participación con los sucesos divinos.
2) **Premilenarismo:** Este se inclina a que la segunda venida de Cristo ocurrirá antes del milenio. En su orden de acontecimientos cree que la era de la iglesia termina en el tiempo de la tribulación, donde Cristo regresa a la tierra e inaugura su gobierno con mil años de duración; luego viene la resurrección y el juicio d ellos perdidos; después de ello, la eternidad. En su método interpretativo, el premilenarismo se adhiere en su hermenéutica a un plano llano, normal, e histórico gramatical literal,

[1826] 1 Juan 2:18-23.

[1827] Depende de la inclinación escatológica. Mientras unos creen que será un suceso otros no.

entiende que Apocalipsis 20 habla en sentido literal, no alegórico. A su vez esta postura cree en el arrebatamiento, pero, entre los premilenaristas, no hay acuerdo en cuanto al tiempo preciso de ese suceso, tema que tocaré más adelante.

3) **Amilenarismo:** Este cree que la segunda venida de Cristo será al final de la era de la iglesia donde no habrá milenio terrenal. Se inclinan a que el estado presente d ellos creyentes en el paraíso es el milenio, por lo tanto, no existe un milenio terrenal. El orden de los acontecimientos según esta postura la era de la iglesia terminará en un tiempo de dolor, que luego de ello regresará el Señor para dar lugar a la resurrección general y establecer el juicio final; y después, la eternidad. En su método de interpretación basa su hermenéutica en un sentido espiritualista de las promesas dadas a Israel como nación, afirmando que su cumplimiento es con la iglesia. De acuerdo con esta inclinación, dice que Apocalipsis 20 describe la escena de las almas en el cielo durante el tiempo entre la primera y segunda venida de Jesús.

Métodos de interpretación escatológicos

- **Alegórico:**

Este método antiguo ha tenido un reavivar actual en la hermenéutica de muchos creyentes. En su definición se entiende de esta manera: "Cualquier declaración de hechos supuestos que admite la interpretación literal, y que sin embargo requiere o admite precisamente una interpretación moral o figurada, se denomina alegoría. La alegoría es a la narración o a la historia lo que la metáfora es a las palabras individuales, pues le agrega significado literal de los términos empleados otro significado moral o espiritual. A veces la alegoría es *pura*, eso es, no contiene referencia directa a la aplicación de esta, como en la narración del hijo pródigo. A veces está mezclada, como en el *Salmo 80*, donde se indica claramente (versículo 17) que los judíos son el pueblo que se quiere representar por medio de la viña.[1828]" Este método de interpretación busca tomar los textos literales en su propio sentido esforzándose en darle más valor al sentido secundario, en otras palabras, en su intento ignora el valor histórico y propone el sentido secundario con un valor sobre el primario, de manera que los eventos o palabras originales pierden significado. "De acuerdo con este método, el sentido literal e histórico de la Escritura se pasa por alto completamente, y cada palabra y evento se convierte en alegoría de alguna clase, bien para escapar de las dificultades teológicas o para defender ciertos puntos religiosos peculiares.[1829]"

[1828] J. Dwight Pentecost. Eventos del porvenir. Estudios de escatología bíblica. Pág. 3. Editorial Vida 1989 EE. UU. Citando a: Angus Joseph y Green Samuel G. The Bible Handbook. Pág. 220.

[1829] Charles T. Fritsch. Tipología Bíblica. Bibliotheca Sacra. Vol 104. Pág. 216. Abril 1947. Bibliotheca Sacra es una revista teológica publicada por el Seminario Teológico de Dallas, publicada por primera vez en 1844 y la revista teológica más antigua de los Estados Unidos. Fue fundado en el Union Theological Seminary en 1843, y se mudó al

Observando lo antes mencionado pareciera ante el sentido común, que este método no busca interpretar las Escrituras, sino más bien darle su propio sentido personalizado para buscar un sentido espiritual que se acomode a las necesidades. El método alegórico es peligroso porque carece de aplicación en las normas hermenéuticas adecuadas en su propio contexto haciendo caso omiso al significado de las palabras para dar lugar a la especulación, muchos eruditos concuerdan que este método está abierto a las fantasías más no a las realidades. Ya que no extra el significado legítimo de las palabras empleadas por el autor y está abierto a introducir significados deseados por el intérprete. Como bien menciona M. S. Terry: *"se coloca fuera de todo principio y de toda ley.*[1830] *"*

Se debe entender que por el solo hecho de que el Nuevo Testamento comunique ciertos pasajes en forma alegórica no significa que todas las Escrituras deban interpretarse como tal. Tanto el uso alegórico, como simbólico y tipológico en ciertos pasajes de las Escrituras no justifica que se deba aplicar a su totalidad, por lo tanto, en mi opinión hay que ser muy cuidadoso, ya que existen reglas de interpretación que llevan al estudiante dedicado a una sana conclusión, comprendiendo que cuando es un tipo, símil o alegoría, el mismo contexto apuntará a ello sin necesidad de forzarlo. Este método depende el planteamiento racionalista del interprete en conformidad a su sistema teológico predeterminado.

- **Literal:**

Opuesto al alegórico este se establece en un método histórico gramatical. Este método da apertura al significado exacto y normal de cada palabra. Bernard Ramm lo explica de esta forma: *"el método literal de interpretación es aquel que da a cada palabra el mismo significado básico exacto que s ele daría en su uso normal, ordinario, acostumbrado, bien sea empleado en escrito, al hablar o al pensar.*[1831] *"* Este método busca el significado exacto de las oraciones en su forma normal y en su propio idioma, es decir, lo que misma palabra designa que es en su propia existencia. El significado que tienen las parábolas, los símiles, las alegorías y los tipos, depende de la propia existencia del mismo significado literal a los términos, por lo tanto, adquiere mayor sentido la interpretación al seguir las propias reglas gramaticales. Cabe aclarar que este método no descarta en ninguna manera las figuras mencionadas *(tipos, símiles, alegorías y parábolas)* sino más bien, percibe la naturaleza de la oración en su significado primario y toma el secundario tal cual, no resta valor a uno para darle más valor a otro como en el caso del método alegórico. Coloca el orden

---

Andover Theological Seminary (ahora Andover Newton Theological School) en 1844 después de publicar tres números, al Oberlin College en 1884 y al Xenia Seminary en 1922. Dallas Theological Seminary (entonces el Evangelical Seminario teológico) se hizo cargo de la publicación en 1934.

[1830] Milton S. Terry. Hermenéutica. Editorial CLIE. C/ Ferrocarril, 8. Viladecavals, Barcelona, España.

[1831] Obra original en Ingles: Bernard Ramm. Protestant Biblical Interpretation 3rd edition. Baker Publishing Group 6030 East Fulton Road Ada, MI EE.UU.

adecuado del significado de manera cuerda y segura para no dar espacio a las especulaciones o imaginación del lector.

La inspiración plenaria de las Escrituras apunta que el Espíritu es quién dirigió a los redactores a la verdad apartándolos del error, Dios utilizó el lenguaje, la cultura, las costumbres y la misma historia en una unidad perfecta para proyectar el pensamiento escrito. Esta es la razón fundamental por la cual el lector debe interpretar las palabras y la misma gramática significativamente en su propio contexto sin forzar el texto a que diga algo que no es, sino más bien permitiendo que sea el mismo el que hable. Por ejemplo, el Nuevo Testamento hace uso del Antiguo para la exposición del pensamiento, y no lo hace en sentido alegórico, lo hace literal, viéndose ejemplificado en la persona y obra de Cristo, quien cumplió toda profecía, tipo y símiles a perfección, haciendo del Antiguo Testamento en el Nuevo un hecho literal[1832]. "Ninguna profecía que haya sido cumplida completamente se ha cumplido de otra manera sino literalmente[1833]."

Sobre el método alegórico, Filón en su afán de adoptar los conceptos de Aristóbulo trató de reconciliar la ley mosaica con la filosofía griega, haciendo que la ley pudiese ser aceptada al pensamiento grecorromano, pero a su vez, eso dio apertura y complicaciones para ajustar la ley a la cultura y no la cultura a la ley. Esto dio como punto de partida una puerta abierta para que al espiritualizar los hechos literales el misticismo fantasioso filosófico fuera el ideal en la mente de muchos, como lo fue con el caso de Orígenes, que inspirado en Filón y que, aunque tuvo mucho aporte en sus obras literarias, fueron consideradas herradas después de su muerte aproximadamente en el 254 d.C., tanto así que el Concilio de Constantinopla de 553 ordenó la destrucción de sus obras. De hecho, unos tres siglos después de su muerte, se le declaró oficialmente hereje gracias al uso excesivo de los métodos alegóricos.

Orígenes estimaba que la interpretación literal de las Escrituras era el nivel más bajo. Y a su vez, concebía como superior el nivel alegórico porque según él, *"edificaba el alma"*. Y para *"quien sea perfeccionado por ley espiritual"* está el conocimiento o *"gnosis"* que, según su criterio, era el nivel más alto. Él creía que se habían cometido muchos errores, porque la mayor parte de los lectores no habían descubierto el *"método correcto de examinar los textos santos"*. Y, por lo tanto, rechazaba el método interpretativo literalista que no pasa de considerar la historia de Jesús como hecho histórico y lo llamaba *"fé irracional y popular"*, él señalaba que la historia de Cristo crucificado es enseñanza para los infantes espirituales. Pero, sin embargo, también admitía, que fue la mejor idea para ayudar a las masas. En cambio, de las ideas alegóricas presentadas por ellos, el método literal busca los datos sobre los hechos basándose en evidencias tales como:

[1832] Lucas 24:27, vv.44-45.

[1833] Obra Original en Ingles: Charles L. Feinberg. Pre. Premillennialism or Amillennialism. American Board of Missions to The Jews Inc., New York; 2nd and enlarged Edition edition (1961). American Board of Missions To The Jews Inc. fue durante las décadas de 1930 y 1940 la misión cristiana más grande en proselitismo hacia los judíos en América. En 1984, la organización cambió su nombre a Chosen People Ministries.

gramática, etimología, historia, geografía, arqueología, teología y *lógica* para una conclusión crítico-científica acertada, rechazando así todo aquello que lleve a supuestos o sospechas sin conclusiones acertadas. Eso brinda una seguridad al estudiante de que el significado y aplicación es correcto, este método depende de la comparación Escritural en sí misma como Palabra inspirada, librando así al exegeta en su desarrollo interpretativo de opciones místicas o pensamientos que espiritualizan con adheridos el tema a estudiarse.

Tener un conocimiento detallado sobre ambas corrientes de interpretación en la escatología, dará al lector una idea clara sobre los hechos futuros a ocurrir.

Posturas sobre el arrebatamiento

El postmilenarismo y amilenarismo ven el arrebatamiento de la iglesia al final de esta era y coinciden con la segunda venida de Cristo. En el punto premilenarista existen varios puntos de vista. J. Dwight Pentecost escribe lo siguiente sobre la posición del traslado parcial: "el presente siglo, con respecto a la iglesia verdadera, termina con la traslación de la iglesia a la presencia del Señor. La doctrina de la traslación de la iglesia es una de las mayores consideraciones de la Escatología del Nuevo Testamento (Jn. 14:1-3; 1 Ts. 2:1; 4:13-18; 1 Co. 1:8; 15:51-52; Fil. 3:20-21; 2 Co. 5:1-9). Es una de las cuestiones en que los estudiantes de la Biblia están más en desacuerdo actualmente. Los intérpretes de la escuela premilenaria están divididos: unos son partidarios del traslado parcial, los cuales presentan el tema de los sujetos del traslado, y otros con partidarios del traslado antes de la tribulación, o del traslado durante la tribulación, o después de la tribulación. Estos presentan el tema del tiempo del traslado en relación con el periodo de la tribulación.[1834]" El arrebatamiento pretribulacional para quienes creen en esta postura significa "*que el Señor vendrá a los aires a recoger a los santos*", y que esto tendrá lugar antes del comienzo del periodo de siete años de la tribulación. Según este punto de vista, la iglesia no atravesará la tribulación. El pretribulacionismo presenta argumentos para apoyar su idea, basado en:

- **La promesa de preservación:** Se ven inclinados a las promesas bíblicas sobre la preservación de los que creen en el día de la prueba.

Por cuanto has guardado la palabra de mi paciencia, yo también te guardaré de la hora de la prueba que ha de venir sobre el mundo entero, para probar a los que moran sobre la tierra - Apocalipsis 3:10.

[1834] J. Dwight Pentecost. Eventos del porvenir. Estudios de escatología bíblica. Pág. 121. La posición del traslado, Cap. X. Editorial Vida 1989 EE. UU.

El término utilizado *"te guardaré el día de la hora de la prueba"* se entiende como una promesa de que los creyentes serán preservados del periodo tribulacional el cual, el mismo verso expresa *"vendrá sobre el mundo entero"*. Dos palabras son importantes *"hora"* y *"prueba"*, la primera del gr. *"hóra"* habla de un periodo definido, y la segunda del gr. *"peirasmos"* es *"un ensayo"*, esto da a entender aquello que lleva a examinar a una persona. A lo largo del Apocalipsis se pueden ver promesas de preservación y liberación especial, en otras palabras, protección divina a favor de los justos para los momentos difíciles que estaban por ocurrir. Viendo el Antiguo Testamento encontramos profecías las cuales hablan de un Dios fiel para con su pueblo en tiempos de tribulación, algunos textos el Nuevo Testamento hacen referencia a que los justos son probados mediante el sufrimiento común[1835], culturalmente, según la costumbre de esos tiempos, el término *"hora de la prueba"* lo catalogaban con connotaciones universales, nunca como un suceso local, por esa razón muchos entienden que habla de la tribulación y a su vez, por el contraste que presenta todo Apocalipsis entre los justos e injustos, santos y perversos, esto apunta con miras a la "hora final", el día del juicio.

Evis L. Carballosa lo describe de esta manera: "La promesa del Señor se expresa así: «Yo también te guardaré de la hora de la prueba que ha de venir sobre el mundo entero.» La importancia del contenido de esta promesa no debe ser minimizada. Su comprensión tiene que tomar en cuenta una adecuada exégesis del texto que conduzca a una hermenéutica congruente con el pasaje en particular y con el argumento del mismo libro de Apocalipsis. El texto castellano de la Reina-Valera 1960 no destaca el énfasis del «yo también» (kagó). Su uso aquí sugiere reciprocidad y su traducción sería: «yo también por mi parte.» en el contexto de Apocalipsis 3:10 se podría expresar así: «Porque has guardado la palabra del Señor se extiende a, yo, a su vez, te guardaré…[1836]» Ahora bien, la promesa del Señor se extiende a «la hora de la prueba que ha de venir sobre el mundo entero». ¿Qué significa esa frase? La respuesta a esa pregunta es de vital importancia. Curiosamente José Grau omite toda discusión de dicho texto y sólo se limita a citar el versículo[1837].

Leon Morris, por su parte, se circunscribe a decir que «podría significar "guardarte de atravesar la prueba" o "guardarte justo a través de la prueba"», aunque luego añade: «Esta es una prueba completa porque *probará a aquellos que moran en la tierra*, que parece significar todos los habitantes de la tierra[1838].» Otra opinión generalizada es la que expresa el reconocido teólogo y comentarista George E. Ladd[1839]. Este escritor ubica «la hora de la prueba» dentro de los tiempos escatológicos que precederán al regreso

[1835] 1 Pedro 1:7; Juan 17:15.

[1836] Véase William F. Arndt y F. Wilbur Gingrich, *A Greek Lexicon of the New Testament and other Early Christian Literature*, p. 387.

[1837] Véase José Grau, *Estudios sobre Apocalipsis, p. 133.*

[1838] Leon Morris, «Revelation», *Tyndale New Testament Commentaries*, p. 80.

[1839] Véase George E. Ladd, *A Commentary on the Revelation of John*, p. 82.

glorioso de Cristo. La identifica con la gran tribulación de los últimos días, pero sitúa la Iglesia dentro de este periodo y afirma que ella sufrirá las persecuciones del Anticristo. Es desconcertante, sin embargo, que Ladd no explica satisfactoriamente el hecho de que el texto declara que esa «hora de la prueba» tiene como propósito «probar a los que moran sobre la tierra». Es decir, la prueba referida en el pasaje no está diseñada para la iglesia sino, evidentemente, para el mundo inicuo.

Una interpretación normal del pasaje conduce a la conclusión de que «la hora de la prueba» (*teis hóras tou peirasmou*) se refiere a ese periodo de juicio y tribulación que precede al establecimiento del reino mesiánico. Dicho periodo se menciona en Daniel 12, Mateo 24, Marcos 13 y 2 Tesalonicenses 2, y abarca los capítulos 6 al 19 del Apocalipsis. La hora de la prueba se refieren sin duda, a la septuagésima semana de la profecía de Daniel (9:27) por las siguientes razones:

1. Afectará al mundo entero. El texto dice: «Que ha de venir sobre el mundo entero» (*teis melloúseis érchestai epi teis oikauméneis hóleis*). Esa gran tribulación será universal (Mt. 24:14, 21). Afectará a todos los seres humanos (Mt. 24:22) y será un periodo único, puesto que si no fuese acortado nadie sobreviviría. Tal cosa jamás ha ocurrido en la tierra hasta el día de hoy.

2. Dicha tribulación tiene como propósito «probar a los que moran sobre la tierra». El verbo «probar» (*peirásai*) es el aoristo primero, modo infinitivo, voz activa de *peirádso*, y sugiere propósito. La expresión «los que moran sobre la tierra» es una frase cliché, usada en el Apocalipsis repetidas veces (véase Ap. 6:10; 8:13; 11:10; 12:12; 14:6) y se refiere a los que no poseen ciudadanía celestial. Sus hogares, corazones, honor, ilusiones y esperanza están totalmente centrados en la tierra. Éstos constituyen una clase particular de gente que serán dejados en la tierra y sufrirán la ira divina.

La promesa de ser removidos de la tierra antes que comience la hora de la prueba debió servir de aliento y consuelo a los creyentes de Filadelfia[1840]." Observando a fondo lo que el mismo texto expresa, la congregación de los santos de Filadelfia se mantuvo en la verdad de la palabra de Dios viviéndola delante de los hombres, el Señor los iba a guardar de la hora de la prueba que ha de sobrevenir sobre todos los que moran sobre la tierra. Aquí tenemos una promesa de exención del periodo de la tribulación descrita en los capítulos Apocalipsis[1841]. La promesa está basada en que los creyentes serán guardados de la hora de la prueba, por ello el uso del término gr. *"ek"*, comunicando *"fuera del periodo"* no a través de este. «Los moradores sobre

[1840] Evis L. Carballosa. Apocalipsis: La consumación del plan eterno de Dios. Pág. 91-93. Editorial Portavoz, Grand Rapids. Michigan EE. UU. 1997.

[1841] Apocalipsis 6:17, 7:1-17, 8:1-13, 9:1-21, 10:1-11, 11:1-19, 12:1-17, 13:1-18, 14:1-20, 15:1-8, 16:1-21, 17:1-18, 18:1-24, 19:1-21.

la tierra» es un término que habla de aquellos que han hecho del mundo su fuente de vida[1842].

La promesa divina de guardar a su Iglesia fuera de este periodo de la hora de la prueba. Se caracteriza por dos razones:

1) *El creyente gracias a la obra de Cristo en la cruz es libre de ser el depósito de la ira y del juicio divino.*

2) *La descarga de los juicios de la ira divina expresados como sellos, trompetas y copas, si la Iglesia lo sufrirá como muchos afirman, entonces la obra de Cristo no cumplió su cometido.*

El período descrito a lo largo de Apocalipsis apunta a la *"la gran tribulación"* y se identifica como período de tiempo[1843]. Entonces, el verbo *"guardar"* se comprende que al ir seguido por la preposición *"fuera de"* apoya el arrebatamiento de la iglesia antes de la tribulación[1844]. Este período conocido como el *"tiempo de angustia para Jacob*[1845]*"* la iglesia será preservada.

- **La retirada de la obra residencial del Espíritu:** se entiende que habrá una retirada de la obra del Espíritu como cuerpo de Cristo, lo cual a su vez exige que sea retirada su iglesia.

Y ahora vosotros sabéis lo que lo detiene, a fin de que a su debido tiempo se manifieste. Porque ya está en acción el misterio de la iniquidad; sólo que hay quien al presente lo detiene, hasta que él a su vez sea quitado de en medio - 2 Tesalonicenses 2:6-7.

Estos versículos para muchos son un poco claros. Ya que parece que se habla de algo bien conocido por el remitente y sus destinatarios pero que a los lectores actuales se les escapa. Se hace mención sobre el hijo de iniquidad que opera con el poder de Satanás para destruir a la iglesia con señales y prodigios falsos. Sobre tal inicuo se habla que hay algo que lo detiene, *"lo que lo detiene"* es un término neutro en el v.6, habla de manera impersonal, pero en el v.7 es masculino, y habla de manera personal, muchos entienden que el anticristo tiene un impedimento que lo imposibilita de actuar libremente, esta obstrucción es Dios mismo habitando en su iglesia por el Espíritu, pero existe otra inclinación la cual afirma que lo que le detiene es un gobierno humano. Basado en la primera interpretación lo que le detiene *"será quitado"*, quitado de en medio, no se refiere a remoción, sino más bien a *"ponerse a un lado"*. La noción es salir *"de en medio"* sin irse del todo, se entiende que ocurrirá con el arrebatamiento[1846]. De acuerdo con la segunda opinión lo que le detiene será quitado cuando el gobierno humano

[1842] Salmos 17:14.
[1843] Apocalipsis 7:14, 11:2-3; 12:6, v.14, 13:5; Mateo 24:21.
[1844] Juan 14:1-3; 1 Corintios 15:51-52; 1 Tesalonicenses 4:13-17.
[1845] Jeremías 30:7.
[1846] 1 Tesalonicenses 4:13-18.

sea derrocado por el Anticristo, esta no tiene argumento bíblico que le soporte.

El Espíritu morando en la iglesia parece ser la forma más completa y precisa a la descripción del que *"detiene"*. Así como *"detiene"* es mencionado primeramente como algo y luego alguien se comprende que se habla del mismo Espíritu[1847]. El Espíritu se le menciona en forma neutro por razones gramaticales, por ejemplo, la palabra *"pneuma"* es neutral. Y cuando se emplea en masculino se hace para subrayar su personalidad. Pablo se refiere a la persona del Espíritu como aquel que refrena a los *"anticristos"*, en otras palabras, aquellos que niegan a Jesús[1848], y al *"anticristo"* mismo. en el v.6 el Espíritu es llamado *"katejon"* como el mismo neutro antes mencionado para *"lo que lo detiene"*, esto corresponde al término gr. *"pneuma"*, el v.7 expresa *"ho katejon"* que significa *"lo que resiste"*, ambas indican que el anticristo no puede realizar cosa alguna sin la aprobación o permiso del Espíritu, naturalmente esto no se refiere a un apartar del Espíritu como ser omnipresente y omnipotente que es, sino a la remoción de su poder represor mediante la iglesia. Al remover el limitante, eso permitirá a Satanás y al anticristo actuar libremente sobre la tierra, no olvidando que a pesar de que pueden actuar con libertar lo hacen bajo el limitante de que están para cumplir el propósito de Dios para preparar la futura manifestación de Cristo en Gloria.

El Espíritu se irá del mundo en el mismo sentido en que vino en Pentecostés. Él seguirá en el mundo *(su omnipresencia no cambia jamás)*, convenciendo a las personas de pecado y llevándolos a la fe salvífica. Entonces, la retirada en el arrebatamiento no significa que nadie vaya a ser salvado durante la tribulación. Naturalmente que habrá salvos. Pero estas personas no serán miembros de la iglesia, sino que vendrán a ser siervos del glorioso reino de Cristo a manifestarse.

Un ejemplo que soporta lo antes mencionado es la sal de la tierra[1849], la sal es un preservante, e impide que la corrupción y su avance en el alimento. Entonces, cuando el Espíritu salga del mundo como morador permanente en la iglesia[1850] desaparecerá el freno a la iniquidad. El misterio de la iniquidad estaba ya en acción desde el momento en el que Pablo escribió su carta[1851], con eso se entiende que ya se encontraba superficialmente una motivación de desobediencia contra las leyes de Dios. Se entendía con eso que *"obraba misteriosamente"*, en otras palabras, que aún no estaba plenamente manifestado. Se entiende que el poder que impide a Satanás levantar la apostasía final y la manifestación de su falso cristo, debe ser obligatoriamente un acto divino y sobrenatural. Lógicamente tiene que ser el poder de Dios que interviene directamente para frenar a Satanás para que el anticristo no pueda venir hasta que Dios remueva a la iglesia de en medio

---

1847 Juan 14:26, 15:26, 16:8, vv.13-14.

1848 1 Juan 2:18.

1849 Mateo 5:13.

1850 1 Corintios 3:16, 6:19, esto es en el mismo sentido como vino en pentecostés.

1851 1 Juan 3:4, 5:17.

como el recipiente del poder del Espíritu que lo detiene. El anticristo será revelado en el momento determinado por el Señor, tal como Cristo se revelo en el momento indicado[1852].

- **Recipientes de la ira divina:** La tribulación será un tiempo en el cual la ira de Dios será derramada por completo, pero de igual forma se entiende según las promesas bíblicas y la obra de Cristo, que la iglesia está exenta de esa.

Porque el gran día de su ira ha llegado; ¿y quién podrá sostenerse en pie? - Apocalipsis 6:17.

El sexto sello es lo que dará apertura a los que los profetas en la antigüedad llamaron "el día del Señor[1853]". Aunque algunas versiones exponen sostenerse de como una pregunta, otras lo hacen como una expresión de admiración, ambas son válidas, ya que se refiere al hecho de que el hombre está contra Dios desde la caída en Edén, y a causa de su rebeldía ante toda ley divina, verá de forma clara el poder de Dios, el cual nada ni nadie puede permanecer de pie. Sea en pregunta o en admiración la afirmación que expresa el verso, en ambas recae el poder soberano de Dios, sobre todo, ya que la fuerza está en la palabra día, la misma del gr. *"hémera"*, este término da a entender el espacio de tiempo entre el amanecer y la oscuridad, o la totalidad de las horas del *"aganaktesis"* que es *"enojo, indignación"* de Dios, los judíos consideraron que este suceso sería aproximadamente por varios días los incluían las partes de ambos extremos; entonces, figurativamente esto habla de un período, en el cual Dios derramará su poder, pero no para edificar, sino más bien basado en su Justa y Santa indignación por el pecado.

Todo el capítulo seis de Apocalipsis habla del principio del día del Señor. Aquí es el comienzo del también conocido el día de Cristo, porque es ahí donde los creyentes serán trasladados para ser preservados con su Señor. En este suceso los creyentes serán tomados de la tierra y el juicio de Dios será derramado sobre los opositores de Jesús, los cuales también se incluye a quienes le negaron. Aquí podemos ver el principio de los primeros siete años[1854]. Los eventos que tendrán lugar en la semana setenta mencionada por el profeta Daniel se describen en los capítulos 6 al 19 de Apocalipsis, estos eventos de igual forma cubren parte en los capítulos 24 y 25 del evangelio según Mateo. Estos eventos nunca se han observado en la historia, al ser de carácter escatológicos se entiende que sucederán y a su vez marcarán la misma. Este día del Señor[1855], conocido también como el día de la angustia

[1852] Gálatas 4:4.
[1853] Joel 2:11; Jeremías 49:36; Malaquías 3:2.
[1854] Daniel 9:24-27.
[1855] Isaías 2:12, 13:6-9; Jeremías 46:10; Joel 3:14; Amós 5:20; Sofonías 1:7; Zacarías 14:1.

par Jacob[1856], el tiempo de dolor[1857], se refleja aquí en Apocalipsis 6:17 como el *"día de su ira"*.

Nótese que en el momento que el Señor toma el libro y comienza a abrir los sellos se observa una serie de sucesos:

1) **Un jinete en un caballo blanco:** *Esto representa la falsa paz que el anticristo ofrecerá.*
2) **Un jinete en un caballo rojo:** *Esto representa la guerra.*
3) **Un jinete en un caballo negro:** *Esto representa el hambre.*
4) **Un jinete en un caballo amarillo:** *Esto representa la muerte.*
5) **Las almas de los mártires bajo el altar:** *Esto representa la persecución.*
6) **Catástrofes:** *Cambios atmosféricos que producirán destrucción.*

Cuando el verso expone *"quien se mantendrá de pie"*, comunica la terrible reacción a causa del pánico en los no creyentes. Estos en conformidad a su pánico, van reconociendo de forma progresiva la ira divina mediante los sucesos presentados anteriormente, en los cuales la cuarta parte de la población no existirá[1858], el hambre será de carácter mundial[1859], y se vivirá una guerra única en el mundo entero[1860]. La secuencia de estos eventos no hace efecto en la indiferencia de la humanidad hasta que el sexto sello es abierto y se manifiesta el *día del Señor* para derramar Su ira.

Esta indiferencia es similar a la de los días de Noé, indiferencia que Dios juzgó mediante agua[1861], el argumento presentado a favor de la translación de los creyentes está basada en que, así como con Noe, Dios preservó a los justificados de la ira divina *(siendo Noe y el arca un tipo de Cristo)*, de igual forma en tal evento futuro a los justos por Cristo *(el antitipo de Noé y el arca)*. En respuesta a la pregunta *¿y quién podrá sostenerse en pie?* Se entiende que nadie ha podido, podrá, ni puede, mantenerse de pie ante el Señor, pero a su vez es Él quien sostiene al pecador regenerado por la gracia derramada en Cristo. En cambio, quien le ha rechazado no tiene sostén alguno, por esta razón se entiende que los creyentes no participarán como receptores de la ira divina a manifestarse en ese terrible día.

Y esperar de los cielos a su Hijo, al cual resucitó de los muertos, a Jesús, quien nos libra de la ira venidera - 1 Tesalonicenses 1:10.

La esperanza del creyente en el regreso de su Señor está basada en el hecho de la resurrección de Cristo de entre los muertos, esto es, que su regreso es tan real como lo fue su resurrección[1862], y a su vez es la garantía para la resurrección de los santos. Los creyentes de este tiempo reposaban

---

[1856] Jeremías 30:7.
[1857] Daniel 12:1.
[1858] Apocalipsis 6:7-8.
[1859] Apocalipsis 6:5-6.
[1860] Apocalipsis 6:3-4.
[1861] Génesis 6:1-8:22; Mateo 24:37-39.
[1862] Hechos 1:3-11.

en la promesa que se les dio a los apóstoles cuando observaban a Jesús ascender. Basándose en la promesa, es que se entiende que Él nos librará de la ira venidera, la misma la cual se mencionó anteriormente, de los juicios conocidos como *"ira"* expresados en Apocalipsis. La resurrección de Cristo fue el adelanto de todos los creyentes que habrán de participar de esta, tal figura era la que predominaba em la enseñanza judía desde Daniel 12:1-2 en adelante; de esa forma es que los creyentes serán librados de la ira a manifestarse, y los tesalonicenses comprendieron el mensaje. A menudo la palabra *"ira"* se aplica en todo el Antiguo Testamento para dar por significado a los juicios de Dios en toda la historia, pero de igual forma Pablo lo aplica como en todo el Nuevo Testamento en términos exactos para la ira divina a manifestarse en los tiempos finales, el día del juicio cuando Cristo vuelva para castigar a los malignos[1863]. La resurrección es la garantía de la preservación de los creyentes[1864], por lo cual se entiende que habla del traslado de los creyentes con el Señor previo a la tribulación.

El argumento que se presenta para sostener esta postura yace en la expectación presentada en la carta misma, la palabra esperar del gr. *"anameno"* significa *"aguardar"*, esta palabra resalta el entusiasmo en la espera. Esto es una expectativa que implica un estado decisivo por parte de los creyentes de esa era *"que servían al Señor fielmente"*. Su esperanza en Cristo desde el cielo sin duda se refiere a su regreso. Esto a su vez se refiere a lo que Pablo en la misma carta llama *"arrebatamiento"* utilizando el verbo *"harpagesometha"* de *"harpazo"* que significa *"quitar a la fuerza, arrancar"*, muchos tienen la idea de que los creyentes atravesarán la ira divina de la tribulación, eso suscita la pregunta *¿Cómo podría el Apóstol presentar el hecho de la venida de Cristo de los cielos como algo que la iglesia en ese tiempo, guardaba con grande y gloriosa expectación?* La respuesta es que aquí el Señor es presentado como el que viene del cielo por sus hijos, los que duermen y los que viven.

Nótese que más adelante en la línea contextual de la carta Pablo presenta al Señor viniendo con sus santos[1865], entonces, *¿Cómo puede regresar Cristo con sus santos sin antes trasladarlos?* Claramente su regreso es al final del periodo de la tribulación, de manera que sus santos puedan reinar con Él, por ende, es imposible que los creyentes pasen la amarga etapa de la ira divina. La palabra librará del gr. *"rhuomai"* significa *"llamar a uno mismo"* es voz media del verbo *"rheo"* y comunica *"rescatar"*. El verso entonces se puede traducir *"rescatará de la ira"*. Muchos autores piensan que habla del rescate de la ira eterna por el pecado, de ser así hablaría en tiempo pasado *"rescató de la ira"* como un hecho que tiene consecuencias continuas, recordando que la carta va dirigida a personas regeneradas, ya salvas, no a personas que serán salvadas. Por ello se entiende que habla del rescate de la ira venidera a manifestarse en *"el día del Señor"*.

[1863] Isaías 13:9-13, 26:20, 30:27; Sofonías 1:18; Romanos 2:5.
[1864] 1 Tesalonicenses 4:13-18.
[1865] 1 Tesalonicenses 3:13.

Pablo escribe en la carta a tesalónica la perspectiva de una mirada celestial a las promesas hechas por el Señor basándose en sus propias evidencias, la exhortación llevó los receptores de la carta a tener una expectativa sobre:

1) **La Persona del Hijo:** Su carácter fiel y justo en sí mismo.
2) **El lugar celestial:** Como la morada eterna del que lo habita todo, y a su vez goza de su perfección.
3) **Quien resucitó:** La garantía de que quienes le pertenecen también participarán de ello.
4) **El nombre de Jesús:** La salvación perfecta que este proveyó a quienes creyeron.
5) **La libertad de la ira venidera:** Así como el creyente participa de la salvación en su presente de igual forma en su futuro.

Tal expectativa reflejó al menos tres aspectos de la experiencia personal de los creyentes de la época:

- **Seguían:** Contemplaban al Señor y su obra.
- **Servían:** Se alentaban unos a otros y proclamaban el Evangelio.
- **Esperaban:** Su mirada estaba en Jesús y su promesa de regreso.

La Iglesia esperaba de los cielos al Cristo ascendido. Esto implica la posibilidad de que su esperanza estaba basada en que regresaría durante la vida de ellos. Observándolo con una mirada contemporánea, la esperanza del creyente es el regreso inminente del Señor Jesús en su actual vida terrenal[1866]. La posición del Arrebatamiento pretribulacional es el único pensamiento que permite al creyente esperar en una esperanza definida la salvación de la ira venidera. Las otras perspectivas abandonan la posición del traslado.

Porque no nos ha puesto Dios para ira, sino para alcanzar salvación por medio de nuestro Señor Jesucristo - 1 Tesalonicenses 5:9.

Como bien se observa, el verso habla sobre el día del Señor en todo el contexto inmediato. El propósito de toda la retórica de la carta está basado en llevar al lector a la fe en los eventos a ocurrir por parte del Señor, dando a entender que la fe no es, ni debe ser, una estática, sino más bien activa en obedecer. Toda cuestión presentada en la carta está relacionada con la justicia en la que los creyentes juegan su papel como iglesia. En conformidad a ello, es que se nos permite ver el propio significado de la palabra *"parousia"*, el lenguaje de este término era utilizado de forma *político-administrativo* para el recibimiento de un alto dignatario o funcionario del imperio romano a una ciudad por su visita oficial. Ante la llegada de

[1866] Lucas 12:36; Romanos 8:23; 1 Corintios 11:26; 2 Corintios 5:2; Gálatas 5:5; Filipenses 3:20; Tito 2:13; Hebreos 9:28; Santiago 5:7-9; 1 Pedro 4:7; 1 Juan 3:3; Judas 21; Apocalipsis 3:11, 22:7; v.12, v.20.

cualquier autoridad, el pueblo salía al encuentro y servía de escolta hasta donde se le recibía, la misma costumbre la aplicaron con Jesús en su entrada a Jericó[1867].

La ilustración gira en el entorno del retorno de Cristo, para que quienes creen en Él sean arrebatados junto con los mártires para recibirlo en los aires, el regreso del Señor no puede dejar de ser el corazón de la iglesia, y a su vez, la espera ha de ser productiva. El acontecimiento de su retorno responsabiliza a la iglesia al mejoramiento de la realidad en la que vive. La iglesia tiene una misión fundamental, dar testimonio de las misericordias de Dios. Por esa razón el verso expresa *"no nos ha puesto Dios para ira"*. Esto presenta dos aspectos opuestos, tanto en carácter como en su función, *salvación* e *ira*. Para el creyente es la preservación celestial de la ira. Para el no creyente, su introducción al tiempo de ira sobre la tierra el día del Señor. Por cuanto el creyente queda perfectamente preservado en Cristo, *"no nos ha puesto Dios para la ira que derramará durante el Periodo de la Tribulación"*, sino *"para salvación"*.

Algunos comprenden que la ira mencionada se refiere al castigo que los incrédulos sufrirán en el infierno. Naturalmente, es un hecho realmente cierto, pero aquí no presenta eso, Pablo no está hablando del infierno, sino más bien de los acontecimientos futuros sobre la tierra. El contexto trata acerca del *día del Señor* no de un actual estado de juicio. A su vez, otros se inclinan a creer que al hablar de la tribulación se está refiriendo al tiempo de la ira de Satanás sobre el mundo, aislando versos como Apocalipsis 12:12, afirman que no habla de la ira de Dios. Esta postura cree que la iglesia experimentará la ira de Satanás, y después será librada gracias al regreso de Cristo. Esa postura queda sin fundamento al analizar el tema en las Escrituras en todo su contenido, ya que la biblia expone la ira por parte de Dios y del Cordero, en el marco de la tribulación[1868]. Tanto la angustia como la tribulación asociadas con el día del Señor[1869], el creyente será preservado, algunos escritores afirman que de igual forma este verso puede ser que hable de la condenación eterna, afirmar tal cosa es ignorar todo el contexto inmediato el cual habla del mismo día del Señor y su ira a derramarse.

Ya que vimos el punto sobre el arrebatamiento, relacionado con el punto de vista pretribulacional es sano observar cada uno en particular:

Arrebatamiento a la mitad de la tribulación

Esta postura cree que este evento ocurrirá cuando hayan pasado tres años y medio de tribulación. Los argumentos expuestos son:

[1867] Lucas 18:35-19:5.

[1868] Apocalipsis 6:16-17, 14:9-10; v. 19, 15:1, v.7, 16:1, v.19.

[1869] 1 Tesalonicenses 5:3.

La última trompeta

En un momento, en un abrir y cerrar de ojos, a la final trompeta; porque se tocará la trompeta, y los muertos serán resucitados incorruptibles, y nosotros seremos transformados - 1 Corintios 15:52.

Observando el propio contexto la resurrección es el fundamento de la fe como se afirma el todo el capítulo 15 de la primera carta a los Corintos. Esta verdad es tan esencial a la fe que el Apóstol menciona que, si Cristo no ha resucitado, la fe es inútil; ya que entonces no habría eficacia contra el pecado[1870]. Con respecto a la resurrección de Jesús, si se ve desde la perspectiva judicial, el testimonio basado en los relatos fidedignos y en conjunto de todos los testigos es una prueba irrefutable que certifica ante cualquier tribunal la veracidad del hecho y por consecuente no puede ser rechazada[1871]. La resurrección de Cristo es la base de la fe, dado a que no solo tiene el testimonio externo de la historia, sino a su vez la certeza interna que proviene de la presencia del Cristo resucitado en las vidas de los creyentes.

La identificación con Jesucristo en su persona y obra cubre el ser integral del discípulo del Señor, ya que no solo murió, sino que el creyente ha muerto con Él, fue sepultado con Él y resucitó juntamente con Él[1872]. Gracias a su resurrección hizo sentar al creyente en los lugares celestiales, así como juntamente con Él murió, y resucitó, también ascendió posicionalmente[1873], lo que significa que cada creyente se encuentra en una íntima unión relacional con aquel que tiene en su soberanía el control supremo del universo. Ya que el tema central del verso presentado es la resurrección de Cristo, se entiende que mediante este hecho histórico los creyentes se hicieron uno solo con Él para disfrutar de una transformación que exhibe resultados palpables presentes y una esperanza inquebrantable con miras al futuro[1874].

Histórico y culturalmente los profetas en la antigüedad empleaban la imagen de la trompeta la cual se utilizaba para congregar al pueblo para una vocación, guerra o una advertencia de peligro nacional, en este caso, Pablo la emplea comunicando una reunión teniendo en mente la profecía bíblica del Antiguo Testamento y las enseñanzas de Jesús[1875]. Basado en este hecho glorioso a ocurrir se expone el uso de la trompeta como el llamado a la reunión con el Señor. Cabe observar que el empleo de la trompeta no denota el comienzo, sino más bien el final de una era, por ello el uso de *"trompeta final"*, lógicamente habrá toques de trompetas sucesivos como bien se menciona en Apocalipsis. El cambio mencionado por Pablo tendrá lugar

---

[1870] 1 Corintios 15:17.
[1871] 1 Corintios 15:3-6.
[1872] Romanos 6:5-6; Filipenses 3:10; Colosenses 2:12-13.
[1873] Efesios 2:6.
[1874] 2 Corintios 4:14.
[1875] Isaías 27:13; Mateo 24:31.

instantáneamente. La final trompeta no significa el fin del mundo, o la última trompeta mencionada en Apocalipsis. Más bien se refiere a la trompeta de Dios que resonará cuando Cristo levante al aire a sus santos[1876]. Las Escrituras mismas afirman que cuando suene la trompeta, los muertos serán resucitados incorruptibles, y todos serán transformados. Pablo mostró en estos términos la brevedad del *"momento"*. La palabra griega que se traduce *"abrir y cerrar"* alude un movimiento rápido en conjunto de los ojos para ilustrar la transformación de los creyentes en una forma que la mente humana no tiene la capacidad de comprender.

Quienes afirman que es la misma trompeta la cual sonará a la mitad de la tribulación mencionada en Apocalipsis 11:15, no han comprendido que esta lo que anuncia es el final de los tres años y medio, y cuan cerca esta el regreso del mesías. Las seis primeras trompetas son plagas, y la última es el inicio que desencadena en triunfo que establece el panorama adecuado para el pronto regreso del Señor. Aquí se ve de manera clara el triunfo final, por ello se entiende que es la trompeta final, pero no como la mencionada por Pablo en sus cartas a Corinto y Tesalónica que representan el final de una era, en Apocalipsis representa el comienzo de la victoria final. La frase *"el reino del mundo"* no está señalando a un reino específico, sino más bien, al gobierno encabezado por Satanás sobre los gobiernos humanos. Estos gobiernos se convertirán en parte del reino de Cristo en plenitud cuando Él regrese a reinar, entonces, el resultado lógico será entonación de un cántico cuando Él establezca el orden perfecto tal como prometió.

El sistema político romano en los días de Juan constituía un reino el cual según la creencia de los judíos sería entregado a manos del pueblo de Dios[1877] para ser llamado así el reino eterno de Israel, donde un Rey israelita subiría y se sentaría a ejercer su dominio perfecto[1878], según la misma historia cuando un rey subía a su trono, antes de que tomara su espacio para ejecutar sus responsabilidades se hacía toque de trompeta anunciando el hecho a ocurrir, y gritaban una alabanza a toda voz, eso es lo que esta trompeta tipifica, la segunda venida del mesías que pronto vendría a tomar su trono en la tierra lo cual suscitará la alabanza agradecida de los suyos[1879].

"Después del interludio de Apocalipsis 10:10 a 11:14, el apóstol Juan recibe la revelación con la que se reanudan los juicios de las trompetas. La séptima trompeta contiene los juicios de las siete copas que acompañan la segunda venida de Cristo a la tierra. Con el sonido de la trompeta del séptimo ángel se produce el majestuoso anuncio de que el Señor viene a tomar posesión de su reino. *«La final trompeta»* (1 Cor 15:52) tiene que ver con la resurrección de los cristianos que hayan muerto y la transformación de los que aún vivan con miras a ser arrebatados a la presencia del Señor. La séptima trompeta del Apocalipsis tiene que ver con los acontecimientos que

1876 1 Tesalonicenses 4:16.
1877 Daniel 7:17-18.
1878 Isaías 9:7; Daniel 7:13-14; (Compare con libro Apócrifo de 1 Macabeos 2:27).
1879 1 Reyes 1:34.

tendrán lugar durante la conclusión de la gran tribulación. La séptima trompeta da lugar a la anticipación de que el Señor tomará posesión del reino. Aunque la conclusión de los acontecimientos es asegurada en el cielo tan pronto como la trompeta comienza a sonar, el reino glorioso del Mesías aún no ha comenzado en la tierra, puesto que los habitantes de la tierra todavía tienen que experimentar algunos de los juicios más terribles del periodo de la tribulación[1880]."

Liberación de la septuagésima semana

Según su argumento, afirman que la gran tribulación es solamente la última mitad de la semana mencionada en Daniel, y que a la iglesia solamente se le promete liberación de eso.

Pero el patio que está fuera del templo déjalo aparte, y no lo midas, porque ha sido entregado a los gentiles; y ellos hollarán la ciudad santa cuarenta y dos meses - Apocalipsis 11:2.

Viendo el diseño del templo, el atrio de los gentiles estaba separado del patio interior en el templo herodiano. A los gentiles se les tenía prohibido entrar al atrio interior, de hacerlo corrían el riesgo de estar bajo la pena de muerte[1881]. El hecho de que a Juan se le ordenara que no midiera el atrio exterior está simbolizando el rechazo de Dios a los incrédulos que habían oprimido su pueblo. Eso se refiere a los gentiles como Asiria, Babilonia, Persia y Roma, que en su tiempo causaron opresión[1882]. En sí, este verso expresa a los gentiles en relación con aquellos que no son Israelitas, y a su vez expresa a los pueblos paganos mencionados que causaron estragos, colocándolos como ejemplo para apuntar a la destrucción opresora y devastadora por parte del anticristo.

El período mencionado de cuarenta y dos meses es un equivalente a tres años y medio, el cual cubre la segunda mitad del periodo de la tribulación el cual Jerusalén estará bajo control, así como estuvo antes bajo el control de Asiria, Babilonia, Persia y Roma coincide con la tirana y opresora maldad del anticristo[1883]. En la protección prometida no se menciona nunca que es para la iglesia, muchos piensan que es para la iglesia por la mención de los gentiles, pero al observar el verdadero significado contextual pierde esencia dicha inclinación, esta promesa de preservación en medio de tales sucesos verdaderamente es para los Israelitas creyentes de ese tiempo que se les menciona como *"la mujer"*, los cuales pasarán una gran persecución y que huirá como si tuviera alas al desierto donde el Señor les protegerá y sustentará (Ap 12:6; v.14).

[1880] Evis L. Carballosa. Apocalipsis: La consumación del plan eterno de Dios. Págs. 217-218. Editorial Portavoz, Grand Rapids. Michigan EE. UU. 1997.
[1881] Hechos 21:28-31.
[1882] 2 Reyes 25:8-10; Salmos 79:1; Isaías 63:18; Lamentaciones 1:10.
[1883] Apocalipsis 11:3, 12:6, 13:5.

La resurrección de los testigos afirma el arrebatamiento de la iglesia

Esta postura se inclina a que la resurrección mencionada por Pablo en sus cartas a Corintio y Tesalónica se llevará a cabo cuando los dos testigos resuciten a mitad del periodo de la tribulación. Si se lee el propio contexto de Apocalipsis capitulo once, en los versos del 4 al 12, se puede observar con claridad que habla solamente de los dos olivos en su resurrección a causa de los actos de quienes estaban siendo enjuiciados por Dios a través de ellos, esta inclinación toma el v.12 donde dice *"Y oyeron una gran voz del cielo, que les decía: Subid acá. Y subieron al cielo en una nube; y sus enemigos los vieron"* para afirmar que la traslación tendrá su acto en ese tiempo. Elías ascendió en la antigüedad por parte de Dios[1884], pero solo Eliseo le vio ascender, aquí el caso es diferente, todos ven a los dos testigos recobrar la vida, y por lógica ascender, como bien expresa el v.11. El término *"subid"* del gr. *"anábate"* expresa una acción urgente, la ascensión de los dos olivos será un espectáculo público, opuesto a la ascensión mencionada por Pablo.

"El ascenso de los dos testigos (Ap. 11:12) será visto por sus enemigos, es decir, aquellos que se opusieron a su ministerio y luego celebraron la muerte de ellos mediante señales de alegría manifiesta. Es posible que la gente oiga la voz de Dios, ordenando a los testigos a subir al cielo. Pero, aunque no la escuchen, sí verán el acto dramático de la ascensión de ellos y quedarán asombrados y perplejos[1885]."

Arrebatamiento postribulacional

Esta postura afirma que el mismo ocurrirá al final de la gran tribulación, donde la iglesia sufrirá los estragos de esta en pleno sufrimiento y persecución. Es sano analizar que la traslación es diferente a la segunda venida, son hechos separados por un intervalo de tiempo. Los argumentos presentados por quienes se inclinan a esto son:

1) **La traslación y la segunda venida se describen con las mismas palabras.** La palabra arrebatados del gr. *"harpazó"* significa *"quitar a la fuerza"* contrario a *"optanomai"* que significa aparecer. Por ende, se entiende entonces que ambas no significan lo mismo, ya que la primera implica una acción del exterior al interior, y la segunda del interior al exterior.
2) **La preservación de la "ira" tiene por significado la protección sobrenatural durante ese tiempo, no la preservación de tal periodo.** Los que se inclinan a esto, piensan que serán protegidos tal como Israel con las plagas en Egipto. Por carecer de fundamento hermenéutico, se

[1884] 2 Reyes 2:11.

[1885] Evis L. Carballosa. Apocalipsis: La consumación del plan eterno de Dios. Pág. 209. Editorial Portavoz, Grand Rapids. Michigan EE. UU. 1997.

entiende que es solo una teoría y a su vez se observa la interpretación alegórica más no literal. Como antes mencionado, la preservación es para los Israelitas creyentes los cuales, en medio de ese periodo, ya que la iglesia será trasladada con anticipación.

3) **Los creyentes son vistos en la tribulación.** Según esta postura, toman versos como (Mt 24:22) donde dice *"Y si aquellos días no fuesen acortados, nadie sería salvo; más por causa de los escogidos, aquellos días serán acortados."* Cristo se está refiriendo a los 1,260 días mencionados en Daniel; donde el tiempo será acortado para permitir que haya sobrevivientes. La palabra escogidos del gr. *"ekklektos"* significa los seleccionados, por implicación son Israelitas, cuando Jesús habla haciendo referencia sobre Daniel, claramente le habla a su pueblo. Nunca alude a la iglesia, habla de los Israelitas preservados en la tribulación mencionados en (Dan 7:25) y (Ap 12:6, v.14).

Arrebatamiento parcial

Este pensamiento afirma que solo los creyentes dignos serán arrebatados antes que la ira de Dios sea derramada, y los que no sean fieles se quedarán a sufrir el dolor de la tribulación. Quienes se inclinan a esta postura, descontextualizan sin número de versos de las Escrituras e ignoran las doctrinas de la gracia.

Así también Cristo fue ofrecido una sola vez para llevar los pecados de muchos; y aparecerá por segunda vez, sin relación con el pecado, para salvar a los que le esperan - Hebreos 9:28.

Este verso es utilizado para apoyarse en la inclinación parcial. El escrito a los Hebreos verdaderamente recoge la historia del Antiguo Testamento la cual habla de Cristo, y presenta a Jesús como supremo. Aquí se cita a (Is 53:12), el profeta Isaías según la costumbre rabínica y de la iglesia del siglo I, fue una fuente que arrojaba luz a las interpretaciones de los textos mesiánicos. El ofrecimiento presentado es de una sola vez para llevar los pecados de muchos, claramente no dice de todos, por la sencilla razón de que no todos se arrepienten de sus pecados en la perfecta obra divina derramada por el Hijo, nunca comunica una parcialidad en su plan de redención. Cristo, al hacerse hombre resolvió el problema del pecado para siempre en la cruz, pero en su segunda venida consumará la salvación en quienes esperan su regreso.

El Nuevo Testamento presenta a Cristo como el sacrificio expiatorio absoluto. Aquí se establece un paralelismo sobre la función de Cristo:

A) Como sumo sacerdote: *Quién debía ofrecer a Dios sacrificios para la expiación de los pecados.*

B) Como el mismo sacrificio: *Como la víctima que es llevada al altar para ser presentada ante Dios por el sumo sacerdo*te. En este caso, Él mismo, y así traer libertad del pecado.

Hebreos presenta la doble función de Cristo como sacerdote y cordero. La espera que el verso menciona no tiene nada que ver con la perdida de los beneficios divinos, sin relación al pecado da a entender que Cristo en su segunda venida no expiará el pecado como lo hizo en la primera por el solo hecho de que ya lo resolvió, pero en su segunda venida traerá los resultados de la salvación. Por ejemplo, en el día de la expiación, el pueblo esperaba que el sumo sacerdote regresara del lugar santísimo, y al hacerlo entendían que el sacrificio había sido aceptado por Dios. Esta es la escena presentada al decir *"para salvar a los que esperan"*. De la misma manera, cuando Cristo regrese en su segunda venida, esta será la confirmación de que el Padre quedó satisfecho por completo con el sacrificio del Hijo a favor de los creyentes. Por lo tanto, el verso nunca alude a una salvación o traslación parcial entre fieles o no.

La Tribulación

La tribulación se entiende que es la septuagésima semana mencionada en Daniel, la cual se estipula tiene una duración de siete años[1886]. De igual forma se observa según Apocalipsis que la mitad de dicho periodo es de cuarenta y dos meses (1,260 días)[1887]. "Ha habido mucha confusión en torno a la doctrina de la gran tribulación porque algunos no han hecho la distinción entre las tribulaciones y sufrimientos generales del pueblo de Dios y el período específico de la gran tribulación descrito en el Antiguo y el Nuevo Testamentos. El concepto de tribulación supone un tiempo de presiones, aflicciones, angustias de corazón y perturbaciones en general. En consecuencia, una situación de tribulación es una experiencia común de la raza humana que resulta de su pecado y rebelión contra Dios y del conflicto entre Dios y Satanás en el mundo[1888]." Basado en dicha explicación sobre su duración y el malentendido que muchos tienen, es importante hacer una observación detallada de sus rasgos distintivos para tener un entendimiento claro sobre el asunto.

Será un suceso único en la historia

Porque habrá entonces gran tribulación, cual no la ha habido desde el principio del mundo hasta ahora, ni la habrá - Mateo 24:21.

[1886] Daniel 9:27.
[1887] Apocalipsis 11:2-3.
[1888] Lewis Sperry Chafer. Teología Sistemática, Tomo II. La gran tribulación. Editorial CLIE. C/ Ferrocarril, 8. 08232, Vila de cavalls (BCN) España.

El propio contexto inmediato a este verso habla sobre la abominación desoladora. Ese término era utilizado según las costumbres rabínicas de esos tiempos para hablar sobre el suceso con el rey Sirio Antíoco IV Epífanes[1889], quien detuvo los sacrificios del templo y lo profanó al construir un altar a Zeus sacrificando cerdos. De igual forma vemos como Jesús habla sobre la destrucción de Jerusalén y su templo, suceso que aconteció mucho después de Él morir y resucitar[1890]. La abominación desoladora, la audiencia entendía la comparación hecha la cual ilustraba al anticristo, mejor conocido entre los judíos como el hombre de pecado[1891]. Este, en el punto medio de la tribulación quebranta el pacto hecho al principio con los judíos y el mundo entero, exigiendo ser adorado. Y todos aquello que se resistan sufrirán una terrible persecución al punto del martirio, entonces, las ilustraciones presentadas con un suceso pasado con Antíoco IV Epífanes, y uno futuro con el emperador Tito en el 70 d. C. Eran para dar a entender la magnitud de la persecución y dolor que vendrían, como lo peor que este mundo pasará jamás conocido y nunca se repetirá.

Josefo proyectó en sus escritos que los sufrimientos vistos en Jerusalén entre el 66-70 d. C. excedían cualquier dolor antes visto en la historia. Él interpretó que la profecía de Daniel se había cumplido con el enfrentamiento de los zelotes, suceso el cual dieron muerte a sacerdotes en el templo, derramando allí sangre humana y convirtiendo un lugar santo en una profanación, se creía que a causa de ello Dios trajo desolación. Por otra parte, en la Pascua a celebrarse en el año 70 d. C. cuando Tito destruyó a Jerusalén. Se dice que él celebró su triunfo acompañado de prisioneros judíos y algunos utensilios como la mesa y el candelero de oro con una copia de la ley, lo cual trajo ante el pueblo una indignación y dolor recordado hasta la fecha de hoy[1892].

La descripción hecha por Jesús excluye por completo a este periodo de todas las demás persecuciones vistas en la historia. Esta profecía terminará por cumplirse con el regreso de Cristo. Esto se entiende por el uso de las palabras *"no la ha habido" y "ni la habrá"*, la primera es un tiempo perfecto el cual afirma una acción completada, la segunda es un futuro negativo enfático que da a entender el énfasis definitivo del suceso. Esta descripción más bien conocida como una hipérbole[1893] indica que Jesús se está refiriendo al tiempo futuro en el que la ira de Dios se derramará[1894]. Cristo comunica los acontecimientos que tiempo más tarde les fueron revelados a Juan con respecto a las copas de la ira y su aparición[1895]. Jesús hace uso el idioma utilizado por el profeta Daniel[1896] donde hace referencia al tiempo final antes

---

1889 175-164 a.C.

1890 Acontecimiento dirigido por el futuro emperador Tito, con Tiberio Julio Alejandro segundo al mando.

1891 2 Tesalonicenses 2:3-4.

1892 El arco de Tito, dedicado en Roma 81 d. C., cerca del coliseo de Roma, representa su triunfo mostrando a los soldados romanos coronados con hierbas aromáticas y portando los muebles sagrados del templo.

1893 Utilizada igualmente en Josué 10:14; Éxodo 8:13; Números 14:20; 2 Reyes 6:18.

1894 Apocalipsis 7:14.

1895 Apocalipsis 16:1-21.

1896 Daniel 12:1.

de la resurrección de los muertos[1897]. Con esto apunta al futuro y el terrible dolor que se experimentará[1898].

Descripción de los juicios divinos

Sobre el mundo

Sellos

Primer sello: El levantamiento

Vi cuando el Cordero abrió uno de los sellos, y oí a uno de los cuatro seres vivientes decir como con voz de trueno: Ven y mira. Y miré, y he aquí un caballo blanco; y el que lo montaba tenía un arco; y le fue dada una corona, y salió venciendo, y para vencer - Apocalipsis 6:1-2.

En Apocalipsis 5:1-14, Jesucristo fue el único hallado digno de abrir el rollo, que se entiende que es el título de propiedad sobre el universo. A medida que Cristo rompe los sellos de los rollos, se desatan los juicios divinos sobre la tierra. Su dignidad única se demuestra en su propia autoridad *"voz de trueno"*, haciendo énfasis en la firmeza de la acción por su parte, dando a entender que todo lo que Él como ser supremo dueño del universo y soberano glorioso ordena, se debe ejecutar.

Este es el comienzo de una serie de juicios, según la cultura de esos tiempos, no se podía abrir un documento sin antes romperse el sello exterior, romper un sello equivalía a validar el testimonio del contenido del documento. Aquí podemos observar que al romperlo sale al encuentro un jinete. Los jinetes angélicos por parte de Dios para hacer un recorrido por toda la tierra era una imagen adaptada del libro del profeta Zacarías[1899] pero utilizada aquí con un tono diferente. Aunque muchos estudiosos difieren en que, si estos jinetes describen un juicio, o que solamente son símbolos de la venida de Cristo, ambos traen consigo la idea de juicio de manera general. La temática de los juicios divinos en la historia es de suma importancia en todas las Escrituras y por sobre todo en el Antiguo Testamento, al grado que la gran mayoría de las culturas en Oriente reconocían la existencia de los juicios divinos aun sin creer en Dios. Este juicio según las tradiciones apocalípticas judías lo asociaban a la guerra y el hambre como una antesala al fin.

Este jinete presentado se entiende que hablaba de manera simbólica. El simbolismo se puede observar en el blanco de su color, el cual es algo significativo, ya que los reyes, dignatarios y personas de alta posición eran los que montaban caballos blancos, el blanco de un caballo para las

---

[1897] Daniel 12:11-13.
[1898] Apocalipsis 6:15-17.
[1899] Zacarías 1:8-11, 6:1-8.

costumbres de esos tiempos era una señal de majestuosidad, a su vez el arco también es simbólico, esto representa la acción militar, la corona representa que este no conocía lo que era ser un administrador político, ya que se menciona *"le fue dada"*.

Basado en dicho poder otorgado es que se levanta para iniciar su campaña de conquista *"venciendo, y para vencer"* eran términos que usaban los emperadores cuando emprendían marcha para tomar posesión de los territorios. Muchos piensan que este jinete habla de Jesús en su regreso, ese pensamiento cae rápidamente al suelo al observarse que el mismo sigue la orden dada por uno de los cuatro seres vivientes. Si realmente fuera Cristo, al obedecer a un ser inferior a Él entonces no tendría soberanía alguna tal como el mismo verso lo presenta.

Claramente este jinete representa al anticristo levantándose con un poder político militar. El caballo blanco, no solo representa la majestad de un mandatario, a su vez comunica el tiempo de paz global para la humanidad, cabe a relucir que esa paz será una falsa y muy breve, la cual será introducida por una serie de falsos cristos que prepararán el ascenso del anticristo[1900]. Cuando este ascienda, el mundo entero le seguirá obsesionadamente a causa de esta paz falsa. Se entiende que será una persona capaz con gran diplomacia y bien uso de su facultad intelectual, ya que, con su arco en mano, el cual es un símbolo de guerra, alcanzará la victoria sin hacer uso de las flechas, en otras palabras, sin derramamiento de sangre, logrará su cometido haciendo un acuerdo *(pacto)*, sin necesidad de guerra[1901].

La imagen del arquero para los romanos era una de terror, ya que los jinetes con arco se les conocía como los partos, y sus tácticas y habilidades militares los habían hecho los enemigos número uno de Roma. Los ejércitos persas de la antigüedad *(de donde provienen los jinetes partos)* incluían en sus filas caballos blancos manchados en sangre tras sus conquistas, esta imagen del jinete con caballo blanco daría a entender a los lectores del primer siglo una conquista segura, aun sin que estos hicieran uso de sus flechas. Este jinete mencionado será coronado gracias a su astucia, la corona se refiere a la diadema que se le entregaba al atleta invicto, por lo tanto *"le fue dada"* convirtiéndose así en el mandatario elegido, solo así podrá lograr conquistar al mundo entero con su política militar.

Como bien menciona Evis L. Carballosa: "La postura más correcta es la que identifica al jinete del caballo blanco (Ap. 6:2) con un falso Cristo o pseudomesías. Los sellos de Apocalipsis 6 concuerdan con las señales de la fase inicial de la septuagésima semana de Daniel, tal como se describe en Mateo 24:5-8, y que Cristo denominó como «principio de dolores» (Mt. 24:8). La primera señal mencionada en Mateo 24:5 es la aparición de falsos cristos. En Apocalipsis 19:11-16 se describe la segunda venida de Cristo como la de un general triunfante y victorioso. El jinete de Apocalipsis 6:2 aparece con un perfecto disfraz y confunde a muchos, haciéndoles creer que

---

[1900] Mateo 24:3-5.

[1901] Daniel 9:24-27.

él es el verdadero Cristo[1902]." Se entiende entonces que este jinete será el comienzo de los juicios divinos para la humanidad.

Segundo sello: La guerra

***Cuando abrió el segundo sello, oí al segundo ser viviente, que decía: Ven y mira. Y salió otro caballo, bermejo; y al que lo montaba le fue dado poder de quitar de la tierra la paz, y que se matasen unos a otros; y se le dio una gran espada* - Apocalipsis 6:3-4.**

Todo lo referente a este sello tiene que ver con el derramamiento violento de sangre. A diferencia del primer caballo el cual entraba pacíficamente, este lo hace violentamente. El caballo bermejo que la traducción original griega sería *"rojo fuego"*, según las creencias antiguas se asociaba con guerra y derramamiento de sangre, los lectores rápidamente comprenderían que hablaba de muerte y destrucción, tanto así, que la costumbre pagana adoptó esto para diferenciar al planeta rojo con el nombre de Marte, el dios romano de la guerra. Es un contraste al jinete del caballo blanco el cual traerá una falsa paz, pero éste traerá una guerra real, no falsa, con la cual quitará la paz e incitará a que se quiten la vida unos a otros, es decir, una guerra abierta. Este será el cumplimiento de la profecía de Daniel cuando habla del cuerno pequeño de la cuarta bestia, en la que se observarán las represalias del anticristo contra los judíos[1903].

La ilustración de Antíoco Epífanes fue utilizada de igual forma por los rabinos judíos para representar el violento movimiento al final de las eras[1904]. Cristo habló sobre este suceso al hablar de "*guerras y rumores de guerras, reino contra reino y nación contra nación*[1905]", a lo largo de la historia se han visto guerras y sangre derramada en todo el mundo, la diferencia que hará este suceso histórico que aún no ocurre será que el motivador de este movimiento será el Anticristo. La espada en la literatura del Antiguo Testamento daba a entender juicio y guerra, y en la cultura grecorromana el término *"gran espada"* era una espada larga en la cintura utilizada por los soldados cuando salían a la batalla. Esta imagen tanto del caballo rojo como de la espada apuntan a la violencia que caracterizarán a los hombres en los postreros días motivados por el anticristo.

Tercer sello: Hambruna

Cuando abrió el tercer sello, oí al tercer ser viviente, que decía: Ven y mira. Y miré, y he aquí un caballo negro; y el que lo montaba tenía una balanza en la mano. Y oí una voz de en medio de los cuatro seres vivientes,

---

[1902] Evis L. Carballosa. Apocalipsis: La consumación del plan eterno de Dios. Pág. 133. Editorial Portavoz, Grand Rapids. Michigan EE. UU. 1997

[1903] Daniel 7:21.

[1904] Daniel 8:24; 1 Macabeos 1-6

[1905] Mateo 24:6-8.

que decía: Dos libras de trigo por un denario, y seis libras de cebada por un denario; pero no dañes el aceite ni el vino - Apocalipsis 6:5-6.

A causa de la guerra anunciada por el caballo bermejo en todo el mundo se sufrirá una escasez de alimentos como nunca visto en la historia. Según el contexto cultural el negro era un símbolo de calamidad y dolor a causa de la falta de recursos para subsistir. El caballo negro y los elementos mencionados se relacionan con el comercio que el anticristo establecerá para esclavizar y dominar con la necesidad humana. La balanza en su mano es una clara indicación de la restricción alimenticia impuesta en un sistema administrativo, las balanzas siempre representaban raciones restringidas y el cuidado del vendedor para cobrar hasta el último centavo del valor del alimento. Tanto la cebada como el trigo eran alimentos básicos, ya que una medida de trigo era representativa al sustento diario y un denario era el sueldo de un día de trabajo, por lo tanto, un hombre con escasos recursos se vería obligado a comprar cebada para compartir con los suyos. En muchas ocasiones el trigo subía de precio por su inflación a causa de la muerte por hambre, haciendo que costara más de diez veces a su valor promedio, esta imagen se usó para dar a entender lo que sucederá en los postreros días.

Al igual que los problemas económicos vistos en el Siglo I con Domiciano, la administración alimenticia del anticristo afectará a los hombres al grado que *"dos libras de trigo por un denario"* se entiende que el salario de las personas no alcanzará ni para proveer el alimento necesario para los miembros del hogar, un denario era una moneda de plata romana que alcanzaba para una ración diaria para un solado, la cual tendría que compartir con su familia de no ser que ganara más, esto se entiende que de la única forma que se podrá proveer sería adquiriendo por el mismo precio *"dos libras de cebada"*, este cereal era el alimento que caracterizaba a la clase más pobre en la antigüedad. El aceite y el vino como se puede observar se hace una excepción con ellos, esto indica que algunas cosas no serán afectadas en esta fase. La causa del porqué el aceite y el vino no se afectan es porque estos elementos eran artículos pertenecientes a la clase alta. Esto entonces comunica que los pudientes no les dolerá tanto como a los no pudientes.

Cuarto sello: Muerte

Cuando abrió el cuarto sello, oí la voz del cuarto ser viviente, que decía: Ven y mira. Miré, y he aquí un caballo amarillo, y el que lo montaba tenía por nombre Muerte, y el Hades le seguía; y le fue dada potestad sobre la cuarta parte de la tierra, para matar con espada, con hambre, con mortandad, y con las fieras de la tierra - Apocalipsis 6:7-8.

El caballo amarillo es bien identificado por su nombre: *Muerte*. Su color era bien conocido por el término clorofila, el cual se deriva del griego describiendo la tonalidad pálida que adquiere un cadáver en estado de descomposición. El uso de la palabra *"hades"* está relacionado al lugar de los muertos que se identifica en relación directa con la muerte[1906]. La muerte mencionada aquí es el resultado de la guerra antes mencionada, la cual abarcará muchos países creando una desnutrición por la escases de alimentos, eso suscitará enfermedades, epidemias y pestes sobre la cuarta parte de la tierra. Este juicio catastrófico bien no afectará a toda la población mundial, especialmente este juicio tiene una similitud con el ángel de la muerte enviado a Egipto para con los primogénitos[1907], con la sola diferencia que en vez de ser solo los primeros será uno de cada cuatro habitantes de la tierra que perderán la vida, se puede deducir que los animales domésticos como salvajes *"fieras de la tierra"* a causa de la falta de alimentos contribuirán en este juicio, los animales e insectos a través de la historia han sido utilizados por Dios para juicios tales como:

A) *Langostas*[1908].
B) *Serpientes*[1909].
C) *Avispas*[1910].
D) *Leones*[1911].
E) *Osos*[1912].
F) *Diferentes insectos*[1913], entre otros.

Por esto se entiende que su participación en este juicio es vital.

Quinto sello: Mártires

Cuando abrió el quinto sello, vi bajo el altar las almas de los que habían sido muertos por causa de la palabra de Dios y por el testimonio que tenían. Y clamaban a gran voz, diciendo: ¿Hasta cuándo, Señor, santo y verdadero, ¿no juzgas y vengas nuestra sangre en los que moran en la tierra? Y se les dieron vestiduras blancas, y se les dijo que descansasen todavía un poco de tiempo, hasta que se completara el número de sus consiervos y sus hermanos, que también habían de ser muertos como ellos - Apocalipsis 6:9-11.

Este sello describe las oraciones de los santos por la venganza divina. Este acontecimiento va acompañado de la apertura en la primera mitad de la tribulación y se ve marcado el punto medio para dar comienzo la segunda mitad del período de siete años *"gran tribulación"*[1914]. Este período de tres

---

[1906] Lucas 16:23; Apocalipsis 20:13.
[1907] Éxodo 12:29-30.
[1908] Éxodo Cap. 10.
[1909] Números 21:6.
[1910] Éxodo 23:28; Josué 24:12.
[1911] 2 Reyes 17:25.
[1912] 2 Reyes 2:24.
[1913] Joel 1:4.
[1914] Apocalipsis 2:22, 7:14; Daniel 9:24-27; Mateo 24:9, v.15; 2 Tesalonicenses 2:3-4.

años y medio el cual es el segundo[1915], incluye el tan bien conocido *"día del Señor"*, donde Dios desata su ira en juicio sobre la tierra[1916]. Este sello marca una diferencia en relación con los otros cuatro anteriores, la escena que presentan los otros su énfasis recae en la tierra, sin embargo, este presenta un panorama celestial que se puede ver en:

- **Bajo el altar almas:** Esto es una representación al altar donde se hacían sacrificios en el Antiguo Testamento[1917]. Observando la línea doctrinal se comprende según las afirmaciones de las mismas Escrituras, se dan dos referencias al respecto; la primera es que la sangre es la vida del animal sacrificado, la cual se colocaba al pie del altar, eso entonces da a entender que las almas de aquellos que den su vida a causa de su fe en Cristo estarán bajo el altar celestial. La otra referencia probable puede ser al altar del incienso, el cual representaba las oraciones a Dios[1918]. Sea una o la otra, ambas caen adecuadamente, ya que muchos serán martirizados por no negar su fe en Jesús y a su vez su sangre clamará por justicia reposando en la supremacía y soberanía de Dios, así como la de Abel y otros martirizados[1919].

  Estos mártires servirán como una evaluación al carácter de los hombres en los postreros tiempos, esto se entiende por el término *"en los que moran en la tierra"* que comunica la actitud hostil del hombre hacia Dios, colocándose como oponentes de quienes le sirven, esto da a entender la inclinación del hombre a la maldad no deseando otro lugar para morar que no sea la tierra[1920]. En cambio, los mártires presentan un cuadro opuesto, su deseo es la morada celestial prometida y su enfoque está basado en las promesas divinas clamando al Dios soberano, la palabra griega para soberano es *"despotës"*, esta es presentada aquí sin una connotación negativa, la cual en su derivado en el castellano es diferente, esto presenta entonces la diferencia entre los hostiles y los creyentes de esa era y a Dios como el ejecutor de los juicios y Sus promesas tal como estableció.
- **Vestiduras blancas:** Las vestiduras blancas confirman el testimonio de los muertos a causa de su fe y la resurrección de estos con cuerpos glorificados. A ellos se les anima a *"que descansasen todavía un poco de tiempo"*. Dios responderá en venganza a la sangre derramada de los suyos, pero solo en el momento marcado conforme su soberano propósito "*hasta que se completara el número de sus consiervos y sus hermanos, que también habían de ser muertos como ellos*". Esto presenta el predeterminado número de justos cuya muerte Dios en su plan perfecto permitirá que pase antes de destruir a los malvados. Este acto tendrá lugar al final de la primera mitad de la tribulación y seguirá

[1915] Apocalipsis 11:2, 12:6, 13:5.
[1916] 1 Tesalonicenses 5:2.
[1917] Éxodo 29:12; Levítico 4:7.
[1918] Apocalipsis 5:8; Éxodo 40:5.
[1919] Génesis 4:10; Mateo 23:35.
[1920] Apocalipsis 3:10, 8:13, 17:2-8.

los otros tres años y medio, en los cuales se completará el número predeterminado[1921].

Este pasaje representa la promesa de vindicación para el pueblo oprimido y sufriente en el Antiguo Testamento y a lo largo de la historia. Como en la antigüedad, la oración que clama por venganza a causa del pecado era en sí un clamor de vindicación a los justos y al nombre de Dios. Se creía según la cultura que cuando Dios se levantaba a juzgar la tierra no había nada ni nadie que lograra escapar de Su justicia y traía con ello libertad a los oprimidos. Por esa razón se hace uso del término *¿hasta cuándo?*, una pregunta muy común en las oraciones presentadas a Dios como una súplica de justicia en el Antiguo Testamento bien conocida como textos imprecatorios[1922] pidiendo a Dios que su justicia sea manifestada conforme su santidad. Este sello desata un juicio de venganza por la actitud hostil y sangrienta de los hombres en contra de quienes creen.

Sexto sello: Catástrofes

Vi que el Cordero rompió el sexto sello, y se produjo un gran terremoto. El sol se oscureció como si se hubiera vestido de luto,[a] la luna entera se tornó roja como la sangre, y las estrellas del firmamento cayeron sobre la tierra, como caen los higos verdes de la higuera sacudida por el vendaval. El firmamento desapareció como cuando se enrolla un pergamino, y todas las montañas y las islas fueron removidas de su lugar. Los reyes de la tierra, los magnates, los jefes militares, los ricos, los poderosos, y todos los demás, esclavos y libres, se escondieron en las cuevas y entre las peñas de las montañas. Todos gritaban a las montañas y a las peñas: «¡Caigan sobre nosotros y escóndannos de la mirada del que está sentado en el trono y de la ira del Cordero, porque ha llegado el gran día del castigo! ¿Quién podrá mantenerse en pie? - Apocalipsis 6:12-17.

Se presentarán disturbios predichos desde la antigüedad en las Escrituras[1923]. Con la apertura de este sello comienza la mitad de la semana septuagésima predicha en Daniel, la primera mitad se le conoce como *"la tribulación"*, y la segunda mitad como *"la gran tribulación"*, esta es la que tendrá comienzo aquí. Este sello describe sucesos temerosos[1924]. Nótese que los primeros cinco sellos son el resultado de la actividad humana en su maldad, los cuales Dios utiliza para cumplir sus propósitos de desencadenar su furia como un precedente del sexto sello, en este sello específicamente

[1921] Apocalipsis 7:9-17.
[1922] Salmos 6:3, 13:1, 80:4, 79:5; (ver también: Salmos 35, 52, 58, 59, 69, 83, 109, 137, y 140) Zacarías 1:12; Isaías 6:11; Jeremías 47:6.
[1923] Isaías 34:4; Joel 2:30-31; Mateo 24:29.
[a] se oscureció … luto. Lit. se puso negro como un saco hecho de pelo de cabra.
[1924] Lucas 21:26.

Dios interviene directamente, los acontecimientos de este sello desencadenan el séptimo sello que contiene las trompetas[1925]. Este sello presenta los disturbios físicos que acontecerán tales como:

- **Un gran terremoto:** La profecía del Antiguo Testamento asocia el fin de la era con una sacudida poderosa a la tierra entera[1926], *"seismós mégas"* un movimiento telúrico de gran inmensidad con terribles consecuencias. Muchos terremotos a lo largo de la historia han ocurrido, y faltan muchos por ocurrir[1927], pero este será el más terrible de la historia ya que será de escala global.
- **Luna como sangre:** La oscuridad formó parte de la profecía de los juicios divinos en el Antiguo Testamento y en especial hablando sobre el fin d ellos tiempos[1928]. En conjunto al terremoto global se entiende que habrá grandes erupciones volcánicas por los cuales grandes cantidades de ceniza cubrirán la atmósfera de la tierra, por lo tanto, se entiende que se oscurecerá la luz solar y lunar proyectando así un tono rojizo[1929]. Gracias a las explosiones, incendios y las inmensas nubes de polvo todos los medios de comunicación, y vías de trasporte quedarán temporalmente fuera de uso.
- **Las estrellas del cielo cayeron:** La palabra *"estrellas"* del gr. *"astéres"* no es de uso alegórico como muchos suponen, se refiere a los cuerpos celestes, comprendiendo en su propio contexto que habla de catástrofes naturales es imposible pensar que habla en ese tono, por lo tanto, la mejor explicación para este término es una lluvia masiva de meteoritos. Por eso el verso expresa que *"caen sus higos"*, aunque lo anterior no es alegórico la presentación hecha aquí es un tono metafórico, se entiende así ya que los higos que se producen en invierno crecen sin la protección de sus hojas y pueden ser arrancados con facilidad por el viento, por lo tanto, esto da a entender la facilidad con la que esta lluvia de estrellas caerá a tierra firme.
- **El firmamento desapareció:** Esta es la consecuencia de la caía de las estrellas. La palabra *"desvanecer"* literalmente significa *"romper, separar en dos"*. La ilustración del pergamino expresa cuando el lector lo tomaba con la mano derecha ya abierto y con la izquierda enrollaba la parte ya leída, dando a entender que ya no era necesario tenerlo así, por lo tanto, la imagen representa hacer desaparecer. La atmósfera terrestre se verá afectada dramáticamente haciendo desaparecer el cielo que se conoce hoy día[1930]. Esto producirá trastornos y cambios climáticos a nivel universal.
- **Todas las montañas y las islas fueron removidas de su lugar:** Bajo la presión creada por los acontecimientos y cambios climáticos, se

[1925] Apocalipsis 8:1-13, 9:1-21, 11:15ss.
[1926] Zacarías 14:4-5; Ezequiel 38:20; Amós 8:8.
[1927] Mateo 24:7.
[1928] Éxodo 10:21-23; Isaías 13:9-10, 24:23, 50:3; Ezequiel 32:7-8; Amós 5:81, 8:9.
[1929] Zacarías 14:6-7.
[1930] Isaías 34:4.

entiende que la tierra cambiará de posición, ocasionando cambios severos en el suelo terrestre, haciendo que muchas partes de lo que hoy se conoce, desaparezca. La tierra será el escenario de los acontecimientos que harán un cambio en la esfera terrícola y afectará a toda la creación y a quienes habitan en ella.

- **El pánico se apoderará:** "*Los reyes de la tierra, los magnates, los jefes militares, los ricos, los poderosos, y todos los demás, esclavos y libres, se escondieron en las cuevas y entre las peñas de las montañas".* Toda clase social en sus divisiones se verán sobrecogidos por el pánico. Esta es una clara demostración del pecado en el ser humano[1931], los hombres reconocerán los sucesos sobre ellos, pero nótese que se escondieron en cuevas y entre las peñas de los montes tal como Adán en su caída. Esto indica que ningún pecado y ningún pecador está fuera del margen de las consecuencias y efectos del juicio divino. Sin importar la clase social, sean reyes *(lit. gobernantes)*, grandes *(lit. magistrados, funcionarios civiles)*, capitanes *(lit. tribunos)* o poderosos *(lit. ricos, plutócratas, clase privilegiada)*, y esclavos o libres *(lit. clase social media y baja)*, cada uno sufrirá las consecuencias de no tornarse arrepentidos a Dios en humillación plena, eso se puede ver en la ejecución de sus acciones de clamar a los medios naturales "*Todos gritaban a las montañas y a las peñas*", aunque reconocían que era el producto de la ira divina sobre ellos "*está sentado en el trono y de la ira del Cordero, porque ha llegado el gran día del castigo*" no tendrán ni el más mínimo detalle de arrepentirse de sus maldades ante la indignación *(ira)* de Dios por su pecado, prefiriendo clamar a la misma tierra la cual ellos solo ven como su morada permanente en vez de a Dios.

  Esto revela el patrón materialista y humanista de quienes viviendo lejos de Dios buscan su voluntad personal y no la del Señor, al grado de creer que podrán aplacar la ira divina con sus acciones. La indiferencia de los hombres en esos tiempos es comparada con el juicio divino del diluvio en los días de Noé (Mt 24:37-39) en la que nadie se pudo sostener, por ello la pregunta *¿Quién podrá mantenerse en pie?*, esta escena es la predicha en el Antiguo Testamento en (Os 10:8, Is 2:10, vv-19-20) y la respuesta es clara, nadie ha podido, puede o podrá ante los juicios divinos[1932], y aun así preferirán vivir su vida depravada, como si fuera algo normal.

El lenguaje gráfico utilizado en este texto es un recurso poético que describe fenómenos a ocurrir y sus grandes devastaciones. Este es empleado a lo largo de las Escrituras con el fin de señalar el alcance destructivo de un acto. La descripción de la destrucción natural apunta a la desaparición definitiva del presente mundo para la llegada del nuevo *(cielos y tierra nueva)*. Por otra parte, la ira del Cordero se entiende que es igual a la ira de

---

[1931] Génesis 3:10.
[1932] Joel 2:11; Malaquías 3:2.

Dios, esta no es una reacción emocional que explota ante una ofensa; sino más bien es la forma moral y perfectamente legal de actuar por parte de Dios frente al pecado y ante la violación del pacto divino. Por lo tanto, cada juicio es la expresión justa de la indignación divina ante la maldad.

Séptimo sello: El silencio y comienzo de las trompetas

Cuando abrió el séptimo sello, se hizo silencio en el cielo como por media hora. Y vi a los siete ángeles que estaban en pie ante Dios; y se les dieron siete trompetas. Otro ángel vino entonces y se paró ante el altar, con un incensario de oro; y se le dio mucho incienso para añadirlo a las oraciones de todos los santos, sobre el altar de oro que estaba delante del trono. Y de la mano del ángel subió a la presencia de Dios el humo del incienso con las oraciones de los santos. Y el ángel tomó el incensario, y lo llenó del fuego del altar, y lo arrojó a la tierra; y hubo truenos, y voces, y relámpagos, y un terremoto. Y los siete ángeles que tenían las siete trompetas se dispusieron a tocarlas - Apocalipsis 8:1-6.

Este séptimo sello es el inicio de una nueva serie de juicios. Las trompetas entregadas en medio del silencio serán los instrumentos de la acción divina. El séptimo sello consiste, de manera precisa de siete trompetas, se entiende con esto que la ejecución de la séptima trompeta que veremos más adelante será el fin del séptimo sello. El verso expresa media hora de silencio, el cual muchos lectores asumen tiene que ver principalmente con las oraciones de los santos demostrando la gran importancia que Dios tiene a los ruegos, al grado de hacer callar a todas las multitudes celestiales a causa de la mención angelical sobre el asunto. Otros se inclinan de igual forma a que ese tiempo se relaciona con el ritual del sacrifico diario en el templo de Jerusalén, donde el sacerdote llevaba carbones encendidos del altar de los holocaustos al altar de incienso en el santo lugar, colocando incienso sobre los carbones, mientras los sacerdotes oraban en silencio y a su vez el pueblo lo hacía a las afueras del templo[1933].

Para muchos el silencio no tiene ningún significado; y mucho menos si es por un lapso tan corto como lo es media hora. Sin embargo, viéndolo desde el propio contexto histórico cultural, cuando se hacía silencio en la corte, se esperaba que el juzgado entregara el veredicto del juez donde se declararía la condena o la absolución del acusado, y era de suma importancia callar para prestar atención ante tal acción. Este panorama es uno muy similar, ya que el silencio en el cielo se ve cuando todo ser viviente, querubines, serafines, ángeles, y humanos redimidos no emitían ni el más mínimo ejercicio audible, esto daría apertura al sonido de los instrumentos de viento que desatarían la serie de juicios declarando la justicia divina, la inocencia de los justos y la culpabilidad de los malvados.

[1933] Lucas 1:10.

El silencio es un símbolo de expectación, eso se entiende por el término griego utilizado *"siguei en to urano"* que expresa suspenso ante algo aterrador a ocurrir, es interesante notar que, aunque este hecho tendrá un cumplimiento futuro, el verbo se expresa en pasado *"hubo silencio"* afirmando la realidad de la acción. Robert H. Mounce expresa: "El silencio no es ni un símbolo de descanso eterno ni una precaución necesaria para que Dios oiga las oraciones de los santos sufrientes. Es una pausa dramática que hace que sean aún más impresionantes los juicios que están a punto de caer sobre la tierra.[1934]"

El silencio expectante ante los hechos aterradores a ocurrir es la manera más lógica de comprender la acción, ya que el panorama se encuentra en una serie de juicios divinos, observando que los juicios de las trompetas tienen mayor intensidad que los juicios de los sellos, al grado que los efectos de la quinta trompeta tendrán una duración aproximada de unos cinco meses[1935]. Las primeras cuatro trompetas anuncian la destrucción ecológica de la tierra[1936] mientras que las últimas tres corresponden a la manifestación demoníaca y su devastación para con sus habitantes[1937]. Viendo el panorama general de la historia y las mismas Escrituras, las trompetas tenían varios usos:

- Convocar la celebración de las festividades solemnes de adoración (Núm 10:10).
- Convocar la acción militar (Jos 6:20).
- Proclamar el ascenso de un rey a su trono (1 Rey 1:34).
- Convocar al arrepentimiento (Jer 4:5).

En este caso, las trompetas están para ejecutar una serie de juicios severos que exaltan la soberanía y supremacía de Dios, anunciar el regreso inminente del Señor para reinar, y a su vez una convocación al arrepentimiento de la humanidad. El rompimiento de este sello desatará consigo truenos, voces, relámpagos y un terremoto. Esto tendrá indudablemente igual o mayor intensidad que lo descrito en el sexto sello, al grado de traer violentas perturbaciones a la naturaleza. Todo esto tendrá lugar a la mitad de la tribulación. Estos juicios prepararán el tiempo en que Jesucristo descenderá a la tierra, para destruir a sus enemigos y establecer su reino. Nótese que los primeros cuatro juicios afectarán el ambiente natural del ser humano; y los últimos tres afectarán al mismo humano de forma directa. Se puede ver una similitud con las plagas sobre Egipto[1938].

[1934] Obra original en ingles de Robert H. Mounce. The Book of Revelation. Wm. B. Eerdmans Publishing Co. Grand Rapids, MI 49546, USA.
[1935] Apocalipsis 9:10.
[1936] Apocalipsis 8:6-12.
[1937] Apocalipsis 9:1-21, 11:15ss.
[1938] Éxodo 7:1-25, 8:1-32, 9:1-35, 10:1-29, 11:1-10, 12:1-51.

Trompetas

Primera trompeta: La tierra es golpeada

El primer ángel tocó la trompeta, y hubo granizo y fuego mezclados con sangre, que fueron lanzados sobre la tierra; y la tercera parte de los árboles se quemó, y se quemó toda la hierba verde - Apocalipsis 8:7.

Este juicio trae consigo *"granizo y fuego mezclados con sangre"*. Esto ilustra las erupciones volcánicas que vendrán a consecuencia por el terremoto del séptimo sello[1939]. Todo lo que subirá al cielo a causa de las erupciones volcánicas hará caer con facilidad granizo calcinante a la tierra, parecido al juicio de Egipto[1940]. Tanto el polvo como los gases contaminarán el agua al grado hacerla ver con aspecto de sangre. El granizo calcinante hará que la tercera parte de la flora se consuma en el fuego. Eso creará un fuego devorador que destruirá la tercera parte de los bosques de la tierra.

Los juicios de esta primera trompeta causarán estragos en el reino vegetal, tornando la vegetación en un deterioro como nunca visto, eso causará otros estragos atmosféricos y meteorológicos. Muchos toman este juicio de manera alegórica, olvidando que Dios a lo largo de la historia los había aplicado de manera literal en ocasiones específicas[1941], y el profeta Joel lo anuncia como un hecho literal a su vez[1942]. La ejecución de este juicio logrará no solo la destrucción de la vegetación, sino que también como consecuencia de ello suscitará la muerte de muchos animales y humanos, tal como sucedió literalmente a Egipto.

El enorme estrago que causará a la agricultura conducirá a la escasez alimenticia, tanto para seres humanos como para la fauna, sin olvidar el efecto devastador que esto causará creando falta de oxigenación y un aumento de la temperatura del ambiente. La potencia de este juicio demostrará la justicia, poder, santidad y soberanía de Dios para debilitar a sus enemigos y así reinar con justicia y paz en la tierra tal como prometió.

Segunda trompeta: El mar es azotado

El segundo ángel tocó la trompeta, y como una gran montaña ardiendo en fuego fue precipitada en el mar; y la tercera parte del mar se convirtió en sangre. Y murió la tercera parte de los seres vivientes que estaban en el mar, y la tercera parte de las naves fue destruida - Apocalipsis 8:8-9.

[1939] Apocalipsis 8:5.
[1940] Éxodo 9:13-25.
[1941] Éxodo 9:22-25.
[1942] Joel 2:30-32.

Como antes visto, en la primera trompeta, causará grandes estragos, lo cual en este juicio tendrá una continuidad. El impacto que causará esta trompera en la economía mundial será uno nunca visto en la historia. El texto menciona *"una gran montaña de fuego"*. Esto se trata de un meteorito *(asteroide)* que al entrar en la atmósfera terrestre se encenderá. El impacto masivo que creará al caer provocará un cambio drástico en los niveles del mar que destruirá parte de las flotas mundiales, al mencionar que el mar se convirtió en sangre, puede referirse a un acontecimiento llamado como "marea roja", fenómeno causado por la contaminación debido a la presencia de sin número de microorganismos muertos, entonces, eso se verá como resultado de la misma contaminación que causará el meteoro.

Este juicio es muy parecido al de Egipto en los días de Moisés. El Nilo era para los egipcios la fuente de su vida y sustento, el mar es de igual forma la fuente del sustento de muchos hoy día y lo seguirá siendo en esos tiempos, entonces se entiende que este juicio causará escasez de alimentos marítimos y una decadencia económica global.

Tercera trompeta: las aguas son afectadas.

El tercer ángel tocó la trompeta, y cayó del cielo una gran estrella, ardiendo como una antorcha, y cayó sobre la tercera parte de los ríos, y sobre las fuentes de las aguas. Y el nombre de la estrella es Ajenjo. Y la tercera parte de las aguas se convirtió en ajenjo; y muchos hombres murieron a causa de esas aguas, porque se hicieron amargas - Apocalipsis 8:10-11.

El azote de este juicio hace referencia al agua envenenada vista en el Antiguo Testamento[1943]. El ajenjo como bien se menciona en la sección de Angeología, era un agente que intoxicaba lo que tocaba[1944], su sustancia era amarga y se obtenía de una raíz la cual producía ebriedad y enajenación de la realidad, el ajenjo se utilizaba figurativamente para ilustrar la idolatría, las consecuencias del adulterio, y el sufrimiento[1945]. En este caso habla de las consecuencias dolorosas que traerá este juicio, ya que esta plaga afectará principalmente los suministros de agua potable. Como bien menciona William Barclay *"el ajenjo representa siempre la amargura del juicio de Dios sobre los desobedientes.*[1946]" Se puede notar con facilidad que habla de una *"estrella"*, la interpretación es literal, para referirse a un asteroide, que al entrar en la atmosfera de la tierra se desintegrará lanzando los escombros que contribuirán a contaminar las aguas esparciendo grandes desechos tóxicos. Tanto los lagos, ríos y manantiales se verán afectados por la intoxicación, lo cual resultará en que *"muchos hombres murieron a causa*

[1943] Éxodo 7:20-21.

[1944] Jeremías 8:14, 9:15, 23:15.

[1945] Deuteronomio 29:18; Proverbios 5:4; Lamentaciones 3:19.

[1946] Barclay William. Comentario al Nuevo Testamento. Citando Apocalipsis 8:10-11, Pág. 1151, Editorial CLIE. C/ Ferrocarril, 8. Viladecavals, Barcelona, España.

de esas aguas", esta muerte es una llena de angustia, ya que no podrán tomarlas, por lo tanto, habrá muchos deshidratados. Este panorama es lo opuesto a lo visto en (Éx 15:23-24), donde Dios endulzó las aguas amargas de Mara para que el pueblo las pudiera beber.

Cuarta trompeta: Los cielos se oscurecen

El cuarto ángel tocó la trompeta, y fue herida la tercera parte del sol, y la tercera parte de la luna, y la tercera parte de las estrellas, para que se oscureciese la tercera parte de ellos, y no hubiese luz en la tercera parte del día, y asimismo de la noche. Y miré, y oí a un ángel volar por en medio del cielo, diciendo a gran voz: !!Ay, ay, ay, de los que moran en la tierra, ¡a causa de los otros toques de trompeta que están para sonar los tres ángeles! - Apocalipsis 8:12-13.

Existe un antecedente histórico que demuestra la literalidad de este juicio, la novena plaga de Egipto, esta trompeta proyecta un parecido a este juicio[1947]. Dios demostró su poder sobre el sol, el cual los mismos egipcios le rendían adoración, al hacerlo, afectó sus creencias. El juicio que el Señor ejecutará con esta trompeta tiene el mismo propósito, hacer que la humanidad reconozca el señorío divino. Al grado de no solo afectar la luz del día al oscurecer el sol, sino también la noche. Muchos asumen que el ciclo del día y la noche que compone las veinticuatro horas será reducido a dieciséis, por otra parte, se cree que el poder luminoso del sol y la luna se reducirá en una tercera parte. Basado en los hechos literales históricos, se entiende que la interpretación correcta recae bajo el mismo principio, se oscurecerá el sol y la luna.

La falta de luz solar afectará la función de los habitantes de la tierra, ocasionando cambios drásticos en la temperatura, creando desajustes meteorológicos, botánicos y biológicos[1948], y la lunar, causará un desorden marítimo creando serios inconvenientes a los *"que moran en la tierra"* que como anteriormente se dijo, son los que hacen de la tierra su hogar permanente y no tienen interés alguno por las cosas espirituales, negándose sujetarse a la voluntad divina. Este juicio en particular expresa una advertencia de lo que está por ocurrir, el *¡Ay, ay, ay ...!* Que el ángel[1949] exclama, es un lamento por cada toque de trompeta restante. Colocando a las primeras cuatro trompetas como nada en comparación a las tres restantes. Este triple ¡Ay! es visto en el Antiguo Testamento como una expresión que traduce el lamento hebreo. Los profetas lo usaron frecuentemente; incluso, el mismo Jesucristo lo utilizó para denunciar el carácter errado de los líderes religiosos en su mensaje bien conocido como *"los siete ayes[1950]"* y para

[1947] Éxodo 10:21-23.
[1948] Lucas 21:25.
[1949] Versiones antiguas dicen: el Águila. La LXX (Septuaginta) lo traduce como: ave de rapiña "buitre" tal como en Apocalipsis 19:17 representando la ruina inminente que caerá, tal como estas aves devoran la carne.
[1950] Mateo 23:13-29.

lamentarse por los sufrimientos futuros[1951]. Estos tres "ay" expresan un grito de dolor, terror, e indignación, anunciando que lo peor está por venir.

Quinta trompeta: el ser humano es herido

Leer Apocalipsis 9:1-12.

La sana aplicación de los principios hermenéuticos son una herramienta útil que ayuda a comprender mejor estos pasajes. Los textos apocalípticos son presentados como visiones, estas revelan eventos venideros, los cuales muchas veces más bien describen la realidad del sentido teológico, en este caso, el juicio divino sobre los hombres malvados. Los detalles y descripciones vistos a lo largo del libro de Apocalipsis eran ya muy familiares entre los judíos por su línea de continuidad con las profecías de Daniel. Las descripciones similares en la literatura judía componían todo un género conocido, derivado, de las teofanías del éxodo y el Sinaí. Basado en ello, la referencia sistemática vista en el Pentateuco es una herramienta clave e importante para interpretar el sentido se pueden ver en todo lo relacionado a las trompetas y copas. Viendo el panorama contemporáneo, Dios actúa en la historia y en esta era para salvar a quien Él en su soberanía perfecta quiere, tal como las plagas de Egipto hicieron salir hacia el éxodo al pueblo de Dios, así también las trompetas y las copas conducen hacia la libertad, aunque estas sean juicios.

Aunque los azotes que estas trompetas son aterradores al ojo de cualquier lector, es sumamente importante reconocer que su finalidad es llevar a los impíos al arrepentimiento, y que tal como las plagas de Egipto, se observa la triste realidad de que ni aun así se arrepintieron[1952]. Es saludable aclarar que estos azotes a su vez representan la ira de Dios y del Cordero[1953], ira la cual está dirigida contra los infieles, no contra los fieles. Dios hace uso de la misma creación, como revelación divina, ella es el lenguaje divino para manifestar tanto su gloria[1954], su justicia, y su juicio[1955]. Viéndolo desde el lente bíblico las trompetas y las copas son la voz divina que llama a los hombres a tornarse hacia Él en arrepentimiento.

Existe un gran contraste entre el pensamiento moderno Occidental y el antiguo Oriental, la idea moderna de las leyes naturales no es vista como lo era por los rabinos, los hebreos observaban tales leyes como parte del pacto fiel de Dios para con su creación. Basaban su observación en que después del diluvio, el Señor confirmó su pacto fiel con el ser humano al afirmar que este sería con *"todos los seres vivientes"* sobre la tierra[1956]. Claramente el pacto divino para con el hombre trae consigo condiciones morales. Toda la

---

[1951] Mateo 24:19.
[1952] Apocalipsis 9:20-21, 16:9-11.
[1953] Apocalipsis 6:16-17.
[1954] Salmos 19:1-6.
[1955] Romanos 1:18-19.
[1956] Génesis 9:9-13; Isaías 54:9-10.

creación es el don divino que por gracia le concede al ser humano vivir y ser parte. Y cuando el hombre en lugar de agradar a su creador por su don hace mal uso de los estándares morales es entonces que desobedece, es ahí que Dios procede a privar a sus criaturas racionales del don de la creación haciendo uso de ella misma.

El quinto ángel tocó la trompeta, y vi una estrella que cayó del cielo a la tierra; y se le dio la llave del pozo del abismo - 9:1.

En esta trompeta se puede observar que, al emitir su sonido, cae del cielo una estrella. Pero esta tiene algo diferente a las demás[1957]. Esta estrella habla de un ser inteligente, o más bien un ser angelical, muchos comprenden que quizás podía referirse a Satanás[1958]. Observando las tradiciones judías rabínicas, creían que los ángeles malvados estaban encerrados en los calabozos esperando poder salir en el tiempo indicado para ejecutar sus malas acciones de manera devastadora. El término abismo originalmente significa *"sin fondo"*, la cultura del primer siglo en su línea de pensamiento se inclinaba a que el abismo o más bien pozo del abismo, contaba con un lugar geográfico en esta tierra donde se le asignó a cada habitante de este unas llaves para lugares estratégicos. Según lo que logramos comprender de las Escrituras, se entiende que el abismo que se menciona en Apocalipsis se refiere al lugar donde se experimenta el tormento y la prisión de muchos demonios[1959].

¿Por qué se entiende que es un ser angelical? Sencillo, *"se le dio la llave"*, es imposible que una estrella carente de facultad intelectual reciba algo para hacer uso de ello. Muchos entienden que es Satanás, otros que es un ángel caído *(demonio)*, ya que el término griego utilizado *"peptokóta"* habla de un ser *"caído"*, el hecho de que hable sobre un *"caído"* (la estrella calló) no significa que cayera con Satanás o fuese un ángel caído (demonio), lo que realmente comunica el verbo es la velocidad con la que desciende para cumplir una misión. *¿Cuál era su misión?*, abrir el pozo del abismo.

Y abrió el pozo del abismo, y subió humo del pozo como humo de un gran horno; y se oscureció el sol y el aire por el humo del pozo. Y del humo salieron langostas sobre la tierra; y se les dio poder, como tienen poder los escorpiones de la tierra - 9:2-3.

Este verso expresa el cumplimiento de la misión encomendada a ese ser angelical. Abre rápidamente el pozo del abismo, el cual causa unos efectos ambientales. Nótese que al abrirlo asciende el elemento del humo cubriendo el espacio. Eso estorbará la luz solar de forma temporal, no se puede ignorar que cabe la probabilidad que eso cause un gran pánico en la humanidad, ya

[1957] Apocalipsis 6:13, 8:8.
[1958] Apocalipsis 9:4, 12:7; Isaías 14:12-14; Lucas 10:18.
[1959] Apocalipsis 9:1-2, v.11, 11:7, 17:8, 20:1, v.3; 2 Pedro 2:4; Judas 1:6-7.

que no solo verán el efecto de la nube con la luz solar, sino también afectará el aire, dificultando así la oxigenación, se entiende que ese elemento que subirá y cubrirá una gran parte del espacio será el instrumento para desatar el juicio de la plaga demoniaca la cual de describe de esta forma:

- **Langostas:** Este es un insecto devastador que desciende en un denso enjambre que a causa de su espesor puede oscurecer la luz solar, devorando todo a su paso. Sin embargo, el panorama presentado aquí no se trata de langostas normales, sino de unas preparadas especialmente, demonios con una corteza de forma parecida a tales insectos devoradores, estos traerán consigo una desolación masiva[1960]. Se entienden que son seres demoniacos por varias razones:
  1) *No son presentados comiendo productos vegetales.*
  2) *Son dirigidos por un rey*[1961], *y las langostas no tienen*[1962].
  3) *Son seres inteligentes que provienen de la región infernal*[1963].

  Esta diabólica lluvia masiva será un gran espectáculo que infundirá terror en los habitantes impíos de la tierra. La similitud de este juicio con la octava plaga enviada a Egipto es notable[1964], la diferencia entre ambos es que la plaga de Egipto acabó con todo producto agrícola, y esta atormentará a la humanidad por cinco meses sin causarle la muerte aún. Juan hace uso en varias ocasiones de la palabra *"como"* para describir de manera entendible la similitud de estos seres con las langostas y el daño que causarán.

Y se les mandó que no dañasen a la hierba de la tierra, ni a cosa verde alguna, ni a ningún árbol, sino solamente a los hombres que no tuviesen el sello de Dios en sus frentes, y les fue dado, no que los matasen, sino que los atormentasen cinco meses; y su tormento era como tormento de escorpión cuando hiere al hombre - 9:4-5.

A estos seres demoniacos se les dio una orden específica, dañar los hombres. Los hombres sin el sello de Dios, es decir, de todos los habitantes de la tierra, a excepción de los dos grupos mencionados Apocalipsis 7:4 *(los 144.000)* judíos y sus convertidos. Aquí se muestra como Dios en su suprema soberanía tiene el control sobre estos seres infernales y los acontecimientos a ocurrir. Un grupo de langostas comunes habría hecho un banquete con toda la vegetación a su alcance dejando a su paso un gran vacío. Eso hubiera sido un gran juicio y a su vez causado dolor en la esfera alimenticia del ser humano, pero la realidad será, que la tortura proporcionada por estos seres será una aún mayor. Juan usa no solo a las langostas para comunicar a la audiencia el mensaje de manera entendible,

---

[1960] Joel 2:2-4.
[1961] Apocalipsis 9:11.
[1962] Proverbios 30:27.
[1963] Apocalipsis 9:3-4.
[1964] Éxodo 10:12-15.

sino que también habla sobre otro aún peor, refiriéndose al tormento como el de un escorpión. No habla que eran escorpiones, sino más bien, que se les dio poder como a los escorpiones para traer tormento. El escorpión está catalogado como un arácnido el cual habita en zonas secas y calurosas, el mismo tiene una cola erguida con un aguijón. Este, al hacer uso de su aguijón vierte un veneno el cual hace que el receptor se retuerza de un dolor agonizante. Esta ilustración es presentada para comunicar la capacidad de estos demonios de infligir daño físico y quizá también espiritual. El lapso de la tortura será de cinco meses, viéndolo en el plano natural el ciclo de vida de las langostas es aproximado de cinco meses. Entonces, se hace uso de la vida natural de las langostas para que el lector comprendiera la seriedad del asunto, ya que la langosta como su término de vida es corto, buscará devorar lo más posible como si nunca se saciara, esto ilustra la severidad con la que estos seres torturarán a los hombres. Como antes mencionado, esta tortura tiene como fin llevar a los hombres al arrepentimiento, no una acción cruel y caprichosa de Dios, la enseñanza tras cada juicio divino es que la maldad no puede continuar, al grado de recibir retribución por parte del Señor.

Y en aquellos días los hombres buscarán la muerte, pero no la hallarán; y ansiarán morir, pero la muerte huirá de ellos - 9:6.

La agonía que sufrirán los hombres en ese tiempo será tan grande que *"buscarán la muerte, pero no la hallarán"*. Esto literalmente significa que todos los atormentados no tendrán ni el más mínimo alivio. Al grado, que, si a causa de ello quisiera alguno dar fin a su estancia terrenal, no podrá. La soberanía divina toma el control, para que cada uno según sus maldades pague la justa retribución que merece. Sin importar cuan eficaz sea el intento, la muerte no tendrá lugar en el mismo para que sufran el dolor merecido. Puede ser que al ojo humano se vea cruel, pero la realidad es que este es un acto de misericordia divina, el cual, en su propia santidad perfecta, llama la atención de los hombres corruptos para que se tornen a Él arrepentidos, y así Dios los perdone. Lo peor del caso es que muchos no se arrepentirán.

El aspecto de las langostas era semejante a caballos preparados para la guerra; en las cabezas tenían como coronas de oro; sus caras eran como caras humanas, tenían cabello como cabello de mujer; sus dientes eran como de leones, tenían corazas como corazas de hierro; el ruido de sus alas era como el estruendo de muchos carros de caballos corriendo a la batalla, tenían colas como de escorpiones, y también aguijones; y en sus colas tenían poder para dañar a los hombres durante cinco meses. Y tienen por rey sobre ellos al ángel del abismo, cuyo nombre en hebreo es Abadón, y en griego, Apolión - 9:7-11.

La referencia dada en el verso *"como caras humanas"* apunta a que estas criaturas diabólicas son seres con capacidad racional. En tales tiempos, era de costumbre la mezcla de especies, en el caso de la langosta y el escorpión, era una señal en contra de la creación muy común en cultura antigua. Esas mezclas tenían como fin reflejar según las tradiciones de esa época las pesadillas. En este caso, la imagen presentada no debe tomarse literalmente, sino más bien como una imagen terrible que trae a la mente el horror del juicio a venir, por esa razón se utiliza la forma verbal *"semejante a"* y *"como de"*, la palabra semejantes del gr. *"homois"* se utiliza como una figura de dicción bien conocida como símil, para describir la realidad tras la visión. Las descripciones dadas sobre este juicio se pueden observar claramente, tales como:

- **Semejantes a caballos preparados para la guerra:** Esta es una comparación a un ejército montado, la idea detrás de esta figura es la preparación que tenían para iniciar una guerra, la milicia grecorromana tenía de costumbre marchar disciplinadamente y en forma recta. Se entiende entonces que esta ilustración lo que comunica es como estos seres estarán preparados para ejecutar el juicio de manera organizada.
- **Sus cabezas adornadas como coronas:** La corona claramente habla de la intención de conquistar hasta donde se les es permitido.
- **Como caras humanas:** Dado a que obedecerán ordenes, serán disciplinados en ejecutar el juicio de manera organizada y tendrán el plan de conquistar hasta donde se les es permitido, es que se entiende que son seres con capacidad racional e intelectual.
- **Como cabello de mujer:** La costumbre pagana del mediterráneo describía a Sagitario con una cabellera larga, y quienes se inclinaban tal creencia, pensaban que esa deidad *(falsa)* inspiraba horror por sus juicios, tanto así que el pensamiento popular de ese tiempo era que los barbaros, los cuales tenían larga cabellera, inspiraban terror tras las historias de sus conquistas sangrientas apoyadas por Sagitario, quien se creía era el maestro de los héroes[1965]. La idea de larga cabellera era conocida fácilmente por los lectores Apocalípticos del primer siglo, Juan hace uso de las costumbres de esos tiempos para que su audiencia comprendiera que al ilustrar la cabellera de estos seres en su mensaje aludía al carácter de estos los cuales infundirán terror[1966].
- **Como de leones:** Esta ilustración comunica como estos seres serán feroces, poderosos y mortíferos.
- **Como corazas de hierro:** La coraza era una herramienta militar utilizada para proteger los órganos vitales del guerrero y así mantenerlo con vida al para garantizar una conquista efectiva. Estos seres infernales harán acto de presencia como un ejército invencible, y bien preparado

[1965] La leyenda pagana afirmaba, que Sagitario, quien era un centauro (mitad caballo, mitad humano) era quien se encargó de entrenar y adoctrinar a algunos grandes héroes, como Hércules, Aquiles, Jasón y Teseo.
[1966] Jeremías 51:27.

para la batalla. Esta ilustración da a entender como estas criaturas infernales serán invulnerables.

- **Como el estruendo de muchos carros de caballos corriendo a la batalla:** Al Juan mencionar *"ruido de carros"* habla de la invasión de estos. La idea presentada es que su ruido hará temblar la tierra[1967], el ruido era conocido por los lectores como el carácter devorador de quienes venían sobre una región. Con esto se entiende que estos seres demoniacos vendrán con toda la malvada intención de devorar todo a su paso.
- **Como colas de escorpiones:** Como antes mencionado, esto habla de la tortura y dolor que provocará este juicio por un periodo de cinco meses.

Todas estas similitudes representan una verdad tras ellas, y por último se describe que tienen un rey, que proviene del abismo, llamado Abadón/Apolión. Al mencionar un rey sobre las langostas se entiende que no habla de una plaga de insectos literalmente, ya que como bien se describió ellas no tienen rey. Por ello se entiende que estas criaturas son demonios, ya que participan organizadamente bajo las órdenes de su rey, el cual nombre originalmente significa tanto en hebreo como en griego *"destructor"*. Esto habla de la existencia jerárquica entre los seres infernales *(demonios)*. Al parecer, este *"ángel del abismo"* puede ser que sea o uno de los ángeles caídos más cercanos a Satanás, o posiblemente el mismo Satanás. Sea uno o el otro, encabezará esta lluvia demoniaca sobre la tierra, sembrando terror y dolor sobre los hombres.

El primer ay pasó; he aquí, vienen aún dos ayes después de esto - 9:12.

Este es tan solo el primero de tres *"ay"* como menciona (Ap 8:13), es decir que los otros dos restantes serán aun peor.

Sexta trompeta: El ser humano experimenta la muerte

Apocalipsis 9:13-21.

El sexto ángel tocó la trompeta, y oí una voz de entre los cuatro cuernos del altar de oro que estaba delante de Dios, diciendo al sexto ángel que tenía la trompeta: Desata a los cuatro ángeles que están atados junto al gran río Éufrates. – 9:13-14.

La tradición judía antigua afirmaba que los espíritus malignos se encontraban atados junto al rio Éufrates, cuerpo de agua que atravesaba el mismo Huerto del Edén[1968]. Claramente se comprende que al hablar que estaban atados expresa que se encontraban en el abismo infernal. Al

[1967] Jeremías 8:16.
[1968] Génesis 2:14.

mencionar que estaban junto al Eufrates está relacionado a la misión de estos en tal región, en este caso, enemigos directos de Israel. Como se ha mencionado hay seres demoniacos cautivos en el abismo, mientras otros se encuentran sueltos actuando hoy día bajo las malvadas ordenes manipuladoras de Satanás. Hay al menos dos divisiones bíblicas que hablan de los grupos principales encabezados por el diablo, estos son:

- Activos.
- Cautivos.

Los activos son aquellos que las Escrituras los describe como demonios *(espíritus inmundos)*. Estos en su misión poseen cuerpos, oprimen personas, e influyen a los hombres a la maldad e inmundicia. En cambio, los cautivos están reservados para el día del juicio, cuando estos hagan acto de aparición asumirán cuerpos con forma extraña para infundir mal y torturar a los hombres en la tribulación, sirviendo como causantes de terror y destrucción. Como bien se observó, tanto los activos, como los cautivos, se manejan bajo la obediencia de órdenes jerárquicas, por tal razón los cuatro ángeles mencionados como generales diabólicos son desatados, estos guiarán al ejercito demoniaco el cual su misión será matar y destruir.

Y fueron desatados los cuatro ángeles que estaban preparados para la hora, día, mes y año, a fin de matar a la tercera parte de los hombres – 9:15.

Estos cuatro seres infernales son liberados para dar muerte a la tercera parte de la población restante en la tierra. Si se agrega la cuarta parte de los que ya murieron a consecuencia del cuarto juicio del sello visto en (Ap 6:7), este juicio tiene como fin destruir a la mitad de la población que sobrevivió al mismo, esto es sin incluir a los que mueren gracias a las guerras, el hambre y las enfermedades. La hora, día, mes y año se entiende que habla de que todo el plan divino ocurre bajo una precisión exacta macada por su soberanía. Tanto el momento adecuado, como los terribles resultados son estipulados por Dios determinadamente.

Y el número de los ejércitos de los jinetes era doscientos millones. Yo oí su número – 9:16.

Aquí viene la parte escalofriante, nótese que Juan afirma *"Yo oí su número"*, esto corrobora que el total de estos demonios es real, y que, aunque él no los contó uno por uno, se entiende la literalidad de estos por el solo hecho de haber sido mencionado. Entonces, el número de integrantes que estarán bajo las órdenes de esos cuatro ángeles caídos antes atados era una suma de doscientos millones *(200,000,000)*. Esta suma que Juan oyó, sería un ejército sumamente enorme en el primer siglo, y claramente hoy día de igual forma, al grado que se puede comprar a la población de los Estados Unidos, casi cuatro veces a la de Gran Bretaña, y más grande que la de Nigeria, incluso, ocho veces más grande que la población de Canadá. Esta suma es más que suficiente para dar muerte y causar estragos a su paso.

Muchos lectores asumen que sobre la naturaleza de este juicio que habla sobre un ejército asiático, argumentando que vendrá del otro lado del rio Éufrates, y que por la gran cantidad mencionada creen que proviene de China. En cambio, otros se inclinan a que habla de los musulmanes los cuales invaden los países árabes contra Israel haciendo uso de equipo sofisticado. Sin embargo, otros aluden que habla de una guerra bacteriológica y bioquímica que se dará en Oriente Medio, por lo cual Israel y sus aliados se verán afectados. Ninguna de estas opiniones se ajusta al sentido natural que el mismo texto bíblico expresa, tal como veremos en el siguiente verso.

Así vi en visión los caballos y a sus jinetes, los cuales tenían corazas de fuego, de zafiro y de azufre. Y las cabezas de los caballos eran como cabezas de leones; y de su boca salían fuego, humo y azufre – 9:17.

Este verso destaca una inclinación sensata sobre el verdadero sentido de la idea expresada. Nótese que expone varias cosas dignas de analizar, tales como:

- Una apariencia extraña.
- Una naturaleza infernal.
- Un objetivo destructivo.

Al ojo humano no hay ejercito que sea extraño, la naturaleza de cualquier orden militar es humana, y medio de una guerra, aunque hay grandes tazas de mortandad, el plan es conquistar, no destruir a toda la humanidad, por lo tanto, se entiende que no son humanos. Juan vuelve hacer uso de las similitudes, y no solo afirma lo que vio, dando por hecho la realidad, sino que también lo contempló *"los caballos y a sus jinetes"*. Estos caballos y jinetes son descritos como:

- **Tenían corazas de fuego, de zafiro y azufre:** Como bien mencioné la coraza estaba diseñada para proveer una protección al guerrero. Pero esta coraza tiene unas descripciones particulares, al mencionar que era de fuego es aún más difícil de penetrar, haciendo de estos seres unos más fuertes e invencibles. Se entiende que no habla del material con la que estaba hecha, sino más bien a su color y a su propósito. El zafiro que más bien era de un color *"azul violeta"* es parte de la misma flama que emana el azufre. El azufre era una roca amarillenta, la misma era popular en la región del Mar Muerto, y cuando se enciende produce un gas calcinante que crea sofocación. Esta imagen proyecta que estos seres en su misión crearán pánico.

- **Las cabezas de los caballos eran como cabezas de leones:** Los leones son representativos a la bestialidad feroz que estos seres representan. Entre la literatura judía no inspirada por Dios, existía la idea de que Dios castigaba la idolatría enviando leones, y se creía entre los rabinos que eran una especie de monstruos que exhalaban fuego con humo[1969]. Los lectores de Juan estaban familiarizados con esa historia popular, al grado de reconocer fácilmente que hablaba del carácter infernal de estos seres, la combinación de caballos con leones daba a entender la velocidad con la que ellos ejercerán su destrucción.
- **De su boca salían fuego, humo y azufre:** Esto claramente habla la manifestación feroz y su capacidad de destrucción. Destacando su habilidad para poner en práctica su propósito, matar y destruir, la consecuencia de estas tres *plagas (fuego, humo y azufre)* se ve en el verso siguiente.

Por estas tres plagas fue muerta la tercera parte de los hombres; por el fuego, el humo y el azufre que salían de su boca – 9:18.

Si damos un vistazo al pasado, tanto Sodoma, Gomorra y las ciudades vecinas sufrieron el derramamiento de fuego y azufre como juicio sobre los impíos[1970]. A su vez, el fuego y el azufre tipifican la morada de Satanás, sus ángeles y todo pecador no arrepentido, donde arderán eternamente[1971]. Al igual que Sodoma y Gomorra, y a la morada eterna que le espera a Satanás, sus ángeles y a los no regenerados, estas plagas comunican la idea de destrucción y muerte. Cabe recordar que la palabra plaga originalmente significa *azote*, lo que causa una herida. La aplicación de esto da a entender el carácter destructivo que este ejercito infernal traerá consigo. El efecto final que el fuego, humo y azufre causarán será la muerte de *"la tercera parte de los hombres"*. La referencia claramente habla de quienes vivan en la segunda mitad de la tribulación. Este verso en conjunto del verso 19[1972] hace referencia al daño habilidoso que causará este ejercito diabólico a toda dirección.

Y los otros hombres que no fueron muertos con estas plagas, ni aun así se arrepintieron de las obras de sus manos, ni dejaron de adorar a los demonios, y a las imágenes de oro, de plata, de bronce, de piedra y de madera, las cuales no pueden ver, ni oír, ni andar; y no se arrepintieron de sus homicidios, ni de sus hechicerías, ni de su fornicación, ni de sus hurtos – 9:20-21.

[1969] Sabiduría de Salomón 11:17:20.
[1970] Génesis 19:24-27.
[1971] Apocalipsis 19:20.
[1972] "Pues el poder de los caballos estaba en su boca y en sus colas; porque sus colas, semejantes a serpientes, tenían cabezas, y con ellas dañaban" – Apocalipsis 9:19.

Estos dos versos presentan una evidencia contundente de que el propósito de los juicios divinos es el arrepentimiento. Pero, aunque ese es el propósito, no les interesa arrepentirse. Todos en esa etapa, llegaron a identificarse más con su propio pecado prefiriendo no dejarlo a un lado. Las Escrituras en (1 Cor 10:20), narran que adorar un ídolo es adorar a un demonio. Aquí los demonios son personificados con ídolos hechos por manos de hombres, dando a entender que la religión de los hombres en ese tiempo será adorar a quien los destruye en vez de adorar a su creador. La hechicería en el contexto original proviene del gr. *"pharmakeia"* de ahí nace el término, fármaco, esto da a entender el uso de sustancias alucinógenas que hacían embrutecer los sentidos de su usuario para exaltar sus experiencias religiosas en la necromancia espiritista, y la brujería. Esto revela dos cosas:

1) *La realidad de la actividad demoniaca en el ámbito espiritual, llevando a los hombres a embrutecerlos en sus sentidos racionales para que no se tornen a la verdad aún, cuando estos experimentan el juicio.*

2) *El corazón duro del ser humano en ese tiempo a causa de la maldad.* Es entonces que habla que *"no se arrepintieron"*. Aunque habla en futuro, expresa la realidad de un hecho a ocurrir, por lo tanto *"no se arrepentirán"*.

La presentación que este verso hace alude a la ridiculez de su culto, los profetas del Antiguo Testamento ridiculizaban el culto a los ídolos por el solo hecho de tener menos poder que sus fabricantes[1973]. En cambio, cuando se mencionaba los ladrones, fornicarios, y homicidas, era para comunicar le peligro que se podía experimentar con ese tipo de personas. Entonces, el conjunto de lo mencionado en relación con la hechicería, idolatría y los homicidas, fornicarios y adúlteros, era para que el lector comprendiera el peligro del asunto en seguir irracionalmente dichas prácticas, por las cuales los hombres sufrirán juicio. La maldad, inmoralidad y desorden aumentarán de manera increíble en esos tiempos, todo lo mencionado concluye con el segundo *"ay"* para dar apertura al siguiente.

Séptima trompeta: Juicio a los muertos y recompensa a los santos

El séptimo ángel tocó la trompeta, y hubo grandes voces en el cielo, que decían: Los reinos del mundo han venido a ser de nuestro Señor y de su Cristo; y él reinará por los siglos de los siglos. Y los veinticuatro ancianos que estaban sentados delante de Dios en sus tronos, se postraron sobre sus rostros, y adoraron a Dios, diciendo: Te damos gracias, Señor Dios Todopoderoso, el que eres y que eras y que has de venir, porque has tomado tu gran poder, y has reinado. Y se airaron las naciones, y tu ira ha venido, y el tiempo de juzgar a los muertos, y de dar el galardón a tus siervos los profetas, a los santos, y a los que temen tu nombre, a los pequeños y a los grandes, y de destruir a los que destruyen la tierra. Y el templo de Dios fue abierto en el cielo, y el arca de su pacto se veía en el

[1973] Salmos 135:15-18; Isaías 46:6-7.

templo. Y hubo relámpagos, voces, truenos, un terremoto y grande granizo - Apocalipsis 11:15-19.

Las primeras seis trompetas son plagas, esta última es el inicio que desencadena en triunfo final divino *"él reinará por los siglos de los siglos"*. Esta trompeta no debe ser confundida con *"la final trompeta"* y *"trompeta de Dios"* mencionadas en (1 Cor 15:51-52) y (1 Tes 4:16-17). Con esta trompeta, se entiende que el final está lo suficiente cerca como para anunciarlo. Esta trompeta incluye los siete juicios finales de las copas que se aproximan a derramarse, los cuales conducen al establecimiento del reino divino[1974] y la respectiva coronación de Jesucristo como Rey soberano[1975]. Aquí comienza la aplicación del tercer *"ay"*, este anuncio suscita produce la alabanza de los ancianos al Señor.

El propósito fundamental de la manifestación de su reino es cumplir Su promesa de un reino eterno, luego juzgar a los muertos y dar galardones a los justos, y destruir a los que destruyen la tierra. Todo lo que este verso expresa va acompañado de (Ap 10:6-7), donde al mencionar *"el misterio de Dios"* habla sobre la manifestación de Cristo con gran poder y gloria para destruir el mal y su imperio. Dios le había mostrado al profeta Daniel este gran acontecimiento, donde el Señor reinará por los siglos de los siglos, mediante su profeta, Dios anunció que su reino jamás será destruido[1976]. Entonces, se puede entender que el toque de esta trompeta tiene como fin establecer todo lo anunciado por los Profetas de la antigüedad y reconfirmado por los Apóstoles en el Nuevo Testamento.

En la escena que presenta Juan se observa a veinticuatro ancianos, estos personajes celebran el triunfo del Señor. La pregunta que muchos se hacen es *¿Quiénes son estos ancianos?* Su participación en conjunto con Cristo en la escena, y las descripciones hechas sobre ellos en el libro de Apocalipsis tales como:

- Vestiduras blancas (Ap 19:7-8).
- Coronas de oro (Ap 2:10).

Apunta a que son redimidos[1977], los ancianos mencionados representan a la iglesia que entona el cántico de redención[1978]. Muchos creen que son ángeles, pero ese argumento queda sin validez alguna, ya que los ángeles no fueron redimidos, coronados y hechos participes del cuerpo de Cristo. No es el pueblo de Israel, por el solo hecho de que en ese momento todavía no han sido salvados y coronados, su salvación y coronación está reservada para el final de los tiempos, suceso que aún no ocurre en este verso, eso tendrá lugar al final de la tribulación[1979]. No son los santos salvados en medio de la

[1974] Apocalipsis 20:1-15.
[1975] Apocalipsis 19:1-21.
[1976] Daniel 2:44.
[1977] Apocalipsis 4:9-11, 5:5-14, 7:11-17, 11:16-18, 14:3, 19:4.
[1978] Apocalipsis 5:8-10; Juan 14:1-4.
[1979] Daniel 12:1-3.

tribulación, por el solo hecho de que todavía no se ha efectuado su salvación en este punto[1980]. Por lo tanto, se entiende que solo habrá un grupo completo, redimido y glorificado en este punto, y ese grupo es el conjunto de creyentes del Antiguo Testamento con la iglesia. En mi punto de vista, se puede llegar a la conclusión que doce son representantes de las Tribus de Israel y doce representan a los Apóstoles, pero como no hay una claridad léxica al respecto mi punto de vista queda como una teoría. Es mejor observar todo bajo la luz misma que las Escrituras muestran, por lo tanto, lo más saludable es observar que estos ancianos son redimidos por el Señor, sea quien sea, confirman el cumplimiento de las promesas divinas.

Estos redimidos en su acto de adoración destacan la toma de poder de Jesucristo y el derramamiento de la ira divina, la cual, aunque esta tendrá acto en un tiempo futuro[1981] los ancianos hablan de la misma como si ya estuviera presente para destruir a todas las naciones que se rebelaron *"se airaron"* contra Él y los suyos. Los gobiernos, reinos y administraciones humanos a lo largo de toda la historia han seguido el camino de Satanás siendo igual de hostiles y rebeldes a la persona y obra Cristo[1982]. Por lo tanto, la maldad y la rebelión del mundo tendrá su fin con el regreso victorioso del Señor Jesucristo, cuando Él establezca su reino[1983]. Hay dos expresiones muy enfáticas que hacen los ancianos en el verso, estos términos son:

- **Tu ira:** El tema del derramamiento de la ira divina sobre los hombres rebeldes es uno de los temas centrales de las Escrituras[1984].
- **Juzgar a los muertos:** El derramamiento de la ira divina incluye el juicio de los muertos[1985]. Este está dividido en dos partes:
    1) *Cuando Dios cumple su promesa y trae recompensa a los santos del Antiguo Testamento*[1986], *arrebata a su iglesia*[1987] *y a los santos de la tribulación*[1988].
    2) *Cuando Dios condena a los incrédulos y los envía al lago de fuego por la eternidad*[1989].

Histórico culturalmente hablando, desde el punto de vista judío, la rabia de las naciones, la ira divina y el gobierno mesiánico sobre todo reino y poder, es la voz que grita a todo viento en los Salmos[1990]. Los rabinos de la época sostenían que los justos serían recompensados al final de los tiempos y en la muerte. Pero que, a su vez, los destructores de la tierra que abusaron de la mayordomía encomendada a la humanidad pagarán por rebelarse ante

---

1980 Apocalipsis 7:9-14.
1981 Apocalipsis 20:11-15.
1982 Salmos 2:2; Hechos 4:26.
1983 Isaías 2:2-3; Daniel 4:3, 6:26, 7:13-14, 7:18-27; Lucas 1:31-33; 1 Corintios 15:24.
1984 Isaías 24:17-23, 26:20-21, 30:27-33; Ezequiel 38:16ss; 2 Tesalonicenses 1:5-10.
1985 Mateo 25:31-46; Juan 5:25-29.
1986 Daniel 12:1-3; Apocalipsis 22:12; 1 Corintios 3:8, 4:5.
1987 1 Corintios 15:51-52; 1 Tesalonicenses 4:13-18.
1988 Apocalipsis 20:4.
1989 Apocalipsis 20:15.
1990 Salmos 2.

el mandamiento original divino[1991]. La afirmación de juicio divino por violar toda ley celestial *"los que destruyen la tierra"* tanto, ética moral, espiritual y físicamente, y el justo galardón a los *"profetas, y a los santos"* es decir, a los que temen a su nombre, es la idea principal del verso.

Para la ejecución de este juicio sucede algo único. Se abre el templo de Dios y se observa el arca del pacto. El templo es la representación del lugar santísimo celestial[1992], es decir, el espacio eterno donde Dios mora en gloria catalogado como su trono[1993]. Juan observa en la visión la gloria perfecta del Señor tal cual, y en medio de esta revelación gloriosa observa el arca del pacto, esta pieza del inmobiliario del tabernáculo del templo era equivalente al trono divino según el simbolismo del Antiguo Oriente. Ese artefacto se mantenía dentro del tabernáculo y el templo[1994] simbolizando la presencia misma de Dios, su expiación y pacto eterno. El arca del pacto en el Antiguo Testamento era una representación de lo celestial[1995]. El arca expresa la suministración de la misericordia divina y la expiación por el pecado, por así decirlo, la puerta que abre el espacio para la entrada al santísimo lugar, entonces, al abrirse el templo comunica el cumplimiento del pacto nuevo de gracia y su propósito de redención en medio de Sus juicios divinos derramados en la tierra. Estos juicios son manifestados en:

1) **Relámpagos, voces, truenos, terremoto y granizo:** Aquí se observa lo anticipado en el mismo libro[1996], convirtiéndolo ahora en una realidad. Estos acontecimientos son parte de la séptima copa que todavía no se manifiesta[1997]. El solo hecho de que el cielo es la fuente de este derramamiento, se comprende que todo juicio procede del lugar santísimo de Dios[1998].

Los lectores judíos estarían conscientes de que el pacto divino hecho con el arca estaba asociado a promesas a los redimidos y a plagas para los desobedientes. Muchos rabinos de la época creían que al Dios abrir la cortina divisoria den el templo, era un símbolo de que saldría al encuentro para la guerra contra los pecadores. La idea que presenta el verso va a la mano, para que los receptores del mensaje comprendieran la verdad tras el cumplimiento de este juicio. Nótese que el lenguaje utilizado aquí es parecido al de (Éx 19:16 y Ez 1:4). Esto entonces sugiere que este suceso es más que real. Tanto Moisés, como Ezequiel fueron capacitados e inspirados por Dios, en el caso de Moisés, para construir el tabernáculo y el arca del pacto al seguir las directrices del modelo divino ya existente en el cielo, en

---

[1991] Génesis 1:26.
[1992] Éxodo 26:31-37.
[1993] Apocalipsis 4:1-11, 5:1-14, Hebreos 9:24.
[1994] Éxodo 25:10-22.
[1995] Hebreos 9:23, 10:20
[1996] Apocalipsis 4:5, 8:5.
[1997] Apocalipsis 16:17-21.
[1998] Apocalipsis 6:1, 14:15-17, 15:5-8, 16:1-7, v.17.

el caso de Ezequiel, la revelación en visión sobre la obra perfecta de Dios, estas revelaciones altamente sublimes confirman el reino eterno del Mesías.

"Este párrafo termina con una manifestación de la santidad y fidelidad de Dios. El Dios soberano es santo y fiel en todos sus juicios. Los hombres han dado por sentado que Dios no intervendrá en los asuntos del mundo. Dios, sin embargo, cumplirá su propósito eterno y llevará a su culminación el plan original tocante a la manifestación de su reino.[1999]" Esto da apertura a lo siguiente, el derramamiento de los juicios con las copas.

Copas

Apocalipsis 16:1-21.

Hay similitudes entre los juicios de las copas y algunos juicios de las trompetas. Pero a su vez también hay diferencias. Los juicios derramados con las copas son mucho más intensos y extensos. Con esto se entiende que no son una repetición de las trompetas, sino más bien, una serie de juicios distintos que siguen de estas. Estos juicios de las copas son designados como las siete plagas postreras (Ap 15:1-6, 16:1, 17:2, 21:9). Estos juicios son a su vez muy parecidos a los vistos en Egipto cuando Dios libró a Israel, cabe resaltar que si esos juicios fueron de carácter literal[2000], las copas lo serán de igual forma, cumpliendo así el propósito soberano de Dios.

Primera copa: Úlceras

Oí una gran voz que decía desde el templo a los siete ángeles: Id y derramad sobre la tierra las siete copas de la ira de Dios. Fue el primero, y derramó su copa sobre la tierra, y vino una úlcera maligna y pestilente sobre los hombres que tenían la marca de la bestia, y que adoraban su imagen – 16:1-2.

Los paralelismos entre las copas, los sellos y las trompetas son notorios. Cada serie tiene como trasfondo (Lev 26:18, v.21, v.24, v.28) reforzando lo dicho *"castigaré siete veces"*. La estructura en este juicio comunica los elementos de la naturaleza. Esta es la última serie de juicios que se presentan. Esta copa tiene una doble orden dada precisamente por la *"gran voz"*, *"id"* y *"derramad"*, cada ángel tendrá que ir en el momento exacto ordenado por Dios para ejecutar su tarea de vaciar sobre el mundo el contenido de cada tazón. Esta sección describe las plagas enviadas a los egipcios[2001], la sarna que sufrió Job[2002] y las llagas que cubrían a Lázaro en la parábola[2003]. A

[1999] Evis L. Carballosa. Apocalipsis: La consumación del plan eterno de Dios. Pág. 223. Editorial Portavoz, Grand Rapids. Michigan EE. UU. 1997.
[2000] Éxodo caps. 7-11.
[2001] Éxodo 9:9-11.
[2002] Job 2:7.
[2003] Lucas 16:21.

diferencia de las tres ilustraciones presentadas que eran de carácter local, esta plaga cubrirá el mundo entero, todas las personas serán afligidas con tumores y supuraciones que darán nauseas por su pestilencia. *¿Quiénes serán los afectados?* los adoradores del anticristo, quienes tengan sobre sí la marca de la bestia[2004]. Los estragos que causará las úlceras producirán gran angustia, se entiende que así será por el término griego utilizado *"elkos kakón kai ponerón"*, que literalmente significa *"una úlcera maligna y dolorosa"*. La idea tras ese término comunica hacer la vida imposible, ese será el grado de dolor y sufrimiento.

Quienes tengan la marca de la bestia, se entiende que podrán vivir cómodamente, ajustándose a los estándares sociales de ese tiempo, pero *¿de que les servirá tener a sus pies todo lo que el mundo ofrece y a su vez vivir en plena agonía?* En cambio, quienes no se marcaron, ni se postraron a la imagen del falso profeta, aunque sufrieron por la falta de aquello que a los marcados le sobraba por gozar de la protección errada del anticristo, no sufrirán esta plaga. Esta imagen es idéntica al pueblo de Israel en Egipto, que, pasando esclavitud y la falta de alimentos adecuados, no sufrieron los efectos de la sexta plaga del éxodo. Quienes en ese tiempo sean fieles a Jesús en medio de la persecución no recibirán los efectos de este castigo.

Segunda copa: Mar de sangre

El segundo ángel derramó su copa sobre el mar, y éste se convirtió en sangre como de muerto; y murió todo ser vivo que había en el mar – 16:3.

Este juicio tiene un gran parecido con la primera plaga enviada por Dios sobre los egipcios, cuando el rio Nilo se transformó en sangre[2005]. El Nilo para los egipcios era la fuente principal de su sostén tanto económico, como alimenticio, y a su vez era visto como un dios proveedor. Aunque la plaga para azotar a Egipto cubrió todo el rio, nótese que plaga vista en (Ap 8:8-9) en particular cubrió la tercera parte de los cuerpos de agua marítimos y la vida que en ella habitaba, en cambio, esta copa, al derramarse, cubre la totalidad haciendo perecer todo ser vivo restante. Aquí se puede observar la intensidad de los juicios. El mar es una de las fuentes de sustento económico y alimenticio más grandes, fértiles y antiguas que el ser humano tiene a su alcance, esto causará grandes estragos en la dieta de los hombres, en su economía y en su estilo de vida. Muchos interpretan este texto de manera simbólica, pero, cabe recordar que como en Egipto fue literal, este de igual forma. Si se alegoriza indebidamente el texto es tan errado como literalizar un simbolismo. Por lo tanto, se entiende que este juicio al ser una orden por la *"gran voz"* de Dios se interpreta como literal. Los océanos se volverán espesos como la sangre coagulada de un cadáver. La muerte y descomposición de las criaturas las criaturas del mar, creará miseria y dolor.

[2004] Apocalipsis 13:16, 14:9-11.
[2005] Éxodo 7:20-25.

Tercera copa: Agua potable en sangre

El tercer ángel derramó su copa sobre los ríos, y sobre las fuentes de las aguas, y se convirtieron en sangre. Y oí al ángel de las aguas, que decía: Justo eres tú, oh Señor, el que eres y que eras, el Santo, porque has juzgado estas cosas. Por cuanto derramaron la sangre de los santos y de los profetas, también tú les has dado a beber sangre; pues lo merecen. También oí a otro, que desde el altar decía: Ciertamente, Señor Dios Todopoderoso, tus juicios son verdaderos y justos – 16:4-7.

Nadie en su juicio cabal le será agradable tomar agua con sangre. Por lo tanto, será muy repugnante lo que este juicio causará. La tercera trompeta trajo un azote sobre ciertos cuerpos de agua[2006]. En cambio, los efectos de este juicio afectarán todo cuerpo de este preciado y necesario líquido. Toda fuente de agua dulce será escasa y el efecto que causará se puede ver en varias formas:

1) *La sequía prolongada*[2007].
2) *El juicio visto con el océano.*
3) *El sufrimiento ocasionado por la sed.*
4) *No tendrán agua limpia para lavar sus llagas.*

El derramamiento de esta copa trae consigo la evaluación aceptable y positiva de los ángeles, dado a que se observa la proclamación de reconocimiento y alabanza. La frase *"el que eres y que eras"* expresa la eternidad divina[2008], basado en su propia perfección eterna es que Dios juzga justamente a los hombres por sus homicidios[2009]. Las tradiciones rabínicas judías tenían por costumbre afirmar que, al convertirse el agua en sangre, era para compensar a los israelitas por la sangre derramada de los suyos. En cambio, la cultura del primer siglo se inclinaba a pensar que beber sangre era una figura que significaba el juicio justo frente a los asesinatos.

El trasfondo cultural tanto de uno, como del otro, van de la mano a este verso, ya que Dios mismo azota al hombre en conformidad a la sangre de los mártires creyentes, por esa razón expresa *"les has dado a beber sangre"*. La razón de ello es porque *"lo merecen"*. Observándolo desde el punto de vista jurídico, es una exoneración de cualquier acusación o responsabilidad, con esto se expresa que jamás los juicios divinos serán demasiado severos o injustos[2010]. Históricamente, los oprimidos levantaban su clamor a Dios para que Él los vindicara; al ser liberados, rendían alabanza por la justicia a su favor, ese lenguaje ocurre mucho en los Salmos donde se enaltece la misericordia justa de Dios por sus juicios. Por lo tanto, la mención del altar en relación con los juicios expresa la verdad divina tras ellos.

[2006] Apocalipsis 8:10-11.
[2007] Apocalipsis 11:6.
[2008] Apocalipsis 1:4, v.8.
[2009] Mateo 24:21; Romanos 12:19-21; Apocalipsis 6:9-11, 7:9-17, 11:18, 17:6, 18:20.
[2010] Éxodo 21:25-27; Levítico 24:19-20; Hebreos 10:26-31.

Cuarta copa: Calor del sol

El cuarto ángel derramó su copa sobre el sol, al cual fue dado quemar a los hombres con fuego. Y los hombres se quemaron con el gran calor, y blasfemaron el nombre de Dios, que tiene poder sobre estas plagas, y no se arrepintieron para darle gloria - 16:8-9.

El antiguo Testamento hace énfasis en el sufrimiento bajo el sol de quienes trabajaban en el campo y los viajeros en el desierto[2011]. Observando el trasfondo histórico, los egipcios con la novena plaga fueron azotados afectando el sol[2012]. Y según el juicio derramado anteriormente la luz del sol se vio afectada con la cuarta trompeta[2013]. La diferencia entre estos dos juicios, con el que prosigue, es abismal, ya que en esos casos el sol pierde su brillo y calor enfriando la temperatura, en este caso la temperatura subirá drásticamente produciendo un fuego abrazador sobre el globo terráqueo. Este recalentamiento calcinará hombres *"quemar a los hombres con fuego"*, incluyendo la flora y la fauna, produciendo fuegos devastadores con efectos nunca vistos.

Los efectos colaterales que el calor del sol producirá provocaran grandes cambios climáticos, los cuales puede ser que descongele grandes glaciales. El sol se convertirá en un agente destructivo mortal. Si se le agrega que quedarán sin agua potable, cada habitante de la tierra quedará expuesto a un calor insoportable que causará deshidratación. Por lógica, al derretir glaciales, el efecto será que el nivel de los océanos aumente inundando muchas partes del mundo, resultando una pérdida catastrófica[2014]. Los pecadores reaccionarán blasfemando a Dios, rechazando arrepentirse, por el solo hecho de que tendrán conocimiento de que tales aflicciones serán causadas por Sus juicios. La palabra *"arrepintieron"* del gr. *"metenóeisan"* señala una actitud firme de no proceder a tal acto, con esto se proyecta un acto fúnebre. La actitud hostil y desafiante contra Dios por pate del ser humano es presentada rechazando la gracia salvífica atesorando para sí más ira.

Quinta copa: Tinieblas

El quinto ángel derramó su copa sobre el trono de la bestia; y su reino se cubrió de tinieblas, y mordían de dolor sus lenguas, y blasfemaron contra el Dios del cielo por sus dolores y por sus úlceras, y no se arrepintieron de sus obras – 16:10-11.

[2011] Salmos 121:6; Éxodo 13:21.
[2012] Éxodo 10:21-22.
[2013] Apocalipsis 8:12.
[2014] Amós 9:5-6.

La oscuridad como antes dicho fue la novena plaga que azotó a Egipto y la cuarta derramada en los últimos días. Así como la oscuridad podía palparse en Egipto, de igual forma aquí. Este juicio producirá un cambio extremo muy aterrador, ya que todavía estarán bajo los efectos terribles del calor abrazador cuando de momento las densas tinieblas cubrirán a quienes integren el reino de la bestia. El trono de la bestia y su reino, aunque no hay una descripción grafica geográfica, sea donde sea que se encuentre, será cubierto de esta terrible plaga la cual sus efectos serán dolorosos, al grado de que los hombres *"mordían de dolor sus lenguas"*, esto representa el intento inútil de aliviar su agonía, la descripción de la miseria que el ser humano atravesará se ve en reflejado en ello, causado por el *"dolor por las úlceras*[2015] *"*.

Los efectos de las úlceras malignas derramados en la primera copa estarán atormentándolos aún, cuando sobrevenga sobre ellos la densa oscuridad fría y congelante, en conjunto de la copa derramada del calor abrazador, producirá que la angustia sea larga, ya que se entiende que el conjunto de las úlceras con las altas temperaturas de calor y cambio a frio extremo, causará enfermedades, que, con la ausencia de luz solar, las temperaturas nocturnas sobrepasaran como nunca visto. Lo más sorprendente es que *"no se arrepintieron de sus obras"*, el futuro estado de apostasía se verá en como blasfemarán el nombre de Dios. La descripción del carácter del ser humano es descrita por Pablo en (Rom 1:28-32). Por lo tanto, se entiende que en ese tiempo será aun peor, ya que maldicen *"al Dios del cielo"*, este término era de uso frecuente en el Antiguo Testamento para comunicar algo sobre el Dios verdadero, por lo tanto, se puede comprender que estos hombres elegirán ser leales al terrenal *(anticristo)* que al celestial *(Dios)*, prefiriendo maldecirlo por las plagas sobre ellos, la acción de blasfemar al Señor ilustra la inclinación de los hombres para rendirse al Anticristo.

Sexta copa: Se seca el Éufrates, el camino es abierto

El sexto ángel derramó su copa sobre el gran río Éufrates; y el agua de éste se secó, para que estuviese preparado el camino a los reyes del oriente. Y vi salir de la boca del dragón, y de la boca de la bestia, y de la boca del falso profeta, tres espíritus inmundos a manera de ranas; pues son espíritus de demonios, que hacen señales, y van a los reyes de la tierra en todo el mundo, para reunirlos a la batalla de aquel gran día del Dios Todopoderoso. He aquí, yo vengo como ladrón. Bienaventurado el que vela, y guarda sus ropas, para que no ande desnudo, y vean su vergüenza. Y los reunió en el lugar que en hebreo se llama Armagedón – 16:12-16.

[2015] Apocalipsis 16:2.

Este suceso es muy similar al hecho histórico presentado en el 559 a.C., cuando los medo-persas hicieron desviar el rio Éufrates para secarlo con el fin de invadir a Babilonia. Fue en ese entonces que Babilonia tuvo su fin cuando de Oriente ejecutaron su asalto imperial[2016]. El rio Éufrates tiene un aproximado de 2,500 kilómetros de largo y 1,100 metros de ancho, con una profundidad de 9 metros. Por ende, nadie en su juicio trataría de cruzarlo al menos que este se secase. Por esa razón le llamaban *"el gran río*[2017]*"*, Este *"gran rio"* constituye el borde de la parte oriental de la tierra que Dios prometió a Israel[2018] y para que *"los reyes del oriente"* puedan cruzarlo es necesario que se seque por completo, eso sucederá gracias a varios factores, por lo cual se entiende que gran medida será reducida por:

1) *La sequía prolongada por el calor intensificado del juicio anterior.*

2) *por intervención divina sobrenatural para abrir paso a quienes llegarán desde Palestina*[2019].

¿Quiénes son los reyes de oriente? Se entiende que será la reunión de una multitud armada de diferentes naciones ya predicha en el Antiguo Testamento[2020], John Walvoord sostiene que esta coalición de las naciones del oriente no sólo será de "Irak, Irán, Pakistán, Afganistán y las demás naciones musulmanas que queden con vida, sino también China, Mongolia, Japón, los archipiélagos, la India, Tailandia y mucho más[2021]". Recordando que Oriente se refiere a donde sale el sol, y no a una región geográfica especifica. Dios atraerá a estos ejércitos de donde sale el sol, con el fin de destruirlos en la gran batalla de Armagedón. El lenguaje de juicio a las naciones es uno muy común en las profecías del Antiguo Testamento[2022]. La razón del acto es a causa de su desesperación por destruir a Israel, teóricamente, muchos eruditos afirman que es en venganza por las plagas que su Dios les envió, tal acto desesperado, suscitará que al Jesucristo hacerles frente la sangre corra[2023].

Como bien se observó, habrá una gran actividad angelical por parte de Dios para derramar sus juicios, de igual forma, demoniaca cumpliendo las ordenes de Satanás. Esto es el plan de Dios en su soberana voluntad, para que como los reyes de oriente los cuales serán reducidos, así también los agentes infernales. Volviendo atrás, la quinta trompeta desató la plaga demoniaca como de langostas con cola de escorpión que atormentaron por cinco meses a los hombres dirigidos por Abadón/Apolión[2024]. De igual forma al tocarse la sexta trompeta sin número de seres infernales salieron al encuentro como jinetes para quitarle la vida muchas personas[2025]. Ahora en

---

[2016] Daniel Cap. 5.
[2017] Apocalipsis 9:14; Génesis 15:18; Deuteronomio 1:7; Josué 1:4.
[2018] Génesis 15:18.
[2019] Isaías 11:15.
[2020] Salmos 2:2-5; Zacarías 14:2-3.
[2021] Obra original en ingles de Walvoord John. The Revelation of Jesus Christ. Moody Publications. Chicago Illinois. 1966.
[2022] Joel Caps. 2, 11; Sofonías 3:8; Isaías 43:9.
[2023] Apocalipsis 14:20.
[2024] Apocalipsis 9:1-12.
[2025] Apocalipsis 9:13-21.

esta copa que abre el camino en el Éufrates para el paso de las multitudes armadas, salen al encuentro tres demonios, que el verso los menciona como *"tres espíritus inmundos como ranas"*, muchos interpretan que es una copia satánica de la trinidad de Dios, por lo cual se asume que cuando habla del dragón como un singular, alude a Satanás, el cual busca expresarse mediante la bestia, el anticristo y el falso profeta[2026].

La literatura judía más bien conocida como textos apócrifos, menciona a los demonios saliendo para causar estragos en el periodo del tiempo final[2027]. El uso de las ranas desde tiempos antiguos se utilizó para describir un símbolo negativo. Según las costumbres judías, las ranas eran consideradas como animales inmundos, al grado de que al mencionarlas a ellas se entendía que la descripción comunicaba desprecio[2028]. Este texto sobre las ranas, a su vez puede ser que hable sobre la plaga de Egipto en su similitud[2029], que por alguna razón no se logró a explicar. Estos seres obrarán prodigios sobrenaturales[2030] diseñados para infundir engaño[2031] a los gobernantes para que corran a la invasión. La capacidad engañosa de estos seres será tal, que lograrán hacer que las naciones *"reyes de la tierra"* hagan el viaje a la batalla a pesar de sus úlceras infectadas llenas de dolor, el calor intenso como llama de fuego, la sequía causada por ello y la oscuridad total. Esta será la reunión de la batalla final de la historia humana[2032] bien conocida como *"la batalla de aquel gran día del Dios Todopoderoso"*. Esa será la gran guerra contra Dios y Cristo[2033] la cual terminará tan pronto regrese el Señor[2034].

Esta copa expresa en su final *"Bienaventurado el que vela, y guarda sus ropas, para que no ande desnudo, y vean su vergüenza"*, esto destaca la necesidad que el creyente debe tener como una urgencia, una preparación constante para el gran retorno de Cristo[2035] Esta imagen presenta a un soldado que se alista. Los oficiales que rendían una guardia tenían la responsabilidad de estar despiertos en sus puestos toda la noche. A su vez, la imagen presenta lo que era común en esos tiempos, que la gente durmiera desnuda en la época caliente del año, para los judíos era un horror encontrarse desnudo en medio del público; esta imagen representa ambas cosas, a un soldado listo con su sentido de urgencia bien ejercitado y a un padre de familia con poca ropa persiguiendo a un ladrón. La imagen de la desnudez para los judíos proviene del Antiguo Testamento, donde se presentaba la vergonzosa desnudez de una persona cautiva[2036],y de una

---

[2026] Apocalipsis 13:11-18.
[2027] 2 Baruc; 4 Esdras.
[2028] Levítico 10:11-14. Las ranas eran animales inmundos según las leyes alimenticias del Antiguo Testamento (Levítico 11:10-11; v.41). En la mitología y cultura Persa eran vistas como las criaturas que inducían plagas malignas.
[2029] Éxodo 8:5-7.
[2030] Apocalipsis 13:12-15.
[2031] Apocalipsis 19:20; 1 Reyes 22:20-23; Marcos 13:22.
[2032] Salmos 2:2-3; Joel 3:2-4; Zacarías 14:1-3.
[2033] 2 Tesalonicenses 1:7-10; Joel 2:11, 3:2-4.
[2034] Apocalipsis 19:17-20.
[2035] 1 Juan 2:28.
[2036] Isaías 47:3; Ezequiel 16:37.

mujer ebria[2037]. Esto en particular comunica la importancia que el creyente debe darle a este suceso a ocurrir, y las precauciones que se deben tener.

Esto tendrá lugar en Armagedón. Armagedón en hebreo significa monte de Meguido y se asocia con el valle que quedaba al norte de este monte. Esta palabra originalmente no existe, incluso, no existe ningún sitio llamado con ese nombre. Por ende, la invención de la palabra *"Armagedón"* busca advertir al lector que no se describe un lugar geográfico literal, sino más bien simbólico. La explicación más común para el uso de ese término es que, deriva del nombre Meguido, por el uso de la palabra *"har-ma-gedon"* que significa *"monte"*. Algo importante que debe ser observado es que Meguido no es un monte en sí, sino más bien una ciudad en una llanura; sin embargo, ese lugar también es conocido como el valle de Josafat, un lugar muy recordado por sus batallas en las historias del Antiguo Testamento[2038]. Es mencionado por el profeta Ezequiel[2039] hablando sobre los conflictos en los últimos tiempos como *"los montes de Israel"*. Entonces, el término Armagedón indica el hecho de una batalla real y definitiva.

Séptima copa: El gran terremoto

El séptimo ángel derramó su copa por el aire; y salió una gran voz del templo del cielo, del trono, diciendo: Hecho está. Entonces hubo relámpagos y voces y truenos, y un gran temblor de tierra, un terremoto tan grande, cual no lo hubo jamás desde que los hombres han estado sobre la tierra. Y la gran ciudad fue dividida en tres partes, y las ciudades de las naciones cayeron; y la gran Babilonia vino en memoria delante de Dios, para darle el cáliz del vino del ardor de su ira. Y toda isla huyó, y los montes no fueron hallados. Y cayó del cielo sobre los hombres un enorme granizo como del peso de un talento; y los hombres blasfemaron contra Dios por la plaga del granizo; porque su plaga fue sobremanera grande - 16:17-21.

La voz que sale del templo en el cielo es la de Dios mismo. *"Hecho está"* se traduce mejor *"ha sido hecho"*. Hecho está, al igual que en la cruz del calvario *"consumado es[2040]"*. Este es el momento culminante el cual se da por completada la obra de redención de la tierra, al escucharse *"hecho está"*, del gr. *"guégonen"* expresa dos cosas:

1) *Cuando se terminaba una campaña de limpieza, dando por concluido un programa.*

2) *Para anunciar la llegada de una persona de renombre e importante para el gobierno.*

[2037] Habacuc 2:16; Apocalipsis 3:18.

[2038] Jueces 5:19-20; 2 Reyes 23:29; Ezequiel 38:8; 39:2-4, v.17; Zacarias 12:10-11.

[2039] Ezequiel Caps. 38-39.

[2040] Juan 19:30.

En este caso ambas aplican, una como la limpieza divina de los juicios anteriores y otra al retorno del mesías. Si notamos, de forma automática luego de Dios hacer la declaración *"hecho está"* se manifiestan cuatro cosas:

A) *Relámpagos.*

B) *Voces.*

C) *Truenos.*

D) *Un gran temblor.*

Esos fenómenos son similares a los antes vistos en la manifestación de la gloria de Dios en el Sinaí[2041], y el poderoso temblor sugiere el final de la era[2042]. En cada momento que Dios manifestó parte de su gloria sucedieron estos fenómenos naturales, por lo tanto, en esta etapa progresiva por la cual Dios derramó sus juicios, se entiende que, al participar estos fenómenos, el Señor estará a punto de ejecutar el más severo castigo de todos sobre los impíos y sobre el imperio del anticristo. Esta copa muestra parte de la ira divina, la otra parte será manifestada en el juicio final[2043], este suceso dará apertura al regreso de Jesús el cual dará lugar a la peor calamidad en la historia de la humanidad, marcando Dios su ira con un terremoto devastador que será el más fuerte visto en la tierra[2044].

Era común que los profetas anunciaran la destrucción de las ciudades por medio de terremotos (Is 13:13; Jer 51:29). Aunque históricamente ninguna de esas ciudades las cuales se le advirtió su destrucción a causa de los terremotos fue destruida por estos. Los terremotos eran una forma simbólica que expresaban la participación divina en un acontecimiento. Este gran temblor del gr. *"seismós megas"* expresa que no ha ocurrido otro similar como este, incluyendo los otros dos terremotos ya antes experimentados como el del sexto sello (Ap 6:12) y el de los dos testigos al ser resucitados por el Señor (Ap 11:13). Los cimientos de la tierra serán estremecidos con una gran e inconfundible fuerza devastadora[2045]. Este terremoto hará que la topografía de la tierra cambie drásticamente. Por esa razón se menciona que *"la gran ciudad fue dividida en tres partes"*.

La gran ciudad se refiere sin duda alguna a Jerusalén, como de igual forma se le menciona en (Ap 11:8) apuntando a lo espiritual, al ser llamada Sodoma y Egipto, enfatizando su baja moralidad al grado de crucificar al Señor. Para este entonces, Jerusalén será habitada y profanada por el Anticristo, el cambio topográfico de la gran ciudad ya había sido profetizado mucho antes que Cristo hiciera su primera aparición[2046], cabe recordar que Jerusalén será la capital del reino mesiánico, por lo tanto, debe ser juzgada la profanación hecha por el anticristo. Pero la división de Jerusalén no será como juicio, sino más bien una mejora estructural. La remodelación de la gran ciudad, por así decirlo, adaptará el suministro adicional de agua[2047] y la

[2041] Éxodo 19:16, 20:18.
[2042] Apocalipsis 11:13.
[2043] Apocalipsis 20:7-10.
[2044] Apocalipsis 19:1-21, 20:1-15, 21:1-27.
[2045] Hageo 2:6; Hebreos 12:26-27.
[2046] Zacarías 14:4-5.
[2047] Zacarías 14:8.

preparará para que Cristo ocupe su lugar central en el reino milenario. No se puede olvidar que Jerusalén será la única ciudad que será librada del juicio[2048] y Dios mismo la adornará de belleza a cusa de su arrepentimiento[2049]. En cambio, el propósito divino es muy diferente para el resto del mundo, puesto que todas las ciudades serán destruidas por completo. Esto se debe a que es parte del proceso de Dios por el cual se eliminará a todo aquel que no se apto ni digno de sobrevivir para ser parte del reino milenario.

La gran ciudad se dividió en tres partes, de igual forma será la caída del imperio del Anticristo, que recibirá un azote especial de la ira divina como se los profetas de la antigüedad lo hablaron[2050] La expresión se dividió en tres partes no solo habla de la remodelación de Jerusalén, sino que también se debe entender como una manera de referirse a la ruina total, en este caso de las demás ciudades. El término *"dividida en tres"* era a su vez una expresión simbólica para aludir a la desintegración del imperio Romano. Con esto se entiende que habla de la desintegración del imperio del anticristo y de las ciudades del mundo que le rinden tributo. A lo relacionado con Babilonia mencionado en este verso existen varias interpretaciones, ya que a ciencia cierta no se sabe a cuál ciudad se refiere, por ello muchos se inclinan a que puede ser la Roma moderna, Irak, la misma ciudad de Jerusalén o cualquier otra ciudad de Oriente Medio que el Anticristo haya tomado como capital de su reino.

Los estragos que causará este poderoso terremoto no solo será la destrucción de las ciudades, también el hundimiento de las islas y la nivelación de los montes. Con esto se entiende que su efecto cambiará la superficie de la tierra transformando la fisionomía de este globo terráqueo. Volviendo un poco hacia atrás, el sexto sello (6:14) emitió un anuncio de remoción de islas y montes en medio de la primera parte de los juicios, en este caso será muy distinto, ya que aquí es a consecuencia de la manifestación de la gloria divina en el regreso del mesías, que causará un hecho catastrófico global de muerte, haciendo desaparecer a muchos. Este terremoto apocalíptico tendrá como resultado el acomodamiento del planeta preparándolo para una mejor utilización, para el beneficio del paraíso universal que se establecerá[2051].

La inmensa devastación cósmica era un lenguaje utilizado para referirse al fin del mundo. La gran granizada que sobrevendrá sobre el mundo y la cual es similar a vista en (Éx 9:22-25), será la más severa, al grado de destruir todo a su paso. La actitud de los hombres ante los juicios divinos es un indicativo de cuanto los merecían[2052]. Tal como con Egipto, Dios envió granizo causando una devastación grande castigando así a los enemigos de Israel para traer libertad sobre su pueblo para llevarlos a la tierra prometida

---

[2048] 1 Crónicas 23:25; Salmos 125:1-2; Miqueas 4:7.
[2049] Salmos 48:2.
[2050] Isaías 13:6-13. Los detalles de la destrucción se observan en: Apocalipsis 17:1-18, 18:1-24.
[2051] Apocalipsis 6:12-14; Isaías 40:4-5; Jeremías 4:23-27.
[2052] Éxodo 7:22.

(Jos 10:11), esta trompeta causará el mismo efecto pero de manera global y como nunca antes visto se entiende así por el uso de *"peso de un talento"*, un talento hebreo pesaba al menos unas 100 libras *(30 kilogramos)*, eso entonces indica que el grado de devastación que esto causará será horrendo, con el fin de ir preparando el panorama para el establecimiento de la tierra prometida.

Israel perseguido

Entonces os entregarán a tribulación, y os matarán, y seréis aborrecidos de todas las gentes por causa de mi nombre - Mateo 24:9.

La evangelización, persecución y la apostasía caracterizan la era del fin. Tales eventos comenzaron desde el primer siglo. Viendo el contexto cultural del asunto, cuando muchos devotos al judaísmo se encontraban bajo presión, se volvían al paganismo; de igual forma muchos creyentes al estar en la misma situación se volvían al judaísmo, la literatura judía siempre advirtió sobre aquellos que se apartan de Dios en los tiempos finales como la marca del fin. La apostasía, y en especial la entrega de los conocidos ante los perseguidores, era considerado un crimen horrendo, y en las culturas vecinas era visto como alta traición.

La exposición de Cristo sobre el asunto comunicó claramente el sentido original del mensaje como una advertencia sobre la persecución y el alejamiento de los preceptos divinos. Los creyentes fieles en la era del fin experimentarán una gran prueba en el tiempo de la tribulación. En la cual muchas naciones llevarán a cabo una campaña de odio contra los que sean fieles al Señor Jesucristo, por esa razón se dice *"por causa de mi nombre"*. Jesús afirma que no sólo serán juzgados en tribunales tanto religiosos como civiles[2053], sino que también muchos serán martirizados porque rehusarán negar al Señor. Cabe aclarar que todas estas pruebas tuvieron su inicio en el primer siglo[2054], este suceso descrito por Jesús apunta de manera particular a los 144.000 creyentes judíos que tendrán un especial ministerio durante el periodo tribulacional ya mencionado[2055]. En ese tiempo, muchos apostatarán para no sufrir persecución, tortura y no morir. Al grado que hasta los propios miembros de la familia se levantarán en contra de sus propios parientes y los entregarán a sus perseguidores.

Existen varias opiniones falsas sobre estos 144,000. Muchos piensan que son creyentes de la era presente que se están preparando para la presentación masiva del evangelio, eso no está acorde al contexto bíblico. En cambio, otros asumen que tales sellados están en acción en este tiempo como supuestos ungidos especiales, este es otro punto de vista totalmente alejado de las Escrituras. Otros movimientos como el católico-romano

---

[2053] Marcos 13:9.
[2054] Hechos 4:5ss, 5:27ss, 12:1ss, 24;1ss, 25:1ss; 2 Corintios 11:24.
[2055] Apocalipsis 7:1-8.

expresa en su carencia de evidencias tanto bíblicas, como históricas, que estos son sacerdotes de su institución religiosa, basando su postura en su supuesto celibato como una característica vista en los 144,000 mencionados como los vírgenes, indicado en (Ap 14:4) al decir que *"no se contaminan con mujeres"*, esta postura es errada en su totalidad. Por otro lado se encuentra la inclinación Arrianista, que presenta a esos 144,000 como los elegidos celestiales de la secta, más bien conocida hoy día como Testigos de Jehová, estos enseñaban que solo los 144,000 sellados de entre su secta serán los que irán al cielo, al observar que el número de adeptos fue más que el de sus predicciones cambiaron la versión, aludiendo que la gran multitud vista en (Ap 7:9) forma la totalidad de los salvos de la secta para luego vivir en el paraíso terrenal.

Otra teoría vista es la pretribulacionista, que enseña que la iglesia atravesará la tribulación, apuntando que los 144,000 es solo un símbolo el cual representa la totalidad de los redimidos, creyendo que la iglesia tomó el lugar de Israel y que por lo tanto las doce tribus representan a los creyentes que serán sellados para sobrevivir los juicios de la tribulación antes visto. Esa teoría queda expuesta como errada al observar que en ningún pasaje de las Escrituras se fracciona tribalmente a la iglesia, sino más bien siempre se le menciona como un cuerpo, un organismo vivo. Por último, está la teoría midtribulacionista, esta teoría afirma que la iglesia será arrebatada a la mitad de la tribulación, confundiendo a los 144,000 con la gran multitud, argumentando que entre ellos y la gran multitud de redimidos componen la iglesia. Viendo cada una de las teorías e inclinaciones se debe comprender que tal número de personas que son divididos tribalmente habla de una representación exacta y literal que compone a judíos conversos en la tribulación.

Y si aquellos días no fuesen acortados, nadie sería salvo; más por causa de los escogidos, aquellos días serán acortados - Mateo 24:22.

Si las aflicciones de ese tiempo toman su curso y ciclo normal, *"ninguna persona se salvaría"*, nadie sobreviviría. Muchos entienden que Jesús habla del tiempo futuro, es decir, esta era presente, pero al ver el contexto histórico cultural al decir Cristo *"aquellos días"* este era un término utilizado por los rabinos para referirse a los 1,260 días de Daniel. Por lo tanto, se entiende que habla del periodo de la tribulación. Si el tiempo se acorta es *"por causa de los elegidos"* que en este caso son los 144,00 judíos, es importante entender que los días serán cortados no por los 144,00, sino para su protección. Por lo tanto, Daniel[2056] como Apocalipsis[2057] expresan que el tiempo real que a la bestia se le permitirá dominar con horror al mundo será por solo tres años y medio. Limitando así la tiranía diabólica de esos tiempos

[2056] Daniel 7:25.
[2057] Apocalipsis 12:14.

y cumpliendo su promesa de preservación a los israelitas sellados en medio de la persecución.

Entonces el dragón se llenó de ira contra la mujer; y se fue a hacer guerra contra el resto de la descendencia de ella, los que guardan los mandamientos de Dios y tienen el testimonio de Jesucristo - Apocalipsis 12:17.

La persecución toma su curso intensamente, ya que Satanás se llena de ira atacando a aquellos procedentes de las tribus de Israel que no corrieron al asilo divino. Nótese que se dice *"la descendencia de ella"* comunicando así que la mujer es Israel, por lo tanto, no cabe la posibilidad que hable de gentiles. Clyde C. Cox comenta sobre ello "Estos israelitas no forman parte de la iglesia; sin embargo, aunque rechazaron al Cordero de Dios cuando vino como Salvador, en ese momento, se habrán vuelto a Él desde el desierto de la tribulación[2058]". La mención que se hace de estos es que *"guardan los mandamientos de Dios y tienen el testimonio de Jesucristo"*, en otras palabras, comunica que rendirán su fidelidad al Señor, cabe aclarar que no habla de hacer una observación a la ley mosaica, sino más bien a observar el pacto nuevo, por ello expresa *"el testimonio de Jesucristo"*. Por lo tanto, se comprende que serán israelitas conversos a Cristo que proclamarán el regreso del Señor, firmando así su sentencia de muerte en esos días. La persecución que estos sufrirán claramente se menciona en el mismo verso, por guardar los mandamientos y el evangelio de Jesús.

Multitudes salvas

Después de esto miré, y he aquí una gran multitud, la cual nadie podía contar, de todas naciones y tribus y pueblos y lenguas, que estaban delante del trono y en la presencia del Cordero, vestidos de ropas blancas, y con palmas en las manos; y clamaban a gran voz, diciendo: La salvación pertenece a nuestro Dios que está sentado en el trono, y al Cordero - Apocalipsis 7:9-10.

Esta gran multitud de personas está compuesta por diferentes grupos geográficos, que forman parte de la redención durante el periodo tribulacional[2059]. Estos fueron mártires que dieron su vida por el Señor en medio de ese periodo. Estos se encontrarán *"delante del trono"*, aunque la tribulación será un periodo de juicio, también será uno de redención[2060] para todas las naciones, tribus, pueblos y lenguas. Todos los grupos étnicos y culturales de la tierra están incluidos en la redención de Cristo. Por tal razón

[2058] Obra original en ingles de Clyde C. Cox, Apocaliptic Commentary, An Exposition of the book of Revelation. Pág 160. Pathway Press. Cleveland, EE.UU. 1959.
[2059] Apocalipsis 7:14.
[2060] Apocalipsis 6:9-11, 20:4; Isaías 11:10; Mateo 24:14.

se les ve con ropas blancas, es decir sin mancha, sin pecado, las ropas blancas eran las apropiadas para la adoración en el templo, también se les vio celebrando con palmas, la celebración con palmas en las manos en los tiempos antiguos se asociaba con la participación en la fiesta de los tabernáculos, bien conocida como *Sucot*, es decir, la dedicación de todo a la santidad divina en alegría y pleno agradecimiento por los placeres físicos dados por el Señor y la libertad de todo malestar[2061]. Esta visión entre el sexto y séptimo sello presenta el fruto de la evangelización de los 144,000 israelitas sellados y de los dos testigos visto en Apocalipsis 11 en medio de la tribulación. El conjunto de los 144,00 con los dos testigos llevarán a cabo el cumplimiento de lo antes dicho por Jesús en (Mt 24:14).

Esta visión presenta un resumen detallado de todo lo visto por Juan a lo largo del escrito Apocalíptico:

1) Dios estaba sentado en su trono – 4:2.
2) En medio del trono estaba el Cordero – 5:6.
3) Alrededor del trono se encontraban los 24 ancianos – 4:4.
4) En conjunto a los 24 ancianos los cuatro seres vivientes – 4:6.
5) Se veía otro circulo alrededor del trono donde había millones de ángeles – 5:11.
6) Se veía formado el tercer circulo delante del trono y en la presencia del Cordero, una cantidad de redimidos imposible de contar – 7:9-14.

El clamor que esta gran multitud expresa es una alabanza al Padre como el proveedor de la salvación, por la cual Dios mismo *"el Cordero"* dio su vida para que esta fuera consumada. Si se observa con cuidado, estos redimidos en la tribulación tienen el mismo cántico que los redimidos por la gracia. Entonces, se puede comprender que Dios en su misericordia salvará a muchos.

El dominio del Anticristo

Pero con respecto a la venida de nuestro Señor Jesucristo, y nuestra reunión con él, os rogamos, hermanos, que no os dejéis mover fácilmente de vuestro modo de pensar, ni os conturbéis, ni por espíritu, ni por palabra, ni por carta como si fuera nuestra, en el sentido de que el día del Señor está cerca. Nadie os engañe en ninguna manera; porque no vendrá sin que antes venga la apostasía, y se manifieste el hombre de pecado, el hijo de perdición, el cual se opone y se levanta contra todo lo que se llama Dios o es objeto de culto; tanto que se sienta en el templo de Dios como Dios, haciéndose pasar por Dios - 2 Tesalonicenses 2:1-4.

[2061] Levítico 23:40; Nehemías 8:17; Juan 12:13.

En esta carta Pablo aborda el tema del regreso de Cristo colocando términos nuevos que, seguramente, tuvieron un gran significado para los lectores de la época. Es importante recordar que la iglesia de Tesalónica se enfrentaba a peligros externos, tales como persecuciones, padecimientos múltiples, y divisiones internas que son presentadas en el escrito como relacionados con Satanás. El *"hombre de pecado"* es presentado como una figura la cual se opone Cristo y su plan perfecto. El *"hombre de pecado"* representa la actitud del hombre malo, cruel e insubordinado. Este un modelo utilizado para advertir sobre la batalla que enfrentaba la iglesia de Tesalónica. Esta lucha se describe que tendrá lugar antes de la *parousia "regreso del Señor"*.

La apostasía presentada en este texto está relacionada directamente con Satanás el cual complica la misión de la iglesia. Esta figura apuntaba de igual forma a los emperadores, y los enemigos de la fe. La influencia que la apostasía ejercía en esos tiempos arrastraba a muchos que ya estaban familiarizados con la vida del imperio Romano, a sus cultos paganos, y a su vez arrastrará a muchos a una apostasía masiva por la cual blasfemarán el nombre de Dios como bien leímos anteriormente en los juicios. Por esta razón es que el verso advierte sobre el anticristo y su conducta de perseguir, mal formar la fe y engañar a quienes siguen a Cristo.

Por lo antes mencionado es que Pablo presenta que *"la esperanza"* debe estar puesta en el regreso del Señor Jesucristo, tal esperanza radica en la confianza de poder reunirse de nuevo con Él para siempre, un anhelo ferviente de estar con el objeto del corazón. La exhortación dada a la iglesia es un mensaje para mantenerse firme rechazando las doctrinas erradas, alejándose por completo de toda falsificación. El núcleo de la carta es claro, es *"la venida de nuestro Señor Jesucristo y nuestra reunión con él"*, en más de cinco ocasiones se hace mención de ello a Tesalónica contando esta sección[2062]; El carácter específico que expresa la venida de Cristo es la frase *"nuestra reunión"*, esto transmite la idea de que todos los creyentes participaran de una unión con el Señor Jesucristo, esto apunta al arrebatamiento de la iglesia descrito las Escrituras[2063].

La razón por la cual Pablo se enfoca en mencionar tanto la reunión de los santos con el Señor y su segunda venida es porque muchos creyentes de la época pensaban que ya se encontraban en el día del Señor, y para corregir esa mala interpretación es que hace tanto énfasis explicando con detalle la rebelión final como un prerrequisito esencial que anuncia el regreso inminente de Jesús. El término *"venida"* viéndolo en el contexto cultural de la época, se aplicaba cuando un rey tenía una visitación gloriosa a alguna región de las cuales gobernaba. Basado en la temática de la apostasía que el Anticristo fomentará, es que Pablo escribe a los creyentes que no *"se dejen mover fácilmente"*, el término *"mover"* se empleaba en esos tiempos aludiendo dos cosas:

[2062] 1 Tesalonicenses 2:19, 3:13, 4:15, 5:23.

[2063] 1 Tesalonicenses 4:13-18; Juan 14:1-3; Hebreos 10:25.

1) *Un terremoto*[2064].

2) *Una embarcación no anclada en medio de una tormenta.*

El juego de palabras *"mover"* y *"conturbéis"* hace una clara descripción de alerta, que el creyente debe tener mucha precaución. Los creyentes estaban siendo inquietados a causa de las falsas enseñanzas sobre los acontecimientos futuros, por ello seguido de las palabras mover y conturbéis, el mismo verso expone la precaución que se debe tener al decir *"ni por espíritu, ni por palabra, ni por carta"* esto se puede comprender de esta forma:

- **A) Por espíritu:** Expresiones proféticas falsas.
- **B) Por palabra:** Enseñanzas orales erradas.
- **C) Por carta:** Una falsa comunicación escrita como si viniera de los apóstoles.

La iglesia estaba perturbada porque pensaba que su espera al arrebatamiento y su reunión con el Señor Jesús para ser llevada a la gloria y al descanso celestial, no sucedería, y que fueron dejados en la tierra para sufrir la persecución por el hombre de pecado y la ira divina que caería sobre este. Las enseñanzas falsas se lo proyectaron así, trayendo confusión al hacerles creer que ya se encontraban justo en medio del día del Señor.

El efecto dañino de la información falsa es presentado como una falsificación dado al término *"como si fuera nuestra"*. Esto puede referirse a que la persona que estaba enseñando tal falacia afirmaba que la noticia provenía del Apóstol, y Pablo hace la aclaración que no solo esa noticia es falsa, sino también cualquier otra que diga ser una afirmación profética, o enseñanza oral que no se ajuste a lo antes enseñado de manera organizada. Esta sección presenta el resultado de la apostasía, que es confusión, y terror. La referencia hecha a eso es lo que apunta al carácter mismo del anticristo.

El *"hombre de pecado"* el cual es el Anticristo, es una contrafigura de Jesucristo, nótese que el Señor Jesucristo es presentado por las Escrituras como un hombre obediente, santo e íntegro, el anticristo por otra parte es visto como uno desobediente, pecador e inicuo. En este caso será uno *"sin ley"*, en cambio, Jesús uno que caminó bajo la ley[2065]. La explicación Paulina sobre el asunto de la venida del Señor a causa de la falsa enseñanza es qué era imposible que los creyentes se encontraran en aquel Día *"día del Señor"*, dando a entender que primero hay ciertos acontecimientos que han de suceder antes de ello. Estos son:

1) Habrá apostasía: J. Dwight Pentecost[2066], traduce la manifestación de la apostasía como la clave para la *"partida"*, dando a entender que habla sobre la manifestación de esta para el *"Arrebatamiento"*. Esto entonces se refiere a un masivo abandono

[2064] Hechos 16:26.

[2065] Mateo 5:17

[2066] J. Dwight Pentecost. Eventos del porvenir. Estudios de escatología bíblica.

de la fe, a un rechazamiento pleno a la verdad, una rebelión descarada contra Dios.

2) **Se levantará una gran figura mundial:** En cuanto al carácter de este hombre, de describe que es uno de *"Pecado"* en conformidad a la lectura del Textus Receptus y en el Texto Mayoritario, más bien conocido como el texto crítico es presentado como de *"iniquidad"*, es decir, que este hombre será la encarnación misma del pecado y la rebelión[2067]. Por consecuente, su destino es perdición eterna.

Las Escrituras contienen sin número de descripciones sobre los nombres de este hombre el cual se levantará después del arrebatamiento, las descripciones vistas en las Escrituras son:

- Hombre de pecado/hijo de perdición (2 Tes 2:3).
- Anticristo (1 Jn 2:18).
- Cuerno pequeño (Dan 7:8, v-24-26).
- Altivo de rostro (Dan 8:23-25).
- Príncipe que ha de venir (Dan 9:26).
- Voluntarioso y engreído (Dan 11:36).
- Pastor inútil (Zac 11:17).
- Bestia subida del mar (Ap 13:1-10).
- Bestia subida de la tierra (Ap 13:11-17).
- Bestia escarlata con siete cabezas y siete cuernos (Ap 17:4, vv-8-14).
- Rey del norte (Dan 11:6).
- Rey del sur (Dan 11:40).
- Gog de la tierra de Magog (Eze 38:2-23, 39:1-11)[2068].
- El que viene en su propio nombre (Jn 5:43).

Este hombre de pecado ha recibido una gran variedad de nombres que lo identifican en su carácter. Está estipulado según las Escrituras que el día del Señor no puede venir hasta que el abandono deliberado de la fe, es decir, una apostasía como nunca vista en la historia tenga lugar para que este hombre se levante. El término *"Apostasía"* se utilizaba en muchos casos dependiendo el contexto para aludir a rebeliones militares, políticas y religiosas. El contexto lingüístico en este verso describe de forma detallada un acontecimiento. El lenguaje indica un acontecimiento específico que tuvo su comienzo den el siglo primero y seguirá tomando más fuerza al pasar de los años hasta el regreso del Señor. Lo que Pablo tiene en mente cundo dice "*se opone y se levanta contra todo lo que se llama Dios o es objeto de culto"* es una traición total *"la apostasía"*. Este suceso es identificado con claridad por ser el acto consumado de la rebelión al final de los tiempos. La clave

[2067] 2 Tesalonicenses 2:10-12.

[2068] No debe confundirse con el Gog visto en Apocalipsis 20:8 que surge después del Milenio.

para identificar este suceso está en identificar a su personaje principal *"el hombre de pecado"*.

Este *"el hombre inicuo"* es identificado claramente como una persona real el cual se manifestará en el tiempo futuro, haciendo real todas las profecías de las Escrituras acerca de él[2069]. Este ser no es Satanás como muchos piensan, aunque la fuerza detrás sus acciones y motivaciones se entiende que será Satanás mismo.[2070] La atmosfera que rodeará a ese hombre estará basada en la apostasía que revela su carácter y fija el curso para los acontecimientos que abren paso al regreso inminente de nuestro Señor Jesucristo. El creciente estado de apostasía que este hombre promoverá estará establecido en un apoyo religioso para que Dios no sea visto como su enemigo hasta el punto en que cometa la gran apostasía. Es ahí cuando se opondrá a Dios y todo objeto de adoración a Él, exaltándose a sí mismo con su entrada al templo, el templo se entiende que es el lugar exclusivo para la adoración a Dios, entonces, al este hombre colocarse en el templo se declara a sí mismo como dios exigiendo adoración. En este punto donde se comete la gran apostasía satánica desafiando a Dios directamente. Por ello el verso expresa que *"se sienta en el templo de Dios como Dios, haciéndose pasar por Dios"*. Al hacerse pasar por Dios establecerá relaciones con Israel los primeros tres años y medio[2071], luego romperá su pacto para dar lugar la gran tribulación bajo su mando[2072], la cual culminará con el regreso del Cristo *"el día del Señor"*.

El final de la tribulación

De forma concreta y específica, el anuncio del reino milenial es evangelio, es decir, *"buenas nuevas de salvación"*. Esta noticia fue sin duda alguna una reconfortante para los lectores del siglo primero, ya que estos eran injustamente perseguidos, amenazados y hostigados por el imperio romano. Aquí se presenta la seguridad de que la justicia divina prevalecerá colocando a quienes han sido perseguidos, martirizados por causa de la justicia en una posición favorable, suceso el cual tendrá cumplimiento en la misma tierra donde han sufrido. Sociológicamente hablando hay un término llamado utopía, el cual en sí es una visión de una realidad inexistente que debería, puede o tiene que existir. Lo presentado en los versos que analizaremos a continuación es la meta final de la historia, esta debe inspirar esperanza, confianza, gozo y compromiso al creyente llamado a vivir y actuar en el ahora en conformidad a tal visión presentada del reino divino. Tal esperanza, la cual debe estar fundada en la resurrección del Señor Jesucristo y su regreso triunfante, es lo que debe inspirar a un estilo de vida ético.

[2069] Leer Apocalipsis 13:1-18.
[2070] 2 Tesalonicenses 2:9; Isaías14:13-14.
[2071] Daniel 9:27.
[2072] Daniel 7:25, 11:36-39; Mateo 24:15-21, Apocalipsis 13:1-8.

El Apocalipsis de Juan muchos lo ven como un escrito lleno de temor y catástrofes, pero en realidad no es así, es la obra del Nuevo Testamento que más himnos tiene. Motiva a adorar a Dios en medio de las dificultades, incluso, aún en medio de las grandes tribulaciones. Apocalipsis es uno de los libros que proyecta lo que es el verdadero gozo en las Escrituras, por la sencilla razón de que se cumplen todas las bienaventuranzas del Sermón del monte[2073]. El perseguido canta porque su persecución terminó; el pobre alaba porque el reino le pertenece; el hambriento y sediento de justicia glorifica a Dios porque ha sido saciado; el oprimido se regocija porque los poderosos han caído; el martirizado es alegre porque tiene vida, el que llora ríe porque ha sido consolado; el pacificador disfruta porque en eterna paz vive. En Apocalipsis, la justicia ha llegado; porque el reino de Cristo ha llegado.

Apocalipsis 19:1-10.

El final de la tribulación trae consigo varios principios importantes.

Alabanza

Después de esto oí una gran voz de gran multitud en el cielo, que decía: !!Aleluya! Salvación y honra y gloria y poder son del Señor Dios nuestro – 19:1.

Después de esto, es decir, lo visto en (Ap 18:20-24), la destrucción de Babilonia al final de la gran tribulación antes de ser establecido el reino de Cristo[2074], esta frase separa los juicios justos de Dios como un cambio de tema para hablar sobre los resultados del cumplimiento de las promesas divinas para los que creyeron. La alabanza de la multitud es una respuesta al mandato divino visto en (Ap 18:20), y se expresa en la palabra *"Aleluya"*, esta palabra no aparece en ninguna otra parte del Nuevo Testamento, y su equivalente es un loor a Dios. El término *"Aleluya"* o más bien conocido como *"hallelujah"* se encuentra en los Salmos[2075] y significa *"alabado sea Dios"*. Y el hecho de utilizar una palabra hebrea y transliterarla al griego del Nuevo Testamento, indica dos cosas:

1) *La importancia de la expresión misma.*

2) *La adoración que se expresa mediante ella.*

Esta alabanza es la consecuencia del regreso inminente del Señor Jesús. El cántico aquí no comienza atribuyendo salvación a Dios como sugiere algunas versiones, lo que realmente hace es afirmar un hecho como un eco de la afirmación *"la salvación es de nuestro Dios o la salvación le pertenece a nuestro Dios[2076]"*. Aleluya era un poderoso mandato para expresar a Dios

[2073] Mateo 5:1-12.
[2074] Apocalipsis 20:1-15.
[2075] Salmos 104 -106, 111-117, 146-150.
[2076] Apocalipsis 7:10.

un reconocimiento absoluto, este orden fue pronunciado por los levitas en el Antiguo Testamento para convocar al pueblo a la adoración, era el principio apropiado para la adoración al Señor en especial cuando se reconocían sus magníficos hechos. En este caso, es el reconocimiento absoluto de los hechos de salvación dirigidos a Jesucristo como bien expresa el (v.2).

Reconocimiento de las promesas divinas cumplidas

porque sus juicios son verdaderos y justos; pues ha juzgado a la gran ramera que ha corrompido a la tierra con su fornicación, y ha vengado la sangre de sus siervos de la mano de ella – 19:2.

Todo juicio es la consecuencia inevitable del pecado. Dios es el único ser perfecto en sus juicios, como bien comenta W. Barclay, por tres razones: "Primera, porque solo Él puede ver los pensamientos y deseos íntimos de una persona. Segunda, porque Él es el único que tiene esa pureza que puede juzgar sin prejuicios. Tercero, Él es el único que tiene la sabiduría para encontrar el juicio correcto y que tiene el poder para aplicarlo.[2077]" El reconocimiento del cumplimiento de toda promesa divina y sus juicios se puede observar en *"sus juicios son verdaderos y justos"*, el carácter justo y verdadero es destacado en la imparcialidad divina, es decir, Dios no pasa por alto nada. El gozo y reconocimiento celestial está justificado por dos sencillas razones:

1) *Porque los juicios de Dios son verdaderos y justos.*

2) *Porque ha juzgado a la gran ramera que ha corrompido la tierra con su fornicación.*

Esto apunta a que ningún ser con intelectualidad puede hacer una crítica al respecto. La gran ramera corresponde a todo falso camino de salvación, independientemente de lo que pueda ser; sin importar cuan hermoso se vea, se hace referencia a ello como *"gran ramera"*. La corrupción con fornicación se refiere a toda religión o mensaje el cual Cristo no sea el centro de todo[2078]. El materialismo e idolatría que el mismo materialismo promueve se entiende que son practicas inmorales, por lo tanto, son comparadas con una ramera. Por ello Dios traerá el justo castigo. Tanto legal, como culturalmente, la vindicación de los justos incluía el castigo adecuado para quienes habían derramado su sangre[2079]. La venganza de la sangre derramada es una respuesta al reclamo visto en (Ap 6:10). Como bien menciona Evis L. Carballosa: "Obsérvese que Dios vengará «la sangre de sus siervos», es decir, de aquellos que le sirven a Él como «esclavos» (doúlos). El Señor no se olvida de quienes le sirven. No sólo les dará galardones por la fidelidad y el servicio (He. 10:35-36), sino que, además, reclamará la sangre de sus

---

[2077] William Barclay. Comentario al Nuevo Testamento. Apocalipsis 19:1-2. Pág. 1178. Editorial CLIE. C/Ferrocarril 8. Viladecavals, Barcelona, España. 2006.

[2078] Romanos 7:1-4.

[2079] Deuteronomio 32:43; Salmos 79:10; Jeremías 51:48-49.

perseguidores y tribuladores. Babilonia disfrutará persiguiendo a los profetas y santos de Dios. en Apocalipsis 19:1-2, los cielos se regocijan por el juicio divino sobre la gran ramera.[2080]"

Dan gloria a Dios por la devastación de la perversidad

Otra vez dijeron: !!Aleluya! Y el humo de ella sube por los siglos de los siglos. Y los veinticuatro ancianos y los cuatro seres vivientes se postraron en tierra y adoraron a Dios, que estaba sentado en el trono, y decían: !!Amén! !!Aleluya! – 19:3-4.

El término expresivo utilizado aquí *"y el humo subió por los siglos de los siglos"* proviene del Antiguo Testamento[2081], y habla sobre la caída de Edom[2082], el *"humo que sube"* debido a los conflictos[2083], se aplica ahora a todas las ciudades, pueblos, lenguas y naciones que practican las mismas perversidades que Edom practicaba. La continua desolación que sufrirá Babilonia al ser convertida en un basurero en ese tiempo se ve en la afirmación *"por los siglos de los siglos"*, esto proyecta una imagen de ruinas, describiendo los resultados horrendos de ello, este término tiene dos proyecciones:

1) *Que es de carácter permanente.*

2) *Que es una realidad.*

Por lo tanto, se entiende que habrá una devastación eterna de sus perversidades de manera sobrenatural y total, y el humo es el testimonio que afirma su ruina. El Antiguo Testamento describe a Dios en su trono por encima del cielo y sobre querubines en el arca del pacto en el templo. El conjunto de estos seres vivientes vistos de igual forma en el Antiguo Testamento[2084] con los veinticuatro ancianos, hacen referencia al salón del trono celestial. Este verso es un reconocimiento de la soberanía suprema de Dios, exaltando el control divino sobre todo el universo, el acto de adoración presentado además de ser un reconocimiento de los cumplimientos fieles, exalta el carácter del Señor y la rendición a su sublime dignidad.

Este acto de adoración se cierra con la palabra *"Amén"*. El término *"Amén"* es la forma de la palabra veterotestamentaria hb. *"emeth"* originalmente usada en el mismo Antiguo Testamento para *"fe[2085]"* y la etimología original significaba *"estar seguro"*, esto expresaba la confianza en Dios. Sin embargo, la aplicación dada en el Nuevo Testamento tiene un uso litúrgico, expresando *"estoy de acuerdo"* dando a entender una afirmación, entonces, en este caso apunta a una aprobación de un hecho,

---

[2080] Evis L. Carballosa. Apocalipsis: La consumación del plan eterno de Dios. Pág. 371. Editorial Portavoz, Grand Rapids. Michigan EE. UU. 1997.
[2081] Isaías 34:9-10.
[2082] Isaías 66:24.
[2083] Apocalipsis 17:16-18, 18:8-9, v.18, 14:8-11.
[2084] Isaías cap. 6; Ezequiel cap. 1.
[2085] Habacuc 2:4.

dando a tender que estos seres estaban en total acuerdo con todas las acciones divinas dando gloria al Señor por sus justos juicios.

Y salió del trono una voz que decía: Alabad a nuestro Dios todos sus siervos, y los que le teméis, así pequeños como grandes. Y oí como la voz de una gran multitud, como el estruendo de muchas aguas, y como la voz de grandes truenos, que decía: !Aleluya, porque el Señor nuestro Dios Todopoderoso reina! – 19:5-6.

Muchos opinan que la voz mencionada en este verso es la del Padre, la de Jesucristo o una voz que sale del templo para animar a la adoración como en (Ap 16:17), si observamos con cautela, es una voz que procede de la misma dirección del trono, se entiende que puede ser la voz o de uno de los cuatro seres vivientes, o de uno de los veinticuatro ancianos. No se sabe con claridad, pero la realidad es que la voz afirmaba que se debía alabar a Dios sin distinción alguno o rango *"así pequeños como grandes"*. La palabra *"alabad"* sugiere una acción continua sin pausa alguna, por lo tanto, se puede traducir *"no cesen de alabar a Dios"* esto apunta a una alabanza constante. Esta orden de alabanza sin pausa está dirigida a *"todos sus siervos"* los que en reverencia le temen. La expresión *"los que le teméis"* es sinónimo de *"los que han creído en Él"*. Como bien hemos observado a lo largo del libro de Apocalipsis, Dios ha actuado en juicio justo, por lo tanto, es lógico que la adoración presentada aquí destaque el hecho de que estos son perfectos, santos, y adecuados.

En la escena se oye una gran multitud *"como estruendo de muchas aguas"* es decir, como olas que chocan con las rocas o parecido al sonido que emite una catarata. Esto se entiende que es un símil para proyectar la idea de la inmensidad de seres intelectuales que rendirán alabanza al Creador con gran fortaleza *"la voz de grandes truenos"*. La alabanza presentada es un reconocimiento de la omnipotencia del Señor, pero se destaca a su vez el reinado. Aquí se puede observar varias cosas de suma importancia:

A) *Él es el Señor*, esta palabra del gr. *"kyrios"* es un equivalente a la autosuficiencia de Dios, destacando su fidelidad a sus promesas, y su firmeza en sus órdenes.

B) *Es todopoderoso*, esta palabra del gr. *"pantokrátor"* hace distinción a la soberanía divina en el universo y su control supremo sobre todas las cosas.

C) *Él reina*, la palabra reinar del gr. "*ebasíleusen"* significa *"regir como rey, ser rey"*, habla sobre su gobierno y la manera como lo hace.

Entonces, su función y gobierno son perfectos porque están basados en su fidelidad, firmeza y soberanía. Muchos asumen que la expresión presentada a Dios está basada solo por sus hechos, los que se inclinan a ello es a causa de las cinco razones que se observan en este capítulo:

1) *Porque ha librado a su pueblo de sus enemigos* (19:1).

2) *Porque ha administrado Su justicia* (19:2).

3) *porque ha aplastado permanentemente la rebelión del hombre* (19:3).
4) *porque ha mostrado ser soberano* (19:6).
5) *porque ha mantenido la comunión con los suyos* (19:7).

Pero aquí sugiere lo contrario, que debe estar basada en su carácter esencial, por quien es y no por lo que hace, ya que lo que hace es el producto de quien es Él. Primero se reconoce lo que Él hace, y se expresa una alabanza, ahora se reconoce quien es Él, *"el Señor nuestro Dios Todopoderoso reina*".

Celebración de las bodas

Gocémonos y alegrémonos y démosle gloria; porque han llegado las bodas del Cordero, y su esposa se ha preparado – 19:7.

La música y celebración eran fundamentales en las bodas, festividades o liberaciones de la esclavitud en esos tiempos, esto es un festejo, celebrando el reino continuo del Señor. El Antiguo Testamento presenta metafóricamente el matrimonio como una manera de expresar la relación entre Dios y su pueblo, en cambio, el Nuevo Testamento lo presenta de igual forma[2086], ambas ilustraciones hacen referencia a una relación íntima. Isaías 25:6-9 habla sobre el banquete que se llevará a cabo para todos los pueblos y su gozo en la salvación del Señor. Si observamos el contexto cultural, las bodas hebreas tenían tres fases:

1) **Desposorio:** En algunos casos esto se observaba mientras la pareja todavía estaba en su infancia. En Oriente, los padres seleccionan la novia para el joven. Esa costumbre se remonta desde la antigüedad (Gén 26:34-35*). ¿Por qué los padres insistían en seleccionar las novias para sus hijos?* Porque la novia tenía que venir a ser un miembro activo de la familia del novio. Por esa razón los familiares estaban interesados en saber si la novia convendría o no. Fred H. Wight comenta sobre el desposorio de esta forma: "Entre los antiguos hebreos los desposorios constituían un pacto hablado.

   Ezequiel representa a Dios como casándose con Jerusalén, y las siguientes palabras son las que él usa: Y te di juramento, y entré en pacto contigo, dice el Señor Jehová. Y fuiste mía" (Ezeq. 16:8). Después del exilio de Israel los desposorios incluían un documento escrito y firmado de matrimonio. Diferencia entre los desposorios y el matrimonio mismo. Los desposorios no eran lo mismo que el matrimonio. Por lo menos pasaba un año entre uno y otro. Estos dos eventos no deben confundirse. La ley dice: "¿Y quién se ha desposado con mujer y no la ha tomado?" (Deut. 20:7). Estos dos eventos se diferencian: desposar a una esposa, y tomarla, es decir, en matrimonio efectivo. Era durante este período de un año, entre el

[2086] Efesios 5:25-32.

desposorio y el matrimonio, que María se halló haber concebido un hijo por el Espíritu Santo (Mat. 1:18).[2087]"

2) **Presentación:** Las festividades de la boda por lo general duraban varios días antes de contraer matrimonio. A los invitados se le exigía usar vestido de bodas[2088], y las festividades matrimoniales duraban una semana entera[2089], pero el número completo de días de lo que se llamaba *"días del matrimonio"* era aproximadamente un mes completo.
3) **Ceremonia:** Este era el intercambio de votos. El proceso consistía en que los familiares de los novios se reunían con otras personas cercanas a ellos que servían de testigos. La costumbre era que el novio daba a la novia algún artículo de valor, y en otros casos un documento el cual mencionaba la promesa de matrimonio. Entonces el novio declaraba que la novia estaba reservada para él, y hacían el pacto de acuerdo con la ley de Moisés e Israel.

Relacionado con esto, la iglesia fue desposada con Cristo por elección soberana de Dios desde antes de la eternidad[2090], los creyentes serán presentados en el arrebatamiento[2091]. Este gran banquete de bodas indica el fin de la ceremonia. Esta cena tendrá lugar en el establecimiento del reino mesiánico de los mil años[2092] donde la *"esposa"* es decir, los redimidos de todas las épocas, gozarán de una unión perfecta y eterna con el Señor gozándose con alegría y dándole gloria. La preparación de la esposa es la garantía del éxito en su unión eterna con Cristo. Esto destaca la preparación perfecta que el novio, en este caso Cristo, como ser perfecto elaboró para con la novia, y así establecer un vínculo que goce del mismo carácter, eterno y perfecto. Esta preparación se puede observar en el verso a continuación.

Y a ella se le ha concedido que se vista de lino fino, limpio y resplandeciente; porque el lino fino es las acciones justas de los santos – 19:8.

La referencia de la preparación comienza diciendo, que *"se vista de lino fino"*, el lino fino era obligatorio para el sumo sacerdote al entrar al lugar santísimo[2093] ya que este era un símbolo de pureza. El lino fino al paso del tiempo vino a ser un atuendo obligatorio para quienes participaban como ministros del santuario. Los judíos tenían la creencia que los ángeles estaban vestidos de lino de igual forma, basaban su idea de (Dan 12:6-7), donde se hacía una representación simbólica de pureza y acciones justas. Por esa

[2087] Fred H. Wight. Usos y costumbres de las tierras bíblicas. Págs. 136-137. Editorial Portavoz. Grand Rapids, Michigan, EE.UU. 1981.
[2088] Mateo 22:12.
[2089] Jueces 14:17.
[2090] Efesios 1:4; Hebreos 13:20.
[2091] Juan 14:1-3; 1 Tesalonicenses 4:13-18.
[2092] Apocalipsis 21:2.
[2093] Levítico 16:4.

razón es que el verso presenta *"las acciones justas de los santos"*, esto son las buenas obras de los creyentes que vendrán a ser como vestido de bodas y a su vez la vestimenta adecuada para estar ante la presencia santa del Señor.

Aunque el creyente no es salvo por las obras (Efe 2:8-10), el hecho que se mencionen muestra su gran importancia, ya que Dios ha preparado las buenas obras en Él para que anduviésemos en ellas. Esto lo que expresa es el resultado práctico de la salvación y justicia de Cristo en los creyentes, no la salvación como consecuencia de las obras. *La vestimenta de lino fino es una manifestación externa de una virtud interna.* Es decir, la santidad que caracteriza a quienes aman hacer la voluntad de Dios en su vida. Esto se demuestra en el término gr. *"ta diakaiómata"* que son *"las acciones justas"*, esto alude una vida obediente a las ordenes divinas en plena sujeción. La vestimenta representa la conducta correcta de los santos provista por Cristo Jesús. *¿Qué importancia tiene las obras mencionadas en este verso?*, mucho, por el solo hecho de que Dios pagará a cada quién conforme sus obras[2094]. He aquí la importancia del revestimiento de las obras de Cristo en los creyentes.

El testimonio de Jesús, la esencia de la profecía

Y el ángel me dijo: Escribe: Bienaventurados los que son llamados a la cena de las bodas del Cordero. Y me dijo: Estas son palabras verdaderas de Dios. Yo me postré a sus pies para adorarle. Y él me dijo: Mira, no lo hagas; yo soy consiervo tuyo, y de tus hermanos que retienen el testimonio de Jesús. Adora a Dios; porque el testimonio de Jesús es el espíritu de la profecía – 19:9-10.

Aquí se presentan tres consideraciones importantes:

1) **El ángel ordena que se escriba**: Puede sonar ilógico que se diera esa orden, ya que Juan a lo largo de Apocalipsis había ejecutado la acción de componer el escrito. Pero, esta asignación especial recalca un énfasis, en el hecho de que *"estas son palabras verdaderas de Dios"*, esta enfática orden es para resaltar la bienaventuranza.
2) **Llamados a la cena:** Esto compone a los santos de la edad pasada, presente y futura, mencionados como los dichosos *"bienaventurados"* por ser invitados a la boda de Jesucristo. John F. Walvoord comenta: "En este versículo, igual que en los versículos 7 y 8, la esposa del Cordero es diferenciada de los asistentes a las bodas, la esposa evidentemente es la Iglesia, y los

[2094] Romanos 2:6.

asistentes a las bodas son los santos de las edades pasadas y futuras.[2095]"

3) **El testimonio de Jesús:** La esencia espiritual de toda profecía es Cristo. Esto consiste en preservar lo que Él ha comunicado de sí mismo a los suyos. En otras palaras, la capacidad de anunciar a otros a Cristo con su propia vida. Se debe reconocer que el personaje tanto central como principal de las Escrituras es Jesucristo. En este punto se muestra el carácter y propósito de este libro Apocalíptico *"la revelación y manifestación de Jesucristo[2096]"*. Esto es muy importante, ya que revela la diferencia entre la verdadera profecía de la falsa[2097]. Apocalipsis como un libro escatológico, a su vez profético, muestra que es verdad por el hecho de presentar la manifestación perfecta del *Verdadero*[2098], Cristo Jesús.

La tribulación tendrá su fin en la batalla de Armagedón con el regreso de Jesucristo. La segunda venida será uno de los acontecimientos más impactantes de todos los tiempos ya que será el clímax de todo el programa divino que comenzó en huerto del Edén cuando Adán pecó, perdiendo el derecho de administrar, y es consumado con un nuevo Edén, donde Cristo reinará con una administración perfecta, como hombre perfecto, por los siglos de los siglos.

Milenio

¿Qué es el mileno? Se entiende que es el periodo de 1,000 años donde Jesucristo reinará en la tierra cumpliendo el pacto abrahámico, davídico y el nuevo. Este tiene varias designaciones, tales como:

Reino de los cielos/Regeneración

Y Jesús les dijo: De cierto os digo que, en la regeneración, cuando el Hijo del Hombre se siente en el trono de su gloria, vosotros que me habéis seguido también os sentaréis sobre doce tronos, para juzgar a las doce tribus de Israel. - Mateo 19:28.

En el mileno, cuando la tierra nueva sea manifiesta, Cristo reinará personalmente desde Jerusalén al mundo entero[2099]. La regeneración, del gr. *"palingenesia"* aunque lleva el significado teológico normal a lo personal *"nuevo nacimiento[2100]"*, habla aquí sobre la restauración de las cosas, es decir, *"regeneración cósmica[2101]"*, cielo y tierra nuevos. La regeneración

---

2095 Walvoord John F. The Revelation of Jesus Christ. Moody Publications. Chicago Illinois. 1966.
2096 Apocalipsis 1:1.
2097 1 Juan 4:1-6; Apocalipsis 2:20.
2098 Apocalipsis 1:5, 3:14, 19:11-16.
2099 Mateo 25:31.
2100 Tito 3:5.
2101 Hechos 3:21.

mencionada por Cristo describe el reino terrenal visto en (Ap 20:1-15) que se manifestará cuando los creyentes se sienten con Él en su trono[2102] para juzgar, que literalmente es gobernar[2103].

El término *"regeneración"* era utilizado a su vez en los círculos romanos para ilustrar de forma administrativa la renovación futura de cada lugar que ellos conquistaran, y naturalmente gozaba de una aplicación a las expectativas judías de un nuevo orden mundial[2104]. Una de las creencias clásicas que se mencionaba entre los rabinos judíos era que las doce tribus de Israel serían restauradas al final de los tiempos. Esta idea proviene del gobierno visto en el Antiguo Testamento, donde los jueces eran quienes instituían el reinado Israelita. La clave para ubicar el texto en la restauración milenial es la posición o función de los discípulos como jueces: *"juzgar a las doce tribus"*, esta función posicional solo puede ser llevada a cabo al Jesucristo estar en su trono ejerciendo su dominio terrenal. Entonces, la audiencia de Jesús estaba totalmente familiarizada con ambos conceptos, el romano y el judío, por lo tanto, comprendían que hablaba de la restauración de las cosas y él reinando en esa era.

Reino de Dios

Oyendo ellos estas cosas, prosiguió Jesús y dijo una parábola, por cuanto estaba cerca de Jerusalén, y ellos pensaban que el reino de Dios se manifestaría inmediatamente - Lucas 19:11.

Los discípulos mantenían un concepto errado de que Jesucristo establecería en ese mismo momento su reino terrenal en Jerusalén. Viendo el propio contexto es importante comprender que Jesús hacía entrada a Jericó. La Jericó que vemos en este pasaje queda aproximadamente a unos 27 kilómetros de Jerusalén y a un kilómetro y medio de la Jericó del Antiguo Testamento. En esta Jericó fue que Jesús demostró dos cosas:

1) *Levanta a un oprimido (ciego) como bien se ve en* (Lc 18:35-43).

2) *Hace descender a un opresor (Zaqueo, jefe publicano que se subió a un sicómoro) y le dice que la salvación vino "hoy" como bien se observa en* (Lc 19:1-9).

Solo el mesías podía afirmar tal cosa, ya que si la salvación *"ha venido"* es porque alguien la ha traído. Jesús manifiesta la justicia mesiánica, colocando al oprimido y al opresor a un nivel paralelo en conformidad a la misma misericordia. Nótese que Cristo iba con sus discípulos camino a Jerusalén a celebrar la pascua, el alegre recordatorio de la liberación política de Egipto. Y como bien afirma Bailey "La frase «hoy la salvación ha venido» destila matices apocalípticos[2105]", por lo tanto, los judíos al oír esto,

---

2102 Apocalipsis 3:1.
2103 1 Corintios 6:2-3.
2104 Isaías 65:17, 66:22.
2105 Kenneth E. Bailey. Jesús a Través d ellos ojos del Medio Oriente. Estudios Culturales de los Evangelios. Pág. 397.

naturalmente esperarían que el reino mesiánico se estableciera en seguida[2106], contando que se encontraban en la celebración de la pascua, en conjunto del proceder de Jesús, es que el verso expresa *"oyendo ellos estas cosas"*. El pueblo Israelita esperaba con grandes expectativas la subyugación de Roma y los gentiles para reinar sobre ellos. Esto apunta que la idea del Reino de Dios era común entre el pueblo, y es un concepto Escritural mencionado a lo largo del Antiguo Testamento que será consumado en la era del fin por Cristo Jesús.

Reino de Cristo

Los reinos del mundo han venido a ser de nuestro Señor y de su Cristo; y él reinará por los siglos de los siglos - Apocalipsis 11:15.

Originalmente el texto griego presenta un singular *"reino"* y no un plural *"reinos"*. Este uso singular contempla al mundo como una unidad, un solo reino, concreto y único[2107]. Sin importar todas las divisiones político-culturales, las Escrituras consideran al mundo entero desde el momento de la caída del hombre en Edén bajo un solo gobierno dominado por Satanás[2108]. Como bien expresa el Dr. Carballosa: "El reino del sistema mundial (*he basileía tou kósmou*) se refiere al sistema organizado del orden mundial, originalmente creado por Dios y centrado en Él, pero que desde la caída hasta este preciso momento del anuncio de Apocalipsis 11:15, ha estado gobernado por Satanás el Usurpador[2109]".

Este reino tirano controlado por Satanás terminará con el regreso victorioso del Señor Jesucristo para establecer su reino mesiánico[2110]. Por lo tanto, han de ser de nuestro Señor, refiriéndose al Padre, y de su Cristo, refiriéndose a Jesús, esto no alude que el reino está dividido, "porque ningún reino dividió prevalece[2111]", sino más bien revela la perfecta unidad de Dios en su carácter administrativo, el Padre, el Hijo como el Espíritu, al ser un solo Dios, tiene la misma autoridad en todo. El reino del mundo como sistema será gobernado por el Señor soberano estableciendo así las profecías del Antiguo Testamento, entonces, la mención de Jesús *"venga tu reino"* se cumplirá tal cual, con su venida, para establecer lo que bien se le conoce como el reino de Cristo.

[2106] Hechos 1:6.
[2107] Daniel 2:31-45, 4:3, 6:26, 7:14-27; Isaías 9:6-7; Zacarías 14:9.
[2108] Juan 12:31, 14:30, 16:11, 2 Corintios 4:4.
[2109] Evis L. Carballosa. Apocalipsis: La consumación del plan eterno de Dios. Pág. 218.
[2110] Isaías 2:2-3; Daniel 2:44, 7:13-14, v.18, v.22, v.27; Lucas 1:31-33.
[2111] Lucas 11:17.

El refrigerio

Así que, arrepentíos y convertíos, para que sean borrados vuestros pecados; para que vengan de la presencia del Señor tiempos de refrigerio - Hechos 3:19.

El llamado al arrepentimiento es la condición para gozar del refrigerio. En este caso, como habla del reino milenario de Cristo en la tierra, este tiempo de restauración y alivio es la consecuencia de un arrepentimiento anticipado. Los tiempos de refrigerio eran bien conocidos por los judíos como un tiempo de restauración de todas las cosas como bien dice (Hch 3:21), hablando sobre el reino milenario del Señor. La expresión *"anapsuxeos"* es traducida aquí como *"refrigerio"*, y comunica el sentido de *"alivio"*. Esto apunta a la traducción *"tiempos de descanso"*. Esto hace referencia a tener un respiro después de una dura jornada de trabajo pesado. La costumbre popular grecorromana utilizaba la palabra en sentido médico, como la acción de secar una herida para producir alivio y sanidad. La idea que proyecta el texto es la salud perfecta que se gozará en el reino del Señor en la era milenial.

Mundo venidero

Porque no sujetó a los ángeles el mundo venidero, acerca del cual estamos hablando - Hebreos 2:5.

El mundo venidero, literalmente significa la tierra habitada de la era futura, esta idea presenta a un gobernante tomando el control de una región, tal como lo sucedido con Augusto César en (Lc 2:1), donde promulgó un edicto para hacer un censo por todo el imperio. Con esta acción César Augusto desde su propia perspectiva, estaba demostrando su dominio sobre todo el imperio grecorromano, como bien se le llamaba *"el mundo"*. El término *"mundo"* en sí comunicaba el gobierno establecido por quien lo conquistaba, haciendo referencia a una tierra habitada y dominada.

Volviendo al texto de (Heb 2:5), esta ilustración se utilizó para que los lectores a su vez comprendieran la idea del gran reino milenario cuando el Señor venga a conquistar para gobernar[2112], dando a entender que *"mundo venidero"* entonces sería el momento de su regreso y administración poderosa, observando el propio contexto inmediato, en el primer capítulo del escrito a los Hebreos Cristo es presentado como superior a los ángeles. Esto fue colocado de esta forma porque para el pensamiento judío la encarnación era increíblemente asombroso, pero Su humillación era algo sumamente vergonzoso. Para muchos, Jesucristo era sólo un simple hombre, por tanto, según las creencias populares Jesús pertenecía a un orden inferior

[2112] Zacarías 14:9; Apocalipsis 20:1-5.

a los ángeles. Por tal razón, la misma Palabra de Dios muestra que Cristo como hombre perfecto e increado, era, es y será superior en todo aspecto sobre cualquier orden creado. Esto se le conoce como supremacía, necesaria para gobernar con autoridad, la misma se observa de dos formas:

1) Dios no decretó que el mundo venidero estuviese bajo el control de seres angelicales, por ello el verso dice *"no sujetó a los ángeles el mundo venidero"*. Este *"mundo venidero"* tiene por significado la edad futura de paz y prosperidad que el Antiguo Testamento menciona y como bien se le conoce *"edad dorada"*, refiriéndose al milenio. Se entiende así por su propio léxico, el juego de palabras lo expresa, de esta forma. Primero se dice que *"no sujetó"* esto proviene del gr. *"hupotassó"* y significa *"colocar"*, comunica establecer un rango, hablando en sentido militar. Luego vemos que no los colocó en el *"mundo"*, la palabra mundo del gr. *"oikoumené"* es *"la tierra habitada"*, como bien se mencionó una tierra conquistada para establecer un dominio, y por último vemos la palabra *"venidero"* del gr. *"melló"*, esto significa *"estar a punto de"*, alude una acción que se llevará a cabo, como algo que todavía no ha tenido cumplimiento. Entonces, el gobierno de esa tierra que está por conquistarse para habitarse habla de manera especial de la era cundo el Señor regrese a reinar.

2) Dios decretó que el control del *"reino venidero"* es de Jesús, el hombre perfecto[2113].

Según el propio contexto cultural, la educación rabínica judía enseñaba que el pueblo de Dios reinaría juntamente con el Mesías en la era final, de igual forma como Adán y Eva habían administrado el Edén bajo el gobierno divino al principio. Este texto es una demostración del (Sal 8:4-6) similar al estilo literario del midrash[2114] judío. Donde proyecta la idea de que, en el mileno, *"mundo venidero"* el Señor gobernará.

Las cuatro características del gobierno milenario

- **Cristo es la cabeza**. *Y en su vestidura y en su muslo tiene escrito este nombre: REY DE REYES Y SEÑOR DE SEÑORES - Apocalipsis 19:16*: Según la costumbre judía se marcaba una lámina para comunicar la soberanía y santidad de Dios sobre el sacerdote. En la antigua Roma se marcaban a los caballos en el muslo como símbolo de autoridad. A su vez, en esos tiempos se le mencionaba al rey de los partos como *"rey de reyes"*, dando a entender como quien dominaba sobre otros reinos. El conjunto de todas estas ilustraciones, identifican al Señor como un ser soberano, santo y con autoridad suprema. La característica primordial

[2113] Hebreos 2:8-11.

[2114] Era un comentario expositivo judío de las Escrituras que variaba considerablemente en sus formas y que buscaba leer un texto a la luz de otros textos, cuidando detalles llenos de significado divino. Era un método común de lectura de las Escrituras en el primer siglo para comunicarle mensaje a otros lectores.

del gobierno divino de Cristo está basada en su soberanía absoluta para gobernar. Concepto visto en el Antiguo Testamento (Deut 10:17; Dan 2:47; Zac 14:9).

- **Un reino justo**. *Y reposará sobre él el Espíritu de Jehová; espíritu de sabiduría y de inteligencia, espíritu de consejo y de poder, espíritu de conocimiento y de temor de Jehová. Y le hará entender diligente en el temor de Jehová. No juzgará según la vista de sus ojos, ni argüirá por lo que oigan sus oídos; sino que juzgará con justicia a los pobres, y argüirá con equidad por los mansos de la tierra; y herirá la tierra con la vara de su boca, y con el espíritu de sus labios matará al impío. Y será la justicia cinto de sus lomos, y la fidelidad ceñidor de su cintura - Isaías 11:2-5*: Aquí se presentan las cualidades del mesías para ejercer un gobierno justo y eficaz, estas son:
  A) *Sabiduría.*
  B) *Inteligencia.*
  C) *Consejo.*
  D) *Poder.*
  E) *Conocimiento.*
  F) *Temor de Dios.*

Eso era bien conocido entre los creyentes del primer siglo como *"los sietes espíritus*[2115]*"*. Basado en lo antes mencionado es que *"no juzgará según la vista de sus ojos ni por lo que oigan sus oídos"*, el método utilizado por los reyes de antaño para obtener información para gobernar siempre fueron la percepción visual de un asunto y la información verbal adquirida, en este caso, Jesús no tendrá necesidad de ello, esto entonces resalta su omnisciencia, ya que Su percepción sobrenatural supera cualquier fuente de conocimiento.

Nótese que este verso expresa la manera como gobernará el Señor:

1) **Establecerá el trato adecuado a los menos privilegiados:** "*juzgará con justicia a los pobres, y argüirá con equidad por los mansos de la tierra*[2116]".
2) **Su gobierno será firme y fuerte:** "*herirá la tierra con la vara de su boca*[2117]", esto describe a un rey que regresa a su tierra victorioso de la guerra.
3) **Aplicará el castigo adecuado:** "*con el espíritu de sus labios matará al impío*" Cristo aplicará la destrucción merecida al Aaticristo en su segunda venida[2118].

[2115] Apocalipsis 1:4.
[2116] Isaías 3:14-15, 10:2.
[2117] Apocalipsis 19:15; Isaías 49:2; Salmos 2:9.
[2118] 2 Tesalonicenses 2:8.

4) **Es vencedor:** "*Y será la justicia cinto de sus lomos, y la fidelidad ceñidor de su cintura*", el cinto era lo que mantenía unida la ropa, esto comunica el orden adecuado y presteza para emprender una acción, en este caso el combate, la victoria está asegurada gracias a los atributos fundamentales de Dios que se expresan mediante su justicia y fidelidad.

En el periodo veterotestamentario, el Espíritu investía a los elegidos de la autoridad que solo el Señor tenía[2119]. A su vez, un rey era un representante de la autoridad permanente, que también poseía dicha investidura divina del Espíritu. En esos tiempos la responsabilidad de un rey era establecer la justicia, y dependiendo la aplicación de ella es que se medía el éxito de su gobierno, para eso era necesario la sabiduría, la capacidad de evaluar profundamente los casos y tener la aplicación adecuada para cada uno en particular, proveyendo a su gobierno la estabilidad necesaria para la sociedad vulnerable[2120]. Entonces, el conjunto de todo lo antes mencionado punta que otra de las características del reino de Cristo es que será uno de paz, equidad, justicia, prosperidad y gloria.

5) **Jerusalén será su capital.** *"Y vendrán muchos pueblos, y dirán: Venid, y subamos al monte de Jehová, a la casa del Dios de Jacob; y nos enseñará sus caminos, y caminaremos por sus sendas. Porque de Sion saldrá la ley, y de Jerusalén la palabra de Jehová - Isaías 2:3":* Topográficamente, Jerusalén está situada en un lugar alto, por esa razón menciona *"subamos"*. Muchos pasajes bíblicos apoyan la idea de que Jerusalén será la capital del reino de milenario[2121].
6) **Satanás será derrotado y arrojado al lago de fuego**. *"Cuando los mil años se cumplan, Satanás será suelto de su prisión, y saldrá a engañar a las naciones que están en los cuatro ángulos de la tierra, a Gog y a Magog, a fin de reunirlos para la batalla; el número de los cuales es como la arena del mar. Y subieron sobre la anchura de la tierra, y rodearon el campamento de los santos y la ciudad amada; y de Dios descendió fuego del cielo, y los consumió - Apocalipsis 20:7-9:* En este periodo Satanás estará atado hasta su terminación, cuando al ser soltado engañará a las naciones para conducirlas a una rebelión contra el reino de Cristo. Gog y Magog son nombres tomados de la batalla descrita en (Ez 38-39), donde una gran cantidad de rebeldes nacidos en la era del milenio, aunque obedecerán al Rey, internamente no le aceptarán. *"Gog"* se está refiriendo al *"príncipe de Magog"*, estos nombres se relacionaron en la antigüedad con los mayores enemigos de Israel. Entonces, en este pasaje la frase se entiende que es simbólica, aludiendo a todas las naciones hostiles del mundo ante el gobierno de Cristo sobre los cuatro puntos cardinales. Lo presentado en estos versos ha causado

2119 Jueces 6:34-35.
2120 1 Reyes 3:16-28; 2 Crónicas 1:12.
2121 Jeremías 30:3, 31:8-9; Ezequiel 39:25-29; Amós 9:11.15; Miqueas 4:2-7.

mucha controversia, para aclarar cualquier duda es importante ver que las naciones que vivirán bajo el gobierno milenial del Señor estarán integradas por dos clases:

1) Los que se sujetarán a la voluntad del Señor.
2) Los que tendrán una experiencia personal en el reino de Cristo.

Esto será para que darles una oportunidad de gracia como la de hoy día a los que en estén ese periodo, por la cual serán probados para luego determinar quiénes serán aptos para vivir en la nueva Jerusalén en conjunto del Señor con los santos ya preservados anticipadamente, y lanzar a quienes serán condenados al lago de fuego por la eternidad en conjunto de aquellos que nunca se arrepintieron. Este hecho demuestra la literalidad del asunto, rechazando el simbolismo como los amilenaristas afirman por varias cosas:

A) *Los destinos son literales, no simbólicos, así como la nueva Jerusalén es literal, lo es el lago de fuego.*

B) *La vida en ese tiempo será tan real como lo es la vida hoy día*, una libertad de obedecer a Dios en rendición plena de la voluntad propia, u obedecer a Satanás al seguir la voluntad personal, Satanás reunirá a las naciones para la gran rebelión, por lo tanto, la voluntad y responsabilidad de las acciones juegan su papel, es imposible actuar y tener responsabilidad de ello simbólicamente.

C) *La libertad del encarcelamiento de Satanás se menciona como un hecho literal, no simbólico*, ya que es imposible encadenar a un ser intelectual simbólicamente, nuevamente se ve una acción con una consecuencia.

D) *Satanás opera bajo la voluntad soberana de Dios*, no siendo el dueño de sus hechos, pero si responsable de sus acciones, por lo tanto, es imposible que una persona actúe simbólicamente.

E) *el campamento de los santos y la ciudad amada eran nombres dados a la ciudad de Jerusalén*, como bien se mencionó la misma será la capital del reino milenial del Señor, por lo tanto, es el reinado del mesías será un hecho literal, así como la misma ciudad lo es.

El intento de Satanás de vencer al Señor será frustrado nuevamente, (Ap 20:10) destaca el triunfo divino de una vez y por todas como resultado a la batalla condenando eternamente a Satanás y sus seguidores, nótese que fuego descenderá y consumirá, físicamente de manera literal impidiendo el ataque, pero como bien afirma (Ap 20:15) y Mt 25:41), serán arrojados todos los pecadores en conjunto a Satanás y sus ángeles al fuego y azufre para ser atormentados por los siglos de los siglos literalmente.

Los juicios futuros

Se pueden dividir estos en varias secciones:

1) Juicio de los creyentes:

Porque es necesario que todos nosotros comparezcamos ante el tribunal de Cristo, para que cada uno reciba según lo que haya hecho mientras estaba en el cuerpo, sea bueno o sea malo - 2 Corintios 5:10.

Cada creyente será juzgado en la calidad de sus obras a fin de recibir las recompensas correspondientes[2122]. La palabra tribunal es un señalamiento metafórico sobre el lugar en el que Jesús se sentará a evaluar la vida de cada salvo. Este término proviene del gr. "*bema*" que es una plataforma elevada en la que se colocaban atletas para recibir su corona de reconocimiento por su preparación, esfuerzo y victoria. La región de Corinto tenía una plataforma en la que se repartía el galardón del reconocimiento atlético y donde a su vez se dividía la justicia legal[2123].

Las acciones del creyente en su ministerio terrenal serán examinadas cuidadosamente por la omnisciencia del Señor, por tal razón hace énfasis el verso en *"lo que haya hecho... en el cuerpo",* cabe aclarar que no incluye los pecados por el solo hecho de que el juicio de estos se llevó a cabo en la cruz[2124]. Entonces, la referencia de juicio apunta a todas las actividades que los creyentes realizan durante su vida. Cada asunto del creyente, *"sea bueno o sea malo"* no habla en sentido moral, esta era una comparación común utilizada en esos tiempos para hablar sobre las actividades de valor eterno y las pasajeras. El punto presentado es que cada creyente debe glorificar a Dios invirtiendo sus energías y tiempo en lo que realmente tiene valor eterno.

Pablo tenía claro lo que era comparecer ante un tribunal[2125], él enfoca a los lectores con esta escena en la cual tenía en mente la imagen vista en el Antiguo Testamento del día del juicio donde el trono divino será el juicio final. El mensaje de Pablo en sí era que todo creyente ha sido salvo no para llevar una vida de indiferencia, sino, al contrario, para servir al Señor. Claramente se es justificado por la fe, y la fe que justifica se expresa en el amor y la obediencia[2126]. Por tanto, el creyente es salvo no por las buenas obras, sino para buenas obras[2127], las cuales serán juzgadas a su tiempo.

[2122] 1 Corintios 3:14.
[2123] Hechos 18:12-16.
[2124] Efesios 1:7.
[2125] Hechos 18:12.
[2126] Romanos 1:5; Gálatas 5:6.
[2127] Efesios 2:8-10.

2) Juicio de las naciones:

Reuniré a todas las naciones, y las haré descender al valle de Josafat, y allí entraré en juicio con ellas a causa de mi pueblo, y de Israel mi heredad, a quien ellas esparcieron entre las naciones, y repartieron mi tierra - Joel 3:2.

El clímax de la historia del reino milenial registra el gran juicio del trono blanco. En contraste con los juicios previos de los justos, y los diversos juicios de Dios sobre israelitas y gentiles que viven en el mundo, éste es el juicio final; en el contexto se puede ver que se refiere solamente al juicio que tendrá lugar en el valle de Josafat, donde Cristo, como juez perfecto juzgará a las naciones en su regreso, esto dará por resultado dos cosas:

A) *Salvación para la entrada al reino.*

B) *Perdición para ser lanzados al lago de fuego.*

El valle de Josafat originalmente significa *"Dios juzga"*, es ahí donde el Señor juzgará a toda nación por su trato hacia Israel[2128]. Aunque geográficamente no se ha podido ubicar con exactitud el valle de Josafat[2129], puede ser que se refiera al valle de Cedrón al Este de Jerusalén, pero, lo importante no es el sitio estratégico, sino más bien la certeza del juicio a escala mundial para el establecimiento de las promesas divinas a favor de su pueblo y el castigo de los enemigos[2130].

Este juicio se observa con claridad en que:

- **Las naciones del mundo serán reunidas:** Estas naciones se reunirán bajo la dirección de Satanás para ir sobre Jerusalén, como antes mencionado será el acontecimiento bien conocido como *"la batalla de Armagedón[2131]"*.
- **Ocurrirá cerca de Jerusalén:** Recordando que esta será la capital del reino milenario de Cristo, y a su vez puede ser según lo visto anteriormente, que apunte al valle de Cedrón cercano a Jerusalén donde culminará todo[2132].

3) Juicio a Israel:

Os haré pasar bajo la vara, y os haré entrar en los vínculos del pacto; y apartaré de entre vosotros a los rebeldes, y a los que se rebelaron contra mí; de la tierra de sus peregrinaciones los sacaré, más a la tierra de Israel no entrarán; y sabréis que yo soy Jehová – Ezequiel 20:37-38.

[2128] Mateo 25:45-46.

[2129] Joel 3:12-14. El Valle de Josafat también era conocido como el valle de la decisión.

[2130] Isaías 66:16; Jeremías 25:31.

[2131] Zacarías 12:3, 14:2; Apocalipsis 16:16,19:11-21.

[2132] Ezequiel 38:1-23, 39:1-29; Daniel 11:45; Zacarías 9:14-17, 12:1-14; Mateo 25:31-46.

Aquí se describe el juicio sobre los judíos que vivirán al concluir el periodo tribulacional cuando Cristo vuelva a reinar. Lo presentado en Ezequiel muestra al príncipe de los pastores examinando a su rebaño:

- **Os haré pasar bajo la vara**[2133]: Cristo, como el buen pastor lleva a sus ovejas de vuelta a casa en su redil[2134], y como buen administrador, organiza las filas separando las ovejas de los cabritos[2135]. Pasar bajo la vara, ilustraba en esos tiempos el sometimiento del rebaño a un examen, para reunir a sus ovejas y ver si acaso estaban lastimadas, y a su vez un castigo. El Señor unirá a los suyos mediante el vínculo del nuevo pacto para que puedan recibir vida a través de su Espíritu[2136]. Esto es lo que bien se le conoce como la salvación final de Israel[2137]. En el antiguo Oriente, el pastor contaba y clasificaba a las ovejas cuando pasaban bajo su vara. La vara tipificaba autoridad; esto da a entender que todo Israel está bajo la autoridad de quien los examinará.
- **Apartaré de entre vosotros a los rebeldes, y a los que se rebelaron contra mí:** La separación que hace el pastor de ovejas de los cabritos muestra el sentido adecuado de administración que el Señor tiene sobre todo lo creado. Dios se encargará de que nadie que no haya sido regenerado por su Espíritu participe en el reino mesiánico, en cambio, a los que Él permita regresar será para rendir servicio[2138]. Esta separación tendrá lugar durante el tan conocido y mencionado *"tiempo de angustia para Jacob*[2139]*"*, el mismo será durante el periodo de la gran tribulación[2140].

4) Juicio a los seres angelicales caídos:

¿O no sabéis que hemos de juzgar a los ángeles? ¿Cuánto más las cosas de esta vida? – 1 Corintios 6:3.

Según las tradiciones judías los justos juzgarían las naciones en el día del juicio; lo cual también implicaba el juicio sobre los ángeles los cuales se creía que tenían influencia sobre las naciones. La palabra griega para *"juzgar"* originalmente significa *"regir"* en este caso se aplica a *"gobernar"*. Se sabe con exactitud que el Señor mismo juzgará a los ángeles caídos en su momento, puesto que los ángeles son espíritus ministradores al servicio de los santos[2141], suena razonable que ellos servirán en la gloria a los creyentes, esto entonces apunta a que, si los santos ángeles pasarán por

---

[2133] Levítico 27:32; Ezequiel 34:11-13; Jeremías 23:5-8.
[2134] Jeremías 33:13.
[2135] Mateo 25:1-46.
[2136] Ezequiel 36:24-27, 37:14, 39:29.
[2137] Romanos 11:26-33.
[2138] Ezequiel 20:40.
[2139] Jeremías 30:7.
[2140] Mateo 24:21.
[2141] Hebreos 1:14.

la administración divina para que estos participen bajo la voluntad divina, los caídos a también. Así como habrá separación de ovejas y cabritos, también de la habrá de santos ángeles y caídos. Como bien es visto en (2 Ped 2:4) y (Jud 6). Donde todos los demonios y Satanás pasarán al juicio final para ser echados para siempre al lago de fuego preparado para ellos y para los impíos[2142]. *¿O no sabéis...?* es una pregunta formulada que se utiliza varias veces a lo largo del capítulo para enfatizar que cada uno debe saber bien lo que hace. La referencia a los ángeles deja ver que el universo entero de seres inteligentes está bajo la lupa del Señor, examinando todo y pagando justamente a cada cual, en este caso a los seres angelicales en su juicio final.

5) Juicio de los incrédulos:

Y el que no se halló inscrito en el libro de la vida fue lanzado al lago de fuego - Apocalipsis 20:15.

Este es el tan bien conocido como el juicio del gran trono blanco, el cual tendrá lugar después de la tribulación. Donde cada individuo será juzgado, personas que murieron sin ser salvas desde el principio de los tiempos. La consecuencia de este juicio es el rechazo al salvador y se basa en sus propias obras malas las cuales merecen castigo eterno como bien menciona (Ap 20:12) donde se dice «*según sus obras*» expresa el resultado del rechazo de la gracia en términos absolutos. No hay perdón aparte de Jesucristo, y los que rechazan su gracia inevitablemente deben ser juzgados por sus pecados, el resultado será la participación, consciente y sin fin, del lago de fuego[2143]. Según el contexto cultural de esos tiempos, la gran mayoría de los judíos creía que todos aquellos que practicaban el judaísmo serían salvos junto con un pequeño porcentaje de gentiles, y que el resto serían condenados. Viendo el propio contexto veterotestamentario se logra comprender que no es así, ya que las mismas Escrituras ilustran a los profetas proclamando el día del juicio llamando a las naciones y a Israel a cuentas en un juicio.

El control escrito que se lleva a cabo en la corte celestial representa no solo el orden, sino también la omnisciencia divina. El libro de la vida hace referencia al suceso cuando Moisés oró a Dios para que perdonara a su pueblo[2144] donde se llevaba un registro exacto de los vivos y se borraban a quienes morían. El lago de fuego es diferente al infierno presente. El infierno actual es un lugar intermedio de tormento provisional. Como bien comenta J. Oliver Buswell Jr: *"Aunque existe mucha confusión en la mente de cristianos devotos que no han estudiado el tema, creo que la mayoría de los evangélicos entiende que hay una distinción entre el estado de los muertos ahora en el cielo, y su estado cuando Cristo venga a resucitar a los muertos. En forma semejante, se entiende en forma vaga el hecho de que los perdidos*

2142 Mateo 25:41; Apocalipsis 20:10, v.15.
2143 Juan 5:29.
2144 Éxodo 32:32.

ahora están en el Hades, y que llegarán a su estado final y eterno solamente después de una resurrección y un juicio futuros[2145] ". En cambio, el lago de fuego es el lugar que Dios ha designado como el destino final de aquellos que rechazaron la misericordia divina en la persona y obra del Hijo. Este es el reflejo exacto de (Jn 3:18) y (1 Jn 5:12).

Las resurrecciones

La interpretación de la resurrección ha sido víctima de mucha confusión gracias a las teorías sin apoyo contextual histórico, bíblico y léxico, por lo cual muchos han imaginado que todos serán resucitados al mismo tiempo. En vez de una sola resurrección general, las Escrituras presentan siete resurrecciones en total, unas se encuentran en el pasado, otras separadas por períodos como las resurrecciones que preceden y siguen al reino milenial de Cristo. Las Escrituras exponen que todos serán resucitados a su tiempo y en su lugar. El estudio adecuado de las resurrecciones proporciona un importante entendimiento del programa relacionado con esta verdad central.

Las siete resurrecciones

1) **La resurrección de Cristo** (1 Cor 15:1-8).
2) **La resurrección de los santos en Jerusalén** (Mt 27:52-53). Este relato solo se encuentra en el evangelio según Mateo, donde se registra el evento de la resurrección de los santos como un argumento histórico que respalda la veracidad de la resurrección de Cristo. Con este hecho se dio a entender que la verdad fundamental del evangelio es que Jesús resucitó. Este suceso sobrenatural presenta la autenticidad de la persona, mensaje y obra de Cristo. La resurrección de Jesús es una clara señal de su mesianismo y divinidad (Mt 12:38-42) profetizado en el Antiguo Testamento y manifestado en el Nuevo.

   Los santos levantados en Jerusalén tuvieron el propósito central de proclamar con esto la resurrección y victoria de Jesucristo sobre el pecado y la muerte. La resurrección mencionada por Mateo en Jerusalén constituyó las primicias veterotestamentarias que menciona (Lev 23:9-14), demostrando que Jesús no se encontraba solo en este hecho histórico, sino que hizo participes a los suyos, expresando que Él es el precursor de la gran cosecha venidera, de la cual estos resucitados, fueron evidencia. Esos santos prefiguraron la resurrección final.
3) **La resurrección de la Iglesia** (1 Cor 15:51-58; 1 Tes 4:13-18; 1 Jn 3:2).

[2145] Oliver Buswell J. Jr. Teología Sistemática. Zondervan Publishers EE.UU. June 1, 1962.

4) **La resurrección de los santos de la antigüedad** (Dan 12:1-2; Is 26:19-21; 1 Tes 4:16).
5) **La resurrección de los santos en la tribulación** (Ap 20:4-5).
6) **La resurrección de los santos en el milenio** (Is 65:20). En el milenio, los creyentes cumplirán sus años y alcanzarán una edad avanzada. En contraste, las personas que mueran de cien años será a consecuencia de su pecado, por lo tanto, la muerte le será un juicio. En la Nueva Jerusalén aun los cien años se consideran juventud (Ap 21:1ss).
7) **La resurrección de los impíos** (Ap 20:11-15).

Las resurrecciones deben dividirse en dos, estas son:

- **De los justos:** *Los muertos en Cristo resucitados.*
- **De los injustos:** *Los muertos inconversos resucitados para presentarse ante el gran trono blanco.*

Resurrección de los justos

Y serás bienaventurado; porque ellos no te pueden recompensar, pero te será recompensado en la resurrección de los justos - Lucas 14:14.

La palabra justos proviene del gr. *"dikaios"* y significa *"corecto"* esto se refiere por implicación a una persona inocente, por lo tanto, esta resurrección conocida como la de los justos, son participes aquellos que han sido hallados inocentes por le lavamiento de la sangre del Cordero.

No os maravilléis de esto; porque vendrá hora cuando todos los que están en los sepulcros oirán su voz; y los que hicieron lo bueno, saldrán a resurrección de vida; más los que hicieron lo malo, a resurrección de condenación - Juan 5:28-29.

La resurrección de la muerte a la vida en Cristo revela el hecho de que al oír su voz la vida surge en medio de la muerte, esta es una garantía de que Él levantará a los muertos en el último día. Lamentablemente este verso ha sido muy malinterpretado a la luz de las obras personales, todo por *"los que hicieron lo bueno... más los que hicieron lo malo"*. La justificación por obras queda excluida a su totalidad[2146]. Según el contexto presentado por Jesús, *"lo bueno"* se refiere a creer en el medio misericordioso de Dios, es decir, Jesucristo mismo, y *"lo malo"* equivale al rechazo que aborrece tal medio, las obras son el reflejo de la raíz, lo bueno produce obras buenas[2147], en cambio, lo malo, malas obras[2148]. La esencia de las obras evidencia la

[2146] Juan 6:29.
[2147] Juan 3:21; Santiago 2:14-20.
[2148] Juan 3:18-19.

naturaleza de la persona, por lo tanto, lo que Jesús expresa es de carácter interno, que a su vez se refleja en las acciones. El tema de la resurrección confirma que todo ser humano participará literalmente de esta, unos para salvación y otros para perdición. Estos versos presentan una demostración de la deidad de Jesús[2149] y de su perfecta capacidad para cumplir sus propósitos.

Tiempos exactos de las resurrecciones de los justos

En el arrebatamiento

Porque el Señor mismo con voz de mando, con voz de arcángel, y con trompeta de Dios, descenderá del cielo; y los muertos en Cristo resucitarán primero - 1 Tesalonicenses 4:16.

El orden exacto de los acontecimientos divinos es presentado aquí, donde el Señor mismo con voz de mando, con voz de arcángel, y con trompeta de Dios ejecutará la resurrección de los suyos en esta etapa. La clave de esta resurrección está en que *"el Señor mismo.... descenderá del cielo"* cumpliendo la promesa presentada en (Jn 14:1-3; Hch 1:11). Hasta el cumplimiento de ese momento Él permanecerá en los cielos (1 Tes 1:10; Heb 1:1-3). Este verso expresa varias cosas importantes en el proceso de esta resurrección:

1) La voz de mando es la del Señor Jesús, que resucita a los muertos y transforma a los vivos (Jn 5:25, 11:43-44).

2) La voz del arcángel era generalmente considerada como un mandato de reunión para los santos del Antiguo Testamento (Dan 12:1; Jud 9; cf. Apo 12:4-7).

3) La trompeta de Dios (1 Cor 15:52[2150]) es la que tiene que ver con la resurrección de los creyentes por la cual llama a los santos a la bendición eterna. Esta trompeta es el llamado divino visto en el Antiguo Testamento que señalaba el momento en el cual el pueblo debía reunirse con el Señor (Éx 19:16-19). Aquí será a su vez la trompeta que anunciaba la libertad definitiva (Sof 1:16; Zac 9:14).

Los cuerpos de los muertos en Cristo resucitarán primero. Que se incluya aquí a los santos de la antigüedad o no, está en debate constante, pero la cuestión no es si están o no incluidos, la cuestión es que es un suceso que tendrá su cumplimiento. Sea cual sea el caso, es evidente que aquí no se observa una resurrección general. No todos los muertos resucitan en esta ocasión, sino *sólo los muertos en Cristo*. El Shofar, que era un cuerno de carnero, era utilizado especialmente para reunir la asamblea y dar órdenes para la batalla; según este contexto puede ser que hable de ambas, ya que el

[2149] Juan 5:25-27.

[2150] No confundir con la trompeta de Apocalipsis 11:15-18.

concepto judío sobre le fin incluía el sonido de la trompeta para ser convocados a la guerra final contra sus opresores. Tanto las nubes, trompetas y la mención del arcángel pueden ser que aludían a lo dicho por Jesús sobre el fin (Mt 24:30-31), la *"venida real*[2151] *"* en su uso cultural se refería al encuentro en los aires, por el cual normalmente hablaba de los emisarios de una ciudad que esperaban al dignatario y eran escoltados camino a su cuidad.

La palabra descenderá del gr. *"katabaino"* significa *"desencadenar"* la base de esta palabra se encuentra en el gr. *"basis"* que es *"caminar, paso a paso"* esto alude ir hacia abajo, descender de un lugar alto, eso hablaba al respecto de quienes descienden del cielo, es decir, Dios ayudando a los oprimidos, la idea es que *el Hijo de Dios enviando su ayuda, no que Él mismo descenderá literalmente del cielo*, la percepción de que Él mismo descenderá va contra los propios argumentos presentados sobre su regreso, en el cual si descenderá personalmente a tierra, aquí comunica *"la ayuda enviada de parte del cielo"*, es decir, ser *"arrebatados hacia el cielo"*. La *"voz de mando"* era el grito de guerra del comandante muy común en la antigüedad[2152], esta imagen se aplica a Dios como el guerrero que grita su victoria con trompetas mientras envía su ayuda desde el cielo[2153], y la imagen de las nubes era utilizada para ilustrar el juicio que estaba pronto a experimentarse[2154]. La ayuda enviada por parte de Dios será la resurrección de los justos para ser arrebatados.

En el periodo tribulacional

Y vi tronos, y se sentaron sobre ellos los que recibieron facultad de juzgar; y vi las almas de los decapitados por causa del testimonio de Jesús y por la palabra de Dios, los que no habían adorado a la bestia ni a su imagen, y que no recibieron la marca en sus frentes ni en sus manos; y vivieron y reinaron con Cristo mil años - Apocalipsis 20:4.

Las almas del gr. *"psychas"* alude a un ser inmaterial, en este caso no vio los cuerpos levantados como en (Ap 20:12) se menciona, si no las almas de aquellos que aún no habían resucitado, Juan les llama almas porque en ese momento aguardaban la resurrección, estas almas de los decapitados por el testimonio de Jesús, claramente habla de los mártires en el periodo tribulacional visto en (Ap 6:9, 18:24 y 19:2). El término original griego traducido como *"decapitar"* era uno genérico para ilustrar la ejecución y no el método en sí. La resurrección de los justos siempre formó una esperanza doctrinal en el pueblo, donde se esperaba que en la era del fin los muertos a causa de la justicia revivieran por el poder divino.

[2151] 1 Tesalonicenses 4:15.
[2152] Amós 2:2.
[2153] Isaías 42:13, 31:4; Salmos 47:5-9; Zacarías 14:3-4.
[2154] Ezequiel 30:3, 32:7; Joel 2:2.

Esta resurrección tendrá lugar a inicios del milenio. Durante el milenio estos resucitados vivirán para servir al Señor como su mesías y rey. En esta participación gozarán de igual forma de un cuerpo natural, tal como el de Jesús y el de los creyentes arrebatados y transformados. Esta afirmación es clara en el sentido de que los mártires de la tribulación serán resucitados cuando Cristo venga a establecer su reino.

La primera resurrección del milenio

Pero los otros muertos no volvieron a vivir hasta que se cumplieron mil años. Esta es la primera resurrección - Apocalipsis 20:5.

Este verso causa confusión por las ilustraciones de las resurrecciones, pero; esto tiene una clara explicación, como comenta Chafer: "La respuesta es que la expresión «*primera resurrección*» se refiere a todas las resurrecciones de los justos aun cuando se encuentren ampliamente separadas por el tiempo. Todas ellas son primeras, esto es, antes que la resurrección final de los impíos. Consecuentemente, la expresión «*primera resurrección*» se aplica a todas las resurrecciones de los santos sin consideración de cuándo ocurrían, incluyendo la resurrección Cristo mismo[2155]." En esta resurrección están incluidos los creyentes arriba mencionados que no se inclinaron a la bestia ni a su imagen por el testimonio de Jesús en la tribulación. La primera resurrección entonces tiene que ver con lo mencionado al final del (v.4) de Apocalipsis 20, que resucitarán a principios del milenio.

Incluye a los justos de la antigüedad

Y muchos de los que duermen en el polvo de la tierra serán despertados, unos para vida eterna, y otros para vergüenza y confusión perpetua - Daniel 12:2.

Esta es la cita más clara en todo Antiguo Testamento sobre el tema de la resurrección. No todos serán resucitados, claramente, porque muchos vivirán en el periodo donde el Señor regrese a reinar y juzgar, pero en relación con los resucitados, estos sabrán cuál es su destino eterno *"recompensa o castigo"*. Dos grupos son vistos en este texto, los que gozarán de la vida y los que sufrirán la vergüenza eterna, pero el énfasis recae en *"los que duermen"*, esto apunta a los que tuvieron fe, las alamas de los santos del Antiguo Testamento recibirán cuerpos glorificados[2156].

[2155] Lewis Sperry Chafer. Teología Sistemática, Tomo II. Las resurrecciones. Editorial Clie.
[2156] Apocalipsis 20:4-6; Hebreos 11:40: Juan 5:29; Isaías 26:19-21.

La resurrección de los injustos

Esta es la tan bien conocida como segunda resurrección, la cual desembocará en la muerte segunda para todos aquellos que en ella estén implicados. En conexión con el juicio del gran trono blanco, todos los muertos que no hayan resucitado antes como (Ap 20:4-6) y (Dan 12:2) mencionan, serán resucitados para presentarse ante Dios para ser juzgados.

Y vi un gran trono blanco y al que estaba sentado en él, de delante del cual huyeron la tierra y el cielo, y ningún lugar se encontró para ellos. Y vi a los muertos, grandes y pequeños, de pie ante Dios; y los libros fueron abiertos, y otro libro fue abierto, el cual es el libro de la vida; y fueron juzgados los muertos por las cosas que estaban escritas en los libros, según sus obras. Y el mar entregó los muertos que había en él; y la muerte y el Hades entregaron los muertos que había en ellos; y fueron juzgados cada uno según sus obras. Y la muerte y el Hades fueron lanzados al lago de fuego. Esta es la muerte segunda. Y el que no se halló inscrito en el libro de la vida fue lanzado al lago de fuego - Apocalipsis 20:11-15.

Aquí se describe el juicio de aquellos que murieron en incredulidad. Esta es la resurrección final antes de la creación del cielo y tierra nueva. Este hecho es bien conocido como el juicio del trono blanco, o juicio final, ya que después de este no habrá más ningún otro. Este juicio es uno muy especial, ya que lo primero que se debe identificar es *"el trono"* y *"el que está sentado en el"*. El trono de Dios, es decir el de Cristo, será el lugar para el juicio de los pecadores, este trono es símbolo de perfección[2157], por lo cual es lógico concluir que los juicios dictados serán perfectos. El trono de Cristo será la plataforma divina desde la cual se dictará la sentencia de culpabilidad a todos los seres humanos que no tuvieron fe en todas las edades. El blanco del trono tipifica su pureza, entonces, estos juicios además de ser perfectos son puros, cabe resaltar que *"huyeron la tierra y el cielo, y ningún lugar se halló para ellos"*, esto es que el contaminado y corrupto universo viejo el cual es opuesto a la creación original dejó de existir mediante el acto purificador divino[2158]. La deidad se encontraba en el trono ejerciendo su purificación en el cielo y tierra nueva y a su vez ahora en el ser humano, en el trono está sentado el juez perfecto y supremo[2159], el juicio divino se llevará a cabo en conformidad a tres cosas:

1) *La omnisciencia divina.*

2) *Su preeminencia.*

3) *Su sabiduría absoluta.*

La aplicación de la sentencia será sin falta alguna.

[2157] Ezequiel 1:26-27; Apocalipsis 4:2-3.

[2158] 2 Pedro 3:1-13; Mateo 24:35.

[2159] 2 Timoteo 4:1; Romanos 2:16.

La perfección de la sentencia se ve en que tanto *"grandes y pequeños"* estarán de pie ante Él. No hay estatus social valido para escapar de este juicio. Estar de pie habla en sentido jurídico, los prisioneros culpables a condena eran puestos de pie ante el tribunal, la misma aplicación cultural es dada aquí, en la corte de esos tiempos se escribía en un libro la sentencia y la condena que sufriría la persona dejando un registro. Y el mismo se utilizaba para descubrir alguna falta cometida con anticipación. Esto ilustra que ante el Señor no hay *pensamientos*[2160], *palabras*[2161], u *obras*[2162] que no estén registradas en la memoria divina.

La capacidad omnisciente de Dios es ilimitada por lo tanto cada humano no converso estará involucrado a totalidad, al grado que se le proveerá las evidencias irrefutables para su condena[2163]. Por ello es por lo que se ilustra la muerte y el hades, ambos términos describen el estado de la muerte y tumba, es decir el estado intermedio donde aguardaban para ser enjuiciados, entonces, todos los muertos injustos estarán de pie delante el trono del Señor porque serán resucitados para tener un cuerpo conforme su propia corrupción para sufrir su castigo.

El hades, o bien conocido como el espacio actual, es el estado intermedio provisional donde aguardan las almas de los injustos esperando su resurrección para castigo eterno *"la muerte segunda"*, la separación del individuo eternamente de Dios de manera definitiva. Este es el último juicio, para así dar paso al glorioso diseño que desde un principio en el huerto de Edén el Señor deseó establecer en la tierra. donde se vivirá en cielo y tierra nueva (Ap 21:1-22:5). Considerado el hecho de que el cielo y tierra nueva serán la morada eterna de los creyentes, es lógico que contemos con pocas descripciones de ello. Cabe recordar que la Biblia tiene como objetivo principal arrojar luz al intelecto del creyente sobre el plan divino. Pero, al mismo tiempo se encuentra en ella todo lo necesario para nuestra mente finita, es sano comprender que en este presente estado seríamos incapaces de comprender con exactitud a Dios de no ser porque Él ha mostrado lo esencial en su Palabra para nuestro entendimiento. Aunque Dios ha revelado a los suyos en cierta medida de lo que "*ojo no vio, ni oído oyó*[2164]" claramente hay mucho más que Dios revelará en su eternidad.

Las Escrituras revelan las maravillas celestiales, e igualmente explica las condiciones según las cuales los pecadores pueden entrar. Dios expone el único camino trazado a los hombres en el que pueden ser parte de esa gloria eterna. Esa gloria es para los redimidos; y esta depende en forma absoluta del arrepentimiento mediante el Redentor. Esa es la condición vital y conclusiva para ser partícipe de la seguridad eterna en Cristo por sobre todas las cosas. Con lo cual concluyo que, sin Cristo Jesús, nada de lo eterno sería.

[2160] Lucas 8:17.
[2161] Mateo 12:37.
[2162] Mateo 16:27.
[2163] Daniel 7:10; Romanos 3:23.
[2164] 1 Corintios 2:9.

Sobre el autor

Félix Muñoz. Nacido en San Juan Puerto Rico es fundador de ministerios vida y verdad. Es pastor/maestro misionero en México por más de nueve años. Se considera a sí mismo como un aprendiz. Tiene la dicha de gozar de un Doctorado en estudios teológicos de la (UTPR) Universidad Teológica de Puerto Rico y aparte, una Maestría en Consejería Pastoral de la (CUNC) Christian University of North Carolina, está certificado como PSS (Peer Support Specialist) en el estado de Arizona EE. UU. Actualmente es profesor de teología y supervisor de distrito en SETIM, Seminario Teológico Internacional Misionero en Nogales Sonora, México. Seminario dedicado a preparar pastores y misioneros para la obra del ministerio, el cual, a su vez, sostiene misioneros a tiempo completo dedicados a predicar el evangelio a las tribus indígenas en diferentes áreas de México.

Bibliografía

- *Todos los versos bíblicos utilizados son de la versión: Reina-Valera 1960© Sociedades Bíblicas en América Latina, 1960. Renovado © Sociedades Bíblicas Unidas, 1988.*
- *Grant, F. W. «I and II Peter». The Numerical Bible, vol. 7. Nueva York: Loizeaux Bros., 1903.*
- *Barnes, Albert, Notes on the New Testament. (Vol. V, 1 Corinthians). Londres: Blackie & Son, s/f.*
- *Westcott, B. F. The Gospel According to St. John. Grand Rapids: Wm. B. Eerdmans Publishing Co. 1954.*
- *Lewis Sperry Chafer. Teología Sistemática, Tomo I. Editorial CLIE. C/ Ferrocarril, 8. 08232, Vila de cavalls (BCN) España.*
- *Marco Tulio Cicerón; Cónsul de la República de Roma en ejercicio del poder supremo 1 de enero de 63 a. C.-1 de enero de 62 a. C.*
- *Sheva Mitzvot Benei Noaj. Sanhedrín 56a/b.*
- *The Dead Sea Psalms Scroll, Cornell University Press, New York, 1967. Sage House 512. East State Street, Ithaca, NY 14850.*
- *Richard L. Strauss, The Joy of Knowing God, (Neptune, New Jersey: Loizeaux Brothers, 1984), p. 140.*
- *A.W. Tozer, The Knowledge of the Holy, pp. 93-94. Harper One Publishers 2009.*
- *Eadie, John. Commentary on the Epistle to the Ephesians. Grand Rapids: Zondervan Publishing House, 1957.*
- *Enûma eliš y otros relatos babilónicos de la Creación. Edición y Traducción de Lluís Feliu Mateu, Adelina Millet Albà. Colección: Pliegos de Oriente. Madrid: Editorial Trotta, 2014.*
- *Enuma Elish. Poema babilónico de la creación. Edición y traducción de Federico Lara Peinado. Colección: Paradigmas. Madrid: Editorial Trotta, 2008 2ª edición.*
- *Vine, W. E. John, His Record of Christ. Londres: Oliphants, 1957. Oliphants; Undetermined edition. 1965.*
- *L.S. Chafer/John F. Walvoord. Major Bible Themes© 1926, 1953. Dallas Theological Seminary. Zondervan Publishing. House, Grand Rapids, Michigan 49501. EE.UU. Pag. 265-270.*
- *Davies W. D., & Dale C. Allison Jr. The Gospel according to Saint Matthew. 3 vols. New York: T&T Clark, 1998.*

- *Kelly, William. Notes on the Second Epistle to the Corinthians. Londres: G. Morrish, 1882. Lenski, R. C. H. The Interpretation of St. Paul's First and Second Epistles to the Corinthians. Columbus: Wartburg Press, 1937.*
- *Derek Williams. New Concise Bible Dictionary. Tyndale House Pub Carol Stream, Illinois, United States EEUU. September 1, 1989.*
- *Chafer, Lewis Sperry. The Ephesian Letter. Findlay, Ohio: Dunham Publishing Company, 1935.*
- *Meyer, Frederick Brotherton. Key Words of the Inner Life: Studies in the Epistle to the Ephesians. Fleming H. Revell Company, 1893.*
- *J.J. Packer y M.C. Tenney. Usos y Costumbres de la Biblia. Thomas Nelson Inc. Nashville Tennessee, EEUU, 2009. Págs. 403-405.*
- *Alfred Endersheim, Comentario Bíblico Histórico. Libro 1. Pag 32. Editorial Clie, C/Ferrocarril 8, Viladecavalls, Barcelona, España 08232.*
- *D.L. Moody, Notes from My Bible. Pág 33-34. Forgotten Books Publishers, FB &c Ltd, Dalton House, 60 Windsor Avenue, London, SW19 2RR. Company number 08720141.*
- *James a Stewart, Pastures of Tender Grass. Revival Literature, 1964. Asheville, NC, EE.UU. 28816.*
- *Norman Grubb, C. T. Studd, Cricketer and Pioneer. Christian Literature Crusade (June 1, 1982). Sheffield, England, United Kingdom.*
- *F. B. Meyer, Key Words of the Inner Life. Sheffield, United Kingdom. 1971.*
- *William Lincoln, Lectures of the First and Second Epistles of Peter. John Ritchie Ltd Christian Publications, 40 Beansburn, Kilmarnock, Ayrshire, Scotland.*
- *Wood, Leon. A Commentary on Daniel. Zondervan Publishing House, Grand Rapids, Michigan, EE.UU. 1973.*
- *Anderson, Robert. "El príncipe que ha de venir" Editorial Portavoz, 1 de junio de 1980.*
- *Vine, W.E. Diccionario expositivo de palabras del Antiguo y Nuevo Testamento Exhaustivo de Vine. "Querubín", Thomas Nelson Inc. Pág. 731. Nashville, Tennessee, EE. UU 2007 / 199 Editorial Caribe.*

- *Bailey, Kenneth E. Jesús a través de los ojos de medio oriente. Estudios culturales de los Evangelios. Grupo Nelson, Nashville, Tennessee. EE. UU. 2012.*

- *Tozer, A.W. Ese increíble cristiano. Editorial Alianza. Harrisburg, PA EE.UU. 1964 by Christian Publications, Inc.*

- *Barclay William. Comentario al Nuevo Testamento. Citando hechos 8:26, Págs. 517-518, Editorial CLIE. C/ Ferrocarril, 8. Viladecavals, Barcelona, España.*

- *J. Oliver Buswell Jr. Teología Sistemática. Zondervan Publishing House. Grand Rapids, Michigan. EE. UU. 1962.*

- *Kenneth E. Bailey. Jesús a través de los ojos del medio Oriente. Estudios culturales de los Evangelios. Pág. 387. Grupo Nelson 2012. Nashville Tennessee. EE. UU.*

- *TOLINI, G. (2005): "Quelques éléments concernant la prise de Babylone par Cyrus (octorbe 539 av. J.-C)", en Arta (Achaemenid Research Texts and Archaeology)*

- *ROLLINGER, R. (2004): «The Median Empire, the End of Urartu and Cyrus, the Great Campaign in 547 BC», en Proceedings of the 1st International Conference on Ancient Cultural Relations Between Iran and West Asia, Tehran 2004.*

- *Alejandro Magno: «Protagonistas de la historia. Ficha: Alejandro Magno». Archivado desde el original el 25 de diciembre de 2010. Consultado el 20 de Junio de 2018.*

- *Swete Henry Barclay. The Apocalypse of St. John. Kessinger Publishing, LLC (July 25, 2006). Traducido al Español.*

- *Carballosa Evis L. Apocalipsis: La consumación del plan eterno de Dios. Editorial Portavoz. Filial de Kregel Publications, Grand Rapids, Michigan. 1997.*

- *Wilfredo Calderón. Apocalipsis, un mensaje escatológico. Gospel Press, div. de Senda de vida publishers, Co. Miami, Florida. EE. UU. Ediciones 2007-2010.*

- *Charles F. Pfeiffer. Comentario Bíblico Moody: Antiguo Testamento. Pág. 35. Editorial Portavoz, filial de Kregel*

Publications. Grand Rapids, Michigan. EE. UU. 1993. Título del original: Wycliffe Bible Commentary: Old Testament. Moody Bible Institute, Chicago, Illinois. Moody Press. 1962.

- *Edersheim Alfred. Comentario Bíblico Histórico. Pág. 64. Editorial CLIE. C/Ferrocarril, 8. Viladecavals, Barcelona, España. 2009. Traductor del comentario del Antiguo Testamento: George Peter Grayling.*

- *J.I Packer y M.C. Tenney. Usos y costumbres de la biblia: Manual ilustrado revisado y actualizado. O. Gusanos. Pág 469. Grupo Nelson, (Thomas Nelson Inc.) Nashville Tennessee. EE.UU. 2009.*

- *Josefo. Antigüedades de los judíos. Libro XVII, cap. VI. BN Publishing (Abril 16, 2012).*

- *Kenneth E. Bailey. Pablo a través de los ojos Mediterráneos. Pág. 170. Grupo Nelson (Thomas Nelson Inc.). Nashville Tennessee, EE.UU. 2013.*

- *Obra original en Ingles: T. H. E. Gangster, "Satan," The Interpreter's Dictionary of the Bible [New York: Abingdon Press, Nashville, Tennessee EE. UU, 1976].*

- *Everett F. Harrison. Comentario Bíblico Moody: Nuevo Testamento. Pág. 25. Editorial Portavoz, filial de Kregel Publications. Grand Rapids, Michigan. EE. UU. 1993. Título del original: Wycliffe Bible Commentary: New Testament. Moody Bible Institute, Chicago, Illinois. Moody Press. 1962.*

- *Harrison, E. F., Bromiley, G. W., & Henry, C. F. H. Diccionario de Teología (84). Grand Rapids, Michigan. EE. UU. Libros Desafío. 2006.*

- *Obra original en Ingles. Frank E. Gaebelein, Editor General, Comentario de la Biblia del Expositor, Nuevo Testamento, Zondervan, Grand Rapids, EE. UU. 1976-1992.*

- *Obra original en Ingles. John F. Walvoord and Roy B. Zuck, Editors, The Bible Knowledge Commentary, Victor Books, Wheaton, EE.UU. 1983-1985.*

- *Obra original en Ingles: Robert H. Mounce. The Book of Revelations. Eerdmans Publishing Co. Grand Rapids, Michigan EE.UU. 1997.*

- *Obra original en Ingles: J. Massyngberde. Revelation. The Anchor Yale Bible Commentaries (Book 38). Yale University Press. EE. UU. 1995.*

- *Obra original en Ingles: Charles L. Feinberg. The Prophecy of Ezekiel: The Glory of the Lord. Págs. 161-162. Moody Press, Chicago, Illinois. EE. UU 1969.*

- *Obra original en inglés: Carl F. H. Henry. "Basic Christian Doctrines / El origen y la naturaleza del pecado". [New York: Holt. EE.UU. Rinehart y Winston, 1962].*

- *Obra original en inglés: J. Dwight Pentecost. Your Adversary the Devil. Kregel Publications. Grand Rapids, Michigan. EE. UU. 1997.*

- *Donald Gray Barnhouse. La Guerra Invisible. Editorial Vida; (febrero 7, 2002).*

- *William Barclay. Comentario al Nuevo Testamento. Mateo 8:29. Pág 86. Editorial CLIE. C/Ferrocarril 8. Viladecavals, Barcelona, España. 2006.*

- *Lucio Apuleyo. Metamorfosis; el asno de oro. Berbera Editores. Delibes 96, Guadalupe Victoria II, 07790 Ciudad de México, CDMX.*

- *William Barclay. Comentario al Nuevo Testamento. Hechos 5:16. Pág 512. Editorial CLIE. C/Ferrocarril 8. Viladecavals, Barcelona, España. 2006.*

- *Kenneth E. Bailey. Jesús a través de los ojos del medio oriente: Estudios Culturales de los Evangelios. Págs. 135-136. Thomas Nelson Inc. Nashville Tennessee. EE. UU. 2012.*

- *Kenneth E. Bailey. Pablo a través de los ojos Mediterráneos. Págs 114-115. Grupo Nelson/Thomas Nelson Inc. Nashville Tennessee. EE. UU. 2013.*

- *Lewis Sperry Chafer. Teología Sistematica, Tomo II. Salvación del poder del pecado. Editorial CLIE. C/ Ferrocarril, 8. 08232, Vila de cavalls (BCN) España.*

- *Kenneth E. Bailey. Pablo a través de los ojos Mediterráneos. Pág. 323. Grupo Nelson (Thomas Nelson Inc.). Nashville Tennessee, EE.UU. 2013.*

- *Lewis Sperry Chafer. Teología Sistematica, Tomo II. Cuatro aspectos de la justicia. Editorial CLIE. C/ Ferrocarril, 8. 08232, Vila de cavalls (BCN) España.*

- *Obra original en Ingles: G. Campbell Morgan, Searchlights from the Word. Wipf & Stock Publishers. Reprint edition (April 1, 2010) 199 W 8th Ave #3, Eugene, OR 97401, USA.*

- *Lewis Sperry Chafer. Teología Sistematica, Tomo II. Elección Divina. Editorial CLIE. C/ Ferrocarril, 8. 08232, Vila de cavalls (BCN) España.*

- *H. A. W. Meyer, Critical and Exegetical Handbook to the Epistles to the Philippians and Colossians, T & T Clark / Bloomsbury Publishing Inc. 1385 Broadway New York. EE.UU. 1875.*

- *Lewis Sperry Chafer. Teología Sistematica, Tomo II. Seguridad Presente de la Salvación. Editorial CLIE. C/ Ferrocarril, 8. 08232, Vila de cavalls (BCN) España.*

- *Lewis Sperry Chafer. Teología Sistematica, Tomo II. Seguridad Eterna de la Salvación. Editorial CLIE. C/ Ferrocarril, 8. 08232, Vila de cavalls (BCN) España.*

- *Lewis Sperry Chafer. Teología Sistematica, Tomo II. La iglesia: sus miembros. Editorial CLIE. C/ Ferrocarril, 8. 08232, Vila de cavalls (BCN) España.*

- *Paul Enns. Compendio Portavoz de Teología. Pág.349. Figuras de la iglesia. Editorial Portavoz. Grand Rapids, Michigan. EE. UU. 2010.*

- *Roy Hession, El camino del calvario. CLC Editorial, Sheffield, Reino Unido. 2004.*

- *William Barclay. Comentario al Nuevo Testamento. Juan 15:1. Pág 466. Editorial CLIE. C/Ferrocarril 8. Viladecavals, Barcelona, España. 2006.*

- *J. Dwight Pentecost. Eventos del porvenir. Estudios de escatología bíblica. Pág 3. Editorial Vida 1989 EE. UU. Citando a: Angus Joseph y Green Samuel G. The Bible Handbook (Manual bíblico). Pág. 220.*

- *Charles T. Fritsch. Tipología Bíblica. Bibliotheca Sacra. Vol 104. Pág. 216. Abril 1947.*

- *Obra original en Ingles: Bernard Ramm. Protestant Biblical Interpretation 3rd edition. Baker Publishing Group 6030 East Fulton Road Ada, MI EE.UU.*

- *Obra Original en Ingles: Charles L. Feinberg. Pre. Premillennialism or Amillennialism. American Board of Missions to the Jews Inc., New York; 2nd and enlarged Edition edition (1961).*

- *J. Dwight Pentecost. Eventos del porvenir. Estudios de escatología bíblica. Pág 121. La posición del traslado, cap. X. Editorial Vida 1989 EE. UU.*

- *Evis L. Carballosa. Apocalipsis: La consumación del plan eterno de Dios. Pág. 91-93. Editorial Portavoz, Grand Rapids. Michigan EE. UU. 1997.*

- *Evis L. Carballosa. Apocalipsis: La consumación del plan eterno de Dios. Pág. 217-218. Editorial Portavoz, Grand Rapids. Michigan EE. UU. 1997.*

- *Lewis Sperry Chafer. Teología Sistematica, Tomo II. La gran tribulación. Editorial CLIE. C/ Ferrocarril, 8. 08232, Vila de cavalls (BCN) España.*

- *Evis L. Carballosa. Apocalipsis: La consumación del plan eterno de Dios. Pág. 133. Editorial Portavoz, Grand Rapids. Michigan EE. UU. 1997.*

- *Obra original en ingles de Robert H. Mounce. The Book of Revelation. Wm. B. Eerdmans Publishing Co. Grand Rapids, MI 49546, USA.*

- *Barclay William. Comentario al Nuevo Testamento. Citando Apocalipsis 8:10-11, Pág. 1151, Editorial CLIE. C/ Ferrocarril, 8. Viladecavals, Barcelona, España.*

- *Evis L. Carballosa. Apocalipsis: La consumación del plan eterno de Dios. Pág. 223. Editorial Portavoz, Grand Rapids. Michigan EE. UU. 1997.*

- *Obra original en ingles de Walvoord John. The Revelation of Jesus Christ. Moody Publications. Chicago Illinois. 1966.*

- *Obra original en ingles de Clyde C. Cox, Apocalyptic Commentary, An Exposition of the book of Revelation. Pág 160. Pathway Press. Cleveland, EE.UU. 1959.*

- *William Barclay. Comentario al Nuevo Testamento. Apocalipsis 19:1-2. Pág 1178. Editorial CLIE. C/Ferrocarril 8. Viladecavals, Barcelona, España. 2006.*

- *Fred H. Wight. Usos y costumbres de las tierras bíblicas. Págs. 136-137. Editorial Portavoz. Grand Rapids, Michigan, EE.UU. 1981.*

- *Oliver Buswell J. Jr. Teología Sistemática. Zondervan Publishers EE.UU. June 1, 1962.*

Para adquirir recursos gratuitos del Dr. Félix Muñoz
entre en sus redes sociales:

www.vidayverdad.org
www.facebook.com/dr.felixmunoz